W0468246

3

Trimestre 1

ESO

MATEMÁTICAS

José Colera J., M.ª José Oliveira G.,
Ignacio Gaztelu A., Ramón Colera C.,
Ana Aicardo B.

ANAYA

Índice

Los saberes básicos del curso

Así es tu libro

UNIDAD INICIAL: ENTRÉNATE RESOLVIENDO PROBLEMAS

Estrategias de resolución de problemas, a través de las cuales podrás encontrar, de forma más sencilla, la solución.

Piensa e intenta resolver. Problemas para practicar las estrategias trabajadas a lo largo de esta unidad.

A partir del texto inicial, aprenderás a diferenciar entre ejercicio y problema, y establecerás los pasos básicos para resolver un **auténtico problema.**

DESAFÍOS QUE DEJAN HUELLA

Situación de aprendizaje, una para cada bloque, que te exigirá poner en acción los conocimientos, destrezas y actitudes que trabajarás en él, y que contribuirá a la adquisición y al desarrollo de tus competencias.

APERTURA DE UNIDAD

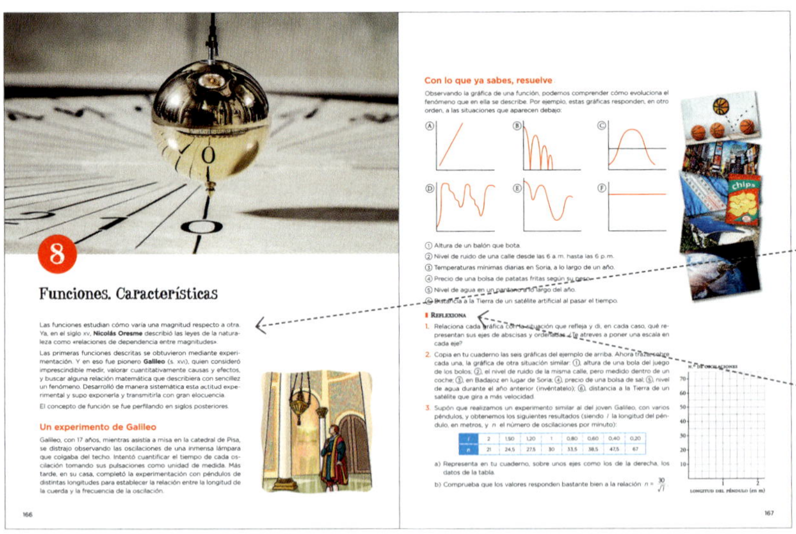

Cada unidad comienza con una breve introducción histórica sobre los contenidos que vas a estudiar.

Se proponen una serie de actividades motivadoras con el fin de poner en funcionamiento los conocimientos que ya posees.

Recursos relacionados con LAS CLAVES del proyecto

- Compromiso ODS
- Plan Lingüístico
- Desarrollo del pensamiento
- Aprendizaje cooperativo

SABERES BÁSICOS Y ADQUISICIÓN DE COMPETENCIAS

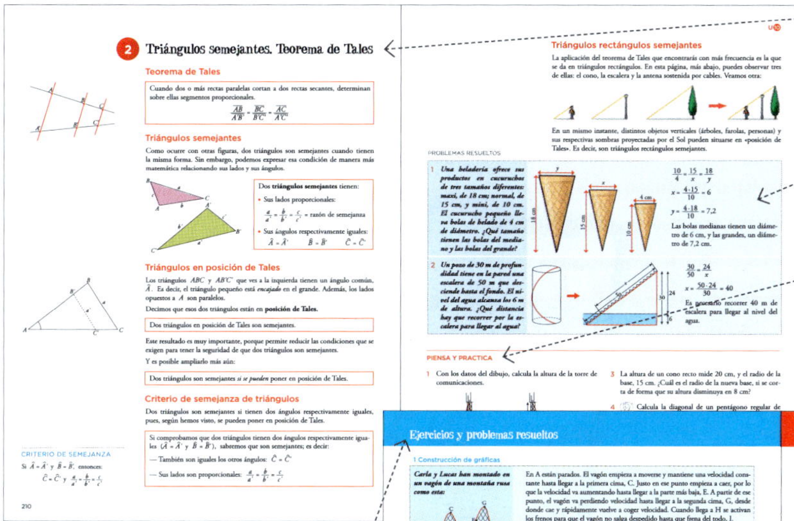

La unidad se divide en epígrafes, y estos, en subepígrafes, dentro de los cuales se distribuyen los **saberes básicos.**

Ejemplos y ejercicios resueltos. Para practicar los procedimientos más importantes.

Piensa y practica. Son ejercicios de aplicación directa de la teoría que se acaba de explicar.

EJERCICIOS Y PROBLEMAS

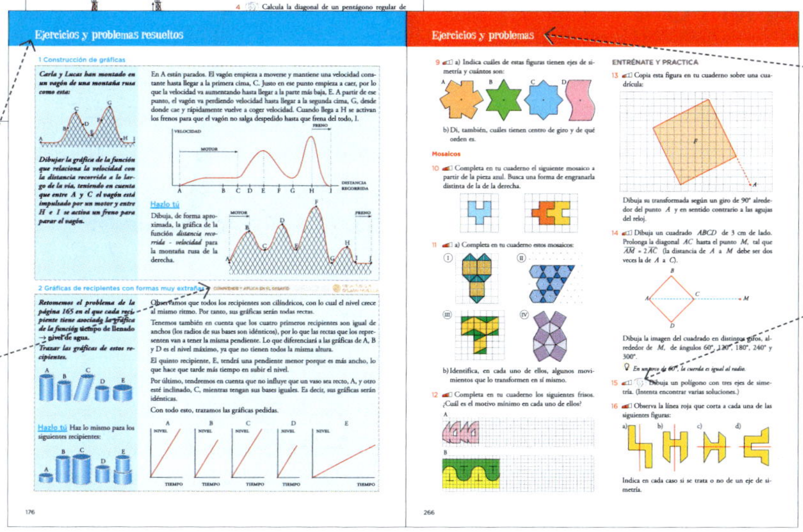

Ejercicios y problemas resueltos. Se muestran estrategias, sugerencias, pistas y formas de pensar.

Comprende y aplica en el desafío. Actividades que te prepararán para enfrentarte al desafío del bloque.

Ejercicios y problemas. Contemplan la aplicación de todos los saberes básicos de la unidad.

Los **iconos** incluidos en actividades sugieren la **clave** del proyecto que puede aplicarse.

CIERRE DE UNIDAD

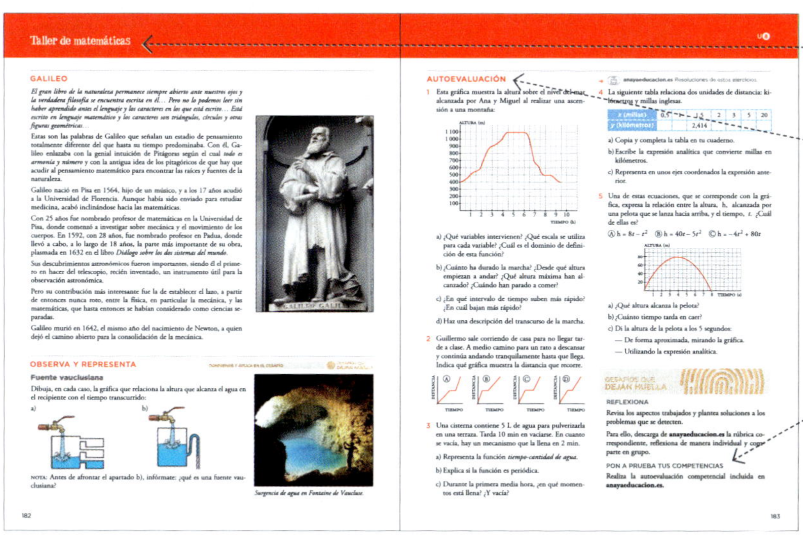

En el **taller,** encontrarás lecturas, actividades, consejos, informaciones, etc.

Autoevaluación. Podrás comprobar, intentando resolver las actividades que se te proponen, si tu aprendizaje está siendo el deseado.

En **anayaeducacion.es** dispones de una autoevaluación competencial para comprobar si has adquirido, a lo largo de la unidad, las destrezas necesarias para enfrentarte al desafío.

Educación emocional

TIC

Orientación académica y profesional

Evaluación

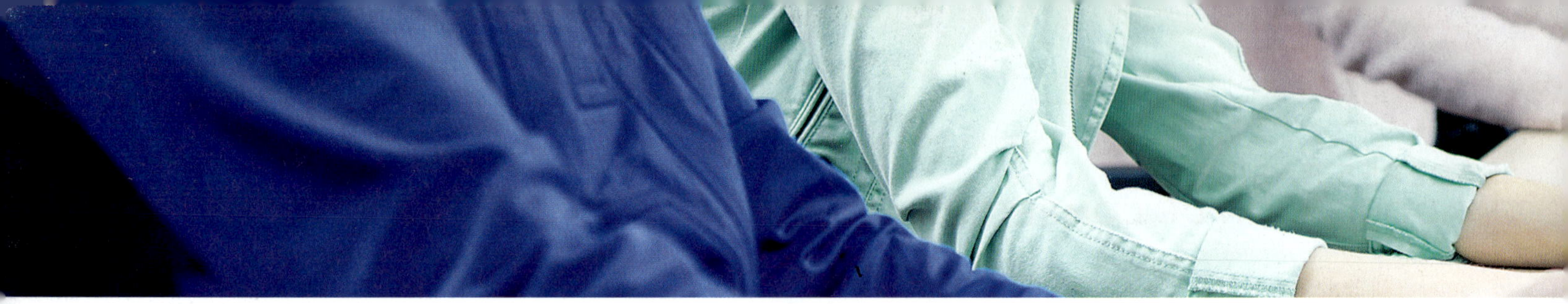

Así es tu proyecto digital

edu DYNAMIC

Un proyecto que te ofrece todos los contenidos del curso a través del libro activo, junto con una gran diversidad de recursos.

Descubre otra forma de aprender sencilla, intuitiva y compatible con cualquier plataforma y dispositivo.

¿Cómo accedes?

Tienes todas las indicaciones necesarias para acceder a él junto a la primera página de tu libro.

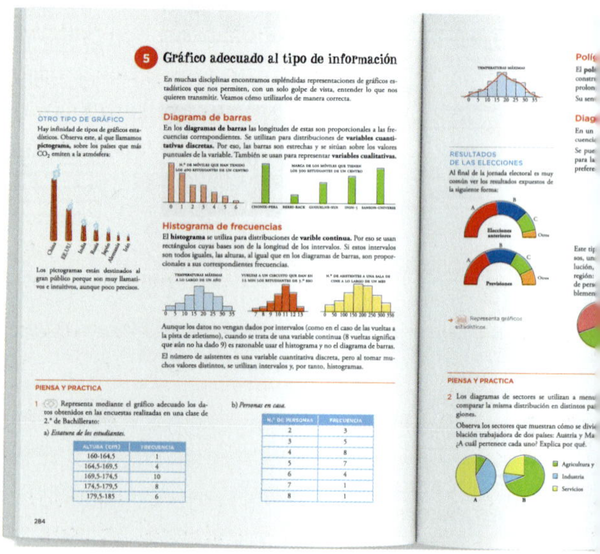

¿Cómo es?

Una respuesta global
para un entorno educativo diverso.

Intuitivo

Fácil de usar para ti.

Multidispositivo

Se adapta y visualiza en cualquier tipo de dispositivo (ordenador, tableta, *smartphone*...) a cualquier tamaño y resolución de pantalla.

Descargable

Te permite trabajar sin conexión a Internet y descargarlo en más de un dispositivo.

Sincronizable

Los cambios que realices se sincronizan automáticamente al conectar cualquiera de los dispositivos en los que estés usándolo.

Universal

Compatible con todos los sistemas operativos, los entornos virtuales de aprendizaje (EVA) y las plataformas educativas (LMS) más utilizadas en los centros escolares.

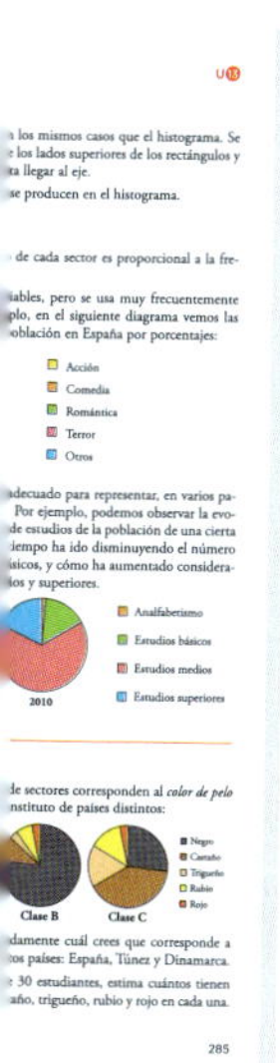

¿Qué te ofrece?

Contiene diversidad de recursos; es mucho más que una reproducción del libro en papel.

Con ellos podrás:

Ejercitar
actividades interactivas

Estudiar
resúmenes interactivos, esquemas...

Aprender
audios, vídeos, *Game Room*...

Evaluar
autoevaluación, porfolio...

Antes de empezar
Conoce tus desafíos

¿CÓMO SON?

DESAFÍOS QUE DEJAN HUELLA

Son **cinco** propuestas de situaciones de aprendizaje, **una para cada bloque:**

- Pensadas para movilizar conocimientos, actitudes y destrezas, y fomentar el intercambio de saberes y el desarrollo de tus competencias.
- Comprometidas con los Objetivos de Desarrollo Sostenible 2030.
- Cercanas y respetuosas con tu mundo real y tus experiencias.
- Con una estructura clara y sencilla de las tareas y actividades que tendrás que llevar a cabo.

¿CÓMO TRABAJARÁS CON ELLOS?

1

AL INICIO DE CADA BLOQUE ENCONTRARÁS:

- Un texto motivador que te descubrirá un marco de desafíos relacionados con las unidades del bloque.
- La propuesta de una situación de aprendizaje vinculada a uno o varios ODS.
- La secuencia de aprendizaje de la situación propuesta.

2

EN EL INTERIOR DE LAS UNIDADES DEL BLOQUE ENCONTRARÁS:

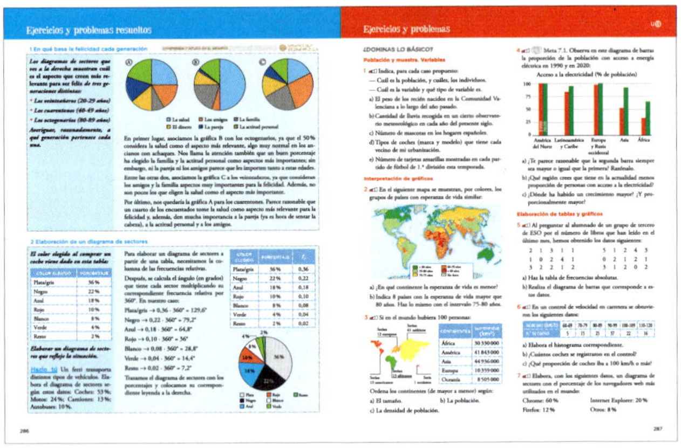

- Actividades que te ayudarán a comprender y aplicar los saberes básicos necesarios para enfrentarte al desafío del bloque.

¿CUÁLES SON?

- **¿Cuánto gasta? Pero ¿en proporción o en total?,** para el primer bloque.
- **Álgebra para el recibo del agua,** para el segundo bloque.
- **Una gráfica para cada envase,** para el tercer bloque.
- **Constructores por un día,** para el cuarto bloque.
- **¿Intentamos medir la felicidad?,** para el quinto bloque.

3

EN LAS PÁGINAS FINALES DE CADA UNIDAD ENCONTRARÁS:

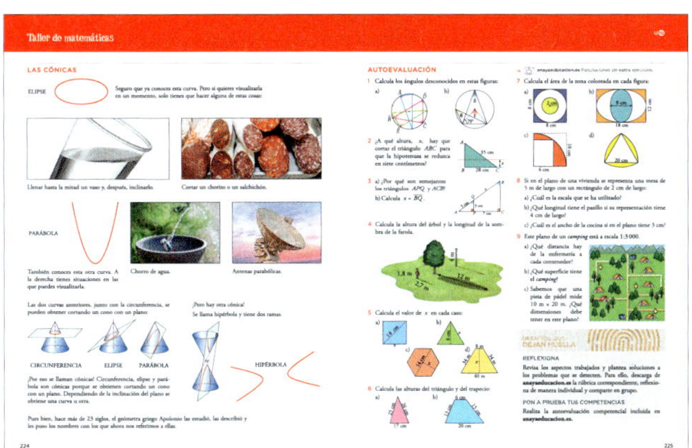

- Una propuesta de evaluación de tus competencias que podrás descargarte de **anayaeducacion.es**.

4

AL FINALIZAR EL BLOQUE ENCONTRARÁS:

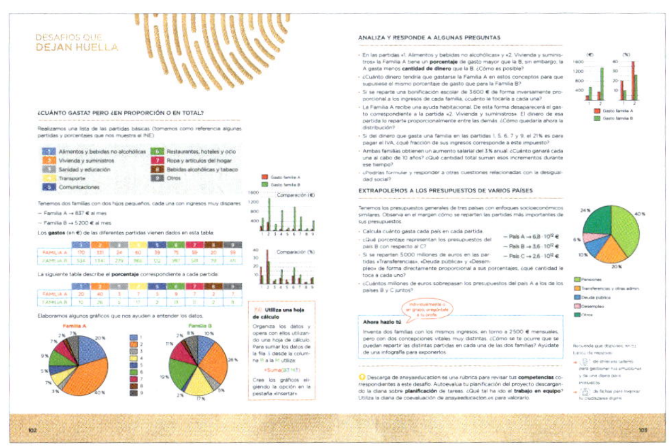

- Otras propuestas de desafíos que te pueden interesar.
- Propuestas de instrumentos de diagnóstico, descargables de **anayaeducacion.es**.
- Una rúbrica del perfil de salida, descargable de **anayaeducacion.es**, para autoevaluar la adquisición de competencias alcanzada.

Entrénate resolviendo problemas

¿QUÉ ES UN AUTÉNTICO PROBLEMA?

Como sabes, conviene distinguir entre **ejercicios** y **auténticos problemas,** no solo por su grado de dificultad sino, sobre todo, por el conocimiento previo que podemos tener de su proceso de resolución:

- Para resolver un **ejercicio,** basta poseer unos conocimientos concretos y saber aplicarlos automáticamente.
- Hay **problemas sencillos** que se resuelven tras una correcta interpretación del enunciado y un breve periodo de reflexión, destinado, generalmente, a situar el problema.
- Los **auténticos problemas** exigen concentración, paciencia, tenacidad... Sin embargo, frecuentemente, una vez resueltos, parecen muy fáciles.

En estas próximas páginas llamaremos **problemas** a estos **auténticos problemas,** aunque, posiblemente, algunos de los que te propongamos te parecerán *problemas sencillos.*

PASOS EN LA RESOLUCIÓN DE PROBLEMAS

1 **Ten muy claro el enunciado. Comprende el problema:**

- Lee el enunciado con toda atención.
- Toma notas. Ayúdate de un esquema para visualizar los datos y sus relaciones.
- Si el problema es geométrico, es imprescindible hacer un dibujo sobre el cual se señalen los datos y las incógnitas.

2 **Concibe un plan de resolución:**

Hay muchas estrategias que pueden ayudar a esta fase. He aquí algunas:

- **Representa esquemáticamente los datos.**

  A veces, una acertada representación del problema nos hace ver con claridad una forma de resolverlo.

- **Procede sistemáticamente.**

  En algunos tipos de problemas, un proceso sistemático en la enumeración de casos o de pasos ayuda a dar con el resultado final.

- **Tantea, ensaya, pon ejemplos…**

  Otro tipo de problemas requiere buscar la solución mediante ensayo-error, es decir, tanteando.

- **Resuelve un problema similar con datos más sencillos.**

Habrá problemas en los que haya que aplicar más de una de estas estrategias.

3 **Ejecuta el plan:**

Si el plan está bien concebido, este paso es fácil. Pero, frecuentemente, aunque el plan sea correcto, al llevarlo a cabo surgen nuevas dificultades que hay que afrontar.

4 **Reflexiona sobre la solución:**

- Comprueba si lo que has conseguido responde a lo que se te pedía.
- Redacta la solución.

Aún podemos añadir un nuevo paso, especialmente válido cuando el problema es interesante:

5 **Sácale más partido al problema:**

- Reflexiona sobre otras posibles formas de resolución.
- Intercambia impresiones con tus compañeras y compañeros.
- Hazte nuevas preguntas:

  ¿Qué ocurriría si se suprimiera tal condición? ¿Y si se añadiera tal otra?…

- Inventa problemas similares (más sencillos, más difíciles).

En las próximas páginas vamos a resolver problemas aplicando ciertas estrategias concretas, y, finalmente, se te propondrá una buena colección para que practiques y te pongas a prueba.

Para resolverlos, ten en cuenta que debes proceder con atención, orden, paciencia, tesón… Pero, sobre todo, convéncete de que el tiempo que les dediques (aunque no consigas llegar a la solución) es un tiempo muy bien empleado.

Haz un esquema en el que se apoyen los datos

Un esquema en el que aparezcan los datos y sus relaciones siempre ayuda a comprender el enunciado y nos orienta sobre cómo resolverlo. Pero hay algunos problemas para los que un buen esquema permite, prácticamente, ver la solución. Veamos algunos de estos:

Un galgo persigue a un conejo. Cuatro saltos de este equivalen a uno del galgo y, mientras que el galgo da un salto, el conejo da tres.

El conejo, en este momento, lleva una ventaja de ocho de sus saltos. ¿Cuántos saltos dará cada uno de ellos hasta el momento de la captura?

Resolución

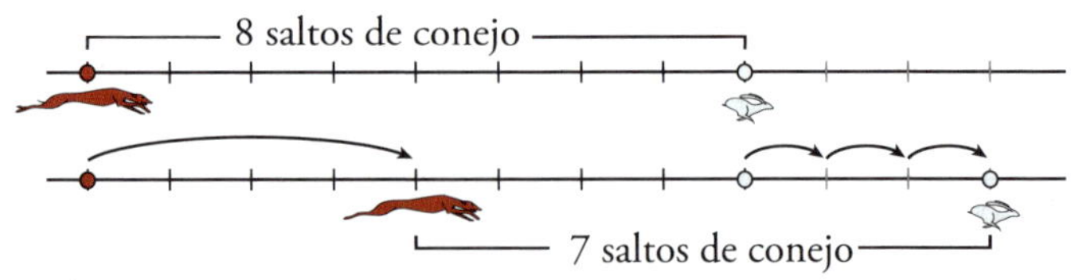

Cada salto que da el galgo acorta la distancia que le separa del conejo en 1 salto de conejo. Por tanto:

El galgo debe dar 8 saltos para alcanzar al conejo. Este dará $3 \cdot 8 = 24$ saltos.

Un hacendado contrata a un sirviente por un sueldo anual de once monedas de oro y un caballo. A los cuatro meses, el sirviente se despide, recibiendo el caballo y una moneda. ¿Cuál era el valor del caballo?

Resolución

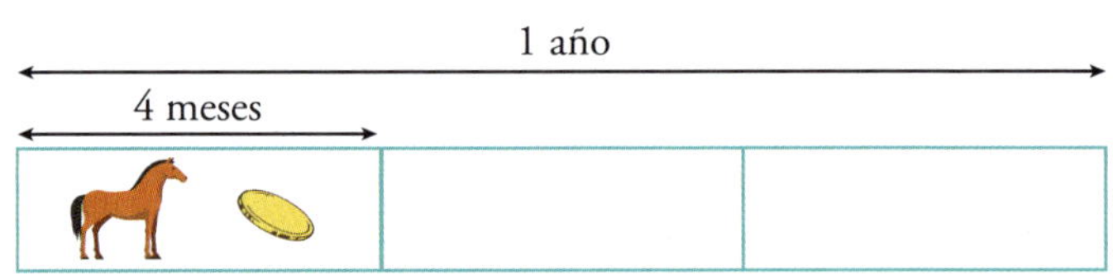

[CABALLO + MONEDA] + [CABALLO + MONEDA] + [CABALLO + MONEDA] = [CABALLO + 11 MONEDAS]

Por tanto, 2 caballos equivalen a $11 - 3 = 8$ monedas.

Cada caballo vale 4 monedas.

PIENSA E INTENTA RESOLVER

1 Una liebre lleva 12 de sus saltos de ventaja al galgo que la persigue. Dos saltos de galgo equivalen, en longitud, a tres saltos de liebre. El galgo tarda en dar tres saltos lo mismo que la liebre en dar cuatro. ¿Cuántos saltos dará la liebre antes de ser alcanzada?

2 He gastado en un CD las tres cuartas partes del dinero que llevaba. Después, he ido al cine y me he gastado dos tercios de lo que me quedaba. Si aún tengo 2 €, ¿cuánto llevaba al principio?

3 Un labrador ara por la mañana dos quintas partes de un campo. Por la tarde vuelve al trabajo y ara un tercio de lo que quedaba. Sabiendo que aún falta por arar media hectárea, ¿cuál es la superficie del campo?

4 Un hacendado contrata a un sirviente por un sueldo anual de 1 capa y 25 monedas de oro. A los cinco meses se despide el sirviente, recibiendo como pago la capa y cuatro monedas. ¿En cuántas monedas de oro está valorando la capa?

En los problemas geométricos, ¡haz un dibujo!

En los problemas geométricos, para comprender bien el enunciado, es necesario hacer un dibujo que lo represente lo más fielmente posible.

En medio de un prado hay una cabaña rectangular que mide diez metros de largo y cinco de ancho.

En una esquina de la cabaña está atado un caballo con una cuerda de siete metros de longitud.

Si el prado tiene un kilo de hierba por metro cuadrado, ¿cuántos kilos de hierba podrá comer el caballo?

Resolución

Empezamos haciendo un dibujo que describa el proceso lo más claramente que sea posible.

Área de la parte no coloreada:

$\frac{3}{4}\pi \cdot 7^2 + \frac{1}{4}\pi \cdot 2^2 = 118{,}59 \text{ m}^2$

Por tanto, el caballo podrá comer 118,59 kg de hierba.

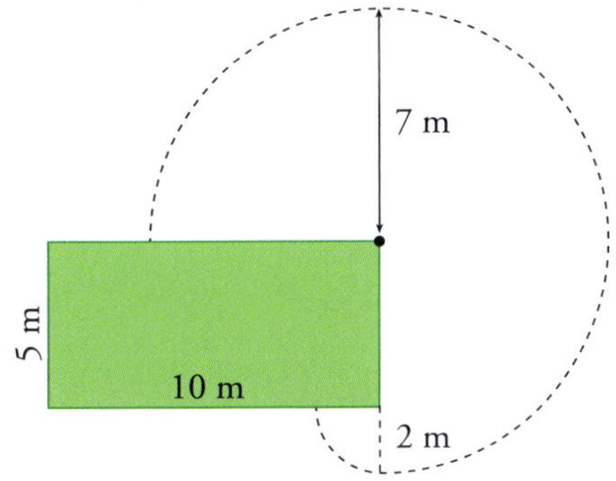

PIENSA E INTENTA RESOLVER

1 Resuelve de nuevo el problema anterior para el caso de que la longitud de la cuerda sea:

a) 12 m   b) 15 m

c) 15 m y esté sujeta en el centro del lado largo.

2 Un constructor ha comprado tres parcelas cuadradas e iguales de 22 m de lado. Las parcelas son colindantes y están alineadas.

Quiere cerrar el terreno resultante con una valla compuesta por cuatro cuerdas metálicas sujetas por estacas clavadas en el suelo, a 5,50 m de distancia.

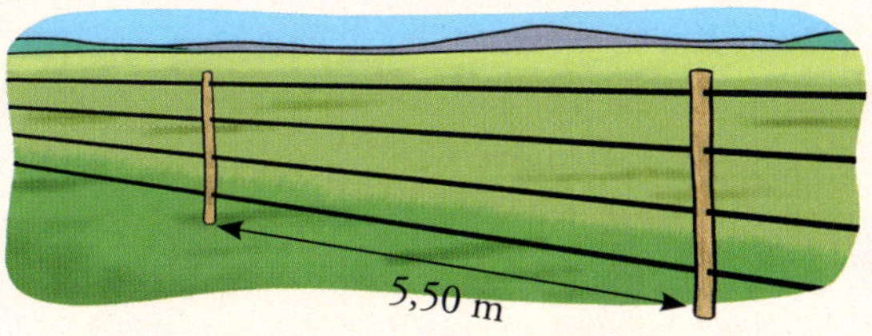

La cuerda metálica se compra en rollos de 20 m a 45 € el rollo. Las estacas cuestan 8,50 € cada una. ¿Cuánto ha de gastar en material para cercar su nueva parcela?

3 Calcula el área de un cuadrado cuya diagonal coincide con el lado de otro cuadrado de 10 m^2 de superficie.

4 Cortando las esquinas de un triángulo equilátero se puede obtener un hexágono regular.

¿Cuál será el área de ese hexágono si la del triángulo original era de 90 m^2?

5 Tres de los vértices de un hexágono regular coinciden con los vértices de un triángulo equilátero de 20 cm^2 de superficie.

¿Cuál es el área del hexágono?

Procede sistemáticamente y resuelve problemas similares más sencillos

Un juego entre dos, A y B, consiste en lo siguiente: alternativamente, cada uno de ellos va diciendo un número del 1 al 10. Se van sumando, y gana el que llegue a 100. Empieza A. ¿Qué estrategia debe seguir para ganar con seguridad?

Resolución

Para que no parezca tan complicado, vamos a empezar resolviendo un problema parecido pero más sencillo (estrategia: ¡hazlo más fácil!). Vamos a suponer que la meta es 10 y que cada vez se suma 1, 2 o 3. Veamos:

Para poder llegar a 10, A debe recibir 7, 8 o 9. Por lo que, previamente, debe llegar a 6. Para ello, debe recibir 3, 4 o 5. Por tanto, empezará poniendo 2 y así podrá alcanzar, sucesivamente, las sumas 6 y 10.

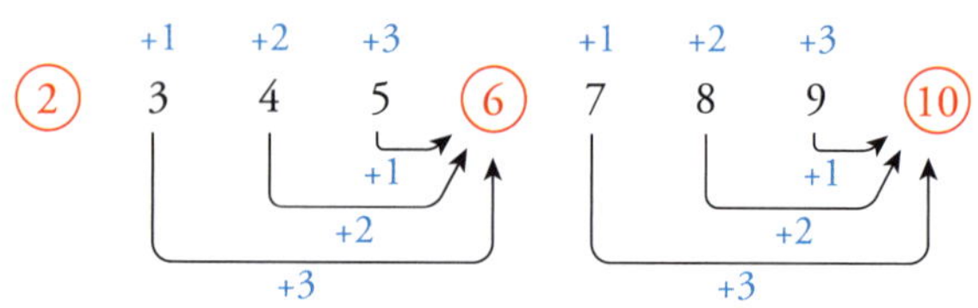

Vamos a razonar ahora el problema inicial de forma similar, yendo de atrás hacia delante:

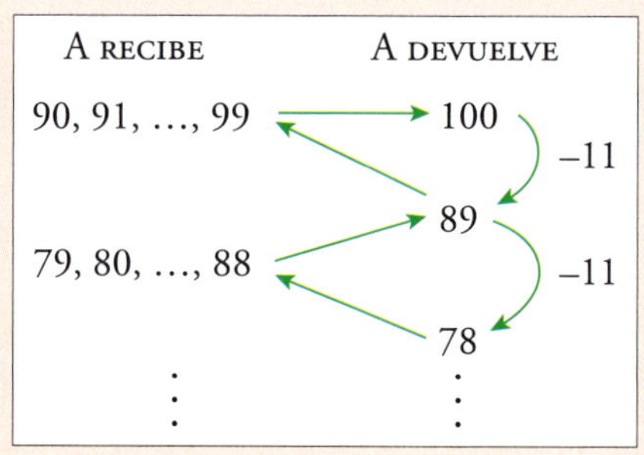

Es decir, A debe devolver suma 78 para, en el siguiente turno, poder devolver suma 89, y así ganar en el turno siguiente.

Siguiendo hacia atrás, encontramos las siguientes *sumas ganadoras*: 67, 56, 45, 34, 23, 12, 1. Si A consigue situarse en una de esas sumas, respondiendo correctamente, ganará.

Por tanto, la estrategia ganadora consiste en empezar con 1 y responder a x con $11 - x$. Por ejemplo:

A	1		+6(=12)		+4(=23)		+1(=34)		+2(=45)		+5(=56)		+1(=67)		+9(=78)		+10(=89)		+3(=100)
B		+5(=6)		+7(=19)		+10(=33)		+9(=43)		+6(=51)		+10(=66)		+2(=69)		+1(=79)		+8(=97)	

PIENSA E INTENTA RESOLVER

1 De un montón de 20 cerillas, dos jugadores van retirando, alternativamente, 1, 2 o 3 cerillas. Pierde el último que se lleve cerillas. ¿Cuál es la estrategia ganadora?

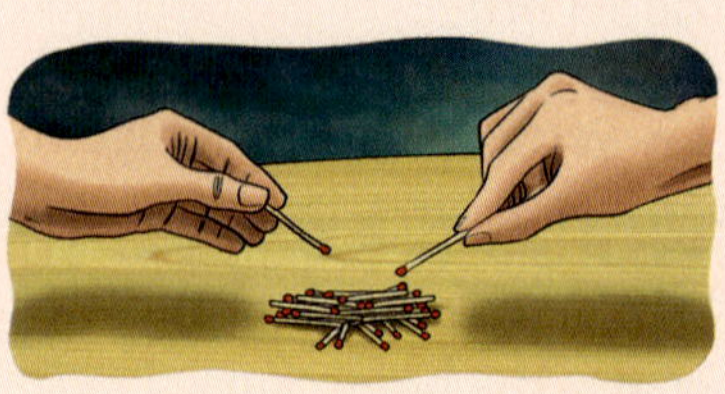

2 Dos amigas juegan a colocar monedas iguales, una a una, en una mesa circular hasta que no quepan más. Gana la que ponga la última moneda. ¿Qué estrategia debe seguir la primera para ganar?

Tantea, ensaya, pon ejemplos...

No vamos a resolverte ninguno de los problemas siguientes. Tantea, piensa, ensaya y seguro que lo consigues. El tercero lo debes resolver con dos pesadas.

PIENSA E INTENTA RESOLVER

1 Un repartidor lleva en su camión siete cajas de refrescos llenas, siete medio llenas y siete vacías. Si desea repartir su mercancía en tres supermercados dejando en cada uno el mismo número de refrescos y el mismo número de cajas, ¿cómo debe hacer el reparto? Supón que tiene mucha prisa y no quiere andar cambiando botellas de unas cajas a otras. ¿Cómo se las arreglará?

2 ¿Cómo medirías 3 litros exactos de agua si estuvieras junto a una fuente y solo dispusieras de un cántaro de 9 litros y de otro de 5 litros?

3 Estas nueve bolas de billar tienen exactamente el mismo tamaño y todas pesan lo mismo salvo una, que pesa un poco más.

¿Cuántas pesadas necesitarías hacer para descubrir, con absoluta seguridad, cuál es la bola que más pesa?

Organiza la información

Un matrimonio viaja en coche con su hija de 12 años y su hijo de 2 años. Cada uno se entretiene en el viaje con una actividad diferente: conducir, dormir, leer y comer.

El padre ni duerme ni lee. La madre, si lee, se marea, y jamás come en los viajes. Si el nene está despierto, no deja leer a su hermana.

¿Qué actividad realiza cada uno?

Resolución

	P	M	CHICA	NENE
CONDUCE			×	×
DUERME	×			
LEE	×	×		×
COME		×		

Hemos reflejado en la tabla toda la información de la que disponemos.

Teniendo en cuenta que, si el nene no duerme, la chica no lee, tantea y llegarás a la solución.

PIENSA E INTENTA RESOLVER

1 Tres amigos apellidados Ruiz, Roig y Arranz tienen cada uno una hermana. Con el tiempo, cada uno termina saliendo con la hermana de uno de sus amigos. En cierta ocasión, Ana Ruiz se encuentra con Pablo Roig y le comenta:

—Ayer estuve de compras con tu novia.

¿Podrías decir cómo se han formado las parejas?

Pon todo lo que sabes en una tabla, tacha las casillas imposibles y deduce.

		Chicas		
		ANA RUIZ	ROIG	ARRANZ
Chicos	RUIZ	×		
	PABLO ROIG	×	×	
	ARRANZ			×

2 Calcula cuántos miembros tiene un club sabiendo que:

- 37 practican baloncesto; 25, fútbol, y 17, ajedrez.
- 8 practican fútbol y baloncesto; 5, baloncesto y ajedrez, y 3, fútbol y ajedrez.
- Solo un miembro practica los tres deportes, y hay 37 que no practican ninguno.

En esta gráfica hemos situado el único que practica los tres deportes. Rellena, uno a uno, los huecos empezando por los tres sombreados.

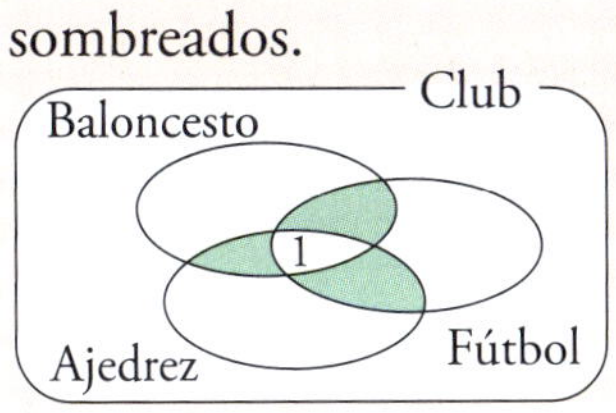

ECHA CUENTAS

1 Marta compra tres tortas, y Beatriz, dos. Cuando van a merendar, se les une su amiga Verónica, que no trae tortas. A la hora de compartir gastos, a Verónica le toca poner 5 €.

¿Cómo se repartirán esos 5 € Marta y Beatriz?

2 Un granjero, tras recoger en una cesta su cosecha de huevos, piensa:

— Si los envaso por docenas, me sobran 5.

— Si tuviera uno más, podría envasarlos, exactamente, en cajas de 10.

— Casi he recogido 100.

¿Cuántos huevos recogió el granjero?

3 Fátima ha invitado a diez amigos a su fiesta de cumpleaños. Después de merendar, propone un acertijo con premio:

«Se llevará la caja de bombones quien averigüe, sin abrirla, cuántos bombones contiene. Doy tres pistas:

— Hay menos de cinco docenas.

— Están ordenados en filas de nueve.

— Si se repartieran entre todos los presentes, sobraría uno».

¿Cuántos bombones contiene la caja?

4 Los participantes en un desfile pueden agruparse, para desfilar, de 3 en 3, de 5 en 5 o de 25 en 25, pero no pueden hacerlo ni de 4 en 4, ni de 9 en 9.

¿Cuál es el número de participantes si sabemos que está entre 1 000 y 1 250?

5 Un camionero presupuesta cierta cantidad de dinero para el gasto de carburante en un recorrido de 600 km. Sin embargo, una rebaja en el precio del gasóleo le supone un ahorro de 0,14 € por kilómetro, lo que le permite realizar un recorrido de 750 km con el mismo gasto.

¿Cuál fue la cantidad presupuestada para carburante?

6 Dos hermanos rancheros se reparten una herencia a partes iguales.

El primero invierte su parte en la compra de una manada de 80 caballos. El segundo compra, con la suya, un rebaño de 100 vacas. Un caballo cuesta 150 € más que una vaca.

¿A cuánto ascendía la herencia?

7 Un grupo de amigos entra en una cafetería. Todos piden café, y la quinta parte de ellos pide, además, un bollo. Un café cuesta 0,85 €, y un bollo, 1,10 €.

Para pagar, entregan al camarero 11 €.

¿Han dejado propina? Si es así, ¿de cuánto ha sido?

8 Un grupo de amigos va a comer a un restaurante chino. Cada dos comparten un plato de arroz; cada tres, uno de verduras, y cada cuatro, uno de carne.

En total se sirvieron 65 platos.

¿Cuántos amigos fueron a comer?

9 En un salón de té solo se sirve té y tarta. Cada té vale 1,10 €, y cada ración de tarta, 2,10 €. Varios amigos realizan, todos ellos, la misma consumición. La cuenta asciende a un total de 30,10 €.

¿Cuántos eran? ¿Qué tomó cada uno?

10 Un automovilista que conduce a 90 km/h ve un tren que se acerca en sentido contrario por una vía paralela.

El tren está compuesto, entre vagones y máquina, por 18 unidades. Cada unidad tiene una longitud de unos 15 metros.

El tren tarda en pasar ante los ojos del automovilista, desde la locomotora a la cola, 6 segundos.

¿Sabrías calcular la velocidad del tren?

11 Un ciclista sube un puerto a una velocidad de 8 km/h. Y baja la misma distancia a 24 km/h.

¿Cuál ha sido el promedio de velocidad en todo el recorrido?

HAZ UN ESQUEMA

12 He comprado la entrada de un concierto con las dos terceras partes del dinero que tenía en la hucha. Además, me he comprado una sudadera del grupo con las tres cuartas partes de lo que me quedaba. Si aun así me quedan 10 €, ¿cuánto tenía ahorrado?

13 De 30 jóvenes a los que se entrevistó en una sala de baile, 15 declararon ser aficionados al rock, y 13, al reguetón. De ellos, 6 aseguraron ser aficionados a ambos ritmos musicales.

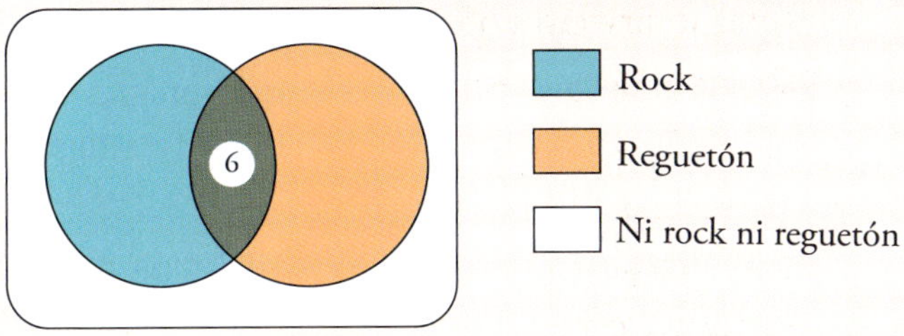

¿Cuántos no son aficionados ni a lo uno ni a lo otro?

14 Una encuesta realizada entre los 30 alumnos y alumnas de una clase arroja los siguientes datos:

- 16 practican fútbol; 14, baloncesto, y 13, tenis.
- 6 practican fútbol y baloncesto, 6 practican fútbol y tenis y 5 practican baloncesto y tenis.
- 3 practican los tres deportes.

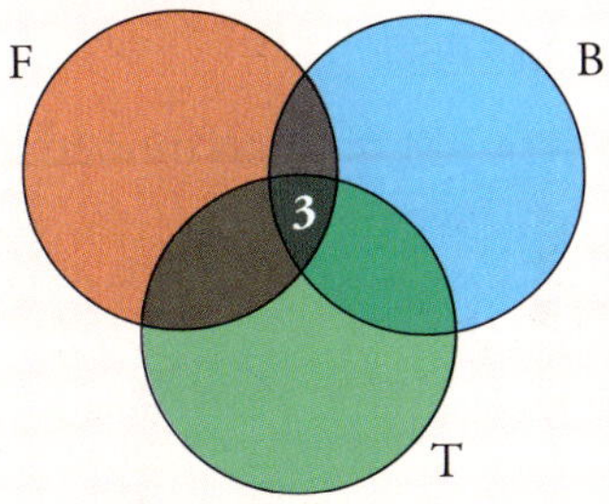

¿Cuántos de esos 30 chicos y chicas no practican ni fútbol, ni baloncesto ni tenis?

15 Una cuadrilla de 4 recogedores de aceitunas trabaja 4 horas por la mañana en un campo de olivos. Por la tarde, se les unen otros 4 recogedores y trabajan todos juntos otras cuatro horas. Al final del día, se han recogido las tres quintas partes del campo.

¿Cuánto tardarán 4 de estos recogedores en rematar la faena?

16 Una cuadrilla de vendimiadores trabaja media jornada en una viña. Por la tarde, la mitad pasa a otra viña, que es la mitad de grande que la anterior, y todos trabajan hasta el final de la jornada.

De esta forma, han terminado de vendimiar la viña grande y queda un trozo de la pequeña, que acaba un solo vendimiador en una jornada completa.

¿Cuántas personas componen la cuadrilla?

17 Al naufragar su barco, dos marineros y su mono llegan a una isla desierta. Como no tienen nada que comer, recogen plátanos y se van a dormir.

Por la noche, un marinero se despierta, da dos plátanos al mono y se come la mitad de los restantes. Después, se despierta el otro marinero, que también da dos plátanos al mono, hace tres partes con los que quedan y se come dos de esas partes.

Por la mañana, se reparten, entre los tres, los plátanos que quedan.

En ningún momento ha sido necesario partir ningún plátano. ¿Cuál es el número mínimo de plátanos que podrían haber recogido? ¿Cuántos plátanos se ha comido cada uno?

18 Una piragüista avanza por un lago de aguas tranquilas cuando, a cierta distancia, delante de ella, salta una carpa. En 15 paladas alcanza la onda creada por el salto y, en otras 15, vuelve a alcanzarla para abandonar el círculo en expansión.

¿A cuántas paladas se encontraba la piragua de la carpa cuando esta saltó?

Problemas

FIGURAS

19 El cuadrado A contiene un 16 % del cuadrado B.

¿Qué porcentaje del cuadrado D contiene el cuadrado C, si el C es igual al A, y el D, al B?

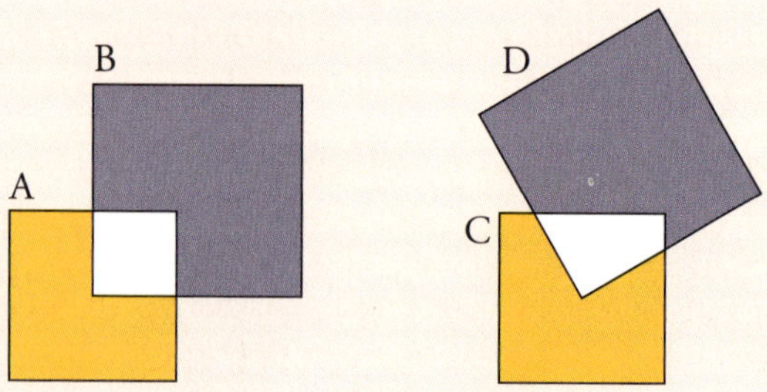

20 Calcula la superficie del cuadrado verde.

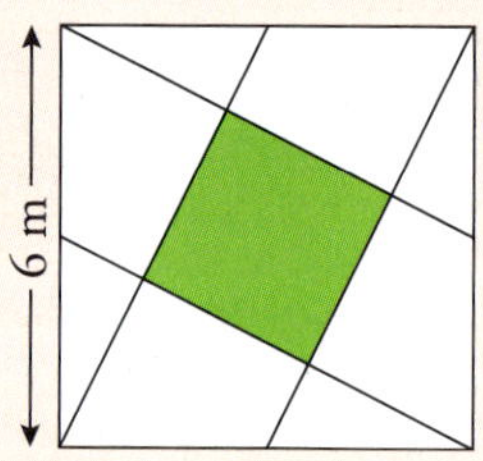

21 Recorta 20 triángulos iguales con catetos de longitud 2 cm y 1 cm. El problema consiste, ahora, en ponerlos unos junto a otros, de modo que entre todos formen un cuadrado. La cosa parece fácil, pero no lo es tanto.

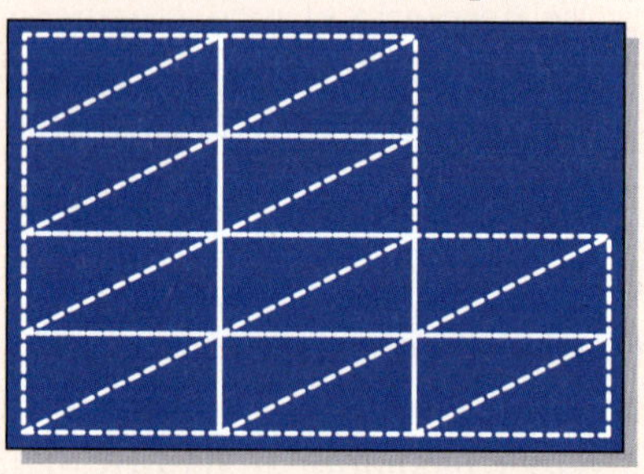

22 Aquí tienes un problema y la solución que ha encontrado Andrés para él:

«Si tuviésemos veinticinco soldaditos de plomo, ¿cómo formaríamos con ellos seis filas de cinco soldaditos cada una?».

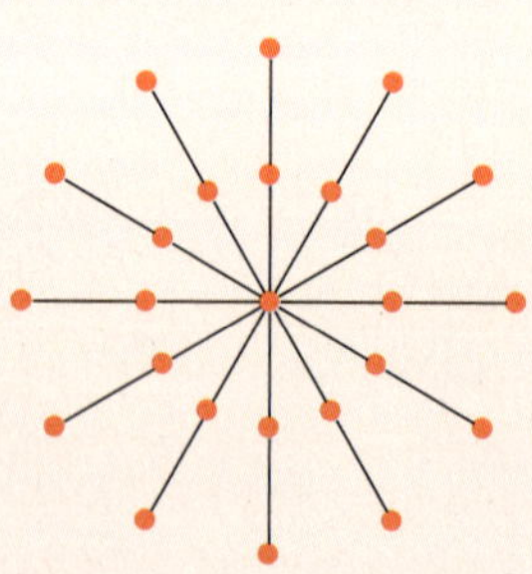

Sin embargo, Susana ha dispuesto los 25 soldados de modo que el número de filas, con 5 soldados en cada una, son muchas más de seis. ¿Te atreves a probar?

TANTEA, ORGANIZA, COMBINA...

23 Estás junto a una fuente y dispones de dos cántaros, uno de 7 litros y otro de 5 litros. ¿Cómo harías para medir 4 litros de agua?

24 a) Tienes cuatro pesas de 1 kg, 2 kg, 4 kg y 8 kg y una báscula de dos platillos. Comprueba que con ellas puedes realizar cualquier pesada de un número entero de kilos entre 1 kg y 15 kg.

b) Si añades una pesa de 16 kg, ¿hasta qué pesada puedes realizar? ¿Qué pesas debes poner para pesar 21 kg? ¿Y para pesar 29 kg?

c) ¿Qué pesas más deberías tener para poder pesar, al menos, 120 kg? Con esas pesas, ¿cuál es la mayor pesada que puedes realizar? ¿Qué pesas debes poner para pesar 113 kg?

25 a) Tienes pesas de 1 kg, 3 kg y 9 kg, y una báscula de dos platillos. Comprueba que puedes realizar cualquier pesada entera de 1 a 13 kg (puedes poner pesas en los dos platillos).

b) Si añades una pesa de 27 kg, ¿cuál es la mayor pesada que puedes realizar? ¿Cómo pesarías 22 kg?

c) ¿Cuál es la siguiente pesa que añadirías a esta colección: 1, 3, 9, 27, …?

26 a) Tienes estas tres monedas:

¿Cuántas cantidades de dinero distintas puedes formar con ellas?

b) ¿Y si tuvieras estas cinco monedas?

c) Y si las monedas fueran estas:

¿Cuántas cantidades distintas de dinero podrías formar?

PURA LÓGICA

27 Anselmo va a freír tres filetes. Cada uno ha de estar en la sartén cinco minutos por cada cara. Pero en la sartén solo caben dos. ¿Cómo debe hacerlo para tardar el menor tiempo posible?

28 Anselmo ha de tener en el horno un pollo durante 15 minutos exactamente. Pero se le ha estropeado el reloj. Dispone de dos relojes de arena que miden 11 minutos y 7 minutos, respectivamente.

¿Cómo cronometrará con ellos los 15 minutos?

29 Ahora Anselmo ha de cronometrar los 45 minutos que tarda en hacerse un potaje. Para ello, dispone de dos mechas. Cada una de ellas tarda 1 h en consumirse. Pero la velocidad con que se consumen es irregular (es decir, en 1/4 de hora no tiene por qué gastarse 1/4 de la longitud de la mecha). Aun así, consigue cronometrar con ellas los 45 minutos. ¿Cómo lo hace?

30 Anselmo está en su casa de campo. Quiere saber la hora y no dispone de televisión, ni de radio, ni de teléfono; solo de un reloj de pared que se le ha parado, pero puede ponerlo en marcha dándole cuerda. Va a casa de su amiga Rosa, que está a unos 3 km de distancia y en la que hay otro reloj como el suyo. Pasa un rato charlando con ella y, a la vuelta, pone el reloj en hora con razonable precisión.

Para ello, ¿qué otras cosas ha hecho que no se describen aquí?

31 El reloj de una torre tarda 15 segundos en dar las seis. ¿Cuánto tardará en dar las doce?

32 Susana y Miguel conciertan una cita a las ocho de la tarde. El reloj de Susana está atrasado 10 minutos, pero ella cree que está adelantado 5 minutos.

El reloj de Miguel está adelantado 5 minutos, pero él cree que está atrasado 10 minutos.

¿A qué hora real llega cada uno a la cita?

33 Una chica se queda sin dinero para pagar la pensión en la que se hospeda. No recibirá dinero hasta dentro de siete días. Tiene una pulsera con siete eslabones que el hostelero admite como pago de esos siete días.

No se fía cada uno del otro: el hospedero no consiente en que tenga ninguna deuda y ella no quiere pagar nada por adelantado. Convienen, como pago, un eslabón al día.

¿Cuántos eslabones debe partir para poder pagar uno al día? (Se supone que quiere estropear lo menos posible su pulsera).

34 a) ¿Cuántas de estas monedas hemos de tocar para que las tres caras estén a la izquierda y las tres cruces a la derecha?

b) ¿Cuántas de estas copas hemos de tocar para que queden tres llenas a la izquierda y tres vacías a la derecha?

35 Después de la clase de educación física hemos guardado en 4 cajas los 9 balones que teníamos. Cada caja contiene un número impar de balones y en ningún caso coinciden el número de balones de dos cajas. ¿Cómo es posible?

36 Te han asignado una habitación del sexto piso de una casa sin ascensor. Hay tres interruptores, I, II y III, en la planta baja, uno de los cuales enciende la bombilla de tu habitación.

¿Cómo averiguas cuál es el interruptor de tu bombilla si solo subes una vez a hacer comprobaciones? (Es decir, manipulas los interruptores, subes, observas y deduces, sin ninguna duda, cuál de los tres interruptores es el que corresponde a tu bombilla).

1

BLOQUE ARITMÉTICA

1. Números para contar, números para medir
2. Potencias y raíces
3. Problemas aritméticos
4. Progresiones

Números para contar, números para expresar medidas, números para calcular... números para jugar. Los números presiden nuestra vida, desde sus aspectos más sencillos hastas los más complejos.

Enteros, fraccionarios, racionales e irracionales irán, paso a paso, entrando en escena, pues todos juegan su papel. Usaremos los números naturales para contar y ordenar, fracciones y decimales para expresar medidas. Veremos la necesidad de manejar expresiones no racionales con exactitud en forma de raíz y manejaremos aproximaciones (redondeos, estimaciones) siempre que se controlen y acoten los posibles errores. Valoraremos, también, la expresividad de la notación científica y aprenderemos a usarla en situaciones oportunas.

Todo ello será vehículo y herramienta para resolver multitud de problemas.

MÁS GASTO, PERO ¿EN CANTIDAD O EN PROPORCIÓN?

Contaba el matemático John Allen Paulos que, como él estaría dispuesto a donar 25 $ para una causa interesante, igual alguno de los multimillonarios de la lista Forbes también querría subvencionar alguno de sus proyectos matemáticos con una cantidad similar, pero proporcional a sus ganancias.

Dicha cantidad resultó desorbitada, por lo que acabó pidiendo solo una mínima parte: 25 000 $. Parece que a los millonarios no les hizo gracia la broma, ya que finalmente no le dieron ni un centavo.

EL DESAFÍO

¿Qué parte de su sueldo destina una familia a comida, vivienda, ocio, ahorro...? ¿Depende de lo que gane? ¿Te gustaría saber cuánto varían esas partes según el nivel económico?

Una familia que no tiene suficiente para ahorrar o invertir y gasta todo su sueldo, ¿qué parte de su salario paga de IVA?

Vamos a hacer un estudio para responder a estas preguntas.

Investigaremos qué porcentaje representa cada una de las partidas básicas (vivienda, alimentos, sanidad y educación, ropa, ocio, otros...) en las que se gastan los ingresos mensuales.

Elaboraremos gráficos con los datos de las familias y, con ellos, estudiaremos las diferencias que existen de algunas partidas concretas y, así, sacaremos algunas conclusiones.

Finalmente, te propondremos que inventes los datos relativos a los ingresos y al consumo de dos, o más, familias con situaciones económicas distintas.

1

Números para contar, números para medir

El cálculo ha sido una tarea que te ha ocupado muchas horas, muchos días, muchos cursos en tu actividad matemática. Con el paso de los años, has transitado desde las sumas y restas sencillas a complicadas operaciones con decimales, fracciones, potencias, paréntesis...

La calculadora, ¡gran invento!, te ha aliviado la tarea, de modo que, en tu actividad matemática, al librarse tu mente de engorrosos cálculos, puede dedicarse de lleno a reflexionar sobre el significado de lo que planificas, de lo que desarrollas, de lo que consigues.

Del mismo modo, la humanidad ha evolucionado a lo largo de siglos, de milenios, desde el forcejeo para domesticar las fracciones y los muchos intentos para hacer comprensibles y operativos los números decimales, hasta los grandes logros en cálculo superior, al que tú llegarás dentro de unos años. Y todo ello se culmina, en los últimos decenios, con la apoteosis de los ordenadores.

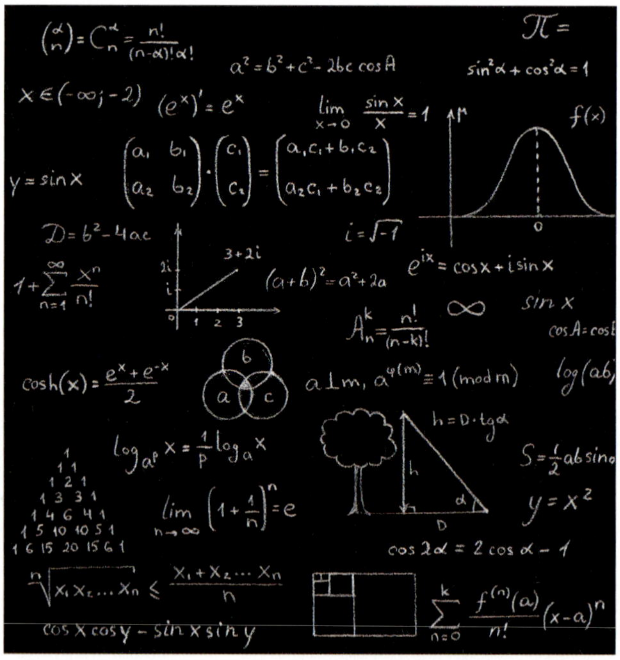

Con lo que ya sabes, resuelve

Aquí puedes ver el suelo de un salón rectangular embaldosado a partir de losetas cuadradas:

Reflexiona

1. Contesta a estas preguntas:

   a) ¿Cuántas losetas enteras (sin partir) hay?

   b) Cada loseta mide 40 cm de lado. Si las que acabas de contar las pusieras en fila, una detrás de otra, ¿qué longitud se alcanzaría?

   c) ¿Qué proporción de losetas enteras está compuesta por losetas rojas? ¿Y amarillas?

   d) ¿Qué dimensiones tiene el suelo de la habitación? Ten en cuenta los trozos de loseta para asignar longitudes con la mayor aproximación posible. Hazlo de dos formas:

   — Expresando las losetas incompletas en forma de fracción (por ejemplo, $\frac{1}{3}$ y $\frac{1}{5}$).

   — En forma decimal.

   e) ¿Cuál es la superficie del suelo?

   f) Si la altura del salón es de 2,80 m, ¿cuál es su volumen?

   g) ¿Cuánto costaría pintar las paredes y el techo a 9 €/m^2? (Hay dos ventanas y una puerta que no se van a pintar. En total tienen una superficie de 10,25 m^2).

2. Si intentáramos contar cuántos cuadrados se pueden señalar a partir de las losetas, nos encontraríamos con cantidades inmensas. Vamos a contarlos en un trozo más reducido.

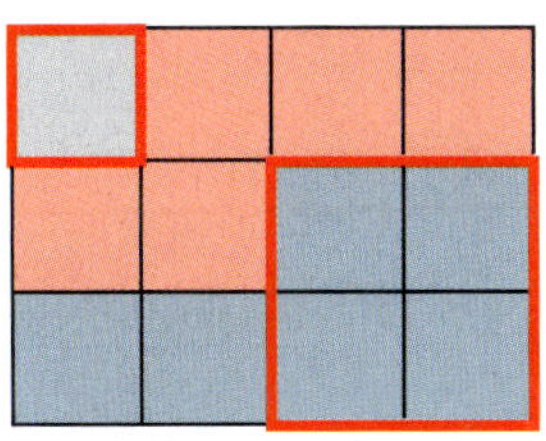

   a) Hay cuadrados de lado 1 y otros de lado 2, como los que se señalan. También hay algunos de lado 3. ¿Cuántos podríamos encontrar de cada tipo? ¿Cuántos hay en total? ¿Y si nos fijamos en los rectángulos? ¿Cuántos hay de 2 × 1, de 3 × 1, de 3 × 2…? ¿Cuántos hay en total?

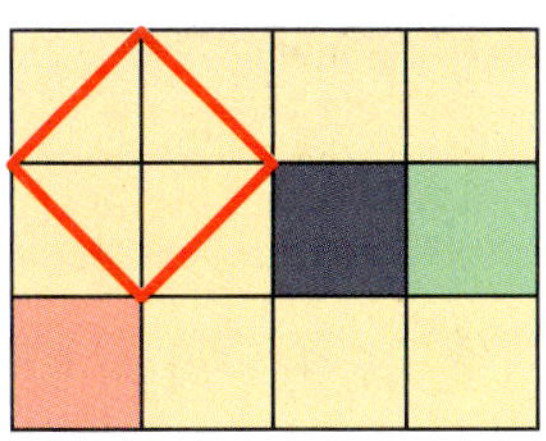

   b) Además de los anteriores, hay otros cuadrados y rectángulos cuyos vértices se apoyan en la trama. ¿Cuántos hay de cada clase?

3. Responde a los apartados de la actividad 1 en el caso de una habitación, en el salón de tu casa, en tu propia aula… o en cualquier otro sitio en el que haya losetas cuadradas.

   Esto lo podríais hacer en grupos, si el docente lo considera oportuno.

1 Números naturales

Contamos los días que faltan para un evento, los coches de un aparcamiento, los resultados posibles de una quiniela, etc.

Se cuenta con **números naturales.** Los números naturales son, como sabes, 0, 1, 2, 3, …, 10, 11, …, 100, 101, … Hay infinitos. Al conjunto de todos ellos se le denomina $\mathbb{N}$. Están ordenados. Esto nos permite representarlos sobre una recta:

0 1 2 3 4 5 6 7 8 9 10 11 ……

Los números naturales también sirven para indicar el lugar que ocupan los distintos elementos dentro de un conjunto ordenado: octubre es el segundo mes del otoño y el décimo del año.

EJERCICIOS RESUELTOS

1 ***Una granja, con unos gastos semanales de 692 €, produjo la semana pasada una media de 2 062 huevos/día. Los huevos se distribuyen en bandejas de dos docenas y media y se envasan en cajas de 10 bandejas.***

a) ¿Cuánto ganó el granjero si vendió a 22 € cada caja?

b) ¿Cuántos huevos sobraron?

Huevos producidos en la semana → $2\,062 \cdot 7 = 14\,434$

Huevos en una caja → $(12 \cdot 2 + 6) \cdot 10 = 300$

N.º de cajas completadas → $14\,434 : 300 = 48$ (completas)

(Y queda un resto de $14\,434 - 300 \cdot 48 = 34$ huevos).

En una división entera se cumple $D = d \cdot C + R$, es decir, $14\,434 = 300 \cdot 48 + 34$.

Ingresos por la venta de las cajas → $48 \cdot 22 = 1\,056$ €

Ganancia = ingresos – gastos → $1\,056 - 692 = 364$ €

a) El granjero ganó 364 €.

b) Sobraron 34 huevos.

2 ***En un desfile militar, el capitán de una compañía calcula que si formase a sus soldados en filas de 8, de 10 o de 12, siempre sobrarían dos, pero si los colocase en filas de 11, quedarían justos. ¿Cuántos soldados tiene la compañía? (Nota: una compañía tiene entre 70 y 250 soldados.)***

mín. c. m. $(8, 10, 12) = 2^3 \cdot 3 \cdot 5 = 120$

Múltiplos comunes de 8, 10 y 12 → 120 - 240 - 360 - 480 - 600 - …

Números que dejan un resto de 2 unidades al dividirlos entre 8, 10 y 12:

122 - 242 - 362 - 482 - 602 - …

De ellos, solamente 122 y 242 están comprendidos entre 70 y 250.

Y de estos últimos, solo 242 es múltiplo de 11.

Por tanto, la compañía tiene 242 soldados.

PIENSA Y PRACTICA

1 Un ganadero compra 45 terneras a 475 € cada una y, durante el viaje, dos de ellas se accidentan, por lo que debe sacrificarlas. Seis meses después vende cada una de las restantes a 1 690 €. Calculando que los gastos de mantenimiento y ceba han sido de 34 690 €, ¿qué ganancia ha obtenido por cada una de las terneras que compró?

2 En el obrador de la bollería, sacan del horno 7 bandejas de magdalenas con 65 piezas en cada una. Después las envasan en bolsas de 8 unidades y las venden a 2 € la bolsa.

¿Qué recaudación se obtiene en caja, teniendo en cuenta que durante el proceso de manipulación se malograron 13 piezas?

2 Otras formas de contar

Los números naturales, como hemos visto en el epígrafe anterior, sirven para numerar y, por tanto, para contar. La idea elemental de cómo se cuentan los elementos de un conjunto es ir numerándolos sucesivamente (1, 2, 3, 4, …) hasta llegar al último. Hay otras formas menos simples de contar utilizando las operaciones aritméticas elementales. Por ejemplo:

— *¿Cuántas cajas hay en una pila de 45 de largo, 30 de ancho y 40 de alto?*

Obviamente, $45 \cdot 30 \cdot 40 = 54\,000$ cajas.

— *¿Cuántas horas hay en nueve semanas y media?*

Cada semana tiene $24 \cdot 7 = 168$ h. Media semana son $3 \cdot 24 + 12 = 84$ h. Por tanto, en nueve semanas y media hay $168 \cdot 9 + 84 = 1\,596$ horas.

Pero hay otras formas más sofisticadas de contar. Algunas de ellas requieren un tratamiento sistemático y la aplicación de estrategias específicas. Por ejemplo:

PROBLEMA 1

¿Cuántos caminos, de distancia mínima, van de A a B? ¿Y de B a C? Por tanto, ¿cuántos van de A a C pasando por B?

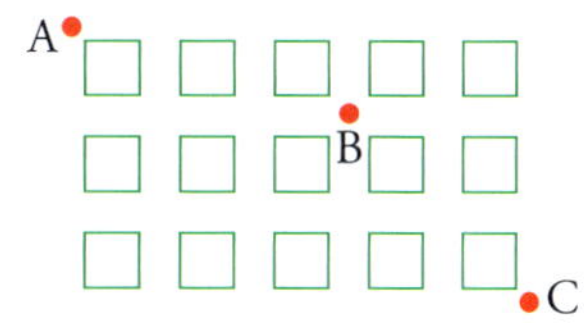

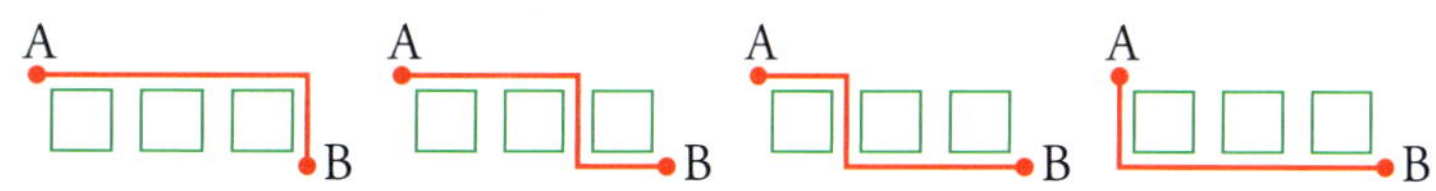

Hay 4 caminos distintos para ir de A a B.

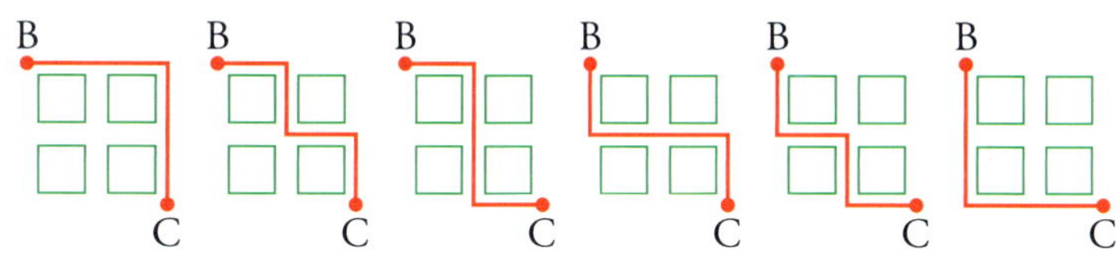

Hay 6 caminos distintos para ir de B a C.

Hay 4 formas de ir de A a B y 6 formas de ir de B a C. Por tanto, hay un total de $4 \cdot 6 = 24$ formas de ir de A a C pasando por B.

PROBLEMA 2

Seis amigos organizan un torneo de ajedrez a doble vuelta. ¿Cuántas partidas han de jugar en total?

	A	B	C	D	E	F
A	×	A - B	A - C			
B	B - A	×				
C	C - A		×			
D				×		
E					×	
F						×

El número total de casillas es $6 \cdot 6 = 36$.

Pero como cada uno no juega contra sí mismo, hay que restar 6.

Total: $36 - 6 = 30$ partidas.

2 Otras formas de contar

PROBLEMA 3

¿De cuántas formas se pueden seleccionar las 5 jugadoras que comenzarán un partido de baloncesto si se dispone de 7?

Hay 7 jugadoras (a, b, c, d, e, f, g) y hemos de seleccionar a 5. Pero resulta más sencillo pensar en cuáles son las dos que, de momento, no juegan.

ab	ac	ad	ae	af	ag
	bc	bd	be	bf	bg
		cd	ce	cf	cg
			de	df	dg
				ef	eg
					fg

Como ves en el esquema, hay 21 formas de seleccionar a 2 de entre 7 (las dos que se quedan sin jugar). Por tanto, habrá 21 formas de seleccionar a las 5 que juegan.

PROBLEMA 4

En un campeonato en el que participan cinco jugadores, hay tres premios distintos para los tres primeros. ¿De cuántas formas se puede resolver el campeonato?

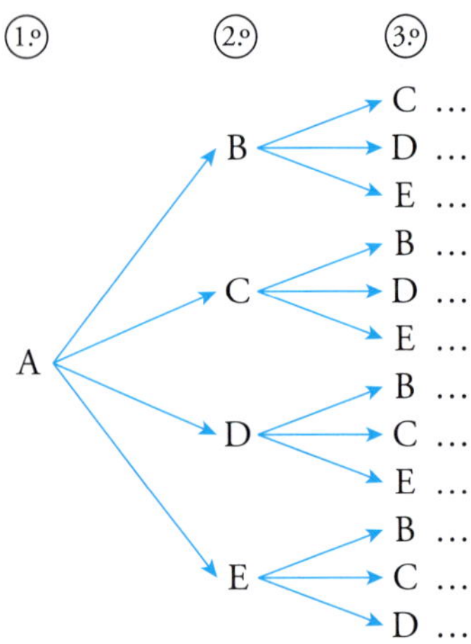

1.º	2.º	3.º
A	B	C
A	B	D
A	B	E
A	C	B
A	C	D
A	C	E
A	D	B
A	D	C
A	D	E
A	E	B
A	E	C
A	E	D

Utilizaremos un diagrama en árbol para analizar todas las posibilidades.

Vemos que el jugador A es el primero en $4 \cdot 3$ de los casos posibles.

Otro tanto ocurrirá con los demás jugadores.

Por tanto, el número total de posibilidades es $5 \cdot 4 \cdot 3 = 60$.

PROBLEMA 5

En una academia se imparten clases de inglés, francés y chino. Se pueden estudiar uno o dos de estos idiomas, pero no los tres. Sabemos que hay 80 estudiantes de inglés, 63 de francés y 26 de chino. De ellos, 20 estudian francés e inglés, 11 inglés y chino y 5 francés y chino. ¿Cuántos estudiantes hay en esa academia?

Representamos y ponemos los datos en azul:

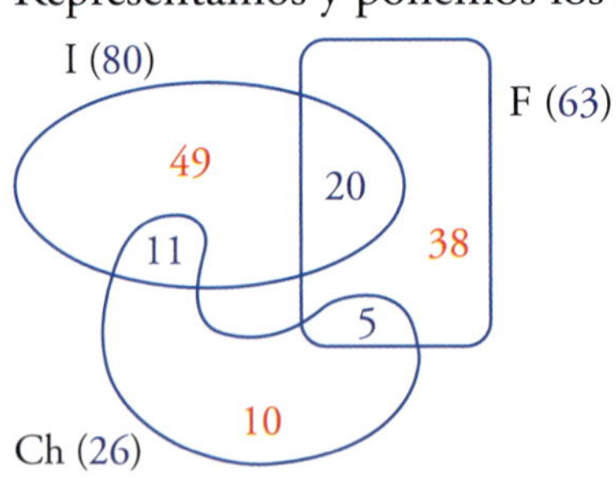

Con estos datos, calculamos los valores correspondientes a los espacios en blanco:

Solo inglés: $80 - 11 - 20 = 49$

Solo francés: $63 - 20 - 5 = 38$

Solo chino: $26 - 11 - 5 = 10$

Pasamos los resultados, en rojo, a la gráfica.

Finalmente, sumamos todos los trozos: $49 + 20 + 38 + 11 + 10 + 5 = 133$.

Hay 133 estudiantes en la academia.

OBSERVA

Comprueba que el resultado se podría haber obtenido así:

$n(\text{I}) + n(\text{F}) + n(\text{Ch}) -$
$- n(\text{F e I}) - n(\text{I y Ch}) - n(\text{F y Ch})$

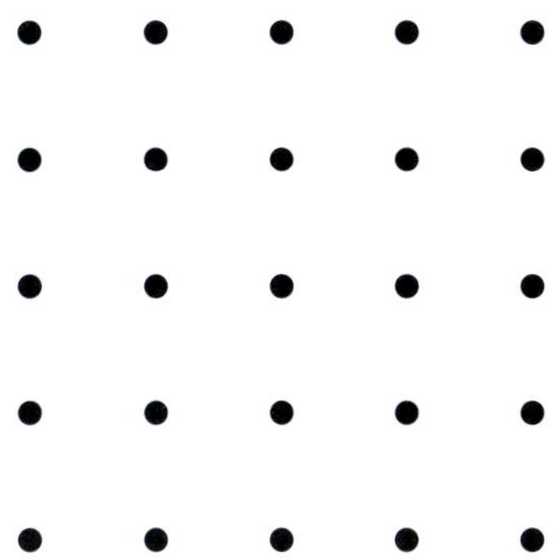

PROBLEMA 6

¿Cuántos tipos de cuadrados se pueden dibujar con los vértices en la cuadrícula del margen? Y… ¿cuántos hay de cada tipo?

Hay cuadrados de lado 1, de lado 2, de lado 3 y de lado 4. Eso está claro.

Pero hay más: 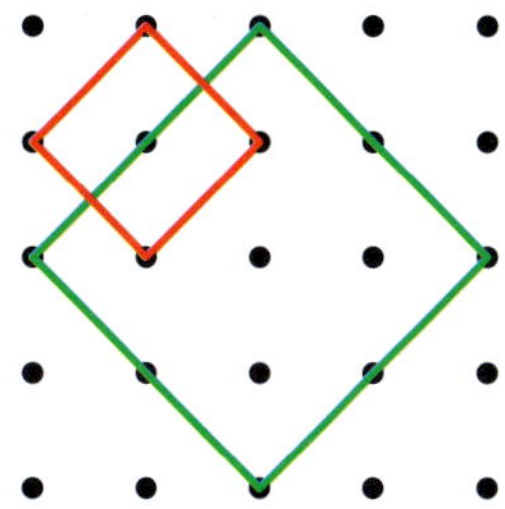 Y aún más: 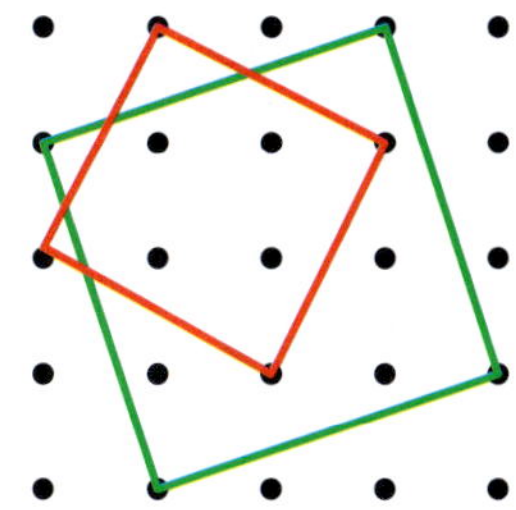

Vamos a contar los de lado 2:

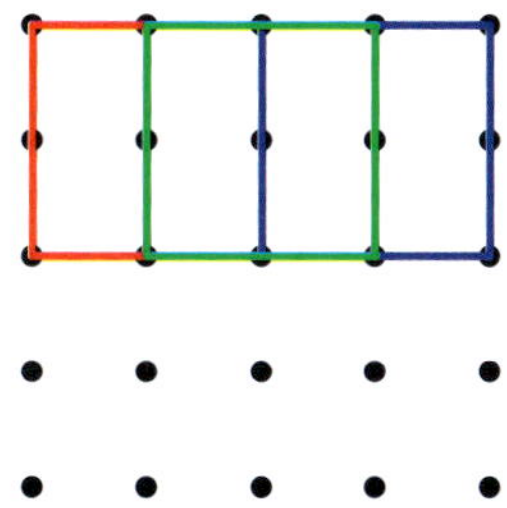

Aquí hay 3, con su primer vértice en la fila de arriba. Hay otros tantos con dicho vértice en la segunda fila y otros tres en la tercera fila (no en la 4.ª ni en la 5.ª).

En total, 9 cuadrados de lado 2.

PIENSA Y PRACTICA

anayaeducacion.es Practica otras formas de contar.

1 ¿De cuántas formas se pueden asignar 3 libros distintos a 6 estudiantes?

2 ¿De cuántas formas podemos ir de A a B? ¿Y de B a C? ¿Y de A a C pasando por B?

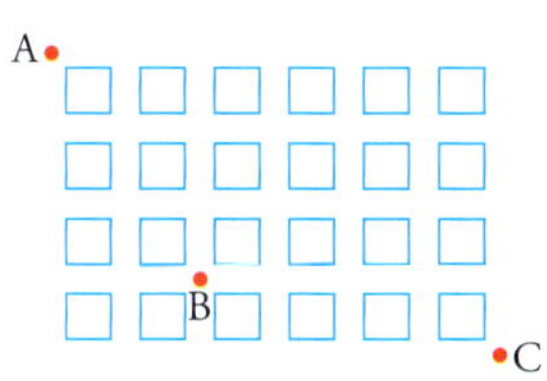

3 ¿De cuántas formas podemos repartir 6 entradas entre 7 personas? ¿Y si fueran 8 los candidatos?

4 Se organiza un torneo de pimpón entre seis jugadores. ¿Cuántas partidas han de disputar? Descríbelas.

5 Cinco amigos organizan un torneo de ajedrez, en el que cada dos jugadores se enfrentan dos veces. ¿Cuántas partidas han de jugar? Descríbelas.

6 ¿De cuántas formas se pueden sentar cinco amigos en las cinco butacas contiguas de la fila de un cine? Descríbelas.

7 Repite el problema anterior con el condicionante de que dos de ellos son pareja y se sentarán juntos.

8 ¿De cuántas formas se pueden sentar 5 personas alrededor de una mesa circular?

9 Calcula la suma de los 50 primeros números naturales. Hazlo sin sumar uno a uno. Para ello, ten en cuenta que $1 + 50 = 2 + 49 = 3 + 48 = \dots$

10 Sobre la cuadrícula del PROBLEMA 6, cuenta los cuadrados de lado 1, los de lado 3 y los de lado 4, así como los de los otros cuatro tipos señalados.

11 ¿Cuántos tipos de rectángulos se pueden dibujar con los vértices en la cuadrícula del PROBLEMA 6?

12 En la academia del PROBLEMA 5, el pasado curso había matriculadas 120 personas: 80 en inglés y 51 en francés, de las cuales 16 coincidían en los dos idiomas. Además, sabemos que había 7 en inglés y chino y otras 7 en francés y chino. ¿Cuántas personas había matriculadas en chino?

3 Números enteros

El conjunto $\mathbb{Z}$

A veces, para contar, se requieren cantidades negativas. Por ejemplo:

— Aparcar el coche en el piso –3 significa que está 3 pisos por debajo del piso 0.

— Un saldo bancario de –234 € significa que se deben 234 € al banco.

Los números enteros negativos junto con los números naturales forman el conjunto de los **números enteros,** que se denomina $\mathbb{Z}$. Con ellos, podemos sumar, restar y multiplicar, con la seguridad de que el resultado siempre será un número entero. Sin embargo, al dividir dos enteros, el resultado no suele ser entero.

Los números enteros se pueden representar, ordenados, sobre una recta:

… –7 –6 –5 –4 –3 –2 –1 0 1 2 3 4 5 6 7 8 …

POR QUÉ ESE NOMBRE...

¿Por qué $\mathbb{Z}$ para designar el conjunto de los números enteros?

En alemán, «número» se escribe *zahl*.

Valor absoluto de un número entero

El valor absoluto de un número es su magnitud si prescindimos de su signo. Se escribe así: $|x|$

$$|13| = 13 \qquad |-27| = 27$$

Gráficamente, el valor absoluto de un número es su distancia al cero:

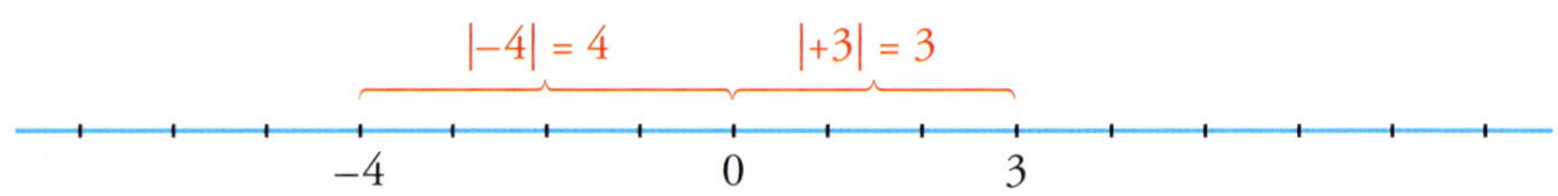

EJEMPLOS

- $7 - 5 - 11 + 15 - 17 + 3 =$
  $= 7 + 15 + 3 - 5 - 11 - 17 =$
  $= (7 + 15 + 3) - (5 + 11 + 17) =$
  $= 25 - 33 = -8$
- $3 - 5 + 8 - (4 - 13 + 6 - 11) =$
  $= 3 - 5 + 8 - 4 + 13 - 6 + 11 =$
  $= (3 + 8 + 13 + 11) -$
  $-(5 + 4 + 6) = 35 - 15 = 20$

Operaciones con números enteros

EJERCICIO RESUELTO

a) $7 - |5 - 8| - (4 - 12 + 6 - 11) = 7 - |-3| - (10 - 23) = 7 - |-3| - (-13) =$
$= 7 - 3 + 13 = 20 - 3 = 17$

b) $|2 \cdot (-9)| - [-16 - 5 \cdot (11 - 17)] : (7 - 8) = |-18| - [-16 - 5 \cdot (-6)] : (-1) =$
$= 18 - [-16 + 30] : (-1) = 18 - [14] : (-1) = 18 + 14 = 32$

c) $|-4 + (-3) \cdot 2 + 5| - 2 \cdot |3 - |4 - 5|| = |-4 + (-6) + 5| - 2 \cdot |3 - 1| =$
$= |-10 + 5| - 2 \cdot 2 = |-5| - 4 = 5 - 4 = 1$

PIENSA Y PRACTICA

→ **anayaeducacion.es** Practica las operaciones con números enteros y valor absoluto.

1 Ordena de menor a mayor: $|-4|$, 19, 7, 0, –6, $|-5|$, –2

2 Calcula.

a) $[(1 - 4) - (5 - 3) - (-6)] \cdot [-3 + (-7)]$

b) $|3 - 3 \cdot (-7) - |5 \cdot (-8)||$

c) $-3(4 - 2) - 4(3 - 8) - [4 \cdot (-5)] \cdot [(-3) \cdot 11]$

d) $|5 + |3 - 11||$

e) $|30 - (-20 - 9)|$

3 Opera las siguientes expresiones:

a) $[(1 - 7) - (8 - 3) - 2] \cdot (15 - 11)$

b) $(7 - 3) \cdot 12 + (5 - 1) \cdot [6 - 3 \cdot 2]$

c) $(-3) - 2 \cdot (-1) + 5 \cdot (-2) - [2 - 4 \cdot (-7)]$

d) $17 - 4 \cdot (-3 + 6) - 2[4 - 5(2 - 3) \cdot (-2)]$

e) $|26 - (-4) \cdot (-3) \cdot (-3 + 2)| - |-2 + 7| \cdot (-4)$

f) $(-1) + ||1 - |1 - 1 - (-1)|| \cdot (-1) + (-1)|$

Problemas con números enteros

Una plataforma petrolífera guarda, a 30 metros sobre el nivel del mar, un batiscafo que se utiliza para los trabajos de reparación submarinos.

Cierto día, la grúa realiza los siguientes movimientos con el batiscafo:

- *Eleva la carga recogiendo cable durante 2 minutos a razón de 2 metros por minuto.*
- *Desplaza horizontalmente el batiscafo hasta sacarlo de la plataforma.*
- *Larga cable, haciendo descender la carga, durante 11 minutos a razón de 3 metros por minuto. Y se detiene para cambiar de velocidad.*
- *Durante los siguientes 15 minutos, larga un metro de cable por minuto.*
- *Realiza un trabajo de reparación, durante media hora.*

¿Cuánto tardará en izar el batiscafo hasta la superficie del agua, si lo sube a la velocidad de dos metros por minuto?

Posición respecto al nivel del mar en el punto en que realiza la reparación:

$$30 + 2 \cdot (+2) + 11 \cdot (-3) + 15 \cdot (-1) = 30 + 4 - 33 - 15 = -14 \text{ m}$$

Tiempo de izado hasta la superficie del agua:

$$|30 + 2 \cdot (+2) + 11 \cdot (-3) + 15 \cdot (-1)| : 2 = |-14| : 2 = 14 : 2 = 7 \text{ min}$$

Desde que termina el trabajo, tarda siete minutos en subir hasta la superficie.

PIENSA Y PRACTICA

4 Para el problema de arriba, y suponiendo que el izado del batiscafo continúa a la misma velocidad, escribe una expresión con la que calcular el tiempo que tarda en subir, desde el punto donde realizó el trabajo, hasta el nivel de la plataforma.

5 Halla la diferencia de temperatura (en °C) que hay entre el punto de fusión, P. F. (de sólido a líquido), y el de ebullición, P. E. (de líquido a gas), de cada uno de estos elementos químicos:

a) Cloro. P. F.: –101; P. E.: –35

b) Fósforo. P. F.: 44; P. E.: 280

c) Mercurio. P. F.: –39; P. E.: 357

d) Bromo. P. F.: –7; P. E.: 59

6 Varios amigos diseñan el siguiente juego con un dado como el que ves:

- Cada uno tira 10 veces y suma los puntos obtenidos.
- Por cada resultado que se repita tres veces, se duplica el total de puntos.
- Por cada resultado que se repita cuatro o más veces, el total se triplica.

La tabla recoge los resultados de una partida entre tres jugadores.

¿Cuántos puntos ha obtenido cada uno?

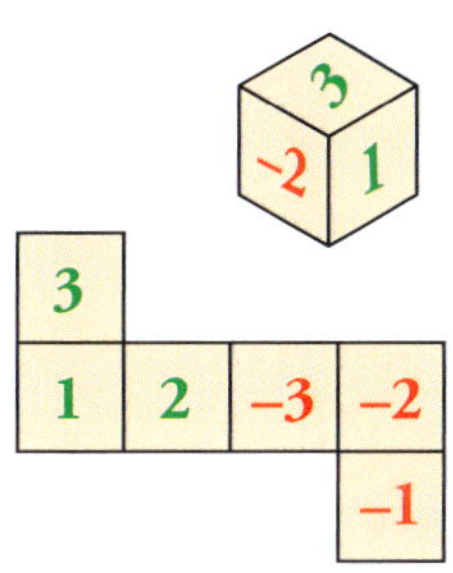

	A	B	C
1	I	I	II
2	III		II
3	I	IIII	
-1	II	I	~~IIII~~
-2	II	I	I
-3	I	III	

4 Fracciones

MEDIR CON NÚMEROS FRACCIONARIOS

Medir es relacionar dos magnitudes del mismo tipo.

Cuando decimos que el volumen de la Luna es 1/50 del volumen de la Tierra, estamos tomando como unidad el volumen de la Tierra. Y si decimos que la parte visible de un iceberg es 1/9 del total, estamos tomando como unidad todo su volumen.

POR QUÉ ESE NOMBRE...

¿Por qué $\mathbb{Q}$ para designar el conjunto de los números racionales?

En inglés, *quotient* significa «cociente»: los racionales son el cociente de dos enteros.

→ **anayaeducacion.es**
Practica el cálculo de la fracción irreducible.

Los números enteros sirven para contar elementos, pero no son buenos para expresar medidas. Para medir, suele ser necesario fraccionar la unidad: la mitad, cuatro terceras partes, siete milésimas… Estas medidas se expresan mediante fracciones:

$$\frac{1}{2} \qquad \frac{4}{3} \qquad \frac{7}{1\,000}$$

Una **fracción** es el cociente indicado de dos números enteros. Dicho cociente puede ser entero $\left(\frac{6}{2}=3, \frac{-12}{3}=-4\right)$, o fraccionario $\left(\frac{17}{2}=8+\frac{1}{2}, \frac{-13}{5}=-2-\frac{3}{5}\right)$.

Si el numerador es múltiplo del denominador, la fracción representa un número entero, y si no lo es, representa un número fraccionario.

> A la unión de todos los números enteros y de todos los números fraccionarios se le llama conjunto de **números racionales** y se designa por $\mathbb{Q}$. Los números racionales son los que se pueden poner en forma de fracción.

Los números racionales se pueden representar en la recta. En ella, se aglomeran de tal manera que, entre cada dos de ellos, hay otros infinitos números racionales.

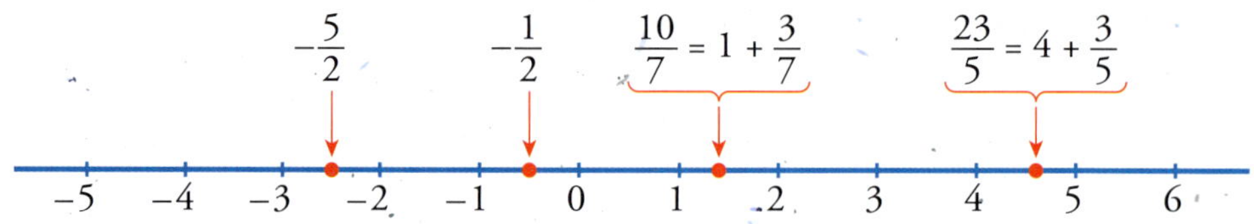

Simplificación de fracciones

Si el numerador y el denominador de una fracción se pueden dividir por un mismo número (distinto de 1 y de –1), al hacerlo diremos que hemos **simplificado** o **reducido** la fracción. Por ejemplo:

$$\frac{25}{15}=\frac{5}{3}; \quad \frac{8}{-12}=\frac{4}{-6}=\frac{-2}{3}; \quad \frac{3000}{4500}=\frac{30}{45}=\frac{2}{3}$$

Cuando una fracción no se puede reducir más y su denominador es positivo, diremos que es **irreducible.**

PIENSA Y PRACTICA

1 Dibuja en tu cuaderno una recta como esta y sitúa sobre ella, de forma aproximada, los siguientes números:

$$\frac{17}{3}, -\frac{11}{4}, \frac{20}{5}, \frac{2}{3}, \frac{16}{7}, -\frac{21}{5}, -\frac{7}{2}$$

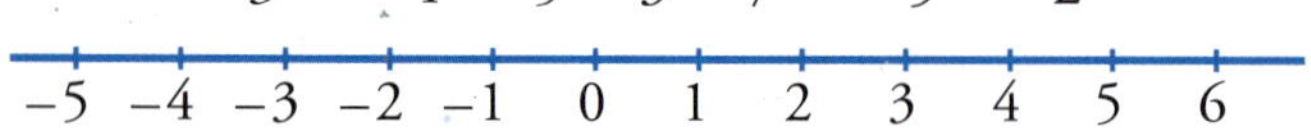

2 ¿A qué fracciones corresponden estos puntos de la recta?

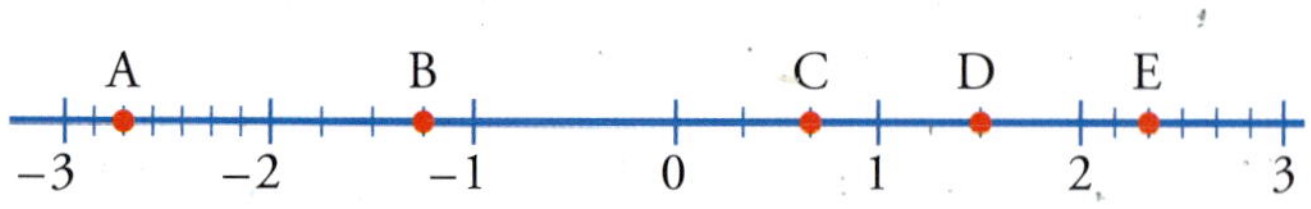

3 Simplifica estas fracciones:

$$\frac{2}{4}, \frac{2}{6}, \frac{5}{10}, \frac{10}{15}, \frac{-20}{30}, \frac{30}{40}, \frac{-30}{-45}, \frac{40}{-60}$$

4 Relaciona cada fracción con su correspondiente fracción irreducible:

a) $\frac{6}{18}$ b) $\frac{15}{20}$ I) $\frac{3}{4}$ II) $\frac{-2}{5}$

c) $\frac{-15}{40}$ d) $\frac{14}{-35}$ III) $\frac{1}{3}$ IV) $\frac{-3}{8}$

Fracciones equivalentes

Cada número racional puede expresarse mediante muchas (infinitas) fracciones: 3/5 = 6/10 = 9/15 = … De ahí la necesidad de establecer un criterio que permita reconocer cuándo dos fracciones representan al mismo número racional.

Se dice que dos **fracciones** son **equivalentes** cuando, al simplificarse, dan lugar a la misma fracción irreducible, que tomamos como expresión habitual del correspondiente número racional.

$\frac{18}{30}$ y $\frac{21}{35}$ son equivalentes, pues $\frac{18}{30} = \frac{18:6}{30:6} = \frac{3}{5}$ y $\frac{21}{35} = \frac{21:7}{35:7} = \frac{3}{5}$.

PRODUCTOS CRUZADOS

Un procedimiento para comprobar si dos fracciones son equivalentes es el que denominamos productos cruzados:

$$\frac{a}{b} = \frac{c}{d} \text{ si } a \cdot d = c \cdot b$$

Por ejemplo, $\frac{18}{30}$ y $\frac{21}{35}$ son equivalentes porque $18 \cdot 35 = 630 = 21 \cdot 30$.

Comparación de fracciones

Dos fracciones con el mismo denominador son muy fáciles de comparar observando sus numeradores. Para comparar dos fracciones con distinto denominador, las «reducimos a común denominador», es decir, buscamos dos fracciones respectivamente equivalentes a ellas y que tengan el mismo denominador.

EJERCICIOS RESUELTOS

1 ***Indicar en cada caso si las fracciones son equivalentes:***

a) $\frac{9}{39}$ ***y*** $\frac{12}{52}$

b) $\frac{15}{35}$ ***y*** $\frac{38}{57}$

a) Buscamos sus fracciones irreducibles y comprobamos si coinciden:

$$\frac{9}{39} = \frac{9:3}{39:3} = \frac{3}{13}; \quad \frac{12}{52} = \frac{12:4}{52:4} = \frac{3}{13} \rightarrow \text{Son equivalentes.}$$

b) Realizamos los productos cruzados y comprobamos si coinciden:

$$15 \cdot 57 = 855; \quad 38 \cdot 35 = 1\,330 \rightarrow \text{No son equivalentes.}$$

2 ***Comparar*** $\frac{7}{12}$, $\frac{5}{8}$ ***y*** $\frac{9}{16}$.

Tomaremos como denominador común el mín.c.m. (12, 8, 16) = 48.

$$48 : 12 = 4 \rightarrow \frac{7}{12} = \frac{7 \cdot 4}{12 \cdot 4} = \frac{28}{48}$$

$$48 : 8 = 6 \rightarrow \frac{5}{8} = \frac{5 \cdot 6}{8 \cdot 6} = \frac{30}{48}$$

$$48 : 16 = 3 \rightarrow \frac{9}{16} = \frac{9 \cdot 3}{16 \cdot 3} = \frac{27}{48}$$

Evidentemente:

$$\frac{27}{48} < \frac{28}{48} < \frac{30}{48}$$

Por tanto:

$$\frac{9}{16} < \frac{7}{12} < \frac{5}{8}$$

PIENSA Y PRACTICA

5 ¿Verdadero o falso?

a) $\frac{2}{5} > -\frac{7}{4}$ porque el primero es positivo y el segundo, negativo.

b) $\frac{7}{3} > \frac{2}{5}$ porque el primero es mayor que 1 y el segundo, menor que 1.

c) $\frac{8}{3} > \frac{7}{4}$ porque el primero es mayor que 2 y el segundo, menor que 2.

d) $-\frac{8}{3} > -\frac{7}{4}$ porque el primero es mayor que –2 y el segundo, menor que –2.

6 Indica si estas fracciones son o no equivalentes simplificando y mediante productos cruzados:

a) $\frac{12}{20}$ y $\frac{21}{35}$ b) $\frac{36}{102}$ y $\frac{78}{221}$

7 A partir de $\frac{60}{126}$, busca su fracción equivalente…

a) … con numerador 20. b) … con denominador 42.

8 Ordena de menor a mayor estas fracciones:

$$\frac{7}{12} \quad -\frac{6}{4} \quad \frac{4}{6} \quad -\frac{3}{15} \quad \frac{5}{9} \quad -\frac{1}{2} \quad \frac{3}{4} \quad \frac{13}{18}$$

5 Operaciones con fracciones

CÁLCULO MENTAL

a) $\frac{2}{3}+\frac{5}{3}-\frac{4}{3}$ b) $1-\frac{2}{3}$

c) $\frac{1}{2}+\frac{1}{4}$ d) $\frac{7}{5}-1$

e) $\frac{17}{5}-3$ f) $\frac{17}{3}-5$

→ anayaeducacion.es
- Actividades para repasar la suma y la resta de fracciones.
- Actividades para reforzar la suma y la resta de fracciones.

CÁLCULO MENTAL

a) $3\cdot\frac{7}{9}$ b) $\frac{4}{5}\cdot\frac{15}{8}$

c) $\frac{1}{2}\cdot\frac{12}{13}$ d) $\frac{1}{2}\cdot\frac{2}{3}\cdot\frac{3}{5}$

e) $\frac{6}{5}:\frac{3}{5}$ f) $\frac{6}{5}:6$

g) $\frac{6}{5}:\frac{1}{2}$ h) $\frac{1}{3}:\frac{1}{6}$

Suma y resta de fracciones

Para **sumar (o restar) fracciones con el mismo denominador,** se suman (o se restan) sus numeradores y se mantiene el denominador.

Para **sumar (o restar) fracciones con distinto denominador,** se empieza por transformarlas en otras equivalentes con el mismo denominador.

Por ejemplo: $\frac{7}{10}-\frac{5}{12}+2=\frac{42}{60}-\frac{25}{60}+\frac{120}{60}=\frac{42-25+120}{60}=\frac{137}{60}$

Producto y cociente de fracciones

El **producto de dos fracciones** es otra fracción cuyo numerador es el producto de sus numeradores y cuyo denominador es el producto de sus denominadores:

$$\frac{a}{b}\cdot\frac{c}{d}=\frac{a\cdot c}{b\cdot d}$$

Por ejemplo: $\frac{8}{3}\cdot\frac{7}{10}=\frac{8\cdot 7}{3\cdot 10}=\frac{56}{30}=\frac{28}{15}$

El **cociente de dos fracciones** es el producto de la primera por la inversa de la segunda:

$$\frac{a}{b}:\frac{c}{d}=\frac{a}{b}\cdot\frac{d}{c}=\frac{a\cdot d}{b\cdot c}$$

Por ejemplo: $\frac{9}{4}:\frac{5}{7}=\frac{9}{4}\cdot\frac{7}{5}=\frac{63}{20}$; $\frac{6}{11}:3=\frac{6}{11}\cdot\frac{1}{3}=\frac{6}{33}=\frac{2}{11}$

Operaciones combinadas de fracciones

Para realizar operaciones combinadas, primero se resuelven los paréntesis y los corchetes, y después, el resto de operaciones, teniendo en cuenta que los productos y los cocientes son anteriores a las sumas y a las restas. Por ejemplo:

$$2-\frac{1}{3}\left(1-\frac{1}{4}\right)+\frac{2}{3}(-2)=2-\frac{1}{3}\cdot\frac{3}{4}+\frac{2}{3}(-2)=2-\frac{1}{4}-\frac{4}{3}=$$
$$=\frac{24}{12}-\frac{3}{12}-\frac{16}{12}=\frac{5}{12}$$

PIENSA Y PRACTICA

→ anayaeducacion.es Practica las operaciones con fracciones.

Efectúa las siguientes operaciones y simplifica los resultados:

1 a) $\frac{7}{9}+\frac{11}{12}$ b) $6-\frac{11}{4}$ c) $3\cdot\frac{4}{5}$

d) $6:\frac{4}{5}$ e) $\frac{4}{5}:6$ f) $\frac{4}{5}:\frac{1}{6}$

2 a) $\left(\frac{3}{4}+\frac{7}{6}-\frac{7}{8}\right):\frac{25}{12}$ b) $\left(\frac{13}{15}-\frac{7}{25}\right)\cdot\left(\frac{9}{22}+\frac{-13}{33}\right)$

3 a) $\dfrac{\frac{1}{2}-\left(\frac{3}{4}-1\right)}{\frac{3}{4}+1}$ b) $\dfrac{(-3)\cdot\left(\frac{3}{5}-\frac{1}{3}\right)}{(-2)\cdot\left(\frac{4}{3}-\frac{6}{5}\right)}$

4 a) $\dfrac{3-\frac{1}{4}\cdot\left(\frac{3}{5}-\frac{2}{15}\right)}{6+\frac{4}{25}\cdot\left(\frac{1}{2}-\frac{3}{4}\right)}$ b) $\dfrac{\left(\frac{2}{3}-\frac{5}{9}\right)\cdot\left(\frac{3}{4}-\frac{5}{6}\right)}{\left(\frac{7}{12}-\frac{5}{6}\right)\cdot\frac{4}{3}+1}$

Fracción de una cantidad

Para hallar los $\frac{3}{5}$ de una cantidad, por ejemplo de 1 200 €, se la divide por 5 (obteniéndose, así, una quinta parte) y el resultado se multiplica por 3. Es decir, se multiplica la cantidad por $\frac{3}{5} \rightarrow \frac{3}{5} \cdot 1\,200$ € = 720 €

Para hallar una fracción $\frac{a}{b}$ de una cantidad C, se multiplica $\frac{a}{b} \cdot C$.

Ejemplos

- *Un cartero ha de repartir los 3/28 del total de 4 004 cartas. ¿Cuántas cartas le corresponden?*

$$\frac{3}{28} \text{ de } 4\,004 = \frac{3}{28} \cdot 4\,004 = 3 \cdot \frac{4\,004}{28} = 3 \cdot 143 = 429 \text{ cartas}$$

- *Berta es dueña de 7/20 de una empresa. Este año le han correspondido 37 800 € en el reparto de beneficios. ¿Cuál ha sido la ganancia total de la compañía?*

Si por $\frac{7}{20}$ le corresponden 37 800 €, a $\frac{1}{20}$ le corresponden $\frac{37\,800}{7} = 5\,400$ €.

Por tanto, al total $\left(\frac{20}{20}\right)$ le corresponden $20 \cdot 5\,400 = 108\,000$ €.

A este resultado se podría haber llegado multiplicando la parte que le corresponde a Berta (37 800 €) por la inversa de su fracción de la empresa, $\frac{20}{7}$.

$$\frac{7}{20} \textit{ del total} = 37\,800 \rightarrow \textit{total} = 37\,800 \cdot \frac{20}{7} = 108\,000 \text{ €}$$

Para hallar la parte $\frac{a}{b}$ de otra $\frac{c}{d}$ de una cantidad C, se multiplica $\frac{a}{b} \cdot \frac{c}{d} \cdot C$.

Ejemplo

De una herencia de 104 000 €, Alberto posee 3/8; Berta, 5/12, y Claudia, el resto. Claudia emplea 2/5 de su parte en pagar deudas. ¿Cuánto le queda?

$$1 - \frac{3}{8} - \frac{5}{12} = \frac{24 - 9 - 10}{24} = \frac{5}{24} \text{ es la fracción de Claudia.}$$

Como gasta $\frac{2}{5}$ de lo que le toca, le quedan $\frac{3}{5}$ de su fracción:

$$\frac{3}{5} \cdot \frac{5}{24} \cdot 104\,000 = \frac{1}{8} \cdot 104\,000 = 13\,000 \text{ € le quedan.}$$

CÁLCULO MENTAL

1 Halla la parte del total que corresponde a cada fracción:

a) $\frac{1}{2}$ de 520 000 €.

b) $\frac{3}{5}$ de 1 000 000 de personas.

c) $\frac{7}{10}$ de 500 edificios.

2 Di, en cada caso, la cantidad total:

a) $\frac{1}{2}$ del total es 350.

b) $\frac{2}{3}$ del total es 400.

c) $\frac{7}{10}$ del total es 350.

OBSERVA

Las distintas partes (fracciones) de un todo suman 1.

Por ejemplo: Se ha repartido un pastel y a Ana le corresponde 1/3; a Marcos, 1/4, y a Unai, el resto. ¿Cuánto le toca a Unai?

$$1 - \left(\frac{1}{3} + \frac{1}{4}\right) = 1 - \frac{7}{12} = \frac{5}{12}$$

1 Di en cada caso qué fracción falta para completar la unidad:

a) $\frac{1}{2}, \frac{1}{4}$ y $\frac{?}{?}$ b) $\frac{2}{3}, \frac{1}{6}$ y $\frac{?}{?}$

c) $\frac{1}{4}, \frac{1}{6}$ y $\frac{?}{?}$ d) $\frac{1}{2}, \frac{1}{4}, \frac{1}{8}$ y $\frac{?}{?}$

PIENSA Y PRACTICA

5 Un ciclista ha recorrido los 5/9 de la etapa de hoy, de 216 km. ¿Cuántos kilómetros lleva recorridos?

6 He sacado del banco 3 900 €, que son los 3/11 de mis ahorros. ¿A cuánto ascienden mis ahorros?

7 De una balsa con 5 250 litros de agua, corresponden 4/15 a Braulia; 2/5, a Enrique, y el resto, a Ruperta. Ruperta dedica 3/10 de su parte a regar tomates, y el resto, a los frutales. ¿Cuánta agua dedica Ruperta a los frutales?

6 Números decimales

Los números decimales sirven, entre otras cosas, para designar medidas, pues con ellos se puede expresar cualquier valor intermedio entre dos números enteros.

Los números decimales se representan sobre la recta numérica, de tal modo que con ellos podemos aproximarnos mucho (tanto como queramos) a cualquiera de sus puntos:

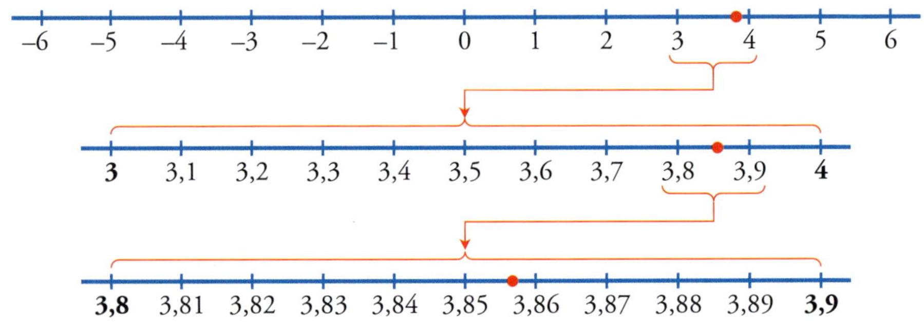

Siguiendo este proceso, el punto rojo puede designarse mediante un número decimal con tanta aproximación como queramos (3,857…).

> La expresión decimal de los números permite valorarlos, compararlos y operar con ellos de forma muy cómoda y eficaz.

RECUERDA

En las calculadoras, en vez de la coma decimal, se pone un punto.

1 437,54 → 1437.54

Tipos de números decimales

Veamos las distintas clases de números decimales que existen:

- **Decimal exacto** es el que tiene un número limitado de cifras decimales.

  Por ejemplo: 5,4; 0,97; 8; –0,0725

- **Decimal periódico** es el que tiene infinitas cifras decimales que se repiten periódicamente.

  — **Periódicos puros** son aquellos cuyo periodo empieza inmediatamente después de la coma. Por ejemplo: $7{,}81818181... = 7{,}\overset{\frown}{81}$

  — **Periódicos mixtos** son los que tienen otras cifras decimales antes del periodo. Por ejemplo: $18{,}35222222... = 18{,}35\overset{\frown}{2}$

- **Decimales no exactos ni periódicos.** Son números decimales que tienen infinitas cifras que no se repiten periódicamente. Al contrario que los decimales exactos y periódicos, estos números no son racionales, por lo que se denominan **números irracionales.**

  Por ejemplo: $\sqrt{2} = 1{,}4142135...$; $\pi = 3{,}14159265...$

RECUERDA

En un número, el grupo de cifras decimales que se repite una y otra vez se llama **periodo.** Se indica poniendo un arco sobre las cifras correspondientes:

$5{,}\overset{\frown}{68}$ $\quad 16{,}14\overset{\frown}{7}$

PIENSA Y PRACTICA

1 Indica qué tipo de número decimal es cada uno de los siguientes:

$3{,}52 \quad 2{,}\overset{\frown}{8} \quad 1{,}\overset{\frown}{54} \quad \sqrt{3} = 1{,}7320508...$

$2{,}7 \quad 3{,}5222... \quad \pi - 2 = 1{,}1415926...$

2 Ordena de menor a mayor estos números:

$2{,}\overset{\frown}{5} \quad 2{,}5 \quad 2{,}3\overset{\frown}{5} \quad 2{,}505005...$

3 Escribe tres números comprendidos entre 2,5 y $2{,}\overset{\frown}{5}$.

Paso de fracción a decimal

Para obtener la expresión decimal de una fracción, se efectúa la división del numerador entre el denominador. El cociente puede ser:

- **Un número entero,** cuando el numerador es múltiplo del denominador.

  Por ejemplo: $\frac{72}{9} = 8$; $\frac{-240}{15} = -16$

→ anayaeducacion.es Ayuda al razonamiento: paso de fracción a decimal, exacto o periódico.

- **Un decimal exacto,** si el denominador de la fracción simplificada solo tiene los factores primos 2 y 5 (o alguno de ellos).

  Por ejemplo: $\frac{3}{8} = 0{,}375$; $\frac{123}{40} = 3{,}075$; $\frac{42}{25} = 1{,}68$

  Observa por qué esto es así:

$$\frac{123}{40} = \frac{123}{2^3 \cdot 5} = \frac{123 \cdot 5^2}{2^3 \cdot 5^3} = \frac{123 \cdot 25}{10^3} = \frac{3075}{1000} = 3{,}075$$

  Si solo están los factores 2 y 5, siempre podremos completar una potencia de base 10 en el denominador.

- **Un decimal periódico,** si el denominador de la fracción simplificada tiene algún factor primo distinto de 2 y 5.

  Por ejemplo: $\frac{11}{3} = 3{,}\widehat{6}$; $\frac{86}{11} = 7{,}\widehat{81}$; $\frac{87}{66} = \frac{29}{22} = 1{,}3\widehat{18}$

  ¿Por qué si el cociente no es exacto, entonces, con seguridad, es periódico? Razonemos sobre un ejemplo, 3 : 7, cuya división tienes en el margen. Puesto que al dividir por 7 el resto solo puede ser 1, 2, 3, 4, 5 o 6, en algún momento tendrá que repetirse, y a partir de ahí, se repetirá toda la secuencia.

EJEMPLO

```
3,0      |7
 20       0,428571
  60
   40
    50
     10
      3 ←  A partir de aquí se repiten los cocientes y los restos.
```

(se repite)

> Toda **fracción irreducible** da lugar a un número decimal:
>
> - **Decimal exacto,** si el denominador solo tiene los factores 2 y 5.
> - **Decimal periódico,** si el denominador tiene factores distintos a 2 y 5.
>
> Por tanto, unos y otros son **números racionales.** Sin embargo, los decimales con infinitas cifras no periódicas son **números irracionales.**

PIENSA Y PRACTICA

4 ¿Verdadero o falso?

a) $\frac{1}{3} = 0{,}333\ldots = 0{,}\widehat{3}$

$\frac{3}{3} = 3 \cdot 0{,}333\ldots = 0{,}999\ldots = 0{,}\widehat{9}$

Como $\frac{3}{3} = 1$, resulta que $0{,}\widehat{9} = 1$.

b) $5{,}\widehat{4} = 5{,}\widehat{44}$

c) $3{,}\widehat{72} = 3{,}7272727\ldots = 3{,}7\widehat{27}$

d) $0{,}\widehat{3} + 0{,}\widehat{6} = 1$

5 Sin efectuar la división, y atendiendo solo al denominador de la fracción simplificada, di si las siguientes fracciones darán lugar a decimales exactos o decimales periódicos:

a) $\frac{44}{150}$ b) $\frac{42}{150}$ c) $\frac{101}{1024}$ d) $\frac{1001}{500}$

6 Escribe un valor de k para que la fracción $\frac{84}{k}$ sea:

a) Un número entero.

b) Un decimal exacto.

c) Un decimal periódico.

Paso de decimal a fracción

Acabamos de ver que si se efectúa la división del numerador entre el denominador de una fracción, el resultado es un número decimal exacto o periódico (puro o mixto). Ahora nos planteamos el problema inverso: ¿cuál es la fracción que corresponde a un número decimal?

DE DECIMAL EXACTO A FRACCIÓN

Expresar en forma de fracción un número decimal exacto es muy fácil, pues el denominador es una potencia de base 10.

Por ejemplo: $2{,}5 = \frac{25}{10} = \frac{5}{2}$; $3{,}41 = \frac{341}{100}$; $0{,}004 = \frac{4}{1000} = \frac{1}{250}$

DE DECIMAL PERIÓDICO PURO A FRACCIÓN

Veamos con dos ejemplos el proceso que conviene seguir.

- **Periodo de una sola cifra:** $N = 5{,}\widehat{4} = 5{,}4444\ldots$

Al multiplicar N por 10, se obtiene otro número con la misma parte decimal.

$$\left.\begin{aligned}10N &= 54{,}444\ldots\\ N &= 5{,}444\ldots\end{aligned}\right\}$$ Al restar, desaparece la parte decimal:

$$10N - N = 54 - 5 \rightarrow 9N = 49 \rightarrow N = \frac{49}{9}$$

- **Periodo con varias cifras:** $N = 6{,}\widehat{207} = 6{,}207207207\ldots$

Al multiplicar N por 1 000, se obtiene otro número con la misma parte decimal.

$$\left.\begin{aligned}1000N &= 6\,207{,}207207\ldots\\ N &= 6{,}207207\ldots\end{aligned}\right\}$$ Al restar, desaparece la parte decimal:

$$1\,000N - N = 6\,207 - 6 \rightarrow 999N = 6\,201 \rightarrow N = \frac{6\,201}{999}$$

Puedes comprobar ambos casos realizando las divisiones correspondientes con la calculadora.

→ **anayaeducacion.es** Ayuda al razonamiento: paso de decimal periódico puro a fracción.

Para escribir un número **periódico puro,** N, **en forma de fracción:**
- Multiplicamos N por una potencia de base 10 para hallar otro número con la misma parte decimal.
- Al restar ambos números, obtenemos un número entero.
- Despejando N, llegamos a la fracción buscada.

PIENSA Y PRACTICA

7 Expresa en forma de fracción.

a) $6{,}2$ b) $0{,}63$ c) $1{,}0004$
d) $3{,}\widehat{5}$ e) $0{,}\widehat{1}$ f) $2{,}\widehat{7}$
g) $0{,}\widehat{23}$ h) $41{,}\widehat{041}$ i) $40{,}\widehat{028}$
j) $5{,}\widehat{9}$ k) $7{,}\widehat{009}$ l) $0{,}\widehat{99}$

8 Observamos que $0{,}\widehat{208} + 0{,}\widehat{791} = 0{,}\widehat{999} = 1$.
Compruébalo expresando en forma de fracción cada sumando y efectuando la suma de fracciones.

9 Calcula pasando previamente los decimales a fracciones y operando con ellas.

a) $3{,}\widehat{5} + 1{,}\widehat{76} - 2{,}\widehat{103}$ b) $1{,}\widehat{3} : 2{,}\widehat{16}$

DE DECIMAL PERIÓDICO MIXTO A FRACCIÓN

- Pongamos en forma de fracción $N = 2,5\widehat{63}$:

$N =$	$2{,}5636363\ldots$	Multiplicamos por 10 para obtener un decimal periódico puro.
$10N =$	$25{,}636363\ldots$	Ahora, multiplicamos por 100 para obtener otro con la misma parte decimal.
$1\,000N =$	$2\,563{,}636363\ldots$	Al restar este al anterior, desaparece la parte decimal. Es decir, se obtiene un número entero.

$$1\,000N - 10N = 2\,563 - 25 \;\rightarrow\; 990N = 2\,538 \;\rightarrow\; N = \frac{2\,538}{990}$$

- Otro ejemplo: $N = 0,07\widehat{324} = 0{,}07324324324\ldots$

$100N =$	$7{,}324324\ldots$	Se obtiene un periódico puro.
$100\,000N =$	$7\,324{,}324324\ldots$	Otro, con la misma parte decimal.

$$100\,000N - 100N = 7\,324 - 7 \;\rightarrow\; 99\,900N = 7\,317 \;\rightarrow\; N = \frac{7\,317}{99\,900}$$

Comprueba ambos casos con la calculadora.

Para escribir un número **periódico mixto,** N, **en forma de fracción:**

- Multiplicamos N dos veces por potencias de base 10 para conseguir dos decimales periódicos puros con el mismo periodo.
- Al restarlos, se obtiene un número entero.
- Despejando N, se obtiene la fracción buscada.

→ **anayaeducacion.es** Ayuda al razonamiento: paso de decimal periódico mixto a fracción.

RESUMEN

Para obtener la fracción correspondiente a un decimal periódico, tanto puro como mixto, la estrategia seguida ha sido la siguiente: a partir del número dado se obtienen dos números decimales periódicos puros con el mismo periodo. Al restarlos, el resultado es un número entero.

Como ya hemos dicho, los números decimales con infinitas cifras no periódicas no son racionales, por lo que no se pueden expresar en forma de fracción.

PIENSA Y PRACTICA

10 Completa el proceso para expresar como fracción el número dado en cada caso:

a) $6,21\widehat{7}\begin{cases} N = 6{,}21777\ldots \\ 100N = 621{,}77777\ldots \\ 1000N = 6\,217{,}7777\ldots \end{cases}$

b) $0,031\widehat{62}\begin{cases} N = 0{,}0316262\ldots \\ 1000N = 31{,}626262\ldots \\ 100\,000N = 3162{,}626262\ldots \end{cases}$

11 Expresa como fracción los decimales siguientes:

a) $6,2\widehat{5}$ b) $0,00\widehat{1}$ c) $5,0\widehat{18}$

12 ¿Cuáles de los siguientes números son racionales? Ponlos en forma de fracción:

a) $3{,}51$ b) $5{,}202002000\ldots$ c) $5,\widehat{03}$

d) $0{,}3212121\ldots$ e) $\pi = 3{,}141592\ldots$ f) $7,4\widehat{331}$

13 Comprueba, obteniendo las fracciones correspondientes, que $5,\widehat{48} = 5,4\widehat{84}$.

7 Fracciones y decimales con la calculadora

FUNCIONES SECUNDARIAS

En las calculadoras científicas, la mayoría de las teclas tienen dos funciones secundarias (que aparecen encima de la tecla).

Las dos funciones se suelen diferenciar con dos colores:

- SHIFT → amarillo
- ALPHA → rojo

Por ejemplo, esta tecla: [$\sqrt{\blacksquare}$]

Pulsando [SHIFT] [$\sqrt{\blacksquare}$] actúa como raíz cúbica.

Pulsando [ALPHA] [$\sqrt{\blacksquare}$] sirve para escribir números decimales periódicos, como veremos en la página siguiente.

A partir de ahora, cuando nos refiramos a una función secundaria, la destacaremos en la tecla correspondiente. Por ejemplo, para referirnos a la función raíz cúbica, pondremos:

[SHIFT] [$\sqrt[3]{\blacksquare}$]

RECUERDA QUÉ ES UN NÚMERO MIXTO

La suma $3 + \frac{2}{5}$ se puede escribir así:

$3\frac{2}{5}$ y se llama **número mixto.**

Actualmente no se suelen utilizar, por lo que no vamos a prestarle más atención.

En este curso es recomendable comenzar a utilizar una calculadora científica que pueda servir en lo que resta de la ESO y Bachillerato. Para muchas de las indicaciones que damos, tomaremos como referente la calculadora CASIO CLASSWIZ, ya que es la más utilizada en este nivel. Pero podría ser cualquier otra de características similares.

Configuración

La calculadora la utilizamos fundamentalmente para cálculos aritméticos. Para eso entramos en [MENÚ] y elegimos **1:Calcular**.

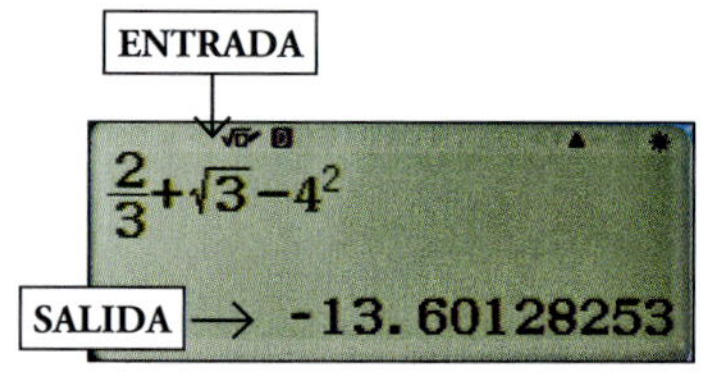

Es fundamental configurar la calculadora para que, tanto la forma en que recibe los datos (ENTRADA) como la expresión resultante (SALIDA), sea acorde con lo que necesitamos.

Sugerimos que se configure el **modo matemático** tanto para ENTRADA como para SALIDA. En este modo, las fracciones, las raíces y las potencias se visualizan de la forma habitual.

Para ello, hemos de pulsar la tecla **configuración** [SHIFT] [CONFIG]. A continuación, elegimos **1:Entrada/Salida** y, después, seleccionamos **1:E Mat/S Mat** (tanto ENTRADA como SALIDA en modo matemático).

También es importante configurar la calculadora para que la SALIDA, además de matemática, sea en forma de fracción y no como número mixto. Para ello, entramos en configuración ([SHIFT] [CONFIG]) y pulsamos la flecha ▼ para ir a la siguiente pantalla, donde elegimos la opción **1:Result fracción.** A continuación, escogemos **2:d/c.**

Fracciones

Para introducir las fracciones, utilizamos la tecla [$\frac{\blacksquare}{\square}$] y las flechas ► ▼ ▲ ◄.

Escribir $\frac{3}{4}$ → [$\frac{\blacksquare}{\square}$] 3 ▼ 4 ►

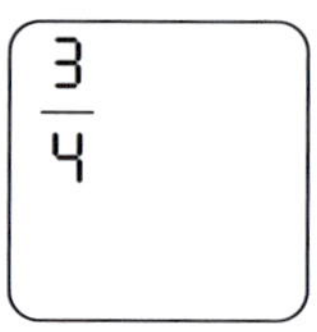

Si damos [=]

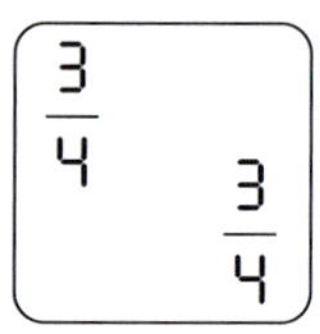

Si la fraccción introducida no está simplificada, al pulsar [=] se simplifica:

$\frac{6}{8}$ → [$\frac{\blacksquare}{\square}$] 6 ▼ 8 ►

[=]

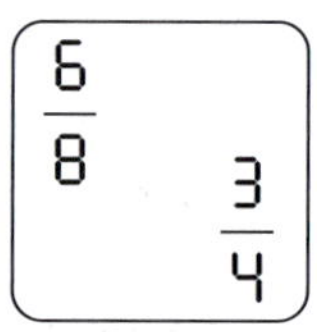

PIENSA Y PRACTICA

1 Introduce en la calculadora las expresiones de la derecha y comprueba que, al pulsar [=], se simplifican las fracciones o se obtienen las fracciones correspondientes.

a) $\frac{3}{5}$ b) $\frac{8}{12}$ c) $\frac{27}{15}$

d) 3,25 e) 0,27 f) 0,321

ALGUNAS SIMPLIFICACIONES

Practicando con la calculadora, puedes encontrar nuevos caminos, algunas simplificaciones. Por ejemplo, para poner $\frac{6}{8}$ podemos hacer lo siguiente:

6 [▭] 8 [=] → $\frac{6}{8}$ $\frac{3}{4}$

ATENCIÓN

Si introducimos un decimal exacto en el que una o más cifras se repiten «muchas» veces, es probable que la calculadora lo interprete como periódico:

5.43434343434343 [=] [S⇔D]

5.43434343434343 → $5.\overline{43}$

Operaciones con fracciones

Para operar con fracciones, sencillamente se escribe en la ENTRADA la cadena de operaciones y se pulsa la tecla [=].

Por ejemplo, obtengamos $\frac{2}{3} + 5 \cdot \frac{1}{6} - \frac{11}{12}$:

[▭] 2 ▼ 3 ► [+] 5 [×] [▭] 1 ▼ 6 ► [−] [▭] 11 ▼ 12 ► [=] → $\frac{2}{3} + 5 \times \frac{1}{6} - \frac{11}{12}$ $\frac{7}{12}$

Si, durante la escritura, cometemos un error, se borra con la tecla [DEL] (hacia atrás). Es decir, la tecla [DEL] borra lo que hay a la izquierda del cursor.

Si, al terminar, deseamos volver a la ENTRADA, basta con dar a la flecha ◄. Allí podemos añadir algún sumando más o corregir algún posible error.

Decimales

Los números decimales no periódicos se escriben de forma natural teniendo en cuenta que, en vez de la coma, se pone un punto, [·].

La tecla [S⇔D] aplicada a un número obtenido en la SALIDA lo transforma de fracción a decimal, o viceversa.

3,875 ⟶ 3 [·] 875 [=] → 3.875 $\frac{31}{8}$ [S⇔D] → 3.875   3.875

Para escribir un decimal periódico, usaremos las teclas [ALPHA] [▭].

$5,4\widehat{91}$ ⟶ 5 [·] 4 [ALPHA] [▭] 91 [=] → $5.4\overline{91}$ $\frac{5437}{990}$ [S⇔D] → $5.4\overline{91}$ $5.4\overline{91}$

Tanto en la expresión de números periódicos como en la de fracciones, la calculadora impone limitaciones debidas al excesivo tamaño de la ENTRADA o de la SALIDA. Puedes explorar y averiguar estas limitaciones.

PIENSA Y PRACTICA

2 Obtén, con la calculadora, las fracciones generatrices de los siguientes números decimales:

a) $2,354$ b) $3,0\widehat{02}$ c) $0,02\widehat{43}$ d) $3,7\widehat{01}$

e) $0,1\widehat{25}$ f) $2,0\widehat{9}$ g) $0,12\widehat{33}$ h) $1,\widehat{1}$

3 Calcula con ayuda de la calculadora. Pon el resultado como fracción y como número decimal.

$$\frac{\left(\frac{4}{5}+1\right) : \frac{2}{5}}{\left(\frac{4}{9}-\frac{5}{3}\right) \cdot \frac{7}{\frac{8}{3}-1}}$$

4 Haz con la calculadora estas operaciones con fracciones y números decimales. Obtén los resultados en forma de fracción y de número decimal (exacto o periódico).

a) $\frac{5}{4} - \frac{2}{7}$ b) $\left(\frac{4}{9}+2\right) \cdot \frac{-3}{5}$

c) $\left(-3+\frac{1}{3}\right) : \frac{2}{5}$ d) $\left(\frac{-2}{5}-\frac{3}{7}\right) - 2$

e) $\frac{2}{7} - \left(\frac{1}{8}+3\right) : \frac{1}{3}$ f) $0,\widehat{218} : \left(2-\frac{5}{3}\right)$

g) $\frac{-5}{2} - 3,2\widehat{5}$ h) $\left(\frac{2}{7} - 3,\widehat{3}\right) \cdot \frac{1}{8}$

Ejercicios y problemas resueltos

1 Calcular el total

Antía gasta en la primera mitad del mes los 2/3 de su paga mensual. De lo que le queda, gasta los 3/5 en la segunda mitad y ahorra 10 €. ¿Cuánto es su paga mensual?

Hazlo tú De un bidón de aceite se saca primero la mitad, y después, la quinta parte de lo que queda. Si en el bidón aún hay 3 L, ¿cuál es su capacidad?

Si gasta los $\frac{2}{3}$, le queda $\frac{1}{3}$ de su paga.

Calculamos los $\frac{3}{5}$ de $\frac{1}{3} \rightarrow \frac{3}{5} \cdot \frac{1}{3} = \frac{1}{5}$

Lo que le queda al final del mes será:

$$1 - \left(\frac{2}{3} + \frac{1}{5}\right) = \frac{15}{15} - \frac{10}{15} - \frac{3}{15} = \frac{2}{15}$$

Si los $\frac{2}{15}$ de su paga son 10 €, su paga es la siguiente:

$$10 \cdot \frac{15}{2} = \frac{150}{2} = 75 \text{ €}$$

2 Calcular la fracción

Dos jarras de 600 mililitros contienen zumo de naranja: una, con 2/3 de zumo, y la otra, con 4/5. Añadimos agua a cada una hasta llenarlas completamente y, posteriormente, las vaciamos en una jarra grande. ¿Qué fracción del líquido de la jarra grande es zumo de naranja?

Calculamos cuánto zumo hay en cada jarra:

$\frac{2}{3}$ de 600 mL $\rightarrow \frac{2}{3} \cdot 600 = 400$ mL son zumo en la primera jarra.

$\frac{4}{5}$ de 600 mL $\rightarrow \frac{4}{5} \cdot 600 = 480$ mL son zumo en la segunda jarra.

Tenemos 1 200 mL en la jarra grande, de los cuales 400 + 480 = 880 mL son de zumo.

Por tanto, la fracción de zumo en la jarra grande es $\frac{880}{1200} = \frac{11}{15}$.

3 Grifos y fracciones

Un grifo A llena un depósito de agua en 2 horas, y otro grifo B, en 3 horas. El depósito tiene un desagüe que lo vacía en 6 horas estando los grifos cerrados. Si abrimos los dos grifos y el desagüe, ¿cuánto tiempo tardará el depósito en llenarse?

Si el grifo A llena el depósito en 2 h, en una hora llena 1/2 del mismo.

El grifo B, en una hora, llena 1/3 del depósito.

El desagüe vacía en una hora 1/6 del depósito.

Si abrimos los tres a la vez, en 1 h llenan:

$$1/2 + 1/3 - 1/6 = 2/3 \text{ del depósito}$$

Por tanto, el tiempo que tardan es: $1 : \frac{2}{3} = \frac{3}{2}$ h = 1,5 h = 1 h 30 min.

4 Razonar con fracciones

Un baile se organiza por parejas de chica y chico y tres cuartas partes de los chicos bailan con las tres quintas partes de las chicas. ¿Qué fracción de los asistentes no está bailando?

Hazlo tú Si en otra fiesta similar 2/6 de los chicos está bailando con 2/5 de las chicas, ¿qué fracción de asistentes no está bailando?

Puesto que se forman parejas de chica y chico, el número de chicas que baila ha de ser igual al número de chicos que baila. Por tanto, los 3/4 del total de chicos debe ser igual a los 3/5 del total de las chicas.

Representamos estos datos en un gráfico:

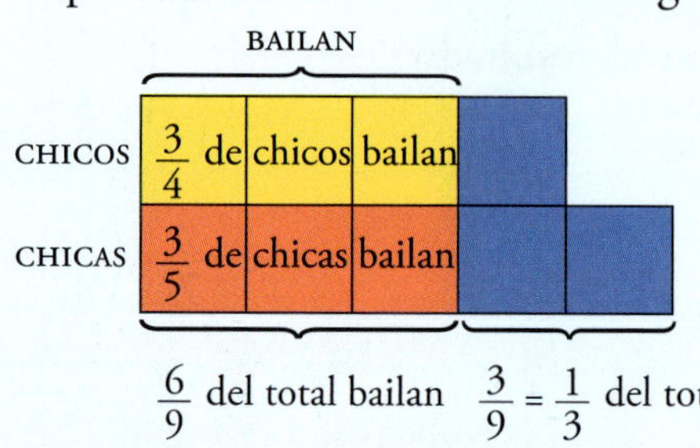

No bailan $\frac{1}{3}$ de los asistentes.

¿DOMINAS LO BÁSICO?

Formas de contar

1 ¿Cuántos resultados distintos podemos obtener si lanzamos una moneda y un dado?

2 Iñaki tiene 4 pantalones y 5 camisetas. ¿De cuántas formas se puede vestir? ¿Y si además tiene 3 sudaderas?

3 En un concurso de cuentacuentos hay tres finalistas, A, B y C. ¿De cuántas formas pueden adjudicarse los premios primero y segundo?

Fracciones y decimales

4 Agrupa las fracciones equivalentes. Para ello, simplifícalas antes.

$$\frac{91}{143};\ \frac{225}{400};\ \frac{24}{36};\ \frac{26}{39};\ \frac{343}{539};\ \frac{66}{165}$$

5 Transforma las siguientes fracciones en otras equivalentes con el mismo denominador y ordénalas de menor a mayor:

$$\frac{11}{24} \quad -\frac{7}{4} \quad \frac{3}{8} \quad -\frac{1}{6} \quad \frac{5}{12} \quad -\frac{5}{3}$$

6 Introduce en tu calculadora los siguientes números y comprueba que, al pulsar ⊜, se simplifican las fracciones y se obtiene la fracción generatriz de los números decimales:

a) $\frac{36}{51}$ b) $\frac{81}{117}$ c) $2,\widehat{03}$ d) $1,3\widehat{01}$

7 Algunas calculadoras, al simplificar una fracción cuyo numerador es mayor que el denominador, dan como resultado un número entero seguido de una fracción, $a\frac{b}{c}$, que significa $a + \frac{b}{c}$. Expresa las siguientes fracciones como suma de un entero y una fracción:

a) $\frac{8}{5}$ b) $\frac{15}{8}$ c) $\frac{16}{7}$ d) $-\frac{3}{2}$ e) $-\frac{7}{3}$

8 Expresa como un número decimal exacto, periódico puro o periódico mixto, las siguientes fracciones:

$$\frac{9}{25} \quad \frac{13}{9} \quad \frac{23}{6} \quad \frac{17}{200} \quad \frac{5}{7} \quad \frac{233}{990} \quad \frac{13}{22}$$

9 Determina, sin realizar la división, cuáles son decimales exactos, y cuáles, decimales periódicos.

$$\frac{3}{2} \quad \frac{4}{5} \quad \frac{13}{9} \quad \frac{7 \cdot 11}{3 \cdot 5^2} \quad \frac{19}{2^2 \cdot 5} \quad \frac{3 \cdot 7^2 \cdot 23}{5 \cdot 7}$$

10 Expresa en forma de fracción.

a) $-1,03$ b) $14,\widehat{3}$ c) $-2,\widehat{5}$ d) $0,3\widehat{2}$

e) $0,0\widehat{12}$ f) $-3,\widehat{15}$ g) $5,34\widehat{5}$ h) $9,0\widehat{9}$

11 Ordena de menor a mayor en cada apartado:

a) $3,56;\ 3,5\widehat{6};\ 3,\widehat{5};\ 3,\widehat{56}$

b) $2,\widehat{3};\ \frac{8}{3};\ 2,34;\ \frac{32}{15};\ \frac{21}{10}$

Operaciones con fracciones

12 Calcula y simplifica mentalmente.

a) $\frac{1}{2} + \frac{1}{4}$ b) $1 + \frac{1}{2}$ c) $2 - \frac{1}{4}$ d) $\frac{1}{2} - \frac{1}{3}$

e) $\frac{2}{3}$ de 60 f) $\frac{12}{7} : 3$ g) $\frac{8}{15} \cdot 5$ h) $\frac{3}{5} \cdot \frac{2}{3}$

13 Reduce todo lo posible.

a) $\frac{2}{3} \cdot \left(\frac{3}{4} - \frac{1}{2}\right) - \frac{1}{6} \cdot \left(\frac{5}{6} - \frac{1}{3}\right)$

b) $5 : \left(\frac{2}{4} + 1\right) - 3 : \left(\frac{1}{2} - \frac{1}{4}\right)$

ENTRÉNATE Y PRACTICA

14 EJERCICIO RESUELTO

Calcular en cada caso el valor de x para que las fracciones sean equivalentes:

a) $\frac{x}{6}$ ***y*** $\frac{26}{4}$ ***b)*** $\frac{3}{x}$ ***y*** $\frac{51}{17}$

a) Para que sean equivalentes, los productos cruzados deben coincidir:

$$x \cdot 4 = 26 \cdot 6 \rightarrow 4x = 156 \rightarrow x = 39$$

b) Volvemos a aplicar los productos cruzados:

$$3 \cdot 17 = 51 \cdot x \rightarrow 51 = 51x \rightarrow x = 1$$

15 Halla, en cada caso, el valor de x:

a) $\frac{x}{18} = \frac{35}{42}$ b) $\frac{32}{x} = \frac{12}{15}$

c) $\frac{18}{81} = \frac{x}{45}$ d) $\frac{66}{1122} = \frac{5}{x}$

16 EJERCICIO RESUELTO

Simplifica, descomponiendo en factores el numerador y el denominador.

$$\frac{60}{15} \cdot \frac{33}{24} = \frac{2^2 \cdot 3 \cdot 5}{3 \cdot 5} \cdot \frac{11 \cdot 3}{2^3 \cdot 3} = \frac{2^2 \cdot 11}{2^3} = \frac{11}{2}$$

17 Aplica el procedimiento del ejercicio anterior para simplificar las siguientes expresiones:

a) $\frac{3}{5}\cdot\frac{20}{21}$ b) $\frac{6}{25}\cdot\frac{5}{18}$ c) $\frac{12}{7}\cdot\frac{35}{36}$

d) $\frac{9}{16}:\frac{27}{20}$ e) $\frac{13}{12}:\frac{65}{84}$ f) $\frac{90}{35}:\frac{36}{14}$

18 ¿Es posible que el resultado de cada una de estas expresiones sea un número entero? Compruébalo sin utilizar la calculadora.

a) $\left(\frac{1}{6}-1\right)\cdot\left(3-\frac{2}{5}\right)-\left(\frac{1}{3}-\frac{1}{2}\right)$

b) $2:\left(\frac{1}{6}+\frac{1}{2}\right)-3:\left(1+\frac{1}{2}\right)$

c) $-\frac{3}{8}\cdot\left[1-\frac{3}{5}-\left(\frac{17}{20}-1\right)\cdot\left(\frac{1}{3}-3\right)\right]$

d) $\left[\left(\frac{2}{3}-\frac{1}{9}\right)+13\left(\frac{2}{3}-1\right)^2\right]:\left(\frac{1}{3}-1\right)$

19 Con la calculadora, halla la fracción irreducible que se obtiene en cada caso:

a) $\frac{3}{5}-\frac{1}{2}\left(-1+\frac{2}{3}\right)-\frac{7}{15}:\left(\frac{4}{5}-1+\frac{2}{3}\right)$

b) $\left(1+\frac{1}{3}\right)-\left(\frac{3}{4}+\frac{1}{2}\right)\cdot\left(\frac{1}{3}-\frac{1}{4}\right):\frac{1}{6}$

c) $\left(\frac{3}{5}+\frac{1}{3}\right)-\left[1-\left(\frac{3}{4}-\frac{1}{2}\right)+\frac{2}{3}-\frac{3}{20}\right]$

d) $\left(\frac{5}{2}-\frac{5}{6}+\frac{2}{3}\cdot\frac{1}{4}\right):\left[2-\frac{1}{2}\left(1+\frac{5}{3}\right)\right]$

RESUELVE PROBLEMAS SENCILLOS

20 Si lanzas una moneda cuatro veces, ¿cuántos resultados distintos puedes obtener?

21 El resultado de un partido de fútbol fue 3 - 1. ¿De cuántas formas pudo llegarse a ese resultado? ¿En cuántas de ellas se pasó por un empate a 1?

22 Seis amigos organizan un campeonato de pádel, jugando todos contra todos.

a) ¿Cuántos partidos han de jugar?

b) ¿Cuántos partidos jugarían si el campeonato fuera a doble vuelta?

23 Nuria y Montse juegan un partido de tenis que acabará cuando una de ellas gane dos sets. ¿De cuántas formas puede desarrollarse el partido?

COMPRENDE Y APLICA EN EL DESAFÍO — DESAFÍOS QUE DEJAN HUELLA

24 Las partidas en los presupuestos de varias familias se reparten como indica este diagrama de sectores:

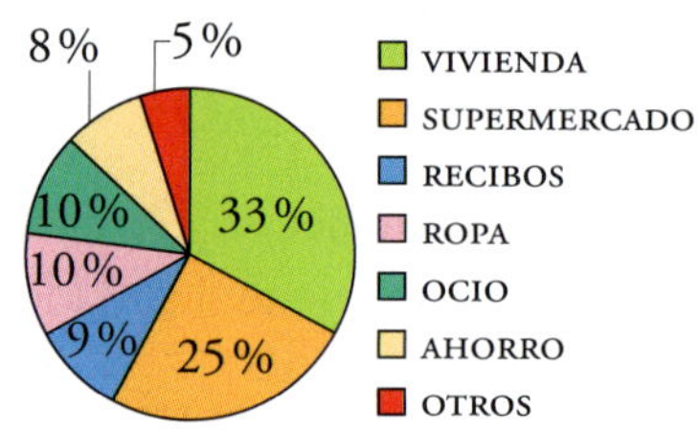

Copia en tu cuaderno el mismo diagrama sustituyendo los porcentajes por las fracciones correspondientes. Si se puede, simplifícalas.

A partir de tu diagrama de sectores, contesta:

a) ¿Qué cantidad se gasta en ropa una familia con un presupuesto de 2 400 €/mes? ¿Y en el supermercado?

b) Si una familia ahorra 288 €/mes, ¿qué presupuesto mensual tiene?

c) Los gastos en vivienda, recibos y ropa juntos suponen más de la mitad del presupuesto. ¿Es cierta esta afirmación?

COMPRENDE Y APLICA EN EL DESAFÍO — DESAFÍOS QUE DEJAN HUELLA

25 **Meta 12.2.** Los siguientes datos expresan cómo gasta sus ingresos mensuales una familia:

Vivienda: 0,4 Supermercado: $0,1\widehat{6}$ Ropa: $0,1\widehat{3}$

Recibos: 0,1 Ahorro: 0,05 Otros: 0,04

a) Escríbelos todos en forma de fracción y halla la fracción que falta.

b) Si gasta 330 € en ocio, ¿cuál es su presupuesto mensual?

26 En una encuesta realizada entre los estudiantes de un colegio se recogieron los siguientes resultados:

- 7/30 de los estudiantes no tienen teléfono móvil.
- 400 estudiantes tienen ordenador y teléfono móvil.
- 1/6 no tiene ordenador.
- 1/15 no tiene ni ordenador ni teléfono móvil.

¿Cuántos estudiantes fueron consultados en la encuesta?

27 Ana utiliza parte del dinero que lleva para comprar varios cómics, todos a igual precio. Si con un quinto del dinero que tenía ha pagado un tercio del total de los cómics que compró, ¿qué fracción del dinero que llevaba le quedará después de pagar todos los cómics?

28 Dos cajas de manzanas se venden a 2,50 € el kilo. La primera, que supone los 5/12 del total, se vende por 50 €. ¿Cuántos kilos había en cada caja?

PARA PENSAR UN POCO MÁS

29 Se adquieren 10 kg de ciruelas para hacer mermelada. Al deshuesarlas, se reduce en 1/5 su peso. Lo que queda se cuece con una cantidad igual de azúcar, perdiéndose en la cocción 1/4 del peso. ¿Cuántos kilos de mermelada se obtienen?

30 En una carrera ciclista de cuatro etapas, el primer día abandonó 1/15 de los corredores. El segundo día abandonó la décima parte de los que quedaban. El tercer día, tras una caída, abandonaron 3 corredores, terminando la carrera 123. ¿Qué fracción de los corredores tomaron la salida el segundo día? ¿Y el tercer día? ¿Cuántos corredores participaron en la carrera?

31 Un grifo llena un depósito de agua en 9 horas. Si además del grifo se abre el desagüe, entonces el tiempo de llenado es 36 horas. ¿Cuánto tarda el desagüe en vaciar el depósito, estando el grifo cerrado?

32 En una fiesta, los 2/3 son chicos, los 3/5 de las chicas tienen pareja y hay 6 chicas que no tienen. ¿Cuántas personas asistieron a esa fiesta?

33 Gasto 1/10 de lo que tengo ahorrado en mi hucha; después, ingreso 1/15 de lo que me queda y aún me faltan 36 € para volver a tener la cantidad inicial. ¿Cuál era esa cantidad?

34 Dos agricultores, padre e hija, tardan 2 h en arar un campo. Si lo hace solo el padre, tarda 6 h. ¿Cuánto tardará la hija en hacerlo sola?

35 Tenemos dos jarras de 1/2 L. Una de ellas contiene 2/5 de zumo, y la otra, 3/4 de zumo. Les añadimos agua hasta llenarlas y las mezclamos en una jarra de 1,5 L.

a) ¿Qué fracción del líquido de la jarra grande es zumo? ¿Es más de la mitad?

b) Para rebajar la concentración, añadimos agua a la jarra grande hasta llenarla. ¿Cuál es ahora la fracción de zumo en esa jarra?

36 Divide por 11 los números del 1 al 10.

a) ¿Cuántos decimales distintos pueden salir?

b) ¿Tiene eso que ver con el hecho de que estemos dividiendo entre 11?

c) ¿Puedes predecir el resultado de 23 : 11 y de 40 : 11?

TAMBIÉN PUEDES HACER ESTO

37 Tantea para completar en tu cuaderno estas igualdades con los dígitos que faltan:

a) $\dfrac{\square 36}{2156} = \dfrac{\square\square}{77}$ b) $\dfrac{84}{315} = \dfrac{\square\square}{45} = \dfrac{\square}{\square 5}$

c) $\dfrac{3\square 3}{53\square} = \dfrac{\square}{11}$ d) $\dfrac{75}{4\square 5} = \dfrac{\square 5}{8\square} = \dfrac{\square}{27}$

38 Escribe en tu cuaderno el signo (+, –, · o :) correspondiente en cada hueco para que se cumplan estas igualdades:

a) $\dfrac{2}{5} \square \dfrac{2}{3} \square \dfrac{3}{10} = \dfrac{17}{30}$ b) $\dfrac{4}{5} \square \dfrac{10}{3} \square \dfrac{1}{2} = \dfrac{4}{3}$

39 Tenemos una fracción irreducible tal que, si a los dos términos se les suma el denominador y a la fracción resultante se le resta la fracción inicial, se obtiene de nuevo esa fracción. ¿De qué fracción se trata?

¿LO HAS ENTENDIDO? REFLEXIONA

40 ¿Verdadero o falso? Explica y pon ejemplos.

a) Hay números decimales que no son racionales.

b) El cociente de dos números decimales exactos es siempre un decimal exacto.

c) Al sumar dos números decimales periódicos puros se obtiene siempre un decimal periódico puro.

d) Todos los números enteros se pueden expresar en forma de fracción.

e) Si dos fracciones positivas son menores que 1, su producto puede ser mayor que 1.

f) Al dividir dos números decimales periódicos se obtiene un decimal periódico.

41 Si escribimos en forma decimal la fracción 20/13, ¿qué cifra ocupa el lugar 50? ¿Sería la misma que la que ocupa el lugar 100?

42 Un programa de cálculo transforma fracciones, de forma que al introducir $\dfrac{a}{b}$ la convierte en $\dfrac{1-\dfrac{a}{b}}{1+\dfrac{a}{b}}$.

Por ejemplo, si entra $\dfrac{2}{3}$, sale $\dfrac{1}{5}$. Compruébalo.

Supongamos que entra $\dfrac{2}{5}$ y el resultado se vuelve a introducir. Si repetimos este proceso 10 veces, ¿cuál será la fracción obtenida al final? ¿Y si lo repetimos 11 veces?

REPARTO DE CAMELLOS

Un beduino tenía 17 camellos, que dejó en herencia a sus tres hijos. Su testamento decía lo siguiente: *A mi hijo mayor, Alí, le dejo la mitad de mis camellos; al siguiente, Hamed, la tercera parte, y al pequeño, Harim, la novena parte.*

Los tres hijos discutían acaloradamente porque no veían forma de repartir los camellos siguiendo el criterio del padre, cuando pasó por allí un viajero montado en su propio camello. Preguntó y le describieron su problema. El viajero, hábil matemático, les propuso lo siguiente:

A vuestros 17 camellos añado el mío. Ahora hay 18. La mitad, 9, son para Alí; la tercera parte, 6, para Hamed; y la novena parte, 2, para Harim. **9 + 6 + 2 = 17**

Los tres quedáis satisfechos y yo recupero mi hermoso camello.

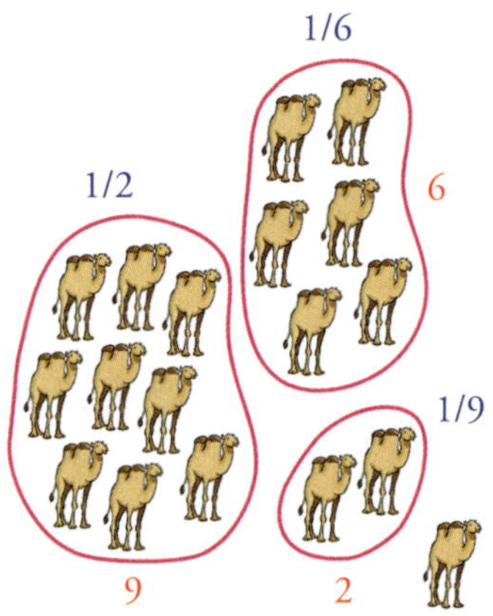

¡¡¿Cómo ha sido posible?!! Bueno, cuando se hace un reparto, la suma de las fracciones en que se parte el todo ha de ser 1. Pero, según el testamento:

$$\frac{1}{2}+\frac{1}{3}+\frac{1}{9}=\frac{17}{18}, \text{ que es menor que 1.}$$

¡El viejo beduino no había repartido toda su herencia!

Podrías repetir el problema suponiendo que el padre dejó 35 camellos. Comprueba que, añadiendo el camello del viajero, cada hijo se queda con un número entero de camellos (18 + 12 + 4 = 34) y, además del camello del viajero, sobra otro que el matemático podrá quedarse como pago por su gestión.

¿ERES DE VERDAD O DE MENTIRA?

En medio de una selva hay dos pueblos, que llamaremos V y M. Los habitantes de V dicen siempre la verdad, y los de M siempre mienten. Por ser pueblos próximos, es frecuente encontrar habitantes de V en M y de M en V.

Una exploradora extraviada llega a uno de los pueblos, pero ignora cuál de ellos es.

Para a un transeúnte y le pregunta:

—¿Es usted de aquí?

¿Por qué con la respuesta que reciba sabrá, con seguridad, si está en V o en M?

Describe por escrito el proceso que has seguido para llegar a la solución, justificando cada paso.

Las posibilidades son: **RESPUESTAS**

— Está en V y pregunta a alguien de V. → Sí

— Está en V y pregunta a alguien de M. → …

— Está en M y…

— …

CONCLUSIÓN

- Si la respuesta es afirmativa, la exploradora está en…
- Si la respuesta es negativa…

AUTOEVALUACIÓN

1 Efectúa y simplifica el resultado.

$$1 + \frac{5}{8} \cdot \left(\frac{5}{3} + 1\right) - \frac{1}{3} : \frac{2}{5}$$

2 Escribe tres fracciones de modo que la primera dé lugar a un decimal exacto; la segunda, a un periódico puro, y la tercera, a un periódico mixto.

3 Escribe, en cada caso, tres números comprendidos entre los dos dados:

a) $\frac{3}{20}$ y $\frac{4}{25}$ b) $2,\widehat{7}$ y $2,\widehat{8}$

4 Clasifica en decimales exactos o periódicos sin hacer la división.

$$\frac{89}{50} \qquad \frac{113}{12} \qquad \frac{23}{32} \qquad \frac{18}{7}$$

5 Haz la siguiente cadena de operaciones:

Piensa un número → súmale 1/5 → réstale 7/10 → súmale 1/2

Justifica por qué obtienes siempre el número que has pensado.

6 Zoe gastó 1/3 de su dinero en libros y 2/5 en discos. Si le han sobrado 36 €, ¿cuánto tenía?

7 De un depósito, en el que había 1 500 L de agua, se gastan un día 5/12 del depósito, y otro día, 500 L. ¿Qué fracción queda?

8 De los 28 estudiantes de una clase, 4/7 aprobaron todas las asignaturas, y de ellos, 1/4 obtuvieron sobresalientes de nota media. ¿Cuántos sacaron sobresaliente? ¿Qué parte de la clase suspendió alguna asignatura?

9 Entre las personas apuntadas a un polideportivo, la quinta parte tiene más de 60 años, y dos de cada tres están entre los 25 y los 60 años.

a) ¿Qué fracción de estas personas tiene 25 años o menos?

b) Si el número de personas apuntadas es 525, ¿cuántas hay de cada grupo de edad?

10 Con la tercera parte del aceite que tengo en un bidón, puedo llenar 20 botellas de 3/5 de litro. ¿Cuántos litros había en el bidón? ¿Cuántas botellas de 3/4 de litro podré llenar con el resto?

→ **anayaeducacion.es** Resoluciones de estos ejercicios.

11 Tres empresarias invierten en un negocio. La primera aporta 1/3 del capital; la segunda, 2/5, y la tercera, el resto.

a) ¿Cuál invirtió más dinero?

b) Después de tres años, reparten los beneficios y a la tercera le corresponden 20 000 euros. ¿Cuánto corresponde a cada una de las otras?

12 Forma todos los números de cuatro cifras que se puedan hacer con los dígitos 1 y 2. ¿Cuántos son?

13 En una clase de tercero se van a celebrar votaciones para elegir delegado y subdelegado. Si se presentan 5 estudiantes, ¿de cuántas formas podemos rellenar la papeleta de votación?

14 Compro una bicicleta que pagaré en tres plazos. En el primero, pago los 3/10 del total; en el segundo, 4/5 de lo que me queda por pagar, y para el tercero, solo tengo que pagar 21 €. ¿Cuál es el precio de la bicicleta?

15 Un grifo llena un depósito en 4 horas, y un desagüe lo vacía en 6 horas. Si abrimos el grifo y una hora después abrimos el desagüe, ¿cuánto tiempo tardará el depósito en llenarse?

Si abrimos el grifo y tres horas después abrimos el desagüe, ¿cuánto tardará en llenarse el depósito?

16 ¿Verdadero o falso?

a) Todas las fracciones son números racionales.

b) Todos los números racionales son fraccionarios.

c) Una fracción siempre equivale a un número periódico.

d) Un número decimal periódico es racional.

DESAFÍOS QUE DEJAN HUELLA

REFLEXIONA

Revisa los aspectos trabajados y plantea soluciones a los problemas que se detecten.

Para ello, descarga de **anayaeducacion.es** la rúbrica correspondiente, reflexiona de manera individual y comparte en grupo.

PON A PRUEBA TUS COMPETENCIAS

Realiza la autoevaluación competencial incluida en **anayaeducacion.es.**

2

Potencias y raíces

En casi todas las antiguas culturas suficientemente avanzadas se prestó atención a los números grandes y a la forma de expresarlos.

Especialmente significativo es el caso de la India, donde sintieron pasión por los números enormes. En su famoso libro mitológico *Mahabharata* (siglo VI a. C., aproximadamente) se cuenta que Buda tuvo nada menos que $6 \cdot 10^{11}$ hijos e hijas y en otro lugar se habla de «las $24 \cdot 10^{15}$ divinidades».

En Grecia, los pitagóricos (siglo VI a. C.) relacionaron los números con la geometría. A ellos les debemos los términos «cuadrado» y «cubo» referidos a las potencias de números.

Arquímedes, gran matemático, ingeniero e inventor griego (siglo III a. C.), con el fin de demostrar que el número de granos de arena «no era infinito», se propuso escribir un número mayor que el número de estos que cabrían en el universo. Para ello, escribió un libro, *El arenario*, en el que inventó una nueva forma de escribir números extraordinariamente grandes basado en las potencias de base 10. Por esto, Arquímedes es considerado el padre de la notación científica.

Estatua en honor de Arquímedes, en Siracusa.

Con lo que ya sabes, resuelve

Te vamos a proponer que realices algunos cálculos relacionados con los números enormes que se mencionan en la página anterior. Para ello, hemos de darte algunos datos y recomendarte que utilices una calculadora y que recuerdes la notación científica.

REFLEXIONA

Los hijos e hijas de Buda y las divinidades indias

— La superficie de la India es de unos 3 millones de kilómetros cuadrados.

— Según la mitología india, Buda tuvo $6 \cdot 10^{11}$ hijos e hijas, es decir, 600 000 millones.

— Y había $24 \cdot 10^{15}$ divinidades, ¡24 000 billones!

1. ¿Cabrían los hijos y las hijas de Buda en la India? ¿Cuántos metros cuadrados le corresponderían a cada uno? ¿Y cuántos centímetros cuadrados a cada divinidad?

El universo lleno de granos de arena según Arquímedes

Observa algunos datos que utilizó Arquímedes en su libro *El arenario*:

EL RADIO DEL UNIVERSO	EL TAMAÑO DE UN GRANO DE ARENA
• Radio de la Tierra: 500 000 estadios.	• Diámetro de una semilla de amapola = = 20 · Diámetro de un grano de arena
• Distancia Tierra-Sol: 2 500 millones de estadios.	• Ancho de un dedo = = 40 · Diámetro de una semilla de amapola
• $\frac{(\text{Radio del universo})}{(\text{Distancia Tierra-Sol})} = \frac{(\text{Distancia Tierra-Sol})}{(\text{Radio de la Tierra})}$	• 1 estadio = 10 000 · Ancho de un dedo

2. Calcula cuántos granos de arena caben en el universo utilizando los datos que usó el propio Arquímedes.

«Hay más estrellas en el universo que granos de arena en todas las playas de la Tierra»

El astrónomo, cosmólogo y gran divulgador **Carl Sagan** (1934-1996) hizo la breve e impactante afirmación anterior, pero ¿será cierta?

En el mundo hay unos 300 000 km de playas. Podemos estimar que cada una tiene, de media, 50 m de ancho y 25 m de profundidad, y que un grano de arena tiene un volumen medio de $1 \cdot 10^{-10}$ m^3.

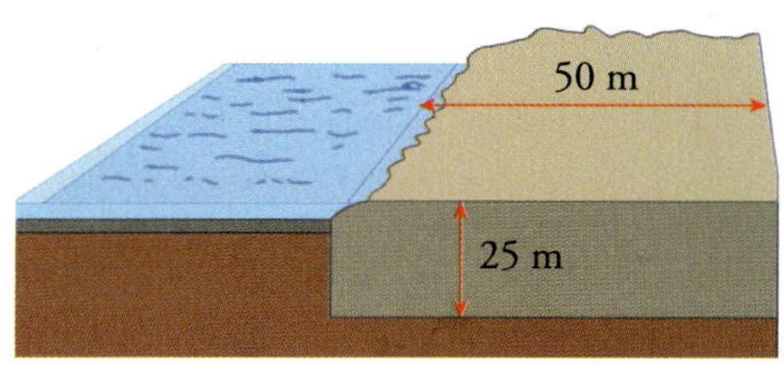

Nuestra galaxia, la Vía Láctea, tiene unos 200 000 millones de estrellas ($2 \cdot 10^{11}$). Es una galaxia normalita, pero las hay enanas, con 10^7 estrellas, y gigantes, con 10^{14}.

Con las fotos del telescopio espacial Hubble (1990) se estimó que había unos $2 \cdot 10^{12}$ galaxias. Sin embargo, la nave New Horizons (2006) redujo esta cantidad considerablemente, dejándola en unos cientos de miles de millones de galaxias en el universo visible. Veremos qué nos dice el prometedor telescopio espacial James Webb.

3. Comprueba si es o no cierta la afirmación de Carl Sagan. Para ello, utiliza la estimación del número de galaxias del telescopio Hubble y considera que todas las galaxias son como la Vía Láctea.

1 Potenciación

Potencias de exponente positivo

→ **anayaeducacion.es** Actividades para repasar las operaciones con potencias de exponente natural.

Las potencias de exponente entero positivo (1, 2, 3, …) son fáciles de interpretar:

$$a^1 = a \qquad a^n = \underbrace{a \cdot a \cdot \ldots \cdot a}_{n \text{ veces}}$$

Por ejemplo: $8^1 = 8$, $(-6)^4 = (-6) \cdot (-6) \cdot (-6) \cdot (-6)$, $\left(\frac{2}{7}\right)^3 = \frac{2}{7} \cdot \frac{2}{7} \cdot \frac{2}{7}$

CALCULADORA

Para hallar potencias en la calculadora, usamos las siguientes teclas:

- Para el cuadrado: [x²]
  5 [x²] [=] 25
- Para el cubo: [SHIFT] [x³]
  2 [SHIFT] [x³] [=] 8
- Para cualquier potencia: [x■]
  3 [x■] 4 [=] 81

Propiedades

① $a^m \cdot a^n = a^{m+n}$ Por ejemplo: $a^3 \cdot a^4 = (a \cdot a \cdot a) \cdot (a \cdot a \cdot a \cdot a) = a^{3+4}$

② $(a \cdot b)^n = a^n \cdot b^n$ Por ejemplo: $(a \cdot b)^3 = (a \cdot b) \cdot (a \cdot b) \cdot (a \cdot b) = (a \cdot a \cdot a) \cdot (b \cdot b \cdot b) = a^3 \cdot b^3$

③ $(a^m)^n = a^{m \cdot n}$ Por ejemplo: $(a^2)^3 = a^2 \cdot a^2 \cdot a^2 = (a \cdot a) \cdot (a \cdot a) \cdot (a \cdot a) = a^{2 \cdot 3}$

④ $\frac{a^m}{a^n} = a^{m-n}$ Por ejemplo: $\frac{a^6}{a^4} = \frac{\cancel{a} \cdot \cancel{a} \cdot \cancel{a} \cdot \cancel{a} \cdot a \cdot a}{\cancel{a} \cdot \cancel{a} \cdot \cancel{a} \cdot \cancel{a}} = \frac{a^{6-4}}{1} = a^{6-4}$

⑤ $\left(\frac{a}{b}\right)^n = \frac{a^n}{b^n}$ Por ejemplo: $\left(\frac{a}{b}\right)^3 = \frac{a}{b} \cdot \frac{a}{b} \cdot \frac{a}{b} = \frac{a \cdot a \cdot a}{b \cdot b \cdot b} = \frac{a^3}{b^3}$

EJERCICIO RESUELTO

Calcular.

a) $5^2 \cdot 5^6 \cdot 5^3$ *b)* $(2^3)^4$ *c)* $\frac{5^8}{5^6}$ *d)* $\frac{14^5}{7^5}$ *e)* $2^2 \cdot 5^3$ *f)* $(15^4 : 3^3) : 5^4$ *g)* $4^2 \cdot \left(\frac{3}{2}\right)^4$

a) $5^2 \cdot 5^6 \cdot 5^3 = 5^{2+6+3} = 5^{11}$ (Propiedad ①)

b) $(2^3)^4 = 2^{3 \cdot 4} = 2^{12}$ (Propiedad ③)

c) $\frac{5^8}{5^6} = 5^{8-6} = 5^2$ (Propiedad ④)

d) $\frac{14^5}{7^5} = \left(\frac{14}{7}\right)^5 = 2^5$ (Propiedad ⑤)

e) $2^2 \cdot 5^3 = 2^2 \cdot 5^2 \cdot 5 = (2 \cdot 5)^2 \cdot 5 = 10^2 \cdot 5 = 100 \cdot 5 = 500$

f) $(15^4 : 3^3) : 5^4 = [(5^4 \cdot 3^4) : 3^3] : 5^4 = (5^4 \cdot 3) : 5^4 = 3$

g) $4^2 \cdot \left(\frac{3}{2}\right)^4 = (2^2)^2 \cdot \frac{3^4}{2^4} = 2^4 \cdot \frac{3^4}{2^4} = 3^4$

PIENSA Y PRACTICA

1 Reduce a una sola potencia.

a) $4^3 \cdot 4^4 \cdot 4$ b) $(5^6)^3$ c) $\frac{7^6}{7^4}$

d) $\frac{15^3}{3^3}$ e) $2^{10} \cdot 5^{10}$ f) $\frac{12^5}{3^5 \cdot 4^5}$

g) $(a^6 \cdot a^3)^2 : (a^2 \cdot a^4)^3$ h) $(6^2)^3 \cdot 3^5 \cdot (2^7 : 2^2)$

2 Calcula utilizando propiedades de las potencias.

a) $2^3 \cdot 5^4$ b) $(6^5 : 2^4) : 3^5$ c) $\left(\frac{2}{3}\right)^6 \cdot \left(\frac{3}{4}\right)^3$

d) $2^8 \cdot \left(\frac{5}{2}\right)^4$ e) $\frac{20^6}{2^6}$ f) $\frac{20^6}{2^5}$

g) $(3^3)^2 : 3^5$ h) $(2^5)^3 \cdot [(5^3)^4 : 2^3]$

RESUMEN

Definición

$a^0 = 1, \; a^1 = a$

Si $n > 1$:

- $a^n = \underbrace{a \cdot a \cdot \ldots \cdot a}_{n \text{ veces}}$
- $a^{-n} = 1/a^n$

Propiedades

Si $m, n \in \mathbb{Z}$, se cumple:

① $a^m \cdot a^n = a^{m+n}$

② $(a \cdot b)^n = a^n \cdot b^n$

③ $(a^m)^n = a^{m \cdot n}$

④ $\dfrac{a^m}{a^n} = a^{m-n}$

⑤ $\left(\dfrac{a}{b}\right)^n = \dfrac{a^n}{b^n}$

Potencias de exponente cero o negativo

La propiedad ④ de la página anterior solo era válida para $m > n$. Veamos qué ocurriría si fuera $m = n$ o $m < n$:

$$\frac{a^3}{a^3} = a^{3-3} = a^0. \text{ Pero } \frac{a^3}{a^3} = 1. \text{ Por tanto, tendría que ser } a^0 = 1.$$

$$\frac{a^3}{a^5} = a^{3-5} = a^{-2}. \text{ Pero } \frac{a^3}{a^5} = \frac{\cancel{a} \cdot \cancel{a} \cdot \cancel{a}}{\cancel{a} \cdot \cancel{a} \cdot \cancel{a} \cdot a \cdot a} = \frac{1}{a^2} \;\rightarrow\; a^{-2} = \frac{1}{a^2}$$

Estas igualdades nos sugieren la siguiente definición:

> Si a es un número racional distinto de cero y n es entero:
>
> $$a^0 = 1 \qquad a^{-n} = \frac{1}{a^n}$$
>
> Como consecuencia: $\left(\dfrac{a}{b}\right)^{-n} = \left(\dfrac{b}{a}\right)^n = \dfrac{b^n}{a^n}$

Las propiedades que teníamos para las potencias de exponente positivo también son válidas para las potencias de exponentes enteros cualesquiera.

EJERCICIOS RESUELTOS

→ **anayaeducacion.es** Repasa las operaciones con potencias de exponente entero.

1 ***Expresar cada número como potencia de base 10:***

a) 0,001

b) 0,00000001

a) $0{,}001 = \dfrac{1}{1000} = \dfrac{1}{10^3} = 10^{-3}$

b) $0{,}00000001 = \dfrac{1}{10\,000\,000} = \dfrac{1}{10^7} = 10^{-7}$

2 ***Simplificar.***

a) $\left(\dfrac{3}{5}\right)^4 \cdot \left(\dfrac{9}{5}\right)^{-3}$

b) $\dfrac{x^{-3} \cdot x^2 \cdot x^6}{(x^{-1} \cdot x^4)^2}$

c) $\dfrac{2^{-6} \cdot 4^3 \cdot 3^4 \cdot 9^{-2}}{2^{-4} \cdot 8 \cdot 9 \cdot 3^{-5}}$

a) $\left(\dfrac{3}{5}\right)^4 \cdot \left(\dfrac{9}{5}\right)^{-3} = \left(\dfrac{3}{5}\right)^4 \cdot \left(\dfrac{5}{9}\right)^3 = \dfrac{3^4}{5^4} \cdot \dfrac{5^3}{9^3} = \dfrac{3^4 \cdot 5^3}{5^4 \cdot (3^2)^3} = \dfrac{3^4 \cdot 5^3}{5^4 \cdot 3^6} = \dfrac{1}{5 \cdot 3^2} = \dfrac{1}{45}$

b) $\dfrac{x^{-3} \cdot x^2 \cdot x^6}{(x^{-1} \cdot x^4)^2} = \dfrac{x^{-3+2+6}}{(x^{-1+4})^2} = \dfrac{x^5}{(x^3)^2} = \dfrac{x^5}{x^6} = x^{5-6} = x^{-1} = \dfrac{1}{x}$

c) $\dfrac{2^{-6} \cdot 4^3 \cdot 3^4 \cdot 9^{-2}}{2^{-4} \cdot 8 \cdot 9 \cdot 3^{-5}} = \dfrac{2^{-6} \cdot 2^6 \cdot 3^4 \cdot 3^{-4}}{2^{-4} \cdot 2^3 \cdot 3^2 \cdot 3^{-5}} = 2^{-6+6+4-3} \cdot 3^{4-4-2+5} = 2 \cdot 3^3 = 54$

PIENSA Y PRACTICA

→ **anayaeducacion.es** Refuerza las operaciones con potencias de exponente entero.

3 Calcula el resultado.

a) $(-2)^{-1}$ b) $(-2)^{-2}$ c) $\left(\dfrac{1}{2}\right)^3$ d) $\left(\dfrac{-1}{2}\right)^2$

4 Calcula.

a) $\left(\dfrac{3}{5}\right)^{-3}$ b) $\left(\dfrac{-13}{7}\right)^0$ c) $\left(-\dfrac{2}{3}\right)^{-4}$ d) $\left(\dfrac{-3}{-5}\right)^{-3}$

5 Expresa como potencia de base 10.

a) 0,1 b) 0,00001 c) $0{,}001^{-2}$ d) $100\,000^{-3}$

6 Simplifica y halla el resultado cuando sea posible.

a) $\dfrac{x^6 \cdot x^{-3}}{(x^2)y}$ b) $\dfrac{y^5 \cdot y^{-1} \cdot y}{(y^2)^{-2}}$

c) $\left(\dfrac{1}{a^2}\right)^3 : \left(\dfrac{1}{a^3}\right)^3$ d) $\dfrac{5^6 \cdot (5^2)^{-1}}{(5^2)^3}$

e) $\dfrac{6^4 \cdot 3^4}{9^4}$ f) $\dfrac{(-6)^5 \cdot (-3)^5}{36^5}$

g) $\dfrac{2^5 \cdot 3^2 \cdot 4^{-1}}{2^3 \cdot 9^{-1}}$ h) $\dfrac{6^2 \cdot 9^2}{2^3 \cdot (-3)^2 \cdot 4^2}$

2 Notación científica

Cuando manejamos números muy grandes, nos encontramos con dos importantes inconvenientes:

- Para hacernos una idea clara de lo grandes que son, hemos de contar sus cifras.
- Operar con ellos es muy pesado.

La notación científica salva ambos inconvenientes. Veamos en qué consiste y lo útil que resulta para expresar, interpretar y operar cantidades muy grandes.

CÁLCULO MENTAL

Di el valor de n para que se verifique cada igualdad:

a) $513\,000 = 5{,}13 \cdot 10^n$

b) $2\,577{,}6 = 2{,}5776 \cdot 10^n$

c) $453 \cdot 10^3 = 4{,}53 \cdot 10^n$

d) $125{,}3 \cdot 10^6 = 1{,}253 \cdot 10^n$

Por ejemplo:

— El volumen de la Tierra es 1 080 trillones de $m^3 = 1{,}08 \cdot 10^{21}\ m^3$.

— La distancia de la Tierra a la estrella Alfa Centauri A es 40 680 000 millones de kilómetros $= 4{,}068 \cdot 10^{13}$ km.

Los números $1{,}08 \cdot 10^{21}$ y $4{,}068 \cdot 10^{13}$ están puestos en *notación científica.*

Un número puesto en **notación científica** consta de:

- Una parte entera formada por una sola cifra que no es el cero (la de las unidades).
- El resto de las cifras significativas, si las hay, puestas como parte decimal.
- Una potencia de base 10 que da el orden de magnitud del número.

$$N = a\,,\,bcd\ldots \cdot 10^n$$

PARTE ENTERA (SOLO UNA CIFRA) — PARTE DECIMAL — POTENCIA ENTERA DE BASE 10

El exponente, n, nos indica lo grande o lo pequeño que es el número.

Notación científica para números muy pequeños

También hay cálculos y mediciones que arrojan cantidades muy pequeñas (en el mundo científico, en medicina, en biología microscópica, etc.).

CÁLCULO MENTAL

Di el valor de n para que se verifique cada igualdad:

a) $0{,}000004 = 4 \cdot 10^n$

b) $0{,}00513 = 5{,}13 \cdot 10^n$

c) $0{,}45 \cdot 10^{-2} = 4{,}5 \cdot 10^n$

d) $0{,}0018 \cdot 10^{-5} = 1{,}8 \cdot 10^n$

Ejemplos

a) Diámetro de cierta bacteria $\rightarrow$ 0,00062 mm

b) Cantidad de metales pesados en una muestra de agua $\rightarrow$ 0,000000834 g

Para expresar las cantidades anteriores en notación científica, recurrimos a las **potencias negativas** de base 10, como se muestra a continuación:

a) $0{,}00062 \rightarrow 6{,}2 \cdot 0{,}0001 \rightarrow 6{,}2 \cdot 10^{-4}$

b) $0{,}000000834 \rightarrow 8{,}34 \cdot 0{,}0000001 \rightarrow 8{,}34 \cdot 10^{-7}$

Los números $6{,}2 \cdot 10^{-4}$ y $8{,}34 \cdot 10^{-7}$ están en notación científica.

PIENSA Y PRACTICA

1 Expresa estas cantidades en notación científica:

a) 2 800 000 b) 169 000 000

c) 7 020 000 000 d) 53 420 000 000 000

2 Expresa con todas sus cifras.

a) $3{,}6 \cdot 10^5$ b) $8{,}253 \cdot 10^8$ c) $2{,}27 \cdot 10^{11}$

3 Expresa estas cantidades en notación científica:

a) 0,00016 b) 0,00000387

c) 0,00000000083 d) 0,000000000000000629

4 Expresa con todas sus cifras.

a) $2{,}65 \cdot 10^{-4}$ b) $8{,}253 \cdot 10^{-6}$ c) $2{,}27 \cdot 10^{-11}$

Operaciones con números en notación científica

- Para **sumar** o **restar** números en notación científica, es necesario preparar los sumandos de modo que tengan todos la misma potencia de base 10 y, así, poder sacar factor común.

Ejemplo

$4,73 \cdot 10^7 - 7,5 \cdot 10^6 = 47,3 \cdot 10^6 - 7,5 \cdot 10^6 = (47,3 - 7,5) \cdot 10^6 =$
$= 39,8 \cdot 10^6 = 3,98 \cdot 10^7$

- Para **multiplicar** o **dividir** números en notación científica, actuaremos de forma natural, teniendo en cuenta que cada número está formado por dos factores: la parte decimal y la potencia de base 10.

Ejemplos

a) $(4,73 \cdot 10^7) \cdot (7,5 \cdot 10^5) = (4,73 \cdot 7,5) \cdot 10^{7+5} = 35,475 \cdot 10^{12} = 3,5475 \cdot 10^{13}$

b) $\dfrac{4,73 \cdot 10^7}{7,5 \cdot 10^{-5}} = (4,73 : 7,5) \cdot 10^{7-(-5)} = 0,631 \cdot 10^{12} = 6,31 \cdot 10^{11}$

EJERCICIOS RESUELTOS

1 ***Expresar 4 782 930 663 200 en notación científica, redondeándolo a los millares de millón.***	4 782 930 663 200 → Redondeo: 4 783 000 000 000 4 783 000 000 000 = 4,783 · 1 000 000 000 000 Expresión en notación científica → $4,783 \cdot 10^{12}$
2 ***Realizar estas operaciones y expresar el resultado en notación científica:*** ***a)*** $23,5 \cdot 10^4 + 123,7 \cdot 10^2$ ***b)*** $6\,284 \cdot 10^{-5} - 329 \cdot 10^{-4}$ ***c)*** $0,012 \cdot 10^3 + 172 \cdot 10^{-1}$	a) $23,5 \cdot 10^4 + 123,7 \cdot 10^2 = 23,5 \cdot 10^4 + 1,237 \cdot 10^4 = (23,5 + 1,237) \cdot 10^4 = 24,737 \cdot 10^4 = 2,4737 \cdot 10^5$ b) $6\,284 \cdot 10^{-5} - 329 \cdot 10^{-4} = 628,4 \cdot 10^{-4} - 329 \cdot 10^{-4} = (628,4 - 329) \cdot 10^{-4} = 299,4 \cdot 10^{-4} = 2,994 \cdot 10^{-2}$ c) $0,012 \cdot 10^3 + 172 \cdot 10^{-1} = 12 + 17,2 = 29,2 = 2,92 \cdot 10$

PIENSA Y PRACTICA

5 Expresa 6 274 344 825 en notación científica, redondeándolo a las decenas de millón.

6 Opera y pon el resultado en notación científica.

a) $7,25 \cdot 10^4 - 5,83 \cdot 10^4$

b) $7,25 \cdot 10^9 + 5,83 \cdot 10^9$

c) $7,25 \cdot 10^9 + 2,1 \cdot 10^8$

d) $4,73 \cdot 10^7 - 7,5 \cdot 10^6$

e) $1,8 \cdot 10^9 + 2,25 \cdot 10^8$

f) $(2,5 \cdot 10^{-7}) \cdot (8 \cdot 10^{-3})$

g) $(3,4 \cdot 10^9) : (5 \cdot 10^4)$

7 Realiza las siguientes operaciones y expresa el resultado en notación científica:

a) $234 \cdot 10^3 + 5\,231 \cdot 10^2$

b) $42,81 \cdot 10^{-5} - 3\,450 \cdot 10^{-7}$

c) $1,592 \cdot 10^4 + 2\,561$

d) $0,127 \cdot 10 - 248 \cdot 10^{-3}$

8 En 18 gramos de agua (H_2O) hay $6,022 \cdot 10^{23}$ moléculas elementales (número de Avogadro).

a) ¿Cuántas moléculas elementales hay en un gramo de agua?

b) ¿Cuál es la masa de una molécula elemental?

CONFIGURACIÓN DE LA NOTACIÓN CIENTÍFICA EN LA CALCULADORA

La calculadora se puede configurar para que trabaje (ENTRADA y SALIDA) en notación científica. Pero hay que decirle el número de cifras significativas que queremos manejar:

Entramos en la configuración, [SHIFT] [CONFIG], y elegimos **3:Formato número.** Ahí seleccionamos **2:Not científica.** Aparece **Científ:Selec 0~9**.

Si pulsamos, por ejemplo, 5, se manejarán 5 cifras significativas.

Cuando terminemos de trabajar en notación científica no hay que olvidar volver al modo normal:

[SHIFT] [CONFIG] → **3:Formato número** → → **3:Normal** → **Normal:Selec 1~2**

Y pulsamos el 2.

Calculadora para la notación científica

- Cualquier modelo de calculadora puede ser programado para trabajar solo en notación científica. Sin embargo, es preferible que no uses ese modo, sino que mantengas el modo **Normal 2**.
- Como es natural, los resultados deben expresarse en forma decimal, por lo que debes configurar la SALIDA decimal, **E Mat/S Decimal**.
- **Escritura**

➢ ENTRADA

Para escribir números en notación científica, se usa la tecla [x10^x]. Por ejemplo:

$3,456 \cdot 10^{12} \to$ 3.456 [x10^x] 12 $\qquad 1,03452 \cdot 10^{-7} \to$ 1.03452 [x10^x] [(−)] 7

➢ SALIDA

Si se escribe un número con «muchas» cifras, la propia calculadora lo expresa automáticamente en notación científica. Por ejemplo:

12345678910	0.000000000123456	213.45×10^{12}
$1.2345678891 \times 10^{10}$	1.23456×10^{-10}	2.1345×10^{14}

Si se escribe un número con «pocas» cifras, en la pantalla nos aparecerá el número en forma decimal no científica. Por ejemplo:

123456789	12.3×10^{4}	0.0003847×10^{8}
123 456 789	123 000	38470

Operaciones. Las operaciones se encadenan como si fueran números cualesquiera. Como acabamos de decir, si el resultado tiene «muchas» cifras, la calculadora lo expresará en notación científica y si no, lo dará en notación normal y lo tendremos que interpretar nosotros.

123000000x45000	0.000123÷5000000	$12.86 \times 10^{3} \times 8.27 \times 10^{4}$
5.535×10^{12}	2.46×10^{-11}	1 063 522 000

EJERCICIO RESUELTO

1 ***Efectuar con calculadora e interpretar los resultados.***

a) $(3,214 \cdot 10^{-5}) \cdot (7,2 \cdot 10^{15})$

b) $3,214 \cdot 10^{-4} - 9,58 \cdot 10^{-5}$

c) $3,2 \cdot 10^{10} + 7,3 \cdot 10^{-5} - 4,552 \cdot 10^{10}$

a) 3.214 [x10^x] [(−)] 5 [×] 7.2 [x10^x] 15 [=] $2.31408 \cdot 10^{11}$

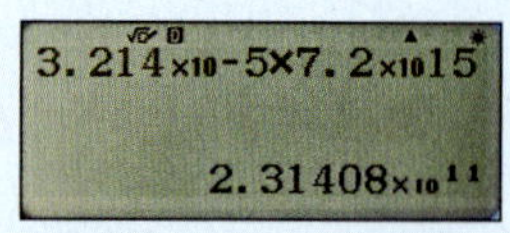

b) 3.214 [x10^x] [(−)] 4 [−] 9.58 [x10^x] [(−)] 5 [=] 0.0002256

Nos toca interpretarlo. El resultado expresado en notación científica es $2,256 \cdot 10^{-4}$.

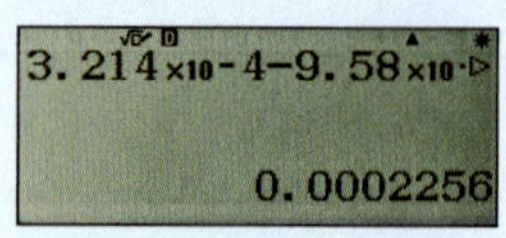

c) 3.2 [x10^x] 10 [+] 7.3 [x10^x] [(−)] 5 – 4.552 [x10^x] 10 [=] $-1.352 \cdot 10^{10}$

Como ves en este último ejemplo, cuando sumamos o restamos en la calculadora números con orden de magnitud muy diferentes, el menor no se refleja en el resultado.

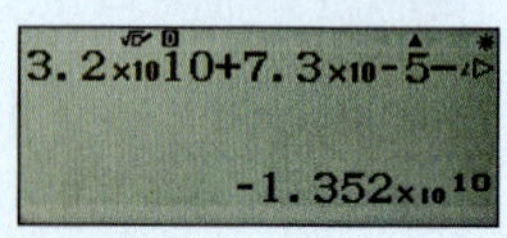

PIENSA Y PRACTICA

9 Resuelve con la calculadora las actividades 6, 7 y 8 de la página anterior.

3 Raíces exactas

DOS RAÍCES CUADRADAS

Observa:

$$3^2 = 9, \ (-3)^2 = 9$$

Por tanto, 9 tiene dos raíces cuadradas: 3 y –3.

Pero ¡atención!, cuando ponemos $\sqrt{9}$ nos estamos refiriendo a la raíz positiva, es decir, $\sqrt{9} = 3$.

Análogamente, 16 tiene dos raíces cuartas: 2 y –2.

Pero $\sqrt[4]{16} = 2$.

RAÍCES CUADRADAS

Como sabes, $\sqrt{25} = 5$, porque $5^2 = 25$. Sin embargo, $\sqrt{-25}$ no existe porque $(-5)^2 = 25$.

Análogamente, $\sqrt{\frac{25}{4}} = \frac{5}{2}$, porque $\left(\frac{5}{2}\right)^2 = \frac{5^2}{2^2} = \frac{25}{4}$.

RAÍCES CÚBICAS

Las raíces cúbicas se comportan de forma similar a las raíces cuadradas:

$$\sqrt[3]{\frac{8}{1000}} = \frac{2}{10}, \text{ porque } \left(\frac{2}{10}\right)^3 = \frac{2^3}{10^3} = \frac{8}{1000}.$$

OTRAS RAÍCES

Del mismo modo: $\sqrt[4]{10\,000} = 10$, porque $10^4 = 10\,000$.

> En general, si $a = b^n$ entonces $\sqrt[n]{a} = b$.
>
> En la expresión $\sqrt[n]{a}$ (se lee raíz enésima de a), n es el **índice** y a el **radicando.**
>
> Si $\sqrt[n]{a}$ es un número racional (entero o fraccionario), entonces se dice que la raíz es **exacta.**

EJERCICIO RESUELTO

Calcular las siguientes raíces:

a) $\sqrt{\frac{49}{16}}$

b) $\sqrt{4\,356}$

c) $\sqrt[3]{\frac{1000}{64}}$

d) $\sqrt[5]{\frac{1}{243}}$

e) $\sqrt[3]{2,7 \cdot 10^{13}}$

f) $\sqrt{1,6 \cdot 10^{-9}}$

a) $\left(\frac{7}{4}\right)^2 = \frac{7^2}{4^2} = \frac{49}{16}$. Por tanto, $\sqrt{\frac{49}{16}} = \frac{7}{4}$.

b) Puesto que se nos pide $\sqrt{4\,356}$, comprobemos si 4 356 es un cuadrado perfecto.
Para ello, lo descomponemos en factores primos: $4\,356 = 2^2 \cdot 3^2 \cdot 11^2$.
Es decir, $4\,356 = (2 \cdot 3 \cdot 11)^2 = 66^2$. Por tanto, $\sqrt{4\,356} = 66$.

c) $1\,000 = 10^3$; $64 = 4^3$; $\sqrt[3]{\frac{1000}{64}} = \sqrt[3]{\frac{10^3}{4^3}} = \frac{10}{4} = \frac{5}{2}$

d) $243 = 3^5$. Por tanto, $\sqrt[5]{\frac{1}{243}} = \frac{1}{3}$.

e) $2,7 \cdot 10^{13} = 27 \cdot 10^{12} = 3^3 \cdot 10^{12} = 3^3 \cdot (10^4)^3 = (3 \cdot 10^4)^3$
Por tanto, $\sqrt[3]{2,7 \cdot 10^{13}} = \sqrt[3]{(3 \cdot 10^4)^3} = 3 \cdot 10^4$.

f) $1,6 \cdot 10^{-9} = 16 \cdot 10^{-10} = 4^2 \cdot 10^{-10} = 4^2 \cdot (10^{-5})^2 = (4 \cdot 10^{-5})^2$
Por tanto, $\sqrt{1,6 \cdot 10^{-9}} = \sqrt{(4 \cdot 10^{-5})^2} = 4 \cdot 10^{-5}$.

PIENSA Y PRACTICA

→ **anayaeducacion.es** Actividades para reforzar el cálculo de raíces exactas.

1 Calcula las siguientes raíces:

a) $\sqrt[6]{64}$ b) $\sqrt[3]{216}$ c) $\sqrt{14\,400}$

d) $\sqrt[6]{\frac{1}{64}}$ e) $\sqrt[3]{\frac{64}{216}}$ f) $\sqrt[3]{\frac{3375}{1000}}$

2 ¿Verdadero o falso?

a) Como $(-5)^2 = 25$, entonces $\sqrt{25} = -5$.

b) –5 es una raíz cuadrada de 25.

c) 81 tiene dos raíces cuartas: 3 y –3.

d) 27 tiene dos raíces cúbicas: 3 y –3.

4 Radicales

En la expresión $\sqrt{12}$ no hay forma de suprimir la raíz si no es calculando su valor decimal aproximado. La única forma de expresarla de forma exacta es dejarla como está; es decir, con la raíz.

Las expresiones en las que aparecen raíces indicadas se llaman **radicales.**

TEN EN CUENTA

Manejar con corrección y agilidad los radicales requiere un buen aprendizaje y un largo entrenamiento. Este curso vamos a aprender algunas de las reglas más sencillas, así como una serie de cautelas para evitar *lo que no se puede hacer.*

Algunas reglas para el manejo de radicales

PRODUCTO DE RADICALES DEL MISMO ÍNDICE

El producto de dos radicales con el mismo índice se puede poner bajo un único radical. Por ejemplo:

$\sqrt{3} \cdot \sqrt{2} = \sqrt{3 \cdot 2} = \sqrt{6}$ $\qquad$ $\sqrt[3]{5} \cdot \sqrt[3]{15} = \sqrt[3]{5 \cdot 15} = \sqrt[3]{75}$

EXTRACCIÓN DE FACTORES FUERA DE UNA RAÍZ

Si el radicando descompuesto en factores tiene potencias de exponente igual o mayor que el índice de la raíz, algunos de ellos pueden salir fuera de la raíz.

Por ejemplo:

$\sqrt{18} = \sqrt{3^2 \cdot 2} = \sqrt{3^2} \cdot \sqrt{2} = 3\sqrt{2}$ $\qquad$ $\sqrt[3]{81} = \sqrt[3]{3^4} = \sqrt[3]{3^3 \cdot 3} = \sqrt[3]{3^3} \cdot \sqrt[3]{3} = 3\sqrt[3]{3}$

SUMA Y RESTA DE RADICALES

Dos radicales distintos no pueden sumarse si no es obteniendo sus expresiones decimales aproximadas. Solo pueden sumarse radicales idénticos. Por ejemplo:

$\left.\begin{array}{l} \sqrt{3} + \sqrt{2} \\ \sqrt{7} - \sqrt[3]{7} \end{array}\right\}$ Solo pueden realizarse de forma aproximada, o bien hay que dejarlas indicadas.

Sí puede simplificarse la siguiente expresión: $2\sqrt[3]{4} - \sqrt[3]{4} + 5\sqrt[3]{4} = 6\sqrt[3]{4}$

En ocasiones, podremos efectuar alguna suma que parecía imposible:

$$\sqrt{20} + \sqrt{45} - \sqrt{180} = \sqrt{4 \cdot 5} + \sqrt{9 \cdot 5} - \sqrt{36 \cdot 5} = 2\sqrt{5} + 3\sqrt{5} - 6\sqrt{5} = -\sqrt{5}$$

NÚMEROS IRRACIONALES

Obtén con la calculadora la expresión decimal de estas raíces:

$\sqrt{7}$, $\sqrt[3]{4}$, $\sqrt[5]{16}$

Observa que en todas ellas aparecen un montón de cifras en las que no se aprecia ninguna periodicidad. De hecho, la expresión decimal de cualquier raíz no exacta tiene infinitas cifras decimales no periódicas. Por eso no son números racionales. Se llaman **irracionales.**

Conclusión. Las raíces no exactas son números irracionales. También es irracional el conocidísimo $\pi = 3{,}141592654\ldots$

Hay infinitos números irracionales.

Calculadora para hallar raíces

Para hallar raíces con la calculadora, usamos las siguientes teclas:

- Raíz cuadrada, [√■]; $\sqrt{15}$ → [√■] 15 [=] 3,872983346
- Raíz cúbica, [SHIFT] [√■]; $\sqrt[3]{8}$ → [SHIFT] [√■] 8 [=] –2
- Raíz de otro índice, [SHIFT] [x■]; $\sqrt[5]{32}$ → 5 [SHIFT] [x■] 32 [=] 2

PIENSA Y PRACTICA

1 Simplifica las expresiones que puedas.

a) $8\sqrt{5} - 6\sqrt{3}$ $\qquad$ b) $3\sqrt{5} + 4\sqrt{5}$ $\qquad$ c) $\sqrt[3]{25} - \sqrt{8}$

d) $\sqrt{5} - \sqrt[3]{5}$ $\qquad$ e) $\sqrt{6} \cdot \sqrt{7}$ $\qquad$ f) $\sqrt{6} \cdot \sqrt[3]{7}$

g) $\sqrt{2} \cdot \sqrt{8}$ $\qquad$ h) $\sqrt[3]{7} \cdot \sqrt[3]{49}$ $\qquad$ i) $\sqrt[3]{5} - \sqrt[6]{5}$

2 Extrae fuera del radical todos los factores que sea posible.

a) $\sqrt{3^2 \cdot 5^4}$ $\qquad$ b) $\sqrt[3]{2^5 \cdot 3^2}$ $\qquad$ c) $\sqrt[4]{5^5}$

d) $\sqrt{180}$ $\qquad$ e) $\sqrt{720}$ $\qquad$ f) $\sqrt[3]{375}$

Ejercicios y problemas resueltos

1 Tamaño del virus del COVID-19

El tamaño medio del virus del COVID-19 es de 67 nm (nanómetros).

a) Expresarlo en milímetros y en micras (μm).

b) Compararlo con el grosor de un pelo humano.

Hazlo tú Al respirar, emitimos aerosoles, miles de gotas muy pequeñas de menos de 5 μm, que pueden quedarse en el aire varias horas. Son la principal causa de transmisión de la enfermedad. ¿Cuántos virus puede haber en una partícula de aerosol?

a) Un nanómetro es la milmillonésima parte del metro.

Una micra es la milésima parte de un milímetro.

Utilizamos la notación científica para convertir unidades y compararlas.

Observa estas equivalencias: $\begin{cases} 1 \text{ nm} = \dfrac{1}{10^9} \text{ m} = \dfrac{1}{10^9} \cdot 10^3 \text{ mm} = 10^{-6} \text{ mm} \\ 1 \text{ mm} = 1\,000 \text{ μm} \end{cases}$

En milímetros: $67 \text{ nm} = 67 \cdot 10^{-6} \text{ mm} = 6{,}7 \cdot 10^{-5} \text{ mm}$

En micras: $6{,}7 \cdot 10^{-5} \text{ mm} = 6{,}7 \cdot 10^{-5} \cdot 10^3 \text{ μm} = 6{,}7 \cdot 10^{-2} \text{ μm}$

b) Buscamos en Internet el grosor aproximado de un pelo:

$$0{,}07 \text{ mm} = 7 \cdot 10^{-2} \text{ mm}$$

Por tanto: $\dfrac{7 \cdot 10^{-2}}{6{,}7 \cdot 10^{-5}} = 1{,}045 \cdot 10^3$

En el grosor de un pelo caben 1 000 virus puestos en fila, aproximadamente.

2 Exoplanetas y naves espaciales

En junio de 2021 se descubrió, a 90 años luz de la Tierra, el exoplaneta TOI-1231b.

a) ¿A cuántos kilómetros de la Tierra está TOI-1231b?

b) El récord de velocidad de una nave tripulada es 39 900 km/h (Apolo X, 1969). ¿Cuánto tardaría el Apolo X en llegar a TOI-1231b?

Hazlo tú ¿Cuánto tardaría en llegar a Kepler-1649c la nave Halcón Milenario, de *Star Wars*, que viaja a 25 000 años luz por día? La distancia de la Tierra a Kepler-1649c es de casi 500 años luz.

a) Un año luz es una unidad de longitud equivalente a la distancia que recorre la luz en un año. La expresamos en kilómetros:

Velocidad de la luz: $300\,000 \text{ km/s} = 3 \cdot 10^5 \text{ km/s}$

Segundos que tiene un año: $365 \cdot 24 \cdot 60 \cdot 60 = 3{,}15 \cdot 10^7$ segundos

Distancia que recorre la luz en un año: $3 \cdot 10^5 \cdot 3{,}15 \cdot 10^7 = 9{,}46 \cdot 10^{12}$ km

1 año luz $= 9{,}46 \cdot 10^{12}$ km

90 años luz $= 90 \cdot 9{,}46 \cdot 10^{12} \text{ km} = 8{,}51 \cdot 10^{14}$ km

La distancia entre la Tierra y el exoplaneta TOI-1231b es $8{,}51 \cdot 10^{14}$ km.

b) Para calcular el tiempo que tardaría el Apolo X en llegar allí, dividimos la distancia anterior entre la velocidad del Apolo X, $39\,900 = 3{,}99 \cdot 10^4 \approx 4 \cdot 10^4$ km/h:

$$(8{,}51 \cdot 10^{14} \text{ km}) : (4 \cdot 10^4 \text{ km/h}) = 2{,}13 \cdot 10^{10} \text{ h}$$

Un año tiene $365{,}25 \cdot 24 = 8\,766 = 8{,}77 \cdot 10^3$ horas.

$$(2{,}13 \cdot 10^{10}) : (8{,}77 \cdot 10^3) = 2{,}43 \cdot 10^6 \text{ años}$$

El Apolo X tardaría en llegar 2 430 000 años, aproximadamente.

3 Área total de un cilindro

Hallar el radio y el área total de un cilindro de $\sqrt{26}$ cm de altura y $\sqrt{32}$ cm de diagonal.

Hazlo tú La altura de un rectángulo mide $\sqrt{6}$ cm, y su diagonal, $\sqrt{18}$ cm. Calcula su perímetro y su área.

La diagonal es la hipotenusa de un triángulo rectángulo cuyos catetos son el diámetro, d, y la altura, h. Aplicamos el teorema de Pitágoras:

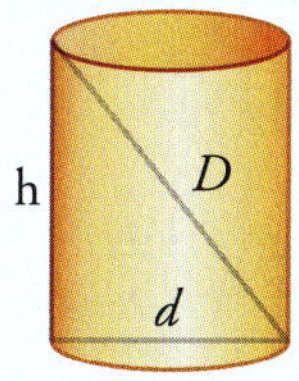

$$\left(\sqrt{32}\right)^2 = \left(\sqrt{26}\right)^2 + d^2 \rightarrow d^2 = \left(\sqrt{32}\right)^2 - \left(\sqrt{26}\right)^2 = 32 - 26 \rightarrow$$

$$\rightarrow d = \sqrt{6} \rightarrow r = \frac{\sqrt{6}}{2} \text{ cm}$$

$$A = 2\pi r^2 + 2\pi r h = 2\pi\left(\frac{\sqrt{6}}{2}\right)^2 + 2\pi\frac{\sqrt{6}}{2}\sqrt{26} = \pi\left(3 + \sqrt{156}\right) = 48{,}66 \text{ cm}^2$$

¿DOMINAS LO BÁSICO?

Potencias: propiedades y operaciones

1 Sin utilizar la calculadora, expresa cada una de estas potencias como un entero o una fracción:

a) $(-3)^3$ b) $(-2)^4$ c) $(-2)^{-3}$

d) -3^2 e) -4^{-1} f) $(-1)^{-2}$

g) $\left(\frac{1}{2}\right)^{-3}$ h) $\left(-\frac{1}{2}\right)^{-2}$ i) $\left(\frac{4}{3}\right)^{0}$

2 Escribe en cada caso el valor de n:

a) $256 = 2^n$ b) $\frac{1}{27} = 3^n$ c) $-125 = -5^n$

d) $\frac{3^4}{3^6} = 3^n$ e) $\frac{7^{-4}}{7^{-5}} = 7^n$ f) $\frac{2^5 \cdot 2^{-7}}{2^{-2}} = 2^n$

3 Expresa cada caso de la forma a^n:

a) $7^3 \cdot 5^3$ b) $(-2)^5 \cdot 3^5$ c) $3{,}2^4 : (-4)^4$

d) $\left(\frac{1}{2}\right)^{-3} : \left(\frac{1}{3}\right)^{-3}$ e) $(-7)^{-2} \cdot (-3)^{-2}$ f) $\left(\frac{-2^4}{2^5}\right)^{-1}$

4 Reduce a una sola potencia.

a) $(11^7 \cdot 11^4) : 11^8$ b) $(a^8 : a^5)^4$

c) $(a^{-2})^3 \cdot a^9$ d) $(a^{-3} \cdot a^2)^{-4} : a^{-6}$

e) $12^5 : (-3)^5$ f) $8^{-6} \cdot 16^{-6}$

Potencias de base 10

5 Indica el valor de n en cada caso:

a) $0{,}001 = 10^n$ b) $(10\,000)^2 = 10^n$

c) $0{,}0000001 = 10^n$ d) $0{,}0001^3 = 10^n$

6 ¿Verdadero o falso?

a) $(0{,}001)^{-3} = 10^9$ b) $(0{,}001)^4 = 10^{12}$

c) $(0{,}01)^3 = 10^{-6}$ d) $(10^{-2})^5 = (0{,}1)^{10}$

7 Expresa como una potencia de base 10.

a) $(0{,}01)^{-5}$ b) $\left(\frac{1}{0{,}001}\right)^4$

c) $\left(\frac{1}{10^3}\right)^{-3}$ d) $\left(\frac{0{,}1^3}{10^5}\right)^2$

8 Escribe, en cada caso, dos potencias de base 10 de exponente consecutivo entre las que está el número:

a) 13 456 b) 1 230 022 045

c) 0,18 d) 0,008

e) 0,02 f) 0,000007

Notación científica

9 Escribe estos números con todas sus cifras:

a) $4 \cdot 10^7$ b) $5 \cdot 10^{-4}$ c) $9{,}73 \cdot 10^8$

d) $8{,}5 \cdot 10^{-6}$ e) $3{,}8 \cdot 10^{10}$ f) $1{,}5 \cdot 10^{-5}$

10 Escribe en notación científica.

a) 13 800 000 b) 0,000005

c) 4 800 000 000 d) 0,0000173

e) $153 \cdot 10^4$ f) $93{,}8 \cdot 10^{-4}$

11 Completa en tu cuaderno estas igualdades:

a) $5{,}25 \cdot 10^7 = \ldots\ 10^6$ b) $2 \cdot 10^3 = \ldots\ 10^4$

c) $4{,}7 \cdot 10^{-3} = \ldots\ 10^{-2}$ d) $234 \cdot 10^4 = \ldots\ 10^3$

12 Calcula y comprueba con la calculadora.

a) $(2 \cdot 10^5) \cdot (3 \cdot 10^{12})$ b) $(1{,}5 \cdot 10^{-7}) \cdot (2 \cdot 10^{-5})$

c) $(3{,}4 \cdot 10^{-8}) \cdot (2 \cdot 10^{17})$ d) $(8 \cdot 10^{12}) : (2 \cdot 10^{17})$

e) $(9 \cdot 10^{-7}) : (3 \cdot 10^7)$ f) $(4{,}4 \cdot 10^8) : (2 \cdot 10^{-5})$

13 Calcula, expresa el resultado en notación científica y comprueba con la calculadora.

a) $(2{,}5 \cdot 10^7) \cdot (8 \cdot 10^3)$ b) $(5 \cdot 10^{-3}) : (8 \cdot 10^5)$

c) $(7{,}4 \cdot 10^{13}) \cdot (5 \cdot 10^{-6})$ d) $(1{,}2 \cdot 10^{11}) : (2 \cdot 10^{-3})$

e) $(2 \cdot 10^4)^{-2} : (5 \cdot 10^3)$ f) $(5 \cdot 10^{-3})^{-1} \cdot (8 \cdot 10^3)^2$

Raíces

14 ¿Cuál es el valor de las siguientes expresiones?

a) $-\sqrt{64}$ b) $\sqrt[4]{81}$ c) $-\sqrt{1}$

d) $\sqrt[6]{1}$ e) $-\sqrt{9}$ f) $\sqrt[3]{-8}$

g) $\sqrt{\frac{16}{25}}$ h) $\sqrt[3]{\frac{1}{8}}$ i) $\sqrt[3]{-1}$

15 Obtén con la calculadora.

a) $-\sqrt[4]{1{,}6 \cdot 14^4}$ b) $\sqrt[3]{-0{,}064}$ c) $-\sqrt[4]{5^{-8}}$

ENTRÉNATE Y PRACTICA

16 Asocia cada operación a uno de estos resultados, que no están en orden:

$a^{-1}b^3$; $a^{-4}b^2$; $\frac{4}{3}a^2b^{-1}$; $\frac{a^3}{54}$

a) $\frac{4ab}{9} : \frac{b^2}{3a}$ b) $\left(\frac{a}{b}\right)^{-3} \cdot (a^{-1})^{-2}$

c) $(6a)^{-1} \cdot (3a^{-2})^{-2}$ d) $(a^{-1} \cdot b^2)^2 : (ab)^2$

17 Simplifica descomponiendo en factores y aplicando las propiedades de las potencias, como en el ejemplo:

- $\mathbf{\frac{6^4 \cdot 8^2}{9^2 \cdot 80} = \frac{2^4 \cdot 3^4 \cdot 2^6}{3^4 \cdot 2^4 \cdot 5} = \frac{2^6}{5} = \frac{64}{5}}$

a) $\frac{15^2 \cdot 4^2}{12^2 \cdot 10}$ b) $\frac{2^{-5} \cdot 4^3}{16}$

c) $\frac{2^5 \cdot 3^2 \cdot 4^{-1}}{2^3 \cdot 9^{-1}}$ d) $\frac{6^2 \cdot 9^2}{2^3 \cdot (-3)^2 \cdot 4^2}$

18 ¿Cuáles de estos números son iguales a 10^{-3}?

a) $\frac{10^{-2}}{0,1}$ b) $10^{-5} + 10^2$

c) $\frac{0,00001}{0,01}$ d) $10^{-12} \cdot (10^3)^3$

19 Efectúa y comprueba con la calculadora.

a) $3,6 \cdot 10^{12} - 4 \cdot 10^{11}$ b) $5 \cdot 10^9 + 8,1 \cdot 10^{10}$

c) $8 \cdot 10^{-8} - 5 \cdot 10^{-9}$ d) $5,32 \cdot 10^{-4} + 8 \cdot 10^{-6}$

20 Efectúa y escribe el resultado con todas las cifras.

a) $5,3 \cdot 10^{11} - 1,2 \cdot 10^{12} + 7,2 \cdot 10^{10}$

b) $4,2 \cdot 10^{-6} - 8,2 \cdot 10^{-7} + 1,8 \cdot 10^{-5}$

c) $(2,25 \cdot 10^{22}) \cdot (4 \cdot 10^{-15}) : (3 \cdot 10^{-3})$

d) $(1,4 \cdot 10^{-7})^2 : (5 \cdot 10^{-5})$

21 ¿Cuáles de los siguientes números están escritos en notación científica? Expresa en notación científica los que no lo estén.

a) $23,4 \cdot 10^5$ b) $0,7 \cdot 10^4$ c) $1,05 \cdot 10^{-3}$

d) $12,4 \cdot 10^{-5}$ e) $-3 \cdot 10^6$ f) $0,08 \cdot 10^7$

22 Prueba, en cada caso, si el triángulo cuyos lados conocemos es rectángulo:

a) $\sqrt{13}$ cm; 6 cm; 7 cm

b) $\sqrt{14}$ cm; 5 cm; $\sqrt{11}$ cm

c) $\sqrt{17}$ cm; $\sqrt{23}$ cm; 40 cm

23 Simplifica, si se puede, como en el ejemplo.

- $\mathbf{6\sqrt{5} - 2\sqrt{5} = 4\sqrt{5}}$

a) $7\sqrt{2} - 4\sqrt{2}$ b) $\sqrt{3} - \sqrt{2}$ c) $4\sqrt{3} - 5\sqrt{3}$

d) $\sqrt{6} - 3\sqrt{2}$ e) $2\sqrt{5} - \frac{1}{3}\sqrt{5}$ f) $\sqrt{2} - \frac{\sqrt{2}}{2}$

24 Simplifica, si es posible, teniendo en cuenta que $\sqrt[n]{a} \cdot \sqrt[n]{b} = \sqrt[n]{a \cdot b}$.

a) $\sqrt{2} \cdot \sqrt{8}$ b) $\sqrt[3]{3} \cdot \sqrt[3]{9}$ c) $\sqrt{5} \cdot \sqrt{15}$

d) $\sqrt[3]{2} \cdot \sqrt[3]{32}$ e) $\sqrt{3} \cdot \sqrt[3]{2}$ f) $\sqrt[3]{12} \cdot \sqrt[3]{6}$

25 Extrae de cada radical los factores que sea posible:

a) $\sqrt[4]{32}$ b) $\sqrt[3]{81}$ c) $\sqrt[3]{200}$

d) $\sqrt{50}$ e) $\sqrt[4]{144}$ f) $\sqrt[3]{250}$

26 Efectúa.

a) $\sqrt{50} + \sqrt{72} - 10\sqrt{2}$ b) $\sqrt{80} - \sqrt{45} - \sqrt{20}$

c) $-\sqrt{48} + 3\sqrt{75} - \sqrt{108}$ d) $\sqrt{175} + \sqrt{28} - 5\sqrt{63}$

RESUELVE PROBLEMAS SENCILLOS

COMPRENDE Y APLICA EN EL DESAFÍO — DESAFÍOS QUE DEJAN HUELLA

27 El patrimonio de Jeff Bezos, multimillonario habitual de la lista Forbes, creció $3,3 \cdot 10^{10}$ \$ en los 5 primeros meses de 2021. El salario mínimo interprofesional en España en 2021 era de 965 €/mes. Con lo que ganó Jeff Bezos en un mes, ¿cuántos salarios mínimos se podrían pagar? El salario más frecuente en España es de 18 490 €/año. ¿Cuántos salarios de este tipo se podrían pagar con el del magnate estadounidense?

28 La longitud media de una bacteria es de 2 μm, que equivale a $2 \cdot 10^{-6}$ m. En el mundo hay aproximadamente $5 \cdot 10^{30}$ bacterias. Si se pusieran una detrás de otra, ¿cuántos kilómetros mediría la fila? ¿A cuántos años luz corresponde esa distancia?

29 El presupuesto en educación de una comunidad autónoma ha pasado de $8,4 \cdot 10^6$ € a $1,3 \cdot 10^7$ € en tres años. ¿Cuál ha sido el aumento neto? Escríbelo con todas las cifras.

30 El ordenador chino Tianhe-2 puede realizar 34 000 billones de operaciones por segundo. Calcula cuántas operaciones puede realizar en 1 milisegundo, en 1 microsegundo y en 1 nanosegundo.

31 **Meta 15.2.** La superficie forestal mundial ha disminuido en 4,7 millones de hectáreas anuales desde 2010, según la evaluación de los recursos forestales mundiales que realiza la FAO. Calcula cuántas hectáreas de bosques se han perdido hasta 2020 y compara esa cifra con la superficie total de España.

32 Un centímetro cúbico de agua contiene $3{,}35 \cdot 10^{22}$ moléculas de agua. Si en nuestro planeta hay, aproximadamente, $1{,}39 \cdot 10^{9}$ km^3 de agua, ¿cuántas moléculas de agua hay en la Tierra? ¿Y en un vaso de 2/5 de litro?

33 El consumo de papel en España se va reduciendo lentamente: fue de 6,87 millones de toneladas en 2019 y ligeramente inferior en 2020. El reciclaje de papel y cartón sube también poco a poco, y fueron 4,42 millones de toneladas las que se reciclaron en 2019.

Calcula el consumo anual y la cantidad reciclada por habitante en España en 2019. (Población residente en España en 2019: 46,1 millones. Fuente INE).

COMPRENDE Y APLICA EN EL DESAFÍO — DESAFÍOS QUE DEJAN HUELLA

34 En 2020, Jeff Bezos, el multimillonario que viajó al espacio para impulsar un negocio de vuelos espaciales, realizó la mayor donación caritativa del año aportando 10^{10} \$ con el objetivo de combatir el cambio climático. En ese año, su fortuna pasó de $1{,}14 \cdot 10^{11}$ \$ a $1{,}79 \cdot 10^{11}$ \$. ¿Qué porcentaje de sus ganancias aportó en la donación? ¿Cuánto debería aportar una persona que ganase 18 490 €/año para hacer una donación que le supusiera el mismo esfuerzo económico?

35 Si el radio de un CD mide 6 cm, ¿es posible guardarlo en un sobre cuadrado de 16 cm de diagonal? ¿Y de 17 cm de diagonal?

36 La Gran Mancha de Basura en el Pacífico Norte está creciendo a gran velocidad. Una noticia afirma que esta área de residuos se expande por unos 1,6 millones de km^2 –es decir, casi tres veces el tamaño de Francia– y contiene cerca de 80 000 toneladas de plástico.

a) Expresa los datos en notación científica.

b) Calcula, con esos datos, la superficie de Francia, y comprueba la veracidad de la noticia buscando la superficie de Francia en Internet.

37 El proyecto *The Ocean Cleanup* espera poder limpiar la Gran Mancha de Basura del Pacífico Norte en 5 años retirando los desechos con el funcionamiento del System 001, formado por un tubo cilíndrico flotante (con estructura metálica interior) del que cuelga un faldón de lona. Estima la cantidad de residuos, en kilos, que será necesario recuperar cada día.

38 El récord mundial en 100 m lisos femeninos lo tiene Florence Griffith, con 10,49 segundos. La velocidad del cohete Apolo X fue 39 900 km/h. Halla los tiempos que tardan la velocista y el cohete en recorrer un metro. Exprésalos en notación científica y compáralos. ¿Cuántas veces más rápido es el Apolo X?

PARA PENSAR UN POCO MÁS

39 Según datos del Ministerio de Transición Ecológica, las centrales térmicas de una comunidad autónoma han enviado a la atmósfera 5,96 millones de toneladas de CO_2 en 2020. Para los coches nuevos de gasolina, la emisión media es de 143 g/km, y para los eléctricos, 68 g/km.

a) Se estima que un coche nuevo recorre 25 000 km al año. ¿Cuántas toneladas anuales de CO_2 emite un vehículo nuevo de gasolina? ¿Y uno eléctrico?

b) ¿A cuántos coches nuevos de gasolina equivale la cantidad de CO_2 emitida por las centrales en 2020?

40 La galaxia M87, que está a 50 millones de años-luz de la Tierra, tiene un agujero negro cuyo diámetro es 60 años luz y cuya masa es dos mil millones de veces la masa del Sol.

a) Calcula la masa del agujero negro en kilogramos. (La masa del Sol es, aproximadamente, $2 \cdot 10^{30}$ kg).

b) Expresa en kilómetros la distancia de esa galaxia a la Tierra y el diámetro del agujero negro.

41 El VCM (Volumen Corpuscular Medio) es el volumen promedio de los glóbulos rojos. En una adolescente, el VCM es de 90 femtolitros (1 fL = 10^{-15} L). Si tiene unos 5 L de sangre y 5 millones de glóbulos rojos por mm^3, ¿cuántos litros ocupan los glóbulos rojos de una adolescente promedio?

42 Halla el perímetro y el área del rectángulo $ABCD$ tal que: $\overline{AB} = 3 + \sqrt{2}$ cm y $\overline{BC} = 1 + 2\sqrt{2}$ cm. Escribe las respuestas en la forma $a + b\sqrt{2}$, donde a y b son números naturales.

43 El volumen de la Luna es de $2{,}2 \cdot 10^{10}$ km³. ¿Cuántos kilómetros mide su radio? Utiliza la calculadora y da el resultado en notación científica.

$V_{ESFERA} = \frac{4}{3}\pi R^3$

44 El volumen de un cubo es 1 728 cm³. Calcula su arista, el área total, la diagonal de una cara y la diagonal del cubo.

45 Halla el volumen de un cono de 18 cm de generatriz y $8\sqrt{2}$ cm de radio de la base.

$V_{CONO} = \frac{1}{3}\pi r^2 h$

46 Dados un cuadrado de lado $1 + \sqrt{3}$ cm y un rectángulo de 1 cm de altura y base variable:

a) ¿Cuál debe ser la base del rectángulo para que las dos figuras tengan el mismo perímetro?

b) ¿Cuánto debe medir la base para que el área del cuadrado sea el doble de la del rectángulo?

TAMBIÉN PUEDES HACER ESTO

47 Observa estas igualdades:

$2^2 + 2 = 3^2 - 3 \qquad 7^2 + 7 = 8^2 - 8$

Haz una conjetura y, después, demuéstrala.

48 Descompón en factores el número 8 000.

Calcula el valor de x tal que $8\,000^2 = x^3$.

49 Reemplaza cada cuadrado por una cifra.

a) $\sqrt{12\square\square} = 3\square$ b) $\sqrt{\square} \cdot \sqrt{\square 8} = 6$

c) $\sqrt{6\square + \square 6} = 10$ d) $\sqrt{\square 7} - \sqrt{1\square} = \sqrt{3}$

50 ¿En qué número termina 2^{57}? Observa en qué cifra terminan las sucesivas potencias de base 2 y escribe tus conclusiones.

51 Halla el número de cifras que tienen 2^8, 5^8 y 10^8. Haz lo mismo con 2^{11}, 5^{11} y 10^{11}. ¿Puedes deducir alguna regla?

Si la potencia 2^{456} tiene m cifras y 5^{456} tiene n cifras, ¿cuántas cifras tendrá 10^{456}?

¿LO HAS ENTENDIDO? REFLEXIONA

52 ¿Verdadero o falso? Justifica y pon ejemplos.

a) La potencia de un número negativo puede ser igual a 1.

b) Si $x < 0$, entonces $-x^3 > 0$.

c) $-x^2$ es siempre un número positivo.

d) El cubo de un número negativo es siempre menor que dicho número.

e) Si $a^2 = b^2$, podemos afirmar que $a = b$.

f) Un número entero y su cuadrado siempre son o los dos pares, o los dos impares.

g) La mitad de $\sqrt{64}$ es $\sqrt{32}$.

53 Escribe cada uno de los números siguientes de la forma $2^p \cdot 5^q$, donde p y q son números enteros:

a) 1 000 b) 500^{-1} c) 80^{-2} d) 0,256 e) 0,05

54 Justifica cuál debe ser el valor de a, en cada caso, para que se verifique la igualdad:

a) $a^3 = 2^6$ b) $a^{-1} = 2$ c) $\sqrt{a} = \frac{4}{5}$

d) $\sqrt[4]{a} = 1$ e) $a^{-2} = \frac{1}{4}$ f) $a^{-5} = -1$

55 ¿Cuál es el área de un cuadrado cuyo perímetro es $20\sqrt{3}$ m?

56 Ordena los números n, n^2, $\sqrt{n}$ y $1/n$ en los siguientes casos: a) Si $n > 1$. b) Si $0 < n < 1$.

57 ¿Verdadero o falso?

a) $(\sqrt{-2})^2 = 2$ b) $\sqrt[3]{(-2)^{-3}} = -\frac{1}{2}$

c) $\sqrt{16 + 25} = 9$ d) $\sqrt[4]{(-10)(-10)} = \sqrt{10}$

58 ¿Cuál es el máx. c. d. y el mín. c. m. de los siguientes números?

$3 \cdot 10^3 \qquad 4 \cdot 10^4 \qquad 5 \cdot 10^5 \qquad 6 \cdot 10^6$

59 Prueba que el número $\sqrt{3} + \sqrt{2}$ es el inverso de $\sqrt{3} - \sqrt{2}$ (recuerda que su producto debe ser igual a 1). ¿Son iguales los números $\frac{1}{\sqrt{7} + \sqrt{6}}$ y $\sqrt{7} - \sqrt{6}$?

60 ¿Qué resultado obtendrás si realizas esta operación con tu calculadora? Justifícalo.

$$\frac{10^{20} + 100}{10^{20}}$$

INFÓRMATE Y CALCULA

Recién llegados

La edad del universo se estima en unos quince mil millones de años ($15 \cdot 10^9$ años). ¡Total, nada!

Para hacernos una idea, supón que comprimimos toda la historia del universo en uno de nuestros años. ¿Vale? Pues, ahora, observa algunos datos:

— Según esta escala, el Sol habría nacido a últimos de julio (hace unos $5 \cdot 10^9$ años), y la Tierra, a mediados de agosto (hace $4{,}6 \cdot 10^9$ años).

— Los dinosaurios habrían vivido, aproximadamente, día y medio, hacia el 23 o el 24 de diciembre (hace 250 millones de años).

— La especie humana apenas ocuparía los tres o cuatro últimos minutos del año.

— Y tu vida (15 años), solo tres décimas de segundo. ¡Menos de lo que dura la última campanada del reloj en Nochevieja!

- Los restos más antiguos atribuidos al *Homo sapiens* datan de hace unos 300 000 años. Si comprimiéramos toda la historia de nuestra especie en un solo año, indica en qué punto del calendario tendrían lugar la construcción de las pirámides de Guiza (2 500 a. C.), el nacimiento de Jesucristo y la invención de la imprenta (1440). ¿Cuánto tiempo duraría tu vida en ese calendario?

CONJETURA Y GENERALIZA

- OBSERVA:

$$1^3 = 1 \rightarrow 1^2 = 1^2$$
$$1^3 + 2^3 = 9 \rightarrow 3^2 = (1 + 2)^2$$
$$1^3 + 2^3 + 3^3 = 36 \rightarrow 6^2 = (1 + 2 + 3)^2$$

- HAZ UNA CONJETURA:

  ¿Puedes predecir el valor de las siguientes expresiones?

  $1^3 + 2^3 + 3^3 + 4^3 = ?$ $\quad$ $1^3 + 2^3 + 3^3 + 4^3 + 5^3 = ?$

  ¡Compruébalo!

- GENERALIZA TUS CONCLUSIONES:

  — ¿Cuál sería el valor de $1^3 + 2^3 + 3^3 + \ldots + 10^3$?

  — Elabora una fórmula que te permita calcular:

  $S_n = 1^3 + 2^3 + 3^3 + \ldots + n^3$ cualquiera que sea el término natural n.

INVESTIGA Y COMPRUEBA

¿Cuánto ocupan 10^{40} monos?

En una leyenda popular de la India se describe una batalla en la que intervinieron 10^{40} monos. Comprueba que en el interior de una esfera como la Tierra (un billón de kilómetros cúbicos, aproximadamente) solo cabría una ínfima parte de esa cantidad.

Considera una gigantesca esfera cuyo radio sea la distancia de Urano al Sol (2 871 millones de kilómetros) y comprueba que en ella cabrían muy, muy apretados, 10^{40} monos de 10 litros de volumen cada uno.

AUTOEVALUACIÓN

1 Opera.

$$(-3)^{-2} + \left(\frac{3}{4}\right)^{-1} - 2^{-3}\left(1 - \frac{1}{2}\right)^{-2}$$

2 Simplifica.

a) $\dfrac{3ab^{-2}}{6a^2b^{-1}}$

b) $\left(\dfrac{-1}{a}\right)^{-3} \cdot \left(\dfrac{a}{b}\right)^{-2}$

c) $\left(\dfrac{a}{b}\right)^{-4} \cdot \dfrac{a^3}{b^2}$

d) $\left(\dfrac{b}{a}\right)^{-3} : \dfrac{(b^2)^{-1}}{a^{-4}}$

3 Aplica las propiedades de las potencias para simplificar esta expresión:

$$\frac{(6^2)^3 \cdot 2^{-4}}{12 \cdot (-9)^2}$$

4 Expresa en notación científica.

a) $758 \cdot 10^{-5}$

b) $0{,}035 \cdot 10^{13}$

c) $101 \cdot 10^{11}$

d) $0{,}1001 \cdot 10^{-7}$

5 Opera y comprueba luego con la calculadora.

a) $(3{,}5 \cdot 10^7) \cdot (8 \cdot 10^{-13})$

b) $(9{,}6 \cdot 10^{-8}) : (3{,}2 \cdot 10^{10})$

c) $(2{,}7 \cdot 10^8) + (3{,}3 \cdot 10^7)$

6 ¿Verdadero o falso?

a) El exponente de una potencia no puede ser un número negativo si la base es negativa.

b) Una potencia con exponente negativo es siempre negativa.

c) Si $a^n = -1$, entonces $a = -1$ y n es impar.

d) 5^{-2} es un número negativo.

e) $6^{-1} < 1$

f) $10^{-3} \cdot 10^{-2} = 0{,}1$

g) $(-8)^{-2} = (+8)^2$

7 Las cápsulas de un fármaco están formadas por un cilindro de 14 mm de altura cerrado por dos semiesferas de 7 mm de diámetro. Un laboratorio produce 4 toneladas de ese fármaco y quiere envasarlo en cápsulas que contengan 500 mg cada una.

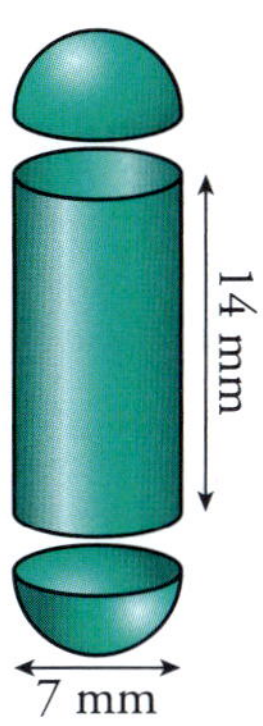

a) ¿Cuántas cápsulas puede producir?

b) Halla el volumen de cada cápsula.

anayaeducacion.es Resoluciones de estos ejercicios.

8 La estrella R136a1 es una estrella hipergigante azul que tiene una masa equivalente a 265 masas solares y está a 165 000 años luz.

Expresa la distancia en kilómetros y la masa en kilogramos.

9 Observa las masas de estos planetas:

Tierra: $5{,}98 \cdot 10^{24}$ kg Marte: $6{,}42 \cdot 10^{23}$ kg

Júpiter: $1{,}90 \cdot 10^{27}$ kg

a) ¿Cuántos kilos pesa más la Tierra que Marte?

b) ¿Cuántas veces pesa más Júpiter que Marte?

10 La reserva de gas natural más grande de Asia Central contiene un volumen de $9 \,.\, 10^{11}$ m^3. Si su producción anual es de $1{,}8 \,.\, 10^{13}$ litros y se mantiene el mismo ritmo a lo largo del tiempo, ¿cuántos años se podrá explotar este recurso energético?

11 El radio de un círculo mide 2,5 cm. ¿Cuánto medirá el radio de un círculo cuya área sea el doble del anterior? Utiliza la calculadora y da el valor exacto.

12 En un triángulo rectángulo, uno de los catetos mide $\sqrt{3}$ cm, y el otro, $\sqrt{6}$ cm. Calcula la longitud de la hipotenusa y el área del triángulo.

DESAFÍOS QUE DEJAN HUELLA

REFLEXIONA

Revisa los aspectos trabajados y plantea soluciones a los problemas que se detecten. Para ello, descarga de **anayaeducacion.es** la rúbrica correspondiente, reflexiona de manera individual y comparte en grupo.

PON A PRUEBA TUS COMPETENCIAS

Realiza la autoevaluación competencial incluida en **anayaeducacion.es.**

3

Problemas aritméticos

El razonamiento matemático relacionado con la proporcionalidad aparece, desde los albores de la civilización, en la resolución de problemas prácticos: intercambios, compras, repartos, cosechas, etc.

Encontramos problemas de estos tipos en textos egipcios, babilonios, chinos, hindúes..., todos anteriores a nuestra era.

Tales de Mileto consiguió calcular la altura de la pirámide de Keops relacionando la altura de su cuerpo y la longitud de su sombra con la altura de la pirámide y la sombra de esta, a la misma hora del día.

Euclides trabajó, además, en la construcción de una base teórica para la proporcionalidad, independientemente de los problemas prácticos. Así, en su gran obra, *Elementos*, se empiezan a definir ya conceptos como el de *razón* y el de *proporción*.

En los siglos VIII y IX, en los tratados de los matemáticos árabes, quienes importaron el saber de Oriente, aparecen ya procedimientos como la regla de tres.

Sin embargo, en Occidente esta fue una época de menor interés matemático. Los escasos tratados son traducciones más o menos afortunadas de los *Elementos* de Euclides.

Más tarde, en Europa, a partir de los siglos XIV y XV, con el desarrollo del comercio en el Renacimiento, se amplían las demandas en el terreno del cálculo y la contabilidad. Estas necesidades impulsan el desarrollo de la aritmética comercial: porcentajes, descuentos, deudas, intereses, plazos...

Aunque el símbolo % proviene del siglo XV, cuando los porcentajes se usaban habitualmente para el cálculo de impuestos e intereses, la idea estaba en uso desde hacía mucho tiempo: ya, hace 2 000 años, en el imperio romano se imponía un impuesto de 1/100 de los bienes vendidos en subastas y, para facilitar los cálculos, se usaban fracciones con denominador 100, es decir, porcentajes.

Con lo que ya sabes, resuelve

Dos problemas del antiguo Egipto

El papiro de Rhind, también llamado de Ahmes en honor al escriba que lo copió hace casi 4 000 años, es un rollo de papiro de cerca de 6 metros de largo. En él se presenta una gran colección de problemas resueltos. Uno de ellos dice así:

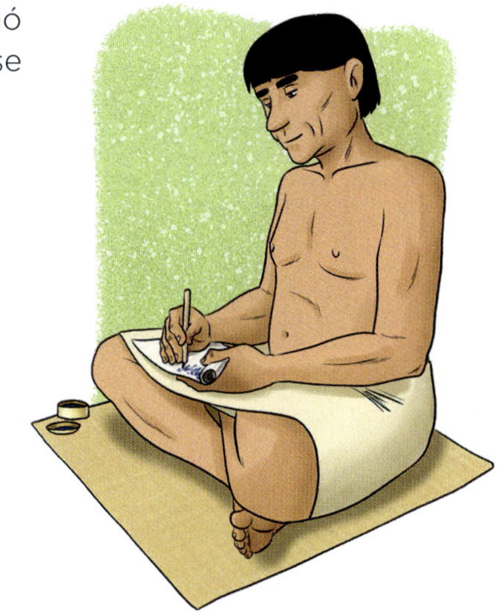

Si diez tinajas de grasa deben durar un año, ¿cuánta grasa puede usarse en un día?

En otro puede leerse lo siguiente:

Repartir 700 hogazas de pan entre cuatro personas de manera que las cantidades que reciban sean proporcionales a: $\frac{2}{3}$ $\frac{1}{2}$ $\frac{1}{3}$ $\frac{1}{4}$

Y un problema babilónico

En una de las miles de tablillas babilónicas que se conservan de la época de Hammurabi (1800 a. C.) se puede leer el siguiente problema:

¿Cuánto tardará en duplicarse una cantidad de dinero a un interés del 20 % anual?

Por supuesto, en la tablilla no decía «20 %», sino «12 de cada 60».

REFLEXIONA

1. Resuelve el primer problema del papiro de Rhind.
2. Comprueba que repartir una cantidad proporcionalmente a $\frac{2}{3}$, $\frac{1}{2}$, $\frac{1}{3}$ y $\frac{1}{4}$ es lo mismo que hacerlo proporcionalmente a 8, 6, 4 y 3, respectivamente.

   Teniendo en cuenta que 8 + 6 + 4 + 3 = 21, resuelve el segundo problema del papiro de Rhind.
3. Un banco presta a un interés del 6 % anual.
   a) ¿Qué intereses obtendrá al prestar 100 doblones durante un año? ¿Y si los presta durante un mes? ¿Y si lo hace durante siete meses?
   b) ¿Qué interés obtendrá por prestar 500 doblones durante siete meses?
4. Resuelve el problema de la tablilla babilónica propuesto más arriba.

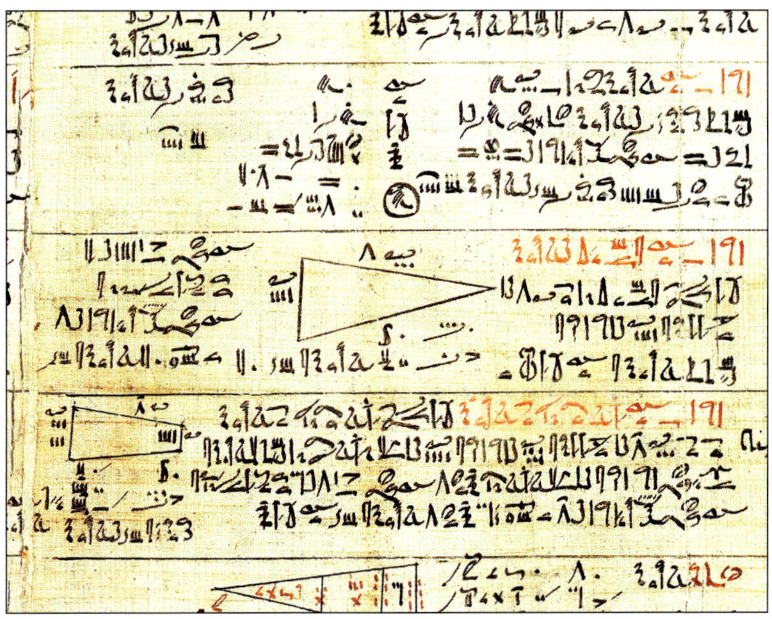

Papiro de Rhind.

1 Aproximaciones y errores

Cantidades exactas y aproximadas

En estas afirmaciones, no hay duda de que las cantidades que se dan son exactas:

Nuria tiene 3 hijas y 4 nietos.

La clase de pádel me cuesta 13 € la hora.

María cumple 16 años.

Sin embargo, evidentemente, estas otras son aproximadas:

Me he gastado 200 € en la compra del día.

Acudieron 100 personas a la boda.

Este árbol mide 16 m.

En el lenguaje corriente utilizamos muchas cantidades, unas son exactas, y otras, aproximadas. En muchos casos es evidente, en otros el contexto nos ayuda a entender si se trata de lo uno o de lo otro.

¿Por qué se usan cantidades aproximadas?

Usamos números aproximados con mucha más frecuencia de la que somos conscientes. Lo hacemos por uno de estos motivos:

- Desconocemos la cantidad exacta. Por ejemplo:
  - —¿Qué distancia he recorrido hoy en mi entrenamiento? No conozco la cantidad exacta pero podría decir: «más de 12 km», o bien «entre 12 y 13 km», o bien «12 400 m». En este último caso, aunque no lo digamos, se entiende que pueden ser 100 m más o menos.
- Aunque conocemos la cantidad exacta, no consideramos necesario o conveniente darla con toda precisión. Por ejemplo:
  - —Si alguien gana 30 458,24 € al año, probablemente cuando comente su sueldo dirá, simplemente, que es de 30 000 euros.
  - —El número de visitantes a un museo en el último año ha sido 38 148 personas (se conoce con exactitud por las entradas vendidas). Sin embargo, al dar la noticia a la prensa, sería razonable decir que han sido «casi cuarenta mil» o bien «treinta y ocho mil».

Cifras significativas

La altura a la que vuela un avión se puede expresar de diversas formas (nos fijamos en el número de cifras que usamos en cada caso):

9 km → solo una cifra

9,2 km → dos cifras

9 200 m → cuatro cifras (¿o, tal vez, solo dos?)

9 246 m → cuatro cifras

Está claro que cuantas más cifras se utilizan, con más precisión se está dando la medida. Pero, a veces, no es conveniente dar demasiadas: ¿es razonable que la altura de un avión se dé afinando hasta los metros?

Fijémonos ahora en la medición 9 200 m. ¿se quiere afinar hasta los «metros» o solo hasta los «cientos de metros»? Muy probablemente sea esto último y, en este caso, los dos ceros finales no son *cifras significativas*.

Se llaman **cifras significativas** a aquellas con las que se expresa un número aproximado. Solo deben utilizarse aquellas cuya exactitud nos conste.

Los ceros del final de un número no son cifras significativas si solo se han utilizado para poder expresar la cantidad en la unidad deseada (9 200 m en lugar de 92 cientos de metros).

Si el número está dado en notación científica, las cifras significativas son las que aparecen en el número decimal que multiplica a la potencia de base 10. Por ejemplo, $3{,}4 \cdot 10^5$ y $3{,}40 \cdot 10^5$ no son el mismo número aproximado: en el primero (con dos cifras significativas) estamos diciendo que solo controlamos hasta el 4, mientras que en el segundo (con tres cifras significativas) aseguramos que la cifra posterior al 4 es un 0.

NÚMERO DE CIFRAS SIGNIFICATIVAS

Las estimaciones que hacemos en la vida corriente, sin ánimo de que sean muy precisas, tienen una o, a lo sumo, dos cifras significativas:

«ESTAS CASAS CUESTAN CUATROCIENTOS VEINTE MIL EUROS»

Una cantidad dada con tres cifras afina mucho. Solo en la ciencia se necesitan precisiones de cuatro o más cifras.

Control del error cometido

Es claro que cuando damos una medida aproximada estamos cometiendo un error, que consiste en la diferencia, en valor absoluto, entre el valor exacto (o real) y el valor aproximado. Se llama *error absoluto*.

Error absoluto = |Valor real – Valor aproximado|

En general, el error absoluto es desconocido (porque no conocemos el valor real), pero puede controlarse. Por ejemplo, al dar la altura del avión, 9,2 km, podemos saber que el error cometido es menor que 0,05 km = 50 m, ya que si se da 9,2 es porque está más cerca de esta medida que de 9,1 y que de 9,3.

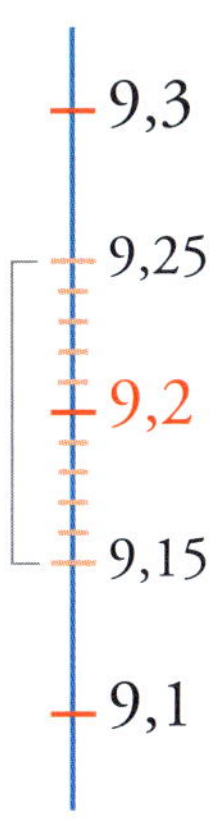

No es lo mismo cometer un error de 50 m al medir la altura de un avión, que al medir la altura de un edificio o la altura de un satélite. Por eso se define el *error relativo* como el cociente entre el error absoluto y la medida exacta.

$$\textbf{Error relativo} = \frac{\text{Error absoluto}}{\text{Valor real}}$$

Al igual que el error absoluto, el error relativo también es, casi siempre, desconocido. Para controlarlo, habría que dar una cota del mismo. No obstante, en este curso no lo haremos, nos conformaremos con saber que *cuantas más cifras significativas se utilicen para dar la medida aproximada, menor es el error relativo cometido.*

PROBLEMAS RESUELTOS

1 ***Expresar con un número razonable de cifras significativas estas cantidades:*** ***a) Llamadas a las urgencias de una comunidad en un año: 5 117 341.*** ***b) Asistentes a los carnavales de una ciudad: 137 223.*** ***c) Células que hay en el cuerpo humano: 29 845 237 821 984.***	a) Esta cantidad puede ser exacta, ya que todas las llamadas realizadas a urgencias quedan contabilizadas en una base de datos. Sin embargo, para comunicar este dato, parece más razonable utilizar un número con menos cifras significativas. Por ejemplo, «un poco más de cinco millones de llamadas». O bien, «cinco coma uno millones de llamadas». b) Parece imposible conocer esta cantidad con tanta precisión. No se puede afinar tanto. Sería más razonable decir que han asistido «unas 140 000 personas», o dar un intervalo: «entre 130 mil y 140 mil personas». c) Una o, a lo sumo, dos cifras significativas es lo que este tipo de cantidades permite afinar: 3 decenas de billones de células o 30 billones de células.
2 ***La altura de un edificio es de 92 m; la de un avión, 9,2 km, y la de un satélite artificial, 920 km. ¿Qué podemos decir del error absoluto y del error relativo de estas mediciones?***	El error absoluto tiene que ver con las cifras que no aparecen, es decir, las posteriores a la última cifra utilizada. Altura del edificio: 92 m — Error absoluto < 0,5 m Altura del avión: 9,2 km — Error absoluto < 0,05 km = 50 m Altura del satélite: 920 km — Error absoluto < 5 km = 5 000 m Una cota del error absoluto es 5 unidades de la primera cifra no utilizada. El error relativo es el mismo en los tres casos, ya que en todos ellos se usan las mismas cifras significativas. (Hemos supuesto que, en el último caso, el 0 no es cifra significativa. Deberíamos haber dicho 92 decenas de kilómetros).
3 ***Comparar los errores relativos cometidos en estas mediciones:*** ***a) 87 m b) 453 km*** ***c) 5 km d) $4,53 \cdot 10^{11}$ km***	El mayor error relativo se da en la medición de 5 km, pues solo tiene una cifra significativa. El menor error relativo se da con las mediciones 453 km y $4,53 \cdot 10^{11}$ km, porque en ellas se utilizan tres cifras significativas.

PIENSA Y PRACTICA

1 Expresa con un número de cifras significativas que te parezca razonable las siguientes cantidades:

a) Número de asistentes a todos los conciertos que hubo en 2019 en España: 20 927 049.

b) Número de abejas que pertenecen a una cierta colmena: 78 421.

c) Altura (en cm) que tiene la torre Burj Khalifa (Dubái): 82 816.

d) Número de estrellas que componen la galaxia Andrómeda: 985 428 372 491.

e) Población mundial: 7 683 589 082 habitantes.

f) PIB (Producto Interior Bruto) del 2017 de España: 1 311 421 328 974 €.

2 ¿Qué podemos decir del error absoluto y del error relativo de estas mediciones?

a) Volumen de una bañera, 326 litros.

b) Volumen de una piscina, 326 m^3.

c) Volumen de un pantano, 326 hm^3.

d) Volumen de un asteroide, $3,26 \cdot 10^6$ km^3.

3 Compara el error relativo cometido al hacer las siguientes pesadas:

a) Una ballena, 37 toneladas.

b) Un pavo, 3 kg.

c) Don Anselmo, 87,3 kg.

d) La Tierra, $5,972 \cdot 10^{21}$ toneladas.

2 Cálculos con porcentajes

Cálculo de un tanto por ciento de una cantidad

El 16 % de 5 000 es $\frac{16}{100} \cdot 5\,000 = 0{,}16 \cdot 5\,000 = 800$.

El tanto por ciento (16 %) lo hemos puesto en forma decimal (0,16).

> Para hallar un tanto por ciento de una cantidad, se expresa el tanto por ciento de forma decimal y se multiplica por él.

Obtención del tanto por ciento correspondiente a una proporción

En una población de 5 000 personas, 800 han leído El Quijote. ¿Qué porcentaje del total representan?

Porcentaje que ha leído *El Quijote*: $\frac{800}{5\,000} = 0{,}16$, que corresponde al 16 %.

> Para hallar qué tanto por ciento representa una cantidad, a, respecto a un total, C, se obtiene $\frac{a}{C}$ y se multiplica por 100.

CÁLCULO MENTAL

Expresa en forma decimal los siguientes porcentajes:

a) 10 %　b) 7 %　c) 1 %
d) 160 %　e) 127 %　f) 5 %

¿Qué tanto por ciento representa cada cantidad respecto a su total?

a) 15 respecto a 30.
b) 5 respecto a 20.
c) 2 respecto a 10.
d) 30 respecto a 3 000.
e) 3 respecto a 4.

CÁLCULO RÁPIDO

Observa lo siguiente:

a % de b = b % de a

Explica por qué ocurre esto.

Esta igualdad nos ayuda a realizar algunos cálculos mentales con porcentajes que inicialmente nos parecen difíciles. Por ejemplo:

- El 12 % de 50 es igual que el 50 % de 12, que es 6.
- El 12 % de 75 es igual que el 75 % de 12, que es 9.

PROBLEMAS RESUELTOS

1 ***Calcular el 35 % de 3 780 € y el 160 % de 36 200 personas.***

- 35 % ~ 0,35 (35 centésimas)

  Por tanto, 35 % de 3 780 € es 3 780 · 0,35 = 1 323 €.
- 160 % ~ 1,60 (160 centésimas)

  Por tanto, 160 % de 36 200 personas es 36 200 · 1,60 = 57 920 personas.

2 ***¿Qué tanto por ciento representa 3 634 m^2 respecto a 15 800 m^2?***

$\frac{3\,634}{15\,800} \cdot 100 = 23$. Por tanto, 3 634 m^2 son el 23 % de 15 800 m^2.

PIENSA Y PRACTICA

→ **anayaeducacion.es** Calcula porcentajes.

1 Indica el tanto por ciento correspondiente a cada uno de estos decimales:

a) 0,1　b) 0,5　c) 0,9　d) 0,25
e) 1　f) 1,5　g) 1,1　h) 2

2 Calcula.

a) El 24 % de 300.　b) El 112 % de 560.
c) El 3 % de 83 200.　d) El 30 % de 83 200.
e) El 230 % de 5 200.　f) El 300 % de 40.

3 Calcula el tanto por ciento que representa.

a) 45 respecto a 225.
b) 6 160 respecto a 56 000.
c) 4 230 respecto a 9 000.
d) 1 922 respecto a 1 240.
e) 6 000 respecto a 4 000.
f) 975 respecto a 32 500.

Cálculo de aumentos porcentuales

Un reloj de 50 € aumenta su precio un 16 %. ¿Cuánto vale ahora?

Con lo que sabemos hasta este momento, podríamos resolverlo así:

Aumento: $50 \cdot 0{,}16 = 8$ €

Precio final: $50 + 8 = 58$ €

Pero observemos que si sube un 16 %, el precio actual es el 116 % del anterior. Por eso, para obtenerlo, se puede multiplicar directamente 50 por 1,16:

$50 \cdot 1{,}16 = 58$ €

1,16 es 1 + 0,16 (la cantidad más 16 centésimas)

AUMENTO DE UN **16 %**

1,16

LA CANTIDAD, 1

MÁS 16 CENTÉSIMAS

El número por el que hay que multiplicar la cantidad inicial para obtener la cantidad final se llama **índice de variación.**

En **aumentos porcentuales,** el índice de variación es 1 más el aumento porcentual expresado en forma decimal.

Para **calcular el valor final,** halla el índice de variación y multiplícalo por la cantidad inicial:

VALOR FINAL = VALOR INICIAL · ÍNDICE DE VARIACIÓN

CÁLCULO MENTAL

¿Qué índice de variación corresponde a estos aumentos porcentuales?

a) 25 % b) 5 % c) 40 %

d) 80 % e) 110 % f) 200 %

Cálculo de disminuciones porcentuales

Una nevera valía 620 €. Se rebaja un 40 %. ¿Cuánto vale ahora?

Si quitamos un 40 % al precio inicial, queda el 60 %. Su precio final es:

$620 \cdot 0{,}60 = 372$ €

0,60 es la unidad menos 40 centésimas: $1 - 0{,}40 = 0{,}60$

En una **disminución porcentual,** el índice de variación es 1 menos la disminución porcentual puesta en forma decimal.

Para **calcular el valor final,** halla el índice de variación y multiplícalo por la cantidad inicial:

VALOR FINAL = VALOR INICIAL · ÍNDICE DE VARIACIÓN

CÁLCULO MENTAL

¿Qué índice de variación corresponde a estas disminuciones porcentuales?

a) 25 % b) 5 % c) 40 %

d) 15 % e) 88 % f) 1 %

PROBLEMA RESUELTO

El agua recogida en un pantano, 690 hm³, ha disminuido un 23 %. ¿Cuánta agua hay ahora?

$1 - 0{,}23 = 0{,}77 \rightarrow 690 \cdot 0{,}77 = 531{,}3$

Ahora hay 531,3 hm^3 de agua en el pantano.

→ **anayaeducacion.es** Actividades para reforzar el cálculo de aumentos y disminuciones porcentuales.

PIENSA Y PRACTICA

4 Unas acciones que valían a principios de año 13,70 € han subido un 35 %. ¿Cuánto valen ahora?

5 En una comunidad autónoma había 69 580 personas paradas. Han disminuido un 15 %. ¿Cuántas hay ahora?

Cálculo de la cantidad inicial conociendo la variación porcentual y la cantidad final

Tras aumentar su precio un 35 %, un ordenador cuesta 783 €. ¿Cuánto valía antes de la subida?

Observa el esquema siguiente:

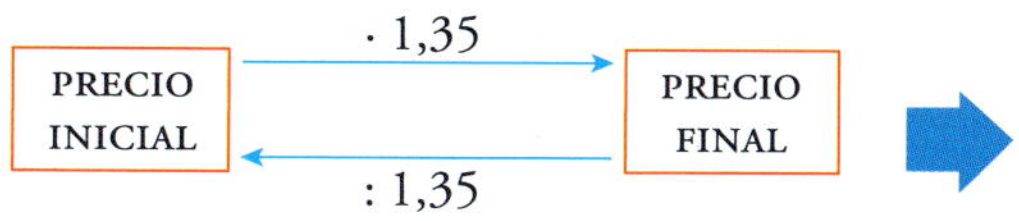

PRECIO INICIAL · 1,35 = PRECIO FINAL

PRECIO INICIAL = PRECIO FINAL : 1,35

Precio inicial del ordenador = 783 : 1,35 = 580 €

Si conocemos la cantidad final que resulta después de haber aplicado una variación porcentual, la cantidad inicial se obtiene dividiendo la cantidad final por el índice de variación.

CANTIDAD INICIAL = CANTIDAD FINAL : ÍNDICE DE VARIACIÓN

CÁLCULO MENTAL

Di la cantidad inicial si sabemos que:

a) Aumenta 50 %; C. final = 1 500.

b) Aumenta 50 %; C. final = 3 000.

c) Aumenta 25 %; C. final = 125.

d) Aumenta 25 %; C. final = 250.

e) Disminuye 50 %; C. final = 400.

f) Disminuye 40 %; C. final = 600.

PROBLEMAS RESUELTOS

1 ***Mañana se celebra el día sin IVA en una tienda de productos tecnológicos. Sabiendo que el IVA es del 21 %, indica cuánto costará cada uno de los artículos siguientes:***

- ***Televisor: 992,20 €***
- ***Tableta: 199,65 €***
- ***Patinete eléctrico: 302,50 €***

El índice de variación es 1 + 0,21 = 1,21.

Por tanto:

- Precio del televisor sin IVA:

  992,20 : 1,21 = 820 €
- Precio de la tableta sin IVA:

  199,65 : 1,21 = 165 €
- Precio del patinete eléctrico sin IVA:

  302,50 : 1,21 = 250 €

2 ***En unos grandes almacenes, todos los artículos han bajado un 35 %. Hemos comprado un cuadro por 195 €, una bicicleta por 78 € y un libro por 14,30 €. ¿Cuánto valía cada cosa antes de las rebajas?***

En los tres casos, el índice de variación es 1 – 0,35 = 0,65.

Por tanto, los precios de los artículos antes de las rebajas eran:

Cuadro → 195 : 0,65 = 300 €

Bicicleta → 78 : 0,65 = 120 €

Libro → 14,30 : 0,65 = 22 €

PIENSA Y PRACTICA

6 El precio de una batidora, después de cargarle un 21 % de IVA, es de 72,60 €. ¿Cuál es su precio antes de cargarle esos impuestos?

7 Al estirar una goma elástica, su longitud aumenta un 30 % y, en esa posición, mide 104 cm. ¿Cuánto mide sin estirar?

8 En unas rebajas en las que se hace el 30 % de descuento, Roberto ha comprado una cámara fotográfica por 50,40 €. ¿Cuál era su precio inicial?

9 Una cartera ha repartido el 36 % de las cartas que tenía. Aún le quedan 1 184. ¿Cuántas tenía antes de empezar el reparto?

Encadenamiento de variaciones porcentuales

Una cantidad aumenta un 25 % y, después, el resultado aumenta un 33 %. ¿Cuál ha sido el porcentaje de aumento total?

INICIAL

$C \xrightarrow[\cdot 1,25]{+25\%} 1,25C \xrightarrow[\cdot 1,33]{+33\%} 1,33 \cdot (1,25C) = 1,6625C$

$\cdot 1,25 \cdot 1,33 \to 1,6625 \to +66,25\%$

$1,6625 \sim 166,25\% = 100\% + 66,25\% \to 66,25\%$ de aumento

> Para encadenar aumentos y disminuciones porcentuales, se multiplican los índices de variación de los sucesivos pasos.

PROBLEMAS RESUELTOS

1 ***Unas acciones que valían 1 000 € suben el 60 %. Después, vuelven a subir el 25 %. ¿Cuál es el porcentaje total de subida?***

$1\,000 \xrightarrow[\cdot 1,60]{+60\%} 1\,000 \cdot 1,60 = 1\,600 \xrightarrow[\cdot 1,25]{+25\%} 1\,600 \cdot 1,25 = 2\,000$

SUBIDA TOTAL: 1 000 € ⟶ 2 000 €

Evidentemente, la subida total es del 100 %. ¿Cómo se obtiene directamente? Veámoslo: 1,60 · 1,25 = 2. Es decir, la cantidad inicial, 1, más 100 centésimas. Subida del 100 %.

2 ***Una guitarra de 800 € sube el 50 %. Después, baja el 50 %. ¿Queda el precio como estaba?***

$800 \xrightarrow[\cdot 1,50]{+50\%} 800 \cdot 1,50 = 1\,200 \xrightarrow[\cdot 0,50]{-50\%} 1\,200 \cdot 0,50 = 600$

El precio no queda como estaba. En total, baja 200 €.

ÍNDICE DE VARIACIÓN TOTAL = ÍNDICE 1.ª VARIACIÓN · ÍNDICE 2.ª VARIACIÓN

1,50 · 0,50 = 0,75 = 1 – 0,25. Corresponde a una bajada del 25 %.

3 ***El precio de una lavadora de 520 € sube un 10 %; después, sube otro 25 % y, finalmente, baja un 30 %.***

a) ¿Cuál es su precio final?

b) ¿Cuál es el índice de variación total? ¿A qué porcentaje de aumento o de disminución corresponde?

a) $520 \xrightarrow[\cdot 1,10]{+10\%} 520 \cdot 1,10 = 572 \xrightarrow[\cdot 1,25]{+25\%} 572 \cdot 1,25 = 715 \xrightarrow[\cdot 0,70]{-30\%} 715 \cdot 0,70 = 500,50$

El precio final es 520 · 1,10 · 1,25 · 0,70 = 500,50 €.

b) El índice de variación total es 1,10 · 1,25 · 0,70 = 0,9625.

Como 0,9625 es menor que 1, ha habido una disminución. ¿De cuánto?

$1 - 0,9625 = 0,0375 = \frac{3,75}{100}$. Ha bajado un 3,75 %.

PIENSA Y PRACTICA

10 Un comercio aumenta el precio de sus productos un 30 % y, después, pretendiendo dejarlos al precio inicial, los rebaja un 30 %. ¿Es correcto? Veamos:

a) Un ordenador que inicialmente costaba 1 000 €, ¿cuánto costará en cada paso del proceso?

b) ¿Cuál es la variación porcentual que sufren los artículos respecto al precio inicial?

11 Un capital de 42 000 € se deposita en un banco al 5 % anual. ¿En cuánto se habrá convertido en un año? ¿Y en dos? ¿Y en tres años?

3 Interés compuesto

Si depositamos una cierta cantidad C de dinero en una cuenta de ahorro de una entidad bancaria, esta nos paga intereses. Si el tipo de interés pactado es, por ejemplo, un 6 % anual, al cumplirse un año del depósito, el banco nos da el capital C y unos intereses de $C \cdot 0{,}06$. Es decir, nos devuelve $C \cdot 1{,}06$.

$$C \xrightarrow{\text{1 AÑO AL 6 \%}} C \cdot 1{,}06$$

Si en vez de llevarnos el dinero lo dejamos todo un año más, crece nuevamente un 6 %. Es decir, se vuelve a multiplicar por 1,06:

$$C \xrightarrow{\text{2 AÑOS AL 6 \%}} (C \cdot 1{,}06) \cdot 1{,}06 = C \cdot 1{,}06^2$$

Así sucesivamente, si lo dejamos sin tocar durante n años, entonces:

INICIAL $\boxed{C} \xrightarrow[\cdot 1{,}06]{}$ 1 AÑO $\boxed{1{,}06C} \xrightarrow[\cdot 1{,}06]{}$ 2 AÑOS $\boxed{1{,}06 \cdot (1{,}06C) = 1{,}06^2C} \xrightarrow[\dots]{\dots}$ n AÑOS $\boxed{1{,}06^nC}$

El capital final C_F al cabo de n años de depositar un capital C al r % anual es:

$$C_F = C \cdot \left(1 + \frac{r}{100}\right)^n$$

NOMENCLATURA

Si el banco paga los intereses cada mes, se dice que el **periodo de capitalización** es **mensual.**

Si el banco estuviera dispuesto a pagar los intereses al cabo de cada mes, el tanto por ciento mensual sería la doceava parte del anual $(r/12)$. En el ejemplo anterior, el porcentaje de aumento mensual sería del $6/12 = 0{,}5$ %. Por tanto, al cabo de k meses se transformaría así:

$$C \xrightarrow{k \text{ MESES AL 0,5 \%}} C \cdot 1{,}005^k$$

PROBLEMAS RESUELTOS

1 ***Un banco paga el 4,8 % anual por depósitos a plazo fijo. Depositamos 160 000 €. ¿Cuánto dinero podremos retirar al cabo de 4 años?***

Cada año, el capital aumenta un 4,8 %; es decir, se multiplica por 1,048. Al cabo de 4 años se habrá multiplicado por $1{,}048^4$. Por tanto, el capital final que podremos retirar es:

$$C_F = 160\,000 \cdot 1{,}048^4 = 193\,003{,}47 \text{ €}$$

2 ***¿En cuánto se transforman 160 000 € depositados 4 años al 4,8 % anual, si el periodo de capitalización es mensual?***

Un 4,8 % anual significa un $4{,}8/12 = 0{,}4$ % mensual.

En 4 años hay $4 \cdot 12 = 48$ meses.

Por tanto: $C_F = 160\,000 \cdot 1{,}004^{48} = 193\,793{,}05$ €

Si comparamos este resultado con el del ejercicio anterior, vemos que los periodos de capitalización mensuales son, para el inversor, más ventajosos que los anuales.

PIENSA Y PRACTICA

→ **anayaeducacion.es** Resuelve problemas de interés compuesto.

1 ¿En cuánto se transforma un capital de 20 000 € colocado al 3,6 % anual durante 5 años?

2 ¿En cuánto se transforman 20 000 € colocados 5 años al 3,6 % anual, con pago de intereses mensual?

4 Problemas clásicos

Problemas de repartos proporcionales

En los repartos proporcionales, las distintas fracciones en que se parte el total deben sumar 1.

PROBLEMAS RESUELTOS

1 ***Tres grifos aportan 2 L/s, 5 L/s y 7 L/s, respectivamente. Se abren los tres simultáneamente para llenar una balsa de 17 000 L. Cuando la balsa está llena, ¿qué volumen de agua habrá manado de cada grifo?***

Dar la solución aproximando a los cientos de litros.

$2 + 5 + 7 = 14$ L/s aportan los tres grifos a la vez.

El primero de ellos ha contribuido con $\frac{2}{14}$ del total; el segundo, con $\frac{5}{14}$, y el tercero, con $\frac{7}{14}$. Por tanto, el volumen que ha manado de cada grifo será:

$$1.^{\text{o}} \rightarrow \frac{2}{14} \cdot 17\,000 = 2\,428{,}57 \text{ litros}$$

$$2.^{\text{o}} \rightarrow \frac{5}{14} \cdot 17\,000 = 6\,071{,}43 \text{ litros}$$

$$3.^{\text{o}} \rightarrow \frac{7}{14} \cdot 17\,000 = 8\,500 \text{ litros}$$

Podríamos decir que los volúmenes manados por los tres grifos son, aproximadamente, 2 400 litros, 6 100 litros y 8 500 litros.

2 ***Dos socias poseen el 27,82 % y el 39,91 % de una compañía, y la tercera, el resto. Si se han obtenido unos beneficios de 327 842 €, ¿cuánto le toca a la tercera?***

La tercera socia es propietaria del 100 % – (27,82 % + 39,91 %) = 32,27 %.

Por tanto, le corresponden:

$$32{,}27\,\% \text{ de } 327\,842 \text{ €} = 105\,794{,}61 \approx 105\,800 \text{ €}$$

Aproximando hasta los cientos de euros, podemos asegurar que el error cometido es inferior a 50 €.

3 ***Tres compañeros de piso pagan los gastos de agua de forma proporcional a lo que usan la ducha. Ana se ducha cada día; Pedro, cada 2 días, y Bego, cada 3. ¿Cúanto tiene que pagar cada uno por los 23 € del recibo del agua?***

En los 6 días que se ducha Ana, Pedro se ducha 3 días, y Bego, 2 días.

Como $6 + 3 + 2 = 11$, Ana gasta $\frac{6}{11}$ de agua; Pedro, $\frac{3}{11}$, y Bego, $\frac{2}{11}$.

- Ana debe pagar $\frac{6}{11} \cdot 23 \approx 12{,}55$ €.
- Pedro debe pagar $\frac{3}{11} \cdot 23 \approx 6{,}27$ €.
- Bego debe pagar $\frac{2}{11} \cdot 23 \approx 4{,}18$ €.

PIENSA Y PRACTICA

1 Tres socios pusieron 2, 3 y 6 millones de euros, respectivamente, para crear una empresa.

Si las ganancias del primer año ascienden a 75 900 €, ¿cuánto corresponderá a cada uno?

2 ¿Cómo se podrían repartir 2 310 € entre tres hermanos de forma que a la mayor le corresponda la mitad que al menor, y a este, el triple que a la mediana?

3 Tres personas poseían 1/3, 2/9 y 1/6, respectivamente, de una urbanización, junto con un cuarto socio que se retira llevándose su parte. ¿Qué parte de lo que queda corresponde a cada uno?

4 Una balsa de 12 150 L se llena con tres grifos cuyos caudales son 14,6 L/s; 8,9 L/s y 4,2 L/s. ¿Cuánto ha aportado cada uno al total de la balsa? Da la solución aproximando hasta las decenas de litro.

Problemas de mezclas

En problemas de mezclas, el promedio deseado se obtiene repartiendo la suma de las cantidades parciales, aportadas por los componentes, entre el peso total de la mezcla (suma de los pesos parciales).

PROBLEMAS RESUELTOS

1 ***Se muelen conjuntamente 50 kg de café de 8,80 €/kg y 30 kg de otro café de inferior calidad, de 6,40 €/kg. ¿A cómo resulta el kilo de la mezcla obtenida?***

	CANTIDAD	PRECIO	COSTE
CAFÉ SUPERIOR	50 kg	8,80 €/kg	50 · 8,80 = 440 €
CAFÉ INFERIOR	30 kg	6,40 €/kg	30 · 6,40 = 192 €
MEZCLA	80 kg		632 €

$$\text{Precio de la mezcla} = \frac{\text{Coste total}}{\text{Peso total}} = \frac{632\text{ €}}{80\text{ kg}} = 7{,}90\text{ €/kg}$$

2 ***Un orfebre mezcla tres lingotes de distinta pureza: uno de 37,84 kg con un 68,3 % de plata; otro de 7,35 kg y 82,15 % de plata, y un tercero de 16,89 kg de plata pura. Hallar el porcentaje de plata en la aleación, redondeando a las unidades.***

La ley de una aleación es el cociente entre el peso del metal precioso y el peso total de la aleación.

	PESO TOTAL	LEY	PESO DE PLATA
1.er LINGOTE	37,84	0,683	37,84 · 0,683 = 25,84
2.° LINGOTE	7,35	0,8215	7,35 · 0,8215 = 6,04
3.er LINGOTE	16,89	1	16,89
TOTAL	62,08		48,77

$$\text{Aleación final} \rightarrow \text{Ley} = \frac{48{,}77}{62{,}08} = 0{,}7856$$

Se han obtenido 62 kg de aleación con un 79 % de plata.

3 ***Un litro de leche pesa 1 032 g, y uno de agua, 999 g. Mezclamos 12 litros de leche con 3 litros de agua. ¿Cuánto pesa el litro de mezcla?***

	LITROS	PESO POR LITRO	PESO TOTAL
LECHE	12	1 032 g	12 · 1 032 = 12 384 g
AGUA	3	999 g	3 · 999 = 2 997 g
MEZCLA	15		15 381 g

$$\text{Peso de la mezcla} = \frac{15\,381\text{ g}}{15\text{ L}} \approx 1\,025\text{ g/L}$$

El litro de la mezcla pesa 1 025 g.

PIENSA Y PRACTICA

5 Si mezclamos 12 kg de café de 12,40 €/kg con 8 kg de café de 7,40 €/kg, ¿cuál será el precio de la mezcla?

6 Si mezclamos un lingote de 3 500 g con un 80 % de oro con otro lingote de 1 500 g con un 95 % de oro, ¿qué proporción de oro habrá en el lingote resultante? ¿Y si añadimos 2 kg de oro puro?

7 Un litro de agua pesa 999,2 g, y un litro de alcohol, 794,7 g. ¿Cuál es el peso de un litro de la disolución obtenida al mezclar 3 L de agua con 7 L de alcohol?

8 Una joyera quiere fundir un lingote de 2 kg de oro de ley 0,85 con otro lingote de 1,5 kg de oro cuya ley es 0,9. ¿Cuál es la ley del lingote resultante?

Problemas de movimientos

Dos objetos que se acercan moviéndose en la misma dirección pueden marchar en sentidos opuestos (van a *encontrarse*) o en el mismo sentido (el más rápido, si sale después, *alcanzará* al más lento).

- En los problemas de **encuentros,** tendremos en cuenta que los móviles se aproximan a una velocidad relativa igual a la **suma** de sus velocidades absolutas.
- En los problemas de **alcances,** tendremos en cuenta que los móviles se aproximan a una velocidad relativa igual a la **diferencia** de sus velocidades absolutas.

PROBLEMAS RESUELTOS

1 ***Una ciclista profesional avanza por una carretera a 38 km/h. Más adelante, a 22 km, un cicloturista avanza en el mismo sentido a 14 km/h. ¿Cuánto tarda la ciclista profesional en alcanzar al cicloturista?***

Se aproximan a una velocidad de 38 – 14 = 24 km/h.

Calculamos el tiempo hasta el encuentro sabiendo que les separan 22 km:

$$t = \frac{d}{v} = \frac{22}{24} = \frac{11}{12} \text{ de hora} = 55 \text{ min}$$

2 ***La Vía Láctea se dirige hacia Andrómeda a una velocidad de 112,2 km/s. La galaxia Andrómeda se dirige hacia la Vía Láctea a una velocidad de 75,4 km/s. Se encuentran a una distancia de 2,5 millones de años luz. Si mantuvieran sus velocidades, ¿cuánto tardarían en colisionar?***

Velocidad de acercamiento: $v = 112{,}2 + 75{,}4 = 187{,}6$ km/s

Distancia que separa a las dos galaxias:

$$d = 2{,}5 \cdot 10^6 \text{ años luz} =$$

$$= 2{,}5 \cdot 10^6 \cdot (\underbrace{60 \cdot 60 \cdot 24 \cdot 365{,}25}_{\text{segundos en 1 año}} \cdot \underbrace{300\,000}_{\text{km recorre la luz en 1 s}}) \text{ km} = 2{,}36682 \cdot 10^{19} \text{ km}$$

Tiempo que tardarían en colisionar:

$$t = \frac{d}{v} = \frac{2{,}36682 \cdot 10^{19}}{187{,}6} = 1{,}26163 \cdot 10^{17} \text{ segundos} =$$

$$= \frac{1{,}26163 \cdot 10^{17}}{60 \cdot 60 \cdot 24 \cdot 365{,}25} \text{ años} = 3{,}9979 \cdot 10^9 \text{ años} \approx 4 \cdot 10^9 \text{ años}$$

La colisión se produciría dentro de 4 000 millones de años.

3 ***Dos grifos vierten 17 L/min y 14 L/min en un pilón de 1 200 L cuyo desagüe expulsa 13 L/min. Si se abren los dos grifos y el desagüe, ¿cuánto tarda en llenarse el pilón?***

Llenar un recipiente mediante el caudal aportado por dos grifos es similar a completar un trayecto con los tramos recorridos por dos móviles que se encuentran.

Entre los dos grifos vierten 17 + 14 = 31 L/min.

El ritmo de llenado es, pues, 31 – 13 = 18 L/min.

El pilón se tarda en llenar 1 200 : 18 = 66,7 min ≈ 1 h 7 min.

PIENSA Y PRACTICA

9 Un coche va a 120 km/h y un camión a 90 km/h.

a) Si el coche sigue al camión a 75 km de distancia, ¿cuánto tardará en alcanzarlo?

b) Si están a 504 km y se dirigen el uno hacia el otro, ¿cuánto tardarán en cruzarse?

10 La capacidad de un pantano es 980 hm^3. Actualmente se encuentra al 43 % del total, está recibiendo una aportación de 45 m^3/s y se desembalsan 3 200 L/s.

De mantenerse estos caudales, ¿cuánto tiempo tardará en llenarse hasta un 95 % de su capacidad?

5 Proporcionalidad compuesta en problemas aritméticos

En los problemas de proporcionalidad compuesta intervienen, al menos, tres magnitudes. Cada dos de ellas son directa o inversamente proporcionales.

Ejemplo 1

En los trabajos de una autopista, 20 camiones trabajando 8 h diarias logran llevar del tajo a la escombrera 4 000 m³ de arena cada día. ¿Cuánta arena moverán en un día 12 camiones trabajando en turnos de 10 h diarias?

Más camiones, más arena → Dir.
Más horas, más arena → Dir.

20 camiones trabajando 8 horas transportan 4 000 m^3 de arena.

- 4 000 : 20 = 200 m^3 de arena transporta 1 camión en 8 h.
- 200 : 8 = 25 m^3 de arena transporta 1 camión en 1 h.
- Por tanto, 12 camiones en 10 h transportarán 25 . 12 . 10 = **3 000 m^3** de arena.

Esta resolución, hecha por sentido común, puede simplificarse aplicando la siguiente regla:

20 camiones	8 horas	4 000 m^3
12 camiones	10 horas	x

Si la proporcionalidad es directa, señalamos el valor de la variable que está en la fila de la x.

A partir de este esquema, se halla la solución de la siguiente manera:

La x es igual al producto de la cantidad que la acompaña (4 000) por una fracción cuyo numerador es el producto de las cantidades marcadas en verde y cuyo denominador es el producto de las otras cantidades. En nuestro caso:

$$x = 4000 \cdot \frac{12 \cdot 10}{20 \cdot 8} = 3000 \text{ m}^3 \text{ de arena}$$

Ejemplo 2

Una piara de 23 cerdos se come, en 50 días, 2 990 kg de pienso. ¿Cuántos días duran 6 240 kg de pienso a 75 cerdos?

Más cerdos, menos días → Inv.
Más kg, más días dura → Dir.

23 cerdos en 50 días comen 2 990 kg de pienso.

- 2 990 : 23 = 130 kg come 1 cerdo en 50 días.
- 130 : 50 = 2,6 kg come 1 cerdo en 1 día.
- Por tanto, 6 240 : 2,6 = 2 400 días come un cerdo con esa cantidad.

2 400 : 75 = **32 días** comen los 75 cerdos.

Resolución esquemática:

23 cerdos	50 días	2 990 kg
75 cerdos	x	6 240 kg

Cerdos-días. Proporcionalidad inversa. Señalamos la cantidad que no está en la fila de la x.

Cantidad-días. Proporcionalidad directa. Señalamos el valor que está en la fila de la x.

$$x = 50 \cdot \frac{23 \cdot 6240}{75 \cdot 2990} = 32 \text{ días}$$

5 Proporcionalidad compuesta en problemas aritméticos

Más personas, menos días → Inv.

Más horas diarias, menos días → Inv.

Ejemplo 3

Para recoger las olivas de una finca, se necesitan 10 personas a 8 h al día durante 40 días. ¿Cuántos días tardarán 4 personas a 5 h diarias?

10 personas trabajando 8 h/día durante 40 días.

- 40 · 10 = 400 días de trabajo de una persona.
- 400 · 8 = 3 200 horas tardaría una persona.
- Por tanto, si hay 4 personas, 3 200 : 4 = 800 horas cada persona.

  Si trabajan 5 h diarias, tardarán 800 : 5 = **160 días.**

Esquemáticamente:

10 personas	8 h/día	40 días
4 personas	5 h/día	x

$$x = 40 \cdot \frac{10 \cdot 8}{4 \cdot 5} = 160 \text{ días}$$

Ejemplo 4

Para calentar 100 g de aceite, desde la temperatura ambiente, 20 °C, hasta 70 °C, se han necesitado 2 350 calorías. Si suministramos 39 151 calorías a 1 L (980 g) de aceite a temperatura ambiente, ¿qué temperatura alcanzará?

100 g para dar un salto térmico de 50° (70° – 20°) necesitan 2 350 cal.

- 2 350 : 100 = 23,5 cal se necesitan para que 1 g de aceite suba 50 °C su temperatura.
- 23,5 : 50 = 0,47 cal se necesitan para que 1 g de aceite suba 1 °C su temperatura.
- Por tanto, 39 151 : 980 = 39,95 cal se le suministran a cada gramo de aceite.

  39,95 : 0,47 = 85 °C sube la temperatura de cada gramo de aceite.

  20 °C de partida + 85 °C de subida = **105 °C** es la temperatura final.

Obtenemos esquemáticamente la subida de la temperatura:

100 g	50 °C	2 350 cal
980 g	x	39 151 cal

$$x = 50 \cdot \frac{100 \cdot 39151}{980 \cdot 2350} = 85 \text{ °C de aumento de temperatura.}$$

Más gramos, menos subida de temperatura → Inv.

Más calorías, más subida de temperatura → Dir.

PIENSA Y PRACTICA

1 En el *Ejemplo 1*, ¿cuántas horas diarias deben trabajar 30 camiones para mover 5 000 m³ de arena?

2 En el *Ejemplo 2*, ¿cuántos kilos de pienso se necesitan para alimentar a 50 cerdos durante 80 días?

3 En el *Ejemplo 3*, ¿cuántas personas con turnos de 10 h/día se necesitan para recoger las olivas en 20 días?

4 En el *Ejemplo 4*, ¿cuántas calorías se necesitarán para calentar 1/2 L de aceite desde 15 °C hasta 75 °C?

5 Para calentar una pieza de hierro de 1 240 g de 10 °C a 150 °C se han necesitado 18 228 cal.

a) ¿Cuántas calorías se necesitarán para subir una pieza de hierro de 3 480 g de 0 °C a 210 °C?

b) ¿A qué temperatura se pondrá una pieza de hierro de 5 kg que está a 20 °C, si se le suministran 20 000 cal?

c) ¿Cuánto pesa una pieza de hierro si han necesitado 15 750 cal para subir su temperatura 60 °C?

1 Valoración del error

Medimos una estantería y obtenemos 2,6 m. Con GPS observamos que la distancia que recorrimos en un paseo en bicicleta es 17,5 km.

a) ¿Qué podemos decir del error absoluto que cometemos en cada caso?

b) ¿Qué medida es más precisa?

a) Las medidas son siempre aproximadas y el error absoluto depende de las cifras que no se dan en la aproximación.

- La medida de la estantería es una aproximación hasta los decímetros. Por tanto, el error absoluto es menor que 0,5 dm.
- En el recorrido en bicicleta, la aproximación es hasta los hectómetros. Por lo que el error absoluto es menor que 0,5 hm.

El error absoluto del paseo es mayor que el de la estantería: 0,5 hm > 0,5 dm

b) El error relativo es menor en la medición del paseo, 17,5 km, ya que la medida está dada con más cifras significativas; es decir, es más precisa.

2 Índice de variación

Una moto costaba 2320 € en el mes de agosto. En octubre subió a 3248 € y en enero bajó a 2436 €.

a) Calcular el índice de variación (Iv), y el porcentaje de subida y bajada en cada cambio de precio.

b) Hallar el índice de variación total.

a) Primer cambio: $2\,320 \cdot Iv = 3\,248 \rightarrow Iv = \dfrac{3\,248}{2\,320} = 1{,}4$

$1{,}4 = 1 + 0{,}4$. Corresponde a un aumento del 40 %.

Segundo cambio: $3\,248 \cdot Iv = 2\,436 \rightarrow Iv = \dfrac{2\,436}{3\,248} = 0{,}75$

$0{,}75 = 1 - 0{,}25$. Corresponde a un descuento del 25 %.

b) Índice de variación total $= 1{,}4 \cdot 0{,}75 = 1{,}05$

$1{,}05 = 1 + 0{,}05$. Corresponde a un aumento del 5 %.

Hazlo tú Halla el índice de variación de una cantidad que disminuye un 40 % y aumenta un 120 %. ¿Es un aumento o una disminución?

3 Mezclas

Se funden 600 g de oro con una pureza del 90 % con 900 g de pureza inferior. Si la mezcla resulta tener una pureza del 85 %, ¿cuál es la pureza del oro de peor calidad?

	CANTIDAD	PUREZA	ORO
PUREZA SUPERIOR	600 g	90 %	$600 \cdot 0{,}9 = 540$ g
MEZCLA	1 500 g	85 %	$1\,500 \cdot 0{,}85 = 1\,275$ g
PUREZA INFERIOR	900 g		$1\,275 - 540 = 735$ g

$$\frac{735}{900} = 0{,}81\overset{\frown}{6} \rightarrow 81{,}7\,\%$$

4 Repartos inversamente proporcionales

Se reparten 5000 € entre los tres ganadores de un concurso de forma inversamente proporcional al número de fallos que tuvo cada uno. Si el primero tuvo 2 fallos; el segundo, 3, y el tercero, 5, ¿cuánto le corresponde a cada uno?

Hazlo tú Reparte 10 000 € de forma inversamente proporcional a 8, 10 y 12.

Repartir de forma inversamente proporcional a 2, 3 y 5 es lo mismo que repartir de forma directamente proporcional a 1/2, 1/3 y 1/5.

$$\frac{1}{2} + \frac{1}{3} + \frac{1}{5} = \frac{31}{30}$$

Al primero le corresponden $\dfrac{1}{2} : \dfrac{31}{30} = \dfrac{15}{31}$ del total; al segundo, $\dfrac{1}{3} : \dfrac{31}{30} = \dfrac{10}{31}$; y al tercero, $\dfrac{1}{5} : \dfrac{31}{30} = \dfrac{6}{31}$ del total. Calculamos lo que se lleva cada uno:

Primero: $\dfrac{15}{31} \cdot 5\,000 = 2\,419{,}35$ € Segundo: $\dfrac{10}{31} \cdot 5\,000 = 1\,612{,}90$ €

Tercero: $\dfrac{6}{31} \cdot 5\,000 = 967{,}74$ €

Ejercicios y problemas

¿DOMINAS LO BÁSICO?

Aproximaciones y errores

1 Escribe con un número razonable de cifras significativas cada una de estas cantidades. ¿Qué puedes decir del error absoluto en cada caso?

a) Números de votos emitidos en una comunidad autónoma: 4 392 891.

b) Sueldo anual de una persona: 42 121 €.

c) Precio de un equipo de música: 3 246 €.

d) Tamaño de un microprocesador: 43,257 nanómetros.

e) Superficie de una tarjeta SIM: 4 620,68 mm^2.

2 Compara el error absoluto en estas aproximaciones. ¿En cuál de ellas se comete menos error relativo?

a) Altura de un árbol: 3,58 m.

b) Distancia de mi casa al gimnasio: 1,5 km.

c) Longitud de una etapa ciclista: 98 km.

Porcentajes

3 Calcula.

a) 20 % de 340 b) 2,5 % de 400 c) 75 % de 4 000

d) 150 % de 200 e) 60 % de 250 f) 12 % de 12

4 ¿Qué porcentaje representa?

a) 120 respecto a 400 b) 25 respecto a 500

c) 45 respecto a 150 d) 21 respecto a 350

e) 294 respecto a 840 f) 448 respecto a 1 400

5 ¿Cuál es el valor de x en cada caso?

a) 50 % de $x = 8$ b) 25 % de $x = 15$

c) 75 % de $x = 30$ d) 10 % de $x = 40$

e) 5 % de $x = 6$ f) 20 % de $x = 10$

6 Calcula el valor de x, como se hace en el ejemplo.

• **x% de 320 = 48 → 48 : 320 = 0,15 → x = 15 %**

a) x% de 300 = 60 b) x% de 60 = 59,4

c) x% de 1 600 = 720 d) x% de 98 = 107,8

Aumentos y disminuciones porcentuales. Índice de variación

7 Resuelve.

a) Aumenta 60 en un 25 %.

b) Aumenta 250 en un 40 %.

c) Disminuye 380 en un 10 %.

d) Disminuye 300 en un 5 %.

e) Disminuye 400 en un 90 %.

8 Calcula en tu cuaderno la cantidad que falta en cada caso:

CANTIDAD INICIAL	VARIACIÓN PORCENTUAL	CANTIDAD FINAL
4 500	↓48 %	
75	↑110 %	
5 600		4 592
326		603,1
	↑32 %	165
	↓0,8 %	4 140

9 ¿Por qué número hay que multiplicar la cantidad inicial para obtener la final en cada caso?

a) Aumenta un 12 %. b) Disminuye el 37 %.

c) Aumenta un 150 %. d) Disminuye un 2 %.

10 Calcula, en cada caso, el índice de variación y la cantidad final:

a) 325 aumenta el 28 %.

b) 87 disminuye el 80 %.

c) 425 aumenta el 120 %.

d) 125 disminuye el 2 %.

11 ¿Qué porcentaje de aumento o de disminución corresponde a estos índices de variación?

a) 1,54 b) 0,18 c) 0,05

d) 2,2 e) 1,09 f) 3,5

12 Calcula, en cada caso, el índice de variación y la cantidad final:

a) 45 aumenta el 40 % y el 30 %.

b) 350 disminuye el 20 % y el 12 %.

c) 72 aumenta un 10 % y disminuye un 15 %.

d) 6,6 aumenta un 80 % y disminuye un 12,5 %.

e) 95 disminuye un 95 % y aumenta un 95 %.

ENTRÉNATE Y PRACTICA

Porcentajes

13 ¿Qué porcentaje es?

a) El 40 % del 40 %.
b) El 25 % del 20 %.
c) El 30 % del 120 %.
d) El 150 % del 20 %.

14 Relaciona fracciones, decimales (índices de variación) y porcentajes.

FRACCIÓN	13/20				
DECIMAL		0,38		1,15	
PORCENTAJE			$24,\widehat{8}$		$13,\widehat{6}$

15 En una clase, han aprobado todas las asignaturas 24 estudiantes, que son el 75 % del total.

¿Cuántos estudiantes hay en la clase?

16 En un partido de balonmano, una jugadora A ha marcado 2/5 de 30 intentos; otra, B, 6 de 16, y una tercera, C, el 36 % de 25 intentos.

a) ¿Cuántos goles ha marcado cada una?

b) ¿Qué porcentaje de goles con respecto al total ha anotado cada una?

17 Un edificio, presupuestado inicialmente en un millón y medio de euros, costó finalmente dos millones cien mil euros. ¿En qué tanto por ciento el coste real superó al presupuestado?

18 El precio de un videojuego subió un 28 % y después lo rebajaron un 30 %. Si el precio inicial era 58 €, calcula el índice de variación y el precio final.

Interés compuesto

19 ¿En cuánto se convertirá un capital de 5 000 € colocado al 4,2 % anual durante tres años?

20 ¿En cuánto se transformará un capital de 28 500 € colocado al 0,4 % mensual durante 15 meses?

21 ¿En cuánto se transformará un capital de 15 000 € colocado al 0,9 % trimestral durante dos años y medio?

Repartos proporcionales

22 Tres empresas ponen 15 000 €, 12 000 € y 18 000 €, respectivamente, para montar un negocio. Si este año su negocio ha obtenido un beneficio de 18 000 €, ¿cuánto le corresponde a cada una?

23 Para llenar una piscina de 42 000 L, se utilizan tres mangueras cuyos caudales son 240 L/min, 360 L/min y 480 L/min.

¿Qué cantidad de agua aportó cada grifo?

Mezclas

24 En una bodega se mezclan 7 hL de vino de alta calidad que cuesta a 450 € el hectolitro, con 11 hL de vino de calidad inferior a 280 €/hL. ¿A cómo sale el litro del vino resultante?

(Aproxima hasta las décimas y di el orden del error cometido).

25 Se mezclan 8 litros de aceite con otro más barato de 2,80 €/L para obtener 20 litros a 4 € el litro. ¿Cuál es el precio del aceite más caro?

Móviles

26 Un autobús sale de A a 105 km/h. Media hora después sale de B un coche a 120 km/h. La distancia entre A y B es de 300 km. Calcula la distancia que recorre cada uno hasta que se cruzan.

27 Un camión sale de cierta población a una velocidad de 90 km/h. Cinco minutos más tarde sale en su persecución una moto a 120 km/h. ¿Cuánto tiempo tarda la moto en alcanzar al camión?

28 Tres grifos, cuyos caudales son 300 L/min, 120 L/min y 180 L/min, vierten en un depósito de 2 100 litros. El depósito tiene un desagüe que vacía 4 L/s. Calcula el tiempo que tardará en llenarse el depósito si abrimos los tres grifos y el desagüe.

Proporcionalidad compuesta

29 Si 4 mineros perforan 15 m en 9 días, ¿cuántos metros perforarán 6 mineros en 15 días?

30 En una cadena de montaje, 17 personas, trabajando 8 horas al día, ensamblan 850 aparatos de radio a la semana. ¿Cuántas horas diarias deben trabajar la próxima semana, para atender un pedido de 1 000 aparatos, teniendo en cuenta que se añadirá un refuerzo de tres personas?

31 En un comedor de empresa, con 113 comensales, se han consumido 840 yogures en 20 días laborables. ¿Será suficiente una reserva de 200 yogures para los próximos cinco días en los que se prevé una afluencia media de 120 comensales/día?

RESUELVE PROBLEMAS SENCILLOS

COMPRENDE Y APLICA EN EL DESAFÍO — DESAFÍOS QUE DEJAN HUELLA

32 El número de integrantes de la lista Forbes, los mil millonarios más ricos del mundo, aumentó en 2021 una cantidad superior a lo habitual, pasando de 2 095 multimillonarios en 2020 a su máximo histórico con 2755. ¿Cuál fue el porcentaje de crecimiento? Sin embargo, de 2019 a 2020 la lista se redujo en un 2,69 %. ¿Cuántos integrantes tenía en 2019?

33 El precio de un billete de avión bajó un 24 %, pero en marzo subió un 28 % y pagué 327 €. ¿Cuál era el precio inicial? ¿Qué porcentaje de descuento o de aumento me hicieron?

34 Al repartir un premio entre tres personas de forma directamente proporcional a 8, 10 y 12, respetivamente, a la tercera le han correspondido 1 344 €. Calcula lo que le corresponde a la primera y a la segunda.

35 Se han vertido 3 litros de agua, a 20 °C, en una olla que contenía 5 litros de agua a 60 °C. ¿A qué temperatura está ahora el agua de la olla? ¿Cuál sería la temperatura si añadimos además 2 litros a 50 °C?

36 Tres hermanos se reparten una herencia de 2 820 € de forma que por cada cinco euros que reciba el mayor, el mediano recibirá cuatro, y el pequeño, tres. ¿Qué cantidad se lleva cada uno?

37 El coste de fabricación de un ordenador se reparte entre el 60 % en la mano de obra y el 40 % en los materiales. En un año, el coste de la mano de obra aumentó un 8 %, y el de los materiales, un 15 %. Expresa en porcentaje el aumento total del coste.

38 Añadimos 0,5 L de alcohol de 50° a 0,75 L de alcohol de 80°. ¿Qué concentración tendrá la mezcla?

COMPRENDE Y APLICA EN EL DESAFÍO — DESAFÍOS QUE DEJAN HUELLA

39 Los presupuestos generales de un país para 2022 dedican 5 000 millones de euros a educación. Esto supone un 2,6 % más que en 2021.

a) ¿Cuál fue el presupuesto de educacion en 2021?

b) Si se gasta en educación un 0,5 % de los presupuestos generales, ¿cuál es el total de esos presupuestos?

c) Calcula cuánto se dedicará al programa de becas en 2022 si representa el 43,8 % del gasto en políticas educativas.

40 Reparte 1 200 € entre los tres primeros clasificados en una carrera de forma inversamente proporcional al orden de llegada.

41 Para hacer una prueba radiológica con contraste, al paciente se le inyectan 1,8 mg de un medicamento. Se sabe que el cuerpo elimina cada hora un 30 % del medicamento que hay en la sangre. Al paciente se le informa de que 4 h después de la inyección tendrá menos de 0,5 mg de medicamento en su sangre. ¿Es correcta esa afirmación? Justifícalo.

42 Ana y Eva van en bicicleta a la playa. Ana dice «si aumentamos nuestra velocidad en un 20 %, el tiempo que emplearemos disminuye un 20 %». Eva cree que Ana se equivoca.

¿Quién tiene razón?

43 **Meta 14.2.** En 2006 saltaron las alarmas sobre la disminución de la población de atunes tras décadas de sobrepesca. Se estimó que desde 1950 había descendido un 68 %. ¿En qué porcentaje debería aumentar la población que había en ese momento para volver a los niveles de 1950?

44 PROBLEMA RESUELTO

El precio de un bote de 1,5 L de zumo de piña es 2,70 €. La fábrica hace dos ofertas:

A - Un 30 % más de zumo sin cambiar el precio.

B - Descuento de un 25 % del precio para la misma cantidad.

¿Cuál es más ventajosa?

Comparamos el precio de 1 L de zumo en los dos casos:

A - La cantidad de zumo es 1,5 · 1,3 = 1,95 L.
El precio de un litro es 2,70 : 1,95 = 1,38 €.

B - La cantidad de zumo es 1,5 L y el precio de un bote es 2,70 · 0,75 = 2,025 €.
El precio de un litro es 2,025 : 1,5 = 1,35 €.

Es más ventajosa la segunda oferta.

45 El precio de una caja de 40 pastillas para lavavajillas es 4,75 €. Para aumentar las ventas, la fábrica se plantea hacer tres tipos de oferta:

A - La caja con 50 pastillas al mismo precio.

B - Lleve 3 cajas y pague 2.

C - La segunda unidad al 50 %.

¿Qué descuento nos hacen en cada caso?

PARA PENSAR UN POCO MÁS

46 Por el *Black Friday*, un comercio ofrece un 20 % de descuento en todos sus productos y, además, la segunda unidad al 60 %. ¿Qué porcentaje de rebaja hacen?

47 a) Si el área de un cuadrado ha disminuido un 25 %, ¿en qué porcentaje ha disminuido su lado?

b) El volumen de un cubo aumenta un 20 %. ¿En qué porcentaje aumentará su arista?

48 Calcula en cuánto se transformarán 60 000 € colocados a interés compuesto en los siguientes casos si el periodo de capitalización es mensual:

a) Al 3 % anual durante 2 años.

b) Al 5,4 % anual durante 9 meses.

c) Al 0,36 % mensual durante un año y medio.

d) Al 4,8 % anual durante 18 meses.

49 Se depositan en un banco 28 000 € al 6 % anual y el banco nos descuenta un 20 % de los beneficios como retención fiscal.

a) ¿Cuál será el porcentaje neto de rendimiento?

b) Si los intereses se acumulan trimestralmente al capital, ¿cuál será el beneficio al cabo de 2 años?

50 Un comerciante pone el precio de venta de sus artículos aumentando un 30 % el precio de coste. Durante el periodo de rebajas aplica un descuento del 15 %, pero a sus familiares quiere cobrárselos a precio de coste, por lo que aplica un descuento del 20 % sobre el precio de venta. ¿Consigue, de esta forma, vendérselos sin ganar ni perder?

51 El 20,6 % de la superficie de España corresponde a zonas urbanas. Pero el 20 % de ciudadanos habita en zonas rurales, aproximadamente. ¿Se puede afirmar que un habitante del medio rural dispone de 15 veces más superficie que uno urbano? Compara la superficie media que le corresponde a cada uno.

52 Deposito en un banco 150 000 € a plazo fijo de dos años. Cuando lo retiro, son 162 240 €. ¿Qué tanto por ciento anual me dio el banco?

53 Si deposito en un banco 6 000 € al 4,2 % anual, ¿cuántos años tardará en duplicarse?

54 Al repartir una cantidad de forma inversamente proporcional a 2, 4 y 8, al segundo le corresponden 4 000 €. Calcula qué cantidad se repartió y lo que les corresponde a los otros dos.

55 ¿Qué es mejor, colocar 5 000 € al 4,2 % durante 2 años o colocar la misma cantidad al 0,4 % mensual durante 20 meses?

56 Laura quiere aplicar un herbicida a su finca. Sabe que debe añadir agua al producto, de forma que tenga una concentración del 5 % como mínimo para que sea eficaz. Mezcla 1/2 litro de herbicida con 5 litros de agua y comienza a aplicarlo.

Cuando ha gastado 3 litros de la mezcla, se da cuenta de que no va a tener bastante para toda la finca y le añade 2,5 litros de agua. ¿Tendrá la concentración adecuada en todo momento?

57 a) Si la arista de un cubo disminuye un 20 %, ¿en qué porcentaje disminuye su volumen?

b) ¿Cuánto tiene que disminuir la arista de un cubo para que su volumen disminuya un 50 %?

c) Si la arista aumenta un 50 %, ¿cuánto aumenta el volumen del cubo?

¿LO HAS COMPRENDIDO? REFLEXIONA

58 ¿Verdadero o falso? Justifica tus respuestas.

a) Si el precio de un artículo aumenta un 40 % y después un 60 %, se duplica.

b) La longitud de la diagonal de un cuadrado es proporcional al lado del mismo.

c) Si una cantidad aumenta un 200 %, se triplica.

d) Si a 35 le añades el 25 %, obtienes 43,75.

e) El 150 % del 50 % es el 200 %.

f) Si la cuota anual de un club deportivo era 360 € y ha pasado a 414 €, la han subido un 115 %.

g) Si unas acciones bajan un 20 % y suben un 25 % y otras suben un 20 % y bajan un 25 %, su precio final no varía en ambos casos.

h) Si un chicle que costaba 0,75 € hace años cuesta ahora 3 €, su precio ha subido un 400 %.

i) Si el presupuesto de un club ha pasado de $8 \cdot 10^7$ a $7 \cdot 10^6$, ha bajado más de un 90 %.

59 Si el radio de un círculo aumenta un 80 %, ¿en qué porcentaje aumenta su área?

60 Si la base de un rectángulo disminuye un 10 % y su altura aumenta un 10 %, ¿su área aumenta, disminuye o se queda igual? Justifica tu respuesta.

LEE Y COMPRENDE

Reparto de monedas

Cabalgando sobre sus camellos, con paso tranquilo, Samir y Abdul se dirigían a Bagdad, todavía a dos jornadas de distancia. Entonces coincidieron con otro viajero, Berkán, que se les unió. Por los ricos adornos de su camello y de su vestimenta, se adivinaba que era un hombre adinerado.

Tras varias horas de caminata, con una charla animada y amistosa, decidieron parar junto a una fuente para refrescarse, descansar y comer algo. Samir sacó y puso sobre el suelo 5 panes, Abdul, 3, y Berkán confesó, algo avergonzado, que no llevaba nada de comer. Sus compañeros de viaje compartieron gustosamente con él lo que tenían, y de ese pan fueron comiendo por igual en las sucesivas paradas que hicieron hasta terminar el viaje.

Al entrar en Bagdad, Berkán pidió a sus ya amigos que le acompañaran a su mansión, donde les ofreció una rica comida. Al despedirse, les entregó 8 monedas de oro, diciéndoles:

— Habéis sido muy generosos compartiendo conmigo vuestra amistad y vuestro pan. Quiero compensaros con estas monedas. Y creo que lo justo es que cada uno se lleve tantas como panes aportó a la comida común: 5 para Samir, 3 para Abdul.

Samir, que era un buen matemático, le replicó:

— Permíteme que te rectifique. Había 8 panes y cada uno hemos comido 8/3 de pan. Los 8/3 que comió Abdul provenían de sus 3 panes y aún le sobró 1/3 que comiste tú, Berkán. Los 8/3 que comí yo provenían de mis 5 panes y aún me sobraron 7/3 que comiste tú, Berkán. Por tanto, de las 8 porciones de 1/3 que comiste, 1 provenía de Abdul y 7 de mí. Lo justo sería, pues, que Abdul se llevara 1 moneda y yo, 7.

Tanto Berkán como Abdul se sintieron absolutamente convencidos y conformes con el razonamiento de Samir. Pero este, sonriendo, añadió:

— Amigo, al compartir el pan contigo lo hemos hecho por amistad. Eso no se paga. Las ocho monedas que generosamente nos regalas son porque deseas que participemos de tu riqueza. El reparto nada tiene que ver con cuántas hogazas hemos aportado cada uno, ni con la procedencia de cada bocado de pan que has comido, sino con la amistad que nos profesamos. Y esta está igualmente repartida. Por tanto, aceptamos tu regalo y lo repartimos a partes iguales: cuatro monedas para Abdul y otras cuatro para mí.

(La idea de este problema está tomada del libro *El hombre que calculaba* de Malba Tahan.)

AUTOEVALUACIÓN

anayaeducacion.es Resoluciones de estos ejercicios.

1 Indica el índice de variación y la cantidad final en cada caso:

a) 300 disminuye un 12 % y después un 35 %.

b) 1 520 disminuye un 90 % y después aumenta un 150 %.

2 Indica el porcentaje de aumento o de disminución que corresponde a cada uno de los siguientes índices de variación:

a) 1,07 b) 0,78 c) 2,2

3 Después de una subida de un 3,5 %, un piso cuesta 258 600 €.

a) ¿Cuál era el precio antes de la subida?

b) Si expresas el resultado con dos cifras significativas, ¿qué puedes decir del error absoluto cometido?

4 El precio de un teléfono móvil ha subido un 20 % y después ha bajado un 25 %. Si pagué por él 135 €, ¿cuál era su precio inicial?

5 El túnel de Somport mide 8 608 m, de los cuales 5 759 m son territorio español, y el resto, territorio francés. Las obras se financiaron de manera proporcional a la longitud del tramo de cada país, y las del lado francés costaron $80{,}5 \cdot 10^6$ €.

a) ¿Cuál es el coste del lado español? Expresa el resultado en notación científica con tres cifras significativas.

b) Explica por qué podemos decir que el error absoluto es menor que $5 \cdot 10^5$ €.

c) ¿En qué porcentaje financió el túnel cada país?

6 Mezclamos 20 kg de harina de 1,25 €/kg con 35 kg de otra harina de 0,75 €/kg. ¿Cuál será el precio de la mezcla?

7 Dos trenes salen a las 8:00 h de la mañana de dos ciudades, A y B, que distan 780 km entre sí. Si el que sale de A hacia B lleva una velocidad de 110 km/h, y el que sale de B hacia A va a 90 km/h, ¿a qué hora se encontrarán?

8 ¿En cuánto se convertirá un capital de 80 000 €, colocado al 3,6 % anual, durante dos años y medio con periodo de capitalización trimestral?

9 Se han abonado 15 000 € por la limpieza de un bosque realizada por dos cuadrillas. La primera cuadrilla está formada por 12 personas y han trabajado durante 7 días. La segunda cuadrilla tiene 15 personas y ha trabajado 5 días. ¿Cuánto corresponde a cada cuadrilla? ¿Y a cada persona? (Da la solución aproximando a las unidades y di de qué orden es el error absoluto cometido).

10 Se ha repartido un premio entre tres concursantes de forma proporcional a los puntos conseguidos, 12, 13 y 15, respectivamente. El concursante que obtuvo menos puntos se llevó 420 €.

a) ¿Cuánto dinero se repartió?

b) ¿Qué cantidad se llevó cada concursante?

11 Dos grifos vierten 15 L/min y 20 L/min, respectivamente, en un depósito de 1 800 litros que, además, tiene un desagüe que vacía 10 L/min. Si se abren a la vez los dos grifos y el desagüe, ¿cuánto tiempo tardará en llenarse el depósito?

12 Tenemos 5 000 € en una cuenta. A final de cada mes, ingresamos un 10 % del dinero que hay en la cuenta en ese momento. ¿Al cabo de cuántos meses tendremos el doble?

DESAFÍOS QUE DEJAN HUELLA

REFLEXIONA

Revisa los aspectos trabajados y plantea soluciones a los problemas que se detecten.

Para ello, descarga de **anayaeducacion.es** la rúbrica correspondiente, reflexiona de manera individual y comparte en grupo.

PON A PRUEBA TUS COMPETENCIAS

Realiza la autoevaluación competencial incluida en **anayaeducacion.es.**

4

Progresiones

Observa esta secuencia:

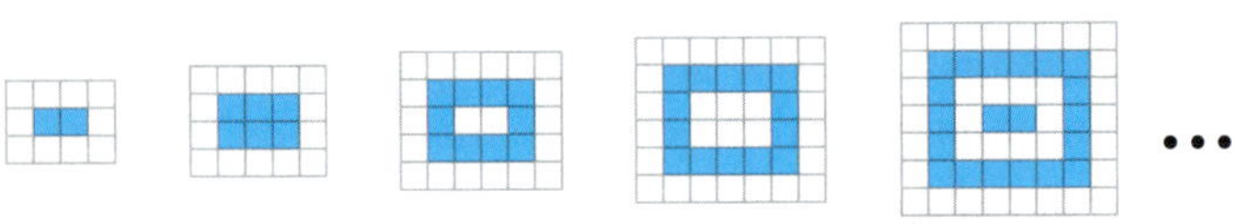

Siguiendo la pauta de estas cinco figuras, ¿cómo crees que deben ser las dos siguientes?

Este es uno de los muchos juegos que se proponen para divertirnos buscando regularidades y pautas.

De forma similar, las sucesiones son secuencias numéricas que se forman siguiendo ciertos criterios. Observa esta:

1, 1, 2, 3, 5, 8, 13, 21, 34, ...

¿Ves qué pauta se sigue? A excepción de los dos primeros, asocia cada número con los dos anteriores.

Su autor, **Leonardo de Pisa** (¡del siglo XIII!), al que llamaban **Fibonacci** (hijo de *Bonaccio*), la describió en su *Liber Abaci* en un contexto de descendencia de conejos. En la actualidad, a este tipo de sucesiones las llamamos recurrentes, porque los términos se van calculando a partir de los anteriores.

Aquí puedes ver la espiral que se obtiene al unir arcos de circunferencia cuyos radios coinciden con los términos de la sucesión de Fibonacci:

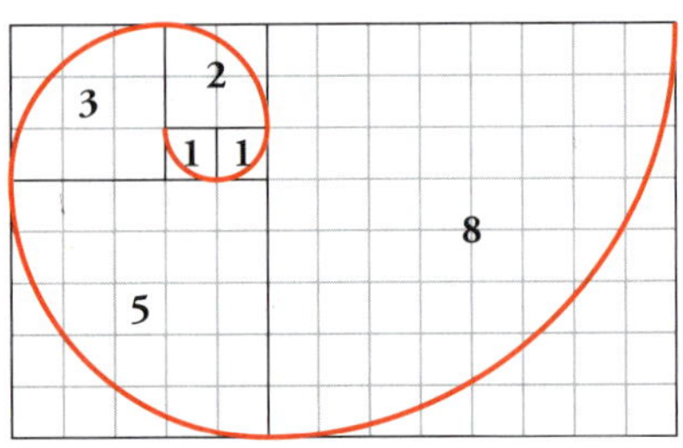

Entre las sucesiones, son especialmente interesantes cierto tipo a las que llamaremos **progresiones.** Y en especial, las **progresiones geométricas,** que nos asombrarán por su impensable y descomunal crecimiento.

Con lo que ya sabes, resuelve

La sucesión de Fibonacci

Así argumentó Fibonacci su sucesión: *se comienza con una pareja de conejos recién nacidos. A partir del segundo mes, ya pueden reproducirse. Y cada mes, cada pareja fértil produce otra pareja. ¿Cuántas parejas de conejos habrá al finalizar cada mes?* Observa:

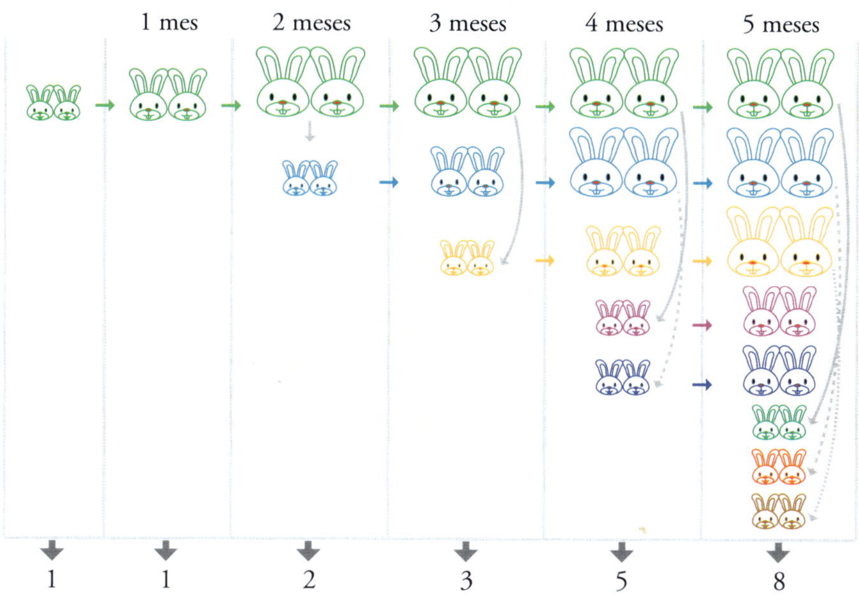

Una sucesión que crece desaforadamente

Supón que tienes una hoja de papel de 0,14 mm de grosor. Cada vez que la pliegas, se duplica el grosor. Cuando has hecho seis o siete dobleces, ya no puedes doblarla más, pero imagina que pudieras hacerlo diez, veinte e incluso más veces. ¿Qué grosor crees que llegaría a alcanzar ese papel?

El grosor del papel tras un doblez es 0,28 mm, y con cada nuevo doblez se duplica. Por ejemplo, al cabo de 10 dobleces su grosor será de 2^{10} hojas. Pero $2^{10} \cdot 0{,}14$ mm = 143,36 mm es casi un metro y medio. Y supongamos que pudiéramos seguir doblando y doblando...

Reflexiona

1. ¿Qué criterio hay que seguir para obtener más términos de la sucesión de Fibonacci?
2. Dibuja las dos filas que siguen en el esquema que muestra la evolución de la descendencia de una pareja de conejos. ¿Cuántas parejas habría en el sexto mes? ¿Y en el séptimo?
3. Dibuja en papel cuadriculado la espiral de Fibonacci ampliando la que ves en la página anterior mediante dos arcos más.
4. Seguimos plegando la hoja de papel:
   a) Comprueba que con 22 dobleces obtendrías un grosor mayor que la altura de la torre Eiffel (324 m).
   b) ¿Cuántos dobleces necesitarás para superar la altura del Everest (8 848 m)?

1 Sucesiones

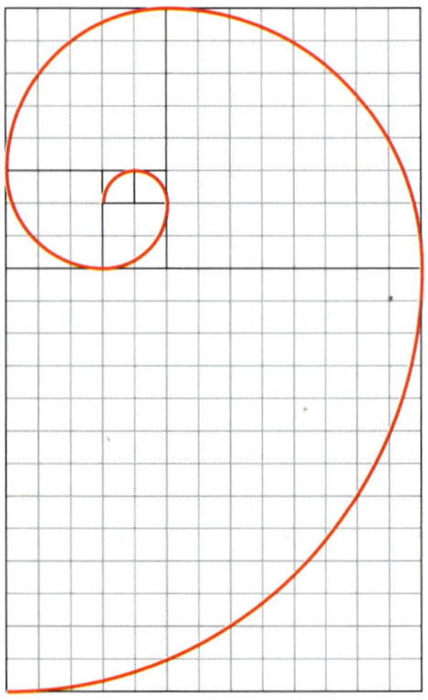

¿A cuáles de las sucesiones de la derecha corresponden estos dibujos?

→ anayaeducacion.es Refuerza el concepto de sucesión.

Las *sucesiones* son conjuntos de números dados ordenadamente. Por ejemplo:

a) 1, 5, 9, 13, 17, … b) 1, 4, 9, 16, 25, 36, …

c) 2, 4, 8, 16, 32, 64, … d) 1, –3, 9, –27, 81, –243, …

e) 1, 1, 2, 3, 5, 8, 13, … f) 1, 2, 4, 7, 11, 16, …

g) 2, 6, 12, 20, 30, 42, … h) 170, 120, 70, 20, –30, –80, …

i) 1, 3, 6, 8, 16, 18, 36, … j) 2, 3, 5, 7, 11, 13, 17, 19, …

Cada una de las sucesiones anteriores se construye siguiendo un cierto criterio. Algunos son evidentes:

— Se pasa de un término a otro sumando (o multiplicando por) siempre la misma cantidad.

— Cada término es el cuadrado del lugar en que se encuentra.

Otros son menos evidentes:

— Cada término se obtiene sumando los dos anteriores.

— Alternativamente, sumamos o multiplicamos por un mismo número.

— Los términos son los números primos ordenados.

A los elementos de la sucesión los llamamos *términos*. Podemos referirnos al primer término, al segundo término, al tercer término… de una sucesión s, pero es más cómodo llamarlos $s_1, s_2, s_3, \dots$

Así, por ejemplo, en la primera sucesión, $a_1, a_2, a_3, \dots,$ la diferencia de cada término con el anterior es 4, podemos escribir:

$$a_2 - a_1 = a_3 - a_2 = a_4 - a_3 = \dots = 4$$

Se llama **sucesión** a un conjunto de números dados ordenadamente de modo que se puedan numerar: primero, segundo, tercero…

Los elementos de la sucesión se llaman **términos** y se suelen designar mediante una letra con subíndice. El subíndice de cada elemento indica el lugar que ocupa en la sucesión:

$$s_1, s_2, s_3, s_4, s_5, s_6, \dots$$

PIENSA Y PRACTICA

1 Averigua el criterio de formación de cada una de las sucesiones siguientes:

a) 1/2, 2/3, 3/4, … b) 3, 4, 5, 6, … c) 1, 8, 27, …

2 Averigua el criterio con el que se ha formado cada una de las sucesiones de arriba y añade tres términos más a cada una.

3 Forma cinco sucesiones con criterios similares a los anteriores. En algún caso, invéntate el criterio.

4 Indica cuál es la relación $\frac{c_2}{c_1} = \frac{c_3}{c_2} = \dots$ entre cada dos términos consecutivos de las sucesiones c) y d) de arriba.

Término general de una sucesión

LUGAR QUE OCUPA	1.°	2.°	3.°	…	n-ésimo
TÉRMINO	a_1	a_2	a_3	…	a_n
EJEMPLO	1	5	9	…	$4n - 3$

→ anayaeducacion.es Refuerza el concepto de término general de una sucesión.

A veces, podemos encontrar una expresión que sirve para obtener un término cualquiera de la sucesión con solo saber el lugar que este ocupa.

Por ejemplo, para la sucesión a) 1, 5, 9, 13, 17, … de la página anterior, encontramos la expresión $a_n = 4n - 3$, pues dándole a n los valores 1, 2, 3, 4, …, obtenemos los términos a_1, a_2, a_3, a_4, …

$a_n = 4n - 3$ es el *término general* de esta sucesión.

Se llama **término general** de una sucesión s (y se simboliza con s_n) a la expresión que representa un término cualquiera de esta.

Hay sucesiones cuyo término general puede expresarse mediante una fórmula, $s_n = f(n)$, en la cual, dándole a n un cierto valor, se obtiene el término correspondiente.

Las sucesiones que habitualmente manejaremos en este curso estarán formadas siguiendo algún criterio. Algunas vendrán dadas por su término general o será fácil obtenerlo. Pero en otras, cada término se obtendrá operando con los anteriores.

Las **sucesiones** cuyos términos se obtienen a partir de los anteriores se dice que están dadas en **forma recurrente.**

Por ejemplo, en la sucesión e) 1, 1, 2, 3, 5, 8, 13, …, cada término es la suma de los dos anteriores. Se define así:

$$e_1 = 1, \quad e_2 = 1, \quad e_n = e_{n-1} + e_{n-2}$$

PIENSA Y PRACTICA

5 Comprueba, para b), c), d) y h) de la página anterior, que: $b_n = n^2$; $c_n = 2^n$; $d_n = (-3)^{n-1}$; $h_n = 220 - 50n$.

6 Escribe los cinco primeros términos de:

$$a_n = n^3 \qquad b_n = n^2 - 3n + 7 \qquad c_n = \frac{n-3}{n+4}$$

7 Forma una sucesión recurrente con estos datos:

$$j_1 = 2 \qquad j_2 = 3 \qquad j_n = j_{n-1} + j_{n-2}$$

8 Inventa otras dos sucesiones recurrentes con datos distintos a los anteriores.

9 Escribe los cuatro primeros términos de las sucesiones que tienen por término general:

a) $a_n = 3 + 5(n - 1)$ b) $b_n = 3\left(\frac{1}{2}\right)^{n-1}$

c) $c_n = (n - 1)(n - 2)$ d) $d_n = n^2 - n$

10 Descubre la ley de recurrencia y añade un nuevo término a cada una de las siguientes sucesiones:

a) 1, –4, 5, –9, 14, –23, … (Diferencia)

b) 1, 2, 3, 6, 11, 20, … (Relaciona cada elemento con los tres anteriores)

c) 1; 2; 1,5; 1,75; … (Semisuma)

d) 1, 2, 2, 1, 1/2, 1/2, 1, … (Cociente)

11 Construye una sucesión cuya ley de recurrencia sea $a_n = a_{n-1} + n$. (Dale al primer término el valor que quieras).

12 a) Comprueba que el término general de la sucesión –1, 1, –1, 1, –1, 1, … es $s_n = (-1)^n$.

b) Halla el término general de estas sucesiones:

a_n → 1, –1, 1, –1, 1, –1, …

b_n → 1, –2, 3, –4, 5, –6, …

2 Progresiones aritméticas

CON CALCULADORA

Con la calculadora, generamos las sucesiones así:

2 (=)(+) 3 (=)(=)(=)(=) …

Observa que al pulsar las teclas 2 (=)(+)3, aparece en la pantalla la expresión Ans + 3, que significa que a lo que hay en la memoria se le suma 3. Por tanto, cada vez que se pulsa de nuevo (=), al resultado anterior se le suma 3 **(sumando constante).**

Observa las siguientes sucesiones:

a) 2, 5, 8, 11, 14, 17, …

b) 120, 140, 160, 180, 200, 220, …

c) 9, 7, 5, 3, 1, –1, –3, –5, …

d) 5,83; 5,87; 5,91; 5,95; 5,99; 6,03; …

A estas sucesiones se las llama *progresiones aritméticas*. Añade cuatro términos más a cada una de ellas.

Si decimos que en la sucesión a) la *diferencia* es 3, ¿cuál será la diferencia en las demás?

Una **progresión aritmética** es una sucesión en la que se pasa de cada término al siguiente sumando un mismo número (positivo o negativo), al que se llama **diferencia,** *d*, de la progresión.

Progresión aritmética de primer término a y diferencia d:

$a_1 = a$

$a_2 = a + d$

$a_3 = a + 2d$

…

$a_n = a + (n - 1)d$

Observa que esta progresión se puede definir de forma recurrente así:

$a_1 = a, \ a_n = a_{n-1} + d$

Obtención del término general

Una progresión aritmética queda perfectamente determinada si conocemos el primer término y la diferencia. Por ejemplo, en la progresión a) de arriba, $a_1 = 2$ y $d = 3$. ¿Cómo hallaríamos el término 100?

— Para pasar del a_1 al a_{100}, hemos de dar 99 pasos.

— Cada paso supone aumentar 3 unidades.

— Por tanto, para pasar de a_1 a a_{100}, aumentamos $99 \cdot 3 = 297$ unidades.

— Es decir, $a_{100} = 2 + 297 = 299$.

El **término general** a_n de una progresión aritmética cuyo primer término es a_1 y cuya diferencia es d es:

$$a_n = a_1 + (n - 1) \cdot d$$

Para obtener esta expresión, basta tener en cuenta que para pasar de a_1 a a_n damos $n - 1$ pasos de amplitud d.

PIENSA Y PRACTICA

→ anayaeducacion.es Refuerza el concepto de progresión aritmética.

1 El primer término de una progresión aritmética s es $s_1 = 5$ y la diferencia es $d = 2,5$. Escribe sus diez primeros términos.

Haz lo mismo para otra progresión aritmética t cuyo primer término sea $t_1 = 20$ y cuya diferencia sea $d = -3$.

2 Calcula, para las progresiones de arriba:

b_{36} $\quad c_{31}$ $\quad d_{1\,000}$

3 Halla el término general de las progresiones b), c) y d). (Intenta hacerlo sin aplicar la fórmula, simplemente razonando).

4 a) Si dos de los términos de una progresión aritmética s son:

$$s_1 = 6 \text{ y } s_3 = 9$$

averigua el valor de la diferencia, d.

b) Halla el término general de la progresión, s_n.

Suma de los n primeros términos de una progresión aritmética

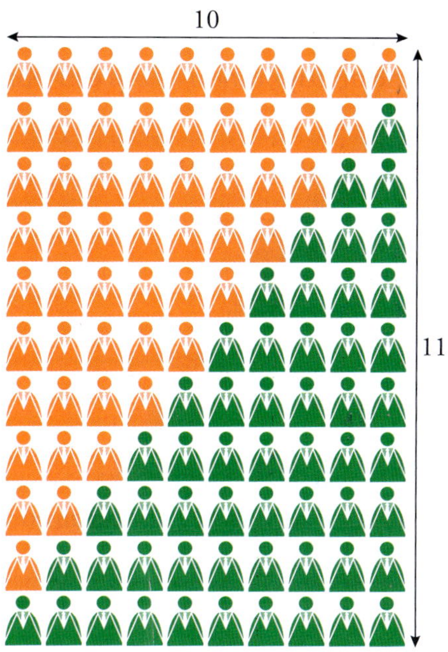

$$S_{10} = \frac{10 \cdot 11}{2}$$

Los números naturales forman una progresión aritmética de diferencia $d = 1$. Veamos cómo obtenemos la suma $1 + 2 + 3 + \ldots + 10$:

$$\begin{array}{rl} & S_{10} = 1 + 2 + 3 + 4 + 5 + 6 + 7 + 8 + 9 + 10 \\ + & S_{10} = 10 + 9 + 8 + 7 + 6 + 5 + 4 + 3 + 2 + 1 \\ \hline & 2S_{10} = \underbrace{11 + 11 + 11 + \ldots + 11 + 11}_{10 \text{ veces}} \end{array}$$

$$2S_{10} = 10 \cdot 11 \rightarrow S_{10} = \frac{10 \cdot 11}{2} = 55$$

Esta forma simplificada de proceder se debe a la siguiente propiedad:

> En una progresión aritmética de n términos, la suma de dos términos equidistantes de los extremos es siempre la misma.

$$\left.\begin{array}{r} a_2 = a_1 + d \\ a_{n-1} = a_n - d \end{array}\right\} a_2 + a_{n-1} = a_1 + a_n; \qquad \left.\begin{array}{r} a_3 = a_1 + 2d \\ a_{n-2} = a_n - 2d \end{array}\right\} a_3 + a_{n-2} = a_1 + a_n$$

Basándonos en esta propiedad y utilizando el mismo procedimiento, podemos obtener la fórmula general para sumar los n primeros términos de una progresión aritmética: $a_1 + a_2 + a_3 + \ldots + a_{n-2} + a_{n-1} + a_n$.

$$\begin{array}{ll} \text{Suma} & \rightarrow S_n = a_1 + a_2 + a_3 + \ldots + a_{n-2} + a_{n-1} + a_n \\ \text{Suma invertida} & \rightarrow S_n = a_n + a_{n-1} + a_{n-2} + \ldots + a_3 + a_2 + a_1 \\ \hline & 2S_n = (a_1 + a_n) + (\ ) + (\ ) + \ldots + (\ ) + (\ ) + (a_n + a_1) \end{array}$$

Hay n paréntesis y el resultado de cada uno de ellos es $a_1 + a_n$. Por tanto:

$$2S_n = (a_1 + a_n) \cdot n \rightarrow S_n = \frac{(a_1 + a_n) \cdot n}{2}$$

> La **suma** $S_n = a_1 + a_2 + a_3 + \ldots + a_{n-1} + a_n$ de los n primeros términos de una progresión aritmética es: $S_n = \dfrac{(a_1 + a_n) \cdot n}{2}$

→ Hoja de cálculo para construir progresiones aritméticas y calcular sus sumas.

→ **anayaeducacion.es** Actividades para reforzar el cálculo de la suma de los n primeros términos de una progresión aritmética.

PIENSA Y PRACTICA

5 Halla la suma de todos los números impares menores que 100.

6 a) Si $a_1 = 5$ y $d = 5$, calcula S_{15}.

b) Si $b_1 = 5$ y $b_2 = 7$, calcula b_{40} y S_{40}.

c) Si $c_1 = 5$ y $c_2 = 12$, calcula S_{32}.

7 Si el primer término de una progresión es $c_1 = 17$ y el quinto es $c_5 = 9$, halla la suma S_{20}.

8 Los primeros términos de una progresión aritmética son $a_1 = 4$, $a_2 = 7$. Halla esta suma:

$$a_{10} + a_{11} + a_{12} + \ldots + a_{19} + a_{20}$$

3 Progresiones geométricas

CON CALCULADORA

Añade dos términos a cada una de las sucesiones de la derecha. Obtén nuevamente, ahora con la calculadora, las cinco progresiones geométricas como se hace en el ejemplo:

3 ⊜⊗ 2 ⊜ ⊜ ⊜ ⊜ …
↓ ↓ ↓ ↓
6 12 24 48

Cada vez que se aprieta la tecla ⊜, el resultado anterior se multiplica por 2 **(factor constante).**

Observa las siguientes sucesiones:

a) 3, 6, 12, 24, 48, 96, … Cada término se obtiene multiplicando el anterior por 2. Se trata de una progresión geométrica de razón 2.

b) 3, 30, 300, 3 000, … Es una progresión geométrica de razón 10.

También son progresiones geométricas las tres sucesiones siguientes:

c) 80; 40; 20; 10; 5; 2,5; … Su razón es $\frac{1}{2} = 0{,}5$.

d) 80; 8; 0,8; 0,08; … Su razón es $\frac{1}{10} = 0{,}1$.

e) 3, –6, 12, –24, 48, –96, … Su razón es –2.

> Una **progresión geométrica** es una sucesión en la que se pasa de cada término al siguiente multiplicando por un número fijo, r, llamado **razón.**

Progresión geométrica de primer término a y razón r:

$a_1 = a$

$a_2 = a \cdot r$

$a_3 = a \cdot r^2$

…

$a_n = a \cdot r^{n-1}$

Obtención del término general

Una progresión geométrica queda completamente definida si conocemos el primer término y la razón. Por ejemplo, en la progresión a), el primer término es $a_1 = 3$ y la razón es $r = 2$. ¿Cómo hallaríamos el término 25?

— Para pasar del a_1 al a_{25}, hemos de dar 24 pasos.

— Cada paso supone multiplicar por 2. Por tanto, para pasar del a_1 al a_{25} habremos de multiplicar veinticuatro veces por 2; es decir, por 2^{24}.

— Así, $a_{25} = 3 \cdot 2^{24} = 3 \cdot 16\,777\,216 = 50\,331\,648$.

Las progresiones geométricas de razón mayor que 1 crecen de forma «sorprendente», dando lugar a situaciones curiosísimas, como las que estudiamos en el apartado 4 de esta unidad.

> El **término general** a_n de una progresión geométrica cuyo primer término es a_1 y cuya razón es r es:
>
> $$a_n = a_1 \cdot r^{n-1}$$
>
> Para obtener esta expresión, basta tener en cuenta que para pasar de a_1 a a_n hemos de dar $n - 1$ pasos; y cada paso consiste en multiplicar por r.

→ **anayaeducacion.es** Refuerza el concepto de progresión geométrica.

PROBLEMAS RESUELTOS

1 ***Los primeros términos de una progresión geométrica son $a_1 = 250$ y $a_2 = 300$. Calcular r, a_6 y a_n.***

$a_2 = a_1 \cdot r \rightarrow 300 = 250 \cdot r \rightarrow r = \frac{300}{250} = 1{,}2$

$a_6 = a_1 \cdot r^{6-1} = 250 \cdot (1{,}2)^5 = 622{,}08$

Término general: $a_n = 250 \cdot 1{,}2^{n-1}$

Con la calculadora, los primeros términos se hallan de esta forma:

250 ⊜⊗ 1,2 ⊜ ⊜ …

OBSERVA

Cuando r es negativo:

— Si a_1 es positivo, son negativos los términos pares.

— Si a_1 es negativo, son negativos los términos impares.

PROBLEMAS RESUELTOS

2 ***En una progresión geométrica, $a_1 = 625$ y $a_3 = 400$. Hallar sus primeros términos.***

Lo primero es calcular la razón:

$a_3 = a_1 \cdot r^2 \rightarrow 400 = 625 \cdot r^2 \rightarrow r^2 = 400/625 = 0{,}64 \rightarrow r = \pm 0{,}8$

Hay dos progresiones geométricas que cumplen las condiciones impuestas. Sus razones son $r = 0{,}8$ y $r' = -0{,}8$.

- $r = 0{,}8 \rightarrow$ 625, 500, 400, 320, 256, …
- $r' = -0{,}8$ 625, –500, 400, –320, 256, …

3 ***En una progresión geométrica de términos positivos, $a_1 = 3$ y $a_3 = 6$. Hallar a_n, a_{20} y a_{21}.***

$$a_3 = a_1 \cdot r^2 \rightarrow 3r^2 = 6 \rightarrow r^2 = 6/3 = 2 \rightarrow r = \pm\sqrt{2}$$

Como los términos son positivos, la razón también lo es: $r = \sqrt{2}$

$$a_n = 3 \cdot (\sqrt{2})^{n-1}$$

$$a_{20} = 3 \cdot (\sqrt{2})^{19} = 3 \cdot (\sqrt{2})^{18} \cdot \sqrt{2} = 3 \cdot 2^9 \cdot \sqrt{2} = 1\,536 \cdot \sqrt{2}$$

$$a_{21} = a_{20} \cdot r = (1\,536 \cdot \sqrt{2}) \cdot \sqrt{2} = 1\,536 \cdot 2 = 3\,072$$

4 ***Un centurión le pidió al césar que le recompensara por su valentía. El césar, mostrándole grandes montones de monedas, le dijo: «Puedes tomar un denario; mañana, 2; al día siguiente, 4; al otro, 8. Así, sucesivamente, cada día duplicarás lo del anterior. Pero lo de cada día deberás llevártelo tú solo y de una sola vez. Te permito usar un carro».***

Suponiendo que un denario pesara 20 g y que lo máximo que consiguiera llevar en un carro fuera una tonelada, ¿cuántos días duró la recompensa? ¿Cuál fue el número de denarios de la última carretada?

Denarios que hay en una tonelada $\rightarrow$ 1 000 000 : 20 = 50 000

Denarios que se lleva cada día $\rightarrow a_n = 1 \cdot 2^{n-1} = 2^{n-1}$

¿Cuál será el mayor valor de n para que 2^{n-1} sea menor que 50 000? Utilizando el factor constante, obtenemos que $2^{15} = 32\,768$ y $2^{16} = 65\,536$. Así, $n - 1 = 15 \rightarrow n = 16$

La recompensa duró 16 días, y el último día se llevó 32 768 denarios.

PIENSA Y PRACTICA

1 Construye una progresión geométrica cuyo primer término es 125 y cuya razón es 0,4.

2 De una progresión geométrica conocemos $a_1 = 0{,}625$ y $a_3 = 0{,}9$. Halla r y los seis primeros términos.

3 En una progresión geométrica de términos positivos, $a_1 = 2$ y $a_3 = 6$. Halla a_n, a_{11} y a_{12}.

4 En una progresión geométrica, el primer término es $a_1 = 5$ y la razón es $r = 1{,}4$. Averigua, con ayuda de la calculadora, cuál es el término más avanzado cuyo valor es inferior a 1 000 000.

5 En una progresión geométrica, $a_1 = 1\,000$ y $r = 0{,}8$. Averigua, con la calculadora, cuál es el término más avanzado cuyo valor es mayor que 1.

Suma de los *n* primeros términos de una progresión geométrica

La suma de los n primeros términos de una progresión geométrica puede expresarse mediante una sencilla fórmula en la que solo intervienen la razón y los términos extremos. Vamos a obtenerla:

Si multiplicamos por r los dos miembros de esta igualdad:

$$S_n = a_1 + a_2 + a_3 + \ldots + a_{n-1} + a_n$$

y al resultado le restamos dicha igualdad, obtenemos lo siguiente:

$$\begin{array}{rcl} S_n \cdot r & = & \phantom{a_1 +{}} \cancel{a_2} + \cancel{a_3} + \cancel{a_4} + \ldots + \cancel{a_{n-1}} + \cancel{a_n} + a_n \cdot r \\ - \quad S_n & = & a_1 + \cancel{a_2} + \cancel{a_3} + \cancel{a_4} + \ldots + \cancel{a_{n-1}} + \cancel{a_n} \\ \hline S_n \cdot r - S_n & = & -a_1 \qquad\qquad\qquad\qquad\qquad + a_n \cdot r \end{array}$$

$$S_n \cdot r - S_n = a_n \cdot r - a_1 \rightarrow S_n \cdot (r-1) = a_n \cdot r - a_1 \rightarrow S_n = \frac{a_n \cdot r - a_1}{r-1}$$

ACLARACIÓN

Ten en cuenta lo siguiente:

$$S_n \cdot r = a_1 \cdot r + a_2 \cdot r + \ldots + a_{n-1} \cdot r + a_n \cdot r =$$
$$= a_2 + a_3 + \ldots + a_n + a_n \cdot r$$

→ Hoja de cálculo para construir progresiones geométricas y calcular sus sumas.

> La suma $S_n = a_1 + a_2 + a_3 + \ldots + a_n$ de los n primeros términos de una progresión geométrica de razón r es:
>
> $$S_n = \frac{a_n \cdot r - a_1}{r-1} = \frac{a_1 \cdot r^n - a_1}{r-1} = \frac{a_1 \cdot (r^n - 1)}{r-1}, \text{ pues } a_n = a_1 \cdot r^{n-1}$$

PROBLEMA RESUELTO

Si al comienzo de cada año ingresamos 1 000 € en un banco al 4 % anual, ¿cuánto dinero tendremos al final del quinto año?

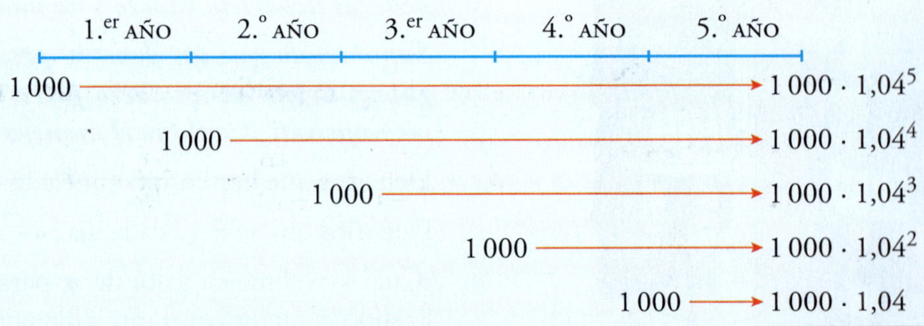

El capital disponible al final del quinto año es la suma. Los cinco sumandos están en progresión geométrica de razón $r = 1,04$.

$$a_1 = 1\,000 \cdot 1,04; \quad a_2 = 1\,000 \cdot 1,04^2; \quad \ldots; \quad a_5 = 1\,000 \cdot 1,04^5$$

$$\text{SUMA} = \frac{a_5 \cdot r - a_1}{r-1} = \frac{1000 \cdot 1,04^6 - 1000 \cdot 1,04}{1,04 - 1} = 5\,632,98 \text{ €}$$

→ **anayaeducacion.es** Actividades para reforzar el cálculo de la suma de los n primeros términos de una progresión geométrica.

PIENSA Y PRACTICA

6 Siguiendo el procedimiento utilizado para hallar S_n, calcula 3 + 6 + 12 + 24 + 48 + 96 + 192 + 384.

7 ¿Cuántos denarios se llevó, en total, el centurión del problema resuelto 4 de la página anterior?

8 Calcula la suma de los diez primeros términos de una progresión geométrica con $a_1 = 8,192$ y $r = 2,5$.

9 Si al comienzo de cada año ingresamos 6000 € al 5%, ¿qué capital tendremos al final del sexto año?

Suma de los infinitos términos de una progresión geométrica con $|r| < 1$

Todo lo estudiado hasta ahora sobre progresiones geométricas es válido cualquiera que sea el valor de r. Sin embargo, si $0 < r < 1$ (r positivo y menor que 1), los términos de la progresión decrecen aproximándose a cero. Ello hace que estas progresiones sean especialmente interesantes; sobre todo, la suma de sus términos.

En estas progresiones geométricas decrecientes, como $a_n \cdot r$ es menor que a_1, con objeto de que el numerador y el denominador sean números positivos, pondremos la fórmula de la suma del siguiente modo:

$$S_n = \frac{a_n \cdot r - a_1}{r - 1} = \frac{a_1 - a_n \cdot r}{1 - r}$$

El término $a_n \cdot r = a_1 \cdot r^n$ se hace cada vez más pequeño y llega a ser insignificante si n es muy grande, por lo que desaparece. Eso se expresa así:

$$S_\infty = \frac{a_1}{1 - r}$$

Esta fórmula también es válida cuando la razón es negativa: $-1 < r < 0$

→ anayaeducacion.es Refuerza el cálculo de la suma de los términos de una progresión geométrica con $|r| < 1$.

> La suma de «todos» los términos de una progresión geométrica en la que su razón verifica $|r| < 1$ se expresa como S_∞ y se obtiene así: $S_\infty = \dfrac{a_1}{1 - r}$.

PROBLEMAS RESUELTOS

1 ***Calcular la suma de los infinitos términos de una progresión geométrica en la que:***

$$a_1 = 10 \qquad r = \frac{2}{3}$$

Puesto que $r = \frac{2}{3}$ es positivo y menor que 1, podemos aplicar la fórmula:

$$S_\infty = \frac{a_1}{1 - r} = \frac{10}{1 - (2/3)} = \frac{10}{1/3} = 30$$

2 ***Hallar los siete primeros términos, su suma y la suma de los infinitos términos de una progresión geométrica en la que:***

$$a_1 = 16 \qquad r = -\frac{1}{2}$$

$a_1 = 16,\ a_2 = -8,\ a_3 = 4,\ a_4 = -2,\ a_5 = 1,\ a_6 = -\frac{1}{2},\ a_7 = \frac{1}{4}$

$$S_7 = 16 - 8 + 4 - 2 + 1 - \frac{1}{2} + \frac{1}{4} = \frac{a_7 \cdot r - a_1}{r - 1} = \frac{(1/4) \cdot (-1/2) - 16}{(-1/2) - 1} = \frac{43}{4} = 10{,}75$$

$$S_\infty = \frac{16}{1 - (-1/2)} = \frac{16}{3/2} = \frac{32}{3} = 10{,}\widehat{6}$$

PIENSA Y PRACTICA

10 En una progresión geométrica, $a_1 = 8$ y $r = 0{,}75$. Calcula la suma de sus infinitos términos.

11 En una progresión geométrica, $a_1 = 30$ y $r = -0{,}2$. Calcula la suma de «todos» sus términos.

12 En una progresión geométrica, su cuarto término es $a_4 = 10$ y el sexto es $a_6 = 0{,}4$. Halla: la razón, r; el primer término, a_1; el octavo término, a_8; la suma de los ocho primeros términos, S_8; y la suma de sus infinitos términos, S_∞.

4 Progresiones geométricas sorprendentes

Retribución al inventor del ajedrez

Cuenta la leyenda que un rey, maravillado con el juego del ajedrez, ofreció a su inventor concederle lo que le pidiera. Este, para darle una lección de humildad, le contestó: *Solo te pido 1 grano de trigo por la 1.ª casilla del tablero, 2 por la 2.ª, 4 por la 3.ª, 8 por la 4.ª y, así sucesivamente, en cada una el doble que en la anterior hasta llegar a la 64.ª*. Al rey le pareció una insignificancia, pero cuando ordenó a su administrador que echara cuentas para pagar la deuda… comprobaron que no había trigo suficiente en todo su reino (¡ni en todo el mundo!) para pagarla.

Con el volumen que ocupa esa cantidad de trigo se podría llenar la ciudad de Nueva York llegando a 1,5 km de altura (naturalmente, se taparían todos sus rascacielos).

RESUELVE

a) Forma la progresión 1, 2, 4, 8, … de los granos de trigo sobre el tablero de ajedrez. ¿Cuál es el último término? Comprueba que su suma es $2^{64} - 1$.

b) Usa la calculadora para averiguar el volumen que ocuparía tal cantidad de granos de trigo suponiendo que en 1 cm^3 caben 15 granos.

c) La superficie de Nueva York es 784 km^2. Calcula la altura que alcanzaría el trigo si se echara sobre esa ciudad.

Las torres de Hanói

Las torres de Hanói es un juego que consta de varios discos de distintos tamaños y tres varillas. Los discos se sitúan en la varilla de la izquierda colocados de mayor a menor. El objetivo es pasarlos todos a la aguja de la derecha respetando la siguiente regla: en cada movimiento solo se puede pasar un disco a un lugar vacío o sobre otro disco de mayor tamaño (nunca se puede situar un disco sobre otro menor).

Según una leyenda, Dios colocó 64 discos en la varilla izquierda de un juego de estos y ordenó a la humanidad que los transportara, siguiendo la regla, a la varilla derecha. *Cuando se haya concluido el juego* —dijo Dios— *se acabará el mundo.* Prosigue la leyenda afirmando que hay una comunidad de monjes que se turnan en hacer los movimientos requeridos para terminar el juego.

Busca en Internet «torres de Hanói» y podrás jugar con el número de discos que quieras.

N.º DE DISCOS	N.º DE MOVIMIENTOS
1	1
2	3
3	7
4	15
…	…
n	$2^n - 1$

El número de movimientos necesarios para completarlo, en función del número de discos, n, es una sucesión de término general $a_n = 2^n - 1$ (similar a una progresión geométrica).

RESUELVE

Calcula cuánto tiempo tardarían los monjes en completar los $2^{64} - 1$ movimientos, suponiendo que tardan 1 s en cada uno. Compara el resultado con la edad estimada del universo, 14 000 millones de años.

Sigamos doblando el papel

En la segunda página de esta unidad, bajo el epígrafe «Una sucesión que crece desaforadamente», veíamos que si pudiéramos doblar reiteradamente una hoja de papel de 0,14 mm de grosor:

- Con 22 dobleces superaría la altura de la torre Eiffel (324 m).
- Con 26 dobleces superaría la altura del Everest (8 848 m).

RESUELVE

Comprueba que con 50 dobleces superaría la distancia de la Tierra al Sol (150 millones de km).

Aquiles y la tortuga

Zenón, filósofo griego del siglo v a. C., describió la siguiente paradoja:

Aquiles corre a alcanzar a una tortuga que huye de él. Cuando llega donde estaba la tortuga, esta ya ha avanzado un trecho. Cuando Aquiles recorre ese trecho, la tortuga avanza otro poco. Y así sucesivamente, cuando Aquiles llega a donde estaba la tortuga, esta ya ha avanzado algo. Por tanto, nunca la alcanza.

Todos sabemos que sí la alcanza, pero ¿cómo desmontar el argumento de Zenón, según el cual la tortuga siempre lleva alguna ventaja? Veámoslo:

Supongamos que Aquiles tarda 10 s en llegar a la posición inicial de la tortuga, y que tarda 1 s en alcanzar la 2.ª posición y, así sucesivamente, cada vez la décima parte que la anterior. La suma de todos los infinitos tiempos es:

$$10 + 1 + \frac{1}{10} + \frac{1}{100} + \ldots$$

RESUELVE

Comprueba que la suma anterior, aunque tenga infinitos sumandos, es finita, ¡naturalmente! Por supuesto, Aquiles alcanza a la tortuga a su debido tiempo.

Una broma ingeniosa

El primer día de cierto mes, una banquera le propuso a un banquero el siguiente trato:

—Cada día de este mes yo te doy 100 000 € y tú duplicas el dinero que haya en esta caja en la que he puesto un céntimo. Al final de mes tú te quedas con lo que te he ido dando día a día y yo me quedo con lo que finalmente haya en la caja.

El banquero, después de pensar un rato y echar cuentas con la calculadora, contestó riendo:

—¿Por qué no me haces esta propuesta dentro de un año exactamente?

Esta conversación tuvo lugar entre el 1 de marzo de 2012 y el 10 de enero de 2020.

RESUELVE

Di, justificando tu respuesta, en qué día ocurrió la conversación anterior.

1 Número de términos de una progresión

Calcular el número de pisos de un edificio en el que la primera planta está a 3,5 m del suelo, el ático está a 36,5 m y la altura de cada piso es de 2,75 m.

Hazlo tú ¿Cuántos términos tiene una progresión aritmética en la que $a_2 = 2{,}5$; $d = -1{,}5$ y el último término es $-9{,}5$?

Las alturas, en metros, a la que están los pisos son 3,5; 6,25; 9; …; 36,5.

Las alturas forman una progresión aritmética de la que conocemos:

$$a_1 = 3{,}5; \; d = 2{,}75 \; \text{ y } \; a_k = 36{,}5$$

Debemos averiguar qué lugar, k, ocupa el último término, el ático.

Sustituimos en el término general de la progresión y resolvemos:

$$a_k = a_1 + (k-1)d \rightarrow 36{,}5 = 3{,}5 + (k-1)\cdot 2{,}75 \rightarrow 36{,}5 - 3{,}5 + 2{,}75 = 2{,}75k \rightarrow$$

$$\rightarrow 35{,}75 = 2{,}75k \rightarrow k = 13 \text{ pisos}$$

2 Interés compuesto

Depositamos en un banco 2 000 € al 2,5 % anual al comienzo de un cierto año. Calcular el capital disponible al final de cada año, durante 5 años, si no retiramos ningún dinero.

Hazlo tú Abrimos una cuenta, al comienzo de un año, con 500 € al 1,25 % trimestral y la mantenemos 3 años. ¿Cuánto dinero tendremos al final de cada año?

En la unidad anterior vimos que un capital C, puesto al r % anual durante n años, se transforma en la siguiente cantidad:

$$C_F = C \cdot \left(1 + \frac{r}{100}\right)^n$$

Los valores de esta expresión con $r = 2{,}5$ para $n = 1$, $n = 2$, $n = 3$, … forman una progresión geométrica de razón $\left(1 + \frac{2{,}5}{100}\right)$ cuyos términos son:

$$C_1 = 2\,000 \cdot \left(1 + \frac{2{,}5}{100}\right)^1 = 2\,050 \text{ €} \qquad C_2 = 2\,000 \cdot \left(1 + \frac{2{,}5}{100}\right)^2 = 2\,101{,}25 \text{ €}$$

$$C_3 = 2\,153{,}78 \text{ €} \qquad C_4 = 2\,207{,}63 \text{ €} \qquad C_5 = 2\,262{,}82 \text{ €}$$

3 Suma de los n primeros términos de una progresión geométrica

Una empresa cobra 100 € por el primer metro perforado y un 20 % más por cada metro siguiente. ¿Cuánto cuesta abrir un pozo de entre 8 m y 10 m de profundidad?

Hazlo tú Si otra empresa cobra 120 € por el primer metro y un 15 % más por cada metro siguiente, ¿cuál es más rentable para perforar un pozo de 10 m?

Los costes de cada metro perforado son 100; 120; 144; 172,8; … que podemos expresar como 100; $100 \cdot 1{,}2$; $100 \cdot 1{,}2^2$; $100 \cdot 1{,}2^3$; … Forman una progresión geométrica con $a_1 = 100$ y $r = 1{,}2$.

Queremos saber la suma de 8 y de 10 términos:

$$a_8 = 100 \cdot 1{,}2^7 = 358{,}32 \qquad a_{10} = 100 \cdot 1{,}2^9 = 515{,}98$$

$$S_8 = \frac{a_8 \cdot r - a_1}{r - 1} = \frac{358{,}32 \cdot 1{,}2 - 100}{1{,}2 - 1} = 1\,649{,}92 \text{ €}$$

$$S_{10} = \frac{a_{10} \cdot r - a_1}{r - 1} = \frac{515{,}98 \cdot 1{,}2 - 100}{1{,}2 - 1} = 2\,595{,}88 \text{ €}$$

El precio del pozo estará entre 1 650 € y 2 600 €, aproximadamente.

4 Fracción generatriz

Hallar la fracción generatriz de $1,3\widehat{2}$ usando las progresiones.

Hazlo tú Halla la fracción generatriz de los siguientes números decimales usando progresiones:

a) $3,\widehat{7}$ b) $3,5\widehat{4}$

$$1,3\widehat{2} = 1{,}3 + 0{,}02 + 0{,}002 + 0{,}0002 + \ldots = \frac{13}{10} + \left(\frac{2}{100} + \frac{2}{1\,000} + \frac{2}{10\,000} + \ldots\right)$$

Los sumandos entre paréntesis forman una progresión geométrica con $a_1 = 2/100$ y $r = 1/10$. Como $|r| < 1$, podemos hallar la suma de todos sus términos:

$$S_\infty = \frac{a_1}{1 - r} = \frac{2/100}{1 - 1/10} = \frac{2}{90}$$

Por tanto, la fracción que buscamos es: $1,3\widehat{2} = \frac{13}{10} + \frac{2}{90} = \frac{119}{90}$

¿DOMINAS LO BÁSICO?

Sucesiones. Ley de formación. Término general

1 Escribe los cuatro primeros términos y los que ocupan los lugares 10 y 11 de las siguientes sucesiones:

a) $a_n = 3n - 1$ b) $b_n = \frac{n^2+1}{2}$

c) $c_n = (-1)^n + \frac{1}{n}$ d) $d_n = 1 + \frac{(-1)^n}{10}$

e) $e_n = n(n-1)$ f) $f_n = \frac{n-2}{n+2}$

2 Obtén los cinco primeros términos de las siguientes sucesiones definidas por recurrencia:

a) $a_1 = 1;\ a_n = 2a_{n-1} + 3$

b) $a_1 = 7;\ a_n = 13 - a_{n-1}$

3 Busca el criterio con el que se han formado estas sucesiones y escribe dos términos más en cada una:

a) 1, 3/2, 2, 5/2, 3, ... b) 1, –2, 4, –8, 16, …

c) 1, 3, 6, 10, 15, … d) 1, 4, 3, –1, –4, …

e) 0, 3, 8, 15, 24, … f) 1, 1/2, 1/3, 1/4, …

4 Escribe el término general de estas sucesiones:

a) 1, 1/2, 1/3, 1/4, … b) 1/2, 1/4, 1/8, 1/16, …

c) 1/2, 1, 3/2, 2, … d) $1 \cdot 2, 2 \cdot 3, 3 \cdot 4, 4 \cdot 5, \ldots$

Progresiones. Término general

5 Describe la ley de formación de estas sucesiones:

a) 7, 14, 21, 28, … b) $\frac{2}{3}, \frac{4}{9}, \frac{8}{27}, \frac{16}{81}, \ldots$

c) 6, 4, 2, 0, … d) 2, 6, 18, 54, …

6 Escribe los cuatro primeros términos y el término general de las siguientes progresiones aritméticas:

a) $a_1 = 1{,}5;\ d = 2$ b) $a_1 = 32;\ d = -5$

c) $a_1 = 5;\ d = 0{,}5$ d) $a_1 = -3;\ d = -4$

7 Escribe los cuatro primeros términos de las siguientes progresiones geométricas y su término general:

a) $a_1 = 0{,}3;\ r = 2$ b) $a_1 = -3;\ r = \frac{1}{2}$

c) $a_1 = 200;\ r = -0{,}1$ d) $a_1 = \frac{1}{81};\ r = 3$

8 Halla el término general de cada una de las progresiones geométricas siguientes:

a) 20; 8; 3,2; 1,28; … b) 5; 6; 7,2; 8,64; …

c) 0,7; 0,07; 0,007; … d) $\frac{1}{6}, -\frac{1}{2}, \frac{3}{2}, -\frac{9}{2}, \ldots$

9 Comprueba que las siguientes sucesiones son progresiones y halla el término general en cada caso:

a) 1,4; 1,9; 2,4; 2,9; … b) $\frac{3}{4}, \frac{1}{2}, \frac{1}{4}, 0, \ldots$

c) 16, 8, 4, 2, … d) $3, -1, \frac{1}{3}, -\frac{1}{9}, \ldots$

Suma de *n* términos de una progresión

10 Halla la suma de los veinte primeros términos de las progresiones del ejercicio 6.

11 ¿En cuáles de las progresiones del ejercicio 9 se pueden sumar todos sus términos? ¿Por qué?

12 Calcula la suma de los diez primeros términos de las progresiones geométricas siguientes:

a) 3, –6, 12, –24, … b) 0,7; 1,4; 2,8; 5,6; …

c) $\frac{2}{3}, 1, \frac{3}{2}, \frac{9}{4}, \ldots$ d) 100; 20; 4; 0,8; …

13 Halla la suma de los infinitos términos de las progresiones geométricas siguientes:

a) $4, \frac{4}{3}, \frac{4}{9}, \frac{4}{27}, \ldots$ b) 18; 16,2; 14,58; 13,122; …

ENTRÉNATE Y PRACTICA

14 Identifica las progresiones aritméticas, las geométricas y las que no son progresiones. Obtén el término general de cada una:

a) $1, \frac{9}{8}, \frac{5}{4}, \frac{11}{8}, \ldots$ b) $\sqrt{1}, \sqrt{2}, \sqrt{3}, \sqrt{4}, \ldots$

c) 0,2; 0,02; 0,002; … d) $2, \frac{3}{2}, \frac{4}{3}, \frac{5}{4}, \ldots$

e) 22; –11; 5,5; –2,75; … f) 18, 13, 8, 3, …

15 Busca una ley de recurrencia para definir las siguientes sucesiones:

a) 8, 10, 2, –8, –10, … b) 4, 1, 3, –2, 5, …

c) 1, 2, 2, 1, 1/2, … d) 7, 9, 12, 16, 21, …

16 Describe la ley de formación de cada una de las siguientes sucesiones y escribe dos términos más en cada caso:

a) 39, 45, 51, 57, … b) 22, 23, 26, 31, …

c) 101, 82, 65, 50, … d) 2, 3, 6, 18, …

17 Halla la diferencia de una progresión aritmética en la que $a_1 = 12$ y $a_{10} = -6$. Calcula la suma de los 25 primeros términos.

18 Un bebé ha ido ganando aproximadamente un 20 % de peso cada mes. Si nació con 2 850 g, ¿cuánto pesa al final del sexto mes?

19 Halla la diferencia y el primer término de las progresiones aritméticas siguientes:

a) $a_2 = 18$; $a_7 = -17$ b) $a_4 = 15$; $a_{12} = 39$

Calcula a_{20} y escribe el término general en cada caso.

20 De una progresión aritmética, conocemos $a_{20} = 92$ y la suma de sus 20 primeros términos, que es 890.

Calcula el primer término y la diferencia.

21 Tomás se ha comprado un coche por 16 000 €. Sabiendo que los coches pierden aproximadamente un 15 % de su valor cada año, ¿cuál será el precio del coche después de 4 años?

22 La suma de los diez primeros términos de una progresión aritmética en la que $a_1 = -5$ es 85. Calcula a_{10} y la diferencia.

RESUELVE PROBLEMAS SENCILLOS

23 En un teatro, la segunda fila está a 4,2 m del escenario, y la octava, a 8,7 m. ¿En qué fila está una persona si su distancia al escenario es 14,7 m?

24 Sofía dice que una progresión aritmética de diferencia 2,5 cuyos primer y último término son 7 y 52, respectivamente, tiene 19 términos. Si Ramón dice que tiene 20, ¿quién tiene razón?

25 En una progresión geométrica, el primer término es 4. ¿Cuál debe ser la razón para que la suma de sus infinitos términos sea 5?

26 La dosis de un medicamento es 100 mg el primer día y 5 mg menos cada uno de los siguientes. El tratamiento dura 12 días.

¿Cuántos miligramos tiene que tomar el enfermo durante todo el tratamiento?

27 En una progresión geométrica se conocen $a_1 = 64$ y $r = 0{,}75$.

a) Calcula el primer término no entero.

b) Ayudándote de la calculadora, di cuál es el primer término menor que 1.

28 La suma de diez múltiplos de 3 consecutivos es 255. ¿Cuál es el primero y el último de los múltiplos sumados?

COMPRENDE Y APLICA EN EL DESAFÍO — DESAFÍOS QUE DEJAN HUELLA

29 a) Los porcentajes correspondientes a los 5 conceptos (vivienda, compras, recibos, ocio, ahorro) en los que se reparte el presupuesto mensual de una familia siguen una progresión aritmética de diferencia –4. Halla el porcentaje de cada concepto.

b) En otra familia, esos porcentajes siguen una progresión geométrica de razón 0,5. Indica, en este caso, el porcentaje correspondiente a cada concepto.

30 Se deja caer una pelota desde una altura de 18 m y en cada rebote pierde 2/5 de la altura anterior. ¿Qué altura alcanzará después de tocar el suelo por tercera vez? Calcula la suma del espacio recorrido hasta que se para.

31 En una progresión aritmética conocemos dos términos, $a_2 = -23$ y $a_{12} = 32$.

a) Calcula el término general.

b) ¿Qué número corresponde al término a_{87}?

c) ¿Qué lugar ocupa el número 87?

32 **Meta 5.5.** Una empresa ofrece a una trabajadora un sueldo mensual de 1 200 € y una subida de 100 € mensuales cada año. Otra le ofrece el mismo sueldo con una subida del 10 % anual. Comprueba cuál de las dos ofertas es mejor comparando el sueldo dentro de 10 años.

33 Depositamos 6 000 €, al 5 % anual, al comienzo de un cierto año. Averigua el capital disponible al final de cada año, durante 6 años.

34 La población de una ciudad aumenta por término medio un 1,5 % anual. Si en la actualidad hay 3 millones de habitantes, ¿cuántos tendrá dentro de 10 años? Da el resultado con dos cifras significativas y estima el error absoluto cometido.

35 La maquinaria de una fábrica pierde cada año el 20 % de su valor. Sabiendo que en el momento de su compra valía 40 000 €:

a) ¿Cuánto valía un año después de comprarla? ¿Y dos años después?

b) ¿En cuánto se valorará 10 años después de haberla adquirido?

36 Calcula la fracción generatriz de los siguientes decimales utilizando progresiones:

a) $1,\widehat{8}$ b) $0,3\widehat{6}$ c) $0,\widehat{12}$ d) $4,2\widehat{3}$

PARA PENSAR UN POCO MÁS

37 Los beneficios de un negocio se reparten entre sus 6 propietarios según los años que llevan trabajando en él. El primero recibe 68 000 €; el segundo, la mitad más 2 000 €, y así sucesivamente. ¿Cuánto recibe el último? Define esta sucesión.

38 En una frutería quieren exponer las naranjas formando una pirámide de base cuadrada con 6 naranjas de lado, de modo que las naranjas visibles sean las de mayor calidad. ¿Cuántas naranjas necesitan para formar la pirámide? ¿Cuántas naranjas se ven?

39 Al inicio de cada año, durante 8 años, ingresamos en un banco 2 000 € a un interés del 3,5 % anual.

a) ¿En cuánto se convierte el primer ingreso al cabo de 8 años?

b) ¿Cuánto podremos retirar al final de los 8 años?

c) Otro banco nos ofrece un interés del 0,25 % mensual. ¿Es mejor esta oferta?

40 ¿Cuántos puntos tendrá la décima figura de esta serie? Averigua cuál es su término general.

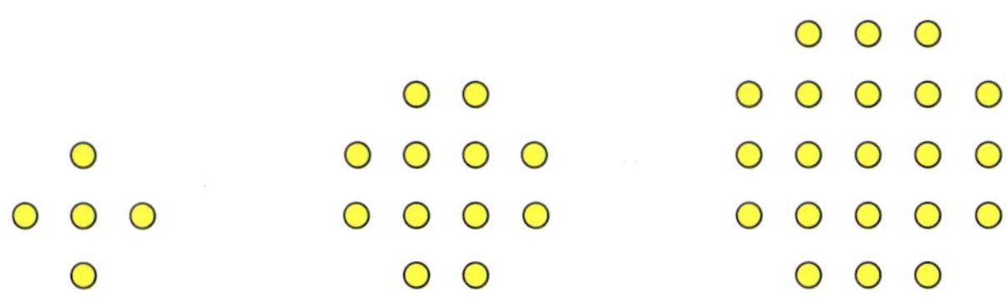

¿En qué posición estará la figura con 837 puntos?

41 Observa los cuadrados que hay en esta figura. Se han obtenido uniendo los puntos medios de dos lados contiguos.

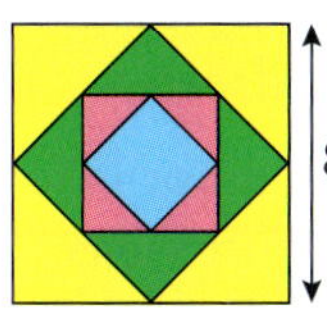

a) Halla las áreas de los seis primeros cuadrados de esa sucesión. ¿Cuál será su término general?

b) Calcula la suma de las áreas de los infinitos cuadrados generados de esa forma.

c) Escribe la sucesión de las longitudes de sus lados.

42 Comprueba que en cualquier progresión aritmética se verifica que $a_{n-1} + a_{n+1} = 2a_n$.

43 Demuestra que la suma de los n primeros números pares es $n^2 + n$.

44 Demuestra que en cualquier progresión geométrica se cumple que $(a_n)^2 = a_{n-1} \cdot a_{n+1}$.

TAMBIÉN PUEDES HACER ESTO

45 ¿Cuántos puntos tendrá la siguiente figura? ¿Y la décima? Halla cuántos tendrá la figura n-ésima.

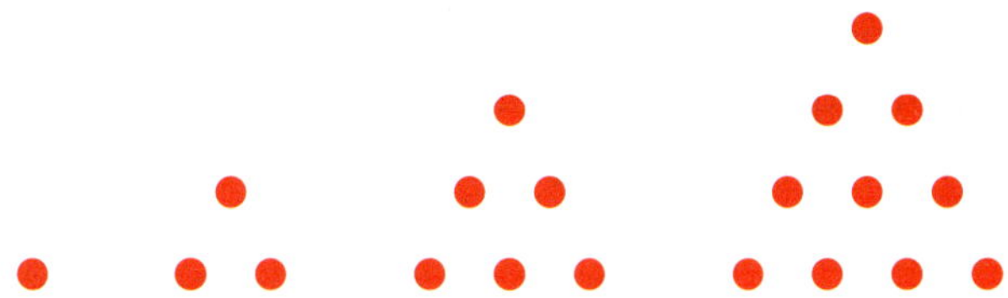

a) Comprueba que, sumando dos términos consecutivos, siempre obtienes un cuadrado perfecto.

b) Observa la tercera figura. Si con esos 6 puntos queremos formar un cuadrado, nos faltan 3 puntos.

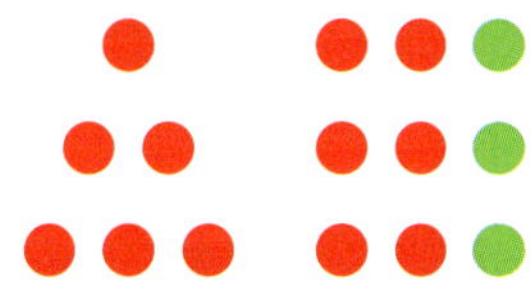

Probamos con otros triángulos y encontramos uno al que también le faltan 3 puntos para formar un cuadrado. ¿Cuántos puntos tiene ese cuadrado?

¿LO HAS ENTENDIDO? REFLEXIONA

46 ¿Verdadero o falso? Justifica tus respuestas.

a) La diferencia en las progresiones aritméticas es siempre un número negativo.

b) No se puede hallar la suma de los infinitos términos de una progresión geométrica creciente.

c) La sucesión 3, 3, 3, 3, … no es una progresión.

d) Si sumamos término a término dos progresiones aritméticas, se obtiene otra progresión aritmética.

e) En todas las progresiones aritméticas se verifica que $a_2 + a_{13} = a_{15}$.

f) Si en una progresión aritmética $a_5 + a_{17} = 32$, podemos saber cuánto vale a_{11}.

g) En una progresión aritmética creciente, la diferencia es siempre mayor que 1.

h) En una progresión geométrica con $-1 < r < 0$, siempre se puede hallar la suma de todos sus términos.

i) El número de términos de la progresión 6, 11, 16, … 126 es 20.

47 ¿A cuál de las siguientes sucesiones pertenecen los números 531, 27 y 1 201?

a) 7, 13, 19, 25, … b) $4n + 3$ c) $n^2 + 2$

POBRE MAESTRO

Hace poco más de dos siglos, un maestro alemán que quería tomarse un rato de descanso en su clase propuso a sus alumnos de 5 años que calcularan la suma de los números 1 al 100. Sin embargo, muy poco después llegó uno de ellos con la solución. Era nada menos que Carl Friedrich Gauss, y se le ocurrió que:

$$1 + 100 = 2 + 99 = 3 + 98 = \ldots = 50 + 51 = 101$$

Evidentemente, la suma era $50 \cdot 101 = 5\,050$.

Al pobre maestro le duró poco la tranquilidad.

Carl Friedrich Gauss (1777-1855). Con Newton y Arquímedes forma el trío de matemáticos más relevantes de la historia. Su obra tuvo un influjo permanente en el desarrollo posterior de la ciencia matemática.

¡OJO CON LAS SUMAS DE INFINITOS SUMANDOS!

Las matemáticas son pura lógica y siempre exactas. Sin embargo, a veces parece que llegan a contradicciones. Observa, por ejemplo, esta suma de infinitos sumandos:

$$S = 1 - 1 + 1 - 1 + 1 - 1 + \ldots$$

Podemos interpretarla de dos formas:

$$\left.\begin{array}{l} S = (1-1)+(1-1)+(1-1)+\ldots = 0+0+0+\ldots = 0 \\ S = 1+(-1+1)+(-1+1)+\ldots = 1+0+0+\ldots = 1 \end{array}\right\} \text{ ¡SORPRESA!}$$

Y por si te parece poco lío, podemos todavía enredarlo más:

$$1 - S = 1 - (1 - 1 + 1 - 1 + 1 - 1 + \ldots) = 1 - 1 + 1 - 1 + 1 - 1 + \ldots = S$$

Es decir, $1 - S = S$. Por tanto, $S = \frac{1}{2}$ ¡SUPERSORPRESA!

Como ves, al trajinar con sumas infinitas, se llega a grandes disparates. Y, jugando con esta idea, **vamos a darle otro final a la leyenda del inventor del ajedrez:**

Rebobinemos. El administrador, tras echar cuentas, se hallaba perplejo por la inmensidad de la deuda contraída y decidió recurrir al matemático de la corte, un viejecillo que, al enterarse de la petición del inventor, se rascó la cabeza, pensó un poco y exclamó:

— ¡Este hombre nos ha querido gastar una broma! ¡¡Vamos a devolvérsela!! Dile que venga a hablar conmigo.

Cuando lo tuvo delante, le dijo:

— Buen hombre, tú pides que se te dé $1 + 2 + 2^2 + 2^3 + \ldots + 2^{63}$ granos de trigo. Pero nuestro rey, en su magnanimidad, quiere darte más, mucho más:

Te dará $1 + 2 + 2^2 + 2^3 + \ldots + 2^{63} + 2^{64} + \ldots$ y así hasta el infinito.

Calculemos cuánto vale esto:

$$S = 1 + 2 + 2^2 + 2^3 + \ldots + 2^{63} + 2^{64} + \ldots$$

Si multiplico por 2: $2S = 2 + 2^2 + 2^3 + \ldots + 2^{63} + 2^{64} + 2^{65} + \ldots$

Restando: $S - 2S = 1$

Es decir, $S = -1$. ¡Vaya! ¡Eres tú quien nos debe un grano de trigo!

AUTOEVALUACIÓN

1 Escribe el término general de cada sucesión:

a) 3; 0,6; 0,12; 0,024; …

b) 1,2; 2,3; 3,4; 4,5; …

2 Define por recurrencia la sucesión 8, 14, 6, –8, … y escribe los tres términos siguientes.

3 Calcula la suma de los diez primeros términos de las siguientes progresiones:

a) 9; 6,5; 4; 1,5; …

b) 2, –4, 8, –16, …

4 Construimos círculos concéntricos de radios 1 cm, 2 cm, 3 cm, 4 cm, …

a) Calcula sus áreas y comprueba si forman una progresión.

b) Expresa el área de un círculo de radio n cm.

c) Calcula las áreas de las coronas circulares entre el primer círculo y el segundo; entre el segundo y el tercero; entre el tercero y el cuarto… ¿Qué clase de sucesión obtienes? Halla su término general.

5 En una progresión aritmética conocemos $a_5 = 22$ y $a_9 = 38$. Calcula a_{25} y el lugar que ocupa un término cuyo valor es 58.

6 La suma de los 20 primeros términos de una progresión aritmética es 200 y $a_1 = 0{,}5$. Halla a_{20} y la diferencia.

7 Durante sus vacaciones, Alba gastó 75 € el primer día, y cada uno de los siguientes, 5 € menos que el anterior. Si el dinero le duró 15 días, ¿cuánto dinero gastó en total?

8 Una empresa ofrece a un empleado un sueldo de 15 000 € anuales y una subida de 500 € cada año siguiente. Otra empresa le ofrece el mismo sueldo con una subida del 5 % anual. Razona cuál de las dos es mejor comparando el sueldo dentro de 5 años.

9 Calcula la suma de todos los múltiplos de 5 que tienen dos cifras.

10 Halla el término general de una progresión aritmética de la que se conocen $a_3 = 13$ y $a_7 = 31$.

→ **anayaeducacion.es** Resoluciones de estos ejercicios.

COMPRENDE Y APLICA EN EL DESAFÍO — DESAFÍOS QUE DEJAN HUELLA

11 Imagina que los ingresos mensuales de una familia han ido creciendo desde el año 1980 un 25 % cada 10 años. Si en 2020 tuvo unos ingresos mensuales de 2 500 €, ¿qué ingresos tenía en 1980? ¿Y en el año 2000?

12 Una rana da saltos en línea recta hacia adelante, y cada vez salta los 2/3 del salto anterior. Quiere atravesar una charca circular de 5 m de radio, recorriendo su diámetro. Su primer salto es de 2 m.

a) ¿Caerá, en alguno de sus saltos, justo en el centro de la charca?

b) ¿Llegará al otro lado de la charca?

13 Depositamos en un banco 1 000 € al 2,5 % semestral al comienzo de un cierto año. Averigua el capital disponible al final de cada semestre, durante 3 años, si no sacamos ningún dinero.

14 En una progresión geométrica, la suma de sus infinitos términos es 2 y la diferencia entre el primero y el segundo es 2/9. Halla el primer término y la razón. ¿Hay más de una solución?

15 Calcula el número de bloques necesarios para construir una torre como la de la figura, pero de 50 pisos.

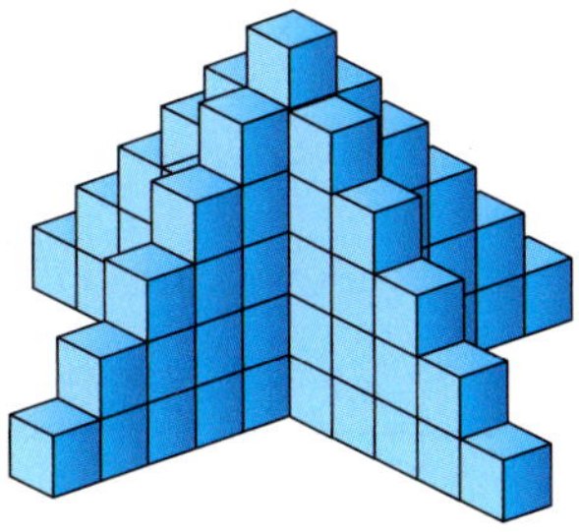

DESAFÍOS QUE DEJAN HUELLA

REFLEXIONA

Revisa los aspectos trabajados y plantea soluciones a los problemas que se detecten.

Para ello, descarga de **anayaeducacion.es** la rúbrica correspondiente, reflexiona de manera individual y comparte en grupo.

PON A PRUEBA TUS COMPETENCIAS

Realiza la autoevaluación competencial incluida en **anayaeducacion.es.**

DESAFÍOS QUE DEJAN HUELLA

¿CUÁNTO GASTA? PERO ¿EN PROPORCIÓN O EN TOTAL?

Realizamos una lista de las partidas básicas (tomamos como referencia algunas partidas y porcentajes que nos muestra el INE):

- **1** Alimentos y bebidas no alcohólicas
- **2** Vivienda y suministros
- **3** Sanidad y educación
- **4** Transporte
- **5** Comunicaciones
- **6** Restaurantes, hoteles y ocio
- **7** Ropa y artículos del hogar
- **8** Bebidas alcohólicas y tabaco
- **9** Otros

Tenemos dos familias con dos hijos pequeños, cada una con ingresos muy dispares:

— Familia A → 837 € al mes

— Familia B → 5200 € al mes

Los **gastos** (en €) de las diferentes partidas vienen dados en esta tabla:

	1	2	3	4	5	6	7	8	9
FAMILIA A	170	331	24	60	39	75	59	20	59
FAMILIA B	534	1341	279	866	122	987	581	79	411

La siguiente tabla describe el **porcentaje** correspondiente a cada partida:

	1	2	3	4	5	6	7	8	9
FAMILIA A	20	40	3	7	5	9	7	2	7
FAMILIA B	10	26	5	17	2	19	11	2	8

Elaboramos algunos gráficos que nos ayuden a entender los datos.

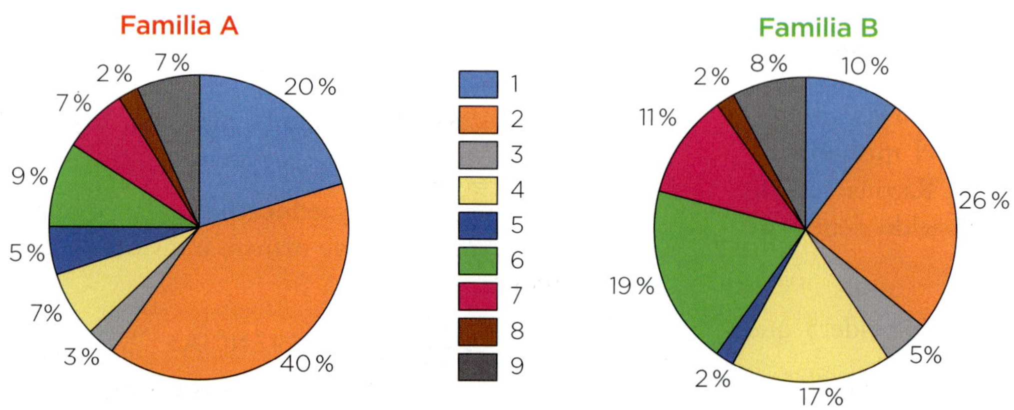

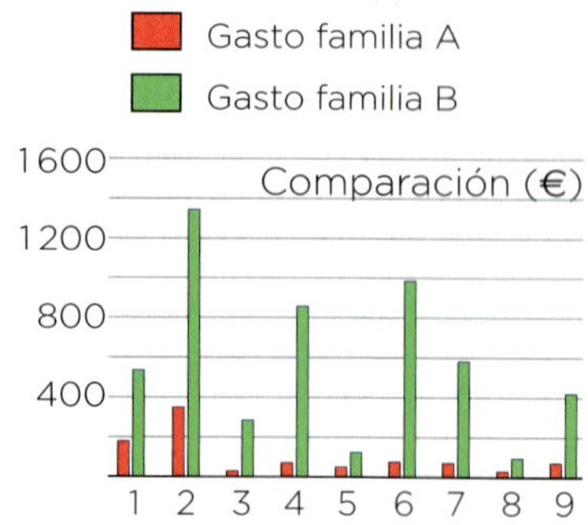

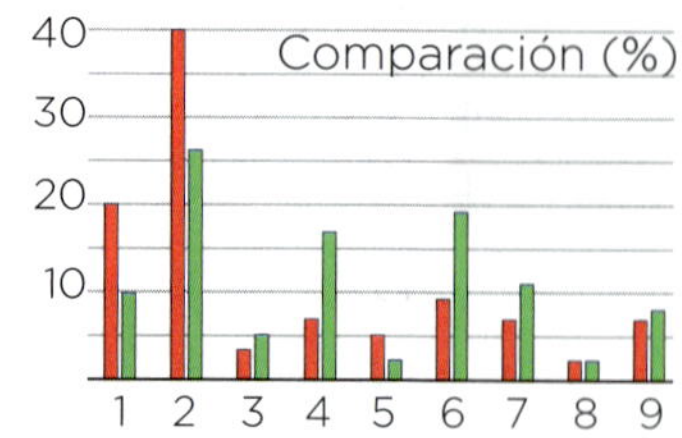

Utiliza una hoja de cálculo

Organiza los datos y opera con ellos utilizando una hoja de cálculo. Para sumar los datos de la fila 3 desde la columna B a la M utiliza:

=Suma(B3:M3)

Crea los gráficos eligiendo la opción en la pestaña «Insertar».

ANALIZA Y RESPONDE A ALGUNAS PREGUNTAS

- En las partidas «1. Alimentos y bebidas no alcohólicas» y «2. Vivienda y suministros» la Familia A tiene un **porcentaje** de gasto mayor que la B, sin embargo, la A gasta menos **cantidad de dinero** que la B. ¿Cómo es posible?
- ¿Cuánto dinero tendría que gastarse la Familia A en estos conceptos para que supusiese el mismo porcentaje de gasto que para la Familia B?
- Si se reparte una bonificación escolar de 3 600 € de forma inversamente proporcional a los ingresos de cada familia, ¿cuánto le tocaría a cada una?
- La Familia A recibe una ayuda habitacional. De esta forma desaparecerá el gasto correspondiente a la partida «2. Vivienda y suministros». El dinero de esa partida lo reparte proporcionalmente entre las demás. ¿Cómo quedaría ahora la distribución?
- Si del dinero que gasta una familia en las partidas 1, 5, 6, 7 y 9, el 21% es para pagar el IVA, ¿qué fracción de sus ingresos corresponde a este impuesto?
- Ambas familias obtienen un aumento salarial del 3% anual. ¿Cuánto ganará cada una al cabo de 10 años? ¿Qué cantidad total suman esos incrementos durante ese tiempo?
- ¿Podrías formular y responder a otras cuestiones relacionadas con la desigualdad social?

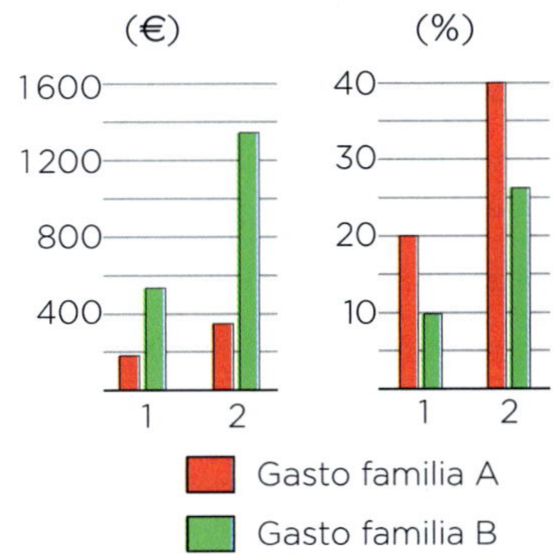

EXTRAPOLEMOS A LOS PRESUPUESTOS DE VARIOS PAÍSES

Tenemos los presupuestos generales de tres países con enfoques socioeconómicos similares. Observa en el margen cómo se reparten las partidas más importantes de sus presupuestos.

- Calcula cuánto gasta cada país en cada partida.
- ¿Qué porcentaje representan los presupuestos del país B con respecto al C?
- Si se reparten 5 000 millones de euros en las partidas «Transferencias», «Deuda pública» y «Desempleo» de forma directamente proporcional a sus porcentajes, ¿qué cantidad le toca a cada uno?
- ¿Cuántos millones de euros sobrepasan los presupuestos del país A a los de los países B y C juntos?

— País A → $6{,}8 \cdot 10^{12}$ €
— País B → $3{,}6 \cdot 10^{12}$ €
— País C → $2{,}6 \cdot 10^{12}$ €

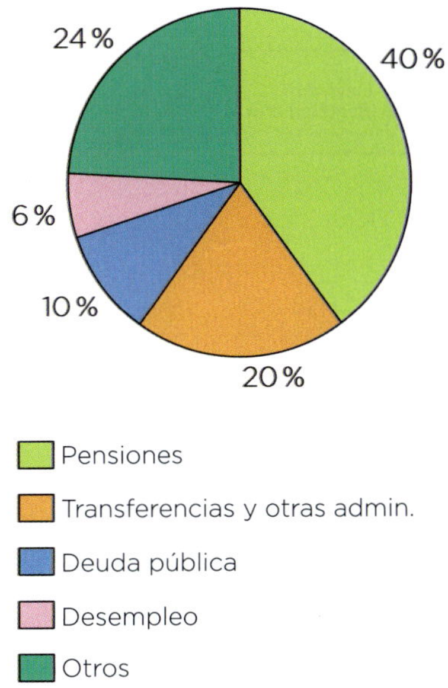

Individualmente o en grupo, pregúntale a tu profe.

Ahora hazlo tú

Inventa dos familias con los mismos ingresos, en torno a 2 500 € mensuales, pero con dos concepciones vitales muy distintas. ¿Cómo se te ocurre que se puedan repartir las distintas partidas en cada una de las dos familias? Ayúdate de una infografía para exponerlos.

Descarga de **anayaeducacion.es** una rúbrica para revisar tus **competencias** correspondientes a este desafío. Autoevalúa tu planificación del proyecto descargando la diana sobre **planificación** de tareas. ¿Qué tal ha ido el **trabajo en equipo**? Utiliza la diana de coevaluación de **anayaeducacion.es** para valorarlo.

Recuerda que dispones, en tu banco de recursos:

→  de diversos talleres para gestionar tus emociones y de una diana para evaluarlas.

→  de fichas para mejorar tu ciudadanía digital.

Operación Mundo es un proyecto educativo de Anaya para Educación Secundaria.

En la realización de esta obra han intervenido:

Equipo de edición: Carlos Vallejo y Joaquín Montón.

Diseño, gráficos y cartografía: Patricia G. Serrano, Ander Irigoyen, Paz Franch, Miguel Á. Castillejo, Miguel A. Díaz-Rullo y Miriam Arribas.

Ilustración: Tatio Viana.

Maquetación: Discript Preimpresión S.L.

Corrección: Miguel Ángel Alonso González.

Edición gráfica: Olga Sayans.

Fotografía: AGE Fotostock (DEA PICTURE LIBRARY, MOIRENC Camille, Science Photo Library, Science Source, SM/SSPL, The Granger Collection), Alamy / Cordon Press (North Wind Picture Archives), Archivo Anaya (Balaguer, T.; Canto, M.; Cosano, P.; Hernández Moya, B.; Martin, J.; Martín, J.A.; Peñuela-Py, E.; Pérez de Tudela, M.; Ramón Ortega, P.-Fototeca de España; Ruiz, J.B.), Centro de Investigaciones Sociológicas, Dreamstime (Arsty, Makaule), Getty Images (Andy Lyons, Cameron Spencer, FatCamera, Kyodo News, The Asahi Shimbun, Westend61), Instituto Nacional de Estadística, iStock/ Getty Images (Adventtr, AlexeyVS, AndreyKrav, Artem Makovskyi, BackyardProduction, Boonchuay1970, Casarsa, Colin13362, Creativemarc, Dan Comaniciu, dmitryelagin, domin, dutourdumonde, El Zorro, Elena Solodovnikova, farakos, FlamingPumpkin, fotoVoyager, Gearstd, Halfpoint, James, JMFPhotograhy, JoeGough, jurisam, Leonid Andronov, LightFieldStudios, Lightguard, londoneye, LucynaKoch, LuminaStock, Marat Musabirov, MaxRiesgo, Mercedes Rancaño Otero, mikulas1, milindri, monkeybusinessimages, mustafaU, nensuria, onurdongel, Pheelings Media, photovideostock, Prostock-Studio, Ridofranz, sasirin pamai, Sean Pavone, Sefa Kart, Tadamichi, Trifonov Evgeniy, ViewApart, vladacanon), 123RF (andreypopov, Anusorn Phuengprasert Na Chol, belchonock, Cathy_Yeulet, donatas1205, eriklam, franckito, Ganna Garmatiy, Ilya Bolotov, insh1na, Jos Alfonso De Tomas Gargantilla, josepijosep, Kanlayavadee Thephasdin Na Ayuthaya, keltmd, Leonello Calvetti, natalisammm, Rainer Lesniewski, scanrail, Siarhei Nosyreu, stokkete, suprunovich, Vesna Cvorovic).

Fundación Bertelsmann
Por el empleo juvenil

Orientación Académica y Profesional: elaborada con el asesoramiento de la Fundación Bertelsmann. Coordinación: Juan José Juárez Calvo. Colaboración como expertas: Sara Lozano Santiago, Belén Pérez Castro y Pilar Vázquez Hernández.

Importante:

Las **actividades** propuestas en este libro deben ser realizadas en cuadernos u hojas sueltas; nunca en el propio libro.

Esta obra puede contener **enlaces** a páginas y sitios externos, que ANAYA no edita, controla, supervisa y/o mantiene, por lo que ANAYA declina expresamente cualquier responsabilidad respecto a dichas páginas y sitios.

ISBN: 978-84-143-0532-4 - Depósito Legal: M-10181-2022 - Printed in Spain.

ET043804/1E1I - 8440095

3

Trimestre 2

ESO

MATEMÁTICAS

José Colera J., M.ª José Oliveira G.,
Ignacio Gaztelu A., Ramón Colera C.,
Ana Aicardo B.

ANAYA

Índice

Los saberes básicos del curso

2

BLOQUE
ÁLGEBRA

Del número al símbolo. De lo particular a lo general. La gran expresividad del lenguaje algebraico facilita tanto la obtención de relaciones y propiedades numéricas como su enunciado.

Polimonios y otros tipos de expresiones son el lenguaje del que se vale el álgebra para describir propiedades y para relacionar conceptos.

Ecuaciones e inecuaciones configuran una serie de propuestas variadas que hemos de aprender a interpretar y resolver para poder aplicarlas a situaciones concretas.

La habilidad en el manejo de expresiones algebraicas será básica en la resolución de ecuaciones, sistemas e inecuaciones y estos, a su vez, son cruciales para afrontar con éxito una gran cantidad de problemas.

¡NO DESPILFARREMOS EL AGUA!

El agua es un bien imprescindible ya sea para consumo humano o ganadero; riego agrícola o urbano; limpieza; ocio; multitud de procesos industriales... Además, los ríos, humedales, lagos... son lugares en los que habitan gran cantidad de especies, de vida.

Para que podamos hacer uso del agua, es necesario que haya una red de distribución en perfectas condiciones y que llegue con la presión necesaria. Por supuesto, previamente hay que recogerla, desalarla, sanearla, depurarla... Es un proceso complejo y muy caro. No es de extrañar, pues, que se nos recomiende insistentemente que hagamos un uso razonable de ella.

Para incentivar esa línea de actuación, las tarifas para uso doméstico están diseñadas por bloques como, por ejemplo, los que ves en la tabla de la derecha:

	CONSUMO	PRECIO
BLOQUE I	5 m^3	0,8 €/m^3
BLOQUE II	5 m^3	1,4 €/m^3
BLOQUE III	10 m^3	2,5 €/m^3
BLOQUE IV	En adelante	4 €/m^3

Los primeros metros cúbicos salen baratos, los siguientes más caros... de modo que quien gasta lo imprescindible paga poco y quien despilfarra, paga mucho. Hay una cuota fija de 10 € y se añade un 10 % de IVA.

Ejemplo

Veamos cuánto costaría, según este pago por bloques, un consumo de 17 m^3:

Coste:

$$\underbrace{10\text{ €}}_{\text{Cuota fija}} + \underbrace{5 \cdot 0{,}8\text{ €}}_{\text{Bloque I}} + \underbrace{5 \cdot 1{,}4\text{ €}}_{\text{Bloque II}} + \underbrace{7 \cdot 2{,}5\text{ €}}_{\text{Bloque III}} = 38{,}50\text{ €}$$

Coste con 10 % de IVA: 38,50 · 1,1 = 42,35 €

EL DESAFÍO

En lugar de utilizar tramos con distintos precios del metro cúbico y tener que fraccionar el consumo en bloques, ¿seríamos capaces de encontrar una única fórmula que dependa de *x* (m^3 consumidos) por la cual a consumos bajos le salga un precio barato y, conforme aumente el consumo, vaya aumentando el precio?

Si una persona que vive sola gasta 11 m^3 y una familia de 5 miembros consume 15 m^3, ¿no está claro que estos son más prudentes en el consumo que aquella?

¿No sería razonable que el precio del agua también tuviera en cuenta el número de personas que viven en la casa? ¿Lo intentamos?

Vamos a ofrecerte unas fórmulas para que investigues si pueden sustituir a los precios por bloques. Tendremos en cuenta, también, que el gasto de una vivienda con varias personas es mayor y el precio del agua debe contemplarlo. Jugaremos con ecuaciones polinómicas y sus coeficientes.

Y te animaremos a que profundices en la búsqueda de una fórmula justa para el precio del agua.

5

El lenguaje algebraico

Los problemas algebraicos están presentes en todas las antiguas civilizaciones, casi siempre ligados a situaciones cotidianas: repartos, herencias, partición de terrenos, dimensiones de superficies...

En las antiguas civilizaciones de Mesopotamia y de Egipto se practicaba un «álgebra retórica», sin ninguna simbología, utilizando solo el lenguaje habitual. Veamos, por ejemplo, este problema del antiguo Egipto:

Si saco la tercera parte del trigo que hay en el montón y cinco medidas más, quedará medio montón.

La evolución del álgebra se refleja en la mejora del simbolismo y en la sistematización de las técnicas para resolver ecuaciones.

En el siglo IX, el máximo exponente de la matemática árabe fue **Al-Jwarizmi.** Escribió un manual que tuvo una gran influencia en todo el mundo civilizado, incluso siglos después. Se le puede considerar el «padre» del álgebra como ciencia.

Los europeos aprendieron de los árabes, del mismo modo que estos habían aprendido de los griegos y de los indios.

El álgebra, tal como la conocemos hoy, terminó de evolucionar con los estudios de los franceses **Vieta** (finales del siglo XVI) y **Descartes** (siglo XVII).

Un ejemplo del largo camino que hubo que transitar hasta llegar a un simbolismo eficaz es el nombre que se le dio a la incógnita: los egipcios la llamaron «el montón», y los árabes, «la cosa». Esta nomenclatura pasó a Europa, donde, en algunos sitios, el álgebra se llegó a denominar «el arte de la cosa».

¿Y por qué a la incógnita se la designa con la letra *x*? Pues porque «cosa», en árabe, se pronuncia *xay* y así fue transcrita al castellano. Se extendió poco a poco la costumbre de llamar *xay* a la incógnita y, finalmente, para abreviar, se quedó la letra inicial. Y así ha quedado la *x* para designar lo desconocido, sea una incógnita algebraica o un expediente X.

Con lo que ya sabes, resuelve

El arte de la cosa

Vamos a practicar el «arte de la cosa», que es como se denominó en algunos lugares el álgebra en sus comienzos:

Si a 16 veces la cosa le sumamos 35, obtenemos el mismo resultado que si multiplicamos 3 por la cosa y por la cosa.

1. Expresa algebraicamente (al estilo actual) este enunciado y averigua, tanteando, cuánto vale «la cosa».

2. Haz lo mismo con el enunciado egipcio de la página de la izquierda:

   Si saco la tercera parte de trigo que hay en el montón y cinco medidas más, quedará medio montón.

   ¿Cuántas medidas tiene el montón?

Traducción al lenguaje algebraico

3. Asigna a cada enunciado una de las expresiones analíticas de abajo:

   I. Un número entero, el anterior y el siguiente.

   II. Dos números pares consecutivos.

   III. La suma de tres enteros consecutivos es 90.

   IV. Las edades de dos hermanos difieren en 5 años. El año próximo, el mayor tendrá el doble de años que el menor.

   a) $n + (n + 1) + (n + 2) = 90$

   b) $n, \ n - 1, \ n + 1$

   c) $x - y = 5; \qquad x + 1 = 2(y + 1)$

   d) $2n, \ 2n + 2$

   Cuando hayas acabado, vuelve a poner las expresiones algebraicas correspondientes a los enunciados, pero tapando, previamente, los apartados a), b), c) y d).

4. Traduce al lenguaje algebraico los siguientes enunciados:

   a) La mitad de un número.

   b) El triple de un número.

   c) La cuarta parte de un número.

   d) El 35 % de una cantidad.

   e) El triple de un número más dos unidades.

   f) La mitad del resultado de sumarle al triple de un número dos unidades.

5. Expresa algebraicamente el perímetro y el área de estos rectángulos:

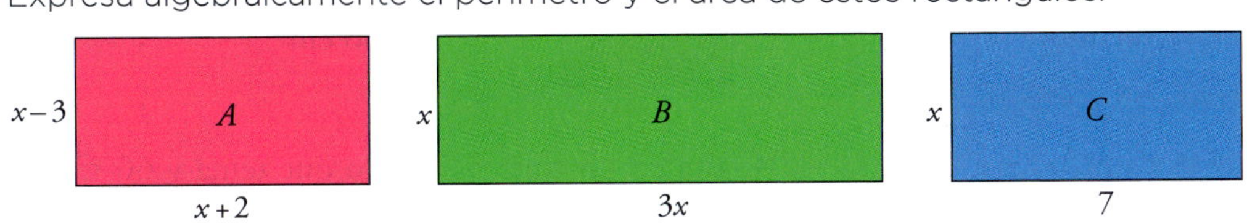

1 Expresiones algebraicas

ETIMOLOGÍA

Monomio y **polinomio:** vienen del griego:

mono significa *uno.*

poli significa *muchos.*

nomos significa *partes.*

Identidad: viene del latín *idem*, que significa *lo mismo.*

Ecuación: viene del latín *aequare*, que significa *igualar.*

Trabajar en álgebra consiste en manejar relaciones numéricas en las que una o más cantidades son desconocidas. Estas cantidades desconocidas se llaman **variables** o **incógnitas** y se representan por letras.

Al traducir al lenguaje algebraico los términos de un problema, se obtienen **expresiones algebraicas.**

Hay expresiones algebraicas de muy distinto tipo:

- **Monomios:** $7x^3$, $-\frac{3}{2}x$, $4\pi r^2$ (superficie de la esfera)
- **Polinomios:** $5x^3 + x^2 - 11$, $2\pi rh + 2\pi r^2$ (área total del cilindro)

Algunas expresiones algebraicas contienen el signo «=»:

- **Identidades:** $5(x + 4) = 5x + 20$. La segunda parte de la igualdad se consigue operando en la primera.
- **Ecuaciones:** $5(x + 4) = x + 44$. La igualdad solo es cierta para algún valor de la incógnita x. En este caso, para $x = 6$.

EJERCICIO RESUELTO

Expresar algebraicamente:

a) El triple de un número menos cuatro unidades.

b) El triple del resultado de restarle cuatro unidades a un número.

c) El perímetro de un rectángulo, uno de cuyos lados es triple del otro, es 60 cm:

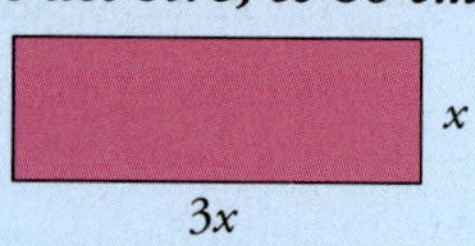

d) Si gasto 3/5 de lo que tengo y, además 90 €, me quedaré con la tercera parte de lo que tengo.

a) $3x - 4$. Es un polinomio.

b) $3(x - 4)$. Es un polinomio.

c) $x + 3x + x + 3x = 60$. Es una ecuación cuya solución es $x = 7{,}5$. Por tanto, las dimensiones del rectángulo son 7,5 cm × 22,5 cm.

d) Vamos a obtener razonadamente la expresión algebraica a la que da lugar este enunciado:

TENGO	GASTO	ME QUEDA	RELACIÓN OBTENIDA
x	$\frac{3}{5}x + 90$	$x - \left(\frac{3}{5}x + 90\right)$	$x - \left(\frac{3}{5}x + 90\right) = \frac{1}{3}x$
↑ MONOMIO	POLINOMIOS	POLINOMIOS	↑ ECUACIÓN

La solución de esta ecuación es $x = 1\,350$.

Por tanto, el dinero que tengo es 1 350 €.

PIENSA Y PRACTICA

1 Describe mediante una expresión algebraica o una ecuación cada uno de los enunciados siguientes:

a) El doble de un número menos su tercera parte.

b) El doble del resultado de sumarle tres unidades a un número.

c) 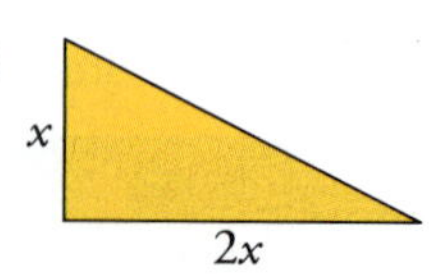

El área de este triángulo es 36 cm^2.

d) Gasté en un traje 3/5 de lo que tenía y 60 € en dos camisas. Me queda la mitad de lo que tenía.

2 Monomios

Monomio es el producto de un número por una o varias letras (variables).

En un monomio, *las letras* (**parte literal**) *representan números* de valor desconocido o indeterminado. Por eso conservan todas las propiedades de los números y sus operaciones.

- El **coeficiente** de un monomio es el número que multiplica a la parte literal.
- Se llama **grado** de un monomio al número total de factores que forman su parte literal.

  Los números son monomios de grado cero, pues $x^0 = 1$.
- Dos **monomios** son **semejantes** cuando tienen idéntica la parte literal.

EJEMPLOS

- Estas expresiones son monomios:

  $7a^2, \quad \frac{4}{5}xy^2, \quad (5 + \sqrt{2})x^5$

  Sus coeficientes respectivos son:

  $7, \ \frac{4}{5} \text{ y } 5 + \sqrt{2}$
- El grado de $7a^2 = 7(a \cdot a)$ es 2.

  El de $\frac{4}{5}xy^2 = \frac{4}{5}(x \cdot y \cdot y)$ es 3.
- $9 = 9x^0$ es un monomio de grado cero.
- $5abx^2$ y $-7abx^2$ son semejantes.

Operaciones con monomios

- La **suma** de monomios semejantes es otro monomio, también semejante a ellos, cuyo coeficiente es la suma de sus coeficientes.

  Por ejemplo: $7x^5 + 11x^5 = 18x^5$

  Si dos monomios no son semejantes, su suma no se puede simplificar y hay que dejarla indicada. Entonces, el resultado ya no es un monomio.

  Por ejemplo: $7x^5 + 11x^3$ no admite simplificación.
- La **resta** es un caso particular de la suma.

  Por ejemplo: $3abx^2 - 8abx^2 = -5abx^2$
- El **producto** de dos o más monomios es otro monomio cuyo coeficiente es el producto de los coeficientes, y su parte literal, el producto de las partes literales de los factores.

  Por ejemplo: $(3x^2ab) \cdot (5xac) = 15x^3a^2bc$
- El **cociente** de dos monomios es el resultado de dividir sus coeficientes y sus partes literales. Puede ser monomio y puede no serlo.

  Por ejemplo, $\frac{3x^5y}{6x^2y} = \frac{1}{2}x^3$ es un monomio, pero $\frac{3x^5y}{6x^2y^4} = \frac{x^3}{2y^3}$ no es un monomio.

PIENSA Y PRACTICA

1 ¿Cuál es el grado de cada uno de los siguientes monomios?

a) $-5xy^2z^3$ b) $11xy^2$ c) -12

2 Efectúa las siguientes sumas de monomios:

a) $5x + 3x^2 - 11x + 8x - x^2 + 7x$

b) $6x^2y - 13x^2y + 3x^2y - x^2y$

c) $2x - 5x^2 + 3x + 11y + 2x^3$

d) $3yz^3 + y^3z - 2z^3y + 5zy^3$

3 Efectúa los siguientes productos de monomios:

a) $\left(\frac{2}{3}x^3\right) \cdot (-6x)$ b) $\left(\frac{2}{9}x^2\right) \cdot \left(-\frac{3}{5}x^3\right)$

c) $(7xy^2) \cdot (2y)$ d) $(5xyz) \cdot (-3x^2z)$

4 Simplifica cada uno de los siguientes cocientes. ¿Cuál de ellos es monomio?

a) $\frac{5x^4y}{3xy^2}$ b) $\frac{5x^4y^2}{3x^3y}$ c) $\frac{\sqrt{3}x^2}{5x^4}$

3 Polinomios

EJEMPLOS

- Son polinomios:

  $3x^2y + 5x^3 - 8$

  $2x^2 + 6x^2 - 5x + 1$

- Simplificación:

  $5x^2 + 4x^4 - 2x^2 - 3x^4 + 1 \rightarrow$

  $\rightarrow x^4 + 3x^2 + 1$

- El grado de $3x^2y + 5x - 8y^2$ es 3, pues es el grado de $3x^2y$.

- Simplificar antes de asignar el grado a un polinomio:

  $7x^3 + 5x^2 + 3x^3 - 2x - 10x^3 =$

  $= 5x^2 - 2x \rightarrow$ Su grado es 2.

DEFINICIÓN

Se llama **opuesto** de un polinomio al que resulta de cambiar de signo todos sus términos.

$$P = x^3 + 2x^2 - 11$$

Opuesto de P:

$-(x^3 + 2x^2 - 11) = -x^3 - 2x^2 + 11$

→ **anayaeducacion.es** Ayuda para calcular sumas y restas de polinomios.

Un **polinomio** es la suma de dos o más monomios. Cada uno de los monomios que lo forman se llama **término.**

Un monomio puede ser considerado polinomio con un solo término.

- Si en un polinomio hay monomios semejantes, conviene operar, simplificar la expresión y obtener el polinomio en su **forma reducida.**
- El **grado** de un polinomio es el mayor de los grados de los monomios que lo componen cuando el polinomio se ha puesto en su forma reducida.

  Es necesario reducir el polinomio antes de decir su grado, ya que es posible que los monomios de mayor grado se simplifiquen y desaparezcan.
- El **valor numérico** de un polinomio para $x = a$ es el número que se obtiene al sustituir la x por a. Por ejemplo, el valor de $2x^3 - 5x^2 + 7$ para $x = 2$ es $2 \cdot 2^3 - 5 \cdot 2^2 + 7 = 2 \cdot 8 - 5 \cdot 4 + 7 = 3$.
- Si el valor numérico de un polinomio para $x = a$ es 0, entonces se dice que a es una **raíz** del polinomio. Por ejemplo, $x = -1$ es una raíz de $x^2 + 3x + 2$, ya que $(-1)^2 + 3(-1) + 2 = 1 - 3 + 2 = 0$.

Suma y resta de polinomios

Para sumar dos polinomios, agrupamos sus términos y sumamos los monomios semejantes. Para restar dos polinomios, se suma el primero con el opuesto del segundo. Por ejemplo, sean $A = 6x^2 - 4x + 1$ y $B = x^3 + 2x^2 - 11$:

$$\begin{array}{rcrrrr} A & \rightarrow & & 6x^2 & -\,4x & +\;1 \\ +\,B & \rightarrow & x^3 & +\,2x^2 & & -\,11 \\ \hline A+B & \rightarrow & x^3 & +\,8x^2 & -\,4x & -\,10 \end{array} \qquad \begin{array}{rcrrrr} A & \rightarrow & & 6x^2 & -\,4x & +\;1 \\ -\,B & \rightarrow & -x^3 & -\,2x^2 & & +\,11 \\ \hline A-B & \rightarrow & -x^3 & +\,4x^2 & -\,4x & +\,12 \end{array}$$

También se pueden sumar y restar polinomios sin colocarlos uno encima de otro. Por ejemplo, dados $A = x^3 - 3x^2 + 1$, $B = x^2 - 2x - 3$ y $C = -2x^3 + x^2 - x$, vamos a calcular $A + B - C$:

$$A + B - C = (x^3 - 3x^2 + 1) + (x^2 - 2x - 3) - (-2x^3 + x^2 - x) =$$
$$= x^3 - 3x^2 + 1 + x^2 - 2x - 3 + 2x^3 - x^2 + x =$$
$$= (x^3 + 2x^3) + (-3x^2 + x^2 - x^2) + (-2x + x) + (1 - 3) = 3x^3 - 3x^2 - x - 2$$

PIENSA Y PRACTICA

1 Simplifica, cuando sea posible, cada uno de estos polinomios e indica su grado:

a) $x^6 - 3x^4 + 2x^2 + 3$

b) $5x^2 + x^4 - 3x^2 - 2x^4 + x^3$

c) $x^3 + 3x^2 - 2x^3 + x + x^3 - 2$

d) $x - 1 + 3x^2 - 4$

e) $x + x^3 + x^5 - x^3$

2 Sean $A = 5x^3 - 2x + 1$, $B = x^4 - 2x^2 + 2x - 2$, $C = x^3 - 1$ y $D = x^4 - x^3 + x^2$.

Realiza las siguientes operaciones:

a) Colocándolos uno encima de otro:

i) $A + B$ ii) $A - B$ iii) $A + C$ iv) $C - D$

b) Agrupando los monomios semejantes:

i) $A + B - C$ ii) $A + B + C + D$ iii) $A - C + D$

Producto de un monomio por un polinomio

Para multiplicar un monomio por un polinomio, se multiplica el monomio por cada término del polinomio y se suman los resultados. Por ejemplo:

$$(3x^2)\cdot(x^3-2x^2-1)=3x^2\cdot x^3-3x^2\cdot 2x^2-3x^2\cdot 1=3x^5-6x^4-3x^2$$

Producto de dos polinomios

Para multiplicar dos polinomios, se multiplica cada monomio de uno de los factores por todos y cada uno de los monomios del otro factor y, después, se suman los monomios semejantes obtenidos.

Por ejemplo: $P=5x^3-2x^2-1,\ Q=6x-3$

$$\begin{array}{rrrrrl}
 & 5x^3 & -2x^2 & & -1 & \longleftarrow P \\
 & & & 6x & -3 & \longleftarrow Q \\
\hline
 & -15x^3 & +6x^2 & & +3 & \longleftarrow \text{producto de } -3 \text{ por } P \\
30x^4 & -12x^3 & & -6x & & \longleftarrow \text{producto de } 6x \text{ por } P \\
\hline
30x^4 & -27x^3 & +6x^2 & -6x & +3 & \longleftarrow P\cdot Q
\end{array}$$

Cuando hay pocos términos, no hace falta utilizar el método anterior, podemos realizar el producto directamente:

$$(2x^2-1)\,(3x+4)=6x^3+8x^2-3x-4$$

Productos notables

Se suelen llamar así a las tres igualdades siguientes:

I. $(a+b)^2=a^2+b^2+2ab$	CUADRADO DE UNA SUMA
II. $(a-b)^2=a^2+b^2-2ab$	CUADRADO DE UNA DIFERENCIA
III. $(a+b)\cdot(a-b)=a^2-b^2$	SUMA POR DIFERENCIA

OBSERVA

Esta forma de disponer los cálculos permite multiplicar polinomios de manera ordenada y segura. Cuando falta algún término, hay que dejar un hueco en el lugar correspondiente.

→ **anayaeducacion.es**

- Ayuda para calcular productos de polinomios.
- Ayuda para manejar las identidades notables.

ENTRÉNATE

Los productos notables ya los conocías, pero los seguirás utilizando con frecuencia, por lo que es necesario que los manejes con soltura. Por ejemplo:

$(x+5)^2=x^2+5^2+2\cdot x\cdot 5=$
$\quad =x^2+25+10x$

$(5x-3)^2=(5x)^2+3^2-2\cdot 5x\cdot 3=$
$\quad =25x^2+9-30x$

$(4x-3)\cdot(4x+3)=(4x)^2-3^2=$
$\quad =16x^2-9$

PIENSA Y PRACTICA

3 Siendo $P=4x^2+3$, $Q=5x^2-3x+7$ y $R=5x-8$, calcula:

a) $P\cdot Q$ b) $P\cdot R$ c) $Q\cdot R$

4 Opera y simplifica la expresión resultante.

a) $x(5x^2+3x-1)-2x^2(x-2)+12x^2$

b) $5(x-3)+2(y+4)-\dfrac{7}{3}(y-2x+3)-8$

c) $15\cdot\left[\dfrac{2(x-3)}{3}-\dfrac{4(y-x)}{5}+\dfrac{x+2}{15}-7\right]$

d) $(x^2-2x+7)(5x^3+3)-(2x^5-3x^3-2x+1)$

5 Desarrolla los siguientes cuadrados:

a) $(x+4)^2$ b) $(2x-5)^2$

c) $(1-6x)^2$ d) $\left(\dfrac{x}{2}+\dfrac{3}{4}\right)^2$

e) $\left(2x^2-\dfrac{1}{2}\right)^2$ f) $(ax+b)^2$

6 Efectúa los siguientes productos:

a) $(x+1)(x-1)$ b) $(2x+3)(2x-3)$

c) $\left(\dfrac{x}{3}-\dfrac{1}{2}\right)\left(\dfrac{x}{3}+\dfrac{1}{2}\right)$ d) $(ax+b)(ax-b)$

4 Identidades

La igualdad $2x + 5x = 7x$ es una identidad porque es cierta cualquiera que sea el valor de x.

Conoces muchas identidades. Aquí tienes algunas:

$$a^m \cdot a^n = a^{m+n}$$

$$a \cdot (x + y) = a \cdot x + a \cdot y$$

$$a - (b + c) = a - b - c$$

Los llamados **productos notables** son, también, identidades.

Todas ellas son consecuencia de propiedades aritméticas o simples traducciones de estas.

Una **identidad** es una **igualdad algebraica** que es cierta para valores cualesquiera de las letras que intervienen.

Utilidad de las identidades

Las identidades sirven para transformar una expresión algebraica en otra más cómoda de manejar. Por ejemplo:

$$(x + 5)^2 - (x - 3)^2 \overset{(1)}{=} (x^2 + 25 + 10x) - (x^2 + 9 - 6x) \overset{(2)}{=}$$

$$= x^2 + 25 + 10x - x^2 - 9 + 6x \overset{(3)}{=}$$

$$= 16x + 16 \overset{(4)}{=} 16(x + 1)$$

(1) Se han desarrollado el cuadrado de una suma y el cuadrado de una diferencia.

(2) Un paréntesis precedido del signo menos obliga a cambiar de signo a todos sus términos.

(3) Se reducen términos semejantes.

(4) Se saca 16 como factor común.

Cada una de las cuatro igualdades es una identidad.

La expresión final, $16(x + 1)$, es más sencilla y cómoda de manejar que la inicial, pero es **idéntica** a ella. Por eso, podemos sustituir la primera expresión por la última, y el cambio es ventajoso.

PIENSA Y PRACTICA

1 De estas igualdades, ¿cuáles son identidades?

a) $a + a + a = 3a$

b) $3a + 15 = 3 \cdot (a + 5)$

c) $x^2 \cdot x = 27$

d) $a + a + a = 15$

e) $x \cdot x \cdot x = x^3$

f) $a + 5 + a = 2a + 5$

g) $(2x - 3) \cdot (2x + 3) = 4x - 9$

h) $m^2 - m - 6 = (m + 2) \cdot (m - 3)$

2 Completa, de la forma más breve posible, el segundo término de estas igualdades para que resulten identidades:

a) $\dfrac{a \cdot a \cdot a \cdot a \cdot a}{a \cdot a} = [?]$

b) $5a - 4 + a - \dfrac{a \cdot a \cdot a}{a \cdot a} = [?]$

c) $a \cdot b + a \cdot c + a \cdot b = [?]$

d) $(1 - b) \cdot (1 + b) + b^2 + a - 1 = [?]$

3 Partiendo de cada una de las siguientes expresiones, llega mediante identidades a los resultados que se indican:

a) $(x + 3)^2 - (x^2 + x + 6) \rightarrow 5x + 3$

b) $(x + 2) \cdot (x + 6) - (x + 2) \cdot (x + 5) \rightarrow x + 2$

c) $(x^2 + 1) \cdot (x + 1) \cdot (x - 1) \rightarrow x^4 - 1$

d) $(x^2 - 1) - (x - 1)^2 \rightarrow 2(x - 1)$

e) $(a + b)^2 - (a - b)^2 \rightarrow 4ab$

Sacar factor común

→ anayaeducacion.es
Ayuda para sacar factor común.

En la expresión

$$3xy + 6x^2z + 9xyz$$

la x y el 3 están multiplicando en todos los sumandos. Son factores comunes a todos ellos. Podemos sacarlos fuera, del siguiente modo:

$$3xy + 6x^2z + 9xyz = 3x \cdot y + 3x \cdot 2xz + 3x \cdot 3yz = 3x(y + 2xz + 3yz)$$

A esta transformación se le llama **sacar factor común.** Se utiliza para simplificar expresiones y para resolver algunas ecuaciones que aparecerán más adelante.

Comprueba que si quitaras el paréntesis en la expresión final, volverías a obtener la inicial.

Ten en cuenta que cuando un sumando coincide con el factor común, está multiplicado por 1. Por ejemplo:

$$xy + x^2 + x = x(y + x + 1)$$

→ anayaeducacion.es
Refuerza cómo sacar factor común.

PIENSA Y PRACTICA

4 Extrae factor común en cada expresión:

a) $5x^2 - 15x^3 + 25x^4$

b) $\frac{x^4}{3} - \frac{x}{9} - \frac{1}{15}$

c) $2x^3y^5 - 3x^2y^4 + 2x^7y^2 + 7x^3y^3$

d) $2x^2y - 5x^3y(2y - 3)$

e) $2(x - 3) + 3(x - 3) - 5(x - 3)$

f) $2xy^2 - 6x^2y^3 + 4xy^3$

g) $\frac{(x^2 - 3)}{2}(y - 1) - \frac{7}{2}(y - 1)$

h) $\frac{(2x^2 + 1)^2}{3} - \frac{4}{3}(2x^2 + 1)$

5 Expresa en forma de cuadrado de una expresión algebraica o de producto de dos expresiones.

a) $4x^2 - 25$
b) $x^2 + 16 + 8x$
c) $x^2 + 2x + 1$
d) $9x^2 + 6x + 1$
e) $4x^2 + 25 - 20x$
f) $\frac{x^2}{4} + x + 1$
g) $144(x^2)^2 - x^2$
h) $\frac{(x^3)^2}{25} + \frac{x^3}{5} + \frac{1}{4}$
i) $16x^4 - 9$
j) $\frac{x^6}{100} + \frac{8x^3}{5} + 64$

6 Completa estas igualdades para que sean identidades:

a) $x^2 - \ldots + 1 = (x - \ldots)^2$

b) $4x^2 + \ldots + 36 = (\ldots + 6)^2$

c) $9x^2 - \ldots = (3x + \ldots)(\ldots - 5)$

d) $\frac{1}{4}x^2 + x + \ldots = (\ldots x + \ldots)^2$

7 Simplifica las expresiones siguientes:

a) $(x - 2)(x + 2) - (x^2 + 4)$

b) $(3x - 1)^2 - (3x + 1)^2$

c) $(x + 3)^2 - [x^2 + (x - 3)^2]$

8 Asocia cada expresión algebraica de la izquierda con el factor común que se puede extraer de ella en la derecha:

$12x^3 - 8x^5 + 4x^2y^2 - \frac{4}{3}x^2$	$2(x - 2)$
$(x^2 - 1) + (x^2 - 2x + 1) - (4x - 4)$	$3x$
$6(x^2 - 4x + 4) - (2x^2 - 8) + (30x - 60)$	$x - 1$
$9x^2 - 18xy^2 - 6xyz + 6x$	$4x^2$

Obtén las expresiones simplificadas después de extraer los factores.

9 Multiplica y simplifica el resultado.

a) $\frac{x}{2} + \frac{x}{4} - \frac{x}{8} - \frac{3x}{4} - \frac{1}{4}$ por 8

b) $x + \frac{2x - 3}{9} + \frac{x - 1}{3} - \frac{12x + 4}{9}$ por 9

c) $\frac{(2x - 4)^2}{8} - \frac{x(x + 1)}{2} - 5$ por 8

d) $\frac{3(x + 2)}{4} + \frac{3x + 5}{2} - \frac{5(4x + 1)}{6} + \frac{25}{12}$ por 12

5 División de polinomios

División de un polinomio entre un monomio

Para dividir un polinomio entre un monomio, se divide cada uno de sus términos entre el monomio. Por ejemplo:

$$\frac{4x^5 - 3x^3 + 2x^2}{3x^2} = \frac{4}{3}x^3 - x + \frac{2}{3}$$

División de polinomios

La división de polinomios es similar a la división entera de números naturales: al dividir dos polinomios, se obtiene un cociente y un resto. Observa:

$$\begin{array}{rrrrrr|l}
x^5 & -3x^4 & \boxed{} & +8x^2 & -3x & +1 & x^2 - 2x + 1 \\ \cline{7-7}
\boxed{-x^5} & \boxed{+2x^4} & \boxed{-x^3} & & & & \boxed{x^3} - x^2 - 3x + 3 \\ \hline
 & -x^4 & -x^3 & +8x^2 & -3x & +1 & \\
 & x^4 & -2x^3 & +x^2 & & & \\ \cline{2-6}
 & & -3x^3 & +9x^2 & -3x & +1 & \\
 & & 3x^3 & -6x^2 & +3x & & \\ \cline{3-6}
 & & & 3x^2 & & +1 & \\
 & & & -3x^2 & +6x & -3 & \\ \cline{4-6}
 & & & & 6x & -2 &
\end{array}$$

① En el dividendo se dejan huecos por los términos que faltan.

② Se divide el primer término del dividendo por el primer término del divisor, $x^5 : x^2 = x^3$. Este es el primer término del cociente.

③ Producto de x^3 por $x^2 - 2x + 1$. Se cambia de signo, se sitúa bajo el dividendo y se suma.

④ El primer resto es $-x^4 - x^3 + 8x^2 - 3x + 1$. A partir de aquí, volvemos a proceder con los pasos ② y ③.

⑤ El proceso termina cuando el resto obtenido es de grado menor que el grado de $x^2 - 2x + 1$.

El cociente es $C(x) = x^3 - x^2 - 3x + 3$. Su grado es la diferencia entre los grados de $P(x) = x^5 - 3x^4 + 8x^2 - 3x + 1$ y $Q(x) = x^2 - 2x + 1$.

El resto es $R(x) = 6x - 2$. Su grado es inferior al del divisor.

La relación entre $P(x)$, $Q(x)$, $C(x)$ y $R(x)$ es la misma que en la división entera:

$$P(x) = Q(x) \cdot C(x) + R(x)$$

Cuando $R(x) = 0$, la división es exacta y se cumple que $P(x) = Q(x) \cdot C(x)$. Entonces decimos que $P(x)$ **es divisible** por $Q(x)$.

EJERCICIO RESUELTO

Realizar la siguiente división:
$(7x^4 - 11x^3 - 94x + 7) : (x - 3)$

$$\begin{array}{rrrrr|l}
7x^4 & -11x^3 & & -94x & +7 & x - 3 \\ \cline{6-6}
-7x^4 & +21x^3 & & & & 7x^3 + 10x^2 + 30x - 4 \\ \cline{1-2}
 & 10x^3 & & & & \\
 & -10x^3 & +30x^2 & & & \\ \cline{2-3}
 & & 30x^2 & & & \\
 & & -30x^2 & +90x & & \\ \cline{3-4}
 & & & -4x & & \\
 & & & +4x & -12 & \\ \cline{4-5}
 & & & & -5 &
\end{array}$$

$(7x^4) : x = \boxed{7x^3}$

$(10x^3) : x = \boxed{10x^2}$

$(30x^2) : x = \boxed{30x}$

$(-4x) : x = \boxed{-4}$

$C(x) = 7x^3 + 10x^2 + 30x - 4 \qquad R(x) = -5$

Regla de Ruffini

La **regla de Ruffini** sirve para dividir un polinomio por $x - a$. Las operaciones (sumas y multiplicaciones por a) se realizan una a una. Se obtienen, así, los coeficientes del cociente y el resto de la división.

La división del ejercicio resuelto anterior, $(7x^4 - 11x^3 - 94x + 7) : (x - 3)$, se puede hacer, sintéticamente, por la regla de Ruffini. En este método solo intervienen los coeficientes y solo se realizan las operaciones que realmente importan. Veamos cómo:

- Se escriben arriba de la tabla los coeficientes del polinomio. En este paso hay que tener dos cosas en cuenta:
  — El polinomio debe estar ordenado, es decir, sus términos deben ir de mayor grado (a la izquierda) a menor grado (a la derecha).
  — Si falta algún monomio, se coloca en su lugar un cero. En el siguiente ejemplo falta el monomio de grado 2, por lo que se ha colocado un cero en su lugar.
- Se escribe el 3 a la izquierda (es un 3 porque se divide entre $(x - 3)$, si se dividiera entre $(x + 5)$ habría que poner un –5).

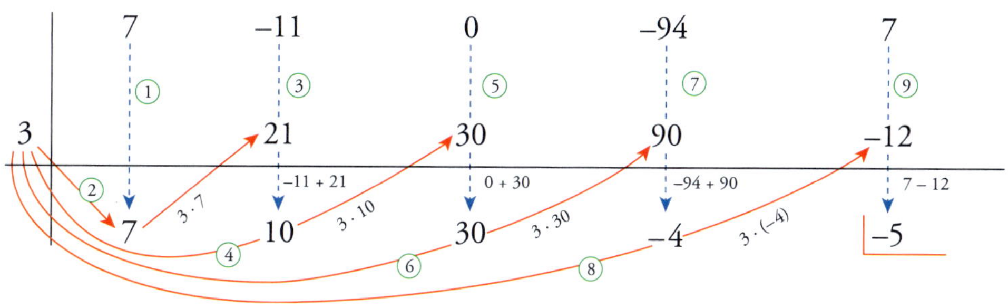

COCIENTE: 7 10 30 –4 → significa: $7x^3 + 10x^2 + 30x - 4$ RESTO: –5

Descripción del proceso

① Se baja el primer coeficiente, 7, el del término de mayor grado.

② Se multiplica 3 · 7 y el resultado, 21, se coloca debajo del siguiente coeficiente, –11.

③ La suma, –11 + 21 = 10, se escribe debajo de la raya.

④ Se multiplica 3 · 10 y el resultado, 30, se pone debajo del siguiente coeficiente, 0.

⑤ La suma, 0 + 30 = 30, se coloca debajo de la raya.

⑥ Se vuelve a multiplicar por 3 el resultado, 3 · 30 = 90, y se pone debajo del siguiente coeficiente, –94.

⑦ La suma, –94 + 90 = –4, se coloca debajo de la raya.

⑧ Se multiplica por 3 el resultado, 3 · (–4) = –12, y se pone debajo del siguiente coeficiente, 7.

⑨ La última suma, 7 – 12 = –5, es el resto de la división.

Los demás números que quedan debajo de la raya son los coeficientes del cociente.

Cociente: $C(x) = 7x^3 + 10x^2 + 30x - 4$ Resto: $R(x) = -5$

EN LA PRÁCTICA

$(7x^4 - 11x^3 - 94x + 7) : (x - 3)$

	7	–11	0	–94	7
3		21	30	90	–12
	7	10	30	–4	–5

COEFICIENTES DEL COCIENTE — RESTO

Cociente: $7x^3 + 10x^2 + 30x - 4$

Resto: –5

NO LO OLVIDES

La regla de Ruffini solo se puede aplicar cuando el divisor es del tipo $(x - a)$.

5 División de polinomios

EJERCICIOS RESUELTOS

1 ***Dividir el polinomio:***

$P(x) = 6x^4 + 8x^2 + 7x + 40$

entre $Q(x) = 2x^2 - 4x + 5$.

NOTA: En esta división no es posible aplicar la regla de Ruffini, ya que el divisor no es del tipo $x - a$, sino un polinomio de grado 2.

$$
\begin{array}{rrrrr|l}
6x^4 & & +\ 8x^2 & +\ 7x & +\ 40 & 2x^2 - 4x + 5 \\
\cline{6-6}
-\,6x^4 & +\ 12x^3 & -\ 15x^2 & & & 3x^2 + 6x + 17/2 \\
\cline{1-3}
& 12x^3 & -\ 7x^2 & & & \\
& -\,12x^3 & +\ 24x^2 & -\ 30x & & \\
\cline{2-4}
& & 17x^2 & -\ 23x & & \\
& & -\,17x^2 & +\ 34x & -\ 85/2 & \\
\cline{3-5}
& & & 11x & -\ 5/2 &
\end{array}
$$

$(6x^4) : (2x^2) = 3x^2$

$(12x^3) : (2x^2) = 6x$

$(17x^2) : (2x^2) = 17/2$

El cociente es $C(x) = 3x^2 + 6x + \dfrac{17}{2}$, y el resto, $R(x) = 11x - \dfrac{5}{2}$.

2 ***Dividir el polinomio:***

$P(x) = x^3 - 13x + 12$

entre $Q(x) = x - 1$.

¿Es $P(x)$ divisible por $Q(x)$?

Colocamos los coeficientes en fila, teniendo en cuenta que falta el término en x^2, por lo que añadimos un 0 en el lugar correspondiente.

	1	0	–13	12
1		1	1	–12
	1	1	–12	0

COCIENTE: 1 1 –12, que corresponde a: $x^2 + x - 12$ RESTO: 0

$$P(x) : (x - 1) = x^2 + x - 12 \rightarrow P(x) = (x - 1)\,(x^2 + x - 12)$$

Como el resto es 0, podemos decir que el polinomio $P(x)$ es divisible por $Q(x)$.

PIENSA Y PRACTICA

1 Halla el cociente y el resto de estas divisiones:

a) $(x^5 - 7x^4 + 3x^2 - 8) : (x^2 - 3x + 1)$

b) $(6x^4 + 3x^3 - 2x) : (3x^2 + 2)$

c) $(3x^5 - 2x^4 + 4x - 5) : (x^3 - 2x + 1)$

d) $(x^4 + 3x^3 + 2) : (x^4 + 3x)$

2 Calcula por Ruffini el cociente y el resto de cada una de las siguientes divisiones:

a) $(3x^4 + 2x^3 - x^2 + 5x - 3) : (x + 1)$

b) $(x^4 - 2x^3 + 2x^2 - x - 6) : (x - 2)$

c) $(5x^4 + 6x^2 - 11x + 13) : (x - 2)$

d) $(x^3 - x^2 + 2x - 8) : (x + 2)$

3 Indica si alguno de los polinomios siguientes es divisible por $(x + 1)$ o por $(x - 2)$:

a) $P(x) = x^4 + x^3 + x^2 + x + 1$

b) $Q(x) = x^3 + 4x^2 + x - 6$

c) $R(x) = x^4 - 2x^3 - 2x^2 + 6x - 4$

d) $S(x) = x^4 - x^3 - x^2 - x - 2$

4 En estos apartados se ha aplicado la regla de Ruffini para realizar divisiones. Indica en cada caso el dividendo, el divisor, el cociente y el resto, y exprésalos de esta forma:

$$\frac{P(x)}{Q(x)} = C(x) + \frac{R(x)}{Q(x)}$$

a)

	1	–1	–2	9	3
–2		–2	6	–8	–2
	1	–3	4	1	1

b)

	2	0	0	–2	1
1		2	2	2	0
	2	2	2	0	1

c)

	1	–2	0	–9
3		3	3	9
	1	1	3	0

1 Expresiones algebraicas

Expresar en lenguaje algebraico:

a) El área de este pentágono irregular:

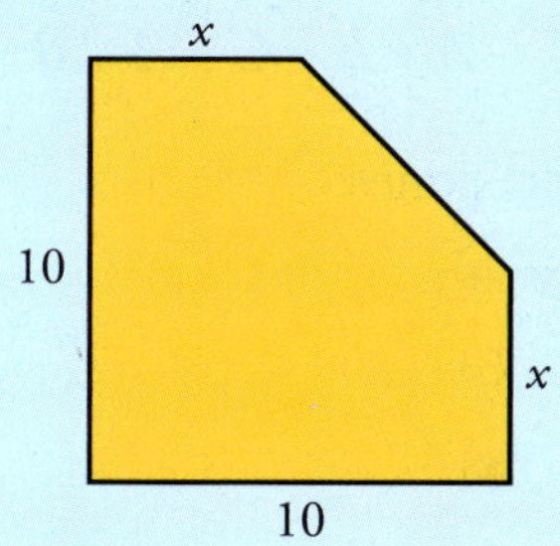

b) Si a un número de dos cifras le restamos el que resulta de invertirlas, el resultado es 18.

a) Trazamos una línea paralela a la base para dividir el pentágono en un rectángulo y un trapecio. Calculamos sus áreas:

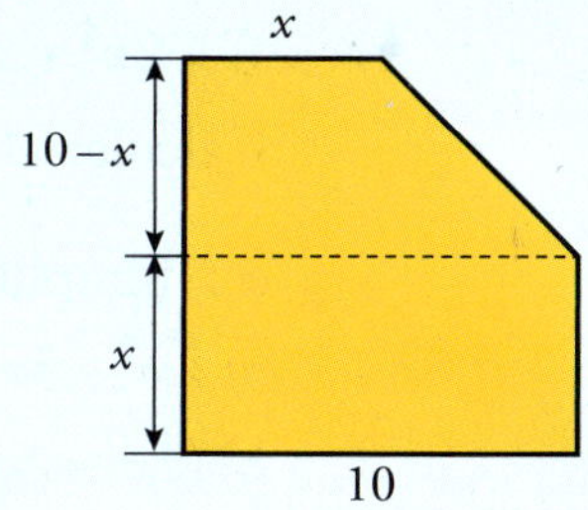

$A_{\text{RECTÁNGULO}} = 10x$

$A_{\text{TRAPECIO}} = \dfrac{10 + x}{2} \cdot (10 - x) = \dfrac{100 - x^2}{2}$

$A_{\text{TOTAL}} = 10x + \dfrac{100 - x^2}{2} = \dfrac{-x^2}{2} + 10x + 50$

b) Si x es la cifra de las decenas e y la de las unidades, el número es $10x + y$. Al invertir las cifras, el nuevo número es $10y + x$. Su diferencia es 18:

$$(10x + y) - (10y + x) = 18 \rightarrow 9x - 9y = 18 \rightarrow x - y = 2$$

Hazlo tú Expresa en lenguaje algebraico: Si a un número de dos cifras le sumamos 9 unidades, obtenemos el número con las cifras invertidas.

2 Precio de una mezcla

Expresar algebraicamente: Si mezclamos 6 kg de cierta pintura con 9 kg de otra que cuesta 3 € menos por kilo, la mezcla nos sale a 5,20 €/kg.

Recogemos en una tabla los datos del enunciado:

	CANTIDAD (kg)	PRECIO (€/kg)	COSTE (€)
PINTURA 1	**6**	$\mathbf{x}$	$\mathbf{6x}$
PINTURA 2	**9**	$x - 3$	$9(x - 3)$
MEZCLA	15	**5,20**	$6x + 9(x - 3)$

La expresión correspondiente es:

$$\frac{6x + 9(x - 3)}{15} = 5{,}20$$

3 Demostrar una propiedad

a) Escribir en forma algebraica la suma de los cuadrados de dos números impares consecutivos. ¿Es siempre par, o siempre impar?

b) ¿Y la suma de los cuadrados de dos números consecutivos?

a) $(2n + 1)^2 + (2n + 3)^2 = 4n^2 + 4n + 1 + 4n^2 + 12n + 9 = 8n^2 + 16n + 10$

Observamos que esta suma es múltiplo de 2: $8n^2 + 16n + 10 = 2(4n^2 + 8n + 5)$

Es siempre par, ya que la expresión está multiplicada por 2.

b) $n^2 + (n + 1)^2 = n^2 + n^2 + 2n + 1 = 2(n^2 + n) + 1$. Como ves, siempre es impar.

Hazlo tú Demuestra que la suma de los k primeros números impares, 1, 3, 5, …, $2k - 1$, es igual a k^2 (mira la página 89 de la unidad 4).

4 Variación en el área de un rectángulo

Si en un rectángulo la base aumenta en 3 cm y la altura disminuye en la misma cantidad, ¿cómo varía el área?

Comprobar que el área aumenta o disminuye según cuánto midan los lados iniciales.

Hazlo tú Si en un rectángulo aumentamos la base en 4 cm y la altura en 5 cm, ¿en cuánto aumenta el área?

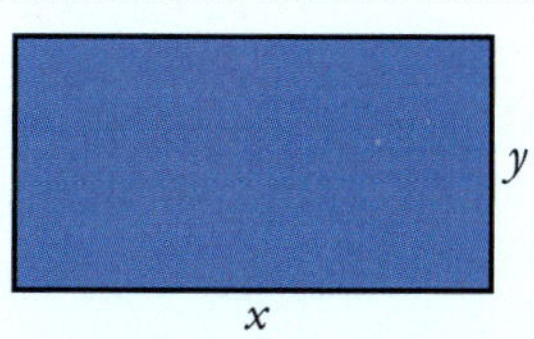

Si llamamos x a la longitud de la base e y a la de la altura en cm, el área del rectángulo es xy cm^2.

Si la base aumenta en 3 cm, será $x + 3$. Si la altura disminuye en 3 cm, será $y - 3$.

El área del nuevo rectángulo es: $(x + 3) \cdot (y - 3) = xy - 3x + 3y - 9$

Le restamos el área del rectángulo original: $xy - 3x + 3y - 9 - xy = -3x + 3y - 9$

Esta diferencia puede ser positiva o negativa según los valores de x e y.

Por ejemplo, si $x = 5$ e $y = 10 \rightarrow -15 + 30 - 9 = 6 > 0$, el área aumenta.

Pero si $x = 8$ e $y = 6 \rightarrow -24 + 18 - 9 = -15 < 0$, el área disminuye.

Solo podemos asegurar que el área varía en $(-3x + 3y - 9)$ cm^2.

¿DOMINAS LO BÁSICO?

Expresiones algebraicas

1 Expresa en lenguaje algebraico utilizando una sola incógnita.

a) El doble de un número más su cuadrado.

b) El producto de dos números consecutivos.

c) La mitad de un número aumentado en 3.

d) Un múltiplo de 3 menos 7.

e) El precio de una raqueta después de aplicarle una rebaja del 20 %.

2 Utiliza dos incógnitas para expresar en lenguaje algebraico estos enunciados:

a) Un número más la mitad del cuadrado de otro.

b) El cuadrado de la diferencia de dos números.

c) La suma de las edades de una madre y su hijo hace 5 años.

d) En una empresa se han envasado 1 500 litros de aceite en garrafas de dos tamaños: unas de 2,5 litros y otras de 5 litros.

3 Expresa algebraicamente el perímetro y el área de estos rectángulos:

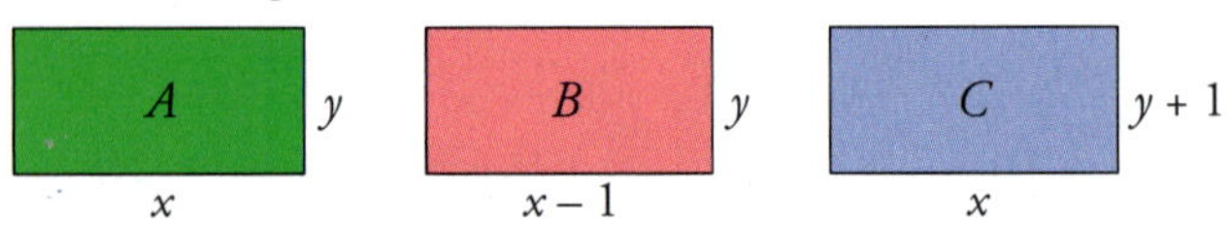

Monomios

4 Indica el grado de los siguientes monomios y di cuáles son semejantes:

a) $-5xy$ b) $(-7x)^3$ c) $8x$ d) $(xy)^2$

e) $\frac{2}{3}$ f) $\frac{4}{5}x^3$ g) $\frac{-3xy}{5}$ h) $\frac{1}{2}x$

5 Calcula el valor numérico de los monomios del ejercicio anterior para $x = -1$ e $y = 3$.

6 Reduce.

a) $5x - x^2 + 7x^2 - 9x + 2$

b) $2a + 7b - 3a + b - 2b$

c) $6x^2y - 3x^2y - 5xy^2 + x^2y + xy^2$

7 Efectúa los siguientes productos de monomios:

a) $(6x^2)(-3x)$ b) $(2xy^2)(4x^2y)$

c) $\left(\frac{3}{4}x^3\right)\left(\frac{1}{2}x^3\right)$ d) $\left(\frac{1}{4}xy\right)\left(\frac{3xz}{2}\right)$

Polinomios

8 Considera estos polinomios:

$A = x^4 - 3x^2 + 5x - 1$ $B = 2x^2 - 6x + 3$

$C = 2x^4 + x^3 - x - 4$

Calcula: $A + B$ $A + C$ $A + B + C$ $A - B$ $C - B$

9 Simplifica estas expresiones:

a) $2x^3 - 5x + 3 - 1 - 2x^3 + x^2$

b) $(2x^2 + 5x - 7) - (x^2 - 6x + 1)$

c) $3x - (2x + 8) - (x^2 - 3x)$

10 Efectúa, reduce y di cuál es el grado del polinomio resultante en cada caso:

a) $x(x^2 - 5) - 3x^2(x + 2) - 7(x^2 + 1)$

b) $5x^2(-3x + 1) - x(2x - 3x^2) - 2 \cdot 3x$

11 Multiplica.

a) $(x + 1) \cdot (x + 3)$ b) $(x - 2) \cdot (2x - 1)$

c) $(3x + 1) \cdot (5x - 3)$ d) $3(x + 2) \cdot (x - 4)$

12 Opera y simplifica.

a) $(2x^2 - x + 3) \cdot (x - 3)$ b) $(3x^3 - 5x^2 + 6) \cdot (2x + 1)$

c) $(2x^2 + x - 3) \cdot (x^2 - 2)$

Identidades

13 Desarrolla estas expresiones:

a) $(x + 6)^2$ b) $(7 - x)^2$ c) $(3x - 2)^2$

d) $(5x + 9)^2$ e) $\left(x + \frac{1}{2}\right)^2$ f) $(x - 2y)^2$

14 Expresa como diferencia de cuadrados.

a) $(x + 7)(x - 7)$ b) $(3 + x)(3 - x)$

c) $(3 + 4x)(3 - 4x)$ d) $(x^2 + 1)(x^2 - 1)$

15 Extrae factor común y comprueba que obtienes una identidad.

a) $5x^3 + 3x^2$ b) $2x^4 - 6x^2$ c) $2x^2 + 3x^2 + 5x$

d) $x^6 + x^4 + x$ e) $\frac{1}{2}x^4 - \frac{1}{2}x$ f) $2x^2y - 2xy$

16 ¿Cuáles de estas expresiones son identidades?

a) $10xy^2 - 15x^2y = 10xy(y - 3x)$

b) $(2x + 1) \cdot (x - 3) - x^2 = x^2 - 5x - 3$

c) $3x^2 - 4x + 1 = 2x \cdot (x - 2) + (x^2 - 3)$

d) $4 - (7 - x^2) = 4(x^2 - 1) - (3x^2 - 1)$

División de polinomios. Regla de Ruffini

17 Efectúa las siguientes divisiones:

a) $(12x^2 - 9x) : 3x$

b) $(25x^3 + 15x^2 - 5x) : 5x$

c) $(18x^5 - 12x^3 + 3x^2) : 6x^2$

18 Aplica la regla de Ruffini para hallar el cociente y el resto de estas divisiones:

a) $(x^2 - 5x + 6) : (x - 2)$

b) $(x^3 - 3x^2 + 5) : (x + 1)$

c) $(2x^3 - 4x + 7) : (x - 1)$

ENTRÉNATE Y PRACTICA

19 Asocia cada una de las siguientes expresiones al perímetro y al área de los rectángulos *A*, *B* y *C*:

a) $12x$ b) $4x - 2$ c) $4x + 6$

d) $4x + 12$ e) $x^2 + 3x$ f) $x^2 - x - 2$

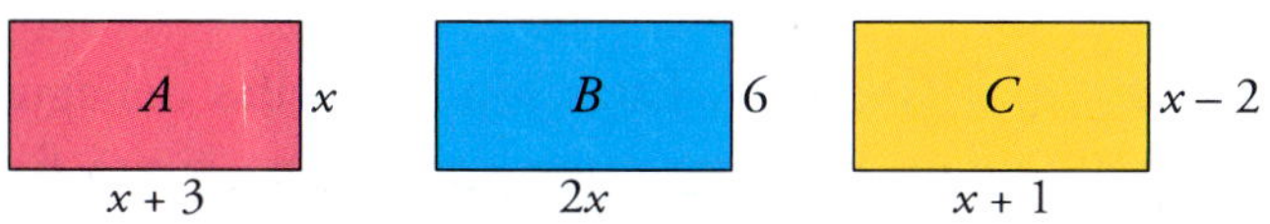

20 Escribe como una igualdad entre dos expresiones algebraicas.

a) La edad de Andrea, dentro de 7 años, será el doble que la que tenga Lucía.

b) Si el precio de un ordenador subió un 20 % y después bajó un 25 %, el precio inicial del ordenador disminuyó en 50 €.

21 Opera y simplifica.

a) $(2x^2 + 3)(x - 1) - x(x - 2)$

b) $(x^2 - 5x + 3)(x^2 - x) - x(x^3 - 3)$

c) $\left(\frac{1}{2}x^2 + \frac{5}{3}x + \frac{1}{6}\right)(6x - 12)$

d) $(x^3 - 13x + 2) \cdot (x^2 - 1)$

22 Expresa como cuadrado de una suma o de una diferencia, como en el ejemplo.

- $\mathbf{x^2 + 10x + 25 = x^2 + 2 \cdot 5x + 5^2 = (x + 5)^2}$

a) $x^2 + 4x + 4$ b) $x^2 - 10x + 25$

c) $x^2 + 9 + 6x$ d) $x^2 + 49 - 14x$

e) $4x^2 + 4x + 1$ f) $4x^2 + 9 - 12x$

23 Expresa como producto de una suma por una diferencia, como en el ejemplo.

- $\mathbf{4x^2 - 25 = 2^2 \cdot x^2 - 5^2 = (2x + 5)(2x - 5)}$

a) $9x^2 - 25$ b) $1 - x^2$ c) $4x^2 - 9$

d) $16x^2 - 1$ e) $x^4 - 16$ f) $49 - 4x^2$

24 Expresa como identidades notables.

a) $49x^2 - 16$ b) $36x^2 - 1$

c) $x^2 - 18x + 81$ d) $121 - 100x^2$

e) $9x^2 + 12x + 4$ f) $9x^2 - 24x + 16$

g) $25 - 100y^2$ h) $4x^2 + 16x + 16$

25 Calcula el cociente y el resto de estas divisiones:

a) $(2x^2 - 2x + 5) : (x^2 - 3)$

b) $(3x^2 - 7x - 4) : (x^2 + 2x - 3)$

c) $(5x^3 + 3x^2 - 2x + 4) : (x^2 + x + 1)$

d) $(-x^4 + 4x^2 + 10) : (x + 2)$

26 Comprueba si los siguientes polinomios son divisibles por $(x - 2)$ o por $(x + 1)$:

a) $x^2 - x - 2$ b) $4x^3 + x^2 - 2x + 1$

c) $x^4 - 5x^2 + x + 2$ d) $x^4 - 2x^3 + 5x - 4$

RESUELVE PROBLEMAS SENCILLOS

27 Expresa en lenguaje algebraico:

a) La cantidad de agua que queda en un depósito del que se sacan 1/3 y después los 2/5 de lo que queda.

b) Lo que pagué por un bocadillo, un refresco y una chocolatina, si el bocadillo cuesta el triple que el refresco, y el refresco, 1 € más que la chocolatina.

c) En un test dan 4 puntos por cada acierto y restan 1 punto por cada error. Luis obtuvo 60 puntos.

28 En el triángulo *ABC*, sabemos que $\overline{AB} = 6x + 3$; $\overline{BC} = 8x + 4$; $\overline{AC} = 10x + 5$.

a) Da a x un valor cualquiera y prueba que el triángulo que obtienes es rectángulo.

b) Demuestra que el triángulo *ABC* es rectángulo para cualquier valor de x.

29 a) Busca, en cada caso, el número que está en el medio de los números dados:

i) 5 y 12 ii) 3,4 y 7 iii) –4 y –9,5

b) Escribe la expresión que da el número que está en medio de los números x e y.

30 *La mitad de un número es 20 unidades menor que su triple*. Elige la expresión de este enunciado.

a) $\frac{x-20}{2} = 3x$ b) $\frac{x}{2} - 20 = 3x$ c) $\frac{x}{2} + 20 = 3x$

31 Un grupo de amigos quiere comprar un regalo para María y les toca a 12 € cada uno. Si fueran tres amigos más, les tocaría a 4 € menos cada uno. ¿Cuál de estas igualdades representa este enunciado?

a) $12(x - 4) = 8(x + 3)$ b) $12x = 8(x + 3)$

c) $12x = 9(x + 4)$

32 Jorge tiene 12 años, y su madre, 38. ¿Cuántos años, x, tienen que pasar para que la edad de su madre sea el doble de la de Jorge? Indica la igualdad que representa esta situación.

a) $2(x + 38) = x + 12$ b) $38 = 2(x + 12)$

c) $38 + x = 2(12 + x)$

33 Las páginas de un libro miden 6 cm menos de ancho que de largo. Escribe la expresión del área de cada página. Si el ancho y el largo aumentan en 3 cm, ¿cuál será la expresión que da la diferencia de áreas entre la página original y la nueva?

34 Con el dinero que tiene Laura, puede comprar tres cómics del mismo precio y le sobran 8 €. Al día siguiente ve que los cómics han bajado 2 € y piensa que con el dinero que tenía ayer podría comprar 5 cómics a este precio. Escribe de forma algebraica este enunciado.

COMPRENDE Y APLICA EN EL DESAFÍO — DESAFÍOS QUE DEJAN HUELLA

35 La factura bimensual de consumo de agua en una ciudad tiene la siguiente tarifa: 1,15 €/m^3 por agua consumida y 1,25 €/m^3 por servicios de depuración. A esto hay que añadir 15 € por servicio, todo ello grabado con un 10 % de IVA. Además, hay que pagar un fijo de 10 € por alcantarillado, este exento de IVA. Escribe la expresión algebraica de lo que tenemos que pagar según los metros cúbicos consumidos.

36 La expresión $10a + b$ representa un número de dos cifras. Escribe en forma algebraica:

a) Un número de tres cifras.

b) La diferencia entre un número de tres cifras y el que resulta de invertir sus cifras.

37 Si a un número de dos cifras le sumamos 10, se obtiene el doble del número obtenido al invertir sus cifras. Escribe este enunciado de forma algebraica.

38 Dos ciclistas salen a la misma hora, una de A hacia B a 22 km/h y la otra de B hacia A a 18 km/h. La distancia entre A y B es 30 km. Si llamamos x al tiempo que tardan en encontrarse, ¿cuál es la expresión que representa este enunciado?

a) $22x = 18(30 - x)$ b) $40x = 30$

c) $\frac{x}{22} + \frac{30 - x}{18} = x$

39 En este trapecio isósceles, la base mayor mide el triple que la menor y los lados oblicuos miden 3 cm. Expresa algebraicamente su altura y su área.

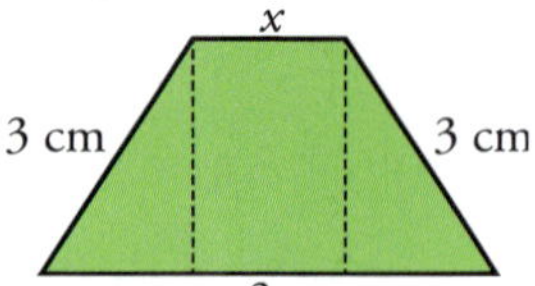

40 Escribe tres números impares consecutivos. Suma 3 al menor y elévalo al cuadrado. Réstale el producto de los otros dos. ¿Obtienes siempre el mismo resultado? Demuéstralo con lenguaje algebraico.

COMPRENDE Y APLICA EN EL DESAFÍO — DESAFÍOS QUE DEJAN HUELLA

41 **Meta 6.4.** Estas son las tarifas del agua en una ciudad. Observa que se paga una cuota fija de 9 € más el precio por m^3 consumido, que es variable y aumenta en los que consumen mucho. Además, hay que añadir un 10 % de IVA.

	CONSUMO	PRECIO
BLOQUE I	Hasta 8 m^3	9 + 0,75 €/m^3
BLOQUE II	En adelante	3 €/m^3

a) ¿Cuánto tenemos que pagar si consumimos 6 m^3? ¿Y si el consumo es 13 m^3?

b) Escribe una fórmula que dé lo que pagaremos por x m^3 de consumo cuando sea mayor que 8 m^3.

42 Piensa en tres números consecutivos. Resta al cuadrado del mayor el cuadrado del menor. Divide el resultado por el del medio. ¡Obtienes siempre 4! Justifícalo utilizando el lenguaje algebraico.

43 Piensa un número cualquiera, multiplícalo por 2, réstale 10, réstale el número pensado, súmale 3 y dime el resultado. Razona por qué obtengo el número inicial sumando 7 al resultado que me des.

44 Piensa un número, súmale 7, multiplica el resultado por 2, resta 4, divide por 2 y dime el resultado. ¿Cómo puedo saber el número que has pensado?

PARA PENSAR UN POCO MÁS

45 En la figura $ABCD$, $EFGD$ y $PQRD$ son cuadrados.

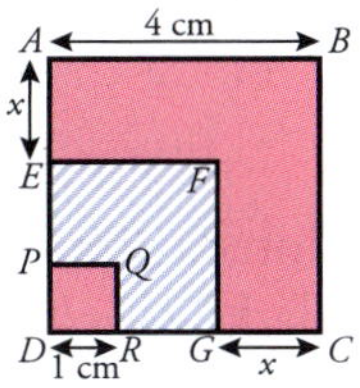

a) Expresa en función de x las longitudes de DG y RG, y el área de $EFGD$.

b) ¿Cuál de las siguientes expresiones corresponde al área de la parte rayada?

$A_1 = 16 - (4 - x)^2$ $\quad A_2 = (4 - x)(3 - x)$

$A_3 = (4 - x)^2 - 1$

c) Copia el dibujo en tu cuaderno y señala en él qué representan las otras dos expresiones.

46 Expresa algebraicamente el área y el perímetro de la parte coloreada.

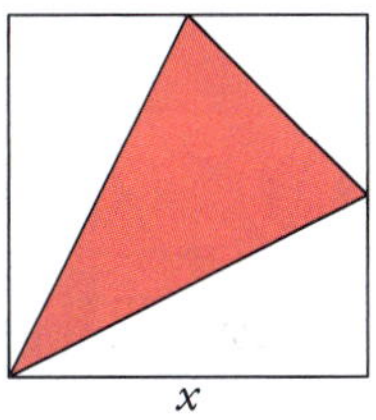

Dos de los vértices del triángulo coinciden con puntos medios de los lados del cuadrado.

47 Compara los resultados que obtienes con estas dos secuencias de cálculo:

a) Piensa un número.
Elévalo al cuadrado.
Súmale el triple del número que has pensado.
Suma 2 al resultado.

b) Elige un número.
Súmale 1.
Suma 3 al número elegido.
Multiplica los dos resultados anteriores.

Estudia los resultados obtenidos. ¿Son iguales en algún caso? Estudia cuál de los resultados es mayor según el número elegido.

48 Piensa y completa en tu cuaderno sin hacer operaciones.

a) $x^4 - 16 = (x^2 + \square)(x + \square)(x - \square)$

b) $(2x + 1)^2 - (x - 2)^2 = (\square x - 1)(x + \square)$

c) $4x^3 - 12x^2 + 9x = x \cdot (2x - \square)^2$

49 ¿Cuántos números de dos cifras verifican que sumando sus dos cifras más el producto de estas nos da el número inicial?

50 Si $a \cdot b = 9$, $b \cdot c = 16$ y $a \cdot c = 25$, ¿cuánto vale $a \cdot b \cdot c$?

TAMBIÉN PUEDES HACER ESTO

51 Observa:

$1 + 3 = 4 = 2^2$

$1 + 3 + 5 = 9 = 3^2$

$1 + 3 + 5 + 7 = 16 = 4^2$

¿Cuál será el valor de $1 + 3 + 5 + \ldots + 19$?

¿Y de $1 + 3 + 5 + \ldots + n$?

Expresa con palabras esta propiedad e intenta demostrarla.

52 Expresa algebraicamente cuántos palos y cuántas bolas son necesarios para hacer una figura como esta pero de n pisos.

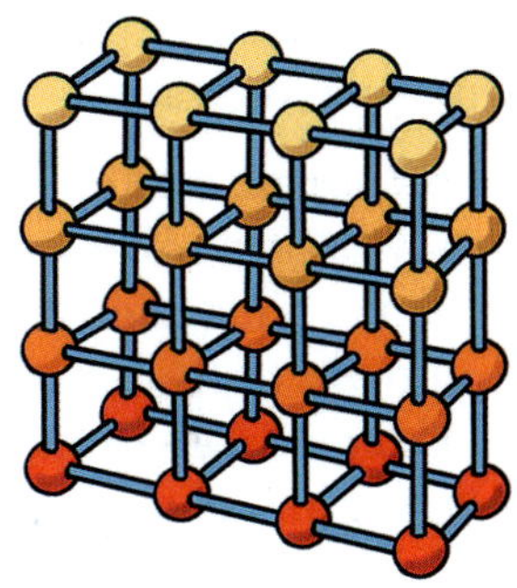

¿LO HAS ENTENDIDO? REFLEXIONA

53 ¿Verdadero o falso? Justifica tus respuestas.

a) El grado de la suma de dos polinomios de grados 2 y 3 es siempre 3.

b) Al multiplicar dos polinomios de grados 2 y 3 se obtiene otro de grado 5.

c) El producto de un binomio por un monomio es un binomio.

d) Si multiplicamos dos monomios, obtenemos un binomio.

e) Si la suma de dos monomios es positiva, también lo es su producto.

54 ¿Verdadero o falso? Justifica y pon ejemplos.

a) $(x + a)^2 = (-x - a)^2$

b) $(x - a)^2 = (a - x)^2$

c) $-(x)^2 = x^2$

55 a) Simplifica la expresión $(a + 1)^2 - (a - 1)^2$.

b) Halla, sin utilizar la calculadora, el valor de:

$$2\,501^2 - 2\,499^2$$

56 Averigua cuál debe ser el valor de a, en cada caso, para que las dos expresiones sean idénticas:

a) $(3x + a)(3x - a) + 7$ y $9x^2 - 18$

b) $(x - a)^2 + 2xa - 46$ y $x^2 + 18$

INFÓRMATE

Un poco de historia

La invención del álgebra es, ante todo, mérito de la cultura que floreció con la expansión del imperio árabe. El primer tratado que se conoce es la obra titulada *Al-jabr wa-l-muqabala* («Ciencia de la restauración y cancelación»), cuyo autor fue el gran matemático Al-Jwarizmi, que vivió en Bagdad hacia el año 825, bajo la tutela del sultán Al-Mamún, gran mecenas y protector de las artes y las ciencias.

La expansión del álgebra hacia Europa, en el siglo XII, vino unida al trasvase cultural, desde el mundo islámico, que tuvo lugar en esa época en la península ibérica.

Pieza clave de ese trasvase fue la ciudad de Toledo, foco del saber entre los siglos X y XIII, que culminó con la fundación de la Escuela de Traductores promovida por Alfonso X el Sabio. Esta escuela fue el vehículo que permitió el paso a Europa de las culturas griega y árabe.

Algebrista y sangrador

La palabra *álgebra* viene del término árabe *al-jaber*, que significa 'la recomposición o restitución'. De ahí que álgebra, antes que ciencia matemática, significó para aquellos árabes «el arte de recomponer los huesos rotos». Y este significado pasó al castellano. Así los barberos del siglo XVI, que además de afeitar sacaban muelas, hacían sangrías y **arreglaban huesos,** solían poner en el rótulo con que se anunciaban: «ALGEBRISTA Y SANGRADOR».

¿Álgebra en *El Quijote*?

En el capítulo XV de la segunda parte de *El Quijote* se cuenta la paliza que nuestro hidalgo le endosó a un amigo suyo, el bachiller Sansón Carrasco, que se hizo pasar por *El Caballero de los Espejos* para pelear con su paisano, convencido de que le vencería con facilidad y podría obligarle a retirarse y olvidarse de sus aventuras. Pero las cosas salieron al revés y fue el pobre bachiller quien recibió una tunda tal que le dejó «molido» y «con gran dolor en sus costillas». Termina el capítulo diciendo que «...llegaron a un pueblo donde fue ventura hallar un algebrista con quien se curó el Sansón desgraciado».

Por cierto, el padre de Cervantes fue barbero, cirujano y acomodador de huesos, es decir, algebrista.

AUTOEVALUACIÓN

anayaeducacion.es Resoluciones de estos ejercicios.

1 Describe, mediante una expresión algebraica, los enunciados siguientes:

a) El precio de la pintura que se obtiene al mezclar 5 kg de una de 3 €/kg con 7 kg de otra de x €/kg.

b) Lo que tenemos que pagar por un helado, un refresco y un café, si el helado cuesta el triple que el café y, el refresco, la mitad que el helado.

c) El área total y el volumen de un prisma de base cuadrada de lado x y de 5 cm de altura.

2 Efectúa y reduce.

a) $x(3x-2)^2-(x-3)(2x-1)x$

b) $4\left[(x-2)^2-\frac{3}{4}x^2-4\right]$

3 Multiplica por el mín. c. m. de los denominadores y simplifica.

$$\frac{5(x-1)}{9}+\frac{7x-2}{12}-\frac{x(x-1)}{2}$$

4 ¿Cuáles de las siguientes expresiones son identidades? Justifícalo.

a) $\frac{x-1}{4}-\frac{3x-1}{6}=\frac{-3x-1}{12}$

b) $x(x-1)^2=(x^2+x)^2$

c) $3(x-5)(x+5)=3x^2-75$

5 Expresa como cuadrado de una suma o de una diferencia.

a) $9x^2-12x+4$ b) x^4+4x^2+4

6 Transforma en producto.

a) $4x^2-9y^2$ b) x^4-25

7 Calcula el cociente y el resto en cada caso:

a) $(3x^4-x^3+2x^2+4):(x^2+x)$

b) $(x^3+3x^2-2x+2):(x+2)$

8 Expresa algebraicamente:

a) El área del triángulo azul.

b) El área del trapecio rojo.

c) La longitud l.

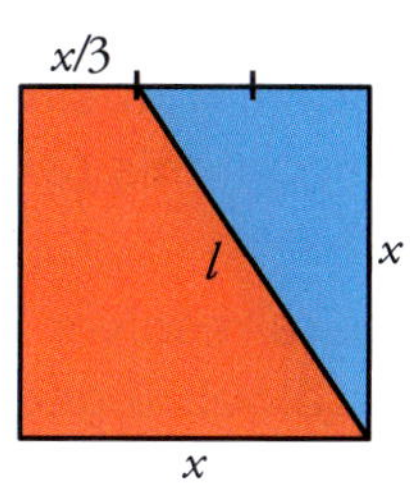

9 Un autobús que va a 90 km/h ha recorrido x km cuando sale un coche a 120 km/h en la misma dirección. Expresa en función de x el tiempo que tardará en alcanzarlo.

10 Escribe de forma algebraica el área y el volumen de un ortoedro cuyas dimensiones son tres números naturales consecutivos.

11 Vendo 1/5 de mi colección de minerales y luego compro 54 más. Ahora tengo el doble que al principio. Expresa algebraicamente este enunciado.

12 Expresa algebraicamente el área de la parte coloreada.

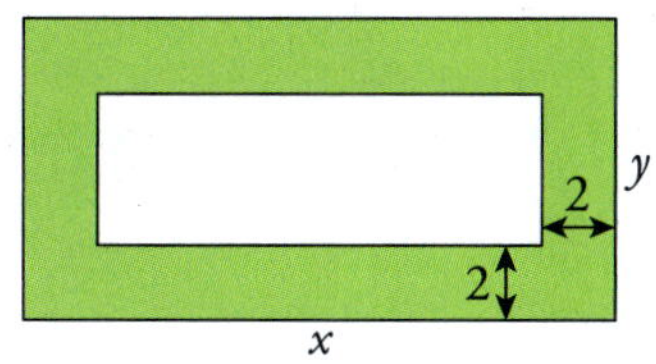

13 $ABCD$ es un cuadrado de lado $2x+5$ m. Al trazar una paralela a AB (que llamamos EF) a una distancia $x+7$ m de AB, obtenemos dos rectángulos $EFCD$ y $ABFE$.

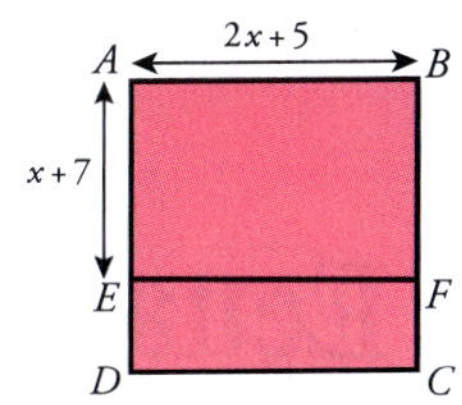

a) Expresa en función de x las áreas del cuadrado y del rectángulo $EFCD$.

b) Indica qué representa en la figura esta expresión: $(2x+5)^2-(2x+5)\cdot(x-2)$

c) ¿Y la expresión $6x+6$?

DESAFÍOS QUE DEJAN HUELLA

REFLEXIONA

Revisa los aspectos trabajados y plantea soluciones a los problemas que se detecten.

Para ello, descarga de **anayaeducacion.es** la rúbrica correspondiente, reflexiona de manera individual y comparte en grupo.

PON A PRUEBA TUS COMPETENCIAS

Realiza la autoevaluación competencial incluida en **anayaeducacion.es.**

6

Ecuaciones

La búsqueda de métodos para resolver ecuaciones fue un empeño de los matemáticos de la Antigüedad. Los primeros intentos, como es natural, fueron titubeantes, poco sólidos: resoluciones por tanteo o mediante procedimientos solo válidos para casos particulares, pero no generalizables.

El primero que lo afrontó de forma rigurosa fue el griego **Diofanto,** en el siglo III. En su libro *Aritmética* trató las resoluciones de ecuaciones de primer grado y algunas de segundo grado. Además, los problemas que propuso prepararon el terreno para consolidar la teoría de ecuaciones, que se desarrolló siglos más tarde, siendo uno de los primeros en utilizar símbolos para representar las operaciones y las incógnitas.

En Bagdad (siglo IX) aparece un personaje clave, el árabe **Al-Jwarizmi.** Su libro *Al-jabr wa-l-muqabala* es un referente fundamental en la historia del álgebra. Fue estudiado y traducido a todos los idiomas en siglos posteriores. El título viene a ser «restauración y cancelación» y alude a los trasiegos que se realizan con los coeficientes para despejar la incógnita. El libro acabó siendo denominado, simplemente, *Al-jabr*, y este nombre finalmente designó la ciencia que contenía (*al-jabr* ~ álgebra).

Los algebristas árabes también ingeniaron curiosos métodos para resolver geométricamente algunos tipos de ecuaciones de segundo grado (álgebra geométrica).

Con lo que ya sabes, resuelve

Resolución de ecuaciones por métodos geométricos

Como hemos dicho en la página anterior, los árabes se las ingeniaron para resolver geométricamente algunos tipos de ecuaciones. Por ejemplo, observa cómo resolvían la ecuación $x^2 + 12x = 64$:

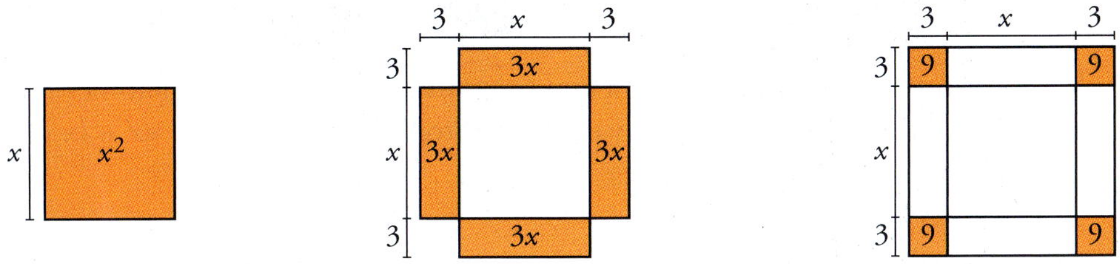

ÁREA $= x^2$ ÁREA $= x^2 + 12x \; (= 64)$ ÁREA $= 64 + 4 \cdot 9 = 100$

El área del cuadrado es 100. Por tanto, su lado es 10 y $x = 4$.

El epitafio de Diofanto

Cuenta la leyenda que, al morir Diofanto, sus discípulos grabaron sobre su tumba un epitafio en forma de acertijo. Rezaba así:

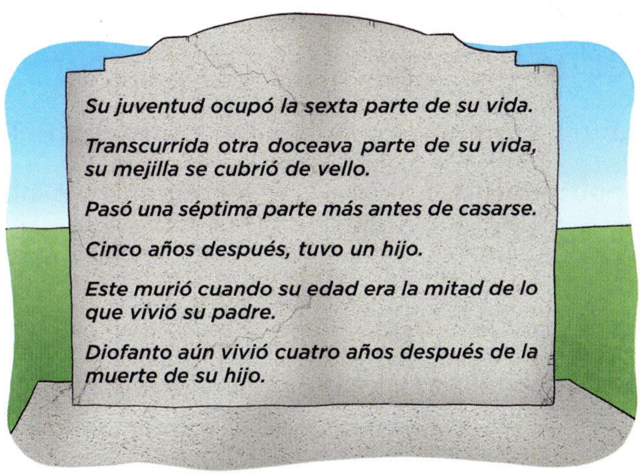

La correcta interpretación de este acertijo permitía averiguar que el maestro alcanzó a vivir 84 años.

REFLEXIONA

1. Utiliza el mismo método geométrico explicado arriba para resolver las siguientes ecuaciones:

   a) $x^2 + 8x = 84$ b) $x^2 + 20x = 69$

2. Comprueba si cada uno de los valores que se dan en cada caso son, o no, solución de la ecuación:

   a) $5x + 9 = 44$ $x = 7,\ x = 8$ b) $9(x - 1) = 81$ $x = 9,\ x = 10$

   c) $\sqrt{3x + 1} = 4$ $x = 5,\ x = 8$ d) $x^3 - 10x = 75$ $x = 6,\ x = 5$

   e) $\frac{6}{x} - \frac{x}{2} = 2$ $x = 3,\ x = 2$ f) $2^{x+1} = 1024$ $x = 10,\ x = 9$

3. Construye una ecuación que tenga en cuenta todas las afirmaciones del epitafio de Diofanto y comprueba que murió con 84 años.

1 Ecuaciones. Solución de una ecuación

NOMENCLATURA

Las expresiones que hay a ambos lados del signo = se llaman **miembros.** En la ecuación que se muestra a la derecha, $x + (x + 1) + (x + 2)$ es el **primer miembro,** y 33, el **segundo miembro.**

Las alturas de tres árboles son números enteros consecutivos y su suma es 33. Hallar la altura del árbol más bajo.

Escribiendo el enunciado en lenguaje algebraico, obtenemos la ecuación:

$$x + (x + 1) + (x + 2) = 33$$

Su significado es: «Queremos que $x + (x + 1) + (x + 2)$ sea igual a 33. ¿Para qué valor de x ocurrirá?».

Resolver la ecuación es responder a esta pregunta. Decir que la solución es $x = 10$ equivale a decir que «cuando x vale 10», entonces es cierto que «$x + (x + 1) + (x + 2)$ es igual a 33».

Una **ecuación,** más que una igualdad, es una **propuesta de igualdad** en la que interviene una letra llamada **incógnita.**

Una **solución** de la ecuación es un valor de la incógnita que hace que la igualdad sea cierta.

Resolver una ecuación es hallar su solución, o soluciones, o llegar a la conclusión de que no existe solución.

Tipos de ecuaciones

Te puedes encontrar con ecuaciones de muy diversos tipos. Por ejemplo:

- **Ecuaciones polinómicas.** En ellas, la incógnita aparece solamente en expresiones polinómicas. Las ecuaciones:

  $$3(x - 5) + \frac{x - 3}{2} = 15 \qquad x^2 - 2 = 2(x + 3) \qquad x^3 - 9x = (x + 1)^2 + 3$$

  son polinómicas de primer, segundo y tercer grado, respectivamente.

- **Con radicales.** $\sqrt{x + 17} + 2 = x - 1$

- **Con la x en el denominador.** $\frac{x + 2}{x + 3} - \frac{3}{x - 1} = \frac{1}{8}$

- **Con la x en el exponente.** $2^x = 64$; $3^x = 81$; $x^x = 3125$

Existen muchos más tipos de ecuaciones; sin embargo, en esta unidad prestaremos atención especial a las ecuaciones polinómicas de primer y segundo grado.

PIENSA Y PRACTICA

1 ¿Es 5 solución de alguna de las siguientes ecuaciones? Justifica tu respuesta:

a) $8x + 3 = 11x - 12$ b) $x^4 - x^3 = 500$

c) $3x - 7 = x^2 - 10$ d) $1^x = 5$

e) $x^2 - 12 = 4x - 7$ f) $2^{x-1} = 16$

g) $x^3 + x^2 + 2x + 1 = 161$ h) $10x + 25 = x^3$

i) $x^2 - 20 = 2x - 5$ j) $\sqrt{3x + 1} = 16$

k) $(2x - 3)^2 = 144$ l) $3(x^2 + 3) - 84 = 0$

2 En el ejercicio anterior hay varias ecuaciones polinómicas. Escríbelas y di cuál es su grado.

Resolución de ecuaciones por tanteo

En cursos anteriores aprendiste a resolver ecuaciones por métodos algorítmicos; es decir, mediante una serie de pasos que llevan, con seguridad, a la solución. En los siguientes apartados de esta unidad insistiremos en tales métodos para la resolución de ecuaciones de primer y segundo grado.

Sin embargo, la obtención mediante tanteo de la solución de una ecuación es un método perfectamente válido.

Hay ocasiones en las que recurrimos al tanteo, mentalmente o con calculadora, porque nos parece que va a ser fácil «ver» la solución. Pero habrá casos en los que la ecuación es de tal tipo que solo tanteando podremos resolverla. Si la solución es entera, posiblemente la encontremos con facilidad. Pero si no lo es, tendremos que tantear reiteradamente para obtener una buena aproximación decimal de ella. En este proceso, es fundamental la ayuda de la calculadora.

Veamos algunos ejemplos.

EJERCICIO RESUELTO

Resolver por tanteo estas ecuaciones:

a) $x^x = 3125$ ***b)*** $x^6 = 1200$

a) Tanteando con números enteros encontraremos rápidamente la solución $x = 5$ pues $5^5 = 3125$.

b) Dando valores enteros a x, observamos que:

$$\left.\begin{array}{l} 3^6 = 729 \\ 4^6 = 4096 \end{array}\right\} \text{ Por tanto, } x \text{ es mayor que 3 y menor que 4. Es decir, } x = 3,\ldots$$

Damos a x los valores 3,1; 3,2; 3,3; … y observamos que:

$$\left.\begin{array}{l} 3{,}2^6 = 1073,\ldots < 1200 \\ 3{,}3^6 = 1291,\ldots > 1200 \end{array}\right\} \text{ Por tanto, } x = 3{,}2\ldots$$

Podemos decir que, aproximando hasta las décimas, la solución de la ecuación es $x = 3{,}2$.

TU PROFESOR ES QUIEN SABE

La resolución de ecuaciones por tanteo es un ejercicio muy formativo, pues, aunque lo hagas con calculadora, desarrolla la capacidad de cálculo mental.

No obstante, será tu profesora o profesor quien te indique la conveniencia o no de utilizar este método. Sin duda, es quien mejor sabe lo que conviene para tu formación en cada momento.

PIENSA Y PRACTICA

3 Tanteando, halla la solución entera de las ecuaciones siguientes:

a) $2x^2 = 50$ b) $2x^3 + x^2 = 20$

c) $4 \cdot 10^x = 40\,000$ d) $(x - 12)^4 = 81$

e) $(3 + x)^{(x-6)} = 121$ f) $\sqrt[3]{x - 23} = 2$

g) $x^3 + x^2 = 150$ h) $3^x = 2\,187$

i) $x^x = 46\,656$ j) $\sqrt{7x + 4} = 9$

k) $5^{x+1} = 15\,625$ l) $\sqrt{x - 12} = x - 8$

4 Encuentra la solución, aproximando hasta las décimas, de las siguientes ecuaciones. Hazlo por tanteo ayudándote de la calculadora.

a) $x^2 = 1\,000$ b) $x^3 + 1 = 100$

c) $x^5 = 1\,500$ d) $x^6 - 40 = 1\,460$

e) $(x - 3)^4 = 35\,027$ f) $x^4 + x^2 = 40$

g) $x^3 + x^2 = 200$ h) $x^3 - x^2 = 200$

i) $\sqrt{x^2 - x} = 5$ j) $x^{x+1} = 250$

2 Ecuaciones de primer grado

ECUACIONES DE PRIMER GRADO	ECUACIONES QUE NO SON DE PRIMER GRADO
$4x + 7 = 8$	$(6x + 5)^2 = 8$
$(2x/3) - 2,5 = 9$	$8/x = 5x + 3$
$\sqrt{3}x + 17 = 4 - x$	$\sqrt{6x} + 1 = 5x$

A las ecuaciones polinómicas de primer grado se las llama, simplemente, **ecuaciones de primer grado.** En ellas, la x solo aparece elevada a 1 $(x^1 = x)$.

Las ecuaciones de primer grado tienen una única solución, que se obtiene despejando la incógnita.

Una **ecuación de primer grado** es una expresión que se puede reducir a la forma $ax + b = 0$, siendo $a \neq 0$. Tiene una única solución: $x = -\frac{b}{a}$

NOMENCLATURA

La solución de una ecuación también se llama **raíz.**

ECUACIONES EQUIVALENTES

Dos ecuaciones son equivalentes si tienen la misma solución o ambas carecen de solución. Así, las ecuaciones $5x - 9 = 51$ y $3x - 7 = 89 - 5x$ son equivalentes porque la solución de ambas es $x = 12$.

TRANSFORMACIONES QUE MANTIENEN LA EQUIVALENCIA DE ECUACIONES

Para resolver una ecuación, hemos de despejar la x mediante una serie de *pasos*. Cada *paso* consiste en transformar la ecuación en otra equivalente, en la que la x esté más próxima a ser despejada. Recordemos algunas reglas:

TRANSFORMACIÓN		REGLA PRÁCTICA
Sumar o restar la misma expresión en los dos miembros de la igualdad.	→	Lo que está sumando en un miembro pasa restando al otro miembro, y viceversa.
Multiplicar o dividir los dos miembros por el mismo número distinto de cero.	→	Lo que está multiplicando a todo lo demás de un miembro pasa dividiendo al otro, y viceversa.

ECUACIONES ANÓMALAS

Existen expresiones que parecen ecuaciones de primer grado y que, sin embargo, no tienen solución o tienen infinitas soluciones. Por ejemplo:

- $4x - 6 = 4(x + 3) \rightarrow 4x - 6 = 4x + 12 \rightarrow 0 \cdot x = 18$

  No puede ser $0 \cdot x = 18$. Por tanto, la ecuación **no tiene solución.**
- $4x - 6 = 4(x - 2) + 2 \rightarrow 4x - 6 = 4x - 6 \rightarrow 0 \cdot x = 0$

  $0 \cdot x = 0$ es cierto cualquiera que sea x, pues $0 = 0$. Por tanto, la ecuación **tiene infinitas soluciones.**

CASOS ESPECIALES

- $\mathbf{0x = b}$, con $b \neq 0$

  La ecuación **no tiene solución.**
- $\mathbf{0x = 0}$

  La ecuación **tiene infinitas soluciones.** Es una identidad.

PIENSA Y PRACTICA

→ **anayaeducacion.es** Resuelve ecuaciones con denominadores sencillos.

1 Encuentra el error en cada transformación:

a) $3(x + 1) = 21 \rightarrow 3(x) = 21 - 1$

b) $5(x - 2) + 3 = 10 \rightarrow (x - 2) + 3 = 10/5$

c) $3 - x/2 = 6 \rightarrow 3 - x = 6 \cdot 2$

d) $(4x - 9)/3 = 5 \rightarrow 4x/3 = 5 + 9$

e) $10(x + 3) = 40 - x \rightarrow x + 3 = 40/10 - x$

EJEMPLO

Resolvamos la ecuación:

$$\frac{3x-1}{20}-\frac{2(x+3)}{5}=\frac{4x+2}{15}-5$$

1 mín.c.m. (20, 5, 15) = 60

Se multiplican por 60 los dos miembros.

$$3(3x-1)-24(x+3)=$$
$$=4(4x+2)-60\cdot 5$$

2 ↓

$$9x-3-24x-72=16x+8-300$$

3 ↓

$$9x-24x-16x=8-300+3+72$$

4 ↓

$$-31x=-217$$

5 ↓

$x=\frac{-217}{-31}$. *Solución:* $x=7$

6 ↓

$$\left.\begin{array}{l}\frac{3\cdot 7-1}{20}-\frac{2(7+3)}{5}=-3\\ \frac{4\cdot 7+2}{15}-5=2-5=-3\end{array}\right\}$$

Coinciden. La solución es correcta.

Pasos para resolver ecuaciones de primer grado

Seguramente aprendiste a resolver ecuaciones de primer grado sencillas los cursos pasados. Ahora vamos a entrenarnos para resolver ecuaciones de primer grado algo más complejas.

Con frecuencia, las ecuaciones que tendremos que resolver presentan un aspecto complicado. Por ejemplo:

$$\frac{3x-1}{20}-\frac{2(x+3)}{5}=\frac{4x+2}{15}-5$$

Veamos qué pasos conviene dar para, poco a poco, ir despejando la x (en el margen puedes ver cómo hemos resuelto la ecuación del ejemplo siguiendo los pasos que ahora describimos):

1. Quitar denominadores, si los hay. Para ello, se multiplican los dos miembros de la ecuación por un múltiplo común de los denominadores; preferiblemente, su mínimo común múltiplo.
2. Quitar paréntesis, si los hay.
3. Pasar los términos en x a un miembro y los números al otro miembro.
4. Simplificar cada miembro.
5. Despejar la x. Se obtiene, así, la solución.
6. Comprobación: sustituir la solución en cada miembro de la ecuación inicial para comprobar que coinciden los resultados.

Esta secuencia no hay que tomarla como algo rígido, pues habrá ocasiones en que convenga empezar quitando paréntesis, simplificando…

El entrenamiento y el sentido común te orientarán sobre cuándo conviene hacer una cosa u otra.

PIENSA Y PRACTICA

2 Resuelve las siguientes ecuaciones:

a) $\frac{3x}{15}-x=-\frac{3x}{3}+\frac{9}{5}$

b) $\frac{x}{3}+\frac{x}{9}-\frac{4x}{27}=\frac{11}{27}-\frac{x}{9}$

c) $\frac{x}{2}+\frac{x-3}{8}+\frac{2x+2}{16}=\frac{x-2}{2}$

d) $\frac{13+x}{20}-\frac{5x}{2}=\frac{10+x}{5}+\frac{1-12x}{10}$

e) $3x-\frac{x+3}{4}=13$

f) $4-\frac{x+2}{4}=x-4$

g) $\frac{x}{2}-\frac{2(x+2)}{7}=\frac{x-3}{4}$

h) $\frac{1-x}{25}-\frac{x}{6}+\frac{x+7}{9}=\frac{2}{5}-\frac{3x}{15}$

i) $\frac{(1+x)^2}{5}=\frac{2x+4}{25}+\frac{x^2}{5}+\frac{1}{5}$

j) $\frac{x-4}{8}+\frac{9-x}{12}-\frac{2x-7}{24}+5=x-8$

k) $x+\frac{9(5+x)}{5}=9-x$

l) $\frac{(2x-1)(2x+1)}{4}=\frac{3(4x^2+1)}{12}-x$

m) $(x-3)(x+3)=\frac{3(x-1)}{2}+x^2$

n) $\frac{x-7}{4}+\frac{25(x-2)}{3}=\frac{5x+35}{4}+\frac{5}{2}(x-7)$

3 Ecuaciones de segundo grado

→ anayaeducacion.es
- Ayuda al razonamiento. Obtención de la fórmula que resuelve la ecuación de segundo grado.
- Ayuda para resolver ecuaciones de segundo grado.

Una ecuación de segundo grado es de la forma:

$$ax^2 + bx + c = 0, \text{ con } a \neq 0$$

Para despejar la x, se sigue un largo y complicado proceso que no vamos a ver aquí. El resultado final es la fórmula siguiente:

$$x = \frac{-b \pm \sqrt{b^2 - 4ac}}{2a} \leftarrow$$ **Soluciones de una ecuación de segundo grado.**

El doble signo (±) quiere decir que puede haber dos soluciones:

$$x_1 = \frac{-b + \sqrt{b^2 - 4ac}}{2a} \qquad x_2 = \frac{-b - \sqrt{b^2 - 4ac}}{2a}$$

Estas dos soluciones pueden reducirse a una o a ninguna, según los casos.

EJEMPLO

$$3x^2 - 5x - 2 = 0$$

es una ecuación de segundo grado donde:

$$a = 3, \ b = -5, \ c = -2$$

$$x = \frac{5 \pm \sqrt{(-5)^2 - 4 \cdot 3 \cdot (-2)}}{2 \cdot 3} = \frac{5 \pm \sqrt{49}}{6} = \frac{5 \pm 7}{6} = \begin{cases} 2 \\ -\frac{1}{3} \end{cases}$$

$$\Delta = (-5)^2 - 4 \cdot 3 \cdot (-2) = 49 > 0$$

Por eso, esta ecuación tiene dos soluciones.

Número de soluciones

La expresión que está dentro de la raíz en las soluciones de una ecuación de segundo grado, $\Delta = b^2 - 4ac$, se llama **discriminante** de la ecuación. El número de soluciones depende del signo de Δ:

- Si $\Delta > 0$, la ecuación tiene **dos soluciones:**

$$x_1 = \frac{-b + \sqrt{\Delta}}{2a} \quad \text{y} \quad x_2 = \frac{-b - \sqrt{\Delta}}{2a}$$

- Si $\Delta = 0$, solo hay una solución: $x = \frac{-b}{2a}$. Se dice que es una **solución doble.**
- Si $\Delta < 0$, $\sqrt{\Delta}$ carece de sentido. La ecuación **no tiene solución.**

EJERCICIO RESUELTO

Resolver estas ecuaciones:

a) $x^2 - 6x + 5 = 0$

b) $4x^2 + 4x + 1 = 0$

c) $3x^2 + 2x + 7 = 0$

a) $x = \frac{6 \pm \sqrt{(-6)^2 - 4 \cdot 1 \cdot 5}}{2 \cdot 1} = \frac{6 \pm \sqrt{36 - 20}}{2} = \frac{6 \pm \sqrt{16}}{2} = \frac{6 \pm 4}{2} \begin{cases} x_1 = 5 \\ x_2 = 1 \end{cases}$

b) $x = \frac{-4 \pm \sqrt{4^2 - 4 \cdot 4 \cdot 1}}{2 \cdot 4} = \frac{-4 \pm 0}{8} = -\frac{1}{2}$ Solución doble.

c) $x = \frac{-2 \pm \sqrt{2^2 - 4 \cdot 3 \cdot 7}}{2 \cdot 3} = \frac{-2 \pm \sqrt{-80}}{6}$ No tiene solución.

PIENSA Y PRACTICA

1 Resuelve las siguientes ecuaciones:

a) $x^2 - 5x + 6 = 0$ b) $9x^2 + 6x + 1 = 0$ c) $9x^2 - 6x + 1 = 0$ d) $5x^2 - 7x + 3 = 0$

e) $2x^2 + 5x - 3 = 0$ f) $6x^2 - 5x + 1 = 0$ g) $x^2 - 3x + 15 = 0$ h) $x^2 - 0{,}1x + 0{,}2 = 0$

Ecuaciones de segundo grado incompletas

Las ecuaciones de segundo grado $ax^2 + bx + c = 0$ en las que los coeficientes b o c son cero se llaman **incompletas:** $ax^2 + c = 0$ y $ax^2 + bx = 0$.

Aunque pueden resolverse aplicando la fórmula general, es posible encontrar sus soluciones de forma mucho más sencilla. Por ejemplo:

- $3x^2 - 75 = 0 \rightarrow x^2 = \dfrac{75}{3} = 25 \rightarrow x = \pm\sqrt{25} = \pm 5$
- $7x^2 + 11x = 0 \rightarrow x(7x + 11) = 0 \rightarrow \begin{cases} x = 0 \\ 7x + 11 = 0 \rightarrow x = -\dfrac{11}{7} \end{cases}$

TEN EN CUENTA

- Si $x^2 = 25$, entonces $x = \pm 5$, pues 25 tiene dos raíces cuadradas, 5 y –5.
- Para que un producto de dos factores sea igual a cero, es necesario que sea 0 alguno de ellos:

$x \cdot (7x + 11) = 0$

$x = 0$ o bien $7x + 11 = 0$

Ecuaciones del tipo $ax^2 + c = 0$

Para resolver las ecuaciones del tipo $ax^2 + c = 0$ no es necesario aplicar la fórmula general, pues se puede despejar x con toda sencillez:

$$x^2 = -\frac{c}{a} \rightarrow x = \pm\sqrt{-\frac{c}{a}}$$

Estas ecuaciones pueden tener dos soluciones o ninguna, dependiendo de los signos de c y a.

Ecuaciones del tipo $ax^2 + bx = 0$

Para resolver las ecuaciones del tipo $ax^2 + bx = 0$ no es necesario aplicar la fórmula general, pues se puede sacar la x como factor común e igualar a cero cada uno de los dos factores:

$$x \cdot (ax + b) = 0 \rightarrow \text{Soluciones: } x_1 = 0,\ x_2 = -\frac{b}{a}$$

Estas ecuaciones siempre tienen dos soluciones.

EJERCICIO RESUELTO

Resolver:

a) $2x^2 - 98 = 0$

b) $2x^2 + 98 = 0$

c) $5x^2 + 95x = 0$

a) $2x^2 - 98 = 0 \rightarrow 2x^2 = 98 \rightarrow x^2 = \dfrac{98}{2} = 49 \rightarrow x = \pm\sqrt{49} = \pm 7$

Las soluciones son $x_1 = 7$, $x_2 = -7$.

b) $2x^2 + 98 = 0 \rightarrow 2x^2 = -98 \rightarrow x^2 = -\dfrac{98}{2} = -49$

No tiene solución, porque el cuadrado de un número no puede ser negativo.

Es decir, $\sqrt{-49}$ no tiene sentido.

c) $5x^2 + 95x = 0 \rightarrow x(5x + 95) = 0 \rightarrow \begin{cases} x_1 = 0 \\ 5x + 95 = 0 \rightarrow x_2 = -\dfrac{95}{5} = -19 \end{cases}$

PIENSA Y PRACTICA

2 Resuelve estas ecuaciones:

a) $7x^2 - 28 = 0$ b) $7x^2 + 28 = 0$ c) $4x^2 - 9 = 0$ d) $3x^2 + 42x = 0$

e) $3x^2 = 42x$ f) $11x^2 - 37x = 0$ g) $2(x + 5)^2 + (x - 3)^2 = 14(x + 4)$ h) $7x^2 + 5 = 68$

3 Ecuaciones de segundo grado

TEN EN CUENTA

- $ax^2 + bx + c = 0$ ($a \neq 0$, $b \neq 0$, $c \neq 0$) → Aplica la fórmula:

$$x = \frac{-b \pm \sqrt{b^2 - 4ac}}{2a}$$

- $ax^2 + c = 0$ → Despeja x^2...
- $ax^2 + bx = 0$ → Saca la x como factor común...

Reglas para resolver ecuaciones de segundo grado

- Si la ecuación de segundo grado está completa (tiene todos sus términos), aplica la fórmula.
- Si es una ecuación incompleta, tal como hemos visto en el apartado anterior, podrás resolverla con facilidad sin aplicar la fórmula.
- Si tiene una fisonomía complicada, arréglala: quita denominadores, suprime paréntesis, agrupa términos y pásalos todos al primer miembro.

  Solo cuando esté simplificada, aplica uno de los consejos anteriores.
- Comprueba las soluciones. Si la solución proviene de un problema con enunciado, haz la comprobación sobre él, pues es posible que alguna de las soluciones carezca de sentido real.

  Si la ecuación de partida tiene la x en el denominador, no des como solución ningún valor que anule algún denominador. Si se diera este caso, hay que rechazar esa solución.

EJERCICIOS RESUELTOS

1 ***Resolver la siguiente ecuación:***

$(2x-1)(3x-2) + (2x-3)^2 = 3(4x-4) - (x-2)^2 + 3$

$(2x-1)(3x-2) + (2x-3)^2 = 3(4x-4) - (x-2)^2 + 3$

- Desarrollamos los cuadrados y realizamos los productos:

$$6x^2 - 4x - 3x + 2 + 4x^2 - 12x + 9 = 12x - 12 - (x^2 - 4x + 4) + 3$$

- Quitamos paréntesis:

$$6x^2 - 4x - 3x + 2 + 4x^2 - 12x + 9 = 12x - 12 - x^2 + 4x - 4 + 3$$

- Agrupamos los términos pasándolos todos previamente al primer miembro de la ecuación:

$$6x^2 - 4x - 3x + 2 + 4x^2 - 12x + 9 - 12x + 12 + x^2 - 4x + 4 - 3 = 0 \rightarrow$$
$$\rightarrow 6x^2 + 4x^2 + x^2 - 4x - 3x - 12x - 12x - 4x + 2 + 9 + 12 + 4 - 3 = 0 \rightarrow$$
$$\rightarrow 11x^2 - 35x + 24 = 0$$

- Aplicamos la fórmula teniendo en cuenta que $a = 11$, $b = -35$, $c = 24$:

$$x = \frac{35 \pm \sqrt{(-35)^2 - 4 \cdot 11 \cdot 24}}{2 \cdot 11} = \frac{35 \pm \sqrt{169}}{22} = \frac{35 \pm 13}{22} \begin{cases} x_1 = \dfrac{24}{11} \\ x_2 = 1 \end{cases}$$

- Comprobamos que tanto para $x = \frac{24}{11}$ como para $x = 1$, el valor que toma el primer miembro de la ecuación inicial coincide con el valor que toma el segundo miembro.

PIENSA Y PRACTICA

3 Resuelve las siguientes ecuaciones:

a) $(2x-3)(3x-2) + 2x + 3 = 0$

b) $3(x-1)^2 + 5x = 5$

c) $(x+1)(x+2) = 2(x+2)$

d) $1 + (1-x)(2x+1) = x^2$

e) $3x^2 - 2(x+5) = (x+3)^2 - 19$

f) $(3x+4)(5x-7) = (2x+7)^2 + 53$

g) $(2x+4)(x-1) + (3x+5)^2 = 3(2x+5)^2 + x$

h) $(x-2)(4x+2) + (3-3x)^2 = 4(5x+1)^2 - (x-1)$

EJERCICIOS RESUELTOS

2 ***Resolver esta ecuación:***

$$\frac{x+3}{2} - \frac{1}{x} = \frac{x-3}{x} + \frac{7-x^2}{2x}$$

$$\frac{x+3}{2} - \frac{1}{x} = \frac{x-3}{x} + \frac{7-x^2}{2x} \qquad \text{mín. c. m.}\ (2, x, 2x) = 2x$$

- Multiplicamos por $2x$ para eliminar denominadores:

$$2x\left(\frac{x+3}{2} - \frac{1}{x}\right) = 2x\left(\frac{x-3}{x} + \frac{7-x^2}{2x}\right) \to$$

$$\to x(x+3) - 2 = 2(x-3) + (7 - x^2)$$

- Eliminamos paréntesis y pasamos todo al primer miembro:

$$x^2 + 3x - 2 = 2x - 6 + 7 - x^2 \to 2x^2 + x - 3 = 0$$

- Aplicamos la fórmula:

$$x = \frac{-1 \pm \sqrt{1^2 - 4 \cdot 2 \cdot (-3)}}{2 \cdot 2} = \frac{-1 \pm \sqrt{25}}{4} = \frac{-1 \pm 5}{4} \quad \begin{cases} x_1 = 1 \\ x_2 = -\dfrac{3}{2} \end{cases}$$

- Comprobamos las soluciones en la ecuación inicial.

  Si hubiéramos obtenido $x = 0$ como solución, habría que desecharla, ya que anularía algunos denominadores.

Resolución con calculadora

Para trabajar con ecuaciones en la calculadora, selecciona MENÚ, busca con la flecha ▸ la opción **A:Ecuación/Func** y pulsa ⊜ (hay modelos de CLASSWIZ que no tienen esta opción, como la *fx-85SP XII Iberia*). A continuación, escoge **2:Polinómica** y escribe el grado de la ecuación. Es importante que tengas configurada la salida matemática (E Mat/S Mat), de esta forma obtendrás soluciones con las raíces y las fracciones indicadas y no en forma decimal.

Para introducir la ecuación de segundo grado, debes transformarla hasta llegar a una expresión de la forma $ax^2 + bx + c = 0$. Al elegir el grado 2, aparecerá una pantalla parecida a esta:

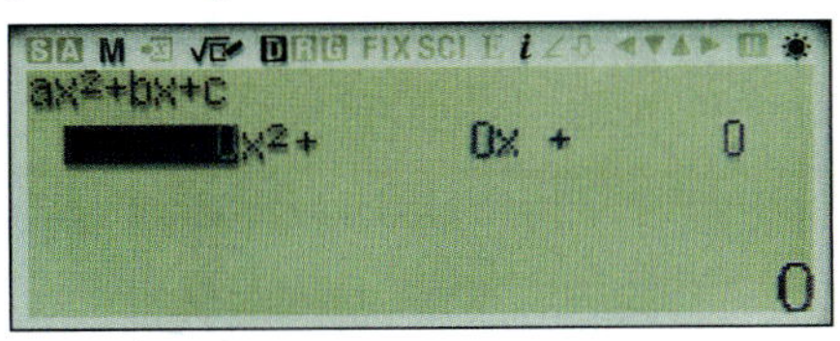

Se escriben los valores de los coeficientes a, b y c y se presiona la tecla ⊜ dos veces, una para cada solución.

Por ejemplo, para resolver la ecuación $4x^2 + 4x - 3 = 0$, se introducen los coeficientes pulsando 4 ⊜ 4 ⊜ ⊖ 3 ⊜.

Al pulsar otra vez ⊜ se obtiene $x_1 = \frac{1}{2}$ y, al volver a pulsar ⊜, sale $x_2 = -\frac{3}{2}$.

ECUACIONES SIN SOLUCIÓN

Si al resolver una ecuación de segundo grado obtienes soluciones en las que aparece la letra i, entonces la ecuación no tiene solución.

La letra i es la «unidad imaginaria» que conocerás y aprenderás a manejar en Bachillerato. Con lo que sabemos en este nivel, la ecuación, simplemente, no tiene solución.

Por ejemplo, al resolver la ecuación $x^2 + x + 1 = 0$ se obtiene:

$$x_1 = \frac{-1 + \sqrt{3}i}{2} \qquad x_2 = \frac{-1 - \sqrt{3}i}{2}$$

Para nosotros, esta ecuación no tiene solución.

PIENSA Y PRACTICA

4 Resuelve estas ecuaciones manualmente y con calculadora. Comprueba que los resultados coinciden.

a) $3x(x+1) - \dfrac{(x-2)^2}{2} = (x+1)(x-1) + 15$

b) $\dfrac{(x+1)^2}{2} - \dfrac{3(x-1)}{4} + \dfrac{3x(x+1)}{2} = \dfrac{3}{2}$

c) $\dfrac{3x}{2} - \dfrac{1}{x} = \dfrac{3}{2}$

d) $\dfrac{x}{3} - 1 + \dfrac{1}{x} = 1 - \dfrac{2}{3x}$

4 Resolución de problemas con ecuaciones

Plantear una ecuación a partir de un problema es traducir a lenguaje algebraico las condiciones que ligan lo que se sabe con lo que se desea conocer. Conviene proceder de forma organizada, por lo que es útil dar estos pasos:

1. Identificar los datos conocidos y lo que deseamos conocer. Dar nombre a la incógnita.

2. Relacionar mediante una igualdad (ecuación) lo conocido con lo desconocido.

3. Resolver la ecuación.

4. Interpretar la solución ajustándola al enunciado.

OBSERVA

Si la solución proviene de un problema con enunciado, comprueba las soluciones sobre él, pues es posible que alguna carezca de sentido real.

PROBLEMAS RESUELTOS

1 ***En un triángulo rectángulo, un cateto mide 2 cm menos que la hipotenusa y 14 cm más que el otro cateto. Calcular la longitud de los tres lados.***

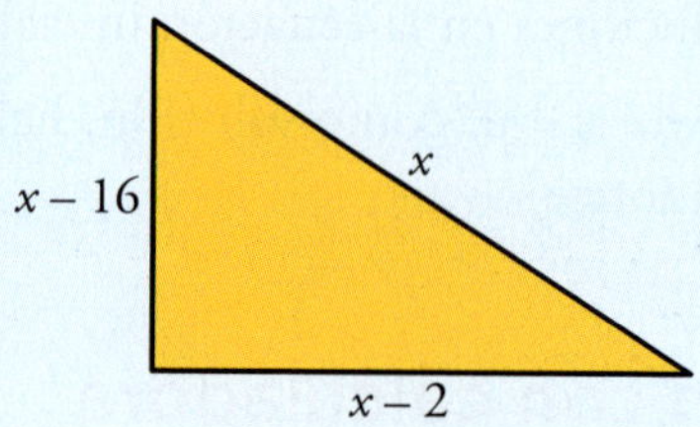

Para relacionar las tres longitudes, aplicamos el teorema de Pitágoras: $x^2 = (x-2)^2 + (x-16)^2 \rightarrow$
$\rightarrow x^2 = x^2 - 4x + 4 + x^2 - 32x + 256 \rightarrow$
$\rightarrow x^2 - 36x + 260 = 0$

Resolvemos la ecuación:

$$x = \frac{36 \pm \sqrt{36^2 - 4 \cdot 1 \cdot 260}}{2} = \frac{36 \pm \sqrt{256}}{2} = \frac{36 \pm 16}{2} \quad x_1 = 26, \quad x_2 = 10$$

$x_1 = 26$. *Solución*: los lados miden 26 cm, 24 cm y 10 cm.

$x_2 = 10$. *No es solución*, ya que uno de los lados tendría medida negativa.

2 ***Un parque rectangular de dimensiones 50 m × 30 m tiene un camino de una determinada anchura que lo rodea. Si la superficie total del camino es de 516 m², ¿cuál es su ancho?***

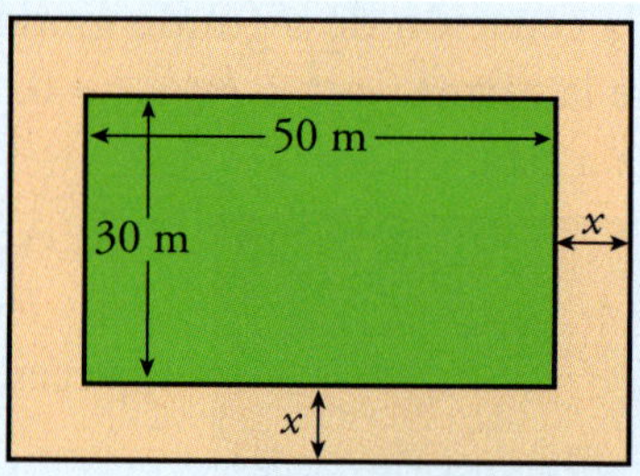

Tenemos un camino cuyo ancho, x, queremos calcular. Hallamos la expresión que representa la superficie del camino y la igualamos a 516:

$$4x^2 + 2 \cdot 50x + 2 \cdot 30x = 516$$

Simplificamos y resolvemos la ecuación $4x^2 + 160x - 516 = 0$:

$$x = \frac{-160 \pm \sqrt{160^2 - 4 \cdot 4 \cdot (-516)}}{2 \cdot 4} = \frac{-160 \pm \sqrt{33\,856}}{8} = \frac{-160 \pm 184}{8} \quad x_1 = 3, \quad x_2 = -43$$

Tomamos la solución positiva, $x = 3$.

Solución: el ancho del camino es de 3 m.

PIENSA Y PRACTICA

1 La base de un rectángulo es 9 cm mayor que su altura. Su área mide 400 cm². Calcula las dimensiones de este rectángulo.

2 Un parque circular de 22 686,5 m² tiene un camino que lo rodea. Si el área total del camino es 2 185,44 m², ¿cuál es su anchura? (Toma $\pi = 3,14$.)

3 ***Un repostero ha mezclado 12 kg de azúcar de 1,10 €/kg con una cierta cantidad de miel de 4,20 €/kg. La mezcla sale a 2,34 €/kg. ¿Cuánta miel puso?***

	CANTIDAD (kg)	PRECIO (€/kg)	COSTE (€)
AZÚCAR	12	1,10	$1,10 \cdot 12 = 13,20$
MIEL	x	4,20	$4,20x$
MEZCLA	$12 + x$	2,34	$2,34(12 + x)$

Relación: COSTE DEL AZÚCAR + COSTE DE LA MIEL = COSTE DE LA MEZCLA

$$13,20 + 4,20x = 2,34(12 + x) \rightarrow 13,20 + 4,20x = 28,08 + 2,34x \rightarrow$$
$$\rightarrow 1,86x = 14,88 \rightarrow x = 14,88/1,86 = 8 \text{ kg de miel.}$$

4 ***Dos ciudades, A y B, distan 280 km. Un tren sale de A hacia B a 80 km/h, y media hora más tarde sale un coche de B hacia A que tarda 1,2 horas en cruzarse con el tren. ¿Qué velocidad lleva el coche?***

Como el tren sale media hora antes, cuando el coche se pone en marcha, el tren ha recorrido ya 40 km. Por tanto, están a 240 km de distancia.

Llamamos x a la velocidad del coche. El coche y el tren se acercan a $(x + 80)$ km/h y en 1,2 h recorren 240 km. Esto se traduce en la siguiente ecuación:

$$\text{Velocidad} = \frac{\text{Espacio}}{\text{Tiempo}} \rightarrow x + 80 = \frac{240}{1,2} \rightarrow 1,2x + 96 = 240 \rightarrow x = 120$$

El coche va a 120 km/h.

5 ***Tres amigas trabajan 20, 30 y 50 días en un negocio. Se reparten los beneficios y a la tercera le corresponden 300 € más que a la segunda. ¿Cuánto se han repartido?***

A la que ha trabajado 30 días le corresponden x € de beneficios, y a la que ha trabajado 50 días le corresponden $x + 300$ € de beneficios. Esto se traduce así:

$$\frac{x + 300}{50} = \frac{x}{30} \rightarrow 30x + 9\,000 = 50x \rightarrow x = 450 \text{ €}$$

Ahora hallamos lo que le corresponde a la primera, p: $\frac{450}{30} = \frac{p}{20} \rightarrow p = 300$ €

Por tanto, la cantidad repartida es 300 + 450 + 750 = 1 500 €.

6 ***María es 5 veces mayor que su hija. Hace dos años, la suma de los cuadrados de sus edades era 1 480. ¿Qué edades tienen en la actualidad?***

La hija de María tiene x años y María, $5x$ años. Hace dos años, la hija tenía $x - 2$ años y María, $5x - 2$. Traducimos el enunciado y calculamos:

$$(x - 2)^2 + (5x - 2)^2 = 1\,480 \rightarrow (x^2 - 4x + 4) + (25x^2 - 20x + 4) = 1\,480 \rightarrow$$
$$\rightarrow x^2 + 25x^2 - 4x - 20x + 4 + 4 - 1\,480 = 0 \rightarrow 26x^2 - 24x - 1\,472 = 0 \rightarrow$$
$$\rightarrow 13x^2 - 12x - 736 = 0$$

$$x = \frac{12 \pm \sqrt{12^2 - 4 \cdot 13 \cdot (-736)}}{2 \cdot 13} = \frac{12 \pm 196}{26} \begin{cases} x_1 = 8 \\ x_2 = -\frac{92}{13} \text{ (No válida.)} \end{cases}$$

Solución: María tiene 8 · 5 = 40 años y su hija, 8 años.

PIENSA Y PRACTICA

3 Se ha fundido un lingote de oro de 3 kg de peso y 80 % de pureza, junto con otro lingote de oro de 1 kg de peso. ¿Cuál era la pureza del segundo, si la de la mezcla resultante es del 67 %?

4 Un coche tarda 5 h en cubrir el trayecto A-B. Un camión, que ha salido a la misma hora, y realiza el trayecto B-A, tarda 2 h y 55 min en cruzarse con el coche. ¿Cuánto durará el viaje completo del camión?

5 Dos albañiles que trabajan asociados reciben 1 400 € como pago de cierto trabajo. ¿Cuánto debe cobrar cada uno si el primero trabajó las dos quintas partes de lo que trabajó el otro?

6 El suelo de mi salón tiene 1 210 baldosas cuadradas. Si el lado de cada baldosa aumentara 1 cm, solo se necesitarían 1 000 baldosas. ¿Qué dimensión tiene cada baldosa?

1 Porcentajes

En una empresa trabajan 31 mujeres más que hombres. La empresa contrata a 8 hombres más y así los hombres representan el 40 % del personal. ¿Cuántas mujeres y cuántos hombres hay actualmente?

Llamamos x al número de hombres que hay antes de la contratación; el número de mujeres será $x + 31$. Después de la contratación hay $x + 8$ hombres.

El número total de empleados después de la contratación será $x + 8 + x + 31 =$ $= 2x + 39$. De estos, el 40 % son hombres. Por tanto:

$0{,}4 \cdot (2x + 39) = x + 8 \rightarrow 0{,}8x + 15{,}6 = x + 8 \rightarrow 0{,}2x = 7{,}6 \rightarrow x = 38$

Actualmente, hay 38 + 8 = 46 hombres y 38 + 31 = 69 mujeres.

2 Velocidad-tiempo

Jesús sale con su coche a 80 km/h. Se para 15 min para echar gasolina y después conduce un buen rato a 100 km/h. Cuando llega a su destino comprueba que hizo 250 km en 3 h contando la parada. ¿Cuánto tiempo condujo a 80 km/h?

Llamamos x al tiempo que conduce a 80 km/h.

El tiempo del viaje, sin parada, es 3 h – 15 min = 2,75 h. Por tanto, el tiempo que conduce a 100 km/h es $2{,}75 - x$.

El espacio que recorre a 80 km/h es $80x$ y el que recorre a 100 km/h es $100(2{,}75 - x)$. Así:

$$80x + 275 - 100x = 250 \rightarrow -20x = -25 \rightarrow x = \frac{-25}{-20} = 1{,}25$$

Jesús conduce 1,25 h = 1 h 15 min a 80 km/h.

3 Áreas

En el cuadrado ABCD de lado 6 cm señalamos los puntos P, Q, R y S. ¿Cuál debe ser el valor de x para que el área del cuadrilátero PQRS sea igual a 20 cm²?

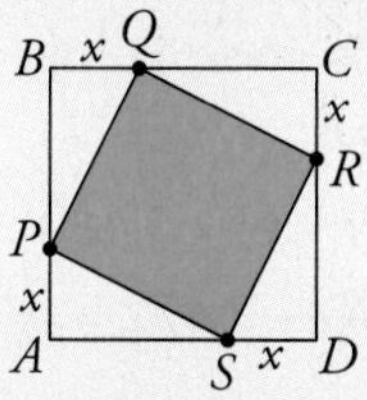

Calculamos el área del cuadrilátero $PQRS$ restando del área del cuadrado inicial el área de los triángulos rectángulos, de catetos x y $6 - x$, que se han formado en cada uno de sus vértices.

$$36 - 4 \cdot \frac{x(6-x)}{2} = 20 \rightarrow 36 - 12x + 2x^2 = 20 \rightarrow x^2 - 6x + 8 = 0$$

$$x = \frac{6 \pm \sqrt{36-32}}{2} = \frac{6 \pm \sqrt{4}}{2} = \frac{6 \pm 2}{2} \begin{cases} x_1 = 2 \\ x_2 = 4 \end{cases}$$

Hay dos soluciones: el valor de x puede ser 2 cm o bien 4 cm.

Hazlo tú En esta misma figura, calcula el valor de x para que el lado del cuadrado coloreado sea igual a $\sqrt{26}$ cm.

4 Tiempos de trabajo

Paula y Carmen, juntas, hacen un trabajo en 10 h. Paula y Manu tardan 12 h en hacer el mismo trabajo, y Carmen y Manu, 15 h.

¿Cuántas horas tardarían en hacer el trabajo entre los tres?

Hazlo tú María tarda tres veces más que Pilar en hacer un trabajo. Si lo hacen juntas, lo terminan en 3 h. ¿Cuánto tarda cada una si lo hace sola?

Llamando p, c y m al número de horas que emplearían Paula, Carmen y Manu en hacer el trabajo en solitario, podemos escribir estas tres ecuaciones:

- Paula y Carmen, en una hora, harán la décima parte del trabajo. $\frac{1}{p} + \frac{1}{c} = \frac{1}{10}$
- Paula y Manu, en una hora, harán 1/12 del trabajo. $\frac{1}{p} + \frac{1}{m} = \frac{1}{12}$
- Carmen y Manu, en una hora, harán 1/15 del trabajo. $\frac{1}{c} + \frac{1}{m} = \frac{1}{15}$

Sumamos esas tres igualdades: $2\frac{1}{p} + 2\frac{1}{c} + 2\frac{1}{m} = \frac{1}{10} + \frac{1}{12} + \frac{1}{15} = \frac{1}{4}$

Por tanto, $\frac{1}{p} + \frac{1}{c} + \frac{1}{m} = \frac{1}{8}$, lo que quiere decir que trabajando juntos hacen $\frac{1}{8}$ del trabajo en una hora. Y el trabajo completo, en 8 horas.

¿DOMINAS LO BÁSICO?

Ecuaciones de primer grado

1 Resuelve mentalmente y explica el proceso seguido.

a) $\frac{x-5}{4} = 1$ b) $5x + 1 = 11$

c) $3(x-2) = 12$ d) $\frac{x}{3} + 1 = 6$

e) $\frac{x+1}{3} = 6$ f) $x^3 = 8$

g) $3^x = 81$ h) $\sqrt{2x} = 4$

2 Resuelve las siguientes ecuaciones y comprueba la solución que obtengas:

a) $2x + 7 - 2(x-1) = 3(x+3)$

b) $4(2x-7) - 3(3x+1) = 2 - (7-x)$

c) $\frac{x-3}{5} = \frac{x+1}{3} - 2$

d) $1 = \frac{x+3}{3} - \frac{x}{2}$

3 Resuelve y comprueba que dos de estas ecuaciones son equivalentes. ¿Cuáles son?

a) $\frac{x+2}{2} - \frac{x+3}{3} = -\frac{x-4}{4} + \frac{x-5}{5}$

b) $\frac{3x+2}{5} - \frac{4x-1}{10} + \frac{5x-2}{8} = \frac{x+1}{4}$

c) $\frac{x+5}{5} - \frac{x+5}{24} = \frac{x+6}{10} + \frac{x+4}{60}$

d) $2x - \frac{1}{2}(1+3x) - \frac{3}{5}(x-2) = \frac{1}{4}(3-x)$

4 Solo una de las siguientes ecuaciones tiene solución única. Resuélvelas y compruébalo.

a) $\frac{x+1}{2} = 2 + \frac{2x-3}{4}$

b) $\frac{4x-3}{12} - \frac{2x+1}{4} = \frac{x-1}{3} - \frac{3x+1}{6}$

c) $\frac{1+x}{3} - \frac{x+3}{5} = \frac{26}{15} - \frac{4+x}{2}$

5 Resuelve.

a) $\frac{2}{3}(x-3) + \frac{1}{5}(x-5) = \frac{3}{5}\left(x + \frac{2}{3}\right) + \frac{4x}{15}$

b) $2x - \frac{1}{2}(1+3x) = \frac{3}{5}(x-2) + \frac{1}{4}(3-x)$

c) $\frac{4}{3}(2-x) - \frac{3}{4}(2x-1) = 4x - 7\left(x - \frac{1}{2}\right) - \frac{3}{4}$

d) $x(8x-1) - (3x-4)^2 = x(7-x) - 2(x-4)$

Ecuaciones de segundo grado

6 Resuelve mentalmente.

a) $x^2 - 100 = 0$ b) $2x^2 - 50 = 0$

c) $12 - 3x^2 = 0$ d) $(x-3)^2 = 0$

e) $x^2 - 3 = 13$ f) $(x-2)^2 = 1$

7 Las siguientes ecuaciones de segundo grado son incompletas. Halla sus soluciones sin utilizar la fórmula general.

a) $3x^2 - 12x = 0$ b) $x - 3x^2 = 0$

c) $2x^2 - 5x = 0$ d) $2x^2 - 8 = 0$

e) $9x^2 - 25 = 0$ f) $4x^2 + 100 = 0$

g) $16x^2 = 100$ h) $3x^2 - 6 = 0$

8 ¿Cuáles de las siguientes ecuaciones no tienen solución? ¿Cuáles tienen solución única? Resuelve y comprueba.

a) $x^2 + 4x - 21 = 0$ b) $x^2 + 9x + 20 = 0$

c) $9x^2 - 12x + 4 = 0$ d) $x^2 + x + 3 = 0$

e) $4x^2 + 28x + 49 = 0$ f) $x^2 - 2x + 3 = 0$

g) $4x^2 - 20x + 25 = 0$ h) $-2x^2 + 3x + 2 = 0$

9 Opera y resuelve.

a) $(x-2)(3x+2) = (x-4)(2x+1)$

b) $(x-1)^2 + (1-x)(x+2) = 0$

c) $(x+1)^2 = (x+1)(2x-3)$

d) $(x+4)^2 - (2x-1)^2 = 8x$

10 Resuelve las siguientes ecuaciones:

a) $\frac{x}{3}(x-1) - \frac{x}{4}(x+1) + \frac{3x+4}{12} = 0$

b) $\frac{(x-1)(x+2)}{12} - \frac{(x+1)(x-2)}{6} - 1 = \frac{x-3}{3}$

c) $\frac{(x-1)^2 - 3x + 1}{15} + \frac{x+1}{5} = 0$

d) $\frac{x+1}{2} - \frac{(x-1)^2}{4} - \frac{x+2}{3} + \frac{(x-2)^2}{6} = \frac{1}{6}$

Comprueba que una no tiene solución y las soluciones, no ordenadas, de las otras son 1 y –2; $\pm\sqrt{3}$ y 2.

11 Calcula k para que las siguientes ecuaciones tengan una solución doble:

a) $x^2 + kx + 9 = 0$ b) $x^2 - 6x - k = 0$

c) $x^2 - kx + 4 = 0$ d) $x^2 + 12x + 2k = 0$

Resolución por tanteo

12 Busca por tanteo una solución exacta de cada una de las siguientes ecuaciones:

a) $3^{x-5} = 27$ b) $\sqrt{x+9} = 13$

c) $(x+1)^3 = -1$ d) $x^3 - x^2 = 48$

e) $x^3 - x^2 - x = 15$ f) $(x-2)^4 - 625 = 0$

13 Busca por tanteo una solución aproximada de las siguientes ecuaciones:

a) $x^3 = 381$ b) $x^4 - x^2 = 54$

c) $x - \sqrt{x+5} = 0$ d) $3^{x-1} = 0{,}005$

e) $5x = 0{,}32$ f) $x^{0,75} = 17$

14 Resuelve por tanteo.

a) $\sqrt{x+8} = x - 1$ b) $2x^3 - x = 17$

c) $\sqrt{x^2+3} = 2x$ d) $2^x = 0{,}04$

ENTRÉNATE Y PRACTICA

15 Comprueba que las siguientes ecuaciones son de primer grado y halla sus soluciones:

a) $(4x-3)(4x+3) - 4(3-2x)^2 = 3x$

b) $2x(x+3) + (3-x)^2 = 3x(x+1)$

c) $\dfrac{x(x+1)}{2} - \dfrac{(2x-1)^2}{8} = \dfrac{3x+1}{4} - \dfrac{1}{8}$

16 Teniendo en cuenta que un producto es igual a cero cuando es cero alguno de los factores, obtén las soluciones de las siguientes ecuaciones, como en el ejemplo:

• $(x+5)(3x-2) = 0 \rightarrow \begin{cases} x+5=0 \rightarrow x=-5 \\ 3x-2=0 \rightarrow x=\dfrac{2}{3} \end{cases}$

a) $x(3x-1) = 0$ b) $3x(x+2) = 0$

c) $(x+1)(x+3) = 0$ d) $(x-5)(x+5) = 0$

e) $(x-5)^2 = 0$ f) $(2x-5)^2 = 0$

g) $(2x-3)(5-x) = 0$ h) $x^2(3x+12) = 0$

17 Simplifica y resuelve.

a) $4x^2 - (x+1)^2 = 0$

b) $(2x+1)^2 - (x+2)^2 = 0$

c) $(2x+7)^2 - 9(x+2)^2 = 0$

18 Resuelve estas ecuaciones con la x en el denominador, como en el ejemplo:

• $\dfrac{2-x}{3x+1} = \dfrac{2}{3} \rightarrow 3(2-x) = 2(3x+1) \rightarrow$

$\rightarrow 6 - 3x = 6x + 2 \rightarrow 4 = 9x \rightarrow x = \dfrac{4}{9}$

a) $\dfrac{2x-5}{x+1} = 0$ b) $\dfrac{2-3x}{1-x} = 1$

c) $\dfrac{5-x}{2x+1} = \dfrac{2}{7}$ d) $\dfrac{x+8}{4x+2} = \dfrac{1}{2}$

19 Resuelve.

a) $\dfrac{(5x-4)(5x+4)}{4} = \dfrac{(3x-1)^2 - 9}{2}$

b) $\dfrac{x+3}{3} - \dfrac{(4-x)^2}{9} = \dfrac{1}{3}$

c) $\dfrac{(3x+1)(2x+3)}{21} + \dfrac{x^2+3}{7} = \dfrac{x^2+x-2}{3}$

d) $\dfrac{x^2-4}{3} + \dfrac{(2x-2)^2}{8} = \dfrac{7x^2-10}{12}$

20 Resuelve.

a) $(x-1)^2 + (1-x)(x+2) = 0$

b) $\dfrac{8-x^2}{4} + \dfrac{x(x-1)}{3} - 1 = 0$

c) $\dfrac{x}{3}(x-1) - \dfrac{x}{4}(x+1) + = \dfrac{3x+3}{12} = 0$

21 Resuelve, como en el ejemplo.

• $\dfrac{3x}{x+1} - 1 = \dfrac{2}{x}$

Multiplicando por $x(x+1)$:

$3x \cdot x - x(x+1) = 2(x+1) \rightarrow 2x^2 - 3x - 2 = 0$

$x = \dfrac{3 \pm \sqrt{9+16}}{4} = \begin{cases} 2 \\ -1/2 \end{cases}$

a) $5x - \dfrac{3}{x} = \dfrac{x-1}{x}$ ← Multiplica por x.

b) $\dfrac{x+3}{2} - \dfrac{1}{x} = \dfrac{x-3}{x} + \dfrac{4-x^2}{2x}$ ← Multiplica por $2x$.

c) $2 - \dfrac{3}{x-1} = \dfrac{5}{x+1}$ ← Multiplica por $(x-1)(x+1)$.

d) $\dfrac{5}{x-1} - \dfrac{2}{x} = \dfrac{2}{3}$ ← Multiplica por $3x(x-1)$.

NOTA: Recuerda que debes descartar las soluciones que anulen algún denominador.

RESUELVE PROBLEMAS SENCILLOS

22 Un grupo de amigas observan que, para pagar la cuenta de una comida, si pone 12 € cada una les faltan 8 €, y si pone un euro más cada una les sobran 2 €. ¿Cuántas son y cuánto costó la comida?

23 Se reparten 230 € entre tres personas de modo que la segunda recibe 1/3 más que la tercera, y la primera, 10 € más que la segunda. ¿Cuánto recibe cada una?

24 Jaime tiene 28 años menos que su padre. Dentro de 10 años, la edad del padre será el doble que la de Jaime. ¿Qué edad tiene cada uno?

25 Dos hermanas se llevan 3 años y su padre tiene 45. Hace 7 años, la suma de las edades de las hijas era la mitad que la del padre. ¿Qué edad tiene cada hija?

26 El precio de unos zapatos ha subido un 15 % en diciembre y ha bajado un 20 % en enero. De esta forma, el precio inicial ha disminuido en 6,96 €. ¿Cuál era el precio inicial?

27 La longitud de los lados de un rectángulo son dos números enteros consecutivos. ¿Puede ser su perímetro igual a 92 cm? ¿Y a 106 cm? Justifica tu respuesta.

28 La suma de cinco números enteros consecutivos es igual a cinco veces el tercero. ¿Cuántos quintetos de números hay que cumplan esta condición?

29 Maite tiene 35 años; su hija Nuria, 8 años, y su hijo Hugo, 4 años. ¿Es posible que algún día la edad de Maite coincida con la suma de las edades de sus hijos? Si es así, ¿qué edad tendrá cada uno?

30 En un rectángulo, la altura mide los 2/3 de la base y el área es 216 cm^2. ¿Cuál es el perímetro de ese rectángulo?

31 La suma de cuatro números impares consecutivos es igual a 328. ¿Cuáles son esos números?

32 Un coleccionista de cómics vendió 2/5 de su colección y luego compró otros 100. Después de esto, tenía 40 cómics más que al principio. ¿Cuántos tenía?

33 De un depósito de agua se sacan 2/7 de su contenido; después, 40 litros y, por último, 5/11 del agua restante. Si quedan aún 60 litros, ¿cuántos había?

34 ¿Cuántos litros de aceite de orujo de 1,60 €/L tenemos que añadir a 60 L de aceite de oliva de 2,80 €/L para obtener una mezcla de 2,50 €/L?

35 La jefa de estudios de un centro escolar tiene que repartir a los nuevos estudiantes entre las clases de 3.º de ESO. Si añade 5 estudiantes por clase, sobran 3, y si añade 7 por clase, faltan 5. ¿Cuántas clases y cuántos estudiantes nuevos hay?

36 Creía tener el dinero justo para comprar 8 entradas de teatro, pero el precio de cada una es 4 € más caro de lo que pensaba. Ahora solo puedo comprar 5 y me sobran 7 €. ¿Cuál es el precio actual de una entrada?

37 Halla dos números enteros consecutivos tales que la suma de sus cuadrados es 145.

38 Si al producto de un número natural por su siguiente le restamos 31, obtenemos el quíntuple de la suma de ambos. ¿De qué número se trata?

39 Cuatro hermanos quieren comprar un regalo a su madre. El menor paga la décima parte del precio, el segundo pone la quinta parte, el tercero paga un tercio y el mayor paga los 33 euros que faltan. Calcula el precio del regalo y lo que pagó cada uno.

40 Una ciclista sale de A hacia B a las 8 de la mañana. A la misma hora sale de B hacia A un autobús a una velocidad 40 km/h superior a la de la ciclista. Si la distancia entre A y B es 120 km y tardan 1,2 h en cruzarse, ¿cuáles eran sus velocidades?

41 Los radios de dos círculos concéntricos se diferencian en 3 cm. El área de la corona circular que determinan es 132π cm^2. Calcula los radios de cada uno de los círculos.

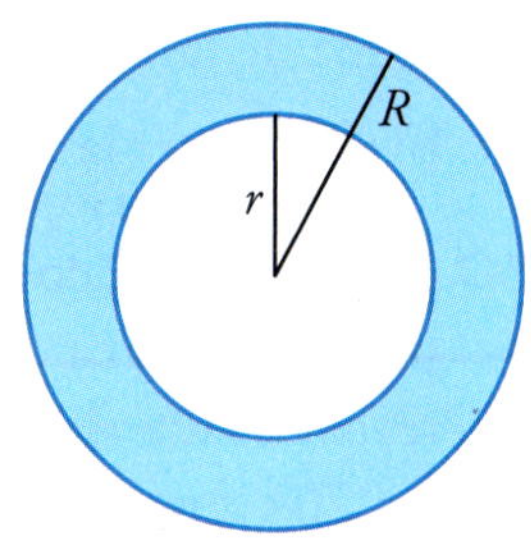

42 Dos ciudades, A y B, distan 150 km. Un camión sale de A hacia B a 80 km/h. A la misma hora sale de B hacia A un coche que tarda 45 min en encontrarse con el camión. ¿Qué velocidad lleva el coche?

43 Contratamos un autobús para una salida al campo. Con todas las plazas ocupadas, el precio del billete es de 12 €; pero quedaron 4 plazas libres, por lo que el viaje costó 13,50 €. ¿Cuántas plazas tiene el autobús?

44 Un ciclista que va a 21 km/h tarda tres cuartos de hora en alcanzar a otro que le lleva una ventaja de 2,25 km. ¿Qué velocidad lleva el que va delante?

45 Al mezclar 30 kg de pintura con 50 kg de otra de calidad inferior, obtenemos una mezcla a 3,30 €/kg. Si el precio de la barata es la mitad que el de la otra, ¿cuál es el precio de cada pintura?

46 Calcula los lados de un rectángulo cuya diagonal mide 10 cm y en el que la base mide 2 cm más que la altura.

47 Una marca de café de 14,15 €/kg se elabora con un 30 % de café colombiano de 18 €/kg, y el resto, con otro. ¿Cuál es el precio de ese otro café?

48 Los catetos de un triángulo rectángulo suman 18 cm y su área es de 40 cm^2. Halla las medidas de los catetos de este triángulo.

PARA PENSAR UN POCO MÁS

49 Sobre un segmento AB de 10 cm de longitud se construyen dos cuadrados. Expresa la suma de las áreas de los dos cuadrados en función de x ($\overline{AM} = x$).

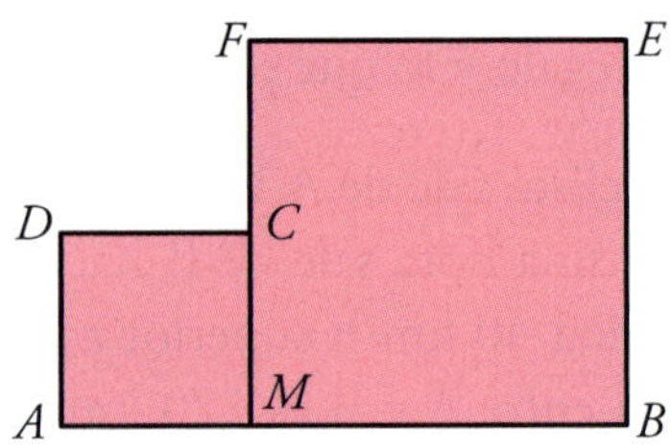

a) ¿Cuál debe ser la longitud de AM para que la suma de las áreas sea 52 cm^2?

b) ¿Puede ser la suma de las áreas igual a 40 cm^2?

50 ¿Cuánto debe valer x para que el área de la parte coloreada de la figura sea 204 cm^2?

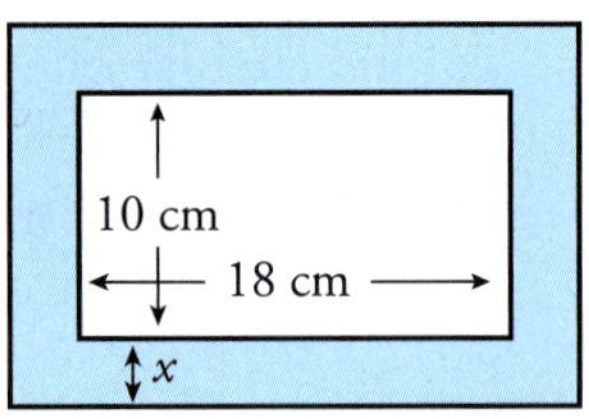

51 Un padre reparte una cantidad de dinero entre sus tres hijos de forma directamente proporcional a sus edades, que son 12, 18 y 20 años. Al menor le correspondieron 96 € menos que al mayor. Calcula lo que dio a cada uno y la cantidad repartida.

52 Un depósito de agua tiene un grifo de abastecimiento y un desagüe. El grifo llena el depósito en 9 horas. Si además se abre el desagüe, el depósito tarda 36 horas en llenarse. Averigua cuánto tarda el desagüe en vaciar el depósito lleno, estando cerrado el grifo.

COMPRENDE Y APLICA EN EL DESAFÍO — DESAFÍOS QUE DEJAN HUELLA

53 La tarifa bimensual del consumo de agua en un municipio es la siguiente:

	TASA FIJA	PRECIO (en €/m^3)	IVA
ACOMETIDA	4 €	0,08 € multiplicado por el número de m^3 consumidos	10 %
SANEAMIENTO		0,20	10 %
DEPURACIÓN		0,25	10 %

a) Expresa la factura bimensual de una familia que consume x metros cúbicos.

b) La factura de una familia fue de 49,50 €. ¿Qué volumen de agua consumieron ese bimestre?

54 La hipotenusa de un triángulo rectángulo mide 4 cm más que el cateto mayor, y este, 4 cm más que el cateto menor. Calcula la medida de los tres lados.

55 ¿Cuántos términos de la progresión 3, 7, 11, … se deben tomar para que la suma de todos ellos sea 820?

56 En un laboratorio de investigación sobre vacunas necesitan mezclar dos sustancias de 30 % y 10 % de concentración, respectivamente. ¿Cuántos litros de cada tipo deben tomar para obtener 20 litros con una concentración del 15 %?

57 Las dos cifras de un número son dos enteros consecutivos y el mayor corresponde a las decenas.

Ese número menos el cuadrado de las unidades es igual a 40. Averigua el número.

58 La diferencia entre invertir una cantidad al 4 % anual durante 3 años o colocarla al 6 % anual durante un año y medio, con periodos de capitalización mensuales, es de 618 €. Calcula dicha cantidad.

Mira la página 61 de la unidad 3.

59 ¿Cuánto debe valer x para que el área de esta figura sea 82 cm^2?

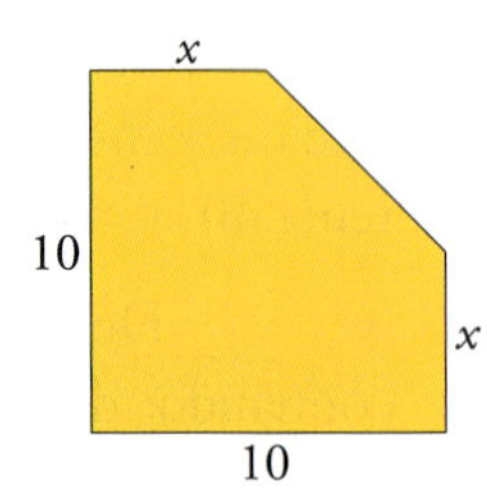

60 Dos números naturales suman 85 y al dividir el cuadrado del mayor entre el cuadrado del menor se obtiene 5 de cociente y 475 de resto. Calcúlalos.

61 Un pintor tarda 3 h más que otro en pintar una pared. Trabajando juntos, pintarían la misma pared en 2 h. ¿Cuánto tardaría cada uno en solitario?

62 Un grupo de amigos y amigas alquila un apartamento para pasar 15 días en la playa. El precio es 56 € por día. Si fueran una persona más tendría que pagar cada uno 42 € menos. Calcula cuánto tiene que pagar cada uno en cada caso.

63 En un puesto de un mercadillo han recaudado 360 € un cierto día con la venta de pantalones vaqueros. Otro día comprueban que obtienen el mismo dinero vendiendo 5 pantalones menos pero 6 € más caros. Calcula el precio de venta de los pantalones y cuántos se han vendido cada día.

64 Las longitudes de las aristas de un ortoedro forman una progresión aritmética de diferencia 2 y su área total es 142 cm. Calcula su volumen.

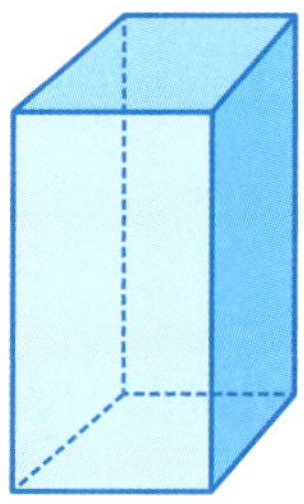

TAMBIÉN PUEDES HACER ESTO

65 La bandera de Suecia es un rectángulo azul con una cruz amarilla como la de la figura. El área de la cruz ocupa los 3/10 de la superficie del rectángulo, y sus dos brazos tienen la misma anchura, x.

Calcula x si las dimensiones del rectángulo son 16 dm × 10 dm.

66 En un triángulo ABC, el ángulo $\widehat{A}$ mide $x + 2$ grados y el ángulo $\widehat{C}$ mide $2x - 4$ grados. Calcula el valor de x para que el triángulo sea isósceles. María dice que el problema tiene tres soluciones y Pablo dice que solo tiene dos. ¿Quién tiene razón?

67 Sergio y Montse tienen solo una bicicleta y quieren ir a casa de una amiga que vive lejos. Acuerdan que salga Montse en bicicleta hasta la mitad del camino y la deje allí hasta que Sergio, que sale andando, la recoja. La segunda mitad, Sergio irá en bicicleta y Montse andando. Así tardan 3/4 h en llegar. Si andando hacen 4 km/h y en bicicleta 11 km/h, ¿qué distancia han recorrido? ¿Cuánto tiempo estuvo parada la bicicleta?

COMPRENDE Y APLICA EN EL DESAFÍO — DESAFÍOS QUE DEJAN HUELLA

68 **Meta 6.1.** En una región muy seca, el precio del agua aumenta según lo hace el consumo. El precio de un metro cúbico es 0,30 € más 0,05 € multiplicado por el número de metros cúbicos consumidos.

a) ¿Cuál es el precio de 1 m^3 si consumimos 4 m^3? ¿Y si consumimos 15 m^3? ¿Cuánto pagaremos por el consumo en cada uno de esos dos casos?

b) Escribe la fórmula que nos da el importe de la factura bimensual si además del coste del consumo de x m^3 hay que añadir una cuota fija de 8 € y el 10 % de IVA.

c) Si una familia ha pagado un recibo de 68,20 €, ¿cuál ha sido el consumo en ese bimestre? ¿Cuál ha sido el precio de cada m^3 consumido?

69 Tenemos tres tetrabriks con forma de prisma rectangular cuyas bases miden 4 cm × 6 cm, 3 cm × 6 cm y 2 cm × 6 cm, y cuyas alturas son, respectivamente, a, b y c.

El primero tiene doble capacidad que el segundo; y el segundo, doble que el tercero.

Si las tres alturas suman 39 cm, ¿cuánto medirá cada una?

¿LO HAS ENTENDIDO? REFLEXIONA

70 ¿Verdadero o falso? Razona las respuestas.

a) La ecuación $5x = 0$ no tiene solución.

b) Si multiplicamos por –3 los dos miembros de una ecuación, su solución no varía.

c) La ecuación $0x = 4$ tiene infinitas soluciones.

d) La ecuación $ax^2 + c = 0$, solo tiene solución si a y c son de distinto signo.

e) Para que una ecuación de segundo grado tenga dos soluciones con el mismo valor absoluto pero opuestas, tiene que ser $c = 0$.

f) Si multiplico por x los dos miembros de la ecuación $x - 2 = 3$, obtengo una ecuación equivalente a la inicial.

71 En la ecuación $mx - m = x + 3m$:

a) ¿Cuánto debe valer m para que la solución sea $x = 5$? ¿Y para que no tenga solución?

b) ¿Puede tener infinitas soluciones?

Taller de matemáticas

INFÓRMATE

Sabías que…

Ecuación viene del término latino *aequatio*, que, a su vez, se deriva de *aequare* (igualar) o *aequus* (igual).

Equinoccio viene del término en latín *aequinoctium*, que, a su vez, se deriva de *aequus nocte*, «noche igual». Son los momentos del año en los que en todo el planeta el día y la noche duran aproximadamente lo mismo, es decir, 12 h.

A la derecha tienes otras palabras del castellano con la misma raíz.

- Busca otras cuatro palabras que tengan la misma raíz que **ecuación.**

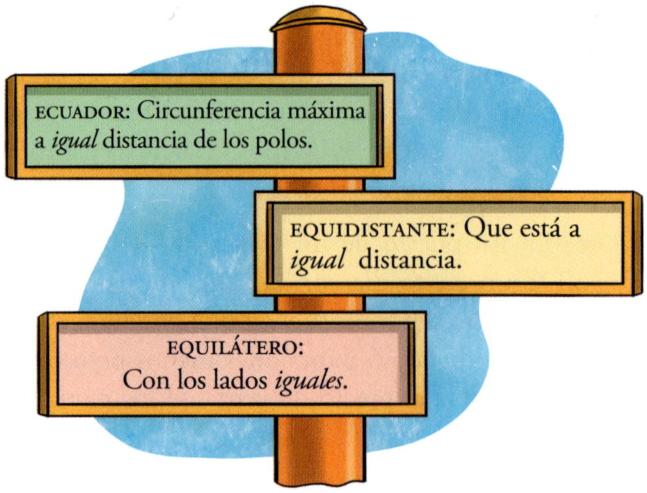

UTILIZA TU INGENIO

Usa la equis

Completa esta tabla de forma que sumando los números de dos casillas consecutivas obtengas el número de la siguiente:

5						81

Ingéniatelas como puedas…

… para buscar una solución de esta ecuación:

$$7 + \sqrt{1 + \sqrt{5 - \sqrt{30 - \sqrt{13 + \sqrt{x}}}}} = 8$$

REFLEXIONA

El álgebra, ¿es una ayuda?

En efecto. El álgebra, utilizando letras en vez de números, puede facilitar enormemente los cálculos.

Como ejemplo, piensa la forma de calcular el valor de:

$$88\,888^2 - 88\,889 \cdot 88\,887$$

Sugerencia: Antes de cansarte mucho, opera y reduce la siguiente expresión algebraica:

$$a^2 - (a + 1) \cdot (a - 1)$$

¿Te aclara algo?

Fíjate que a puede ser cualquier número.

- Y ahora, seguro que puedes resolver fácilmente lo que sigue:

$$123\,450^2 - 123\,460 \cdot 123\,440$$

AUTOEVALUACIÓN

→ anayaeducacion.es Resoluciones de estos ejercicios.

1 Resuelve mentalmente las siguientes ecuaciones y explica el proceso seguido:

a) $(x + 13)^2 = 25$ b) $\sqrt{x^2 + 15} = 8$

2 Resuelve, por tanteo, con ayuda de la calculadora.

a) $(x - 14)^3 = x + 10$ b) $\sqrt{x^4 - x^2} = 5$

3 Resuelve.

a) $\dfrac{3x - 2}{5} - \dfrac{3(x + 1)}{10} = \dfrac{3 - x}{4} - \dfrac{9}{10}$

b) $\dfrac{x + 1}{2} = x - \dfrac{2x + 3}{4}$

c) $\dfrac{5}{2}x^2 - 2x = 0$

d) $4x^2 + 25 = 0$

4 Resuelve las ecuaciones siguientes:

a) $(x + 3)(x - 3) - 25x = 9x - 298$

b) $\dfrac{(x - 2)(x - 3)}{6} - \dfrac{(x - 1)^2}{4} = 2 - x$

c) $4x^3 + 4x^2 + x = 0$

5 En un triángulo equilátero de lado 18 cm se corta en cada esquina un pequeño triángulo equilátero de lado x cm, de forma que la suma de los perímetros de los tres triángulos cortados es igual al perímetro del hexágono que queda. ¿Cuál es el valor de x?

6 Un pantalón cuesta 20 € más que una camiseta. En las rebajas de enero me descuentan un 10 % en la camiseta y un 15 % en el pantalón. De esta forma, pago 12 € menos. Averigua el precio de cada prenda antes del descuento.

7 De un barril de agua se sacan 2/5 de su contenido; después, 30 litros y, por último, 1/6 de lo que queda. Si aún hay 35 litros, ¿cuántos había al principio?

8 Mezclamos 6 kg de harina de 1,30 €/kg con otra de 0,70 €/kg para obtener una mezcla de 1,10 €/kg. ¿Qué cantidad tenemos que poner del segundo tipo de harina?

9 Un tren sale de A hacia B a 135 km/h. Una hora más tarde sale de B hacia A otro tren a 115 km/h. Si la distancia entre A y B es de 485 km, ¿cuánto tardarán en cruzarse?

10 Tres talleres cobran 540 € por hacer un trabajo. El primero trabajó 12 horas y el segundo, que trabajó 2 horas más que el tercero, recibió 180 €.

¿Cuántas horas trabajó cada taller y cuánto dinero le corresponde a cada uno?

11 Con una cuerda de 24 m de longitud hacemos un triángulo rectángulo en el que uno de los catetos mide 6 m.

¿Cuánto medirán el otro cateto y la hipotenusa?

12 Para embaldosar un salón de 48 m² de área, se han utilizado 375 baldosas rectangulares en las que un lado mide 8 cm menos que el otro. Halla las dimensiones de las baldosas.

13 Paula, en su camino diario al colegio, ha comprobado que si va andando a 4 km/h llega 5 minutos tarde, pero si se da prisa y va a 5 km/h, llega 10 minutos antes de la hora.

a) ¿Cuál es la distancia al colegio?

b) ¿Llegará puntual si hace la mitad del camino a 4 km/h y la otra mitad a 5 km/h?

14 Si a un número de dos cifras le restamos el que resulta de invertir el orden de estas, el resultado es 18. ¿Cuál es el número si la cifra de las unidades es 2?

15 Una igualdad de dos expresiones algebraicas es una identidad si:

a) Se verifica para cualquier valor de las letras.

b) No tiene solución.

c) Se verifica para algunos valores de las letras.

Elige la respuesta correcta y pon ejemplos.

DESAFÍOS QUE DEJAN HUELLA

REFLEXIONA

Revisa los aspectos trabajados y plantea soluciones a los problemas que se detecten. Para ello, descarga de **anayaeducacion.es** la rúbrica correspondiente, reflexiona de manera individual y comparte en grupo.

PON A PRUEBA TUS COMPETENCIAS

Realiza la autoevaluación competencial incluida en **anayaeducacion.es.**

7

Sistemas de ecuaciones

El desarrollo de la resolución de sistemas de ecuaciones se hizo a la par que el de las ecuaciones.

Los babilonios plantearon y resolvieron, entre otras cosas, sistemas de ecuaciones lineales con varias incógnitas a las que llamaban *longitud*, *anchura*, *área*, *volumen*..., aunque el problema no tuviera nada que ver con cuestiones geométricas. En una de sus tablillas aparece el siguiente problema:

1/4 *anchura* + *longitud* = 7 *manos*

anchura + *longitud* = 10 *manos*

El método de resolución de los babilonios era por puro tanteo: probaban con distintas cantidades hasta que daban con la que resolvía su problema.

En el siglo I a.C. apareció en China el *Libro de los nueve capítulos*, en el que se incluyen 246 problemas sobre agrimensura, ingeniería, repartos, fiscalidad, etcétera. No era un tratado sistemático, sino que en él se iban resolviendo problemas de la vida cotidiana. En su capítulo octavo se proponen problemas que dan lugar a sistemas de cuatro ecuaciones con cuatro incógnitas. Y se resuelven mediante métodos muy avanzados.

Cuatro siglos más tarde, en Grecia, **Diofanto** planteó problemas algebraicos que respondían a sistemas de ecuaciones. Pero él los resolvía designando una incógnita, hábilmente escogida, de modo que le permitía entrar, directamente, en una única ecuación. En la página de la derecha puedes ver un ejemplo de esto.

Con lo que ya sabes, resuelve

Resuelve al estilo babilonio

1. Intenta resolver el problema de la tablilla babilonia que hemos planteado en la página de la izquierda:

$$\frac{1}{4}\ \textit{anchura} + \textit{longitud} = 7\ \textit{manos}$$

$$\textit{anchura} + \textit{longitud} = 10\ \textit{manos}$$

Hazlo al estilo babilonio; es decir, tanteando. (Prueba con números sencillos).

Un problema de Diofanto

Diofanto proponía problemas como este:

Obtener dos números que suman 20 y cuyos cuadrados suman 208.

Puedes intentar resolverlo por tanteo, no es difícil.

Pero Diofanto lo resolvía de la siguiente forma: a los dos números los llamaba $10 - x$ y $10 + x$ (observa que su suma es 20), con lo cual la suma de sus cuadrados queda así:

$$(10 - x)^2 + (10 + x)^2 = 100 - 20x + x^2 + 100 + 20x + x^2 = 200 + 2x^2$$

Por tanto, $200 + 2x^2 = 208 \rightarrow x^2 = 4 \rightarrow x = 2$

Y de aquí se deduce que los números buscados son 8 y 12. Ingenioso, ¿verdad?

2. Resuelve al estilo de Diofanto este otro problema:

Halla dos números cuya suma es 32, y la de sus cuadrados, 530.

Otros problemas para resolver según tu ingenio

3. Averigua cuánto pesa una bola y cuánto pesa un cubo:

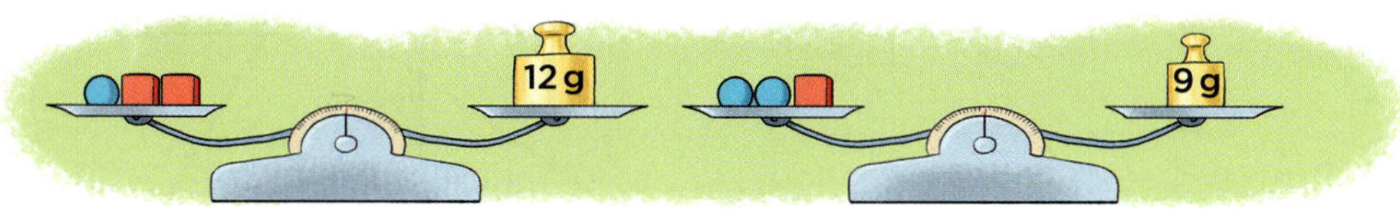

Indicación: ¿Cuánto pesan tres bolas y tres cubos juntos? Por tanto, ¿cuánto pesan una bola y un cubo juntos?

4. Ayer pagamos 9 € por una macedonia de frutas y tres zumos. Hoy hemos pagado 11 € por tres macedonias y un zumo.

¿Cuánto cuesta una macedonia de frutas? ¿Y un zumo?

1 Ecuaciones lineales con dos incógnitas

En esta unidad vamos a tratar con ecuaciones lineales con dos incógnitas. Por ejemplo, $2x - 3y = 3$ es una ecuación lineal con dos incógnitas, x e y. El par de valores $x = 6$, $y = 3$ es solución de esta ecuación porque $2 \cdot 6 - 3 \cdot 3$ es igual a 3. También son soluciones $x = 3$, $y = 1$ o $x = 9$, $y = 5$.

NOMENCLATURA

A las incógnitas se las suele designar con las letras x, y. Sin embargo, pueden usarse otras letras. Por ejemplo, si una corresponde al tiempo y otra a la velocidad, podemos designarlas mediante t y v, respectivamente.

Solución de una ecuación con dos incógnitas es todo par de valores que hacen cierta la igualdad. Las **ecuaciones lineales** son polinómicas de primer grado: $ax + by = c$. Una ecuación lineal con dos incógnitas tiene infinitas soluciones.

Representación gráfica

Para obtener soluciones de una ecuación lineal con dos incógnitas, se despeja una de ellas y se le dan valores a la otra:

$2x - 5y = 7 \rightarrow y = \dfrac{2x - 7}{5} \rightarrow$

x	1	3,5	6	11	0
y	–1	0	1	3	–1,4

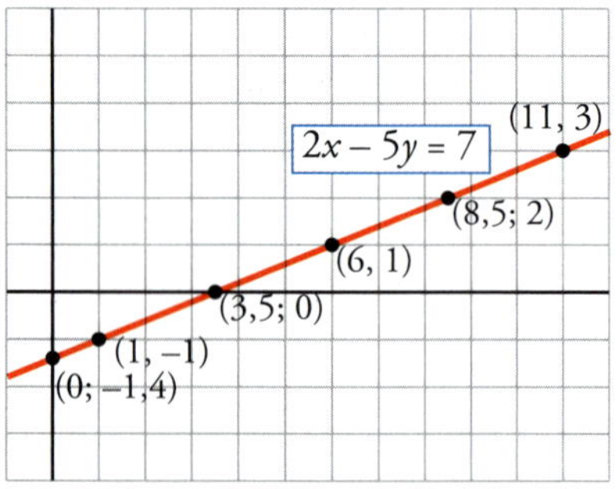

Si las soluciones se interpretan como puntos del plano, entonces la ecuación se representa mediante una recta y sus soluciones son los puntos de esta recta. Por eso, una solución como $x = 6$, $y = 1$ se designa también así: (6, 1).

La ecuación $ax + by = c$ **se representa mediante una recta.** La expresión $ax + by = c$ es la ecuación de la recta. Sus puntos son soluciones de la ecuación.

EJERCICIO RESUELTO

Representar gráficamente las rectas siguientes:

$$2x - 3y = 3$$
$$5x + 3y = 18$$

$2x - 3y = 3 \rightarrow y = \dfrac{2x - 3}{3}$

x	–3	0	3	6	9	…
y	–3	–1	1	3	5	…

$5x + 3y = 18 \rightarrow y = \dfrac{18 - 5x}{3}$

x	0	1	2	3	6	…
y	6	13/3	8/3	1	–4	…

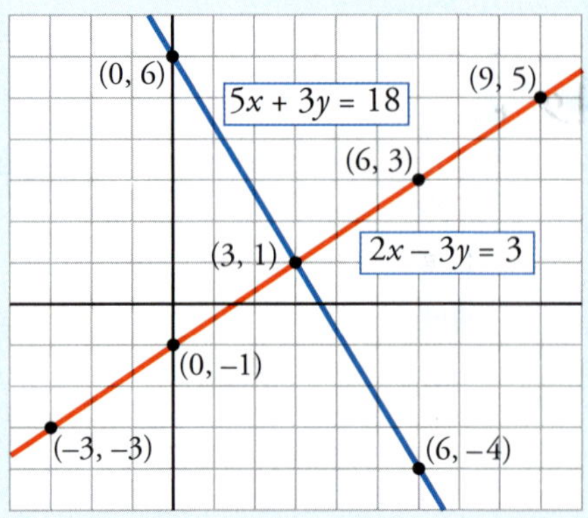

El punto donde se cortan las rectas, (3, 1), es la solución común de ambas ecuaciones: $x = 3$, $y = 1$.

PIENSA Y PRACTICA

1 Comprueba si cada uno de los pares de valores siguientes son solución de la ecuación $4x - 3y = 12$:

a) $x = 6$, $y = 4$ b) $x = 6$, $y = 12$ c) $x = 0$, $y = -4$

2 Representa las rectas de ecuaciones:

$$2x - y = 6 \qquad x + y = 0$$

¿Cuál es la solución común a ambas ecuaciones?

2 Sistemas de ecuaciones lineales

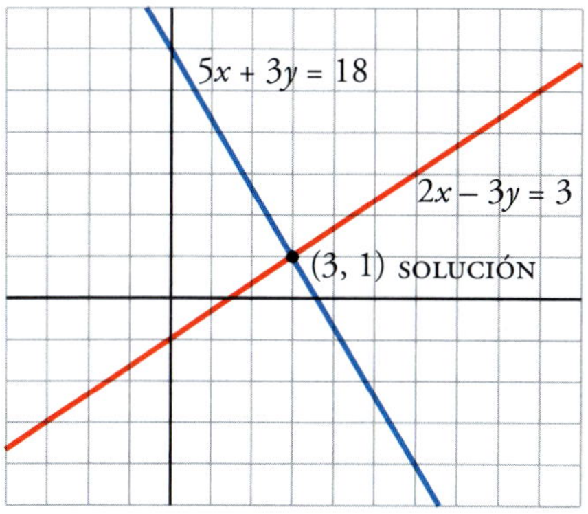

La solución de un sistema de ecuaciones lineales es el punto donde se cortan las dos rectas que lo forman.

Dos ecuaciones forman un **sistema de ecuaciones** cuando lo que pretendemos de ellas es encontrar su solución común.

Cuando dos ecuaciones forman un sistema, las ponemos de esta forma:

$$\begin{cases} ax + by = c \\ a'x + b'y = c' \end{cases}$$

Se llama **solución** de un sistema de ecuaciones a la solución común a ambas.

Si tomamos las dos ecuaciones del ejercicio resuelto de la página anterior como un sistema de ecuaciones, las pondremos del siguiente modo:

$$\begin{cases} 2x - 3y = 3 \\ 5x + 3y = 18 \end{cases}$$

La solución del sistema es $x = 3$, $y = 1$, porque es solución de ambas ecuaciones.

A veces, en lugar de decir **sistema de ecuaciones** diremos, simplemente, **sistema.** Si ambas ecuaciones del sistema son lineales, lo llamaremos **sistema lineal.** Ocasionalmente, encontraremos sistemas formados por más de dos ecuaciones.

EJERCICIO RESUELTO

Estudiar si $x = -3$, $y = 5$ o $x = 2$, $y = \frac{1}{2}$ son solución de alguno de los siguientes sistemas:

a) $\begin{cases} 5x + 6y = 15 \\ 3x + 4y = 8 \end{cases}$

b) $\begin{cases} 3x - y = -14 \\ 9x + 10y = 23 \end{cases}$

c) $\begin{cases} 7x - 20y = 4 \\ 9x + 10y = 23 \end{cases}$

Recuerda que un par x e y es solución de un sistema cuando lo es de ambas ecuaciones.

a) $\begin{cases} 5x + 6y = 15 \\ 3x + 4y = 8 \end{cases}$

- $x = -3,\ y = 5$: $\begin{cases} -15 + 30 = 15 & \text{SÍ} \\ -9 + 20 = 11 & \text{NO} \end{cases}$ NO ES SOLUCIÓN.
- $x = 2,\ y = \frac{1}{2}$: $\begin{cases} 10 + 3 = 13 & \text{NO} \\ 6 + 2 = 8 & \text{SÍ} \end{cases}$ NO ES SOLUCIÓN.

b) $\begin{cases} 3x - y = -14 \\ 9x + 10y = 23 \end{cases}$

- $x = -3,\ y = 5$: $\begin{cases} -9 - 5 = -14 & \text{SÍ} \\ -27 + 50 = 23 & \text{SÍ} \end{cases}$ SÍ ES SOLUCIÓN.
- $x = 2,\ y = \frac{1}{2}$: $\begin{cases} 6 - (1/2) = 11/2 & \text{NO} \\ 18 + 5 = 23 & \text{SÍ} \end{cases}$ NO ES SOLUCIÓN.

c) $\begin{cases} 7x - 20y = 4 \\ 9x + 10y = 23 \end{cases}$

- $x = -3,\ y = 5$: $\begin{cases} -21 - 100 = -121 & \text{NO} \\ -27 + 50 = 23 & \text{SÍ} \end{cases}$ NO ES SOLUCIÓN.
- $x = 2,\ y = \frac{1}{2}$: $\begin{cases} 14 - 10 = 4 & \text{SÍ} \\ 18 + 5 = 23 & \text{SÍ} \end{cases}$ SÍ ES SOLUCIÓN.

El par $(-3, 5)$ es solución de b) y el par $\left(2, \frac{1}{2}\right)$ es solución de c).

PIENSA Y PRACTICA

1 Di si los pares $x = -1$, $y = 4$ o $x = 7$, $y = 8$ son solución de alguno de los siguientes sistemas:

a) $\begin{cases} -6x + 5y = 26 \\ x - 2y = -9 \end{cases}$ b) $\begin{cases} -2x + 4y = 18 \\ 3x - 2y = 5 \end{cases}$ c) $\begin{cases} 5x + y = 43 \\ 3x + y = 1 \end{cases}$ d) $\begin{cases} x + y = 15 \\ x - y = -1 \end{cases}$

3 Sistemas equivalentes

Los sistemas de ecuaciones: a) $\begin{cases} 5x + 4y = 32 \\ x - \;\, y = 1 \end{cases}$ b) $\begin{cases} x - 4y = -8 \\ 3x + \;\, y = 15 \end{cases}$

tienen la misma solución: $x = 4$, $y = 3$. Compruébalo.

Por eso se dice que son equivalentes.

Dos **sistemas** de ecuaciones son **equivalentes** cuando tienen la misma solución.

Veamos su interpretación gráfica:

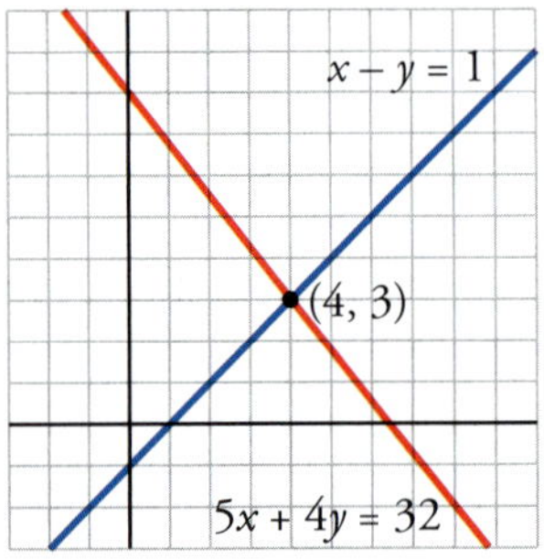

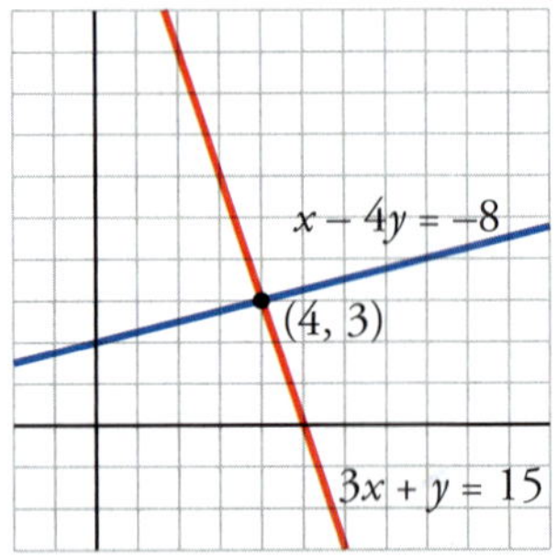

OBSERVA

Las rectas que representan a los dos sistemas equivalentes son distintas, pero en ambos casos se cortan en el mismo punto (4, 3), que es la solución de ambos sistemas.

Para resolver un sistema, vamos obteniendo otros equivalentes al original, y cada vez más sencillos. Se llega así a uno de la forma:

$\begin{cases} x = a \\ y = b \end{cases}$ Esta es la solución del sistema.

En próximos apartados aprenderemos a resolver sistemas por métodos rápidos y eficaces.

EJERCICIO RESUELTO

Interpretar gráficamente los pasos que se dan para resolver el sistema de la izquierda:

$\left.\begin{array}{r} \boldsymbol{x + y = 5} \\ \boldsymbol{x - y = 1} \end{array}\right\} \rightarrow \left.\begin{array}{r} \boldsymbol{x + y = 5} \\ \boldsymbol{2x \quad\;\; = 6} \end{array}\right\} \rightarrow \left.\begin{array}{r} \boldsymbol{x = 3} \\ \boldsymbol{y = 2} \end{array}\right\}$

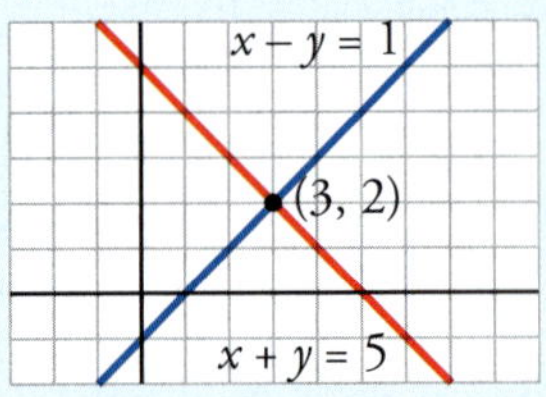

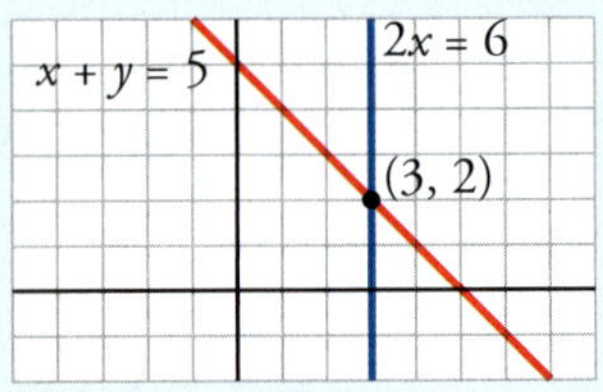

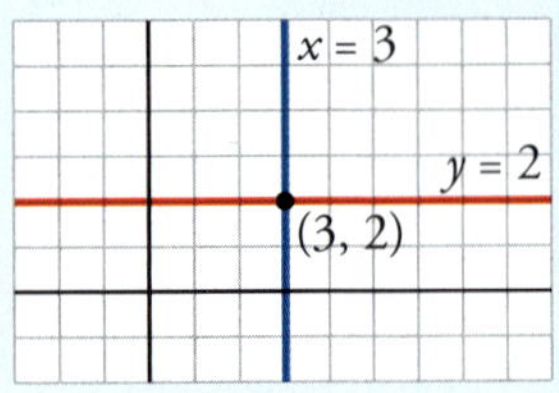

NOTACIÓN

Observa que en estos sistemas la llave se ha puesto a la derecha. También se pueden poner de esta forma.

PIENSA Y PRACTICA

1 Representa estos tres sistemas equivalentes que se obtienen para resolver el primero de ellos:

$\begin{cases} x + y = 9 \\ x - y = 3 \end{cases} \rightarrow \begin{cases} x + y = 9 \\ 2x \quad\;\; = 12 \end{cases} \rightarrow \begin{cases} x = 6 \\ y = 3 \end{cases}$

2 Representa los pares de rectas correspondientes a cada sistema y di si son equivalentes:

a) $\begin{cases} x - 2y = -2 \\ 2x + 2y = 8 \end{cases}$ b) $\begin{cases} y - x = 0 \\ y \quad\;\; = 2 \end{cases}$

4 Tipos de sistemas según el número de soluciones

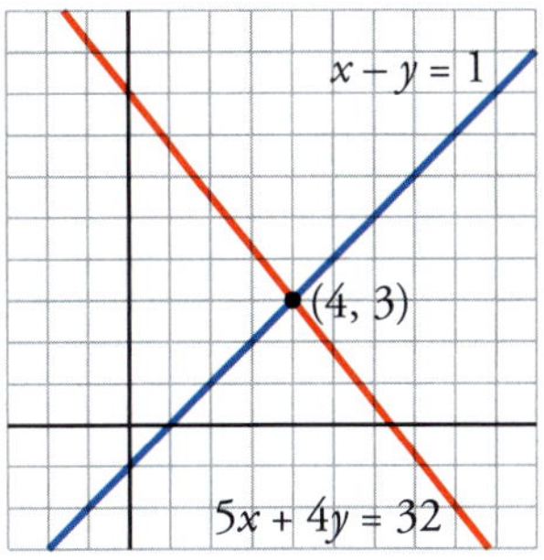

Sistema compatible determinado

Sistemas con una solución

En general, un sistema de dos ecuaciones lineales con dos incógnitas tiene una única solución, el punto de corte de las dos rectas, como los de la página anterior.

> Los sistemas que tienen una solución se llaman **compatibles determinados (SCD).** Gráficamente, son dos rectas que se cortan en un punto.

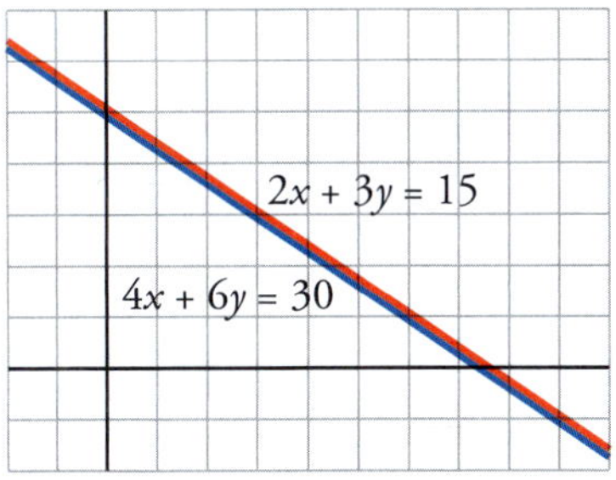

Sistema compatible indeterminado

Sistemas con infinitas soluciones

Hay sistemas cuyas ecuaciones dicen lo mismo. Por ejemplo:

a) $\begin{cases} 2x + 3y = 15 \\ 2x + 3y = 15 \end{cases}$ b) $\begin{cases} 2x + 3y = 15 \\ 4x + 6y = 30 \end{cases}$

Las soluciones del sistema son las de cualquiera de las dos ecuaciones y, como sabemos, una ecuación con dos incógnitas tiene infinitas soluciones.

> Los sistemas que tienen infinitas soluciones se llaman **compatibles indeterminados (SCI).** Gráficamente, son dos rectas coincidentes: todos sus puntos son comunes.

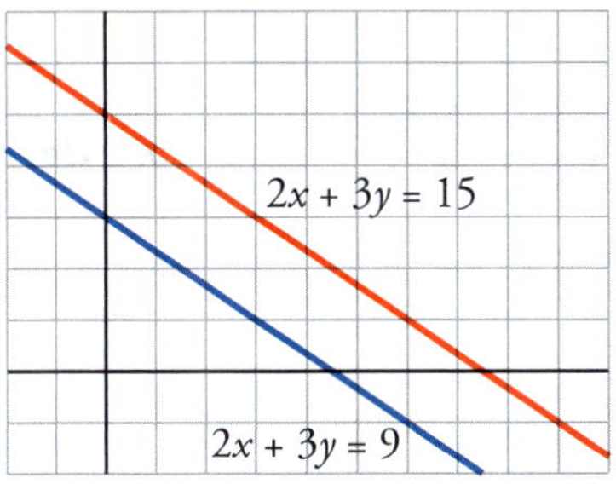

Sistema incompatible

Sistemas sin solución

Hay sistemas cuyas ecuaciones dicen cosas contradictorias. Por ejemplo:

a) $\begin{cases} 2x + 3y = 15 \\ 2x + 3y = 9 \end{cases}$ b) $\begin{cases} 2x + 3y = 15 \\ 4x + 6y = 18 \end{cases}$

En ambos casos, las dos igualdades no pueden ser ciertas a la vez:

En a), si $2x + 3y$ es igual a 15, no puede ser, a la vez, igual a 9.

En b), como $4x + 6y$ es el doble de $2x + 3y$, debería ser igual a 30 y no a 18.

> Los sistemas que no tienen solución se llaman **incompatibles (SI).** Gráficamente, son dos rectas paralelas: no tienen ningún punto en común.

PIENSA Y PRACTICA

1 Di cuál de estos sistemas es compatible determinado, cuál incompatible y cuál compatible indeterminado.

a) $\begin{cases} 2x + y = 7 \\ 2x + y = 0 \end{cases}$ b) $\begin{cases} 2x + y = 7 \\ -2x + 5y = 10 \end{cases}$

c) $\begin{cases} 2x + y = 7 \\ 4x + 2y = 14 \end{cases}$ d) $\begin{cases} 2x + y = 7 \\ 2x - y = 1 \end{cases}$

2 Completa los sistemas para que a) sea SCD con solución $x = 6$, $y = -1$; b) sea SI, y c) y d) sean SCI:

a) $\begin{cases} x - 4y = \dots \\ 2x \quad \dots = 13 \end{cases}$ b) $\begin{cases} 2x + y = 8 \\ 4x + 2y = \dots \end{cases}$

c) $\begin{cases} 2x + y = 8 \\ 4x \quad \dots = \dots \end{cases}$ d) $\begin{cases} 5x + 11y = \dots \\ \dots + 33y = 9 \end{cases}$

5 Métodos de resolución de sistemas

Método de sustitución

Este método de resolución de un sistema de ecuaciones consiste en despejar una incógnita en una de las ecuaciones y «sustituirla» en la otra.

En la práctica, al aplicar este método, solo se escribe en cada paso la ecuación que se transforma, en lugar de escribir el sistema completo cada vez. Describamos los pasos que conviene dar para aplicar este método:

① Se despeja una incógnita en una de las ecuaciones.

② Se sustituye la expresión de esta incógnita en la otra ecuación, obteniendo una ecuación con una sola incógnita.

③ Se resuelve esta ecuación.

④ El valor obtenido se sustituye en la ecuación en la que aparecía la incógnita despejada.

⑤ Se obtiene, así, la solución del sistema.

EJEMPLO

Resolver por sustitución el sistema:

$$\begin{cases} 3x + 2y = 18 \\ x - 3y = -5 \end{cases}$$

① Despejamos x en la 2.ª ecuación:

$$x = 3y - 5$$

② Sustituimos en la 1.ª ecuación:

$$3(3y - 5) + 2y = 18$$

$$\Downarrow$$

③ $9y - 15 + 2y = 18 \rightarrow y = 3$

$$\Downarrow$$

④ $x = 3 \cdot 3 - 5 = 4$

⑤ *Solución:* $x = 4$, $y = 3$

EJERCICIO RESUELTO

Resolver por el método de sustitución el siguiente sistema:

$$\begin{cases} \mathbf{5x + y = -2} \\ \mathbf{3x + 2y = 3} \end{cases}$$

① Despejamos la y en la 1.ª ecuación:

$$y = -2 - 5x$$

② Sustituimos la expresión $-2 - 5x$ por la y en la 2.ª ecuación:

$$3x + 2(-2 - 5x) = 3$$

③ Resolvemos la ecuación resultante:

$$3x - 4 - 10x = 3 \rightarrow -7x = 7 \rightarrow x = -1$$

④ Sustituimos el valor de x en la ecuación con la y despejada:

$$y = -2 - 5x \rightarrow y = -2 - 5 \cdot (-1) = -2 + 5 = 3$$

⑤ Se ha obtenido la solución $x = -1$, $y = 3$.

Comprobamos que la solución es correcta sustituyendo, en el sistema original, la x y la y por los valores obtenidos:

$$\begin{cases} 5(-1) + 3 = -5 + 3 = -2 \\ 3(-1) + 2 \cdot 3 = -3 + 6 = 3 \end{cases}$$

→ **anayaeducacion.es**
- Repasa la resolución de sistemas por el método de sustitución.
- Refuerza la resolución de sistemas por el método de sustitución.

PIENSA Y PRACTICA

1 Resuelve por el método de sustitución los siguientes sistemas. ¿Cuál de ellos crees que es más complicado de resolver por este método?

a) $\begin{cases} x + 3y = 5 \\ 5x + 7y = 13 \end{cases}$ b) $\begin{cases} 6x + 3y = 0 \\ 3x - y = 3 \end{cases}$ c) $\begin{cases} 3x + 9y = 4 \\ 2x + 3y = 1 \end{cases}$ d) $\begin{cases} x - 4y = 11 \\ 5x + 7y = 1 \end{cases}$

EJEMPLO

Resolver por igualación el sistema:

$$\begin{cases} 3x + 2y = 18 \\ x - 3y = -5 \end{cases}$$

① Despejamos x en cada ecuación:

$$x = \frac{18 - 2y}{3}, \quad x = -5 + 3y$$

② Igualamos ambas expresiones:

$$\frac{18 - 2y}{3} = -5 + 3y$$

$$\Downarrow$$

③ $18 - 2y = 3(-5 + 3y) \rightarrow y = 3$

$$\Downarrow$$

④ $x = -5 + 3 \cdot 3 = 4$

⑤ *Solución:* $x = 4, \ y = 3$

Método de igualación

Consiste en despejar la misma incógnita en ambas ecuaciones e «igualar» las expresiones resultantes.

Describamos, a continuación, los pasos que conviene dar para aplicar este método de resolución:

① Se despeja la misma incógnita en ambas ecuaciones.

② Se igualan las expresiones dando lugar a una ecuación con una sola incógnita.

③ Se resuelve esta ecuación.

④ El valor obtenido se sustituye en cualquiera de las dos expresiones en las que aparecía despejada la otra incógnita.

⑤ Se obtiene, así, la solución del sistema.

EJERCICIO RESUELTO

Resolver por el método de igualación el siguiente sistema:

$$\begin{cases} 5x + 12y = 6 \\ 3x + \ \ 2y = 2 \end{cases}$$

① Despejamos la x en cada una de las ecuaciones: $x = \dfrac{6 - 12y}{5}, \ x = \dfrac{2 - 2y}{3}$

② Igualamos ambas expresiones:

$$\frac{6 - 12y}{5} = \frac{2 - 2y}{3}$$

③ Resolvemos la ecuación resultante:

$$3(6 - 12y) = 5(2 - 2y) \rightarrow 18 - 36y = 10 - 10y \rightarrow$$

$$\rightarrow -36y + 10y = 10 - 18 \rightarrow -26y = -8 \rightarrow$$

$$\rightarrow y = \frac{-8}{-26} = \frac{4}{13}$$

④ Sustituimos el valor de y en cualquiera de las expresiones del primer paso:

$$x = \frac{2 - 2 \cdot \left(\frac{4}{13}\right)}{3} = \frac{6}{13}$$

⑤ Hemos obtenido la solución: $x = \dfrac{6}{13}, \ y = \dfrac{4}{13}$.

Puedes hacer la comprobación igual que en la página anterior.

→ anayaeducacion.es
- Repasa la resolución de sistemas por el método de igualación.
- Refuerza la resolución de sistemas por el método de igualación.

PIENSA Y PRACTICA

2 Resuelve por el método de igualación los siguientes sistemas:

a) $\begin{cases} 3x + 8y = 5 \\ 2x - 2y = 7 \end{cases}$ b) $\begin{cases} 5x + 3y = 28 \\ 7x + 2y = -7 \end{cases}$ c) $\begin{cases} 3x - 5y = -1 \\ 7x + 10y = 2 \end{cases}$ d) $\begin{cases} 2x + 9y = -1 \\ 3x + 15y = -1 \end{cases}$

Método de reducción

Observa atentamente cómo resolvemos el sistema siguiente:

$$\begin{cases} 3x + 2y = 7 \\ 4x - 3y = 15 \end{cases} \quad \begin{matrix} \xrightarrow{\text{multiplicamos los dos miembros por 4}} \\ \xrightarrow{\text{multiplicamos los dos miembros por } -3} \end{matrix} \quad \begin{matrix} 12x + 8y = 28 \\ -12x + 9y = -45 \end{matrix}$$

Sumamos miembro a miembro las dos ecuaciones ⟶ $17y = -17$

La incógnita y la tenemos despejada ⟶ $y = -1$

Sustituimos el valor de y en una de las ecuaciones iniciales y resolvemos:

$$3x + 2 \cdot (-1) = 7 \to 3x = 7 + 2 \to x = 3 \to \textit{Solución: } x = 3,\ y = -1$$

En esencia, este método consiste en preparar las dos ecuaciones para que una de las incógnitas tenga el mismo coeficiente en ambas, pero con distinto signo. Sumando las ecuaciones resultantes, miembro a miembro, se obtiene una ecuación con solo una incógnita (se ha «reducido» el número de incógnitas). En resumen:

① Se preparan las dos ecuaciones (multiplicándolas por los números que convenga).

② Al sumarlas, desaparece una de las incógnitas.

③ Se resuelve la ecuación resultante.

④ El valor obtenido se sustituye en una de las ecuaciones iniciales y se resuelve.

⑤ Se obtiene, así, la solución del sistema.

TEN EN CUENTA

Hemos multiplicado:

- La 1.ª ecuación por el coeficiente de la x en la 2.ª.
- La 2.ª ecuación por el coeficiente de la x en la 1.ª cambiado de signo.

De ese modo se obtienen dos ecuaciones con el mismo coeficiente de la x, pero con distinto signo. Al sumarlas, desaparece esta incógnita.

→ anayaeducacion.es
Refuerza la resolución de sistemas por el método de reducción.

EJERCICIO RESUELTO

Resolver por el método de reducción estos sistemas:

a) $\begin{cases} 5x + 7y = -1 \\ 3x - 7y = 33 \end{cases}$

b) $\begin{cases} 2x + 5y = 10 \\ 7x + 10y = 20 \end{cases}$

a) Sumando ambas ecuaciones desaparece la y:

$$8x = 32 \to x = 4$$

Sustituimos el valor de x en la 1.ª ecuación: $5 \cdot 4 + 7y = -1 \to y = -3$

Solución: $x = 4,\ y = -3$

b) Multiplicando la 1.ª ecuación por –2 obtenemos los mismos coeficientes en la y, pero con distintos signos:

$$\begin{cases} -4x - 10y = -20 \\ 7x + 10y = 20 \end{cases}$$

Sumando: $3x = 0 \to x = 0$

Sustituyendo: $2 \cdot 0 + 5y = 10 \to y = 2$

Solución: $x = 0,\ y = 2$

PIENSA Y PRACTICA

3 Resuelve por el método de reducción los siguientes sistemas:

a) $\begin{cases} 3x + 5y = 11 \\ 4x - 5y = 38 \end{cases}$

b) $\begin{cases} x + 3y = 5 \\ 5x + 7y = 13 \end{cases}$

c) $\begin{cases} x - 4y = 11 \\ 5x + 7y = 1 \end{cases}$

d) $\begin{cases} 6x + 3y = 0 \\ 3x - y = 3 \end{cases}$

RESOLUCIÓN DE SISTEMAS LINEALES CON CALCULADORA

Para trabajar con sistemas, selecciona MENÚ. Con la flecha ▸ busca la opción **A:Ecuación/Func** y pulsa la tecla ⊜. A continuación, elige **1:Sist ec lineal** e introduce el número de incógnitas.

Al elegir 2 incógnitas, aparece un sistema como este:

$$\begin{cases} 0x + 0y = 0 \\ 0x + 0y = 0 \end{cases}$$

Introduce los coeficientes y los términos independientes y, a continuación, pulsa la tecla ⊜. Puede ocurrir lo siguiente:

- Si el sistema es compatible, aparece el valor de la x. Al volver a presionar ⊜ se obtiene el valor de la y.
- Si es incompatible, aparece el mensaje: *Sin solución.*
- Si es indeterminado, nos responde: *Infinitas soluciones.*

→ **anayaeducacion.es**
Refuerza la resolución de sistemas por el método más adecuado.

Reglas prácticas para resolver sistemas lineales

Si una o las dos ecuaciones del sistema tienen un aspecto complicado, empieza por «arreglarlas» hasta llegar a la expresión $ax + by = c$.

Recordemos algunas ventajas de los métodos aprendidos:

- El método de sustitución es especialmente útil cuando una de las incógnitas tiene coeficiente 1 o –1 en alguna de las ecuaciones.
- El método de igualación es parecido al de sustitución y se suele utilizar en las mismas circunstancias que este.
- El método de reducción es muy cómodo de aplicar cuando una incógnita tiene el mismo coeficiente en las dos ecuaciones o bien sus coeficientes son uno múltiplo del otro.

EJERCICIOS RESUELTOS

1 ***Resolver este sistema:***

$$\begin{cases} \dfrac{x-1}{5} - \dfrac{x-y}{3} = \dfrac{2x+9y}{15} - 5 \\ -5(x+y-8) + 13 = -3y - 7 \end{cases}$$

SUPRIMIMOS PARÉNTESIS

$$\begin{cases} 3(x-1) - 5(x-y) = 2x + 9y - 15 \cdot 5 \\ -5(x+y-8) + 13 = -3y - 7 \end{cases}$$

$$\begin{cases} 3x - 3 - 5x + 5y = 2x + 9y - 75 \\ -5x - 5y + 40 + 13 = -3y - 7 \end{cases}$$

AGRUPAMOS TÉRMINOS Y SIMPLIFICAMOS

$$\begin{cases} x + y = 18 \\ 5x + 2y = 60 \end{cases}$$

Finalmente, resolvemos por cualquier método.

Solución: $x = 8,\ y = 10$

2 ***Resolver por reducción:***

$$\begin{cases} 3x + 7y = 14 \\ 5x - 8y = -9 \end{cases}$$

Podemos evitar las operaciones con fracciones aplicando dos veces el método de reducción para despejar una y otra incógnitas. Esto es muy útil cuando los coeficientes de las incógnitas son números grandes.

Para despejar la x:

(1.ª) · 8
(2.ª) · 7

$$\begin{cases} 24x + 56y = 112 \\ 35x - 56y = -63 \end{cases}$$

Sumamos: $59x = 49$

Para despejar la y:

(1.ª) · 5
(2.ª) · (–3)

$$\begin{cases} 15x + 35y = 70 \\ -15x + 24y = 27 \end{cases}$$

Sumamos: $59y = 97$

La solución, ahora, es inmediata: $x = \dfrac{49}{59},\ y = \dfrac{97}{59}$

PIENSA Y PRACTICA

4 Resuelve este sistema simplificando previamente:

$$\begin{cases} 5(x+3) - 2(y-1) = 3(5x-y) - 8x \\ \dfrac{x+1}{7} - \dfrac{y}{5} = 2 \end{cases}$$

5 Resuelve este sistema aplicando dos veces el método de reducción:

$$\begin{cases} 7x + 5y = 11 \\ 35x - 12y = 129 \end{cases}$$

6 Resolución de problemas mediante sistemas

TEN EN CUENTA

Un buen esquema sirve para relacionar los datos y las incógnitas.

→ anayaeducacion.es
Refuerza la traducción de enunciados.

Al traducir a lenguaje algebraico un problema algo complejo, suele ser más sencillo recurrir a un sistema de ecuaciones que a una única ecuación con una incógnita. Veamos los pasos que conviene dar:

① Identificar los elementos que intervienen y nombrar las incógnitas.

② Expresar mediante ecuaciones las relaciones existentes.

③ Resolver el sistema de ecuaciones resultante.

④ Interpretar la solución ajustándola al enunciado.

PROBLEMAS RESUELTOS

Si a un determinado número de dos cifras se le resta el número que resulta de invertir su orden, se obtiene el triple de las decenas del número original. Si la suma de sus cifras es 15, ¿de qué número se trata?

① Identificamos los elementos y nombramos las incógnitas. Queremos hallar las dos cifras de un número:

Cifra de las unidades $\rightarrow x$

Cifra de las decenas $\rightarrow y$

Es importante escribir bien el número original y el que resulta de invertir el orden de sus cifras:

Número original $\rightarrow 10y + x$

Número con las cifras invertidas $\rightarrow 10x + y$

② Expresamos mediante ecuaciones las relaciones entre las incógnitas.

$$\begin{cases} (10y + x) - (10x + y) = 3y \\ x + y = 15 \end{cases}$$

③ Resolvemos el sistema de ecuaciones. Para ello, «arreglamos» antes la primera ecuación:

$$(10y + x) - (10x + y) = 3y \rightarrow 10y + x - 10x - y - 3y = 0 \rightarrow -9x + 6y = 0 \rightarrow$$
$$\rightarrow 3x - 2y = 0$$

El sistema, por tanto, queda así:

$$\begin{cases} 3x - 2y = 0 \\ x + y = 15 \end{cases}$$

Sumando la primera más dos veces la segunda, se obtiene: $5x = 30 \rightarrow x = 6$

Sustituyendo en la segunda ecuación original: $6 + y = 15 \rightarrow y = 9$

④ *Solución:* El número buscado es el 96.

PIENSA Y PRACTICA

1 Si al doble de un número de dos cifras se le resta el resultado de invertir el orden de las cifras del número original, se obtiene 31. Si la resta de las unidades menos las decenas es 3, ¿de qué número se trata?

2 Ayer, en una clase, había 10 chicos más que chicas. Hoy, que ha entrado una chica nueva, el número de chicos es el doble que de chicas. ¿Cuántos chicos y chicas había ayer en la clase?

1 ¿Cuánto cuesta alquilar un coche?

El precio del alquiler de un coche depende del número de días que se alquila y de los kilómetros recorridos. Por 4 días y 580 km, pagué 151 €. Otra vez, por 3 días y 650 km, pagué 145,50 €. ¿Cuánto pagaré por 6 días y 350 km?

Llamamos x al precio por día de alquiler e y al precio por kilómetro recorrido.

- Por 4 días y 580 km pago 151 € $\rightarrow$ $4x + 580y = 151$
- Por 3 días y 650 km pago 145,50 € $\rightarrow$ $3x + 650y = 145,50$

$$\left.\begin{array}{l}4x+580y=151\\3x+650y=145,50\end{array}\right\}\xrightarrow[\times 4]{\times(-3)}\left.\begin{array}{l}-12x-1\,740y=-453\\12x+2\,600y=582\end{array}\right\}$$

$$860y = 129 \rightarrow y = 0,15 \rightarrow x = 16$$

El precio es 16 €/día y 0,15 €/km. Por 6 días y 350 km pagaré 148,50 €.

2 ¿Cuántos amigos son?

Un grupo de amigos quieren comprar un regalo a Ana por 12 € cada uno. Se suman tres amigos más, y poniendo 2 € menos, pueden comprar un regalo que es 14 € más caro. ¿Cuántos amigos son en total? ¿Cuánto ha costado el regalo?

Al principio son x amigos y el regalo que eligen cuesta y euros.

- Si cada uno pone 12 €, entonces: $12x = y$
- Después son $x + 3$ amigos, pone 10 € cada uno y compran un regalo de $y + 14$ €. Por tanto: $10(x + 3) = y + 14$

$$\begin{cases}12x=y\\10(x+3)=y+14\end{cases}\rightarrow\begin{cases}y=12x\\y=10x+16\end{cases}\rightarrow 12x = 10x + 16 \rightarrow x = 8;\; y = 96$$

En total son 11 amigos y el regalo ha costado 110 €.

3 ¿Cuántas bolas hay en la bolsa?

Una bolsa contiene bolas blancas y negras. Si se añade una bola blanca, estas representan el 25 % del contenido de la caja. Si se quita una bola blanca, las bolas blancas que quedan son el 20 % del contenido de la bolsa. ¿Cuántas bolas de cada color hay en la bolsa?

Llamamos b al número de bolas blancas de la bolsa, y n, al de bolas negras.

Si se añade una bola blanca, $(b + 1)$ es el 25 % de $(b + 1 + n)$. Por tanto: $0,25(b + 1 + n) = b + 1$

Si se quita una bola blanca, $(b - 1)$ es el 20 % de $(b - 1 + n)$. Por tanto: $0,20(b - 1 + n) = b - 1$

$$\begin{cases}0,25(b+1+n)=b+1\\0,20(b-1+n)=b-1\end{cases}\rightarrow\begin{cases}-0,75b+0,25n=0,75\\-0,80b+0,20n=-0,80\end{cases}\rightarrow$$

$$\rightarrow\begin{cases}n=3+3b\\n=-4+4b\end{cases}\rightarrow 3+3b=4b-4 \rightarrow b=7;\; n=24$$

En la bolsa hay 7 bolas blancas y 24 negras.

4 Dimensiones de un rectángulo

Un rectángulo tiene 44 m de perímetro. Si la base aumenta 3 m y la altura se reduce 2 m, su área no varía. ¿Cuáles son las dimensiones del rectángulo?

Hazlo tú El perímetro de un rectángulo es 24 cm. Si la base disminuye 2 cm y la altura aumenta 1 cm, el área disminuye 5 cm^2. Halla sus dimensiones.

Si llamamos x a la base e y a la altura, el perímetro del rectángulo es $2x + 2y$, y su área, xy. Al aumentar 3 m la base y disminuir 2 m la altura, las nuevas dimensiones son $(x + 3) \times (y - 2)$, y su área, $(x + 3)(y - 2)$.

El enunciado del problema nos lleva al siguiente sistema de ecuaciones:

$$\begin{cases}2x+2y=44\\(x+3)(y-2)=xy\end{cases}\rightarrow\begin{cases}x+y=22\\xy+3y-2x-6=xy\end{cases}\rightarrow\begin{cases}y=22-x\\3y-2x=6\end{cases}\rightarrow$$

$$\rightarrow 3(22-x)-2x=6 \rightarrow 66-3x-2x=6 \rightarrow 5x=60 \rightarrow x=12;\; y=10$$

La base mide 12 m, y la altura, 10 m.

¿DOMINAS LO BÁSICO?

1 Comprueba si $x=-2,\ y=1$ es solución de los siguientes sistemas de ecuaciones:

a) $\begin{cases} 7x+4y=-10 \\ 3x-2y=-8 \end{cases}$ b) $\begin{cases} x+2y=0 \\ 2x+6y=1 \end{cases}$

2 Resuelve gráficamente los siguientes sistemas de ecuaciones:

a) $\begin{cases} 3x-y=1 \\ x+2y=5 \end{cases}$ b) $\begin{cases} 3x-y=0 \\ 3x+y=-6 \end{cases}$

c) $\begin{cases} x+3y=-5 \\ 2x-y=4 \end{cases}$ d) $\begin{cases} 2x-3y=-4 \\ x+8y=-2 \end{cases}$

3 Resuelve los siguientes sistemas de ecuaciones por sustitución:

a) $\begin{cases} x+3y=0 \\ 2x+y=-5 \end{cases}$ b) $\begin{cases} 8x-3y=-25 \\ x-5y=-17 \end{cases}$

c) $\begin{cases} 7x-y=-6 \\ 4x+3y=3 \end{cases}$ d) $\begin{cases} 2x+16=2y \\ 2y-3x=16 \end{cases}$

4 Resuelve por igualación.

a) $\begin{cases} 3x-y=1 \\ 2x+y=-1 \end{cases}$ b) $\begin{cases} x+3y=-4 \\ x-2y=6 \end{cases}$

c) $\begin{cases} y=6x \\ 7x=2y-5 \end{cases}$ d) $\begin{cases} 3x-4y=-4 \\ 2x+y=-1 \end{cases}$

5 Resuelve por reducción estos sistemas de ecuaciones:

a) $\begin{cases} 4x-3y=2 \\ 2x+y=-4 \end{cases}$ b) $\begin{cases} x+2y=1 \\ 3x-y=7 \end{cases}$

c) $\begin{cases} 2x+3y=1 \\ 4x-5y=-9 \end{cases}$ d) $\begin{cases} 3x-2y=19 \\ 4x+3y=-3 \end{cases}$

6 Resuelve por el método que consideres más adecuado.

a) $\begin{cases} 3x=6 \\ 5x+\dfrac{4y}{3}=14 \end{cases}$ b) $\begin{cases} 6x-3y=3 \\ 3x+6y=9 \end{cases}$

c) $\begin{cases} 5x+y=6 \\ 3x-2y=14 \end{cases}$ d) $\begin{cases} 1,2x+0,7y=13 \\ x-0,5y=0 \end{cases}$

7 Resuelve y comprueba la solución.

a) $\begin{cases} 0,6x+0,3y=1,5 \\ 4,2x-2,8y=5,6 \end{cases}$ b) $\begin{cases} 0,2x-0,3y=1,2 \\ 0,4x+1,4y=-1,6 \end{cases}$

8 Comprueba que entre los siguientes sistemas hay uno que no tiene solución y otro que tiene infinitas:

a) $\begin{cases} x-2y=-6 \\ x-2y=2 \end{cases}$ b) $\begin{cases} x+3y=6 \\ 2x+6y=12 \end{cases}$

c) $\begin{cases} x-2y=-6 \\ y=0 \end{cases}$ d) $\begin{cases} x-2y=2 \\ x=0 \end{cases}$

ENTRÉNATE Y PRACTICA

9 Resuelve los siguientes sistemas. Indica si alguno de ellos es incompatible o indeterminado:

a) $\begin{cases} 2x-5y=-2 \\ 3,25x-2,5y=8 \end{cases}$ b) $\begin{cases} 0,2x-1,7y=6,1 \\ 1,23x+0,8y=3,75 \end{cases}$

c) $\begin{cases} 3(x-1)+y=0 \\ 3(x+1)+y=-5 \end{cases}$ d) $\begin{cases} x+y=4-y \\ 3x-5=7-6y \end{cases}$

10 Resuelve los siguientes sistemas de ecuaciones aplicando dos veces el método de reducción para despejar cada una de las incógnitas:

a) $\begin{cases} 3x+2y=10 \\ 2x+3y=5 \end{cases}$ b) $\begin{cases} -4x+5y=-14 \\ 3x+7y=-11 \end{cases}$

Mira el ejercicio resuelto 2 de la página 153.

11 Observa y compara las ecuaciones que forman estos sistemas y di cuál de ellos tiene una única solución, cuál no tiene solución y cuál tiene infinitas soluciones. Compruébalo representando las rectas que los forman:

a) $\begin{cases} 2x-y=1 \\ 4x-2y=8 \end{cases}$ b) $\begin{cases} x-2y=5 \\ 2x-4y=10 \end{cases}$

c) $\begin{cases} 5x+2y=-1 \\ 4x-y=7 \end{cases}$ d) $\begin{cases} x-2y=5 \\ 2x-4y=-3 \end{cases}$

12 Comprueba si estos dos sistemas de ecuaciones son equivalentes:

a) $\begin{cases} x+2y=1 \\ 2x+5y=4 \end{cases}$ b) $\begin{cases} x+3y=3 \\ 5x+8y=1 \end{cases}$

13 Suprime paréntesis y denominadores y resuelve los siguientes sistemas de ecuaciones:

a) $\begin{cases} 4(x-3)+y=0 \\ 3(x+3)-y=18 \end{cases}$ b) $\begin{cases} \dfrac{x}{4}+\dfrac{y+1}{5}=1 \\ x+3y=1 \end{cases}$

c) $\begin{cases} \dfrac{x+4}{5}-y=-1 \\ \dfrac{x-6}{5}+y=-1 \end{cases}$ d) $\begin{cases} x=\dfrac{y-4}{3}+1 \\ y+\dfrac{1}{3}=\dfrac{x+4}{3} \end{cases}$

14 Simplifica y resuelve por el método que consideres más adecuado en cada caso:

a) $\begin{cases} 2x+y=0 \\ 5x-3=9y-3 \end{cases}$ b) $\begin{cases} 2(3x-2)=y-1 \\ 3(x+y)+2(x-y)=8 \end{cases}$

c) $\begin{cases} \dfrac{x}{3}-\dfrac{y}{2}=4 \\ \dfrac{x}{2}+\dfrac{y}{4}=2 \end{cases}$ d) $\begin{cases} 3(x+1)+2(y-3)=8 \\ 4(7-2x)-(2y-5)=-3 \end{cases}$

15 Simplifica y elige el método más adecuado para su resolución.

a) $\begin{cases} \dfrac{x}{7}=\dfrac{y}{5} \\ 3x-y=24 \end{cases}$ b) $\begin{cases} \dfrac{2x}{3}=\dfrac{3y}{4} \\ x+2y=50 \end{cases}$

c) $\begin{cases} \dfrac{2-x}{3}+\dfrac{3+y}{6}=2 \\ \dfrac{8-3x}{6}-\dfrac{2+y}{9}=2 \end{cases}$ d) $\begin{cases} \dfrac{x-1}{2}+\dfrac{y+1}{4}=1 \\ \dfrac{2x-1}{2}-\dfrac{2y+1}{6}=1 \end{cases}$

16 Resuelve.

a) $\begin{cases} \dfrac{7}{3}x+\dfrac{3}{4}y=41 \\ -\dfrac{3}{5}x+\dfrac{5}{2}y=11 \end{cases}$ b) $\begin{cases} \dfrac{1}{5}x-0{,}3y=\dfrac{6}{5} \\ 0{,}4x+\dfrac{7}{5}y=-1{,}6 \end{cases}$

c) $\begin{cases} \dfrac{x+15}{8}+\dfrac{3(y+1)}{16}=3 \\ \dfrac{7-x}{2}-\dfrac{1+y}{12}=3 \end{cases}$ d) $\begin{cases} \dfrac{3x+11}{4}-\dfrac{y+1}{3}=\dfrac{23}{6} \\ \dfrac{2x-1}{2}-\dfrac{y+3}{4}=\dfrac{1}{4} \end{cases}$

17 Resuelve por reducción los siguientes sistemas de ecuaciones:

a) $\begin{cases} \dfrac{x}{2}+\dfrac{y}{3}=6 \\ x-2y=-4 \end{cases}$ b) $\begin{cases} \dfrac{(2x-2)}{3}-\dfrac{(y+2)}{6}=-1 \\ x-(y+2)=1 \end{cases}$

RESUELVE PROBLEMAS SENCILLOS

18 Una cooperativa ha envasado 2 000 L de aceite en botellas de 1,5 L y de 2 L. Sabemos que han utilizado 1 100 botellas en total. ¿Cuántas se han necesitado de cada clase?

19 Una persona compra una bicicleta y un ordenador por 2 500 €. Después de algún tiempo, los vende por 2 157,50 €. Con la bicicleta perdió el 10 % de su valor, y con el ordenador, el 15 %. ¿Cuánto le costó cada objeto?

20 El presupuesto de una biblioteca es de 100 € para libros y discos. Si compran 3 libros y 4 discos, sobran 5 €, y si compran 4 libros y 4 discos, faltan 10 €. Halla el precio de un libro y el de un disco.

21 **Meta 4.6.** De los 1 200 estudiantes de un centro escolar, un grupo de 333 participan en una actividad deportiva. Ese grupo está compuesto por el 30 % de las chicas y el 25 % de los chicos del centro. ¿Cuántas chicas y cuántos chicos hay en ese centro?

22 En una pastelería tienen dos tamaños de cajas de bombones. La caja grande contiene 30 bombones más que la pequeña y con tres cajas pequeñas llenamos la mitad de una grande. ¿Cuántos bombones tiene cada caja?

23 Una empresa que fabrica bombillas obtiene un beneficio de 0,30 € por cada pieza que sale del taller para la venta, pero sufre una pérdida de 0,40 € por cada pieza defectuosa que debe retirar. En una jornada ha fabricado 2 100 bombillas, obteniendo unos beneficios de 484,40 €.

¿Cuántas bombillas válidas y cuántas defectuosas se han fabricado en ese día?

24 Por un pantalón y unos zapatos, he pagado 126 €. Si el precio del pantalón aumentara en un 14 %, entonces sería el 75 % del precio de los zapatos. ¿Cuánto pagué por cada uno?

25 En un test de 50 preguntas, por cada una acertada te dan 4 puntos y por cada una errónea o no contestada te restan 3 puntos. Si mi nota ha sido el 58 % de la puntuación máxima que se puede obtener, ¿cuántos aciertos y cuántos fallos he tenido?

26 La edad de Carmen es el triple de la de su hija Maite. Pero dentro de 15 años será el doble de la que entonces tenga su hija. ¿Cuál es la edad de cada una?

27 He cambiado un montón de monedas de 20 céntimos por monedas de 1 €, de manera que ahora tengo 24 monedas menos que antes. ¿Cuántas monedas de 20 céntimos tenía?

28 Tengo dos tabletas de chocolate, una contiene el 60 % de cacao, y la otra, el 85 %. ¿Qué cantidad tendré que fundir de cada tableta para obtener una mezcla de 300 g con un 75 % de cacao?

29 Mezclamos un bidón de aceite de oliva virgen de 6,50 €/L con otro de mejor calidad de 11 €/L, obteniendo 50 L de aceite intermedio de 8,30 €/L. ¿Cuántos litros de cada tipo de aceite se han mezclado?

30 En dos autobuses viajan 120 personas. Si del más lleno se trasladan los 2/5 al otro, los dos llevarán el mismo número de personas. ¿Cuántas personas lleva cada autobús?

31 Una empresa recibe el encargo de fabricar cierto número de macetas para una fecha determinada. Al planificar la producción, la gerente advierte que si se fabricasen 250 macetas diarias, faltarían 150 macetas al concluir el plazo. Pero que si se fabricasen 260 macetas diarias, sobrarían 80. ¿Cuántos días de plazo tenían y cuántas macetas les encargaron?

32 Dos ciudades, A y B, distan 234 km. De A sale un autobús en dirección a B y simultáneamente sale de B un tren en dirección a A. Tardan en cruzarse 1 h y 30 min. ¿Cuál es la velocidad de cada uno si la del autobús supera a la del tren en 5 km/h?

33 Un autobús sale de A a 90 km/h. Cuando ha recorrido 25 km, sale de A un coche a 110 km/h que quiere alcanzar al autobús. ¿Cuánto tiempo tarda en hacerlo y qué distancia recorre hasta conseguirlo?

34 En una empresa A de mensajería cobran una tarifa por kilogramo del envío, un fijo por entrega urgente más el 21 % de IVA. Por un paquete de 2 kg con entrega urgente pago 21,78 €.

En otra empresa B el precio por kilogramo es 1 € más barato que en A, y el fijo de entrega rápida es 2 € más caro que en A. También aplica el 21 % de IVA. En esta empresa me cobran 13,31 € por un paquete de 1 kg.

¿Cuál será el precio por kilogramo y el fijo de entrega urgente en cada una de las dos empresas?

PARA PENSAR UN POCO MÁS

COMPRENDE Y APLICA EN EL DESAFÍO — DESAFÍOS QUE DEJAN HUELLA

35 Una compañía de gestión del agua propone dos modelos de tarifas distintos: tarifa A y tarifa B. Las fórmulas correspondientes a cada una para un consumo de x m^3 de agua al bimestre son:

A: $y = 4{,}4 + 0{,}495x + 0{,}088x^2$

B: $y = 8{,}8 + 0{,}33x + 0{,}055x^2$

a) Halla para cuántos metros cúbicos de consumo se pagaría lo mismo con ambas tarifas.

b) ¿Qué tarifa es más conveniente para una familia numerosa cuyo consumo suele estar por encima de los 25 m^3? ¿Y para una persona que vive sola y que no consume más de 9 m^3?

36 Un avión de prácticas vuela a 600 km/h cuando no hace viento y lleva combustible para 4 horas. Un día sale con viento en contra de 40 km/h que se mantendrá todo el trayecto.

¿Cuántos kilómetros puede alejarse de la base y volver sin repostar?

37 La encargada de un laboratorio químico tiene dos frascos que contienen cierto ácido diluido en agua. En el frasco A, el 10 % es ácido, y el resto, agua. En el B, la mezcla es mitad y mitad. Para hacer un experimento, necesita 80 g de una mezcla que tenga 25 % de ácido y 75 % de agua. ¿Qué cantidad debe coger de cada frasco para conseguirlo?

38 Si a un número de dos cifras le restamos el que resulta de invertir el orden de estas, obtenemos el doble de la cifra de las decenas del número inicial.

Hállalo sabiendo que sus cifras suman 16.

39 Halla un número de dos cifras tal que la suma de sus cifras sea 9 y que su triple sea 9 unidades mayor que el número que se obtiene al invertir sus cifras.

40 Si la base de un rectángulo disminuye 80 cm y su altura aumenta 20 cm, se convierte en un cuadrado. Y si la base disminuye 60 cm y la altura aumenta 20 cm, su área disminuye 400 cm^2. Halla las dimensiones del rectángulo.

41 Los cuatro primeros términos de una progresión aritmética son a, 9, $3a - b$ y $3a + b$. ¿Cuál es el término que ocupa el lugar 187 en esta progresión?

TAMBIÉN PUEDES HACER ESTO

42 Seis personas, *a, b, c, d, e* y *f*, están sentadas en una mesa redonda. Cada una de ellas escribe un número y se lo enseña a las dos que tiene a su lado. Después, cada una dice en voz alta la media de los dos números que le han enseñado. Si los resultados fueron 5, 6, 7, 8, 9 y 10, ¿cuáles fueron los números que escribieron?

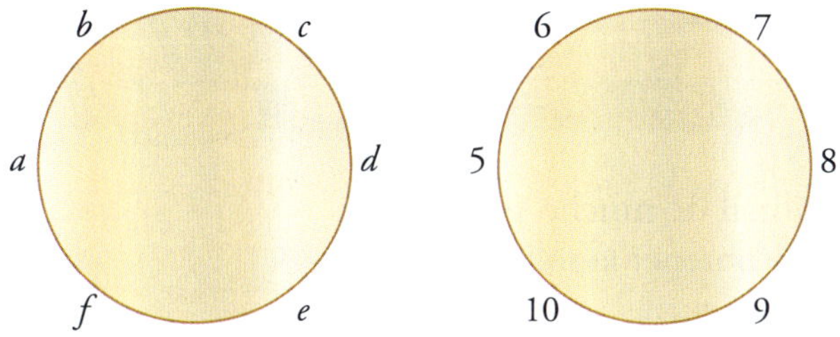

¿LO HAS ENTENDIDO? REFLEXIONA

43 a) Busca tres soluciones de $2x - y = 3$.

b) Dibuja en los mismos ejes $2x - y = 3$ y $x + y = 0$, y di cuál es la solución del sistema que forman.

44 Escribe un sistema de dos ecuaciones con dos incógnitas cuya única solución sea $x = 2$, $y = -1$.

45 ¿Cuál debe ser el valor de m para que los sistemas a) y b) sean equivalentes?

a) $\begin{cases} 2x - 3y = 1 \\ x + y = 8 \end{cases}$ b) $\begin{cases} x - y = m \\ y = 3 \end{cases}$

46 Completa estos sistemas de modo que el primero tenga la solución $x = 3$, $y = -2$; el segundo sea incompatible, y el tercero y el cuarto sean indeterminados:

a) $\begin{cases} 3x + 2y = \dots \\ \dots - y = 8 \end{cases}$ b) $\begin{cases} x + y = 5 \\ 2x + 2y = \dots \end{cases}$

c) $\begin{cases} 3x - 2y = 4 \\ 6x - 4y = \dots \end{cases}$ d) $\begin{cases} -x + 2y = 7 \\ \dots - 4y = \dots \end{cases}$

47 a) ¿Es $x = 3$, $y = 1$ solución de alguno de estos sistemas?

i) $\begin{cases} x + y = 4 \\ x - 2y = 1 \\ 2x - 6y = 0 \end{cases}$ ii) $\begin{cases} x - y = 2 \\ 2x - 3y = 3 \\ x + y = 5 \end{cases}$

b) Modifica uno de los coeficientes de las incógnitas del sistema ii) para que sea equivalente al i).

c) Representa las rectas del sistema i) y comprueba que se cortan en el punto (3, 1).

48 Observa la representación de las rectas r_1, r_2, r_3 y r_4 y responde sin resolver.

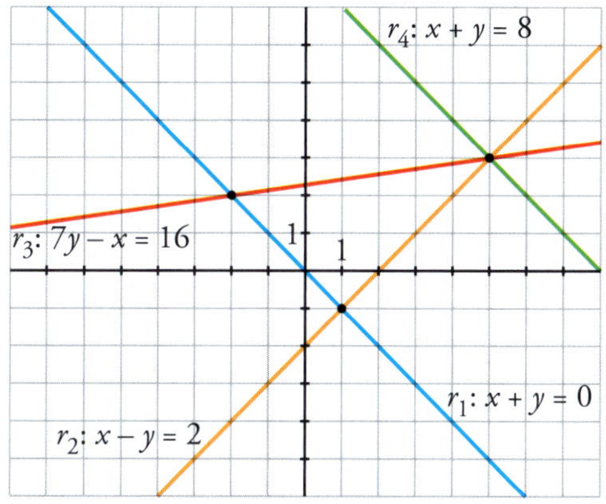

a) ¿Cuál es la solución de los siguientes sistemas de ecuaciones? ¿Alguno es incompatible o indeterminado?

i) $\begin{cases} x + y = 0 \\ x - y = 2 \end{cases}$ ii) $\begin{cases} x - y = 2 \\ 7y - x = 16 \end{cases}$ iii) $\begin{cases} x + y = 0 \\ x + y = 8 \end{cases}$

b) ¿Alguno de los sistemas siguientes tiene solución? Escríbela.

I) $\begin{cases} x + y = 0 \\ x - y = 2 \\ 7y - x = 16 \end{cases}$ II) $\begin{cases} x + y = 8 \\ x - y = 2 \\ 7y - x = 16 \end{cases}$

49 ¿Verdadero o falso? Justifica tus respuestas.

a) La ecuación $\frac{x}{3} - \frac{1}{x} = 1$ es una ecuación lineal.

b) El sistema $\begin{cases} 3x - y = 5 \\ -6x + 2y = -10 \end{cases}$ es compatible indeterminado.

c) Los sistemas S_1: $\begin{cases} x + y = 3 \\ x - 2y = 6 \end{cases}$ y S_2: $\begin{cases} x + y = 3 \\ 2x - y = 9 \end{cases}$ son equivalentes.

d) La ecuación $5x + 3y = 18$ no tiene solución.

e) Si en un sistema hay una ecuación en la que el coeficiente de x es 0, el sistema no tiene solución.

50 a) ¿Qué valores deben tomar a y b para que el siguiente sistema tenga infinitas soluciones?

$$\begin{cases} 3x + 2y = 5 \\ ax + by = 15 \end{cases}$$

Escribe tres soluciones del sistema.

b) Si $a = 6$ y $b = 4$, ¿tendrá alguna solución el sistema?

ECUACIONES DIOFÁNTICAS

Vamos a fijarnos en este problema propuesto por Diofanto:

Un comerciante compró vino en cántaras de 8 dracmas y de 5 dracmas, y pagó por ellas un número cuadrado, cuya raíz coincide con el número de cántaras. ¿Cuántas compró de 8 dracmas y cuántas de 5?

Traduciéndolo al lenguaje algebraico, obtenemos esta ecuación:

$$8x + 5y = (x + y)^2$$

Solo una ecuación con dos incógnitas, pero con una condición adicional de mucho peso: las incógnitas solo pueden tomar valores enteros positivos. Eso permite obtener la solución tanteando. Podemos comprobar que la solución es $x = 2$, $y = 4$. Pues bien:

Se llama **ecuación diofántica** a aquella en la que los coeficientes son números enteros y las incógnitas, asimismo, solo pueden tomar valores enteros o, incluso, naturales, como en el problema anterior.

Si la ecuación diofántica es de primer grado con dos incógnitas, puede resolverse mediante una curiosa técnica. Veamos un ejemplo:

—*Mira este paquete, son pasteles para la abuela.*

—*¿Cuántos hay?*

—*Pues..., no lo sé... Hay unos cuantos de chocolate y otros de crema..., más de chocolate que de crema. A ver, los de chocolate cuestan 5 € cada uno y los de crema, 3 €, y me he gastado 47 €...*

Obtenemos la ecuación $5x + 3y = 47$. ¿Cómo se puede resolver?

Despejamos la incógnita con menor coeficiente:

$$y = \frac{47 - 5x}{3} = 15 - x + \frac{2 - 2x}{3}$$

Hemos sacado fuera de la fracción todo lo que ha sido posible.

Llamamos $z = \dfrac{2 - 2x}{3} \rightarrow x = \dfrac{2 - 3z}{2} = 1 - z - \dfrac{z}{2}$ Llamamos $t = \dfrac{z}{2} \rightarrow z = 2t$

Expresamos x e y en función de t: $x = \dfrac{2 - 3 \cdot 2t}{2} = 1 - 3t$; $y = \dfrac{47 - 5(1 - 3t)}{3} = 14 + 5t$

Hallamos las posibles soluciones dando valores a t:

t	$x = 1 - 3t$	$y = 14 + 5t$
1	–2 (negativo)	19
0	1	14
–1	4	9
–2	7	4
–3	10	–1 (negativo)

Tenemos tres soluciones válidas, pero solo la tercera, $x = 7$, $y = 4$, responde a la condición «más de chocolate que de crema». Por tanto:

Hay 11 pasteles, 7 son de chocolate y 4 de crema.

¿Siempre se puede resolver una ecuación diofántica del tipo $ax + by = c$?

Sí cuando c es múltiplo del máx. c. d. (a, b). En tal caso, tiene infinitas soluciones enteras. Puede ocurrir que no haya ninguna en la cual x e y sean ambos positivos.

AUTOEVALUACIÓN

1 Resuelve estos sistemas; el primero por sustitución, el segundo por reducción y el tercero por igualación:

a) $\begin{cases} x + 3y = 0 \\ 2x + y = -5 \end{cases}$ b) $\begin{cases} x + 3y = -4 \\ x - 2y = 6 \end{cases}$ c) $\begin{cases} 4x - 3y = 2 \\ 2x + y = -4 \end{cases}$

2 Resuelve gráficamente los siguientes sistemas:

a) $\begin{cases} x + y = 5 \\ -3x + y = -3 \end{cases}$ b) $\begin{cases} x - 2y = 10 \\ -\dfrac{x}{2} + y = 5 \end{cases}$

3 Di cuál de los siguientes sistemas tiene una solución, cuál es incompatible y cuál es indeterminado:

a) $\begin{cases} 6x - 3y = 9 \\ 2x - y = 3 \end{cases}$ b) $\begin{cases} x - y = 2 \\ 2x + y = 7 \end{cases}$

c) $\begin{cases} x + 3 = 0 \\ 2y + 6 = 0 \end{cases}$ d) $\begin{cases} 2x + y = 5 \\ 4x + 2y = 9 \end{cases}$

4 Resuelve los siguientes sistemas:

a) $\begin{cases} \dfrac{x+1}{3} + y = 1 \\ \dfrac{x-3}{4} + 2y = 1 \end{cases}$ b) $\begin{cases} 1,5x + 0,25y = -2 \\ 2x - 0,5y = -6 \end{cases}$

5 La diferencia de dos números es 24. Si le sumamos 8 a cada uno, se obtienen otros dos tales que el mayor es triple del menor.

¿De qué números se trata?

6 Si a una fracción se le suma una unidad al numerador y se deja el mismo denominador, la fracción es igual a 1/2. Y si se mantiene el numerador inicial y se suman 3 unidades al denominador, la fracción es igual a 1/3.

¿De qué fracción se trata?

7 El área de un trapecio es 64 cm^2. Si sus bases se diferencian en 4 cm y tiene 6 cm de altura, ¿cuánto miden sus bases?

8 Una agricultora comprueba que en el segundo de sus dos depósitos de agua para riego hay 10 litros más que en el primero. Traspasa 18 litros del segundo al primero y así este se queda con el doble que el segundo. Calcula la cantidad de agua que tenía cada depósito.

→ **anayaeducacion.es** Resoluciones de estos ejercicios.

9 Al mezclar un bote de un café de 7,50 €/kg con un saco de otro de 2,50 €/kg, se obtienen 16 kg de un café de 3,75 €/kg. ¿Qué cantidad de cada café se ha mezclado?

10 Hace tres años, la edad de Rubén era el doble de la de Marta. Dentro de 7 años, será de 4/3 de la que entonces tenga Marta. Calcula sus edades.

11 En un bar se venden bocadillos de jamón a 3,50 € y bocadillos de tortilla a 2 €. En una mañana vendieron 52 bocadillos y la recaudación final fue de 149 €. ¿Cuántos se vendieron de cada clase?

12 Un joyero vendió un collar y un anillo por 210 €. Con el collar ganó el 10 %, mientras que con el anillo perdió el 10 %. En total obtuvo una ganancia del 5 % sobre el precio de compra. ¿A cuánto compró cada artículo?

13 Un autobús escolar hace la ruta entre dos pueblos, A y B. Cuando va lleno lleva una velocidad media de 60 km/h y tarda 15 min más que si va vacío. Si cuando va vacío va a 100 km/h, ¿cuál es la distancia entre A y B?

14 En un crucero hay camarotes dobles, triples y solo 10 individuales. Si en total tiene 70 camarotes y pueden dormir a bordo 150 personas, ¿cuántos camarotes tiene de cada tipo?

15 Sabemos que dos números suman 34. Si al mayor lo dividimos entre 3 y al menor entre 4, los resultados obtenidos se diferencian en 2 unidades. Halla dichos números.

DESAFÍOS QUE DEJAN HUELLA

REFLEXIONA

Revisa los aspectos trabajados y plantea soluciones a los problemas que se detecten.

Para ello, descarga de **anayaeducacion.es** la rúbrica correspondiente, reflexiona de manera individual y comparte en grupo.

PON A PRUEBA TUS COMPETENCIAS

Realiza la autoevaluación competencial incluida en **anayaeducacion.es.**

ÁLGEBRA PARA EL RECIBO DEL AGUA

Llamamos x al número de metros cúbicos de agua consumidos cada bimestre. Pretendemos hallar una fórmula (un polinomio) que nos dé el coste del suministro en función del consumo, x, teniendo en cuenta que cuanto más crezca el consumo, más debe costar el metro cúbico de agua.

Empezamos asignando una expresión para el precio del m^3 que aumente con el consumo, por ejemplo:

- **Precio** por cada $m^3 = 0{,}25 + 0{,}04x$

El coste sería **Precio** · **Consumo**, es decir:

- Coste por consumo de $x\ m^3 = (0{,}25 + 0{,}04x)x$

Añadimos una cuota fija de 10 € por servicio y aplicamos un IVA del 10 %:

- Recibo total bimensual en función del consumo, x:

$$R(x) = 1{,}1[10 + (0{,}25 + 0{,}04x)x] = 11 + 0{,}275x + 0{,}044x^2$$

(Observa que multiplicar por 1,1 es aumentar un 10 %, por el IVA)

Por ejemplo, si en una vivienda se han consumido 17 m^3, se pagará:

$$R(17) = 11 + 0{,}275 \cdot 17 + 0{,}044 \cdot 17^2 = 28{,}39\ €$$

Resumiendo, tenemos dos formas de tarificar el agua:

<table>
<tr><th>FÓRMULA</th><th>TARIFA POR BLOQUES</th></tr>
<tr><td>$R(x) = 11 + 0{,}275x + 0{,}044x^2$
Donde x representa el consumo en m^3.</td><td>

	CONSUMO	PRECIO
BLOQUE I	5 m^3	0,8 €/m^3
BLOQUE II	5 m^3	1,4 €/m^3
BLOQUE III	10 m^3	2,5 €/m^3
BLOQUE IV	En adelante	4 €/m^3

Hay que añadir una cuota fija de 10 € y un 10 % de IVA.</td></tr>
</table>

- Si se consumen 22 m^3, ¿cuánto habrá que pagar?
  a) Según la tarifa por bloques.
  b) Según la fórmula $R(x)$ que acabamos de obtener.
- Una familia ha pagado un recibo, según la fórmula $R(x)$, de 92,40 €. ¿Cuántos metros cúbicos ha consumido?
- Comprueba que con un consumo de 80 m^3 se paga lo mismo tanto si se aplica la tarifa por bloques como si se calcula con la fórmula $R(x)$.

Puedes realizar los cálculos con GeoGebra.

TENGAMOS EN CUENTA EL NÚMERO DE PERSONAS QUE VIVEN EN LA CASA

Sería razonable que, para determinar el precio del agua, se tuviera en cuenta el número de personas que habita en la vivienda.

En el precio manejado hasta ahora, $0{,}25 + 0{,}04x$, el factor 0,04 es el que **marca la rapidez del crecimiento al aumentar el consumo,** x. Si queremos disminuir ese crecimiento teniendo en cuenta el número de personas que vive en la casa, se puede multiplicar 0,04 por $\left(1 - \frac{n}{10}\right)$. Esto significa rebajar el factor 0,04 un 10% por cada unidad que aumente n. ¿Qué es n?

N.º DE RESIDENTES	1	2	3	4	5	6	7	8	9	10 o más
n	0	0	1	2	3	4	5	6	7	8

El precio quedaría así:

Precio del $m^3 = 0{,}25 + 0{,}04\left(1 - \frac{n}{10}\right)$

La facturación bimensual sería: $R_n(x) = 1{,}1\left[10 + \left(0{,}25 + 0{,}04\left(1 - \frac{n}{10}\right)x\right)x\right]$

Por ejemplo, en una vivienda en la que residan 7 personas $(n = 5)$ el precio de cada m^3 será: $0{,}25 + 0{,}04\left(1 - \frac{5}{10}\right)x = 0{,}25 + 0{,}02x$

El recibo, para $n = 5$, será: $R_5(x) = 1{,}1[10 + (0{,}25 + 0{,}02x)x] = 11 + 0{,}275x + 0{,}022x^2$

- Obtén la expresión de $R_n(x)$ para una familia de 5 miembros y halla cuánto tiene que pagar en un bimestre en el que ha consumido 20 m^3.

Individualmente o en grupo, pregúntale a tu profe.

Ahora hazlo tú

Al utilizar la fórmula $R(x)$, observamos que para consumos altos de agua el precio se dispara. Diseña una fórmula definida en dos trozos en la que el precio para consumos inferiores a 80 m^3 sea el que ya estamos utilizando, $0{,}25 + 0{,}04x$, y a partir de 80 m^3 el precio sea fijo, igual a 4 €/m^3.

Hemos utilizado los coeficientes 0,25 y 0,04 en la fórmula para que se adaptara al precio de los bloques. Prueba con otros valores e intenta una fórmula que se acerque más al precio que se obtiene por bloques.

En la fórmula $R_n(x)$ hemos hecho una rebaja teniendo en cuenta el número de habitantes de la vivienda, pero, ¿no sería razonable que solo se utilizase para consumos bajos? Explora hasta qué cantidad.

Busca un recibo de agua que sea por bloques, por ejemplo, el de tu casa, y diseña un polinomio que se adecúe a él.

Varía los coeficientes de $R(x)$.

Descarga de **anayaeducacion.es** una rúbrica para revisar tus **competencias** correspondientes a este desafío. Autoevalúa tu planificación del proyecto descargando la diana sobre **planificación** de tareas. ¿Qué tal ha ido el **trabajo en equipo**? Utiliza la diana de coevaluación de **anayaeducacion.es** para valorarlo.

Recuerda que dispones, en tu banco de recursos:

- de diversos talleres para gestionar tus emociones y de una diana para evaluarlas.
- de fichas para mejorar tu ciudadanía digital.

3

BLOQUE
FUNCIONES

La variación del índice de la bolsa a lo largo de un año o el coste de una conferencia telefónica según su duración son ejemplos de funciones. Las relaciones, más o menos complejas, que se dan en ellas se aprecian con toda sencillez y claridad cuando son representadas mediante sus gráficas.

Si, además, pueden ser sintetizadas en su expresión analítica, esta les confiere exactitud, concisión y elegancia.

La destreza en el análisis de los aspectos más relevantes de una función recorriendo minuciosamente su gráfica, y la habilidad en el reconocimiento y representación de las funciones lineales y cuadráticas, completan el objetivo que se desea alcanzar en este curso. Su correcta aplicación a problemas extraídos de la vida real es un fruto que se obtendrá por añadidura.

DIME CUÁL ES TU GRÁFICA Y TE DIRÉ QUÉ FORMA TIENES

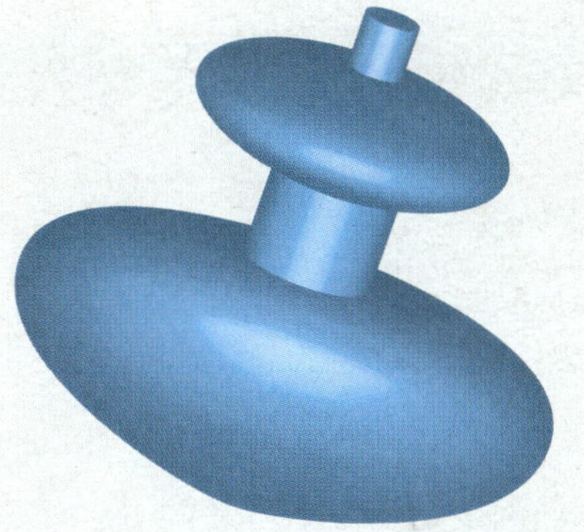

Imagina que tenemos esta curiosa botella y la vamos llenando con un grifo de caudal constante (un hilo de agua). Cada 10 segundos medimos la altura que alcanza el líquido en su interior. Se trata de la función:

tiempo-nivel alcanzado

cuya gráfica es la siguiente:

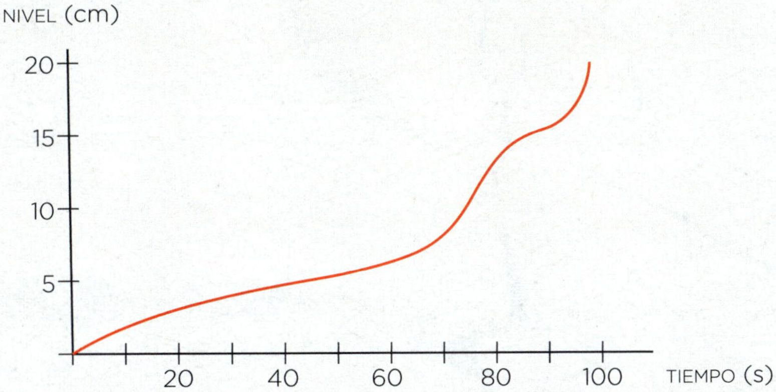

A cada botella le podemos asociar, así, su «gráfica de llenado». Pero, fijándonos bien en la forma de la botella quizá podríamos construir aproximadamente su «gráfica de llenado» sin necesidad de trajinar con agua. Y, más aún, ¿seríamos capaces de saber cómo es una botella conociendo su «gráfica de llenado»?

EL DESAFÍO

¿Podrás encontrar la gráfica de la función *tiempo de llenado-nivel alcanzado* para distintas botellas o envases? ¿Serás capaz de dibujar la forma del recipiente conociendo su gráfica?

Para intentar hacerlo, te animaremos a que busques envases variopintos y trates de bosquejar su gráfica de llenado. También podrás comprobar si las gráficas que has propuesto son correctas, experimentando y anotando los tiempos de llenado y sus correspondientes niveles. Incluso, te propondremos una actividad compartida en la que podréis utilizar estos conocimientos y los materiales que generéis tú y tus compañeros.

8

Funciones. Características

Las funciones estudian cómo varía una magnitud respecto a otra. Ya, en el siglo XV, **Nicolás Oresme** describió las leyes de la naturaleza como «relaciones de dependencia entre magnitudes».

Las primeras funciones descritas se obtuvieron mediante experimentación. Y en eso fue pionero **Galileo** (s. XVI), quien consideró imprescindible medir, valorar cuantitativamente causas y efectos, y buscar alguna relación matemática que describiera con sencillez un fenómeno. Desarrolló de manera sistemática esta actitud experimental y supo exponerla y transmitirla con gran elocuencia.

El concepto de función se fue perfilando en siglos posteriores.

Un experimento de Galileo

Galileo, con 17 años, mientras asistía a misa en la catedral de Pisa, se distrajo observando las oscilaciones de una inmensa lámpara que colgaba del techo. Intentó cuantificar el tiempo de cada oscilación tomando sus pulsaciones como unidad de medida. Más tarde, en su casa, completó la experimentación con péndulos de distintas longitudes para establecer la relación entre la longitud de la cuerda y la frecuencia de la oscilación.

Con lo que ya sabes, resuelve

Observando la gráfica de una función, podemos comprender cómo evoluciona el fenómeno que en ella se describe. Por ejemplo, estas gráficas responden, en otro orden, a las situaciones que aparecen debajo:

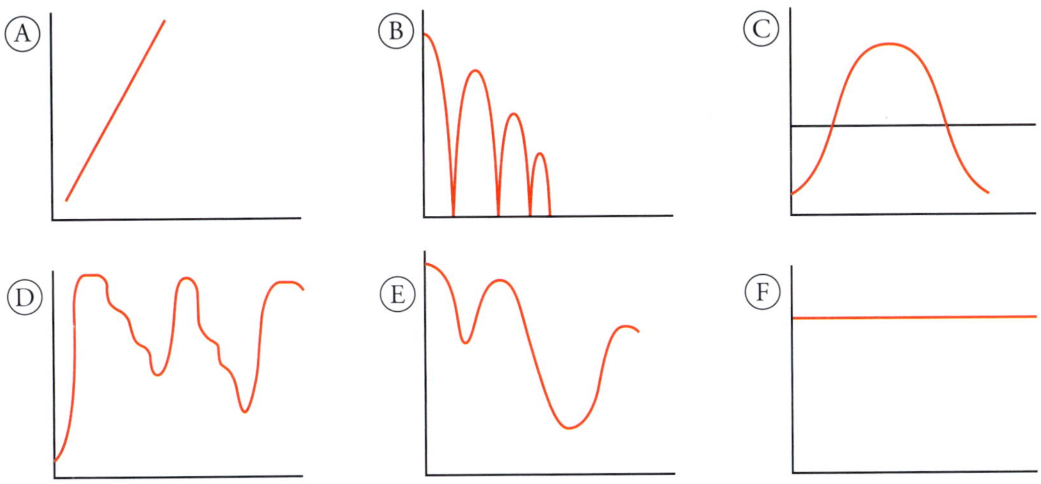

① Altura de un balón que bota.

② Nivel de ruido de una calle desde las 6 a.m. hasta las 6 p.m.

③ Temperaturas mínimas diarias en Soria, a lo largo de un año.

④ Precio de una bolsa de patatas fritas según su peso.

⑤ Nivel de agua en un pantano a lo largo del año.

⑥ Distancia a la Tierra de un satélite artificial al pasar el tiempo.

Reflexiona

1. Relaciona cada gráfica con la situación que refleja y di, en cada caso, qué representan sus ejes de abscisas y ordenadas. ¿Te atreves a poner una escala en cada eje?

2. Copia en tu cuaderno las seis gráficas del ejemplo de arriba. Ahora traza, sobre cada una, la gráfica de otra situación similar: ①, altura de una bola del juego de los bolos; ②, el nivel de ruido de la misma calle, pero medido dentro de un coche; ③, en Badajoz en lugar de Soria; ④, precio de una bolsa de sal; ⑤, nivel de agua durante el año anterior (invéntatelo); ⑥, distancia a la Tierra de un satélite que gira a más velocidad.

3. Supón que realizamos un experimento similar al del joven Galileo, con varios péndulos, y obtenemos los siguientes resultados (siendo l la longitud del péndulo, en metros, y n el número de oscilaciones por minuto):

l	2	1,50	1,20	1	0,80	0,60	0,40	0,20
n	21	24,5	27,5	30	33,5	38,5	47,5	67

a) Representa en tu cuaderno, sobre unos ejes como los de la derecha, los datos de la tabla.

b) Comprueba que los valores responden bastante bien a la relación $n = \dfrac{30}{\sqrt{l}}$.

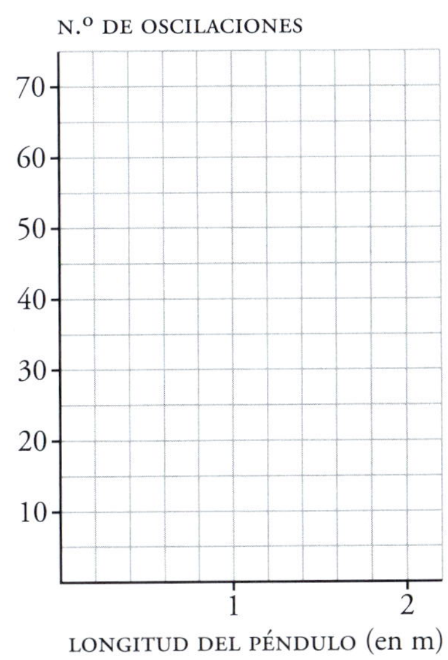

1 Las funciones y sus gráficas

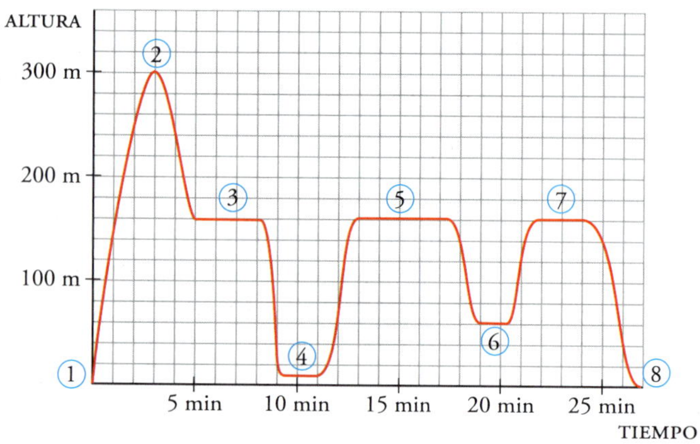

En la extinción de un incendio, un helicóptero realiza los siguientes movimientos: ① Sale de la base. ② Sube a una cierta altura para tomar perspectiva. ③ Baja a altura de crucero y viaja hasta el embalse. ④ Baja al embalse a llenar los tanques de agua. ⑤ Sube a altura de crucero y viaja hasta el incendio. ⑥ Baja a apagar el fuego. ⑦ Sube a altura de crucero y viaja de vuelta a la base. ⑧ Desciende a la base.

La gráfica que describe el vuelo del helicóptero relaciona dos variables: el tiempo, t, que ha transcurrido desde que salió de la base, y la altura, a, a la que se encuentra el aparato.

tiempo $(t) \rightarrow$ altura (a)

OBSERVA

Analizando la gráfica, apreciamos las subidas y bajadas del aparato en su vuelo, y podríamos describirlas con cierto detalle.

NO LO OLVIDES

En la **descripción cualitativa** se atiende a **cómo** varía una variable respecto a la otra.

En la **descripción cuantitativa** se puede precisar **cuánto** varía.

DOS VARIABLES, DOS EJES

La representación se ha hecho en un diagrama cartesiano:

- En el **eje horizontal,** el tiempo, t.
- En el **eje vertical,** la altura, a.

Cada punto de la gráfica representa un *tiempo* y una *altura,* y significa que en ese instante el helicóptero está a esa altura.

ESCALA

En cada eje de la gráfica hay una **escala:**

- En el eje horizontal, un cuadradito significa 1 minuto.
- En el eje vertical, un cuadradito significa 20 metros.

Las escalas de los ejes nos permiten no solo describir cualitativamente el vuelo, sino también cuantificarlo. Por ejemplo: la altura máxima alcanzada por el helicóptero durante la misión es de 300 m, y la alcanza a los 3 minutos.

DOMINIO DE DEFINICIÓN Y RECORRIDO

Solo tenemos información del vuelo del helicóptero desde el minuto 0 al 27. El intervalo 0-27 se llama **dominio de definición** de la función.

La altura a la que se encuentra el helicóptero oscila entre 0 m y 320 m. Al tramo 0-320 se le llama **recorrido** de la función.

PIENSA Y PRACTICA

1 Observa la gráfica del helicóptero y responde:

a) ¿Cuánto tiempo ha empleado en realizar la misión?

b) ¿A qué altura estaba a los 20 min? ¿A qué altura baja a coger agua? ¿Y para apagar el fuego?

c) ¿Cuánto tiempo necesita para llenar de agua el depósito? ¿Y para soltarla sobre el fuego?

d) ¿A qué velocidad media (en m/min) sube desde que sale de la base hasta que llega a 300 m de altura?

2 Representa en unos ejes cartesianos los 30 minutos que ha estado en inmersión un buceador: sale del barco; baja hasta 36 m; se queda un rato recreándose con los corales; sube un poco y juega con unos delfines; vuelve a bajar porque ha visto una morena y, por último, se queda 2 min a 10 m de profundidad, antes de volver al barco, para realizar la descompresión.

En el eje horizontal, da 2 min a cada cuadradito. En el vertical (solo la parte negativa), 5 m por cuadradito.

Definiciones

Una **función** es una relación entre dos variables a las que, en general, llamaremos x e y.

- x es la **variable independiente** (en el ejemplo del helicóptero, el tiempo).
- y es la **variable dependiente** (en el ejemplo del helicóptero, la altura).
- La función asocia a cada valor de x **un único** valor de y. Se dice que y es función de x y se representa $y = f(x)$.

Las funciones sirven para describir fenómenos físicos, económicos, biológicos, sociológicos o, simplemente, para expresar relaciones matemáticas:

— La *distancia recorrida* por un móvil al pasar el *tiempo*.

— La *temperatura* del aire al variar la *altura*.

— El *área* de un cuadrado al variar la *longitud de su lado*.

FUNCIÓN DE...

La expresión «es función de...» significa «depende de...».

- La distancia recorrida **es función** del tiempo (depende del tiempo).

  tiempo (t) → distancia (d)
- La temperatura del aire **es función** de la altura (depende de la altura).

  altura (a) → temperatura (t)
- El área de un cuadrado **es función** de su lado (depende del lado).

  lado (l) → área (A)

Representación gráfica

Visualizamos el comportamiento de una función con su representación gráfica:

- Sobre unos **ejes cartesianos** representamos las dos variables:

  — La x sobre el eje horizontal (eje de **abscisas**).

  — La y sobre el eje vertical (eje de **ordenadas**).
- Cada punto de la gráfica tiene dos **coordenadas,** su abscisa x y su ordenada y.
- El tramo de valores de x para los cuales hay valores de y se llama **dominio de definición** de la función. Y el conjunto de los valores y que toma la función se llama **recorrido.**
- Los ejes deben estar graduados en sendas escalas, de modo que se puedan cuantificar los valores de las dos variables.

→ **anayaeducacion.es** Refuerza: funciones e interpretación de sus gráficas.

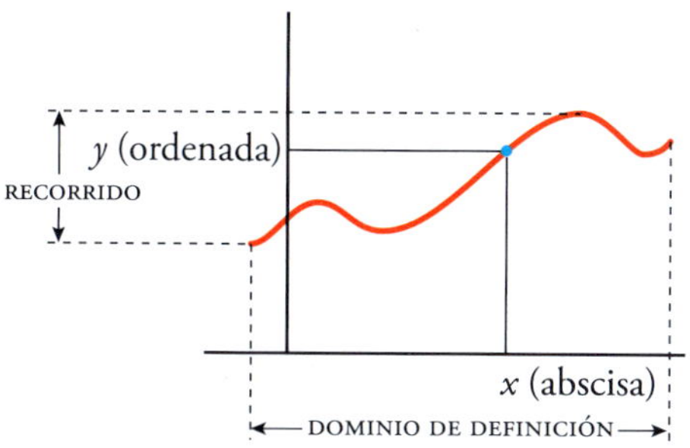

PIENSA Y PRACTICA

3 Dos hermanas y dos hermanos de una familia van al mismo centro de estudios. Observa la gráfica distancia (d) - tiempo (t) de cada uno:

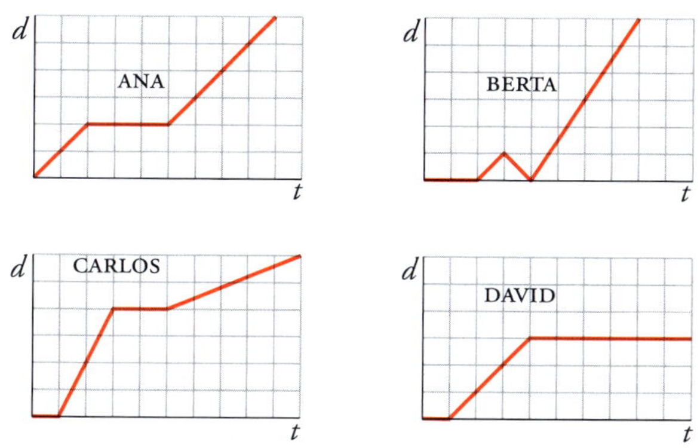

A la vista de las gráficas, contesta a las siguientes preguntas:

a) ¿Quién ha salido antes?

b) ¿Quién ha llegado más tarde?

c) Dos han ido a buscar a sus amigos para ir a clase. ¿Quiénes son?

d) ¿A cuál se le ha olvidado algo en casa?

e) ¿Cuál no ha ido hoy a clase?

f) ¿Quién ha andado más lento en algún momento?

g) ¿Quién ha ido más rápido?

h) ¿Quién ha estado más tiempo sin moverse?

2 Aspectos relevantes de una función

Crecimiento y decrecimiento

- Al sumergirnos en agua, la presión aumenta de manera uniforme. En la superficie, la presión es la atmosférica (1 atm). Por cada 10 m que profundizamos, la presión aumenta una atmósfera (1 atm).

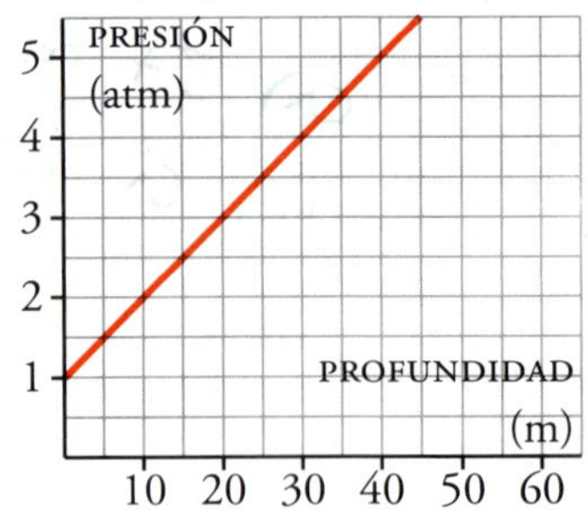

  Esta gráfica corresponde a la función:

  profundidad dentro del agua → *presión*

  Esta función es *creciente*, pues a más profundidad, más presión.

Como la parte interesante empieza sobre el valor 920, nos saltamos los anteriores. El corte del eje lo representamos con este símbolo.

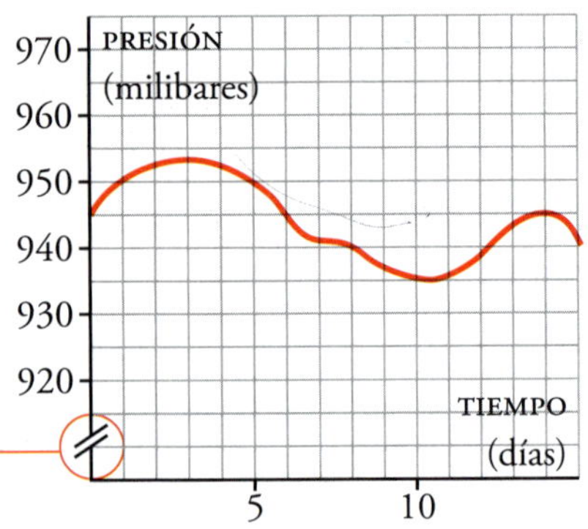

- La presión atmosférica disminuye al aumentar la altura a la que nos encontremos sobre el nivel del mar, aunque no lo hace uniformemente: al principio disminuye más rápidamente que después.

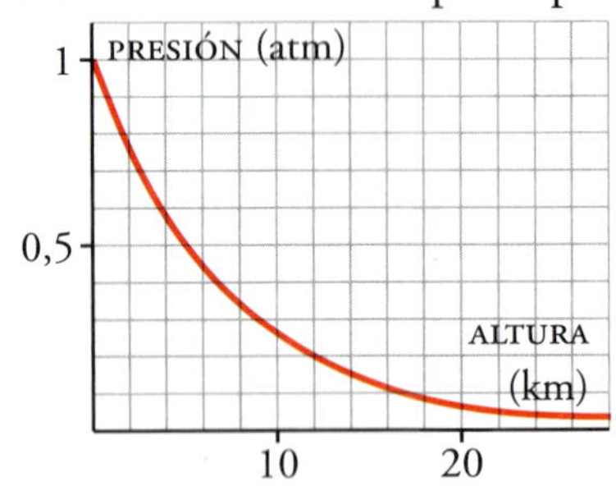

  Esta gráfica corresponde a la función:

  altura sobre el nivel del mar → *presión*

  Es una función *decreciente*, pues a más altura, menos presión.

- La variación de la presión atmosférica es un indicio importante de cambios en el tiempo meteorológico. La gráfica de la izquierda nos da la presión atmosférica en un cierto lugar durante 15 días. Corresponde a la función:

  instante de tiempo → *presión*

  Presenta tramos en los que es *creciente* y tramos en los que es *decreciente*.

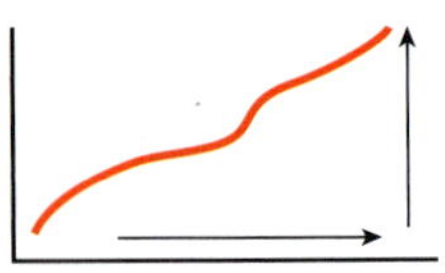

CRECIENTE

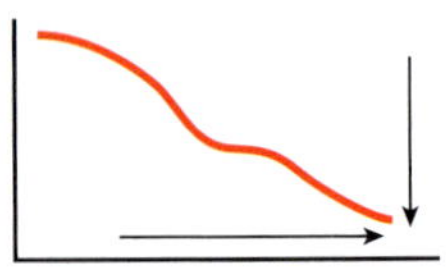

DECRECIENTE

Para estudiar las variaciones de una función, hemos de mirar su gráfica de izquierda a derecha; es decir, hemos de ver cómo varía y cuando x aumenta.

Una función es **creciente** cuando al aumentar la variable independiente, x, aumenta la variable dependiente, y.

Una función es **decreciente** cuando al aumentar x disminuye y.

Una misma función puede tener **tramos crecientes** y **tramos decrecientes.**

PIENSA Y PRACTICA

1 La gráfica de la derecha da la temperatura en Jaca a lo largo de un día.

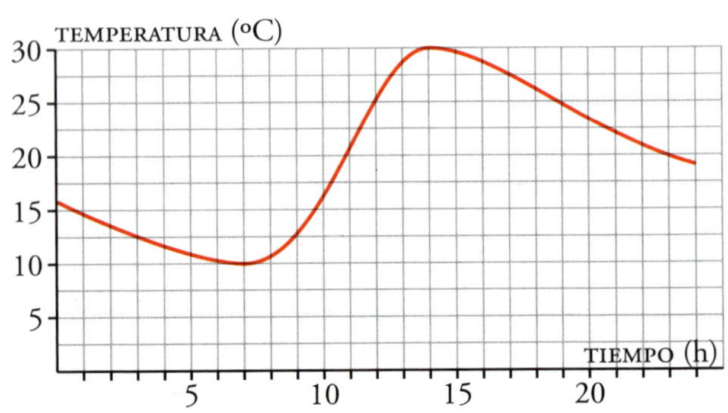

a) Indica los intervalos de tiempo en los que crece la temperatura y aquellos en los que decrece. Por ejemplo, en el intervalo 0-7 la temperatura decrece.

b) ¿Por qué crees que se producen esos aumentos y disminuciones de temperatura en esos tramos?

c) ¿Crees que en la ciudad es verano o inverno? Justifícalo.

Máximos y mínimos relativos

Vamos a analizar ahora la gráfica que refleja el perfil de una etapa de la Vuelta a España. Corresponde a la función *distancia* → *altura.*

La altura a la que ruedan los ciclistas es función del kilómetro por el que van.

La gráfica presenta un tramo creciente desde la salida hasta el Alto de la Almudaina (1 300 m). A partir de ahí hay un tramo decreciente hasta el Valle de la Luna (1 000 m), donde vuelve a crecer hasta el Puerto del Chorrillo (1 400 m). Desde este puerto, en el siguiente tramo, que llega hasta la meta, la gráfica es decreciente.

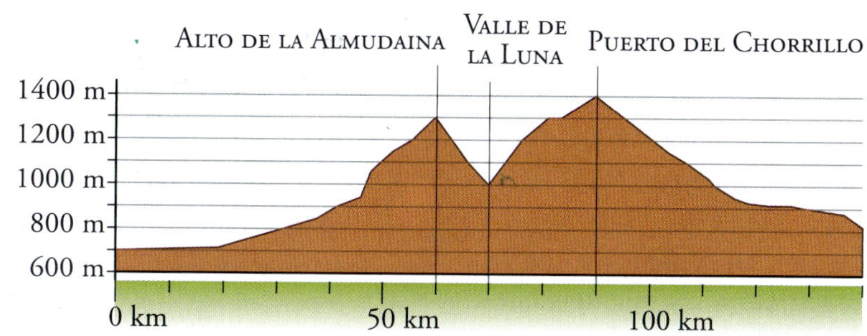

En el perfil de la etapa se aprecian claramente dos máximos relativos (en el kilómetro 60 con altura 1 300 y en el kilómetro 90 con altura 1 400) y un mínimo relativo (en el kilómetro 70 con altura 1 000). La altura crece hasta llegar al máximo relativo y decrece a partir de este. La altura decrece hasta llegar al mínimo relativo y crece a partir de este.

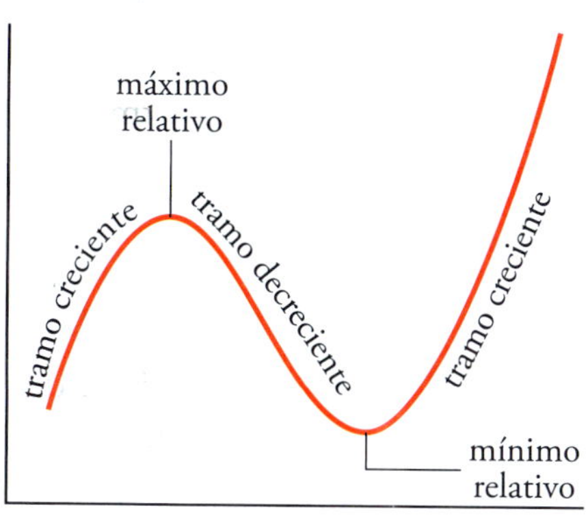

Una función tiene un **máximo relativo** en un punto cuando su ordenada es mayor que la ordenada de los puntos que lo rodean.

A la izquierda del máximo relativo, la función es creciente, y a su derecha es decreciente.

Una función presenta un **mínimo relativo** en un punto cuando su ordenada es menor que la de los puntos que lo rodean.

A la izquierda del mínimo relativo, la función es decreciente, y a su derecha, creciente.

PIENSA Y PRACTICA

2 a) Indica en qué puntos de la gráfica hay máximos y mínimos relativos.

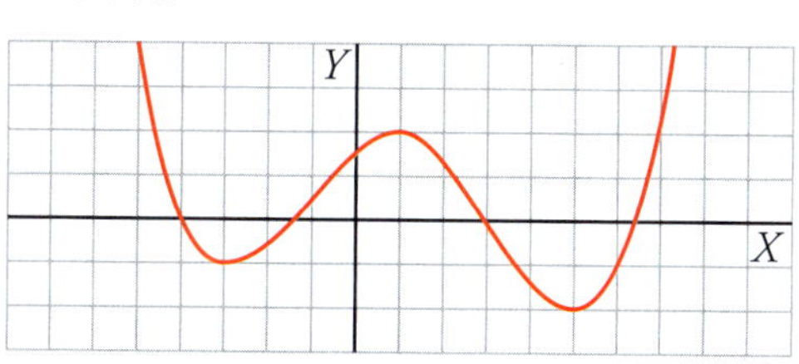

b) Indica los intervalos de crecimiento y de decrecimiento. Por ejemplo: en el intervalo 1-5 la función es…

3 Sobre unos ejes, dibuja una gráfica creciente que tenga dos máximos relativos en (–2, 4) y (4, 5) y un mínimo relativo en (1, –3).

4 **Meta 3.3.** Esta gráfica muestra la tasa de incidencia acumulada de COVID-19 en España en 2020 y 2021:

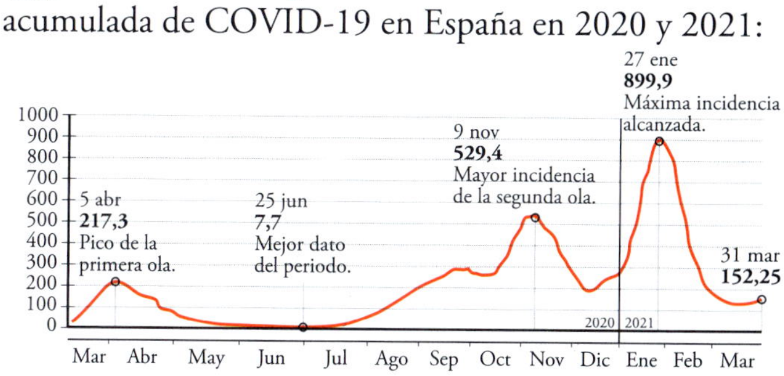

a) ¿En qué días se encuentran los máximos y mínimos?

b) Investiga y traza en tu cuaderno la curva desde marzo de 2020 hasta la actualidad. Indica sus máximos relativos.

Discontinuidades. Continuidad

- Por el alquiler de un autobús nos cobran 200 € fijos más 20 € por persona. La gráfica de la derecha muestra la función:

  número de personas → *coste*

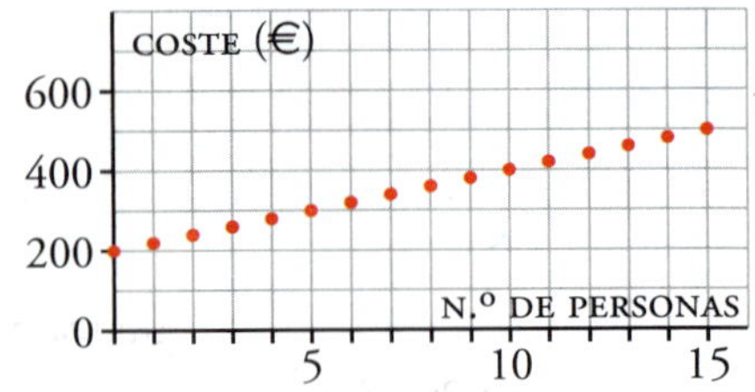

La variable independiente solo puede tomar los valores 0, 1, 2, 3, 4, … y no los intermedios, ya que no tiene sentido un número fraccionario de personas. La gráfica es **discontinua** porque la variable independiente se mueve a saltos.

- Cierta llamada telefónica cuesta 30 céntimos de euro para comenzar, y con ellos se puede hablar 3 minutos. A partir de ese momento, cada minuto cuesta 10 céntimos. Esta es la función:

  duración → *coste*

  Los saltos bruscos que presenta la gráfica se llaman **discontinuidades** de la función.

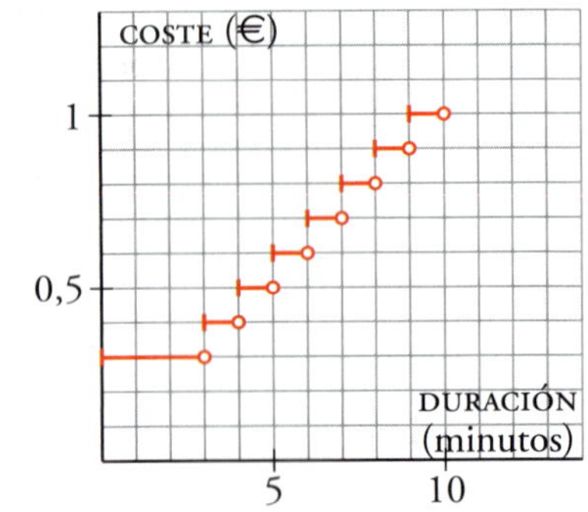

- La siguiente gráfica describe la distancia recorrida por una velocista con el paso del tiempo. Se trata de la función:

  tiempo → *distancia*

  La variación de la distancia es suave, sin saltos bruscos. Es una función **continua.**

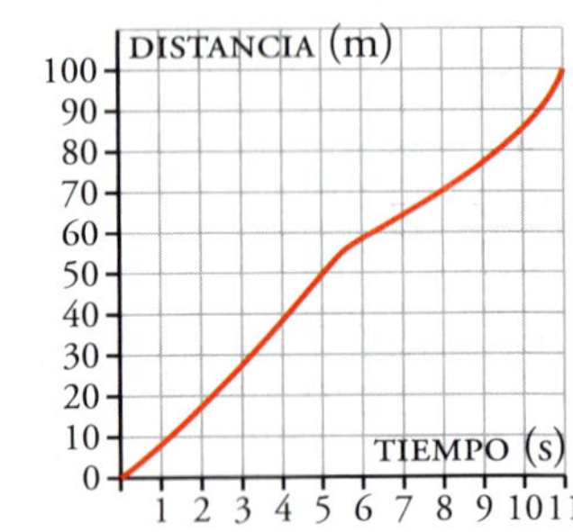

OBSERVA

En las funciones, como la de la llamada telefónica, en cuyas gráficas aparece algún salto, hay que dejar muy claro cuál es el valor de la función en esos puntos.

Para ello, usamos un redondelito hueco que indica que ahí no llega la gráfica. Según esto, en la siguiente gráfica, $f(1) = 1$, $f(2) = 2$, mientras que $f(3) = 4$.

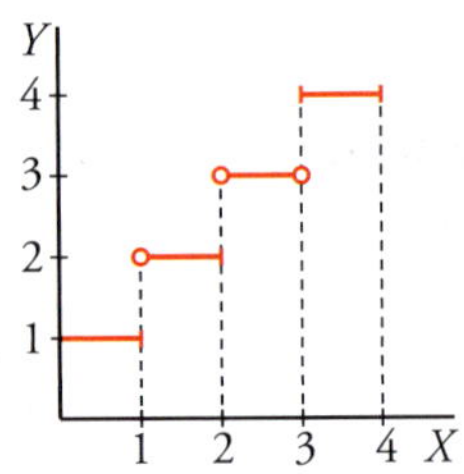

Una función se llama **continua** cuando no presenta discontinuidad de ningún tipo. Por tanto, su gráfica se puede trazar sin levantar el lápiz del papel.

También se puede decir de una función que es **continua en un tramo,** aunque tenga discontinuidades en otros lugares.

PIENSA Y PRACTICA

5 La entrada al parque de atracciones vale 5 €, y por cada atracción hay que pagar 1 €.

a) Representa esta función:

atracciones en las que se monta → *coste*

b) ¿Se pueden unir los puntos de la gráfica?

c) ¿Cuánto costará subir a 12 atracciones? ¿Y a 20?

6 La gráfica de la derecha muestra el sueldo mensual de una persona en una empresa a lo largo de su vida.

a) ¿Cuánto tiempo lleva la persona en la empresa cuando le suben el sueldo por primera vez?

b) ¿Cuánto gana a los 12 años de entrar? Suponiendo que se sigue la tendencia, ¿cuánto gana a los 20 años?

c) ¿Es una función continua?

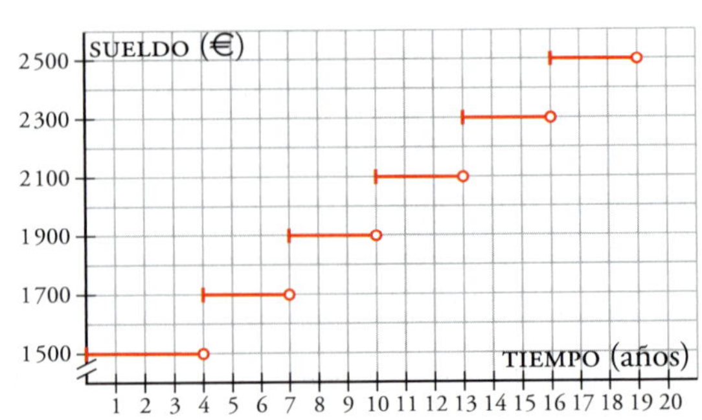

Comportamiento a largo plazo

TENDENCIA

Cuanto más alto te encuentras sobre el nivel del mar, con más dificultad respiras. Las expediciones al monte Everest se suelen hacer con botellas de oxígeno, ya que a estas alturas hay aproximadamente el 35 % del oxígeno que hay a nivel del mar. La gráfica muestra el porcentaje de oxígeno del aire que respiramos en función de la altura.

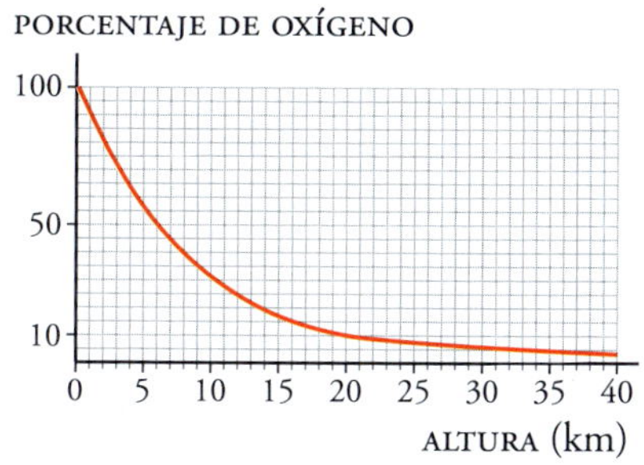

Como ves, cuanto más ascendemos, el porcentaje de oxígeno disminuye. Decimos, entonces, que el oxígeno **tiende** a cero según aumenta la altura.

Hay funciones en las que, aunque solo conozcamos un trozo de ellas, podemos predecir cómo se comportarían lejos del intervalo en que han sido estudiadas, porque tienen **ramas** con una **tendencia** muy clara.

EJEMPLOS

Otros ejemplos en los que la gráfica de la función tiende a estabilizarse son:

- La altura de un eucaliptus: a lo largo del tiempo, tiende a unos 30 m.
- La temperatura de un vaso de agua al sacarlo de la nevera: a lo largo del tiempo, tiende a la temperatura de la habitación.

PERIODICIDAD

Un tren de juguete se mueve a velocidad constante alrededor de una pista circular. La distancia de la locomotora a la estación a lo largo del tiempo viene dada por la gráfica del margen.

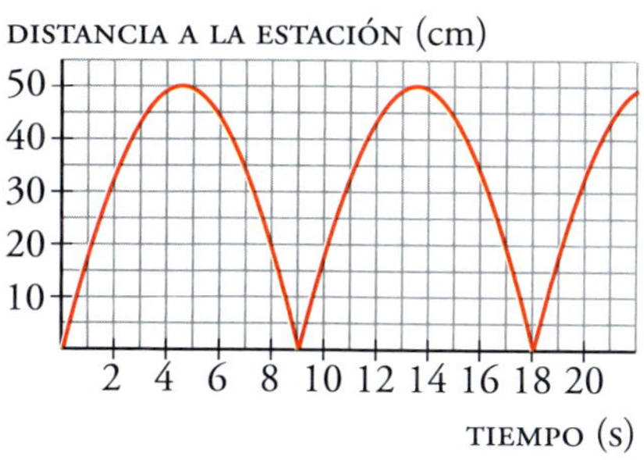

Como el recorrido se repite cada vez que pasa por la estación (cada 9 s), decimos que es una *función periódica de periodo* 9 s.

> **Funciones periódicas** son aquellas cuyo comportamiento se va repitiendo cada vez que la variable independiente recorre un cierto intervalo. A la longitud de ese intervalo se le llama **periodo.**
>
> Una función periódica queda perfectamente determinada conociendo su comportamiento en un periodo.

Otros ejemplos de funciones periódicas son la altura a la que se encuentra una cesta de una noria en funcionamiento o la distancia al Sol del cometa Halley.

PIENSA Y PRACTICA

COMPRENDE Y APLICA EN EL DESAFÍO — DESAFÍOS QUE DEJAN HUELLA

7 A un depósito cilíndrico de 2 m de alto lleno de agua se le hace un pequeño agujero a una distancia de 0,5 m de su base. El agua sale al principio con mucha presión, pero según se va vaciando el depósito, el agua va perdiendo presión hasta que, a las 4 h, el agujero rezuma solo un hilillo y no para hasta las 5 h.

a) Representa la gráfica de la función:

tiempo transcurrido → altura del agua

b) ¿A cuánto tiende la función? ¿En qué se traduce dicha tendencia?

8 Esta gráfica muestra las horas de sol que hay a lo largo del año en Oslo (Noruega).

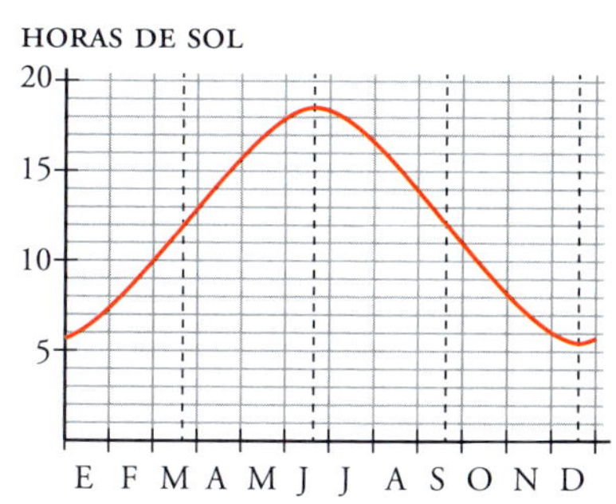

a) ¿Es una función periódica? ¿Cuál es su periodo?

b) ¿Cuántas horas de sol hay en el solsticio de invierno? ¿Y en el de verano?

c) Aproximadamente, ¿en qué momentos del año hay 14 horas de sol?

3 Expresión analítica de una función

Casi todas las funciones que hemos visto hasta ahora nos han venido dadas, o bien por su *gráfica*, o bien por un *enunciado* que, de forma aproximada, nos ha permitido conocer algunas características del fenómeno descrito. Hay, sin embargo, una gran cantidad de funciones que pueden darse mediante una *fórmula* con la que se relacionan de forma exacta las dos variables. Veamos un ejemplo.

Disponemos de un hilo de 80 cm unido por sus extremos y deseamos formar con él rectángulos distintos, como se muestra en estas figuras:

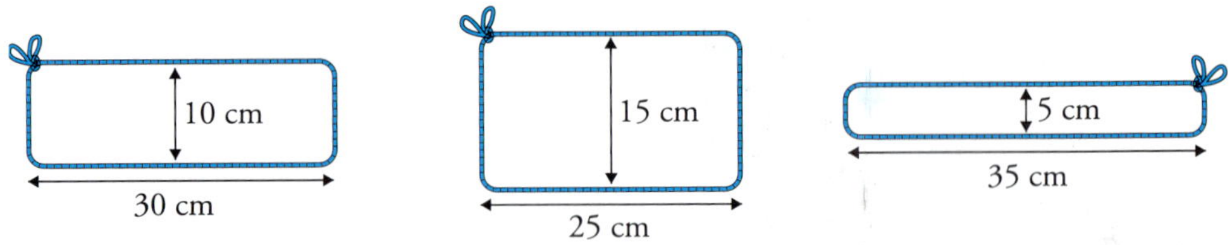

El área de cada rectángulo dependerá de su base, x, y de su altura, $40 - x$. Por ejemplo, si la base es $x = 30$ cm, la altura será $40 - 30 = 10$ cm y el área:

$$A = 30 \cdot 10 = 300 \text{ cm}^2$$

Construimos una tabla de valores para representar la función:

BASE (cm)	10	15	20	35	x
ALTURA (cm)	30	25	20	5	$40 - x$
ÁREA (cm²)	300	375	400	175	$x(40 - x)$

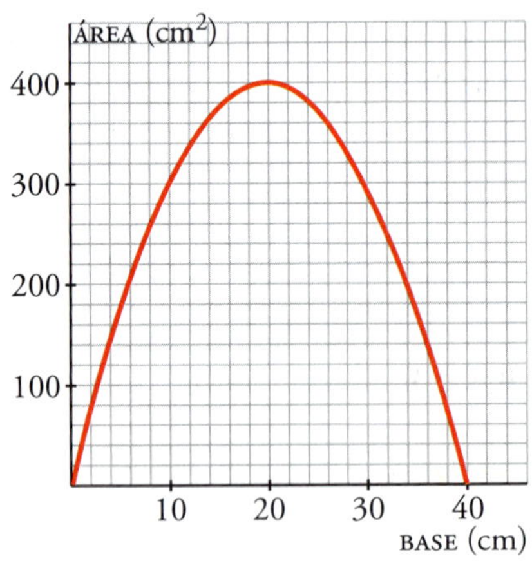

La función que relaciona la medida de la base, x, con el área del rectángulo viene dada por la fórmula:

$$A = x(40 - x) \quad \text{con} \quad 0 < x < 40$$

Esta fórmula es su *expresión analítica*. Para cada valor de x comprendido entre 0 y 40, obtenemos un valor de A.

> La **expresión analítica de una función** es una ecuación que relaciona algebraicamente las dos variables que intervienen.

PIENSA Y PRACTICA

1 Indica cuáles de los siguientes pares de valores corresponden a la base y al área de algún rectángulo del ejemplo anterior:

a) Base: $x = 1$ cm $\rightarrow$ Área: $A = 39$ cm²

b) $x = 5 \rightarrow A = 35$

c) $x = 22 \rightarrow A = 396$

d) $x = 42 \rightarrow A = -84$

Importancia de la expresión analítica de una función

Conocemos muchas funciones dadas por su expresión analítica. Por ejemplo:

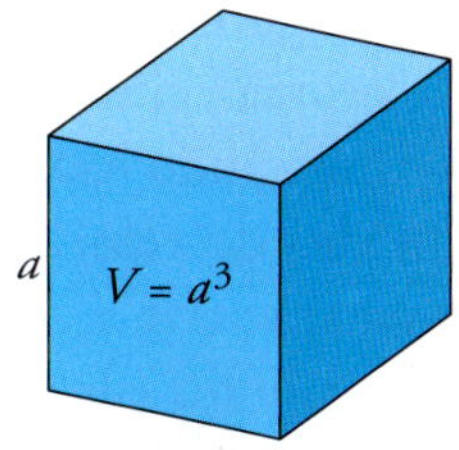

El volumen de un cubo en función de su arista, *a*.

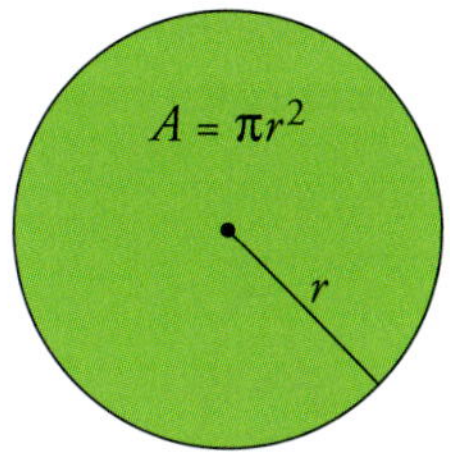

El área de un círculo en función de su radio, *r*.

Podemos obtener la expresión analítica de otras muchas funciones. Observa esta:

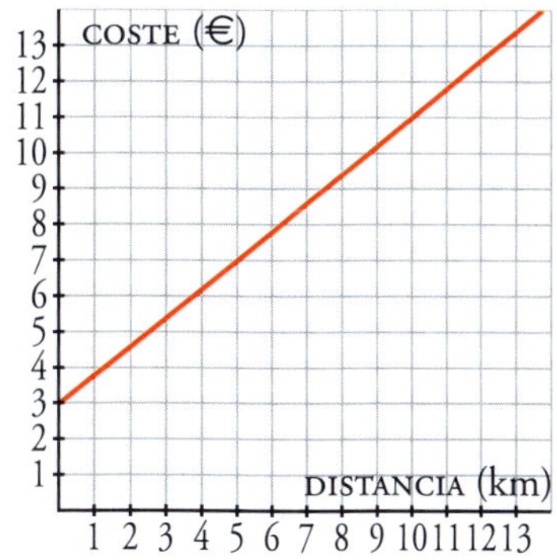

La gráfica nos muestra lo que cuesta un taxi que nos lleva a otra ciudad: nos cobra 3 € fijos, por bajada de bandera, más 0,80 € por kilómetro recorrido.

La función que relaciona la distancia recorrida, *d*, con el coste de la carrera, *C*, es:

$$C = 3 + 0{,}8 \cdot d$$

La expresión analítica tiene dos grandes ventajas sobre la representación gráfica:

- Resulta muy cómodo y breve dar la función de este modo.
- Con ella se pueden obtener, con toda precisión, los valores de la función a partir de la variable independiente.

Y tiene un inconveniente: la fórmula, en principio, nos dice poco sobre el comportamiento de la función. Hay que efectuar cálculos, trabajarla y representarla para ver claro cómo se comporta globalmente.

→ **anayaeducacion.es**
Refuerza: expresión analítica de una función.

PIENSA Y PRACTICA

2 Imagina un cilindro cuya altura, *x*, sea igual al radio de su base.

a) ¿Cuál es la expresión analítica de su volumen?

Recuerda que el volumen de un cilindro es el área de la base por la altura.

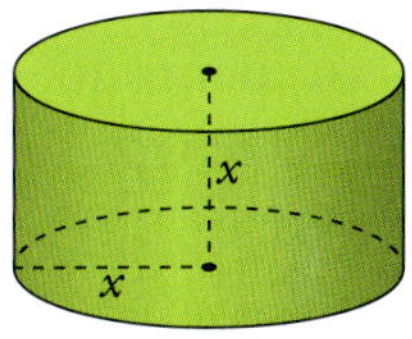

b) Obtén la expresión analítica del área del cilindro.

3 Indica cuál es la expresión analítica del volumen de un cono sabiendo que su altura son 6 cm y el radio de su base es variable.

Recuerda que el volumen de un cono es 1/3 del área de la base por la altura.

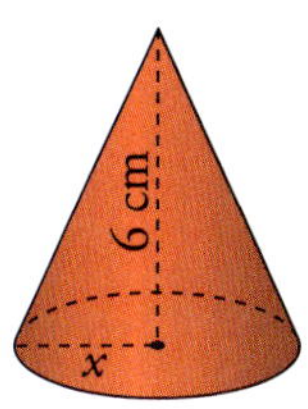

4 Un muelle mide 30 cm y se alarga otros 10 cm por cada kilogramo que se cuelga de él. Pero no se pueden colgar más de 7,5 kg.

La función que relaciona la longitud, *L*, del muelle con la masa, *m*, que soporta es: $L = 30 + 10m$.

Represéntala en tu cuaderno en unos ejes cartesianos como estos:

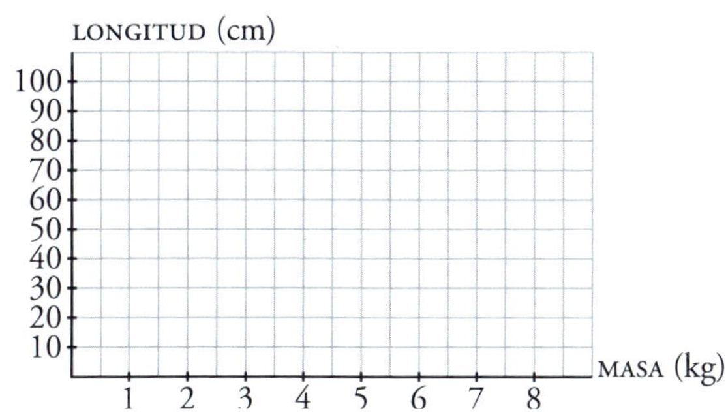

1 Construcción de gráficas

Carla y Lucas han montado en un vagón de una montaña rusa como esta:

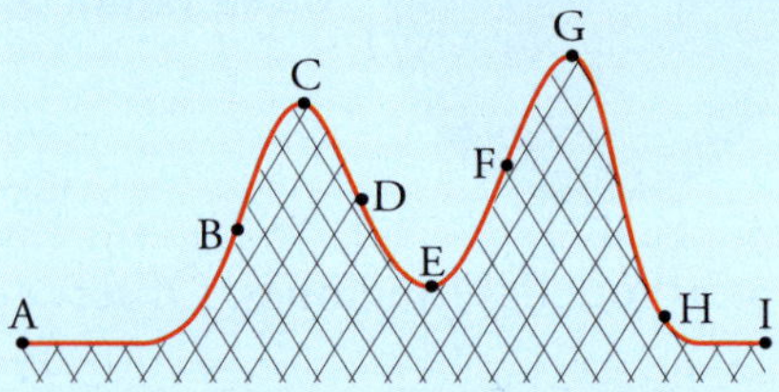

Dibujar la gráfica de la función que relaciona la velocidad con la distancia recorrida a lo largo de la vía, teniendo en cuenta que entre A y C el vagón está impulsado por un motor y entre H e I se activa un freno para parar el vagón.

En A están parados. El vagón empieza a moverse y mantiene una velocidad constante hasta llegar a la primera cima, C. Justo en ese punto empieza a caer, por lo que la velocidad va aumentando hasta llegar a la parte más baja, E. A partir de ese punto, el vagón va perdiendo velocidad hasta llegar a la segunda cima, G, desde donde cae y rápidamente vuelve a coger velocidad. Cuando llega a H se activan los frenos para que el vagón no salga despedido hasta que frena del todo, I.

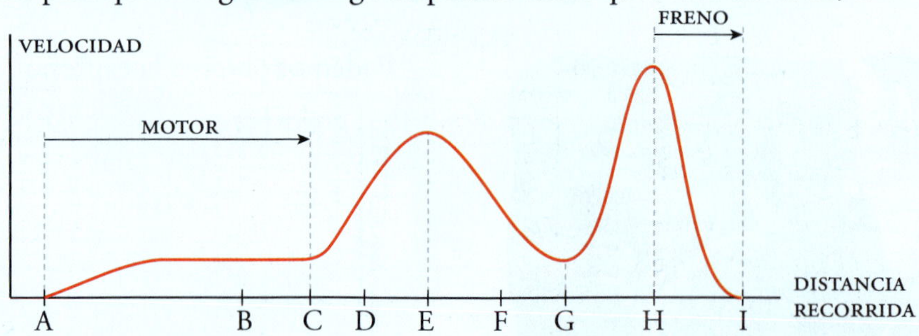

Hazlo tú

Dibuja, de forma aproximada, la gráfica de la función *distancia recorrida - velocidad* para la montaña rusa de la derecha.

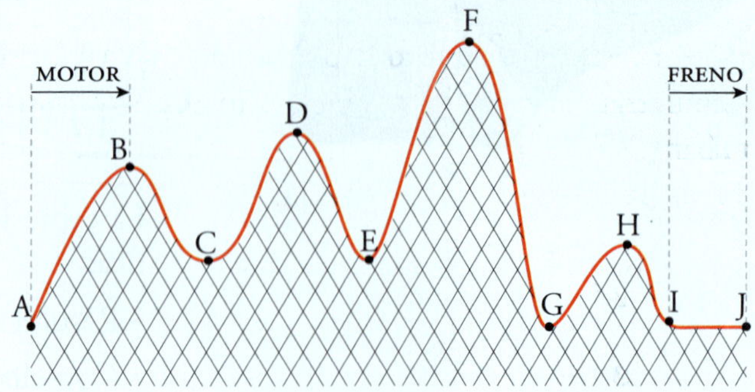

2 Gráficas de recipientes con formas muy extrañas

COMPRENDE Y APLICA EN EL DESAFÍO — DESAFÍOS QUE DEJAN HUELLA

***Retomemos el problema de la página 165 en el que cada recipiente tiene asociado la gráfica de la función* tiempo de llenado → nivel de agua.**

Trazar las gráficas de estos recipientes.

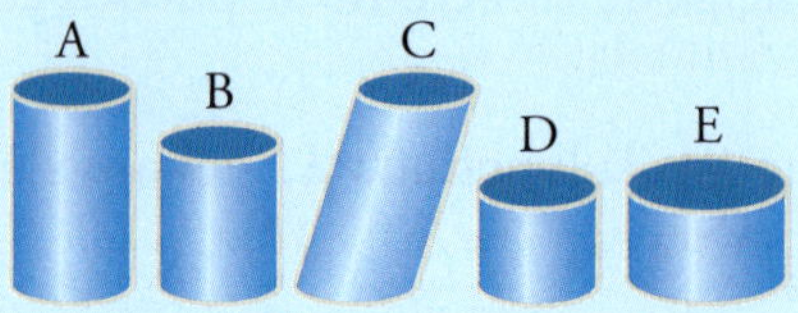

Observamos que todos los recipientes son cilíndricos, con lo cual el nivel crece al mismo ritmo. Por tanto, sus gráficas serán todas rectas.

Tenemos también en cuenta que los cuatro primeros recipientes son igual de anchos (los radios de sus bases son idénticos), por lo que las rectas que los representen van a tener la misma pendiente. Lo que diferenciará a las gráficas de A, B y D es el nivel máximo, ya que no tienen todos la misma altura.

El quinto recipiente, E, tendrá una pendiente menor porque es más ancho, lo que hace que tarde más tiempo en subir el nivel.

Por último, tendremos en cuenta que no influye que un vaso sea recto, A, y otro esté inclinado, C, mientras tengan sus bases iguales. Es decir, sus gráficas serán idénticas.

Con todo esto, trazamos las gráficas pedidas.

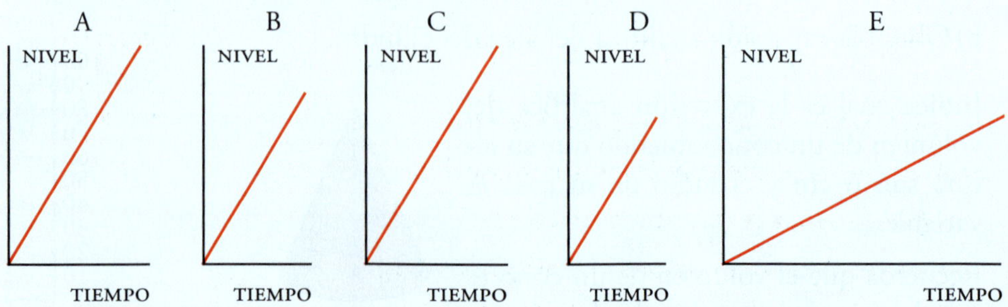

Hazlo tú Haz lo mismo para los siguientes recipientes:

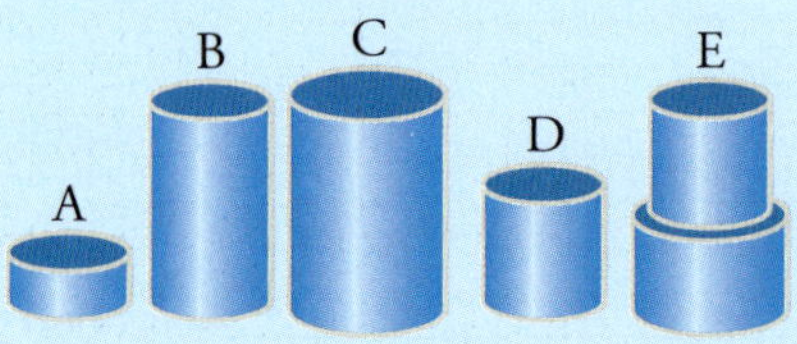

¿DOMINAS LO BÁSICO?

Interpretación de gráficas

1 Hemos apagado el fuego cuando el agua de la olla estaba hirviendo. Esta gráfica representa la función que relaciona el tiempo con la temperatura del agua:

a) ¿Cuánto tardó en alcanzar los 50 °C?

b) ¿A qué temperatura estaba a las 2 h?

c) ¿Cuál es la temperatura ambiente de la cocina?

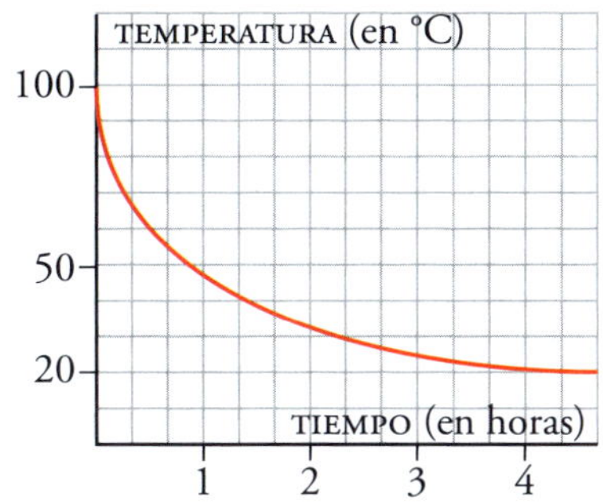

2 Para medir la capacidad pulmonar, se hace una espirometría. Se le pide al paciente que inspire y espire al máximo. Esta curva indica el volumen de aire dentro de sus pulmones:

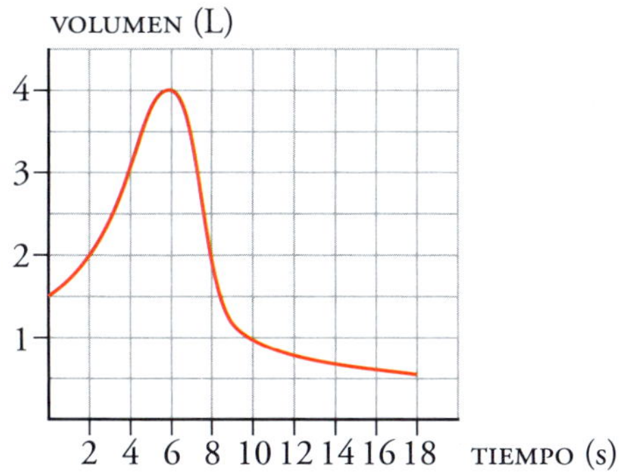

a) ¿Cuál es el volumen en el momento inicial?

b) ¿Cuánto tiempo duró la observación?

c) ¿Cuál es su máxima capacidad pulmonar?

3 La siguiente gráfica muestra una carrera en la que Unai le da cierta ventaja a su primo menor, Marcos:

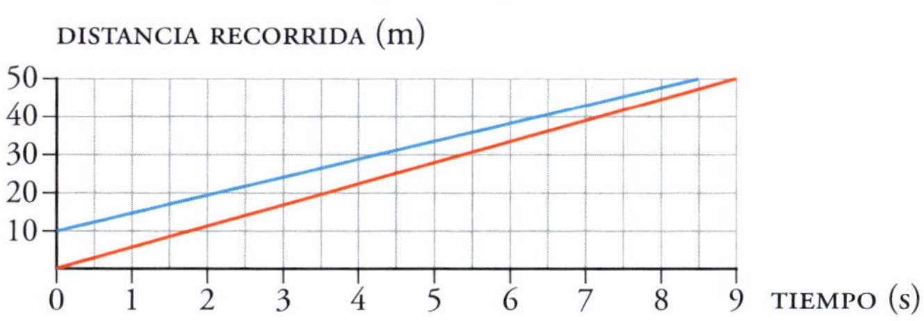

a) ¿Qué ventaja le ha dado Unai a Marcos?

b) ¿A qué color corresponde cada corredor?

c) ¿Qué distancia ha corrido cada uno?

d) ¿Cuánto tiempo ha tardado Unai? ¿Y Marcos?

e) ¿Quién ha corrido más rápido? ¿Quién ha ganado?

Relaciones gráficas y expresiones analíticas

4 Relaciona cada gráfica con una de estas expresiones analíticas:

i) $y = x + 1$ ii) $y = 1 - x^2$

iii) $y = x^2 - 1$ iv) $y = -x + 1$

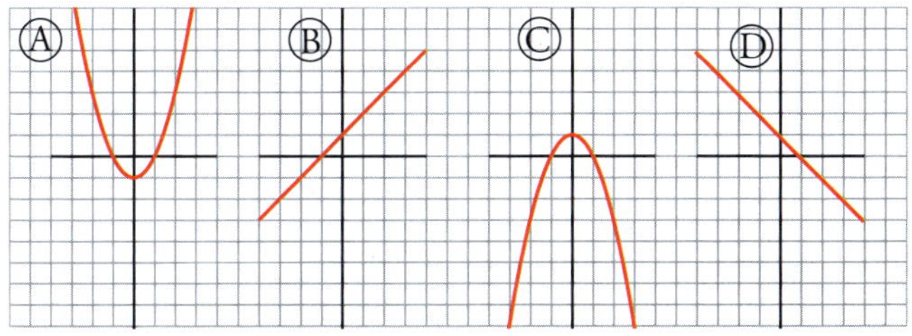

5 a) Sabiendo que la libra es una unidad de peso que equivale a 0,45 kg, copia y completa esta tabla:

x (LIBRAS)	0,5	1	1,5	2	3	4
y (KILOS)		0,45				

b) Escribe la expresión analítica que convierte libras en kilos.

c) Escribe la que convierte kilos en libras.

d) Representa en unos ejes coordenados las dos expresiones analíticas anteriores.

6 La siguiente tabla relaciona los grados Celsius (°C) con los grados Fahrenheit (°F):

°C	–20	0	10	60	100	200
°F		32			212	

a) Copia y completa la tabla en tu cuaderno.

b) Escribe la expresión analítica que convierte grados Celsius en grados Fahrenheit (F = …).

c) Escribe la que convierte Fahrenheit en Celsius.

d) Copia en tu cuaderno unos ejes coordenados como los de la derecha y representa la función del apartado b):

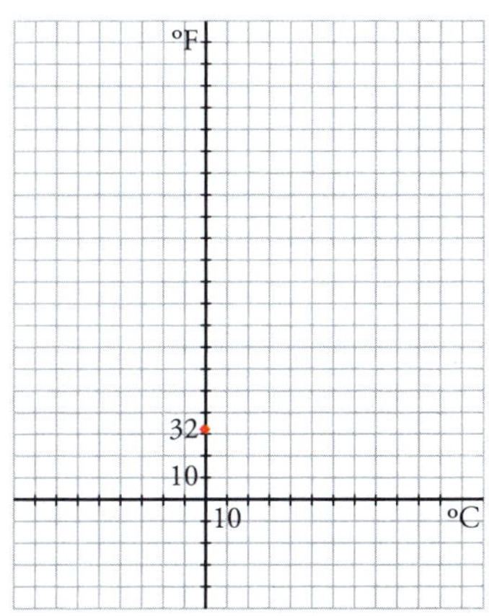

ENTRÉNATE Y PRACTICA

7 Ana sale a las 10:00 con la intención de subir una montaña para luego volver por el mismo camino hasta llegar al punto de partida.

Esta gráfica muestra la distancia recorrida a lo largo de su caminata:

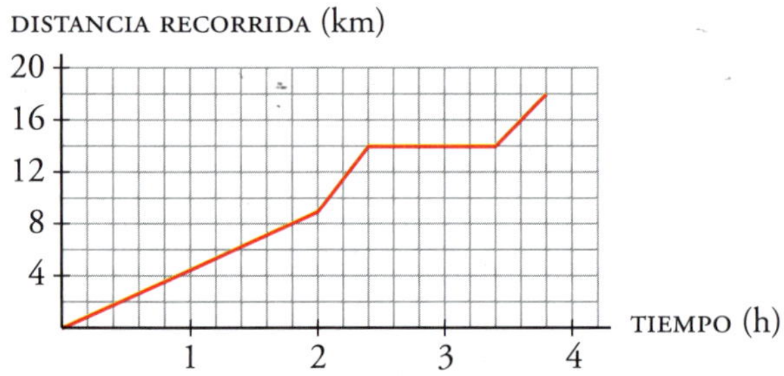

a) ¿Cuánto tiempo es un cuadrito en el eje horizontal? ¿Qué distancia es un cuadrito en el vertical?

b) ¿Cuánto tiempo dura la caminata? ¿A qué hora acaba de andar?

c) ¿Cuándo llega a la cima? ¿Cuánta distancia ha recorrido en ese momento?

d) ¿Cuánto tiempo tarda en subir? ¿Y en el descanso? ¿Y en bajar?

8 Las siguientes gráficas nos muestran la distancia recorrida por cuatro senderistas en función del tiempo que dura su marcha:

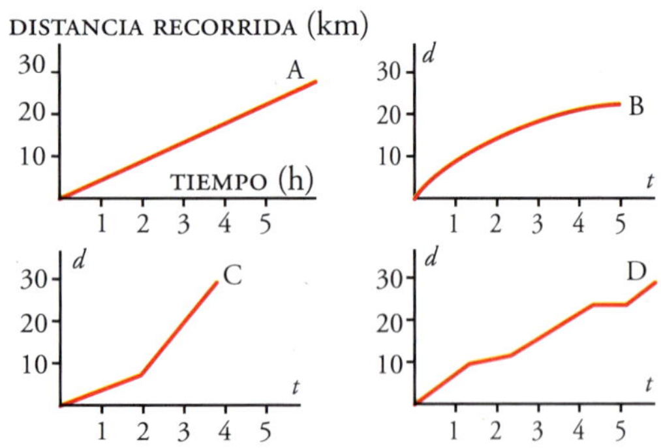

a) Haz una descripción del ritmo de marcha de cada senderista.

b) ¿Quién recorre menos camino?

c) ¿Quién camina durante menos tiempo?

d) ¿Quién alcanza más velocidad?

e) Inventa una gráfica correspondiente a una senderista que recorre la misma distancia que C y tarda lo mismo que B descansando una hora a mitad de camino.

9 La siguiente gráfica muestra la distancia que recorre un vehículo desde que presiona el freno hasta que para, en función de la velocidad que lleva:

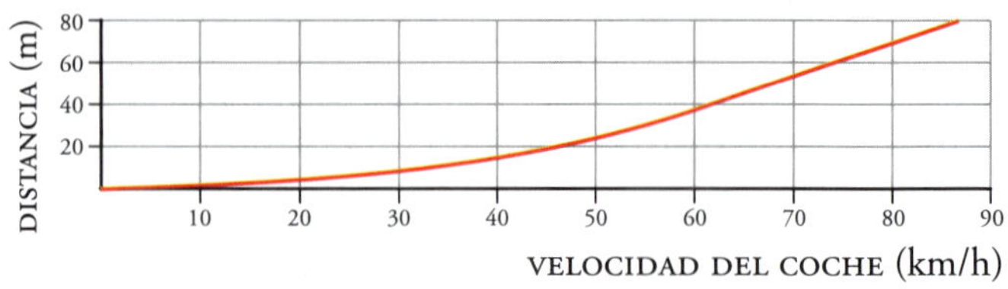

a) Aproximadamente, ¿cuántos metros recorre un vehículo al frenar si va a 55 km/h?

b) ¿A qué velocidad iba un vehículo que ha necesitado 50 m para frenar?

10 La tabla recoge el perímetro craneal de un bebé:

TIEMPO (meses)	0	3	9	15	21	27	33
PERÍMETRO (cm)	34	40	44	46	47	48	49

a) Haz una gráfica relacionando estas dos variables.

b) ¿Qué tendencia se observa?

c) Estima el perímetro craneal de un niño de 3 años.

11 Estas cuatro gráficas representan la temperatura máxima diaria (T) de cuatro ciudades, a lo largo del tiempo (t), durante un cierto año:

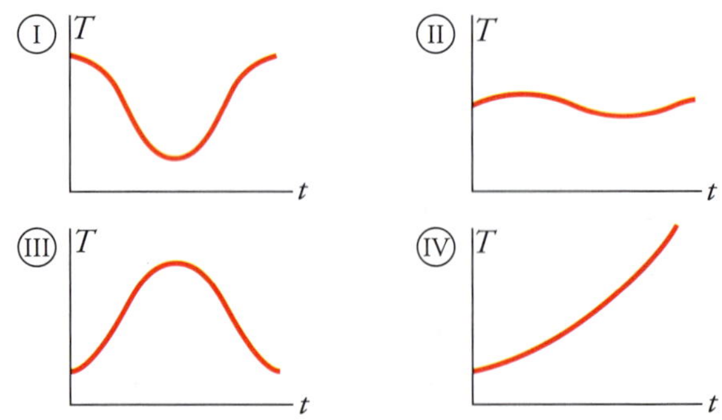

a) A la vista de las gráficas, ¿en cuál de estas cuatro ciudades oscila en menor medida la temperatura?

b) Una gráfica corresponde a una ciudad de nuestro país, y otra, a una ciudad de nuestras antípodas. ¿Qué gráficas son? Razona tu respuesta.

c) Una gráfica es absurda. ¿Cuál es? ¿Por qué?

d) Elige una escala adecuada para cada variable y gradúa cada uno de los ejes en tu cuaderno.

e) ¿Cuál es el dominio de las cuatro gráficas? A la vista de los recorridos de Ⓘ y Ⓘⓘ, ¿qué puedes decir del clima de estas ciudades?

f) Dibuja una gráfica correspondiente a un lugar en el desierto del Sahara y otra a uno en la Antártida.

RESUELVE PROBLEMAS SENCILLOS

12 La luz de un faro que se enciende y se apaga varias veces en una secuencia de tiempo única (cada faro tiene la suya propia) se muestra en esta gráfica:

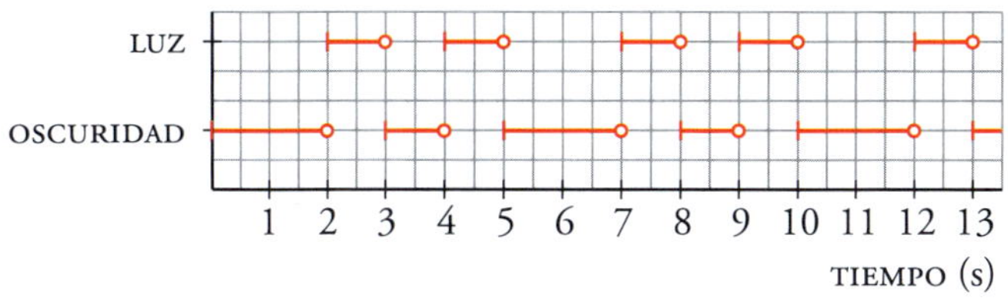

a) ¿Cada cuánto tiempo se repite, es decir, cuál es el periodo de esta función?

b) La luz a los 6 s, ¿está encendida o apagada? ¿Y a los 7 s? ¿Y a los 15 s? ¿Y al minuto?

13 En esta gráfica se muestra el número de horas diarias de sol en cada lugar según su latitud:

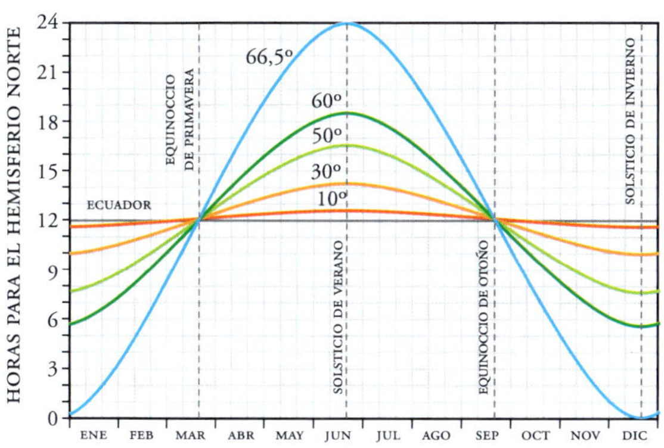

a) ¿Cuántas horas de sol tiene como máximo una persona que vive en el paralelo 60°? ¿Y como mínimo?

b) En el ecuador, ¿varían las horas de sol según el mes?

c) ¿Qué ocurre en el paralelo 66,5° el 21 de junio? ¿Y el 21 de diciembre? Busca una ciudad que se encuentre más o menos en ese paralelo.

d) ¿Cuántas horas de sol tienen en cualquier lugar del planeta en los equinoccios de primavera y otoño?

e) Busca información sobre el número de horas de sol en el polo norte a lo largo del año.

14 Indica, como se hace en el ejemplo, la expresión analítica que corresponde a cada una de las siguientes situaciones:

- **¿Cuánto tiempo de viaje nos queda si vamos a 120 km/h hacia nuestro destino, que está a x km?**

$$t = \frac{x}{120}$$

a) Si una garrafa vale 1,30 € y el vino cuesta 0,90 €/L, ¿cuánto cuesta una garrafa con x litros de vino?

b) ¿Cuál es el área de un triángulo de 10 cm de base y x cm de altura?

c) Si una botella de 5 litros tiene 1,5 litros de agua en su interior, ¿cuántos litros caben todavía después de echar x litros?

d) En una carrera de 10 km, ¿a qué distancia me encontraré de la meta después de correr a 8 km/h durante x horas?

e) ¿Cuál es el volumen de un ortoedro de base cuadrada de lado x cm y 20 cm de altura?

f) Si la temperatura de un líquido desciende 3 °C cada dos minutos, ¿qué temperatura tendrá un café t min después de sacarlo del microondas a 70 °C?

g) Si 60 folios tienen 1,2 cm de grosor, ¿qué grosor tiene una pila de x folios?

15 Observa la parte colorada de estas figuras:

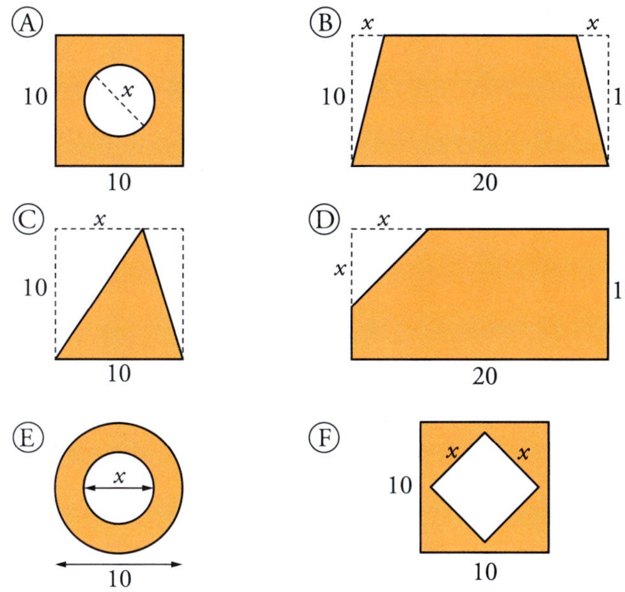

¿Cuál de estas expresiones analíticas corresponde al área de cada una de ellas?

a) $A = \pi\left(25 - \frac{x^2}{4}\right)$

b) $A = \frac{10x}{2}$

c) $A = 200 - \frac{x^2}{2}$

d) $A = 100 - \left(\frac{x}{2}\right)^2\pi$

e) $A = 200 - 10x$

f) $A = 200 - 5x$

g) $A = 50$

h) $A = 100 - x^2$

i) $A = \pi\left(5 - \frac{x}{2}\right)^2$

j) $A = 200 - x^2$

k) $A = \left(\frac{10}{x}\right)^2$

l) $A = (10 - x)(20 - x)$

TAMBIÉN PUEDES HACER ESTO

16 Mercurio tarda 88 días en completar su órbita alrededor del Sol. Su distancia al Sol oscila entre 70 y 46 millones de kilómetros. Esta gráfica muestra su distancia al Sol:

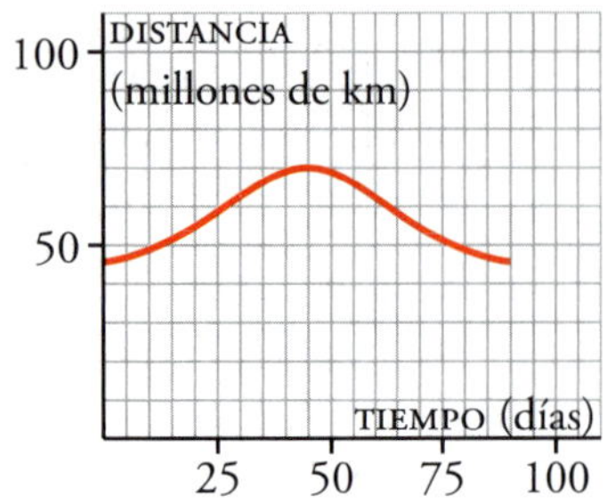

a) Copia y completa en tu cuaderno la gráfica para 300 días.

b) Estima su distancia al Sol dentro de dos años terrestres.

c) Cuando comienza la gráfica, Mercurio se encuentra a 46 millones de kilómetros del Sol. ¿Cuánto tiempo pasa hasta que está a 60 millones de kilómetros?

17 Cuando nieva, se echa sal en las calles. Al echarle sal, el hielo se derrite a menor temperatura (a unos –6 °C). Hasta que un bloque de hielo no está derretido completamente, no empieza a aumentar su temperatura. Estas son las gráficas *tiempo-temperatura* de un bloque de hielo (luego agua) con sal y de otro sin sal:

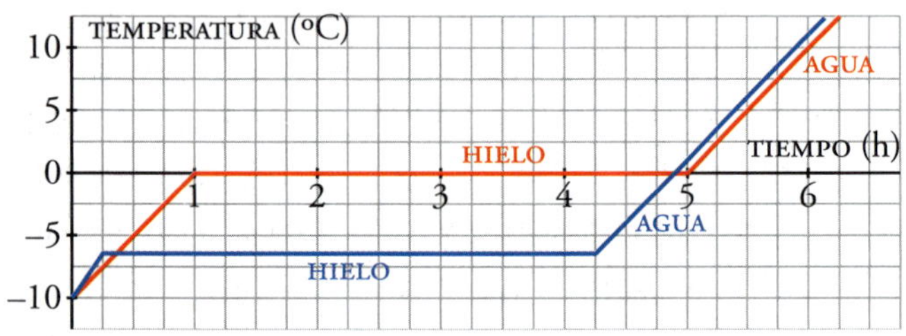

a) ¿Cuál corresponde a cada uno?

b) ¿Cuánto tiempo tarda cada uno en derretirse?

c) ¿Tendría sentido echar sal a la nieve con una temperatura ambiente de –12 °C? ¿Por qué?

18 En la factura mensual del gas de una ciudad se paga una cantidad fija de 15 € más 0,75 € por cada metro cúbico consumido.

a) ¿Cuánto se pagará si se han consumido 15 m^3 en un mes?

b) Dibuja la función: *metros cúbicos consumidos-coste*.

c) Escribe la expresión analítica que indique el importe de la factura en función del volumen de gas consumido.

19 Esta gráfica muestra la fuerza de la gravedad, en N, que sufre un objeto de 1 kg en función de su distancia, medida en R, al centro de la Tierra:

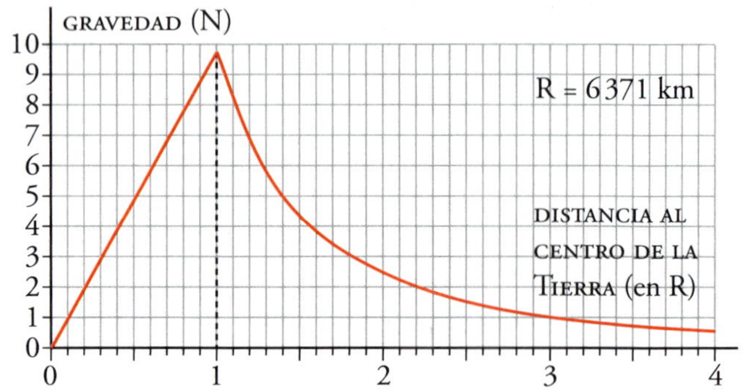

a) ¿Qué gravedad hay en la superficie? ¿Y a unos 2 100 km de altura? (R = 6 371 km)

b) Indica a qué altitud sobre el nivel del mar la gravedad se reduce a la mitad que en la superficie.

c) ¿A qué tiende la gravedad al alejarse del centro?

20 En 2012, Felix Baumgartner batió el récord de velocidad en caída libre, lanzándose desde 39 000 m de altura. Estas son las gráficas de la velocidad y de la altura, respectivamente, que llevó durante los 250 primeros segundos desde que inició el descenso:

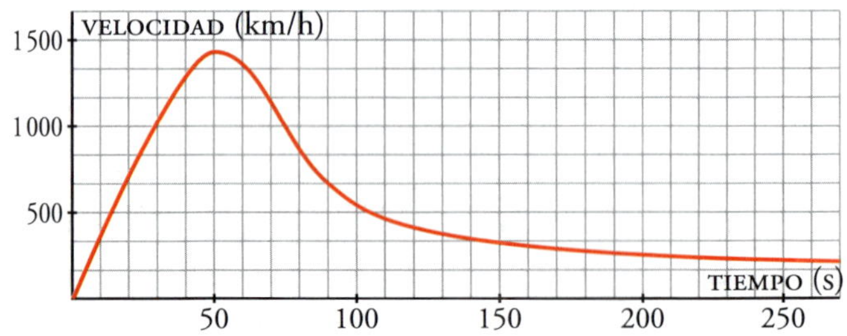

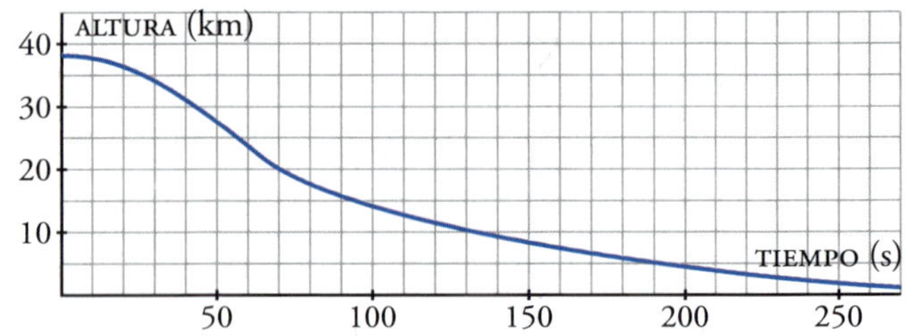

a) ¿En qué momento cogió más velocidad?

b) ¿Cuándo rompió la velocidad del sonido? Recuerda que son 300 m/s. Pásalo a km/h.

c) A una altura de 40 km, la atmósfera es muy poco densa, por lo que casi no hay rozamiento. ¿A qué altura empieza a frenarle la atmósfera? ¿A qué altura se empieza a estabilizar?

d) ¿Cómo es la gráfica de la altura cuando la velocidad se estabiliza, más recta o más curva?

PARA PENSAR UN POCO MÁS

21 Los cestillos de una noria suben y bajan a medida que la noria gira. Estos son los datos de una cesta que sube desde el punto más bajo al más alto:

TIEMPO (s)	0	2	4	6	8	10
ALTURA (m)	0	1,1	4,1	7,9	10,9	12

a) Representa la gráfica de la función *tiempo-altura* de uno de los cestillos a lo largo de 40 segundos.

b) ¿Es una función periódica? ¿A qué tiempos corresponden sus máximos y mínimos relativos?

c) ¿A qué altura estará la cesta a los 75 segundos?

22 Para hallar la distancia aproximada necesaria para detener un vehículo en movimiento, se suman:

— La que recorre hasta que el conductor comienza a frenar (distancia de tiempo de reacción).

— La que recorre mientras frena (distancia de frenado).

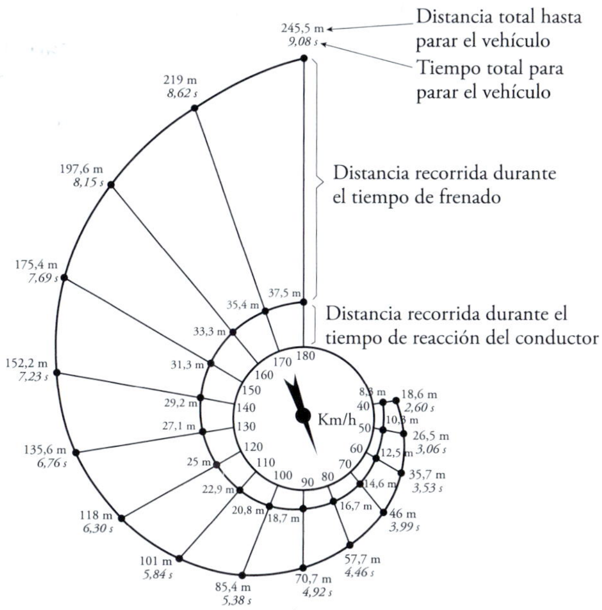

Fuente: La Prevention Routière. Ministère de l'Éducation de la Recherche de la Technologie. Francia.

a) Representa en tu cuaderno, sobre los mismos ejes de coordenadas, las siguientes funciones:

- Velocidad - Distancia de reacción (en verde)
- Velocidad - Distancia de frenado (en azul)
- Velocidad - Distancia total recorrida (en rojo)

b) Halla, a partir de la gráfica roja, la velocidad que llevaba un coche que recorrió 160 m en su frenada.

c) ¿A qué velocidad iba un coche cuya distancia recorrida durante el tiempo de frenado fue de 150 m?

23 La gráfica muestra cómo varía la velocidad de un coche al recorrer uno de los circuitos dibujados abajo:

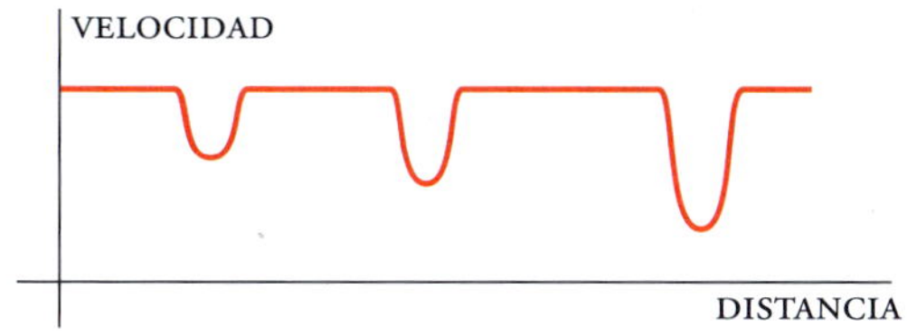

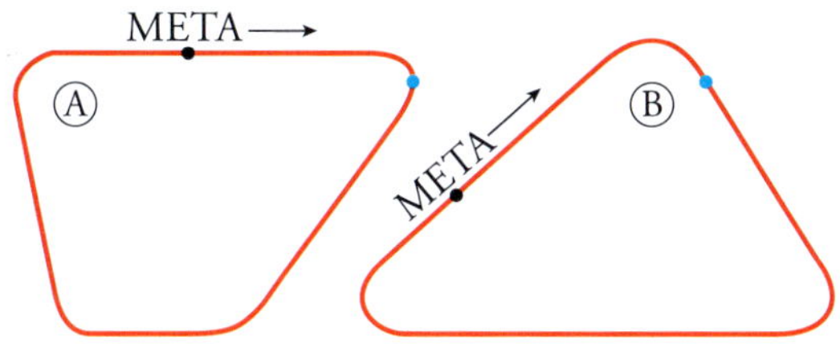

¿A cuál corresponde? Haz la gráfica del otro.

COMPRENDE Y APLICA EN EL DESAFÍO — DESAFÍOS QUE DEJAN HUELLA

24 Observa la gráfica de la función *tiempo de llenado-nivel de agua*. ¿A cuál de los dos recipientes corresponde? Traza la gráfica del otro.

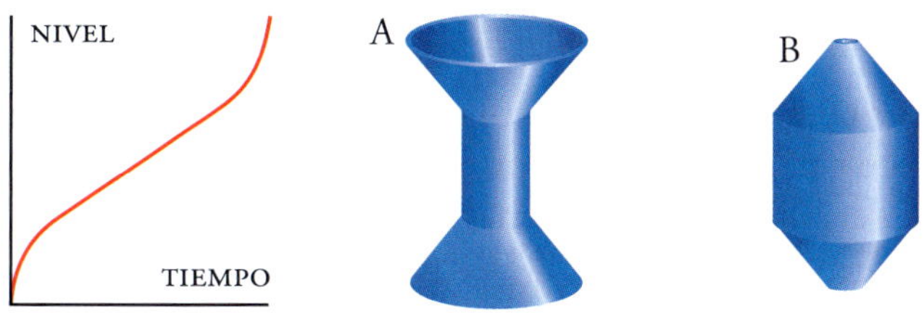

25 Ana camina sobre el pasillo móvil de un centro comercial y Marcos va andando sobre el suelo.

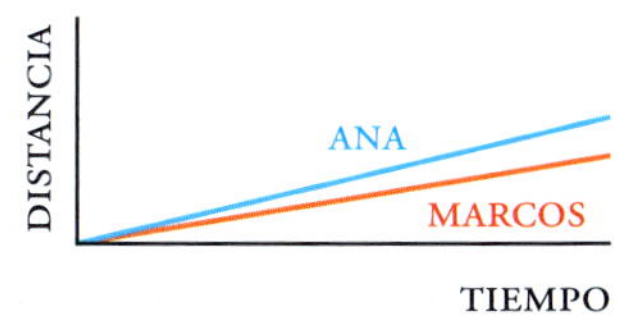

a) Si ambos caminan igual de rápido, representa otra recta que muestre a Ana quieta sobre el pasillo móvil.

b) Representa la recta que muestre a Marcos andando en sentido contrario sobre el pasillo móvil.

¿LO HAS ENTENDIDO? REFLEXIONA

26 ¿Verdadero o falso?

a) En una función puede haber dos puntos distintos con la misma ordenada.

b) En una función puede haber dos puntos distintos con la misma abscisa.

c) Una función periódica de periodo T también tiene periodo $2T$.

d) Una función periódica y continua no puede ser siempre creciente.

e) Si una función es creciente, entonces es continua.

GALILEO

El gran libro de la naturaleza permanece siempre abierto ante nuestros ojos y la verdadera filosofía se encuentra escrita en él... Pero no lo podemos leer sin haber aprendido antes el lenguaje y los caracteres en los que está escrito... Está escrito en lenguaje matemático y los caracteres son triángulos, círculos y otras figuras geométricas...

Estas son las palabras de Galileo que señalan un estadio de pensamiento totalmente diferente del que hasta su tiempo predominaba. Con él, Galileo enlazaba con la genial intuición de Pitágoras según el cual *todo es armonía y número* y con la antigua idea de los pitagóricos de que hay que acudir al pensamiento matemático para encontrar las raíces y fuentes de la naturaleza.

Galileo nació en Pisa en 1564, hijo de un músico, y a los 17 años acudió a la Universidad de Florencia. Aunque había sido enviado para estudiar medicina, acabó inclinándose hacia las matemáticas.

Con 25 años fue nombrado profesor de matemáticas en la Universidad de Pisa, donde comenzó a investigar sobre mecánica y el movimiento de los cuerpos. En 1592, con 28 años, fue nombrado profesor en Padua, donde llevó a cabo, a lo largo de 18 años, la parte más importante de su obra, plasmada en 1632 en el libro *Diálogo sobre los dos sistemas del mundo*.

Sus descubrimientos astronómicos fueron importantes, siendo él el primero en hacer del telescopio, recién inventado, un instrumento útil para la observación astronómica.

Pero su contribución más interesante fue la de establecer el lazo, a partir de entonces nunca roto, entre la física, en particular la mecánica, y las matemáticas, que hasta entonces se habían considerado como ciencias separadas.

Galileo murió en 1642, el mismo año del nacimiento de Newton, a quien dejó el camino abierto para la consolidación de la mecánica.

OBSERVA Y REPRESENTA

COMPRENDE Y APLICA EN EL DESAFÍO — DESAFÍOS QUE DEJAN HUELLA

Fuente vauclusiana

Dibuja, en cada caso, la gráfica que relaciona la altura que alcanza el agua en el recipiente con el tiempo transcurrido:

a)

b)

NOTA: Antes de afrontar el apartado b), infórmate: ¿qué es una fuente vauclusiana?

Surgencia de agua en Fontaine de Vaucluse.

AUTOEVALUACIÓN

anayaeducacion.es Resoluciones de estos ejercicios.

1 Esta gráfica muestra la altura sobre el nivel del mar alcanzada por Ana y Miguel al realizar una ascensión a una montaña:

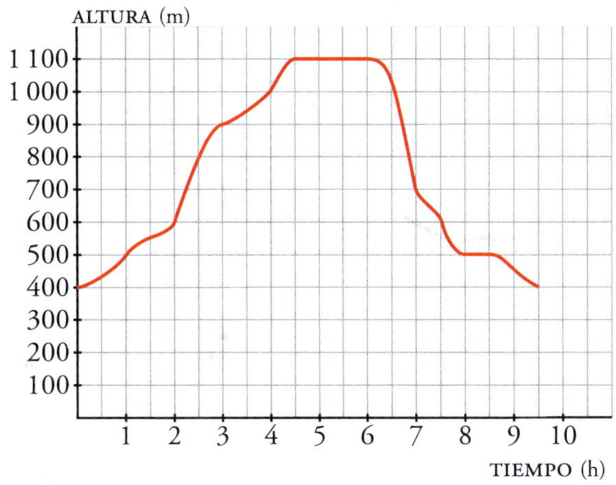

a) ¿Qué variables intervienen? ¿Qué escala se utiliza para cada variable? ¿Cuál es el dominio de definición de esta función?

b) ¿Cuánto ha durado la marcha? ¿Desde qué altura empiezan a andar? ¿Qué altura máxima han alcanzado? ¿Cuándo han parado a comer?

c) ¿En qué intervalo de tiempo suben más rápido? ¿En cuál bajan más rápido?

d) Haz una descripción del transcurso de la marcha.

2 Guillermo sale corriendo de casa para no llegar tarde a clase. A medio camino para un rato a descansar y continúa andando tranquilamente hasta que llega. Indica qué gráfica muestra la distancia que recorre.

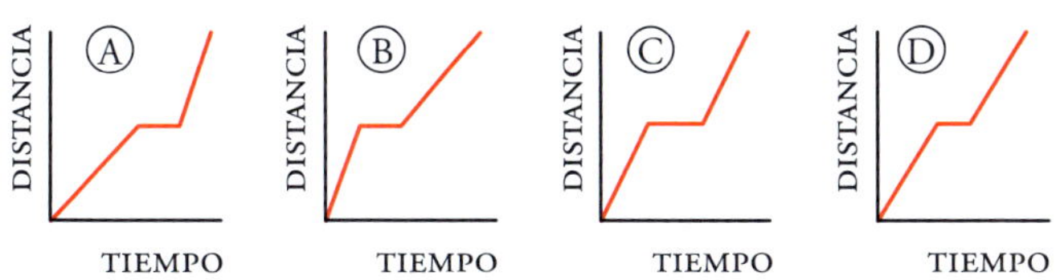

3 Una cisterna contiene 5 L de agua para pulverizarla en una terraza. Tarda 10 min en vaciarse. En cuanto se vacía, hay un mecanismo que la llena en 2 min.

a) Representa la función *tiempo-cantidad de agua*.

b) Explica si la función es periódica.

c) Durante la primera media hora, ¿en qué momentos está llena? ¿Y vacía?

4 La siguiente tabla relaciona dos unidades de distancia: kilómetros y millas inglesas.

x (millas)	0,5	1	1,5	2	3	5	20
y (kilómetros)			2,414				

a) Copia y completa la tabla en tu cuaderno.

b) Escribe la expresión analítica que convierte millas en kilómetros.

c) Representa en unos ejes coordenados la expresión anterior.

5 Una de estas ecuaciones, que se corresponde con la gráfica, expresa la relación entre la altura, h, alcanzada por una pelota que se lanza hacia arriba, y el tiempo, *t*. ¿Cuál de ellas es?

Ⓐ $h = 8t - t^2$ Ⓑ $h = 40t - 5t^2$ Ⓒ $h = -4t^2 + 80t$

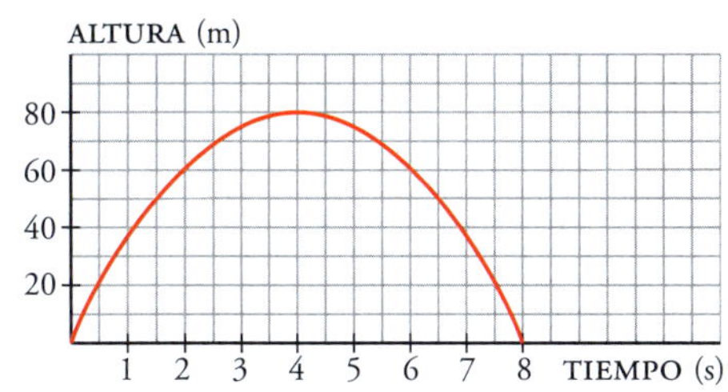

a) ¿Qué altura alcanza la pelota?

b) ¿Cuánto tiempo tarda en caer?

c) Di la altura de la pelota a los 5 segundos:

— De forma aproximada, mirando la gráfica.

— Utilizando la expresión analítica.

DESAFÍOS QUE DEJAN HUELLA

REFLEXIONA

Revisa los aspectos trabajados y plantea soluciones a los problemas que se detecten.

Para ello, descarga de **anayaeducacion.es** la rúbrica correspondiente, reflexiona de manera individual y comparte en grupo.

PON A PRUEBA TUS COMPETENCIAS

Realiza la autoevaluación competencial incluida en **anayaeducacion.es.**

9

Funciones lineales y cuadráticas

René Descartes (1596-1650), filósofo y matemático francés, influyó notablemente en el pensamiento de su época y en el de siglos posteriores.

Durante toda su vida tuvo una salud delicada. Por eso, de colegial, se le permitió estudiar acostado. Esto se convirtió en hábito, de modo que una gran parte de su obra la elaboró en la cama.

Y en la cama se le ocurrió su sistema de coordenadas: un día se entretuvo siguiendo el vuelo de una mosca e imaginó cómo se designaría su posición en cada instante mediante la distancia a la que se encontrara de cada pared.

Aunque esta idea no era del todo original, pues ya para entonces se manejaban las coordenadas geográficas, longitud y latitud, la invención de Descartes le permitió expresar las curvas mediante ecuaciones que ligan sus coordenadas. Esta ha sido una de las mayores aportaciones al mundo de la ciencia.

¿Por qué se llama «cartesiano» todo lo relativo a Descartes? Pues porque en aquella época los científicos escribían en latín y Descartes era conocido por la forma latina de su nombre: Cartesius. De ahí vienen las expresiones *pensamiento cartesiano* o *coordenadas cartesianas*.

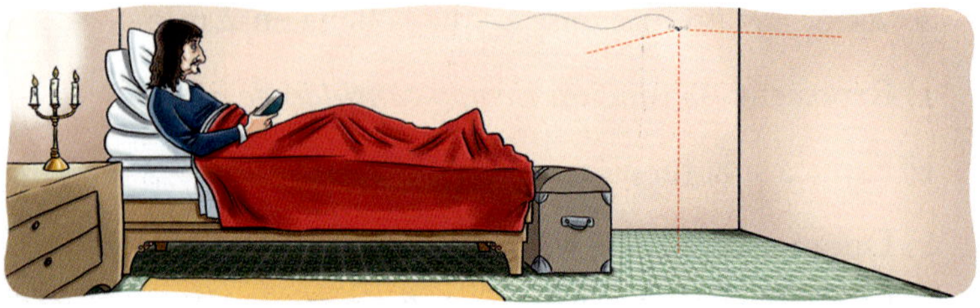

Con lo que ya sabes, resuelve

De las muchas disciplinas que engloban las pruebas de atletismo de los juegos olímpicos, nos vamos a fijar en cuatro de ellas:

- Salto de longitud.
- Salto de altura.
- Lanzamiento de peso.
- Lanzamiento de martillo.

Representamos, a continuación, dos gráficas para cada una de las disciplinas: se trata de las funciones *tiempo* → *distancia*, solo que algunas son distancia en horizontal y otras en vertical, es decir, *altura*.

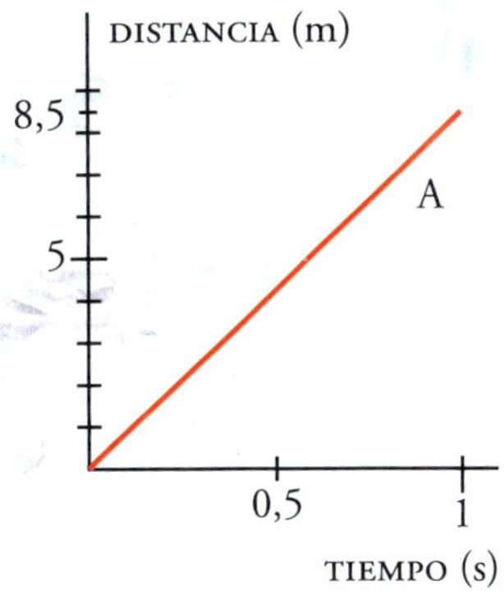

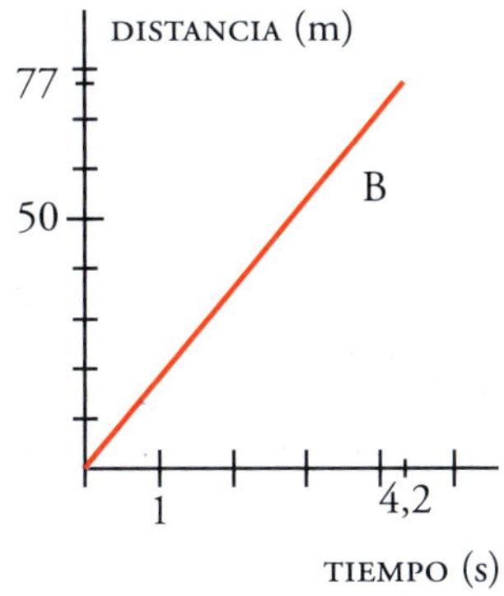

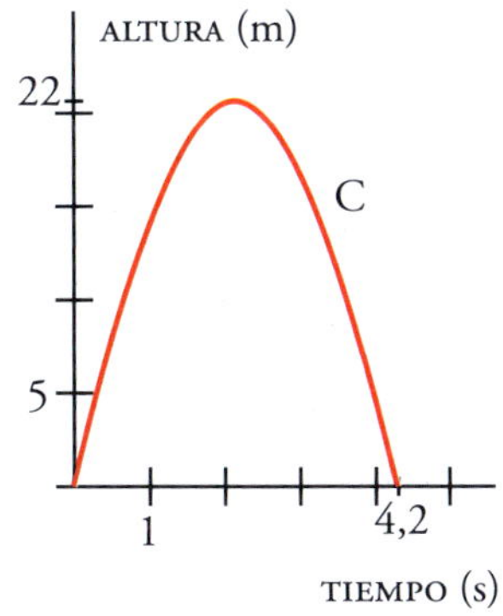

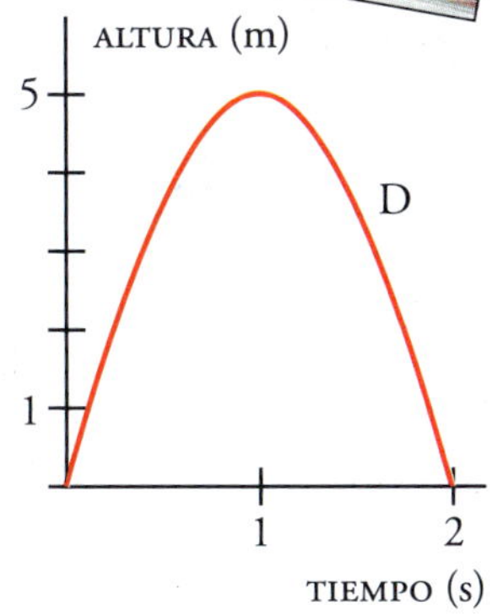

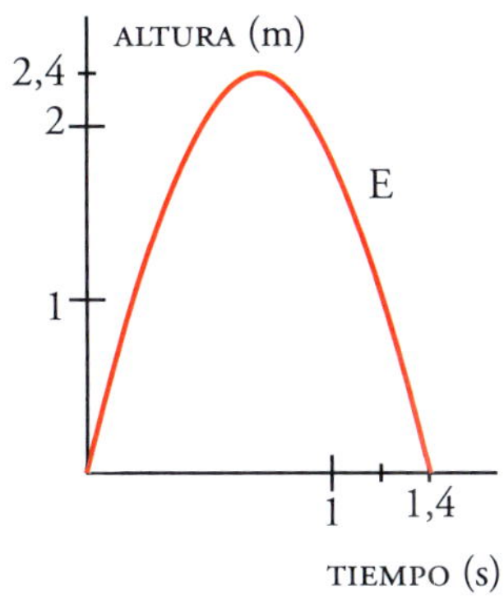

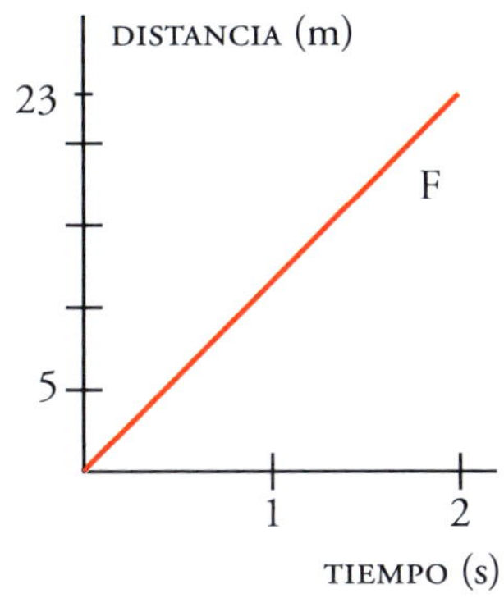

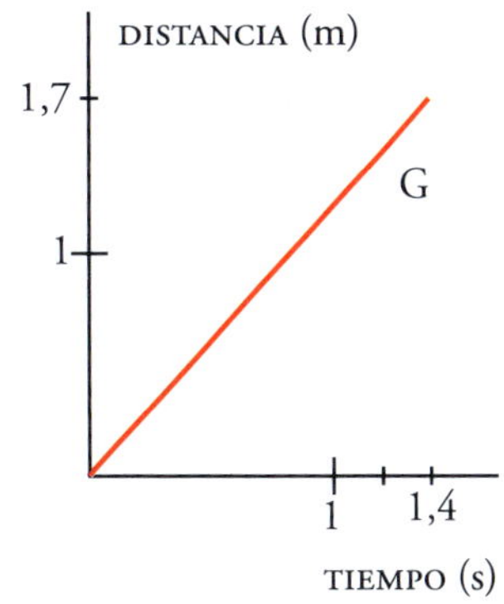

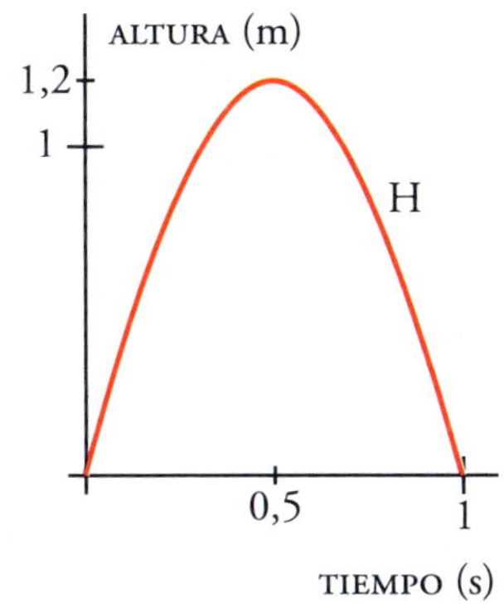

Reflexiona

1. Indica qué gráficas corresponden a cada disciplina.

   Por ejemplo, las gráficas A y H corresponden al *salto de longitud* (¿te parece razonable?). Y así con las siguientes.

2. Relaciona cada una de las siguientes ecuaciones con su gráfica:

   a) $y = 10x - 5x^2$ b) $y = 11,5x$ c) $y = 21x - 5x^2$

   d) $y = 7x - 5x^2$ e) $y = 18,3x$ f) $y = 5x - 5x^2$

   g) $y = 1,2x$ h) $y = 8,5x$

3. Junto con algunos compañeros y compañeras, lanza una pelota de modo que controléis la distancia y el tiempo que tarda (t_f) en botar y, a partir de estos datos, deduzcáis la altura máxima correspondiente con la fórmula $a_m = 1,225t_f^2$.

   Cuando tengáis las medidas, haced una representación aproximada de las funciones *tiempo* → *distancia en horizontal* y *tiempo* → *altura* de cada lanzamiento.

1 Función de proporcionalidad $y = mx$

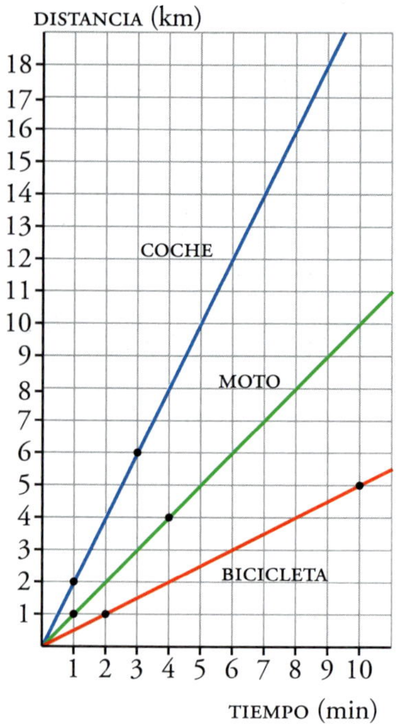

En este apartado vamos a estudiar funciones en las que las dos variables son proporcionales. Por ejemplo:

tiempo que marcha un móvil a velocidad constante $\rightarrow$ *distancia que recorre*

Son funciones que se representan mediante rectas que pasan por el origen de coordenadas y tienen una expresión analítica similar: $y = mx$

Analicemos tres funciones que responden al modelo *tiempo* $\rightarrow$ *distancia.*

- MOTOCICLETA: su velocidad es de 1 km cada minuto. La recta verde describe la distancia recorrida a lo largo del tiempo.

  1 min $\rightarrow$ 1 km Pasa por el punto (1, 1).
  4 min $\rightarrow$ 4 km Pasa por el punto (4, 4).
  La y (distancia) es igual a la x (tiempo).
  Ecuación: $y = x$

- COCHE: su velocidad es de 2 km cada minuto. La recta azul describe la distancia recorrida a lo largo del tiempo.

  1 min $\rightarrow$ 2 km Pasa por el punto (1, 2).
  3 min $\rightarrow$ 6 km Pasa por el punto (3, 6).
  La y (distancia) es igual al doble de x (tiempo).
  Ecuación: $y = 2x$

- BICICLETA: su velocidad es de 0,5 km cada minuto. La recta roja describe la distancia recorrida a lo largo del tiempo.

  2 min $\rightarrow$ 1 km Pasa por el punto (2, 1).
  10 min $\rightarrow$ 5 km Pasa por el punto (10, 5).
  La y (distancia) es igual a la mitad de x (tiempo).
  Ecuación: $y = \frac{1}{2}x$

NO LO OLVIDES

Cuanto mayor sea la constante de proporcionalidad, mayor pendiente tiene la recta, es decir, más inclinada está respecto al eje X.

> La **función de proporcionalidad** tiene por ecuación $y = mx$.
>
> Se representa mediante **una recta** que pasa por (0, 0).
>
> La constante de proporcionalidad, m (que puede ser positiva o negativa), se llama **pendiente** de la recta y tiene que ver con su inclinación.

De aquí en adelante, en las gráficas en las que no veas escala, como esta de abajo, cada cuadradito corresponde a una unidad.

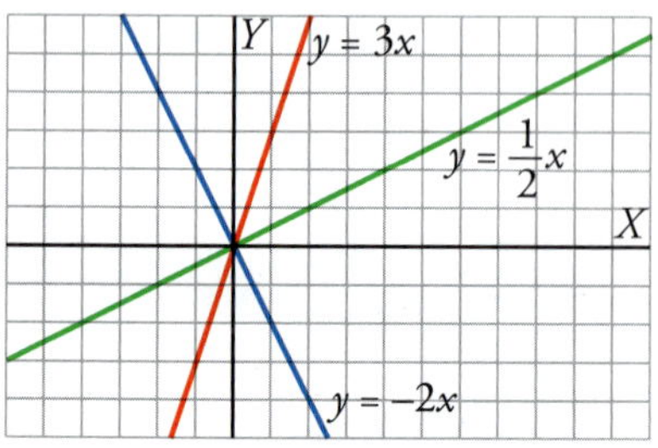

EJERCICIO RESUELTO

Indicar la pendiente de cada una de las rectas representadas al margen.

Sus pendientes son, respectivamente, 3, $\frac{1}{2}$ y –2. Observamos que cuanto mayor es la pendiente, mayor es la inclinación. Si la pendiente es positiva, la recta es creciente, y si es negativa, la recta es decreciente.

PIENSA Y PRACTICA

1 Dibuja sobre unos ejes cartesianos, en papel cuadriculado, dos rectas que pasen por el origen y que tengan pendientes positivas y otras dos con pendientes negativas.

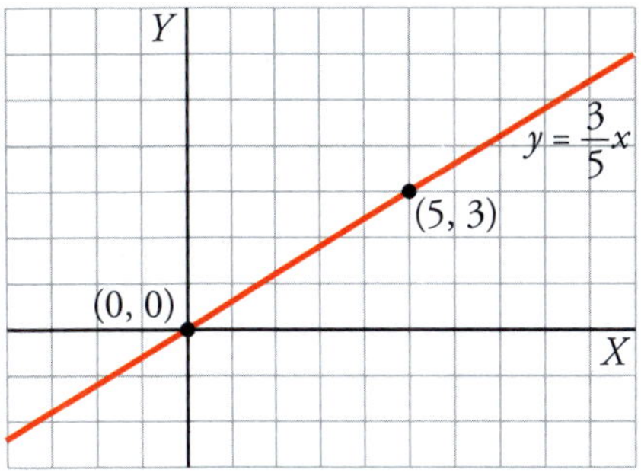

Representación de la gráfica a partir de su ecuación

Para representar una función de proporcionalidad, $y = mx$, tendremos en cuenta lo siguiente:

— **Es una recta,** pues a variaciones iguales de x corresponden variaciones iguales de y.

— **Pasa por el punto (0, 0),** pues si $x = 0$, entonces $y = m \cdot 0 = 0$.

Por tanto, para representarla solo falta **obtener otro punto.** Esto se consigue dándole un valor a x y obteniendo el correspondiente valor de y.

Por ejemplo, para representar $y = \frac{3}{5}x$, obtenemos el punto correspondiente a $x = 5$:

$$\text{Si } x = 5, \text{ entonces } y = \frac{3}{5} \cdot 5 = 3$$

Es una recta que pasa por (0, 0) y (5, 3).

Ecuación a partir de la gráfica. Obtención de la pendiente

Si la gráfica de una función es una recta que pasa por el origen, entonces es una función de proporcionalidad, $y = mx$. Para determinar su ecuación, solo falta averiguar el valor de m (la pendiente).

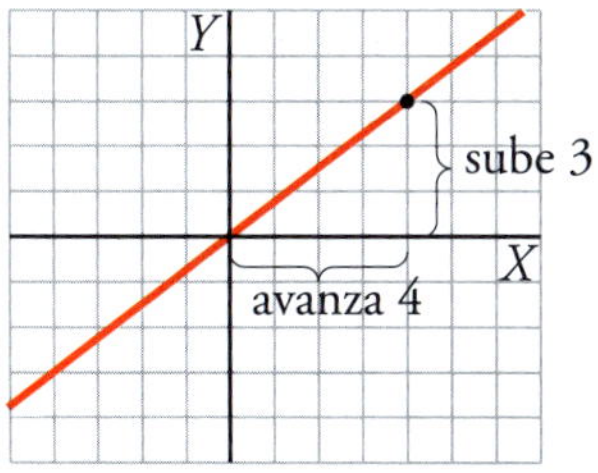

Pendiente $m = \frac{3}{4}$

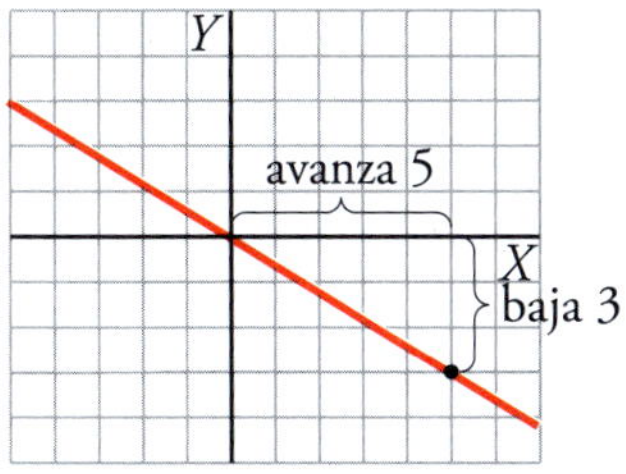

Pendiente $m = -\frac{3}{5}$

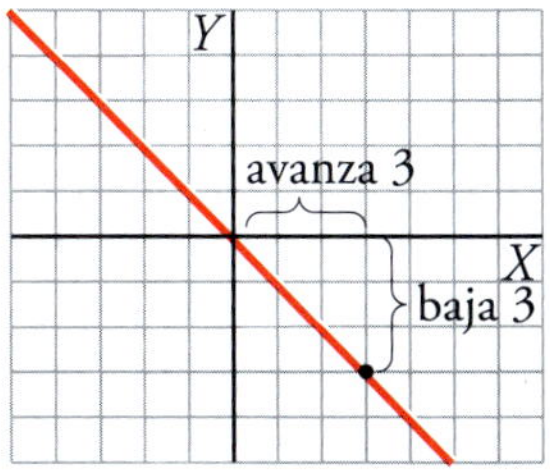

Pendiente $m = \frac{-3}{3} = -1$

La **pendiente** (coeficiente de la x) es la variación (positiva o negativa) que experimenta la y cuando la x aumenta una unidad. Para hallarla, se divide la variación de la y por la variación de la x entre dos de sus puntos.

→ anayaeducacion.es Refuerza: función de proporcionalidad $y = mx$.

→ Representa la función de proporcionalidad y escribe su pendiente.

IMPORTANTE

La pendiente de una recta

$$y = mx$$

es el coeficiente de la x cuando está despejada la y.

La función $y = 0$ es, también, de proporcionalidad. Su pendiente es 0.

PIENSA Y PRACTICA

2 Representa las funciones siguientes:

a) $y = x$ b) $y = 2x$ c) $y = -x$

d) $y = -2x$ e) $y = \frac{1}{3}x$ f) $y = -\frac{1}{3}x$

g) $y = \frac{3}{2}x$ h) $y = \frac{-3}{2}x$ i) $y = \frac{2}{3}x$

3 Relaciona cada recta con su ecuación:

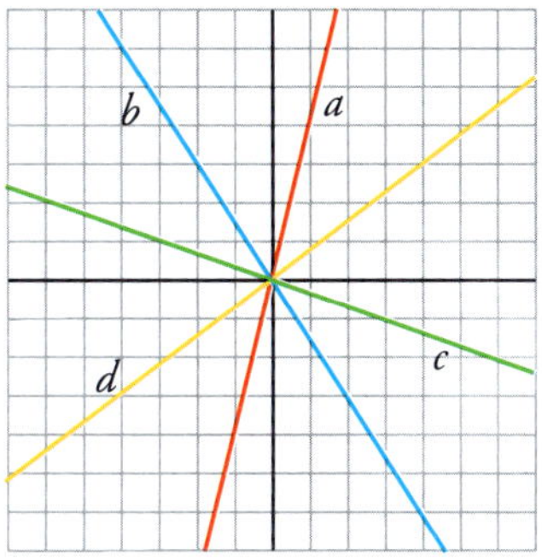

I) $y = 4x$

II) $y = \frac{3}{4}x$

III) $y = -\frac{3}{2}x$

IV) $y = -\frac{1}{3}x$

2 Función lineal $y = mx + n$

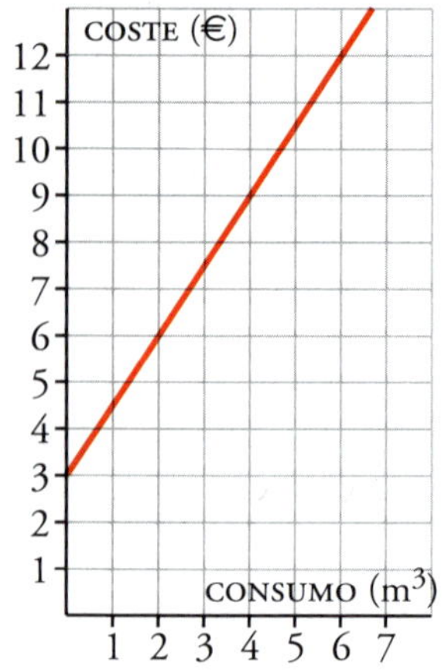

En la factura de agua de una ciudad se paga una cantidad fija de 3 € más 1,50 € por metro cúbico de consumo.

En este enunciado vemos que, una vez pagada la cantidad inicial, 3 €, el coste añadido es proporcional al consumo (en m^3) de agua que hagamos.

La función *consumo* → *coste* tiene esta ecuación: $y = 3 + 1{,}5x$

Su gráfica, en el margen, es la recta cuya pendiente es 1,5 (lo que aumenta el coste cuando el consumo de agua aumenta 1 m^3). La cantidad inicial, 3, es el punto del eje Y del cual arranca la función.

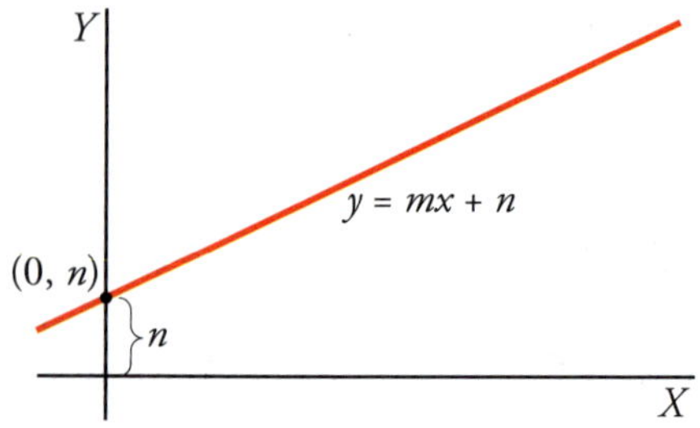

La ecuación $y = mx + n$ se representa mediante una recta con las siguientes características:

— Su **pendiente** es m (la pendiente es el coeficiente de la x en la ecuación $y = mx + n$). Representa la variación de y por cada unidad de x.

— Su **ordenada en el origen** es n. Es decir, si $x = 0$, entonces $y = n$. Por tanto, corta al eje Y en el punto $(0, n)$.

Cuando la pendiente es $m = 0$, la recta $y = n$ es paralela al eje X. Se llama **función constante** porque y siempre vale lo mismo (n) aunque varíe la x.

Atención: A las funciones que se representan mediante rectas se les suele llamar **funciones lineales,** aunque en matemáticas superiores reciben este nombre las funciones que aquí llamamos de proporcionalidad.

EJERCICIOS RESUELTOS

1 ***Representar estas rectas:***

a) $y = 5x - 1$

b) $y = -2$

c) $y = -\frac{5}{4}x + 3$

a)

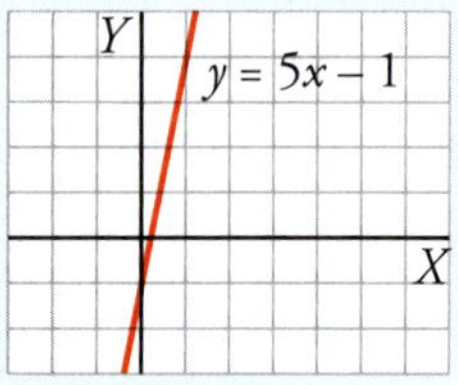

b)

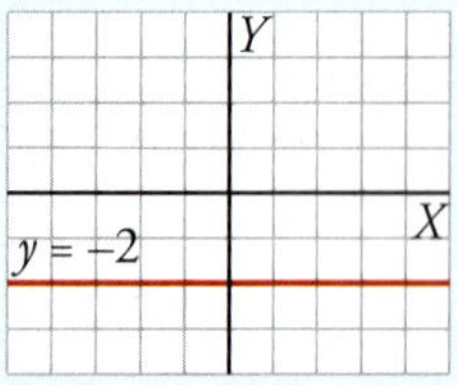

c)

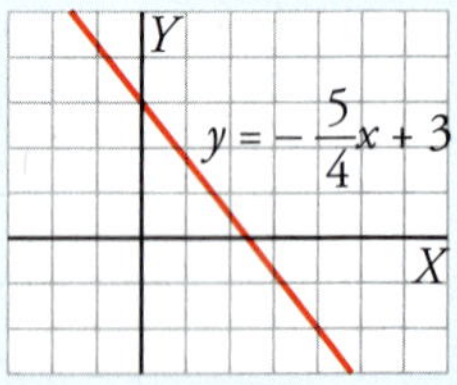

2 ***Representar esta recta:***

$$y = \frac{3x + 1}{2}$$

La ecuación se pone así: $y = \frac{3}{2}x + \frac{1}{2}$

Como la ordenada en el origen es fraccionaria, representamos la recta a partir de dos puntos con coordenadas enteras:

Si $x = 1$, $y = 2 \rightarrow (1, 2)$

Si $x = -1$, $y = -1 \rightarrow (-1, -1)$

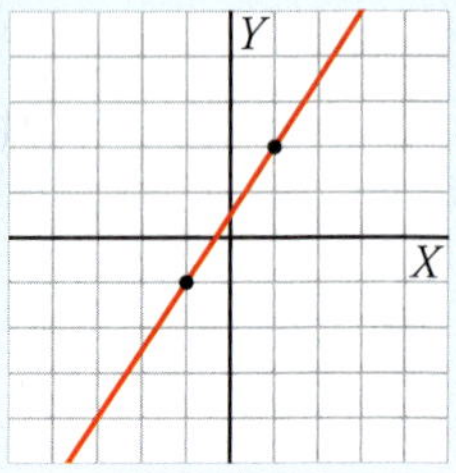

PIENSA Y PRACTICA

→ Representa la función $y = mx + n$.

1 Representa en unos ejes cartesianos, sobre papel cuadriculado, las rectas de ecuaciones:

a) $y = 3x - 2$ b) $y = 3 - 2x$ c) $y = \frac{3}{4} - \frac{1}{4}x$

d) $y = \frac{2}{3}x - 5$ e) $y = -2$ f) $y = \frac{5x - 3}{2}$

2 Relaciona cada recta con su ecuación:

I) $y = 4$

II) $y = -\frac{2}{3}x - 1$

III) $y = 2x - 3$

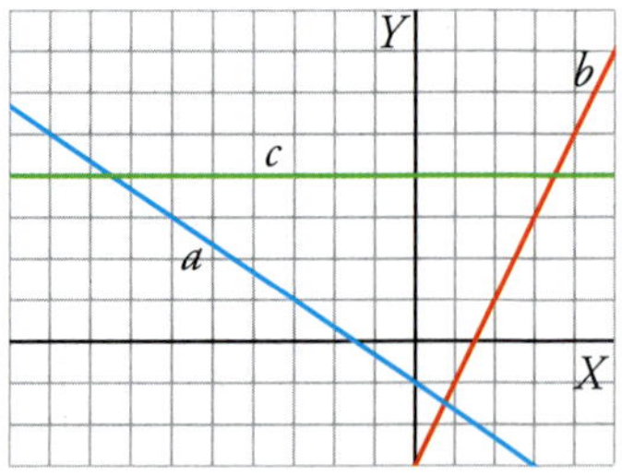

Ecuación a partir de un punto y la pendiente

TEN EN CUENTA

Las ecuaciones $y = y_0 + m(x - x_0)$ pueden simplificarse hasta adoptar la forma $y = mx + n$.

Por ejemplo:

$$y = 3 + \frac{2}{5}(x - 1) \Rightarrow y = \frac{2}{5}x + \frac{13}{5}$$

→ Representa una recta y escribe su ecuación a partir de un punto y la pendiente.

Supongamos que de una recta conocemos un punto (x_0, y_0) y su pendiente, m. Entonces, su ecuación puede ponerse así:

$$y = y_0 + m(x - x_0) \qquad \text{ECUACIÓN PUNTO-PENDIENTE}$$

Comprobemos que la ecuación anterior cumple las condiciones requeridas:

- Es claro que esta recta pasa por (x_0, y_0), pues:

  si $x = x_0$, entonces $y = y_0 + m(x_0 - x_0) = y_0 + m \cdot 0 = y_0$

- Su pendiente es m, por ser el coeficiente de la x al despejar la y.

EJERCICIOS RESUELTOS

1 ***Escribir las ecuaciones de las rectas siguientes dadas por un punto y su pendiente:***

a) $P(3, 7) \quad m = 4$

b) $P(-2, 5) \quad m = -\frac{2}{3}$

c) $P(4, -1) \quad m = 1{,}2$

d) $P(1, -3) \quad m = 0$

Obtenemos, para cada una de las rectas, su ecuación punto-pendiente.

a) ECUACIÓN: $y = 7 + 4(x - 3)$ Es decir, $y = 4x - 5$.

b) ECUACIÓN: $y = 5 - \frac{2}{3}(x + 2)$ Es decir, $y = -\frac{2}{3}x + \frac{11}{3}$.

c) ECUACIÓN: $y = -1 + 1{,}2(x - 4)$ Es decir, $y = 1{,}2x - 5{,}8$.

d) ECUACIÓN: $y = -3 + 0(x - 1)$ Es decir, $y = -3$.

2 ***Escribir la ecuación de las rectas a, b y c.***

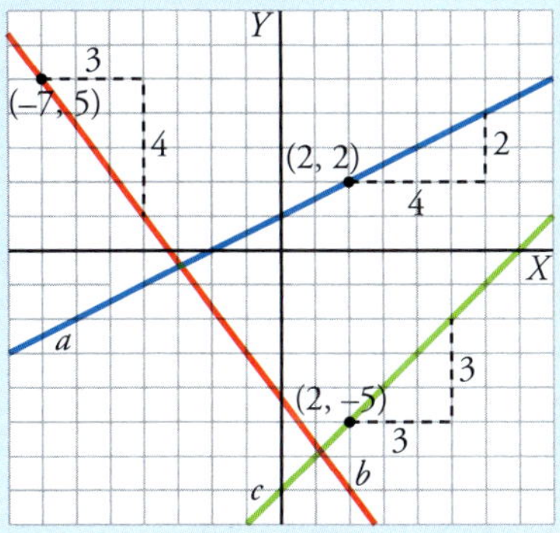

a) Pasa por (2, 2). Su pendiente es $\frac{2}{4} = \frac{1}{2}$.

ECUACIÓN: $y = 2 + \frac{1}{2}(x - 2)$

b) Pasa por (–7, 5). Su pendiente es $-\frac{4}{3}$.

ECUACIÓN: $y = 5 - \frac{4}{3}(x + 7)$

c) Pasa por (2, –5). Su pendiente es $\frac{3}{3} = 1$.

ECUACIÓN: $y = -5 + (x - 2)$

→ **anayaeducacion.es** Refuerza: la ecuación punto-pendiente.

PIENSA Y PRACTICA

3 Escribe, en cada caso, la ecuación de la recta que pasa por P y tiene pendiente m. Represéntalas.

a) $P(4, -3), \; m = 4$ b) $P(0, 2), \; m = -\frac{1}{2}$

c) $P(-3, 1), \; m = \frac{5}{4}$ d) $P(0, 0), \; m = -1$

e) $P(-1, 3), \; m = -\frac{3}{5}$ f) $P(0, -2), \; m = 0$

4 Escribe la ecuación de las rectas a y b dadas mediante sus gráficas. Escoge de cada una otro punto distinto al que tomaste para escribir la ecuación. Vuelve a escribir una ecuación con este otro punto. Comprueba que se trata de la misma ecuación.

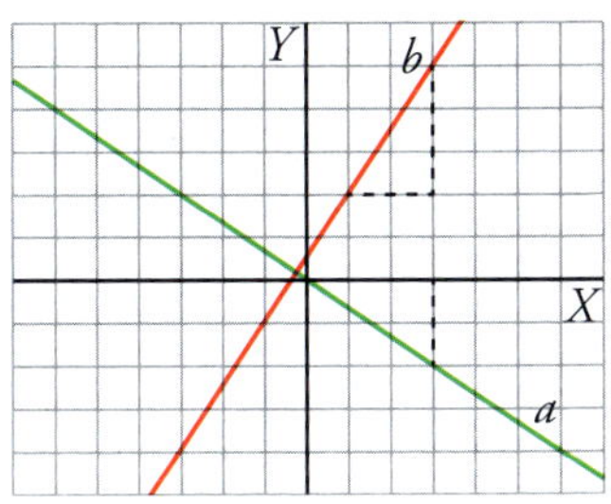

Ecuación a partir de dos puntos

→ Representa una recta y escribe su ecuación a partir de dos puntos.

Si de una recta conocemos dos puntos, podemos obtener su pendiente a partir de ellos y, después, con la pendiente y uno de los puntos, hallar su ecuación tal y como hemos visto en la página anterior.

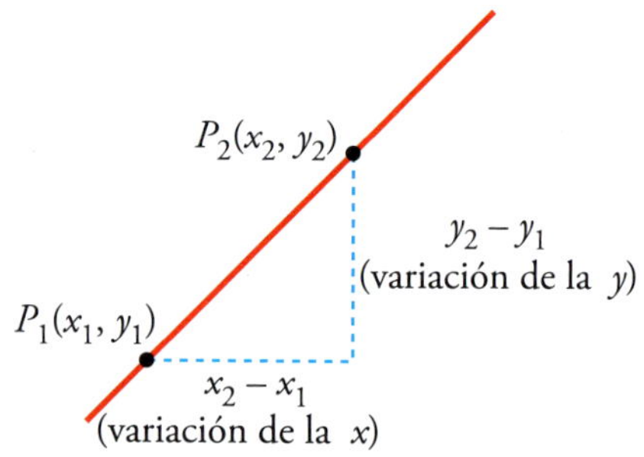

OBTENCIÓN DE LA PENDIENTE CONOCIENDO DOS PUNTOS

Para hallar la pendiente de la recta que pasa por dos puntos conocidos, se puede proceder gráficamente, midiendo (o contando cuadraditos) la variación de la x y la variación de la y.

Pero también se obtiene (más rápida y eficazmente) mediante el cálculo siguiente:

$$\left.\begin{matrix} P_1(x_1, y_1) \\ P_2(x_2, y_2) \end{matrix}\right\} \rightarrow m = \frac{\text{variación de la } y}{\text{variación de la } x} = \frac{y_2 - y_1}{x_2 - x_1}$$

EJERCICIOS RESUELTOS

1 ***Hallar las pendientes de las siguientes rectas dadas por dos puntos:***

a) (2, –5), (6, 1)

b) (–1, 0), (3, 2)

c) (–3, –1), (2, –2)

GRÁFICAMENTE:

a) 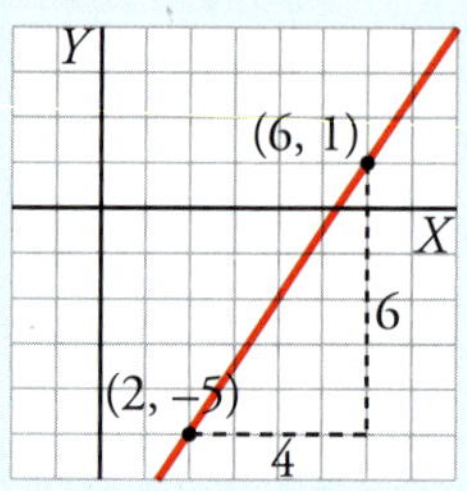

$m = \frac{6}{4} = \frac{3}{2}$

b) 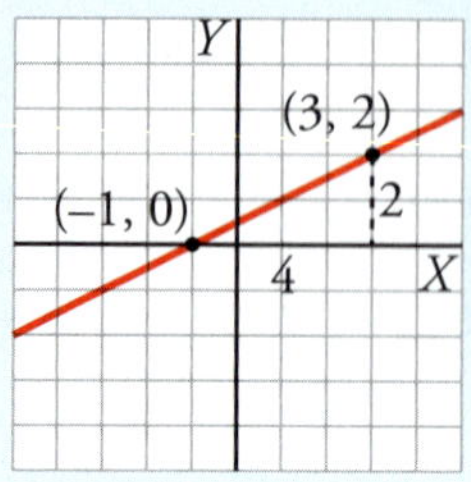

$m = \frac{2}{4} = \frac{1}{2}$

c) 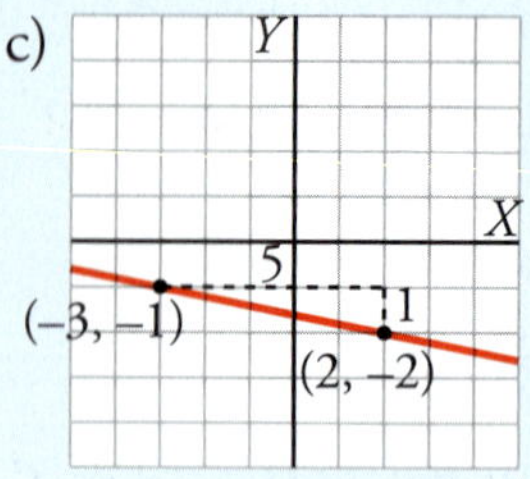

$m = -\frac{1}{5}$

OPERANDO:

a) $m = \frac{1-(-5)}{6-2} = \frac{6}{4} = \frac{3}{2}$ b) $m = \frac{2-0}{3-(-1)} = \frac{2}{4} = \frac{1}{2}$ c) $m = \frac{-2-(-1)}{2-(-3)} = \frac{-1}{5}$

2 ***Obtener la ecuación de la recta que pasa por P y Q:***

a) P(5, 3), Q(–3, 4)

b) P(–3, 5), Q(–2, 3)

a) $m = \frac{4-3}{-3-5} = \frac{1}{-8} = -\frac{1}{8}$ ECUACIÓN: $y = 3 - \frac{1}{8}(x-5)$

b) $m = \frac{3-5}{-2-(-3)} = \frac{-2}{1} = -2$ ECUACIÓN: $y = 5 - 2(x+3)$

Comprueba que si en lugar de tomar los puntos (5, 3) y (–3, 5) tomáramos los otros dos, obtendríamos las mismas ecuaciones.

PIENSA Y PRACTICA

→ **anayaeducacion.es** Refuerza: ecuación de la recta que pasa por dos puntos.

5 Halla, en cada caso, la ecuación de la recta que pasa por los puntos P y Q. Represéntalas.

a) $P(2, 5)$, $Q(-3, 6)$ b) $P(3, -4)$, $Q(-2, -1)$

c) $P(-1, 0)$, $Q(5, 5)$ d) $P(-7, 1)$, $Q(3, 4)$

e) $P(3, 1)$, $Q(-2, 1)$ f) $P(2, -2)$, $Q(2, 5)$

6 Halla las ecuaciones de las rectas a, b y c. Utiliza los puntos marcados para calcular las pendientes.

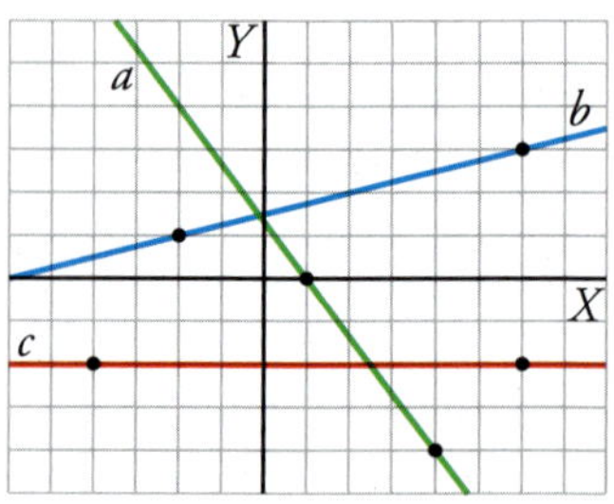

3 Aplicaciones de la función lineal. Problemas de movimientos

Las funciones lineales sirven para describir multitud de fenómenos en los que se relacionan dos magnitudes que varían proporcionalmente. Por ejemplo:

peso de un producto → *coste del mismo*

tiempo de movimiento uniforme → *distancia recorrida*

Veamos algunas funciones que describen situaciones de movimientos uniformes.

PROBLEMAS RESUELTOS

1 ***Alicia salió de su casa a caminar a una velocidad de 5 km/h. ¿A qué distancia se hallará dentro de t horas?***

Si la distancia la expresamos en kilómetros y el tiempo en horas, la distancia recorrida por Alicia en t horas es:

$$d = 5t$$

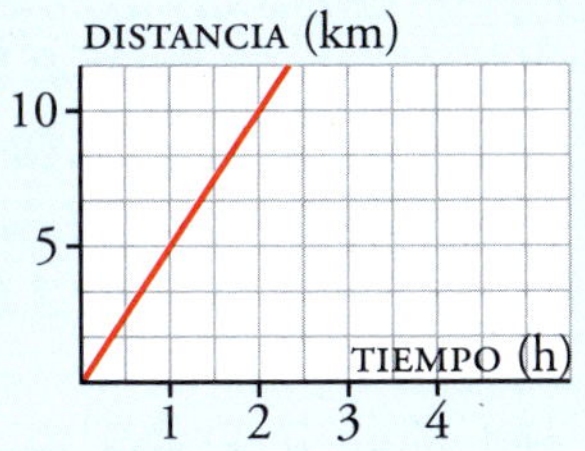

2 ***Jaime salió de paseo hace 2 h a una velocidad de 4 km/h. ¿A qué distancia estará dentro de t horas?***

Como salió hace 2 h, dentro de t horas llevará caminando $2 + t$ horas. Por tanto, Jaime habrá recorrido $4(2 + t)$ km.

$$d = 4(2 + t)$$

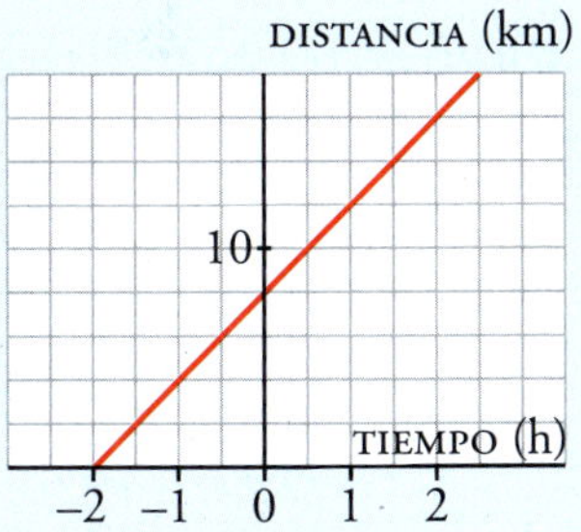

3 ***Ricardo está en su pueblo a 40 km de nosotros. Sale hacia aquí en bicicleta a 15 km/h. ¿A qué distancia se encuentra de nosotros dentro de t horas?***

Dentro de t horas, Ricardo habrá recorrido $15t$ km. En esa cantidad de kilómetros se habrá reducido la distancia que nos separa. Por tanto:

$$d = 40 - 15t$$

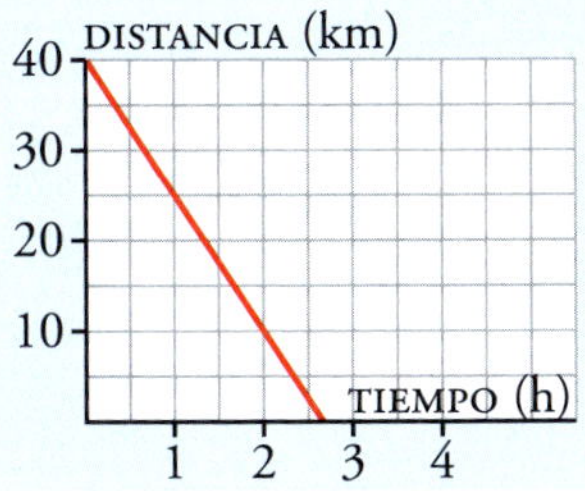

4 ***Una peregrina se encuentra todavía a 50 km de Santiago de Compostela. Prosigue su camino a las 8 de la mañana a un ritmo de 6 km/h. ¿A qué distancia de su destino se encontrará a las t horas de ese día?***

El tiempo que lleva caminando a las t horas es $t - 8$. La distancia recorrida es $6(t - 8)$.

Su distancia a Santiago será:

$$d = 50 - 6(t - 8)$$

Si la peregrina estuviera andando sin parar durante 6 horas, el dominio de definición de la función sería 8-14.

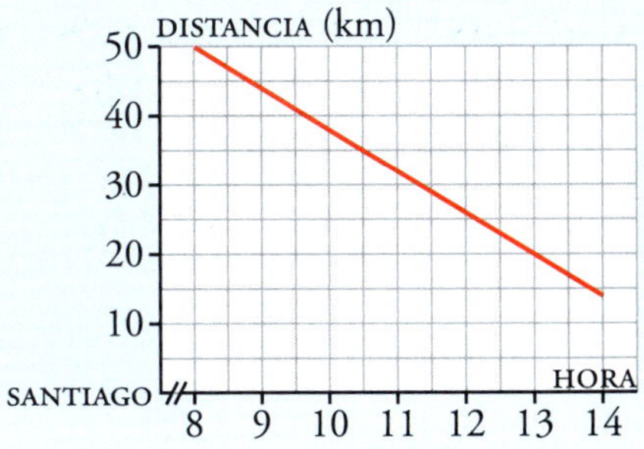

PIENSA Y PRACTICA

→ anayaeducacion.es Ayuda para elegir escalas en los ejes.

Representa las funciones correspondientes a los enunciados de los siguientes ejercicios:

1 Un robot va a una velocidad de 7 m/min.

a) ¿Qué distancia recorre en t min?

b) Si lo pusimos en marcha hace 2 min, ¿a qué distancia estará de nosotros dentro de t min?

2 Un robot está a 40 m de nosotros y se nos acerca a 5 m/min. ¿A qué distancia estará dentro de t min?

3 A las 10:00 h alquilamos una bici a 5 €/h y dejamos 100 € de adelanto. ¿Cuánto nos han de devolver si la llevamos de vuelta a las t horas de ese día?

4 Estudio conjunto de dos funciones lineales

Para estudiar conjuntamente dos funciones lineales, las representamos sobre los mismos ejes. Su punto de corte es de gran importancia en la interpretación conjunta. Para hallar sus coordenadas, si no se ven claramente sobre la gráfica, se resuelve el sistema formado por ambas ecuaciones.

PROBLEMA RESUELTO

Paula sale a las 10:00 h de su casa caminando a 4 km/h en busca de su amigo Álex. A las 12:00 h, Álex sale al encuentro de Paula en bici a 12 km/h. Si viven a 24 km de distancia, ¿a qué hora y dónde se encuentran?

Relacionamos distancias y tiempos. Las distancias las referimos a la casa de Paula, y como origen del tiempo tomamos el momento en que sale Álex.

ECUACIÓN DEL MOVIMIENTO DE ÁLEX:

En el instante t se ha acercado a casa de Paula $12t$ km, por tanto, su distancia a casa de Paula es $d = 24 - 12t$.

ECUACIÓN DEL MOVIMIENTO DE PAULA:

En el instante inicial, Paula lleva 2 horas caminando. En el instante t lleva, pues, $(t + 2)$ h. Por tanto, la distancia de Paula a su casa en el instante t es $d = 4(t + 2)$.

En el momento en el que se encuentran están en el mismo lugar.

Esa coincidencia, tanto de tiempo como de posición, nos lleva a resolver el problema obteniendo el punto en el que se cortan las rectas descritas por ambas ecuaciones.

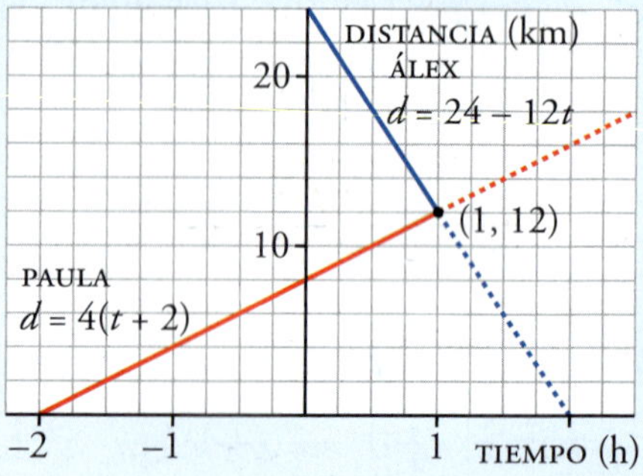

El punto de corte de las rectas, (1, 12), significa que se encuentran una hora después de que Álex saliera de casa a 12 km de la casa de Paula.

OPERANDO:

Las coordenadas del punto de corte también se pueden hallar resolviendo el sistema formado por las dos ecuaciones:

$$\left.\begin{array}{l} d = 24 - 12t \\ d = 4(t+2) \end{array}\right\} \rightarrow 24 - 12t = 4t + 8 \rightarrow 16t = 16 \rightarrow t = 1 \rightarrow d = 12$$

Solución: Se encuentran a las 13:00 h a 12 km de casa de Paula.

→ anayaeducacion.es
Refuerza: estudio conjunto de dos funciones.

PIENSA Y PRACTICA

1 Un tren AVE ha salido a las 10 de la mañana de una ciudad situada a 750 km de la nuestra y viene hacia aquí a 200 km/h. Por otro lado, un tren de mercancías salió dos horas antes de nuestra ciudad y va a 50 km/h por una vía paralela a la del AVE.

a) Expresa mediante dos funciones la distancia a nuestra ciudad de cada tren al cabo de t horas.

b) Representa las dos rectas correspondientes a las funciones en unos ejes de coordenadas.

c) Indica en qué punto se cortan las dos rectas y di qué significa cada una de sus coordenadas.

d) Calcula mediante un sistema de ecuaciones la hora a la que se cruzan los trenes y a qué distancia de nuestra ciudad se encuentran.

5 Parábolas y funciones cuadráticas

La curva que describe un balón cuando se lanza a canasta es una parábola. También describen parábolas las bolas de golf o los chorros de agua. Parabólicas son las secciones de las antenas que captan las emisiones de televisión procedentes de los satélites artificiales y las secciones de los faros de los coches.

Hay muchas funciones que se representan mediante parábolas:

— El área de un cuadrado en función de su lado $(A = l^2)$ o la de un círculo en función de su radio $(A = \pi r^2)$.

— La altura a la que se encuentra una piedra que lanzamos hacia arriba en función del tiempo transcurrido desde que se lanzó $(a = v_0 t - 4{,}9t^2)$.

— El espacio que recorre un coche desde que decidimos frenar hasta que realmente se para, en función de la velocidad que llevaba $(e = 0{,}0074v^2 + 0{,}21v)$.

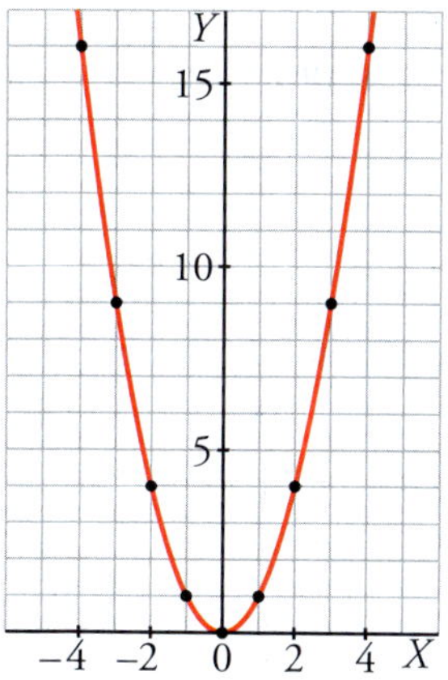

Parábola tipo: la función $y = x^2$

Empecemos por representar el modelo de parábola más sencillo, que corresponde a la función $y = x^2$.

A la derecha puedes ver su tabla de valores, y en el margen, su representación gráfica.

Se trata de una curva **simétrica** respecto al eje Y; tiene un mínimo en el punto (0, 0), al que llamamos **vértice.**

Tiene **dos ramas,** una decreciente y otra creciente.

x	y
–4	16
–2	4
–1	1
0	0
1	1
2	4
4	16

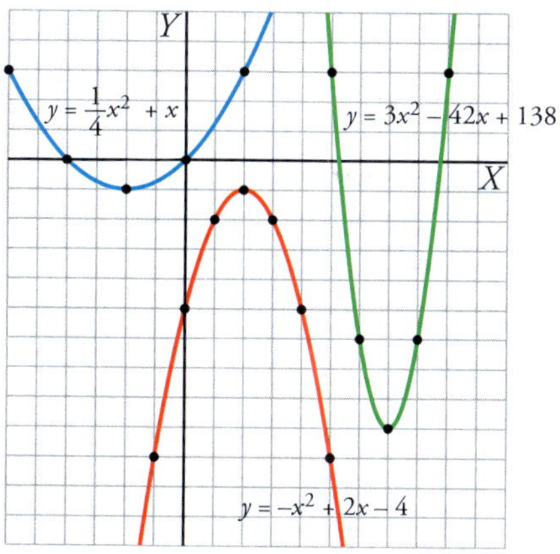

Funciones cuadráticas

Las funciones $y = ax^2 + bx + c$, con $a \neq 0$, llamadas **cuadráticas,** se representan todas ellas mediante **parábolas** con su eje de simetría paralelo al eje Y.

Su forma (hacia abajo, hacia arriba, más ancha…) depende de a, coeficiente de x^2, del siguiente modo:

- Si dos funciones cuadráticas tienen el mismo coeficiente de x^2, las correspondientes parábolas son idénticas, aunque pueden estar situadas en posiciones distintas.
- Si $a > 0$, tienen las ramas hacia arriba, y si $a < 0$, hacia abajo.
- Cuanto mayor sea $|a|$, más estilizada es la parábola.

PIENSA Y PRACTICA

1 Asocia estas expresiones analíticas de funciones cuadráticas con sus correspondientes parábolas representadas a la derecha:

I) $y = 2x^2 - 2x + 1$ II) $y = -x^2 + x - 3$

III) $y = \frac{1}{2}x^2 - 1$ IV) $y = -3x^2 + 8x$

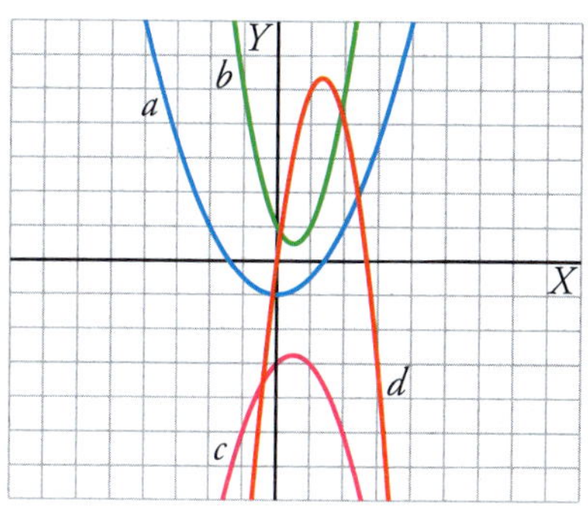

Representación de funciones cuadráticas

Veamos ahora algunos pasos que conviene dar para la representación de la función $y = ax^2 + bx + c$:

1.º Obtención de la **abscisa del vértice:** $x_0 = -\dfrac{b}{2a}$

A partir de la abscisa, x_0, y de la ecuación de la parábola, se halla la ordenada.

2.º Obtención de algunos **puntos próximos al vértice.**

Calculamos el valor de la función en abscisas enteras próximas al vértice, a su derecha y a su izquierda. Así conocemos la curva en su parte más interesante.

3.º Obtención de los **puntos de corte con los ejes.**

— Corte con el eje X: se resuelve la ecuación $ax^2 + bx + c = 0$.

Puede haber dos, uno o ningún punto de corte, tantos como soluciones tenga la ecuación.

— Corte con el eje Y: es el $(0, c)$.

4.º Representación.

Escogeremos sobre los ejes unas escalas que nos permitan plasmar la información en un espacio razonable.

anayaeducacion.es Ayuda al razonamiento: la abscisa del vértice.

Representa una parábola y escribe su vértice a partir de su ecuación.

EJERCICIO RESUELTO

Representar $y = x^2 - 3x - 4$.

1.º Obtención del vértice:

Abscisa: $x_0 = \dfrac{-(-3)}{2 \cdot 1} = \dfrac{3}{2} = 1,5$

Ordenada: $f(1,5) = (1,5)^2 - 3 \cdot 1,5 - 4 = -6,25$

El vértice es (1,5; –6,25).

2.º Obtención de puntos próximos al vértice:

x	–2	–1	0	1	2	3	4	5
y	6	0	–4	–6	–6	–4	0	6

3.º Puntos de corte con los ejes:

- Cortes con el eje X:

$x^2 - 3x - 4 = 0 \rightarrow x = \dfrac{3 \pm \sqrt{9+16}}{2} \rightarrow$

$\rightarrow x_1 = -1,\ x_2 = 4$

- Corte con el eje Y: $(0, -4)$

(Esta información ya la teníamos en la tabla).

4.º Puedes ver la representación a la derecha.

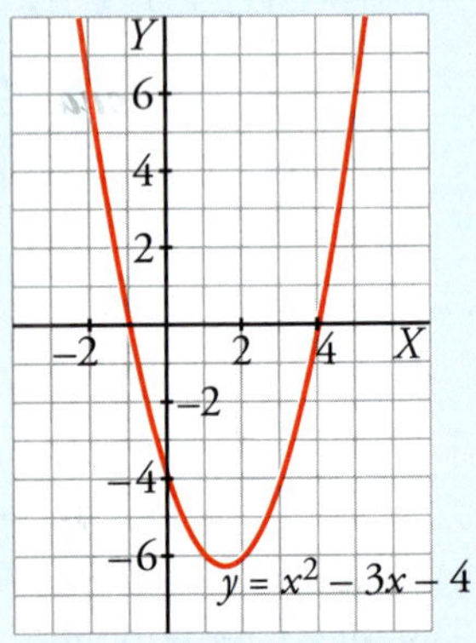

PIENSA Y PRACTICA

2 Representa las siguientes parábolas:

a) $y = x^2 - 2x + 3$ b) $y = x^2 - 6x + 5$

3 Dibuja estas funciones:

a) $y = \dfrac{1}{4}x^2 + x - 2$ b) $y = 2x^2 - 10x + 8$

1 Rectas para los recipientes

COMPRENDE Y APLICA EN EL DESAFÍO

DESAFÍOS QUE DEJAN HUELLA

***Volvamos a la página 176 donde asociamos cada recipiente con una curva que representa la función* tiempo de llenado → nivel del agua.**

A los recipientes cilíndricos, como vimos, en lugar de curvas, les correspondes rectas.

Asocia a cada uno de los recipientes de la derecha su recta y escribe su ecuación. Para ello, supón que el grifo que los llena tiene un caudal de 314 cm³/min.

Hazlo tú Repite el problema con un caudal de 500 cm³/min.

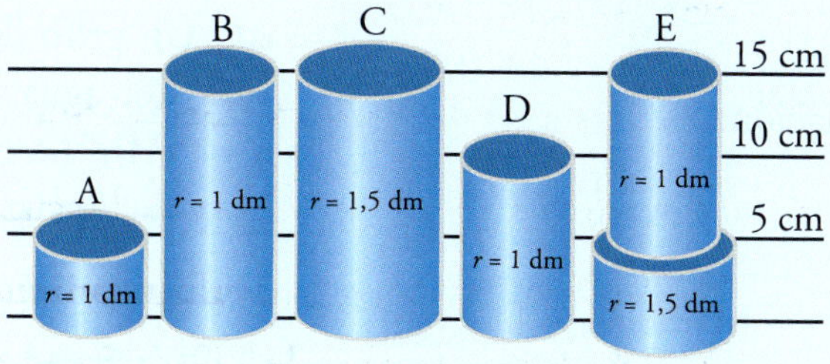

En primer lugar, hallamos el aumento de volumen de agua (en cm³) correspondiente a cada subida de 1 cm en la altura en cada uno de los dos tipos de recipientes ($r = 1$ dm y $r = 1{,}5$ dm).

- $V_{\text{ESTRECHO}} = 10^2 \cdot \pi \cdot 1 = 100\pi = 314 \text{ cm}^3$ → En A, B y D, el nivel sube 1 cm/min.
- $V_{\text{ANCHO}} = 15^2 \cdot \pi \cdot 1 = 225\pi = 707 \text{ cm}^3$ → En C, sube $\dfrac{314}{707} = 0{,}44$ cm/min.

Representamos las gráficas. Las de A, B y D serán iguales, pero la de A solo llega hasta 5 cm; la de D, hasta 10 cm, y la de B, hasta 15 cm.

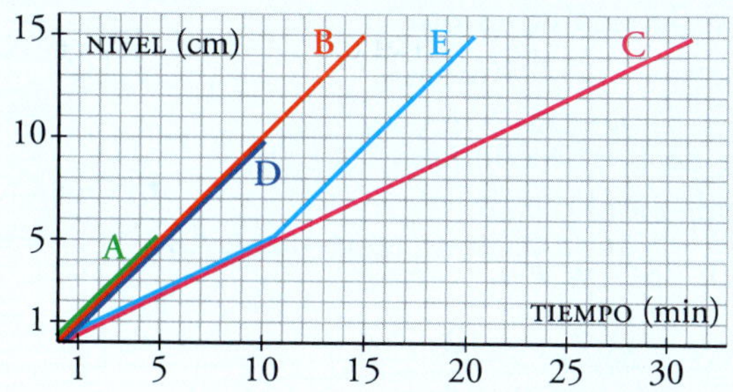

Sus ecuaciones son:

Recipientes A, B y D: $y = x$

Recipiente C: $y = 0{,}44x$

Recipiente E:

$$y = \begin{cases} 0{,}44x & \text{si} \quad 0 < x \le 11{,}4 \\ x & \text{si} \quad 11{,}4 < x \le 21{,}4 \end{cases}$$

2 La flecha y el globo

Se ha soltado un globo de helio que sube a una velocidad constante de 5 m/s. Cuando está a 90 m, se lanza una flecha verticalmente hacia arriba cuya altura, a, con respecto al tiempo, t, viene dada por la ecuación:

$$a = 60t - 5t^2$$

a) Escribir la ecuación de la función que expresa la altura del globo.

b) ¿A qué altura pincha la flecha al globo? ¿Cuánto tiempo pasó desde que se lanzó la flecha?

c) Si la flecha no hubiera pinchado el globo cuando subía, ¿a qué altura lo pincharía al bajar?

d) Dibujar las gráficas de las alturas de la flecha y el globo.

a) Tomamos el origen del tiempo $(t = 0)$ cuando se lanza la flecha; en ese momento el globo se encuentra a 90 m de altura. La expresión de la función de la altura del globo es, pues, $y = 90 + 5t$.

b) Para calcular la altura a la que pincha la flecha el globo, resolvemos un sistema con las ecuaciones de la flecha y el globo:

$$\left.\begin{array}{l} a = 90 + 5t \\ a = 60t - 5t^2 \end{array}\right\} \to 90 + 5t = 60t - 5t^2 \to 5t^2 - 55t + 90 = 0 \left\langle \begin{array}{l} t_1 = 2 \\ t_2 = 9 \end{array}\right.$$

Es decir, a los 2 s la flecha pincha el globo a una altura de:

$$a = 90 + 5 \cdot 2 = 100 \text{ m}$$

c) Lo haría al bajar a los 9 s, a una altura de: $a = 90 + 5 \cdot 9 = 135$ m

d)

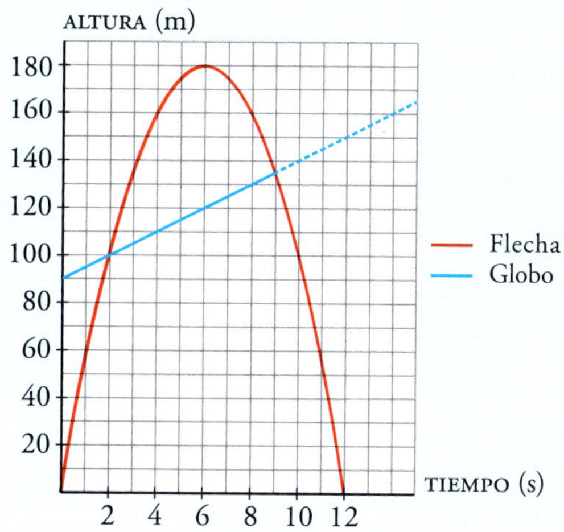

Hazlo tú Responde a las mismas preguntas suponiendo que el globo sube a 10 m/s y que a los 12 s se lanza la flecha.

¿DOMINAS LO BÁSICO?

Funciones lineales

1 Asocia cada recta con su ecuación:

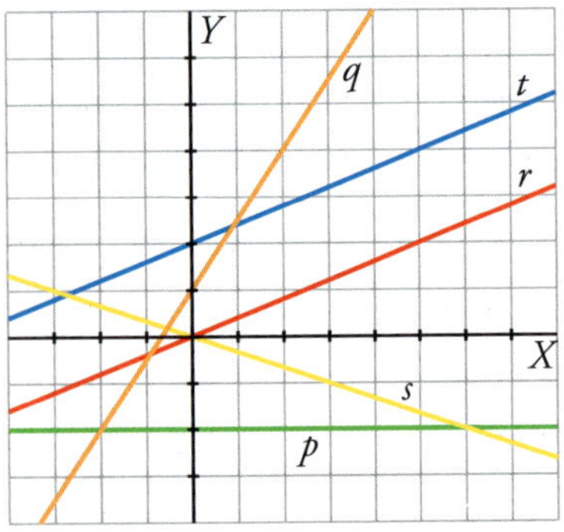

a) $y = -\frac{1}{3}x$

b) $y = \frac{3}{2}x + 1$

c) $y = \frac{2}{5}x$

d) $y = \frac{2}{5}x + 2$

e) $y = -2$

Indica, después, la pendiente y la ordenada en el origen de cada una de las rectas.

2 Escribe la ecuación de la recta de la que conocemos un punto y la pendiente, en cada caso:

a) $P(-2, 5)$, $m = 3$ b) $P(0, -5)$, $m = -2$

c) $P(0, 0)$, $m = \frac{3}{2}$ d) $P(-2, -4)$, $m = -\frac{2}{3}$

3 Escribe las pendientes de las rectas que pasan por los siguientes pares de puntos:

a) $A(0, 0)$ y $B(1, 1)$ b) $A(0, 0)$ y $B(1, -2)$

c) $A(1, 3)$ y $B(5, 3)$ d) $A(0, 2)$ y $B(2, 0)$

e) $A(-5, -2)$ y $B(-1, 3)$ f) $A(3, -2)$ y $B(0, -1)$

g) $A\left(\frac{4}{5}, 1\right)$ y $B\left(3, -\frac{2}{3}\right)$ h) $A\left(-\frac{1}{2}, \frac{1}{3}\right)$ y $B\left(\frac{4}{3}, -\frac{3}{5}\right)$

4 Obtén la ecuación de la recta que pasa por A y B.

a) $A(2, -1)$, $B(3, 4)$ b) $A(-5, 2)$, $B(-3, 1)$

c) $A\left(\frac{3}{2}, 2\right)$, $B\left(1, \frac{2}{3}\right)$ d) $A\left(-\frac{1}{2}, \frac{3}{4}\right)$, $B\left(\frac{1}{3}, 1\right)$

5 a) Asocia una recta a cada uno de estos productos:

AZÚCAR, SALMÓN, SAL, AGUACATE, PISTACHOS, ARROZ

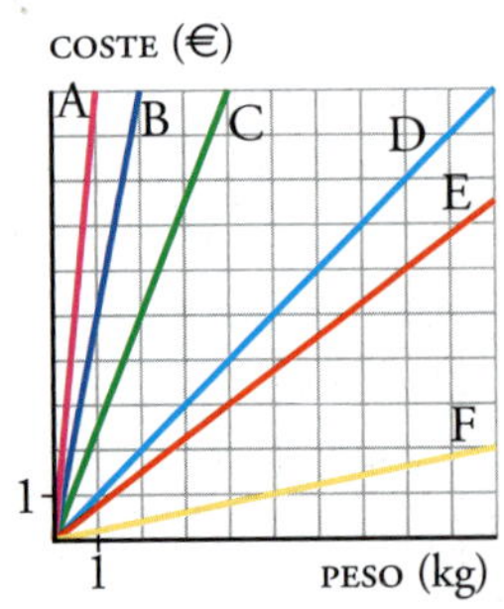

b) Indica qué precio tiene cada producto.

COMPRENDE Y APLICA EN EL DESAFÍO — DESAFÍOS QUE DEJAN HUELLA

6 Un grifo llena un depósito de 8 m de alto. La altura del agua varía con el tiempo según la función $a = (5/4)t$ (a en metros, t en minutos).

a) Represéntala.

b) ¿Es una función de proporcionalidad?

c) Di cuál es la pendiente y explica su significado.

Funciones cuadráticas

7 Asocia cada función cuadrática con su correspondiente gráfica:

I) $y = x^2$ II) $y = -x^2$ III) $y = -2x^2$ IV) $y = \frac{1}{2}x^2$

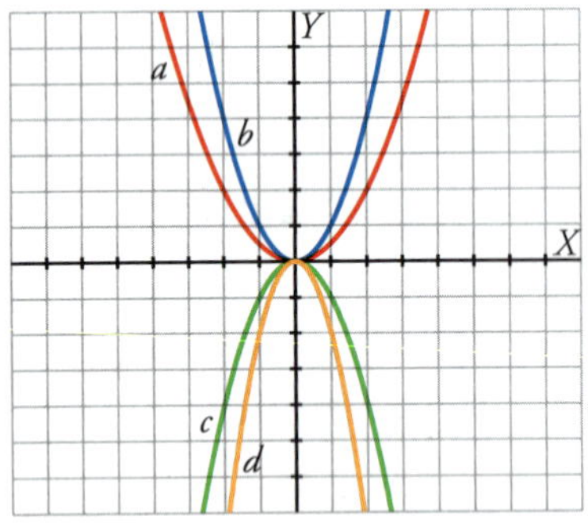

8 Asocia cada ecuación con su correspondiente parábola:

I) $y = x^2 + 3x - 2$ II) $y = -x^2 + 2x - 1$

III) $y = -2x^2 - 6x + 1$ IV) $y = \frac{1}{2}x^2 - 4x + 2$

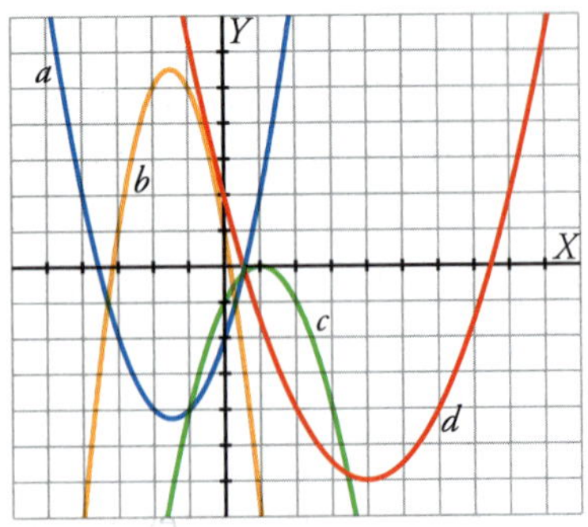

9 Representa las parábolas siguientes haciendo, en cada caso, una tabla de valores como esta:

x	–4	–3	–2	–1	0	1	2	3	4
y	…	…	…	…	…	…	…	…	…

a) $y = x^2 + 3$ b) $y = x^2 - 4$

c) $y = 2x^2$ d) $y = 0{,}5x^2$

¿Cuál es la abscisa (el valor de x) del vértice de cada una de las parábolas anteriores?

ENTRÉNATE Y PRACTICA

10 Representa estas rectas. Indica en cada caso la pendiente y la ordenada en el origen. ¿Cuáles corresponden a funciones de proporcionalidad?

a) $y = 4x$ b) $y = -2{,}4x$ c) $y = -\frac{x}{2}$

d) $y = -2x + 1$ e) $y = -\frac{x}{2} + 3$ f) $y = -\frac{8}{5}$

g) $y = \frac{3x - 5}{2}$ h) $y = 2{,}5x - 1$ i) $y = \frac{3}{4}x + \frac{1}{2}$

11 Di la pendiente de estas rectas y represéntalas en los mismos ejes. ¿Qué conclusión sacas?

a) $y = 2x$ b) $y = 2x - 3$

c) $2x - y + 1 = 0$ d) $4x - 2y + 5 = 0$

12 Escribe la ecuación de cada una de estas rectas. Ayúdate de los puntos representados:

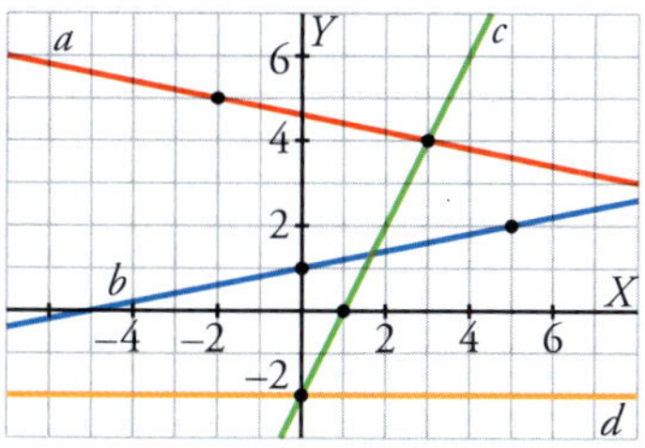

13 ¿Cuáles de las funciones de la actividad anterior son crecientes? ¿Y decrecientes? Comprueba el signo de la pendiente en cada caso.

14 Di cuál es el punto (abscisa y ordenada) donde se encuentra el vértice de las siguientes parábolas, señalando, en cada caso, si se trata de un máximo o un mínimo:

a) $y = x^2 - 5$ b) $y = 3 - x^2$ c) $y = -2x^2 - 4x + 3$

d) $y = 5x^2 + 20x + 20$ e) $y = -\frac{5}{2}x^2 + 5x - \frac{3}{2}$

15 Representa las siguientes parábolas hallando el vértice, algunos puntos próximos a él y los puntos de corte con los ejes:

a) $y = (x + 4)^2$ b) $y = \frac{1}{3}x^2 + 2x$

c) $y = -3x^2 + 6x - 3$ d) $y = -x^2 + 5$

16 Sabiendo que 100 libras equivalen a 45 kg:

a) Escribe la ecuación que determina el número de kilos, y, que equivalen a x libras.

b) Dibuja la gráfica de la función.

17 Esta tabla muestra las longitudes de unos postes y de sus sombras en un momento determinado:

POSTE (m)	0,5	1	1,5	2	2,5
SOMBRA (m)	1,25	2,5	3,75	5	6,25

a) Escribe la ecuación que relaciona la longitud de la sombra con la altura del poste en ese instante.

b) ¿Qué longitud tiene la sombra de un poste de 3,5 m de altura? ¿Cuál es la altura de un poste que arroja una sombra de 3 m?

c) Representa la función *altura del poste* ⟶ *longitud de la sombra*.

18 Mamen anda a una velocidad de 3 km/h y su casa se encuentra a 10 km de la piscina. Asocia cada uno de estos enunciados con una de las ecuaciones de más abajo:

a) Si empieza a andar ahora, ¿qué distancia habrá recorrido dentro de t horas?

b) Si empezó a andar hace 3 h, ¿qué distancia habrá recorrido dentro de t horas?

c) Si sale de su casa para bañarse, ¿a qué distancia estará de la piscina dentro de t horas?

d) Si salió de su casa a las 10:00, ¿a qué distancia se encontrará de la piscina a las t horas?

e) Si salió de su casa hace 3 horas para bañarse, ¿a qué distancia estará de la piscina dentro de t horas?

$d = 3t + 3$ $d = 10 + 3(t - 10)$ $d = 3(t + 3)$

$d = 3(t - 3)$ $d = 10 - 3(t - 10)$ $d = 10 - 3t$

$d = 3t$ $d = 10 - 3(t + 3)$ $d = 10 + 3(t + 3)$

19 Indica cuál es la gráfica correspondiente a cada uno de los enunciados de la actividad anterior.

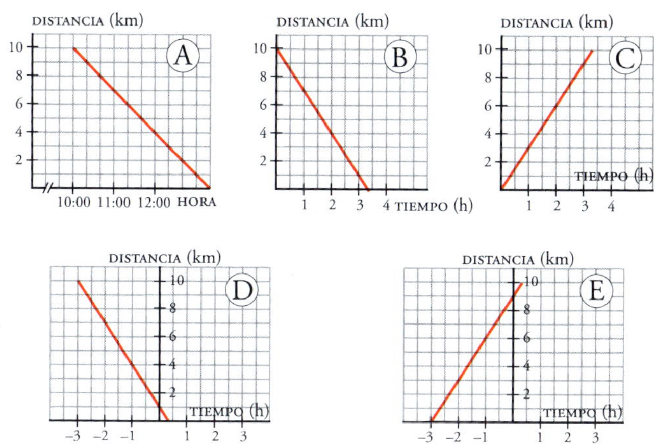

RESUELVE PROBLEMAS SENCILLOS

20 En una heladería A venden el helado a 5 € el litro, y cobran 1 € por un envase, sea del tamaño que sea. En otra heladería B cobran 0,50 € por un envase y 6 € por cada litro de helado.

a) Representa la función *litros de helado* → *coste* para cada heladería y escribe sus ecuaciones.

b) Analiza cuál de las dos ofertas es más ventajosa según la cantidad de helado que compremos.

21 Esta es la gráfica del espacio que recorren tres caminantes que van a velocidad constante:

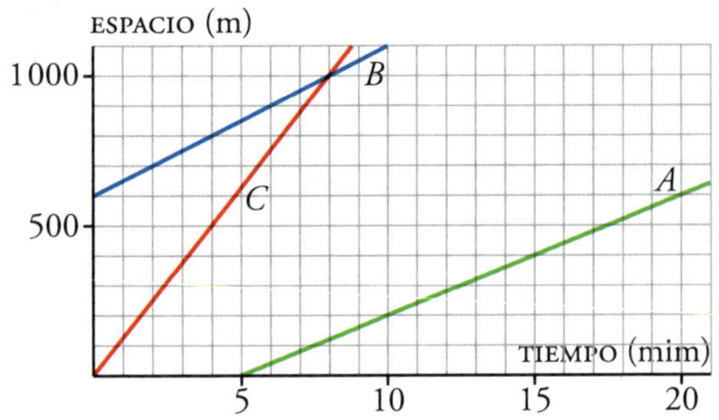

a) ¿Qué velocidad, en m/min, lleva cada uno?

b) Escribe la expresión analítica de estas funciones.

22 En cada uno de los siguientes enunciados, halla la ecuación y representa la función lineal en unos ejes coordenados:

a) Antonio compra naranjas a 3 €/kg. ¿Cuánto le costarán p kg de naranjas?

b) Sonia sale con su coche a las 8:00 h a 120 km/h. ¿Qué distancia habrá recorrido a las t horas?

c) A Juan le cobran 5 € por alquilar unos patines, más 1 € por cada hora que esté patinando. ¿Cuánto le cobrarán por t horas de patinaje?

d) Tengo 25 € y el taxi me ha cobrado 2,50 € por la bajada de bandera más 1,20 € por kilómetro recorrido. ¿Cuánto dinero me quedará si el taxi me lleva a d km de distancia?

e) A las 12:00 he sacado un refresco a 10 °C de la nevera. Si cada minuto se calienta 1,5 °C, ¿a qué temperatura estará a las t horas?

f) Hace 10 min he abierto el grifo que llena la bañera. Si el nivel sube a razón de 2 cm de altura por minuto y la bañera tiene 40 cm de profundidad, ¿cuántos centímetros faltarán para que rebose el agua dentro de t minutos?

23 Estas rectas muestran la distancia que recorre el sonido en función del tiempo, al propagarse a través de diferentes medios:

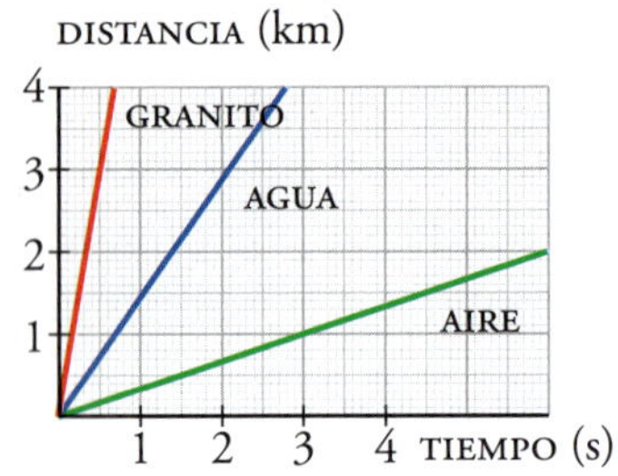

a) ¿Cuál es la pendiente de cada una? ¿Qué significa esa pendiente?

b) Escribe sus ecuaciones.

c) ¿Cuánto tardaría en ser detectado el canto de una ballena por el sonar de un batiscafo que se encuentra a unos 42 km de ella?

24 La altura, a, a la que se encuentra en cada instante, t, una piedra que lanzamos verticalmente hacia arriba es $a = 20t - 5t^2$.

a) Representa gráficamente la función.

b) Di cuál es el dominio de definición.

c) ¿Cuándo alcanza la altura máxima? ¿Cuál es esa altura?

d) ¿En qué momento toca la piedra el suelo?

e) ¿En qué intervalo de tiempo la piedra está a una altura superior a 15 metros?

COMPRENDE Y APLICA EN EL DESAFÍO — DESAFÍOS QUE DEJAN HUELLA

25 La recta roja representa el nivel de agua de un depósito que estaba vacío cuando se abre un grifo, y la azul, el nivel del depósito que estaba lleno cuando se abre el desagüe.

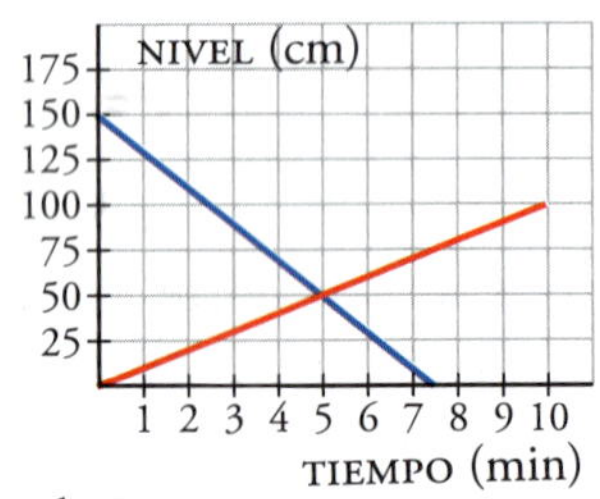

a) Escribe las ecuaciones de ambas rectas.

b) Si el depósito es un cilindro de 1 m^2 de base, ¿cuántos litros por minuto echa el grifo? ¿Cuántos litros por minuto absorbe el desagüe?

c) ¿Cuál es la ecuación de la recta correspondiente al nivel de agua del depósito, partiendo de un nivel inicial de 100 cm si se abren simultáneamente grifo y desagüe? Represéntala.

26 a) ¿Cuál es la función que nos da el perímetro de un cuadrado dada la longitud de su lado? ¿Y la que nos da su área dado su lado?

b) Dibuja ambas funciones.

27 Repite el ejercicio anterior con el triángulo rectángulo resultante de cortar un cuadrado de lado x por su diagonal.

PARA PENSAR UN POCO MÁS

28 a) Resuelve el sistema formado por las ecuaciones $y = x^2 - 5x + 2$ e $y = 5x - 23$, y comprueba que tiene una única solución, (5, 2). Represéntalas y observa que la recta y la parábola son tangentes en el punto (5, 2).

b) ¿Alguna de estas rectas es tangente a la parábola anterior?

I) $y = x - 1$ II) $2x + y = 4$ III) $y = -3$

IV) $y = -x - 2$ V) $x + y = -8$ VI) $x = -3y$

29 Pedro y María pasan un fin de semana en Nueva York y cambian euros a dólares.

- Pedro ha cambiado 80 € y le han dado 92,4 $.
- María ha cambiado 150 € y le han dado 176,4 $.

Sabiendo que la oficina de cambio les ha cobrado una cantidad fija por el trámite:

a) ¿A cuánto está el dólar americano?

b) ¿Qué cargo cobra la oficina por el trámite?

c) Representa la función que relaciona la cantidad, y, de dólares que se recibe a cambio de pagar una cantidad, x, de euros. Escribe su ecuación (recta que pasa por dos puntos).

30 ¿Existe alguna recta que pase por los puntos $A(1, 1)$, $B(-1, -2)$ y $C(65, 97)$?

TAMBIÉN PUEDES HACER ESTO

31 Meta 3.4. La medicina recomienda que al hacer deporte no se superen ciertas limitaciones de frecuencia cardiaca. Hace tiempo se estableció un algoritmo para hallar la Máxima Frecuencia Cardiaca Recomendada (MFCR) según la edad:

$$\text{MFCR} = 220 - \text{edad}$$

Investigaciones médicas posteriores sugieren una leve modificación de esta fórmula:

$$\text{MFCR} = 208 - (0{,}7 \cdot \text{edad})$$

La comunidad médica afirma que la nueva fórmula reduce un poco las pulsaciones recomendadas a los jóvenes y las aumenta ligeramente para los mayores.

a) ¿A partir de qué edad la nueva fórmula aumenta la limitación?

b) Dibuja las dos gráficas, calcula el punto de corte y comprueba que coincide con lo hallado en a).

c) Calcula, en las dos fórmulas, qué limitación de frecuencia cardiaca corresponde a tu edad.

32 La siguiente figura muestra cómo al bajar una cortinilla se oculta el triángulo coloreado de forma que al principio se ve el triángulo completo y al final no se ve nada:

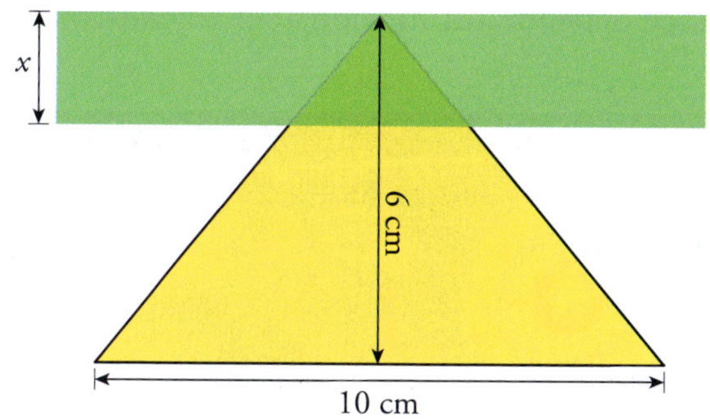

a) Calcula en función de x (lo que baja la cortinilla) el área de la parte del triángulo que podemos ver.

b) ¿Cuál es el dominio de la función?

c) Dibuja la gráfica correspondiente.

¿LO HAS ENTENDIDO? REFLEXIONA

33 Explica por qué este razonamiento es correcto:

Para hallar la abscisa del vértice de la parábola de ecuación $y = x^2 + 6x - 7$, le quito el término independiente, –7, e igualo la y a 0. Así obtengo:

$$x^2 + 6x = 0 \rightarrow x(x + 6) = 0 \rightarrow x = 0 \text{ y } x = -6$$

El vértice está en medio, es decir, $x = -3$.

34 a) Calcula c para que la recta $3x - 5y = c$ pase por el punto (–2, 4).

b) Halla el valor de a para que el vértice de la parábola $y = ax^2 + 2x + 3$ esté en el punto de abscisa $x = 2$.

35 ¿Verdadero o falso?

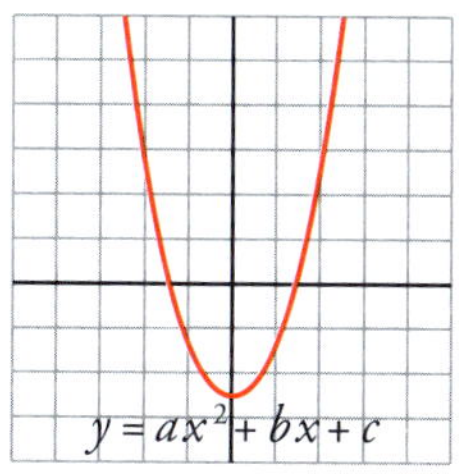

a) $a > 0$

b) $c = 0$

c) $c < 0$

d) $b^2 - 4ac > 0$

e) $b = 0$

36 ¿Verdadero o falso?

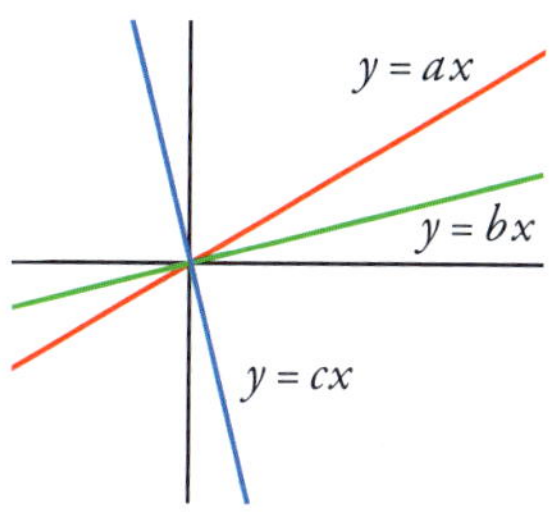

a) $a > 0$ b) $b > 0$

c) $c > 0$ d) $a > b$

e) $c < b$ f) $c > a$

g) $-c > a$ h) $b > -c$

EN FUNCIÓN DE...

Las flechas describen parábolas en todos los casos, pero el alcance depende (es función) del ángulo con que se lanzan.

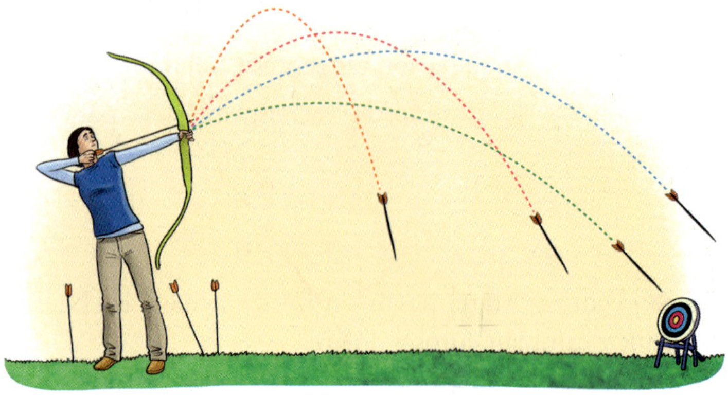

SUBIR Y BAJAR

Un montañero inicia la ascensión a un pico a las 10 de la mañana y llega a la cima a las 4 de la tarde. Duerme en el refugio y, al día siguiente, también a las 10 h, inicia el descenso, llegando a la base a la una de la tarde.

¿Crees que hay algún punto del camino por el que ha pasado en la bajada a la misma hora que en la subida? ¿A qué hora ocurrió tal cosa, suponiendo que ha bajado y subido a velocidades constantes?

Observa las gráficas de la derecha y, si aún no lo tienes claro, dibuja ambas sobre los mismos ejes, suponiendo que han sido dos montañeros haciendo caminos inversos en el mismo día.

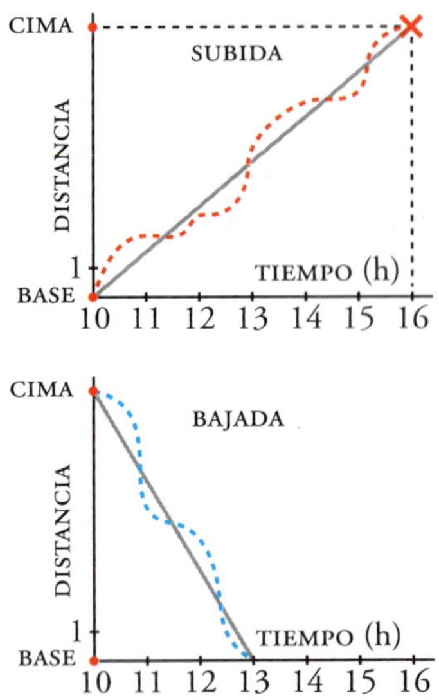

UNA LATA AGUJEREADA

A una lata de conservas vacía se le hacen varios agujeros iguales a distintas alturas y se coloca bajo un grifo abierto de forma que el bote se mantenga lleno de agua. Se observa que los chorros que salen de los distintos agujeros lo hacen con tanta más velocidad cuanto más bajo está el orificio. Es decir, que el agua sale con menos fuerza de los agujeros altos que de los bajos. Esa fuerza de salida es, por tanto, función de la altura del orificio.

Las curvas que describen los chorros de agua son **parábolas.**

En la página **anayaeducacion.es** puedes encontrar una explicación de qué condiciones deben cumplir dos orificios en una lata llena de líquido apoyada sobre el suelo para que los chorros que salen de ellos tengan el mismo alcance. También podrás ver a qué altura hay que situar el orificio para que el alcance sea máximo.

AUTOEVALUACIÓN

1 Asocia cada una de estas funciones lineales con su ecuación y escribe su pendiente:

a) $y = 3x - 4$ b) $y = -2x + 1$ c) $y = (4/3)x$

d) $y = -(2/3)x + 2$ e) $y = -3$ f) $y = -x + 1$

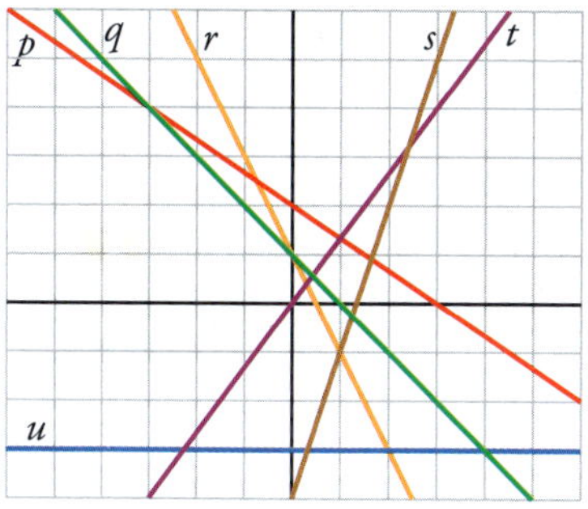

2 Representa estas funciones lineales y escribe la ecuación de las tres últimas:

a) $y = 3x + 4$ b) $3x + 2y = 5$

c) Recta de pendiente 1/4 que pasa por (3, 0).

d) Recta que pasa por los puntos (4, 1) y (–2, 4).

e) Función de proporcionalidad que pasa por (4, –3).

3 Asocia cada ecuación con su parábola:

a) $y = -x^2 - 1$ b) $y = \frac{1}{2}x^2 - 2x + 2$

c) $y = -2x^2 - 8x - 5$ d) $y = x^2 - 6x + 8$

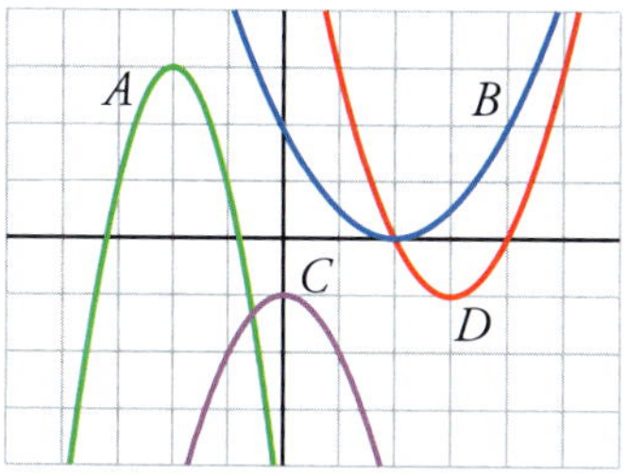

4 Representa estas parábolas:

a) $y = x^2 - 4x + 1$ b) $y = -x^2 + 6x - 7$

c) $y = -2x^2 + 3$ d) $y = (1/3)x^2 + 2x + 1$

5 Hoy hay 20 °C, y vamos a hacer una excursión en globo. Sabemos que la temperatura desciende, aproximadamente, 6 °C por cada kilómetro de ascensión.

a) ¿Qué temperatura habrá si ascendemos 3 km? ¿Cuánto habremos ascendido si estamos a 11 °C?

b) Representa la función *altura* → *temperatura* y escribe su expresión analítica.

→ **anayaeducacion.es** Resoluciones de estos ejercicios.

6 Halla la ecuación para cada uno de estos enunciados y representa las funciones correspondientes:

a) Begoña empieza ahora a correr a 10 km/h. ¿Qué distancia habrá recorrido dentro de t horas?

b) Andrés salió de casa hace dos horas a 6 km/h. ¿Qué distancia habrá recorrido dentro de t horas?

c) Mariajo sale a 4 km/h desde su casa hacia la mía, que está a 18 km. ¿A qué distancia se encontrará de mi casa dentro de t horas?

7 Hace dos horas, Bárbara salió en bici de su casa hacia la de Víctor a 15 km/h. Víctor sale ahora andando a 6 km/h en su busca. Sabiendo que viven a 58 km y tomando como origen cuando salió Víctor:

a) Expresa mediante dos funciones la distancia de cada uno a casa de Víctor.

b) Representa, en unos ejes coordenados, las dos rectas correspondientes a las funciones. Indica el punto de corte de ambas rectas y lo que representa.

c) Sabiendo que Bárbara salió de su casa a las 8:00 a.m., ¿a qué hora y a qué distancia de la casa de Bárbara se encuentran?

8 ¿Verdadero o falso? Justifica tus respuestas.

a) Se puede obtener la ecuación de una recta sabiendo su pendiente y el punto de corte con el eje Y.

b) Sabiendo dónde corta a los ejes, siempre es posible obtener la ecuación de una recta.

c) La pendiente de una recta es lo que aumenta la x cuando la y aumenta 1.

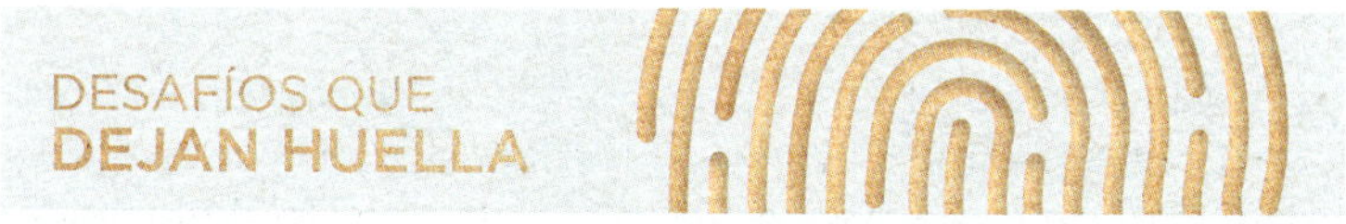

REFLEXIONA

Revisa los aspectos trabajados y plantea soluciones a los problemas que se detecten.

Para ello, descarga de **anayaeducacion.es** la rúbrica correspondiente, reflexiona de manera individual y comparte en grupo.

PON A PRUEBA TUS COMPETENCIAS

Realiza la autoevaluación competencial incluida en **anayaeducacion.es.**

DESAFÍOS QUE DEJAN HUELLA

UNA GRÁFICA PARA CADA ENVASE

- Oberva los cuatro envases y las cuatro gráficas de la derecha. Reflexiona: ¿cuál de cada una de las «gráficas de llenado» crees que corresponde a cada uno de los recipientes?

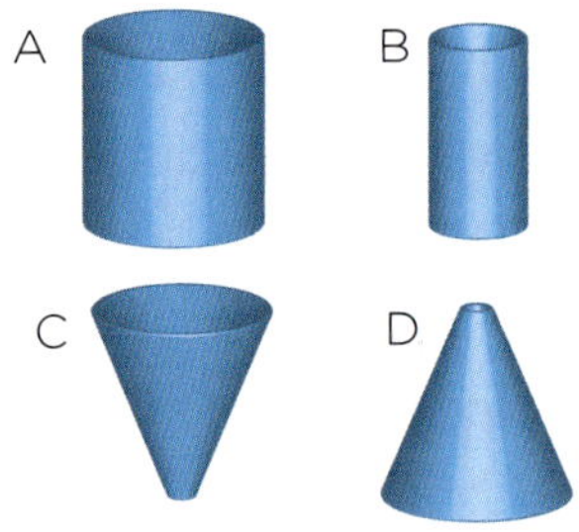

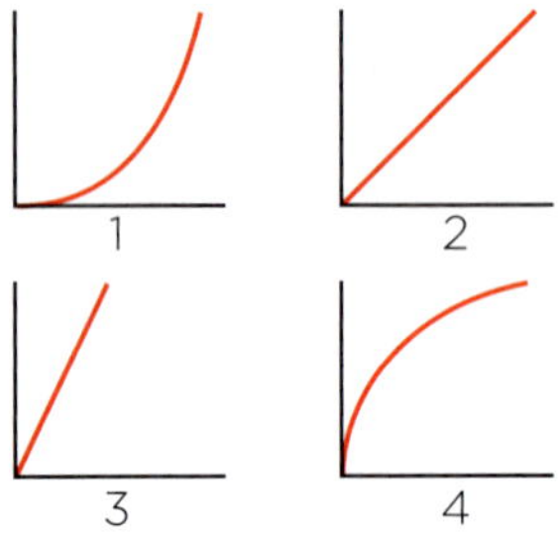

RECIPIENTES MÁS COMPLICADOS

- Cuatro recipientes y seis gráficas. De ellas, cuatro corresponden a los frascos y las otras dos son erróneas.

  Asocia cada frasco a su gráfica.

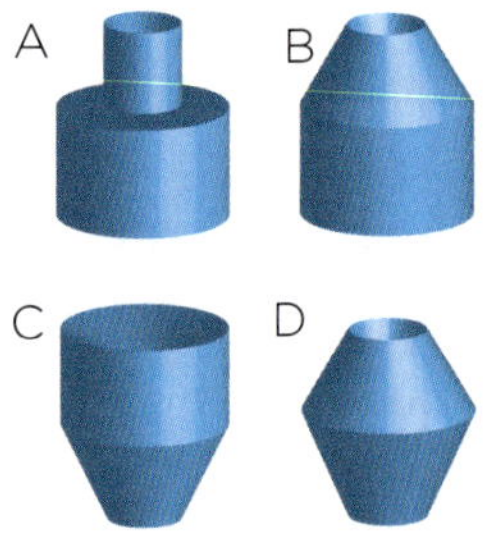

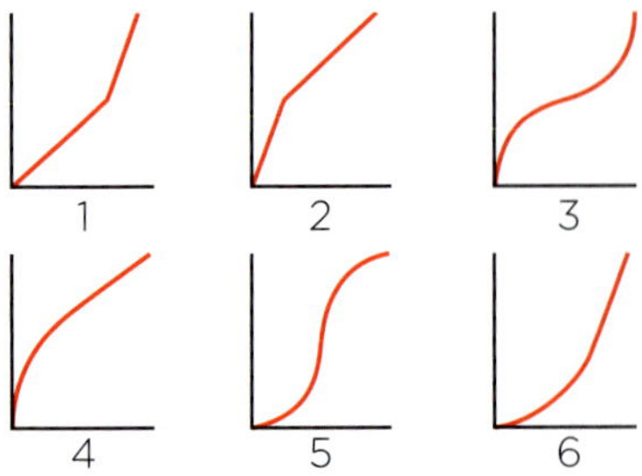

EXPERIMENTA

- Busca una botella muy rara o constrúyela con cartulina. Si la haces así, no olvides untarla de aceite para que aguante el agua sin desmoronarse. Observa, a la derecha, uno de estos recipientes de cartulina construido por estudiantes.

  Con un vasito pequeño, ve llenándola, vaso a vaso, y mide cada vez la altura.

  Construye una tabla como esta y con ella traza la correspondiente gráfica.

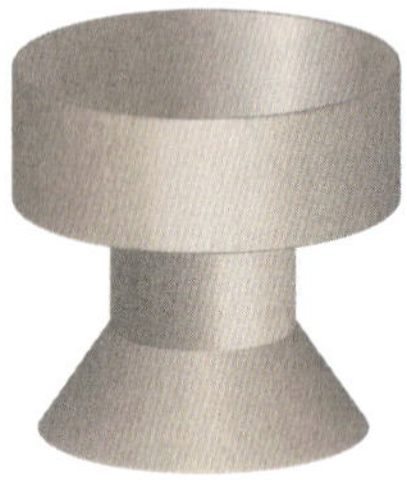

N.º DE VASOS	0	1	2	3	…
NIVEL (cm)	0				

¡Fíjate! A Ana se le ha ocurrido esta idea. A lo mejor te sirve:

Podrías ralizar el experimento grabando con tu teléfono móvil todo el proceso. Para ello, coloca una regla junto al recipiente y ve llenándolo con un hilito de agua. Así, una vez hecha la grabación, la reproduces pausándola en los tiempos oportunos y haces las lecturas correspondientes.

Utiliza una hoja de cálculo

Puedes recopilar los datos de tu experimento en una hoja de cálculo y generar una gráfica con ellos.

AHORA, SIN AYUDA, CONSTRUYE LA GRÁFICA

- ¿Te atreves a realizar una representación a ojo de las gráficas correspondientes a estas otras botellas?

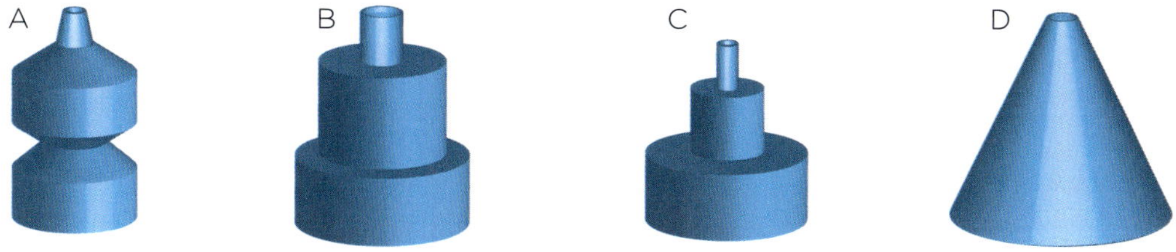

- Dibuja unas botellas cuyas gráficas puedan ser las siguientes:

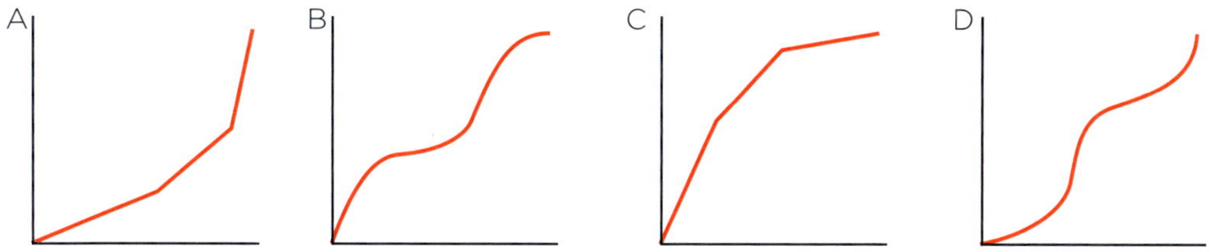

- Ahora te damos dos gráficas mediante sus ecuaciones. Represéntalas y dibuja la botella correspondiente a cada una de ellas.

a) $y = \begin{cases} x & \text{en el tramo } [0, 1] \\ 3x - 2 & \text{en el tramo } [1, 2] \end{cases}$ b) $y = x^2$ en el tramo $[0, 2]$

- ¿Se te ocurre alguna botella cuya «función de llenado» tenga un tramo horizontal? ¿Y alguna con algún tramo decreciente? Mira en la página 182 de la unidad 8 de este libro.

Individualmente o en grupo, pregúntale a tu profe.

Ahora hazlo tú

Con las ideas anteriores, compite (juega) con tus compañeros y compañeras.

Dibuja una botella y su correspondiente gráfica. Pásale a tu compañero o compañera una de las dos y pídele que construya la otra (y recíprocamente). Luego, intercambiaos información y, si no hay acuerdo, solucionadlo discutiendo la situación. Esta actividad puede hacerse entre dos personas o formando equipos.

Descarga de **anayaeducacion.es** una rúbrica para revisar tus **competencias** correspondientes a este desafío. Autoevalúa tu planificación del proyecto descargando la diana sobre **planificación** de tareas. ¿Qué tal ha ido el **trabajo en equipo**? Utiliza la diana de coevaluación de **anayaeducacion.es** para valorarlo.

Recuerda que dispones, en tu banco de recursos:

- de diversos talleres para gestionar tus emociones y de una diana para evaluarlas.
- de fichas para mejorar tu ciudadanía digital.

Operación Mundo es un proyecto educativo de Anaya para Educación Secundaria.

En la realización de esta obra han intervenido:

Equipo de edición: Carlos Vallejo y Joaquín Montón.

Diseño, gráficos y cartografía: Patricia G. Serrano, Ander Irigoyen, Paz Franch, Miguel Á. Castillejo, Miguel A. Díaz-Rullo y Miriam Arribas.

Ilustración: Tatio Viana.

Maquetación: Discript Preimpresión S.L.

Corrección: Miguel Ángel Alonso González.

Edición gráfica: Olga Sayans.

Fotografía: AGE Fotostock (DEA PICTURE LIBRARY, MOIRENC Camille, Science Photo Library, Science Source, SM/SSPL, The Granger Collection), Alamy / Cordon Press (North Wind Picture Archives), Archivo Anaya (Balaguer, T.; Canto, M.; Cosano, P.; Hernández Moya, B.; Martin, J.; Martín, J.A.; Peñuela-Py, E.; Pérez de Tudela, M.; Ramón Ortega, P.-Fototeca de España; Ruiz, J.B.), Centro de Investigaciones Sociológicas, Dreamstime (Arsty, Makaule), Getty Images (Andy Lyons, Cameron Spencer, FatCamera, Kyodo News, The Asahi Shimbun, Westend61), Instituto Nacional de Estadística, iStock/ Getty Images (Adventtr, AlexeyVS, AndreyKrav, Artem Makovskyi, BackyardProduction, Boonchuay1970, Casarsa, Colin13362, Creativemarc, Dan Comaniciu, dmitryelagin, domin, dutourdumonde, El Zorro, Elena Solodovnikova, farakos, FlamingPumpkin, fotoVoyager, Gearstd, Halfpoint, James, JMFPhotograhy, JoeGough, jurisam, Leonid Andronov, LightFieldStudios, Lightguard, londoneye, LucynaKoch, LuminaStock, Marat Musabirov, MaxRiesgo, Mercedes Rancaño Otero, mikulas1, milindri, monkeybusinessimages, mustafaU, nensuria, onurdongel, Pheelings Media, photovideostock, Prostock-Studio, Ridofranz, sasirin pamai, Sean Pavone, Sefa Kart, Tadamichi, Trifonov Evgeniy, ViewApart, vladacanon), 123RF (andreypopov, Anusorn Phuengprasert Na Chol, belchonock, Cathy_Yeulet, donatas1205, eriklam, franckito, Ganna Garmatiy, Ilya Bolotov, inshlna, Jos Alfonso De Tomas Gargantilla, josepijosep, Kanlayavadee Thephasdin Na Ayuthaya, keltmd, Leonello Calvetti, natalisammm, Rainer Lesniewski, scanrail, Siarhei Nosyreu, stokkete, suprunovich, Vesna Cvorovic).

Fundación Bertelsmann
Por el empleo juvenil

Orientación Académica y Profesional: elaborada con el asesoramiento de la Fundación Bertelsmann. Coordinación: Juan José Juárez Calvo. Colaboración como expertas: Sara Lozano Santiago, Belén Pérez Castro y Pilar Vázquez Hernández.

Importante:

Las **actividades** propuestas en este libro deben ser realizadas en cuadernos u hojas sueltas; nunca en el propio libro.

Esta obra puede contener **enlaces** a páginas y sitios externos, que ANAYA no edita, controla, supervisa y/o mantiene, por lo que ANAYA declina expresamente cualquier responsabilidad respecto a dichas páginas y sitios.

ISBN: 978-84-143-0532-4 - Depósito Legal: M-10181-2022 - Printed in Spain.

ET043804/1E1I - 8440095

3

Trimestre 3

ESO

MATEMÁTICAS

José Colera J., M.ª José Oliveira G.,
Ignacio Gaztelu A., Ramón Colera C.,
Ana Aicardo B.

ANAYA

Índice

Los saberes básicos del curso

4
BLOQUE
GEOMETRÍA

La fascinante belleza de las formas, naturales o construidas, se hace diáfana para la mente cuando se mira bajo la óptica de la geometría.

El análisis de las figuras, planas o espaciales, lleva a descubrir en ellas relaciones que se plasman en enunciados de propiedades. Estas propiedades, además de propiciar nuevos enfoques y puntos de vista, aportan herramientas con las que se pueden obtener longitudes, ángulos, áreas y volúmenes cuyos cálculos, en principio, resultaban inabordables.

La contemplación de algunas configuraciones, como los mosaicos de la Alhambra, además de producir placer estético, incita a la búsqueda de aquellas ocultas relaciones que dan lugar a la armonía de esas formas geométricas.

UN PROYECTO DE REFORMA

Para realizar un presupuesto de reforma de una vivienda o rehabilitación de un edificio, es preciso tomar infinidad de medidas y, además, conocer los precios de la mano de obra y de los materiales que se van a utilizar. También hay que ser consciente de que los resultados obtenidos pueden estar sujetos a error por imprecisiones en las medidas y, sobre todo, porque los precios son inseguros, cambiantes.

Para hacer un presupuesto hacen falta las matemáticas: geometría, aritmética, proporcionalidad... Así que, pongámoslas a trabajar.

EL DESAFÍO

¿Qué pasos debemos dar para hacer un presupuesto de rehabilitación de un edificio?

Vamos a presentarte un edificio que necesita una reforma. Te daremos las medidas, los planos con las escalas, las listas de precios de los materiales y de la mano de obra. A partir de esto, hallaremos el coste de algunas partidas y te pediremos que hagas tú lo mismo con otras. Finalmente, te propondremos que seas tú quien realices un proyecto similar con otro edificio, vivienda, alguna parte de tu casa o de tu centro docente.

PRODUCTO	PRECIO
Pintura blanca	Bote 1 L → 6,50 € Bote 4 L → 22 €
Lámina impermeabilizante tejado	Rollo 75 m^2 → 89 €
Ventana de pino con doble hoja con rotura de puente térmico	420 €/m^2
Cristal de triple grosor para cúpula	130 €/m^2
Barniz	Bote 750 mL → 12,95 € Bote 4 L → 44,95 €
Calefactor de 2 500 calorías	350 €

ACTIVIDAD	PRECIO
Pintura	12 €/m^2
Retirada de tejas, colocación lámina impermeable y recolocación de tejas	25 €/m^2
Retirada de ventanas y colocación de las nuevas	20 €/m^2
Colocación de cristal	110 €
Lijado y barnizado	15 €/m^2
Colocación de radiadores	60 €/unidad

10

Problemas métricos en el plano

Los griegos recogieron el saber matemático (práctico, utilitario, pero muy extenso) acumulado durante milenios por egipcios y babilonios y le dieron un impulso y una calidad extraordinarios, muy especialmente a la geometría. Cultivaron el conocimiento por sí mismo (*filosofía* significa 'amor a la sabiduría'), sin buscar ninguna utilidad práctica. Y la geometría fue una bella ocupación en la que llegaron muy lejos.

Tales de Mileto (640 a.C.-546 a.C.), gran filósofo, el primero de «los siete sabios de Grecia», marcó la pauta de todo el pensamiento griego posterior. Además de asimilar y mejorar lo que aprendió de los egipcios, inventó y cultivó la matemática deductiva. Su estilo fue sistematizado y mejorado por **Euclides,** dos siglos y medio después.

Posterior a **Pitágoras** y contemporáneo de **Arquímedes,** el último gran geómetra griego fue **Apolonio** (siglo III a.C.). Con un estilo pulido y sistemático, escribió un tratado dedicado a las cónicas (circunferencia, elipse, parábola e hipérbola). Siguiendo el espíritu de los griegos, su estudio sobre estas curvas, completísimo, fue meramente especulativo. Le hubiera causado asombro saber que dieciocho siglos después se demostraría que los planetas y cometas describen alrededor del Sol órbitas elípticas. Y que, posteriormente, las cónicas han sido referentes habituales en la técnica y en el arte.

Apolonio enseñando en Alejandría.

Con lo que ya sabes, resuelve

La superficie de Francia, sin contar sus islas ni sus colonias, es de 550 000 km^2, aproximadamente. Pero ¿sabríamos estimar su superficie solo con un mapa y una regla?

Observa los pasos que podemos seguir para llevar a cabo esa tarea:

- En principio, dibujaremos un polígono que se asemeje a su territorio.
- Después, triangularemos el polígono y tomaremos medidas sobre él.
- A continuación, tendremos que hallar la escala con la que está dibujado el mapa. Para ello, vamos a dar un pequeño dato: la distancia entre París y Toulouse es 590 km.

  Por tanto, si 59 mm del mapa corresponden a 590 km = 590 000 000 mm, entonces, cada milímetro del mapa corresponderá a 10 000 000 mm, es decir, 10 km.

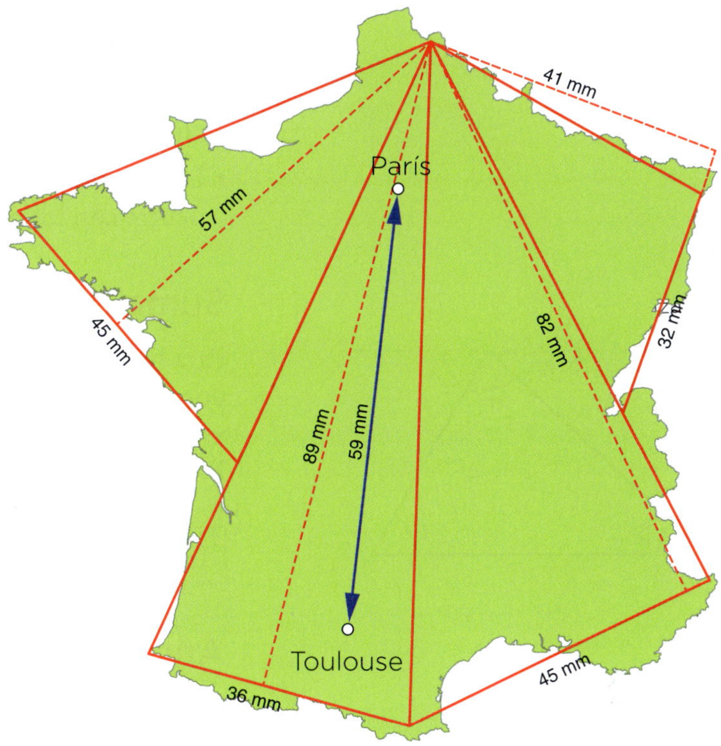

- Sabiendo la escala, pasaremos las medidas en el plano de los cuatro triángulos a medidas reales:
  - — T1 → base = 360 km; altura = 570 km
  - — T2 → base = 360 km; altura = 910 km
  - — T3 → base = 450 km; altura = 820 km
  - — T4 → base = 320 km; altura = 410 km
- De esta forma, calcularemos las áreas de todos los triángulos que lo componen y, al sumarlas, obtendremos la superficie total del polígono.

REFLEXIONA

1. Estima la superficie de la Francia continental con los datos que te hemos dado.
2. Solo o en grupo, haz algo parecido con el mapa de otro país. Te proponemos que esta vez cojas un mapa con la escala indicada, le hagas una fotocopia, lo dividas en los polígonos que más se ajusten al país y tomes medidas.

   Busca, para ello, países con formas fáciles de adaptar a polígonos. Aquí te dejamos algunas ideas, como España continental y Brasil, con escalas 1:20 000 000 y 1:100 000 000, respectivamente.

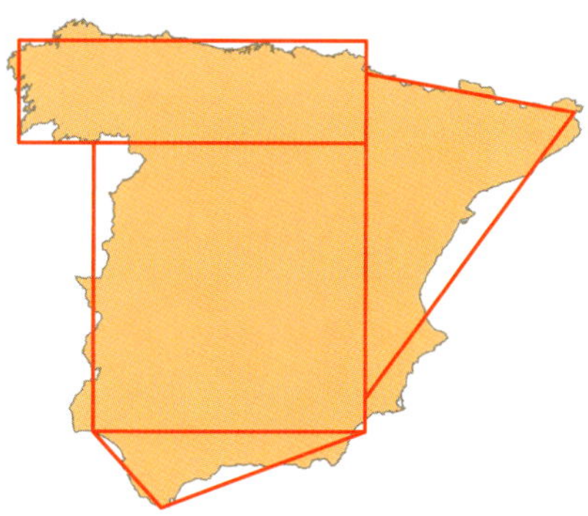

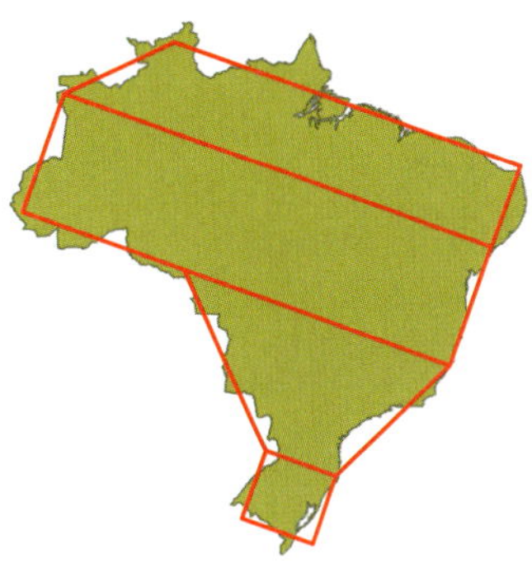

1 Relaciones angulares

Ángulos al cortar dos paralelas por una secante

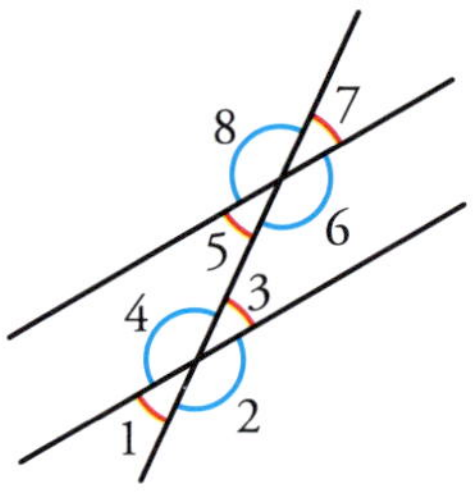

Recordemos las relaciones que hay entre los ángulos generados al cortar dos rectas paralelas por otra recta secante a ellas:

- Los ángulos 1 y 3 son **opuestos por el vértice** y, por tanto, iguales. Lo mismo ocurre con los ángulos 2 y 4, 5 y 7, 6 y 8.
- Los ángulos 1 y 5 son **correspondientes** por lo que son iguales. Lo mismo ocurre con los ángulos 2 y 6, 3 y 7, 4 y 8.
- Los ángulos 1 y 7 son **alternos externos,** por eso son iguales. Lo mismo ocurre con los ángulos 2 y 8.
- Los ángulos 3 y 5 son **alternos internos** y también son iguales. Lo mismo ocurre con los ángulos 4 y 6.

Suma de los ángulos de un triángulo

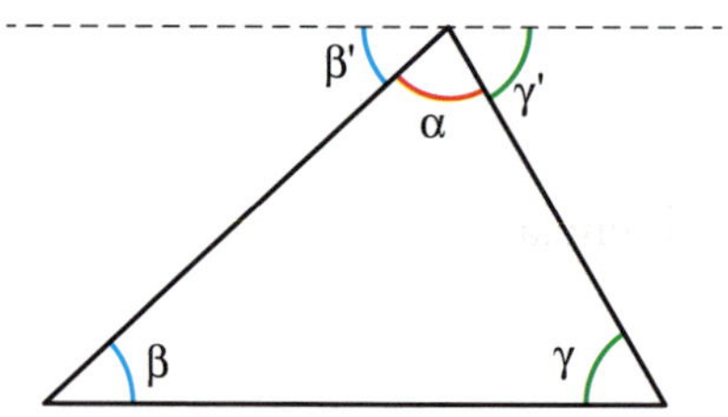

Para hallar la suma de los ángulos de un triángulo, trazamos una recta que pasa por un vértice y es paralela al lado opuesto. Si te fijas en el dibujo, los ángulos β y β' son alternos internos y, por tanto, iguales. Lo mismo ocurre con γ y γ'. Por tanto: $\alpha + \beta + \gamma = \alpha + \beta' + \gamma' = 180°$

> La suma de los tres ángulos de un triángulo cualquiera es 180°.

Ángulos en los polígonos

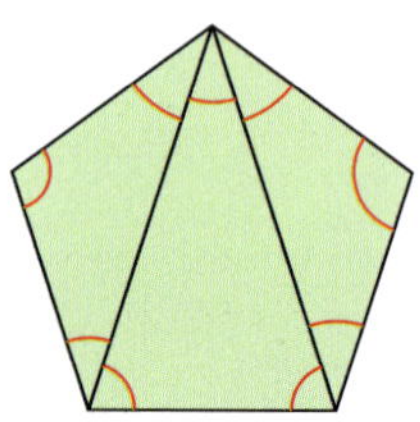

Un polígono de n lados puede descomponerse en $n - 2$ triángulos. Por tanto:

> La suma de los ángulos de un polígono de n lados es $180° (n - 2)$.
>
> Cada ángulo de un n-ágono regular mide $\dfrac{180° (n - 2)}{n}$.

Por ejemplo, un pentágono se puede partir en 3 triángulos. La suma de sus ángulos es, pues, $3 \cdot 180° = 540°$.

Si el pentágono es regular, cada ángulo mide $540° : 5 = 108°$.

PIENSA Y PRACTICA

1 Halla el valor de cada ángulo α:

a)

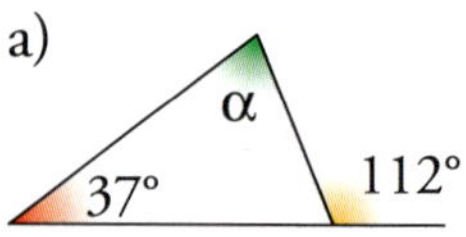

b)

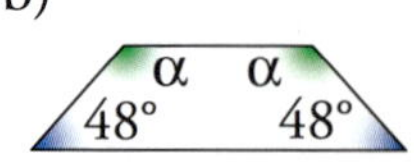

c)

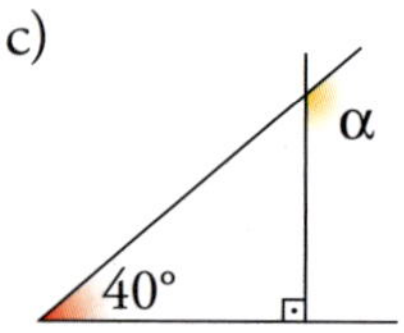

d)

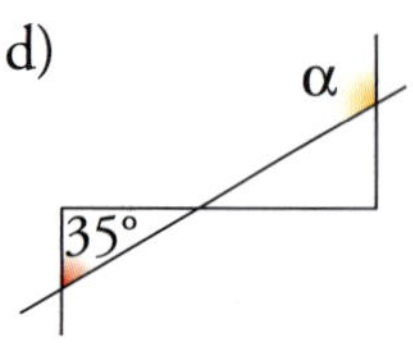

2 Calcula $\hat{X}$, $\hat{Y}$, $\hat{Z}$ en estos polígonos regulares:

a)

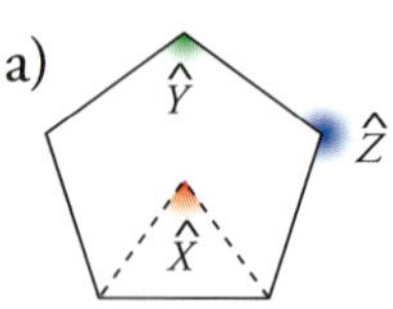

b)

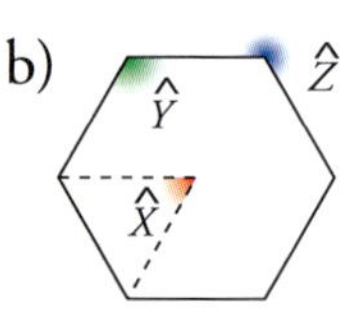

c)

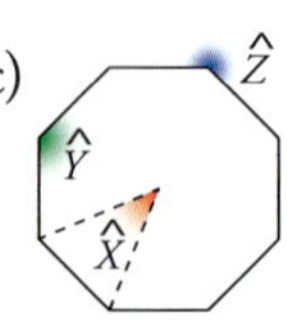

d)

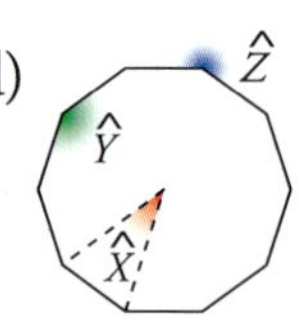

Ángulos en la circunferencia

ÁNGULO CENTRAL

La medida angular de un arco $\widehat{PQ}$ es el ángulo $\widehat{POQ}$, cuyo vértice se encuentra en el centro de la circunferencia. Se llama **ángulo central.**

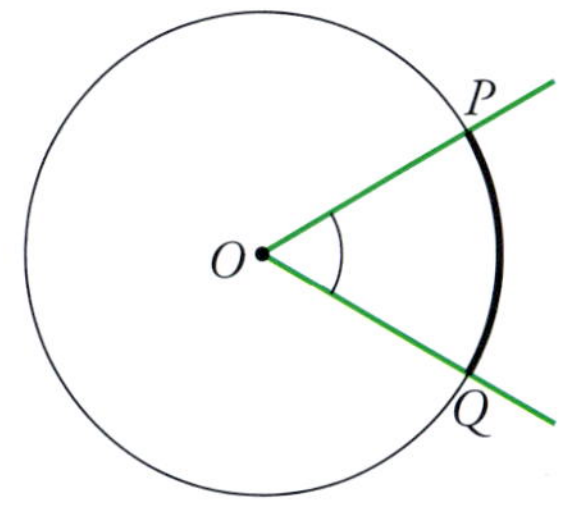

> La medida angular de un arco $\widehat{PQ}$ es la misma que la del ángulo central correspondiente: $\widehat{PQ} = \widehat{POQ}$

ÁNGULO INSCRITO

Los ángulos α, β y γ de la derecha tienen la peculiaridad siguiente: su vértice está sobre la circunferencia; sus lados pasan por P y por Q. Se dice que estos ángulos están **inscritos** en la circunferencia, y que **abarcan** el mismo arco, $\widehat{PQ}$.

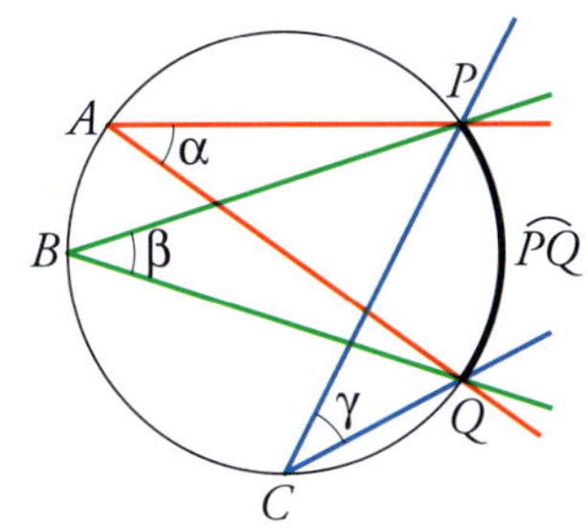

> La medida de un ángulo inscrito en una circunferencia es igual a la mitad del arco que abarca; es decir, a la mitad del ángulo central correspondiente.
>
> Por tanto, dos ángulos inscritos en una circunferencia que abarcan el mismo arco son iguales.

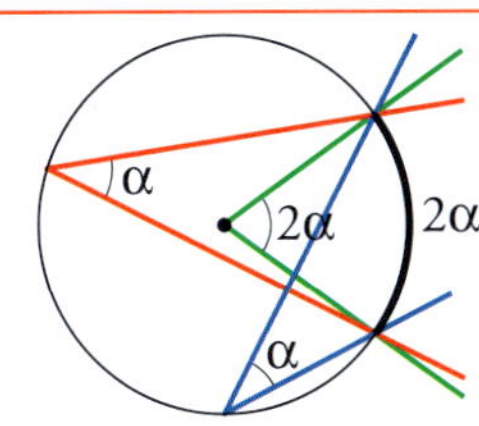

UN INTERESANTE CASO PARTICULAR

P y Q son los extremos de un diámetro.

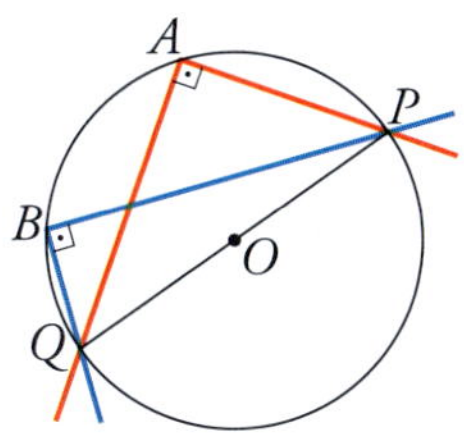

Los ángulos $\widehat{PAQ}$ y $\widehat{PBQ}$ están inscritos en una semicircunferencia. Abarcan un arco de 180°. Por tanto, su medida es de 90°; es decir, son rectos.

Todo ángulo inscrito en una semicircunferencia es recto.

EJERCICIO RESUELTO

Hallar estos ángulos:

$\widehat{DAB}$, $\widehat{BCD}$, $\widehat{DCE}$, $\widehat{BEC}$

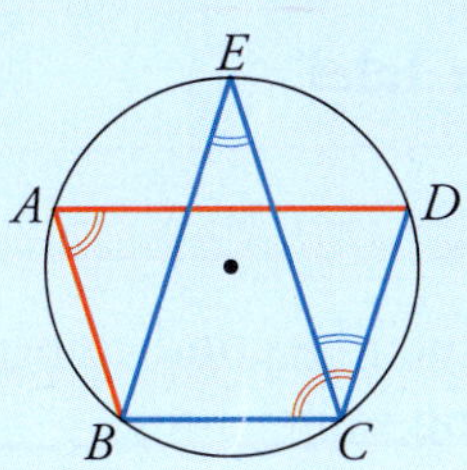

La circunferencia está dividida en cinco arcos iguales. La medida angular de cada arco es 360º : 5 = 72°.

Los ángulos pedidos están inscritos en la circunferencia. La medida de cada uno es, pues, la mitad del arco que abarca.

$\widehat{DCE}$ y $\widehat{BEC}$ abarcan un arco de 72°. Por tanto, $\widehat{DCE} = \widehat{BEC} = 72°/2 = 36°$.

$\widehat{DAB}$ abarca un arco de $2 \cdot 72°$. Por tanto, $\widehat{DAB} = 72°$.

$\widehat{BCD}$ abarca un arco de $3 \cdot 72° = 216°$. Por tanto, $\widehat{BCD} = 216°/2 = 108°$.

PIENSA Y PRACTICA

3 ¿Cuál es la medida angular de cada uno de los ocho arcos iguales en que se ha dividido la circunferencia?

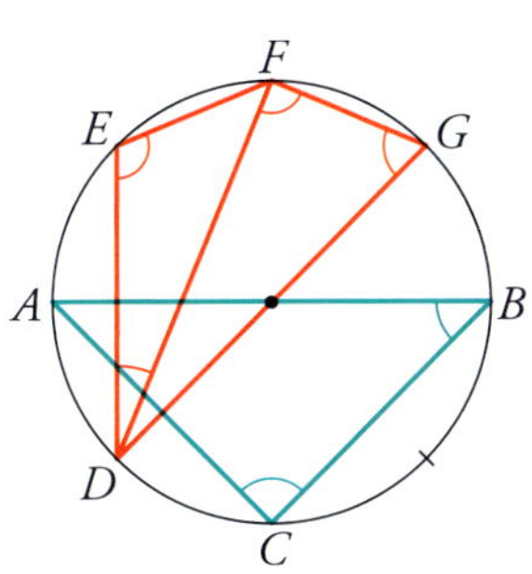

Di el valor de los ángulos $\widehat{ABC}$, $\widehat{ACB}$, $\widehat{FDE}$, $\widehat{DEF}$, $\widehat{DFG}$, $\widehat{FGD}$.

4 Halla:

a) $\widehat{CAD}$ = ① b) $\widehat{ADB}$ = ②

c) $\widehat{ADV}$ d) $\widehat{AVD} = \alpha$

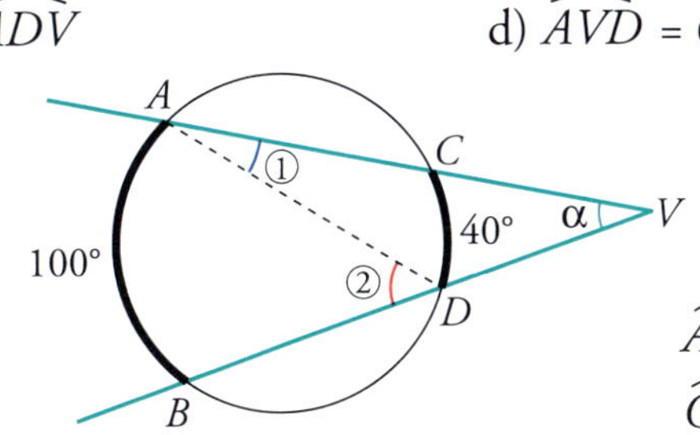

$\widehat{AB} = 100°$

$\widehat{CD} = 40°$

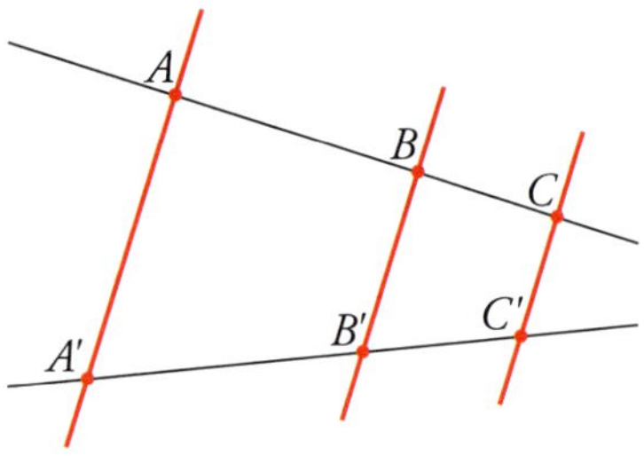

2 Triángulos semejantes. Teorema de Tales

Teorema de Tales

Cuando dos o más rectas paralelas cortan a dos rectas secantes, determinan sobre ellas segmentos proporcionales.

$$\frac{\overline{AB}}{\overline{A'B'}} = \frac{\overline{BC}}{\overline{B'C'}} = \frac{\overline{AC}}{\overline{A'C'}}$$

Triángulos semejantes

Como ocurre con otras figuras, dos triángulos son semejantes cuando tienen la misma forma. Sin embargo, podemos expresar esa condición de manera más matemática relacionando sus lados y sus ángulos.

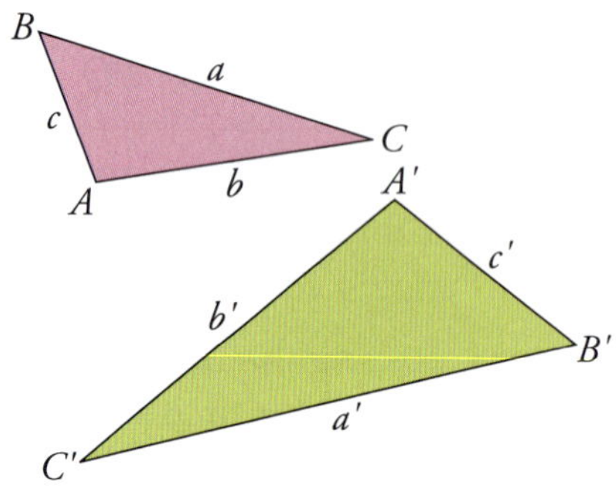

Dos **triángulos semejantes** tienen:

- Sus lados proporcionales:

$$\frac{a}{a'} = \frac{b}{b'} = \frac{c}{c'} = \text{razón de semejanza}$$

- Sus ángulos respectivamente iguales:

$$\hat{A} = \hat{A}' \qquad \hat{B} = \hat{B}' \qquad \hat{C} = \hat{C}'$$

Triángulos en posición de Tales

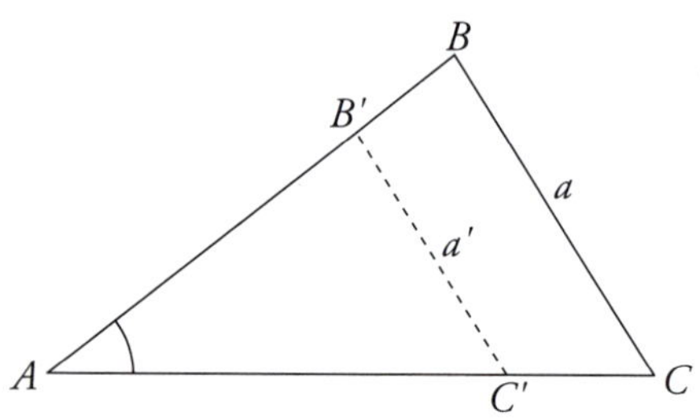

Los triángulos ABC y $AB'C'$ que ves a la izquierda tienen un ángulo común, $\hat{A}$. Es decir, el triángulo pequeño está *encajado* en el grande. Además, los lados opuestos a A son paralelos.

Decimos que esos dos triángulos están en **posición de Tales.**

Dos triángulos en posición de Tales son semejantes.

Este resultado es muy importante, porque permite reducir las condiciones que se exigen para tener la seguridad de que dos triángulos son semejantes.

Y es posible ampliarlo más aún:

Dos triángulos son semejantes *si se pueden* poner en posición de Tales.

Criterio de semejanza de triángulos

Dos triángulos son semejantes si tienen dos ángulos respectivamente iguales, pues, según hemos visto, se pueden poner en posición de Tales.

Si comprobamos que dos triángulos tienen dos ángulos respectivamente iguales ($\hat{A} = \hat{A}'$ y $\hat{B} = \hat{B}'$), sabremos que son semejantes; es decir:

— También son iguales los otros ángulos: $\hat{C} = \hat{C}'$

— Sus lados son proporcionales: $\frac{a}{a'} = \frac{b}{b'} = \frac{c}{c'}$

CRITERIO DE SEMEJANZA

Si $\hat{A} = \hat{A}'$ y $\hat{B} = \hat{B}'$, entonces:

$$\hat{C} = \hat{C}' \text{ y } \frac{a}{a'} = \frac{b}{b'} = \frac{c}{c'}$$

Triángulos rectángulos semejantes

La aplicación del teorema de Tales que encontrarás con más frecuencia es la que se da en triángulos rectángulos. En esta página, más abajo, puedes observar tres de ellas: el cono, la escalera y la antena sostenida por cables. Veamos otra:

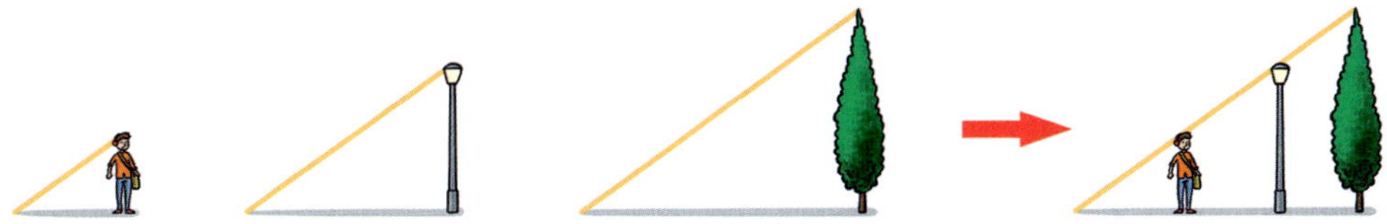

En un mismo instante, distintos objetos verticales (árboles, farolas, personas) y sus respectivas sombras proyectadas por el Sol pueden situarse en «posición de Tales». Es decir, son triángulos rectángulos semejantes.

PROBLEMAS RESUELTOS

1 ***Una heladería ofrece sus productos en cucuruchos de tres tamaños diferentes: maxi, de 18 cm; normal, de 15 cm, y mini, de 10 cm. El cucurucho pequeño lleva bolas de helado de 4 cm de diámetro. ¿Qué tamaño tienen las bolas del mediano y las bolas del grande?***

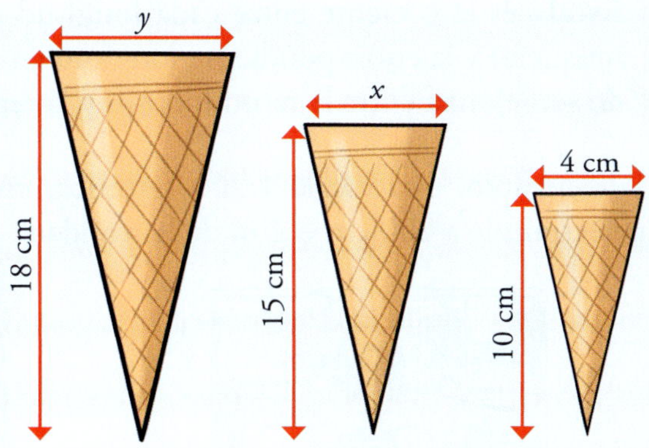

$$\frac{10}{4} = \frac{15}{x} = \frac{18}{y}$$

$$x = \frac{4 \cdot 15}{10} = 6$$

$$y = \frac{4 \cdot 18}{10} = 7{,}2$$

Las bolas medianas tienen un diámetro de 6 cm, y las grandes, un diámetro de 7,2 cm.

2 ***Un pozo de 30 m de profundidad tiene en la pared una escalera de 50 m que desciende hasta el fondo. El nivel del agua alcanza los 6 m de altura. ¿Qué distancia hay que recorrer por la escalera para llegar al agua?***

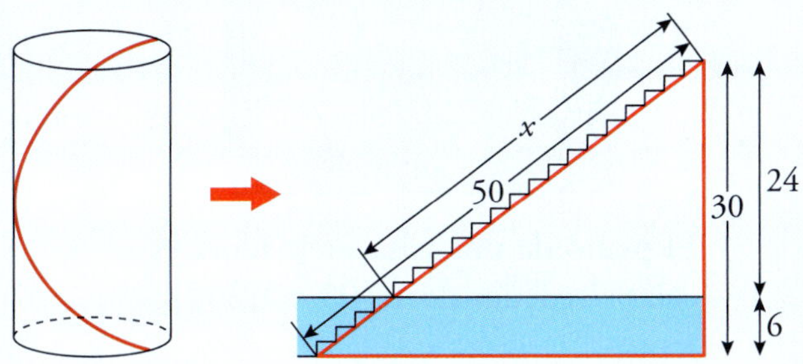

$$\frac{30}{50} = \frac{24}{x}$$

$$x = \frac{50 \cdot 24}{30} = 40$$

Es necesario recorrer 40 m de escalera para llegar al nivel del agua.

PIENSA Y PRACTICA

1 Con los datos del dibujo, calcula la altura de la torre de comunicaciones.

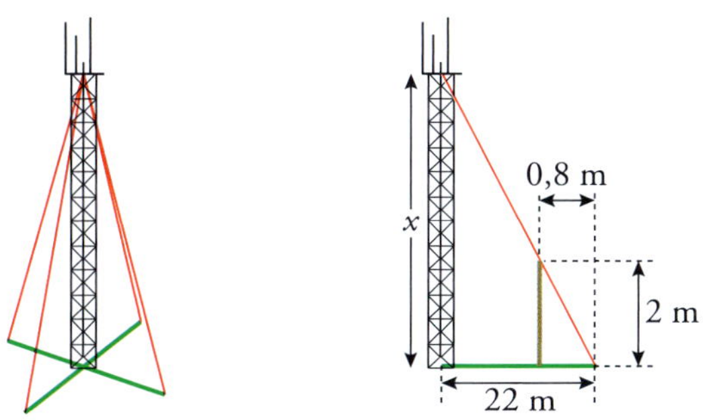

2 Cuando mi sombra mide 1,8 m, la del pino del parque mide 43 m. Mi altura es 1,75 m. ¿Cuál es la altura del pino?

3 La altura de un cono recto mide 20 cm, y el radio de la base, 15 cm. ¿Cuál es el radio de la nueva base, si se corta de forma que su altura disminuya en 8 cm?

4 Calcula la diagonal de un pentágono regular de 8 cm de lado.

Observa en la figura que los dos triángulos verdes son iguales, y que los dos azules son semejantes.

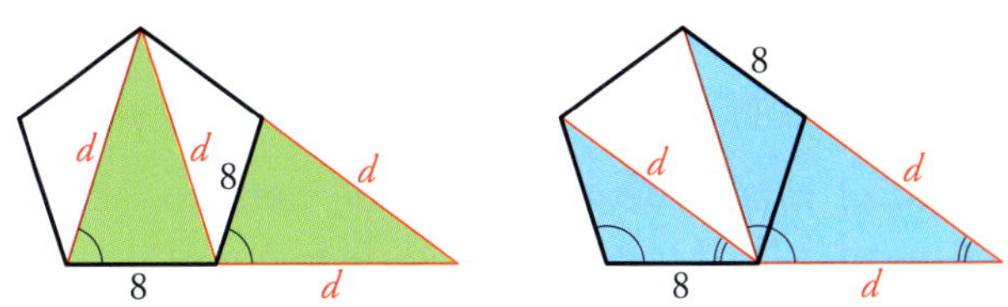

3 Figuras semejantes. Escalas

Estamos rodeados de reproducciones:

- Con las fotografías, los vídeos, las maquetas de monumentos, las copias de cuadros famosos… se pretende transmitir unas características que se conservan con la semejanza: la imagen, la forma, el color, la belleza del original.
- Con los planos de edificios o ciudades, los mapas… se pretende obtener con precisión medidas, distancias. Por ello, van acompañados de una *escala* con la que se pueden obtener magnitudes de la realidad midiendo sobre ellos.

Escalas

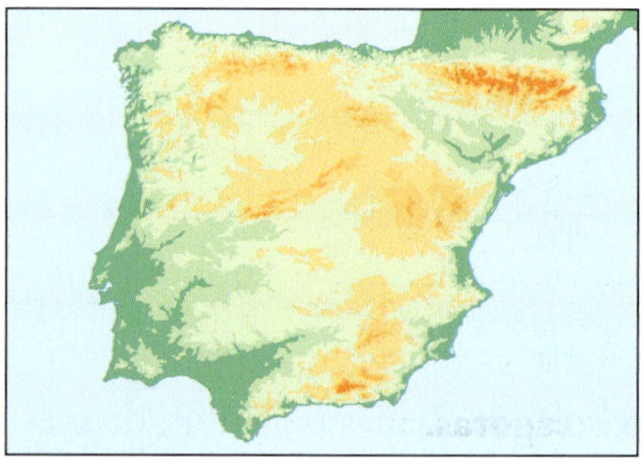

La escala utilizada para un mapa de la península ibérica que quepa en un folio es de alrededor de 1:10 000 000.

Para este margen, el mapa está a escala 1:20 000 000.

Escala es el cociente entre cada longitud de la reproducción (mapa, plano, maqueta) y la correspondiente longitud en la realidad. Es, por tanto, la **razón de semejanza** entre la reproducción y la realidad.

Por ejemplo, una escala 1:200 significa, como ya sabes, que 1 cm del plano corresponde a 200 cm = 2 m de la realidad.

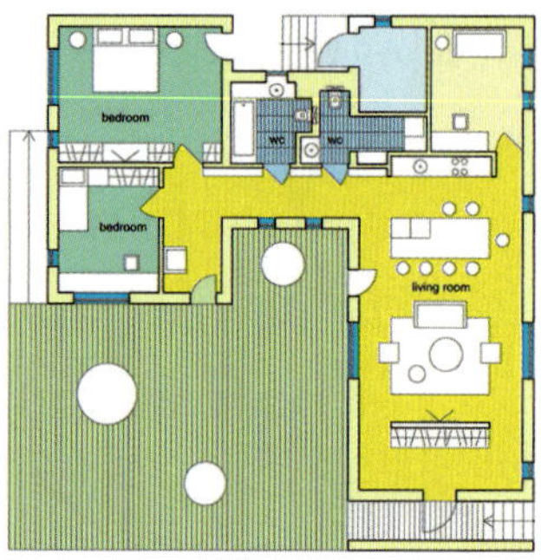

El plano de una casa suele tener escalas alrededor de 1:100 o 1:200.

El mapa de una ciudad suele tener escalas alrededor de 1:20 000.

Maqueta de una célula eucariota animal. Escala 10 000:1.

ESCALAS EN OBJETOS MUY PEQUEÑOS

¿Qué escala debemos usar para representar un objeto minúsculo a mayor tamaño?

Por ejemplo, en biología se puede representar con una maqueta de 10 cm de diámetro una célula eucariota animal cuyo diámetro real es 10 μm (recuerda, 1 μm = 0,001 mm = 0,0001 cm). En estos casos, en lugar de expresar la escala con 1:0,0001 ponemos 10 000:1.

PIENSA Y PRACTICA

1 a) Calcula la escala en la que está dibujado este mapa de Sicilia sabiendo que la distancia real de Palermo a Catania son 166 km.

b) Calcula la distancia real entre Palermo y Siracusa.

c) Si el mapa fuera el doble de tamaño, ¿cuál sería su escala? ¿Y si fuera la mitad de tamaño?

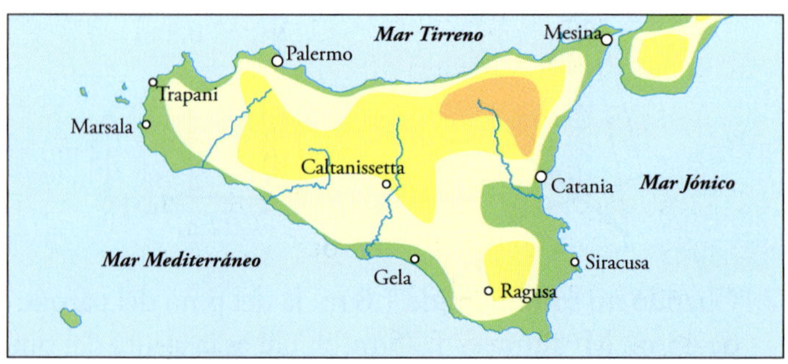

4 Teorema de Pitágoras

Teorema de Pitágoras

En un triángulo rectángulo cualquiera, la suma de los cuadrados de los catetos es igual al cuadrado de la hipotenusa.

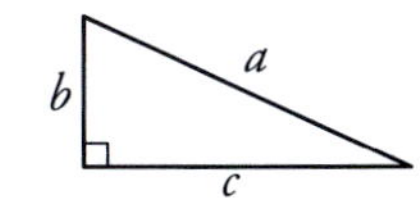

$$b^2 + c^2 = a^2$$

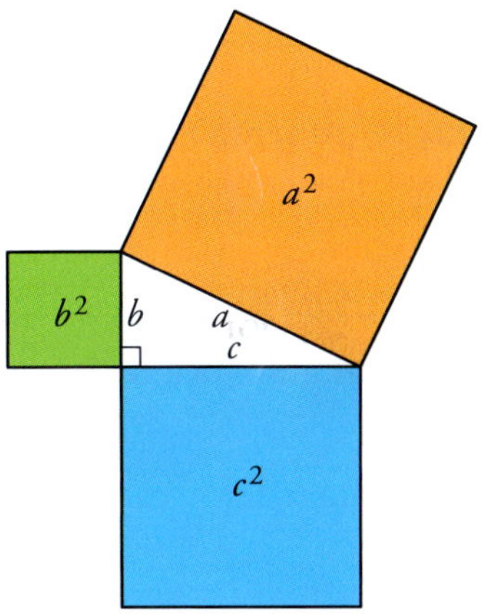

La demostración se puede hacer comparando estas dos descomposiciones del cuadrado de lado $b + c$:

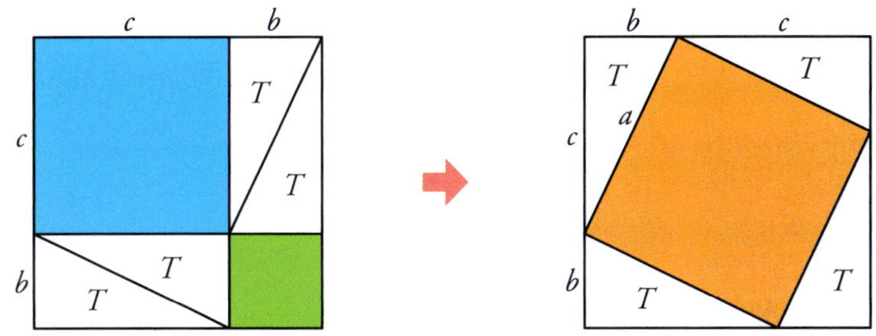

A partir de estas figuras se deduce que $a^2 = b^2 + c^2$.

Veamos algunas **aplicaciones del teorema de Pitágoras.**

Cálculo de un lado en un triángulo rectángulo

Aunque el teorema de Pitágoras es una igualdad entre áreas, se utiliza sobre todo para relacionar los lados de un triángulo rectángulo:

$$a = \sqrt{b^2 + c^2} \qquad b = \sqrt{a^2 - c^2} \qquad c = \sqrt{a^2 - b^2}$$

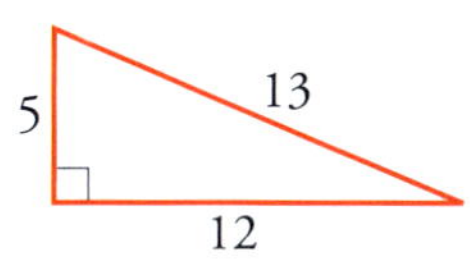

$5^2 + 12^2 = 13^2$

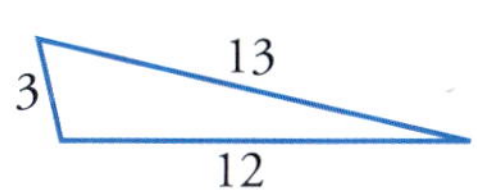

$3^2 + 12^2 < 13^2$

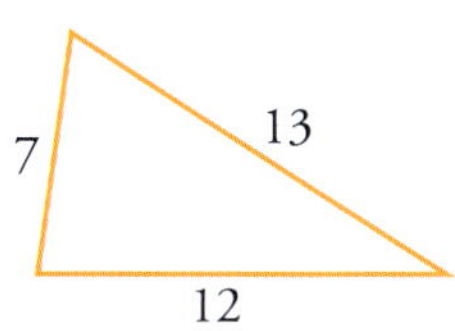

$7^2 + 12^2 > 13^2$

Cómo saber si un triángulo es rectángulo

a, b, c son los lados de un triángulo, y a es el mayor.

— Si $b^2 + c^2 = a^2$, el triángulo es rectángulo.

— Si $b^2 + c^2 < a^2$, el triángulo es obtusángulo.

— Si $b^2 + c^2 > a^2$, el triángulo es acutángulo.

PIENSA Y PRACTICA

→ **anayaeducacion.es GeoGebra.** Teorema de Pitágoras.

1 En los siguientes triángulos rectángulos, se dan dos catetos y se pide la hipotenusa (si su medida no es exacta, dala con una cifra decimal):

a) 37 cm y 45 cm b) 16 cm y 30 cm

2 En los siguientes triángulos rectángulos, se da la hipotenusa y un cateto, y se pide el otro cateto (exactamente o con una cifra decimal):

a) 45 cm y 37 cm b) 39 cm y 15 cm

3 Averigua cómo son los triángulos de lados:

a) 7 cm, 8 cm, 11 cm b) 11 cm, 17 cm, 15 cm

c) 34 m, 16 m, 30 m d) 65 m, 72 m, 97 m

e) 12 cm, 13 cm, 20 cm f) 15 m, 36 m, 39 m

4 Demuestra el teorema de Pitágoras a partir de las dos descomposiciones del cuadrado de lado $b + c$ que aparecen arriba. Para ello, empieza probando que el cuadrilátero naranja es un cuadrado de lado a.

5 Aplicación algebraica del teorema de Pitágoras

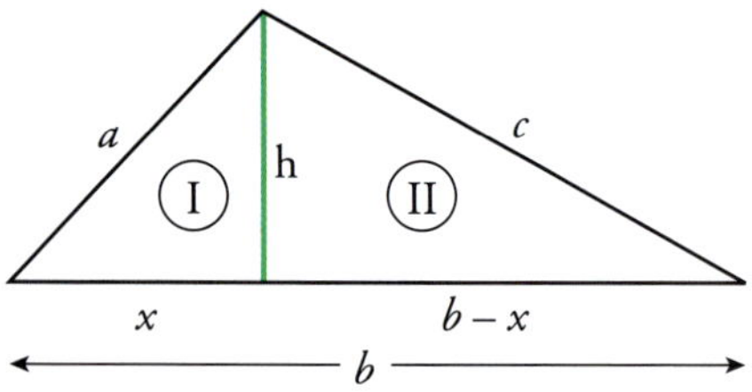

Observa el gráfico de la izquierda:

La altura del triángulo grande determina dos triángulos rectángulos. En ninguno de ellos conocemos dos lados. Pero si elegimos adecuadamente la incógnita (hemos llamado x a la proyección de a sobre b), aplicando el teorema de Pitágoras a los triángulos I y II, se plantea un sistema de ecuaciones que nos permite obtener h, además de x.

Esta utilización algebraica del teorema de Pitágoras se presenta en otras figuras geométricas. Veamos algunos ejemplos.

EJERCICIOS RESUELTOS

1 ***En un triángulo de lados 4 cm, 6 cm y 8 cm, calcular la altura sobre el lado mayor.***

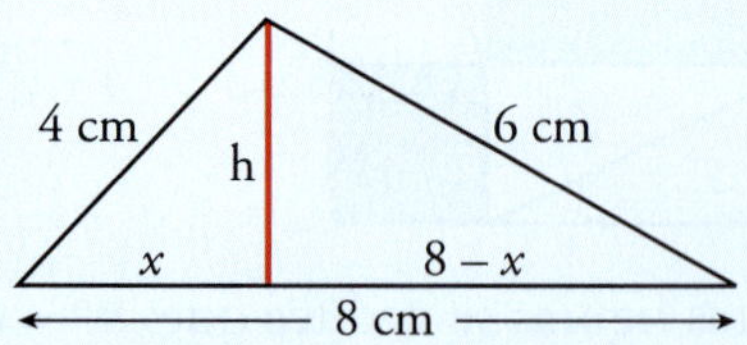

La altura h divide al triángulo original en dos triángulos rectángulos.

Aplicamos el teorema de Pitágoras a cada uno de ellos:

$$\left.\begin{array}{r} x^2 + h^2 = 4^2 \\ h^2 + (8 - x)^2 = 6^2 \end{array}\right\} \left.\begin{array}{l} h^2 = 16 - x^2 \\ (16 - x^2) + (x^2 - 16x + 64) = 36 \end{array}\right\}$$

$$16 - x^2 + x^2 - 16x + 64 = 36 \rightarrow 16x = 64 + 16 - 36 \rightarrow x = 2{,}75$$

Conocido x, calculamos h:

$$h^2 = 16 - 2{,}75^2 \rightarrow h = \sqrt{16 - 2{,}75^2} \rightarrow h = 2{,}9 \text{ cm}$$

Este procedimiento permite calcular la superficie de un triángulo cuando se conoce la medida de sus lados, pues, al conocer la base y la altura, el cálculo del área resulta obvio.

2 ***Los lados paralelos de un trapecio miden 17 m y 38 m. Los otros dos, 13 m y 20 m. Hallar su altura.***

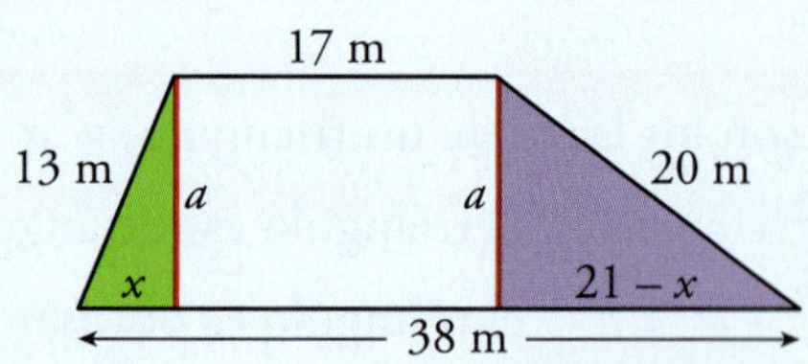

La altura a es cateto de los dos triángulos señalados. La suma de los otros dos catetos es 38 – 17 = 21 m.

Aplicamos el teorema de Pitágoras en los dos triángulos rectángulos:

$$\left.\begin{array}{r} x^2 + a^2 = 13^2 \\ (21 - x)^2 + a^2 = 20^2 \end{array}\right\} \text{Restando: } x^2 - (21 - x)^2 = 13^2 - 20^2 \rightarrow$$

$$\rightarrow x^2 - (441 - 42x + x^2) = 169 - 400 \rightarrow 42x - 441 = -231 \rightarrow$$

$$\rightarrow 42x = 210 \rightarrow x = 5$$

$$5^2 + a^2 = 13^2 \rightarrow a^2 = 13^2 - 5^2 = 144 \rightarrow a = 12 \text{ m}$$

La altura pedida mide 12 m.

PIENSA Y PRACTICA

1 Averigua si el triángulo de lados 29 cm, 35 cm y 48 cm es rectángulo, acutángulo u obtusángulo. Halla la longitud de la altura sobre el lado mayor.

2 Los lados de un trapecio miden 13 m, 20 m, 19 m y 40 m. Los dos últimos son paralelos. Halla la altura del trapecio.

6 Áreas de los polígonos

APOTEMA DEL PENTÁGONO REGULAR

Calcular el área de un polígono regular del que solo conocemos el lado es tarea fácil en algunos casos (triángulo, cuadrado, hexágono, octógono). Pero en el pentágono es difícil obtener la apotema conociendo el lado. Por eso, te damos aquí, sin más, el resultado:

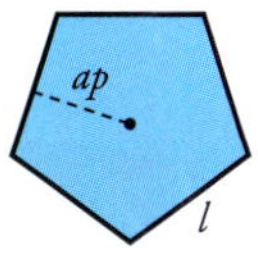

$$ap = l \cdot \frac{\sqrt{25+10\sqrt{5}}}{10} \approx 0{,}6882\ l$$

Áreas conocidas

RECTÁNGULO | CUADRADO | PARALELOGRAMO | ROMBO

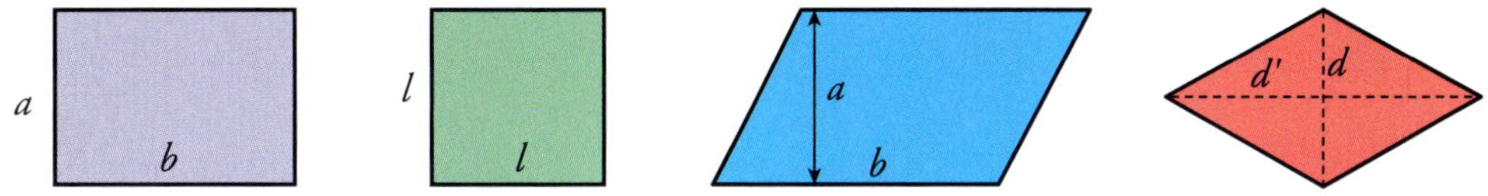

$A = b \cdot a$ | $A = l^2$ | $A = b \cdot a$ | $A = \frac{d \cdot d'}{2}$

TRIÁNGULO | TRIÁNGULO RECTÁNGULO | TRAPECIO | POLÍGONO REGULAR

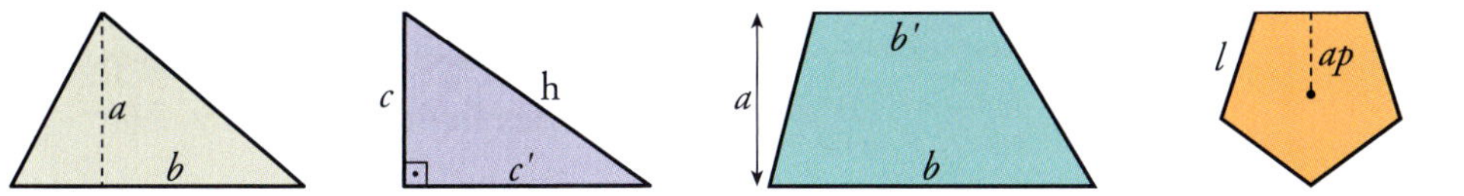

$A = \frac{b \cdot a}{2}$ | $A = \frac{c \cdot c'}{2}$ | $A = \frac{b + b'}{2} \cdot a$ | $A = \frac{\text{perímetro} \cdot ap}{2}$

Área de un triángulo en función de sus lados

La fórmula siguiente es muy útil, pues para aplicarla basta con conocer la longitud de los lados del triángulo.

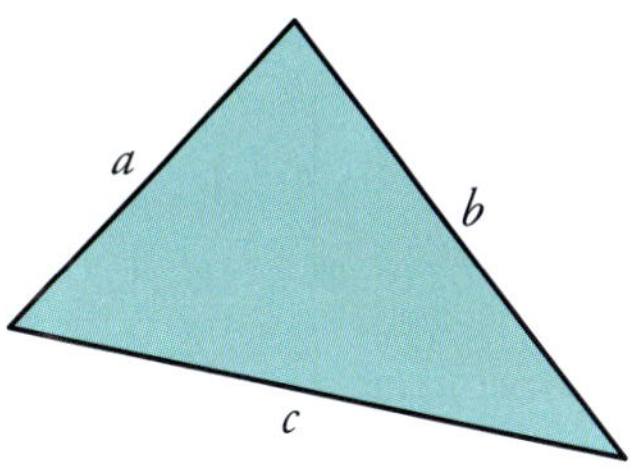

Perímetro: $p = a + b + c$

Semiperímetro: $s = \frac{p}{2}$

$\rightarrow$ $A_{\text{TRIÁNGULO}} = \sqrt{s \cdot (s-a) \cdot (s-b) \cdot (s-c)}$

La expresión anterior del área de un triángulo cualquiera se conoce como **fórmula de Herón.**

EJERCICIOS RESUELTOS

1 ***Calcular el área del triángulo de lados 11 cm, 13 cm y 20 cm.***

Aplicaremos la fórmula de Herón:

Perímetro: $p = 11 + 13 + 20 = 44$ cm $\rightarrow$ $s = 22$ cm

$$A = \sqrt{s \cdot (s-a) \cdot (s-b) \cdot (s-c)} = \sqrt{22 \cdot 11 \cdot 9 \cdot 2} = \sqrt{4\,356} = 66\ \text{cm}^2$$

2 ***Hallar el área de un trapecio isósceles cuyas bases miden 37 cm y 55 cm, y el lado oblicuo, 14 cm.***

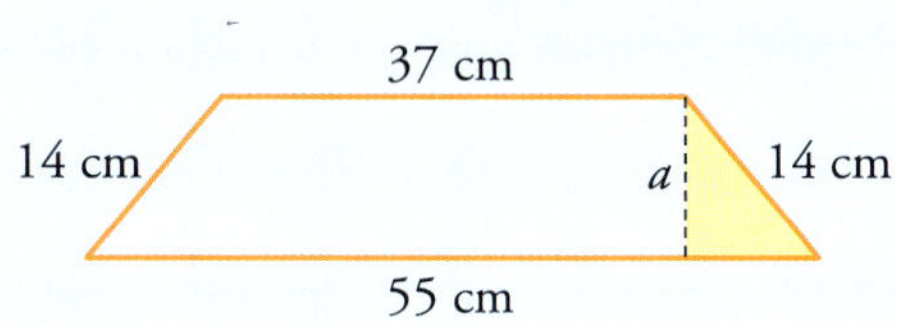

$(55 - 37) : 2 = 9$ cm

$a = \sqrt{14^2 - 9^2} = \sqrt{115} = 10{,}7$ cm

$A = \frac{37 + 55}{2} \cdot 10{,}7 = 492{,}2\ \text{cm}^2$

PIENSA Y PRACTICA

1 Halla el área de un triángulo cuyos lados miden 10 m, 17 m y 21 m.

2 Halla el área del hexágono regular en el que cada uno de sus lados mide 10 cm.

3 Halla el área de un rombo de lado 3 dm, sabiendo que una diagonal mide 46 cm.

4 Dos de los lados de un triángulo isósceles miden 30 cm y 13 cm. Halla su área.

7 Áreas de las figuras curvas

CÍRCULO

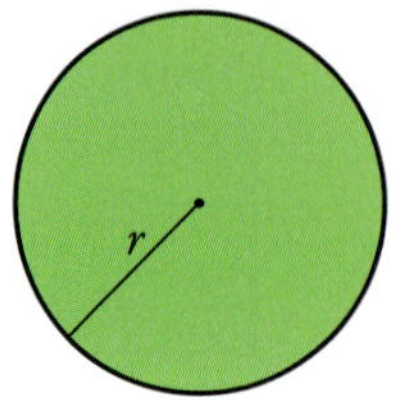

$A = \pi r^2$

SECTOR CIRCULAR

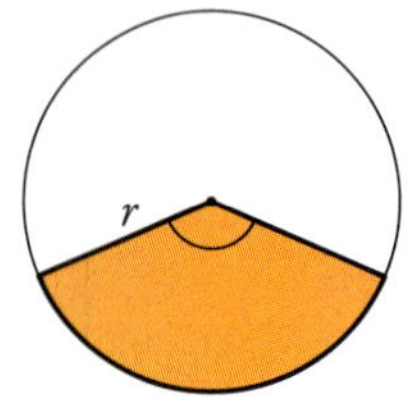

$A = \pi r^2 \cdot \dfrac{\alpha}{360}$

CORONA CIRCULAR

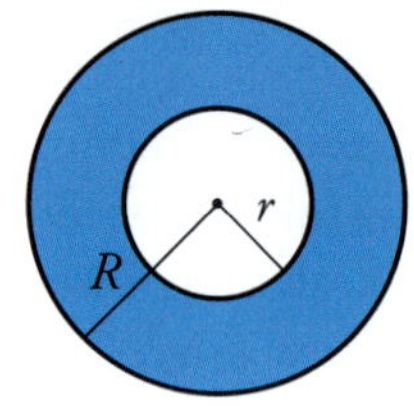

$A = \pi(R^2 - r^2)$

Área de la elipse

La **elipse** queda caracterizada por sus ejes, cuyas longitudes llamamos $2a$ y $2b$.

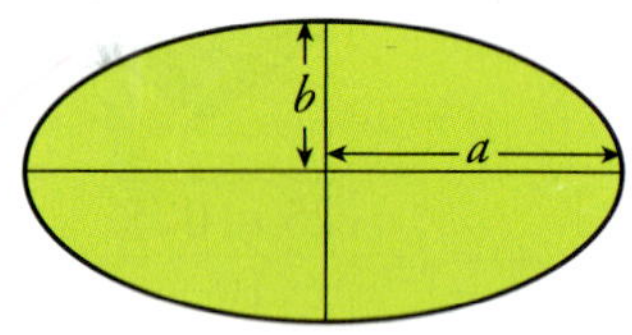

$$A_{\text{ELIPSE}} = \pi ab$$

Observa:

El círculo ocupa $\pi/4$ del cuadrado que lo contiene. La misma proporción que la elipse respecto al rectángulo que la circunscribe:

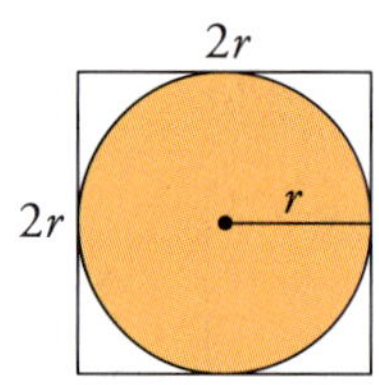

$A_{\text{CÍRC.}} = \pi r^2$

$A_{\text{CUAD.}} = 4r^2$

$\dfrac{A_{\text{CÍRC.}}}{A_{\text{CUAD.}}} = \dfrac{\pi}{4}$

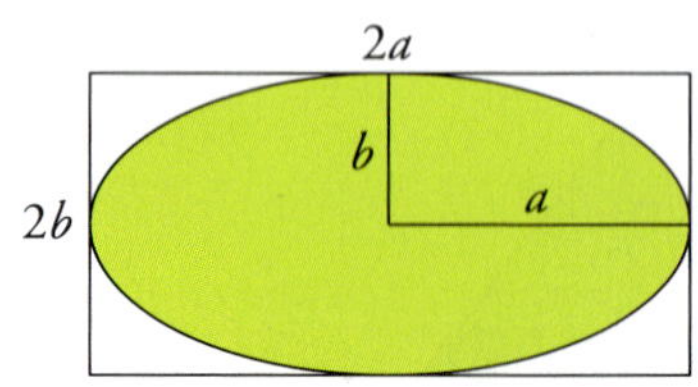

$A_{\text{ELIPSE}} = \pi ab$

$A_{\text{RECT.}} = 4ab$

$\dfrac{A_{\text{ELIPSE}}}{A_{\text{RECT.}}} = \dfrac{\pi}{4}$

Es como si, al estirar el cuadrado para que se convierta en rectángulo, el círculo se convirtiera en elipse.

Área de un segmento de parábola

El área de un **segmento de parábola** es igual a 2/3 del rectángulo que lo contiene.

$$A_{\text{SEGM. DE PARÁBOLA}} = \frac{2}{3}ab$$

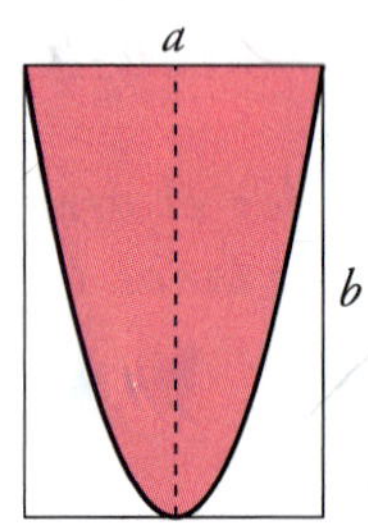

SEGMENTO DE PARÁBOLA

PIENSA Y PRACTICA

1 Halla el área de la parte coloreada en las figuras siguientes:

a)

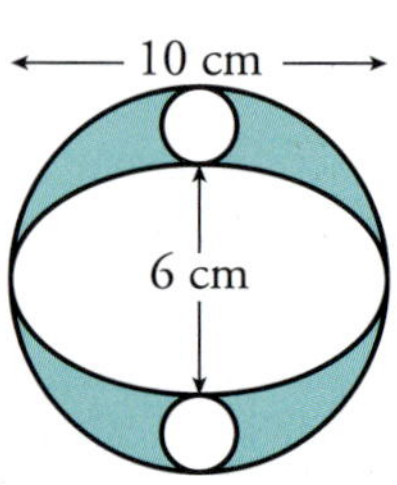

b)

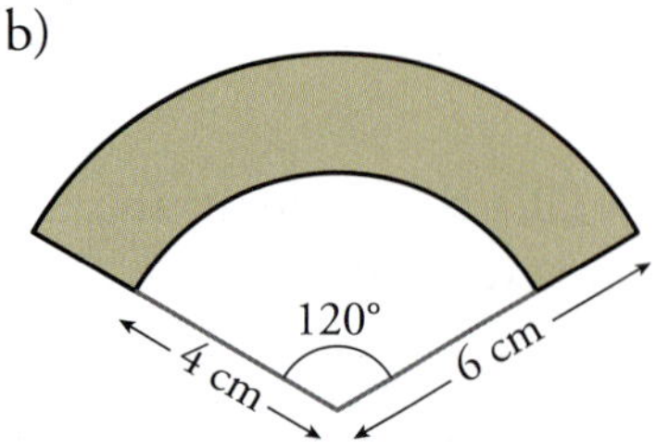

c)

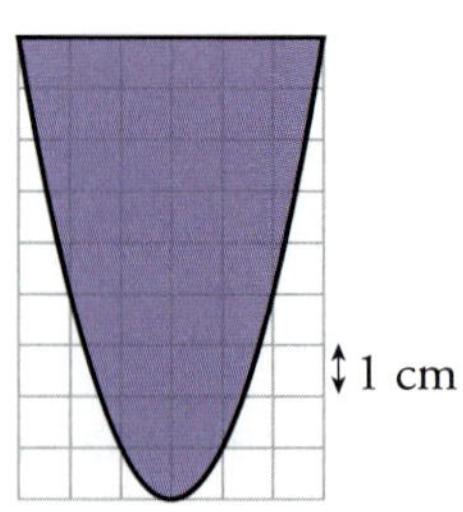

d)

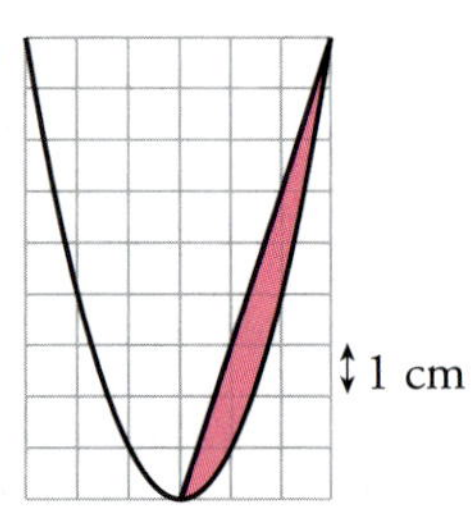

Ejercicios y problemas resueltos

1 Aplicación del teorema de Pitágoras en polígonos regulares

Expresar, en cada polígono regular, los elementos pedidos en función del lado:

Para los cálculos, en todos los casos vamos a tomar como unidad el lado del polígono regular. Al final, generalizaremos para un polígono de lado l.

a) Diagonal de un cuadrado.

a)

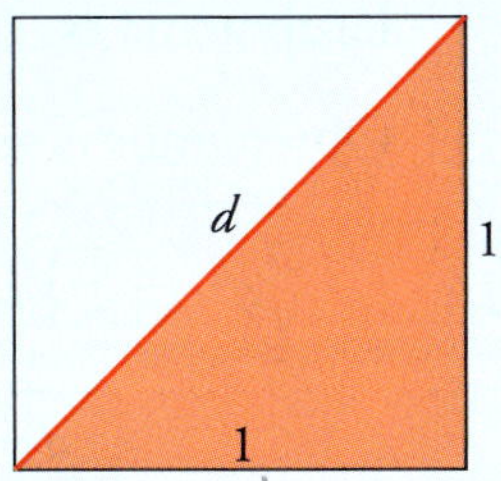

$$d = \sqrt{1^2 + 1^2} = \sqrt{2}$$

$$d = \sqrt{2}\, l \qquad l = \frac{1}{\sqrt{2}}\, d = \frac{\sqrt{2}}{2}\, d$$

b) Altura, radio y apotema de un triángulo equilátero.

b)

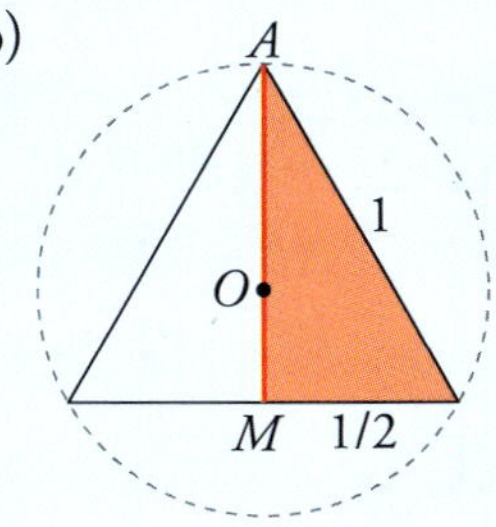

$$h = \overline{AM} = \sqrt{1^2 - \left(\frac{1}{2}\right)^2} = \sqrt{\frac{3}{4}} = \frac{\sqrt{3}}{2}$$

La apotema, OM, es la tercera parte de la altura.

El radio de la circunferencia circunscrita, OA, es el doble que la apotema.

$$h = \frac{\sqrt{3}}{2}\, l \qquad a = \frac{\sqrt{3}}{6}\, l \qquad r = \frac{\sqrt{3}}{3}\, l$$

c) Apotema de un hexágono regular.

c)

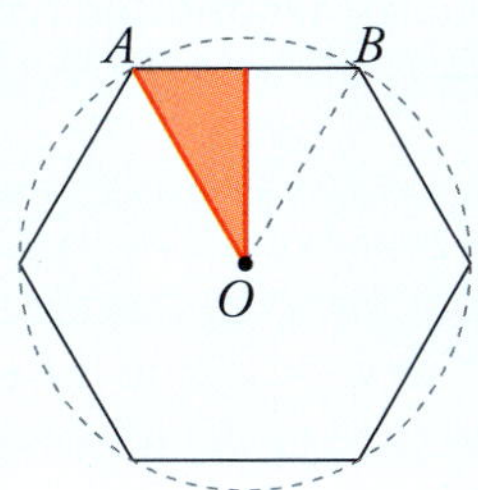

El radio es igual al lado.

La apotema es la altura del triángulo equilátero ABO.

$$r = l \qquad a = \frac{\sqrt{3}}{2}\, l$$

d) Apotema y radio de un pentágono regular.

d)

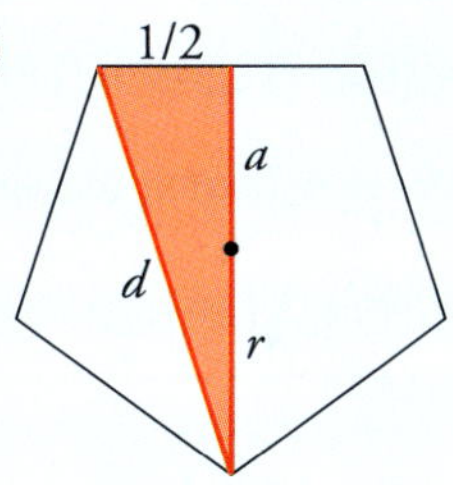

Sabemos que la diagonal del pentágono regular es igual a Φl, siendo Φ el número áureo: $\Phi = \frac{1 + \sqrt{5}}{2} = 1{,}618$

$$r + a = \sqrt{d^2 - \left(\frac{1}{2}\right)^2} = \sqrt{1{,}618^2 - 0{,}5^2} = \sqrt{2{,}3679} =$$

$$= 1{,}5388$$

En este otro triángulo, obtenemos otra relación entre r y a:

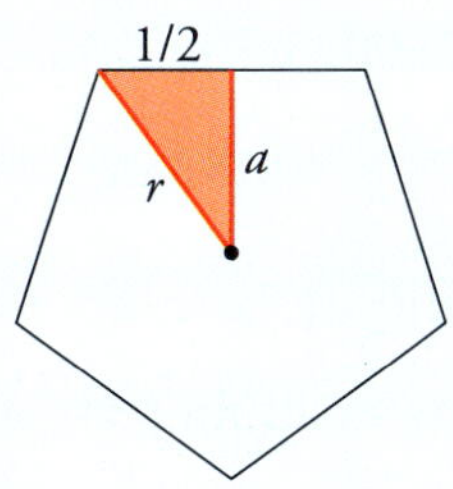

$$\left.\begin{aligned} r^2 - a^2 &= \left(\frac{1}{2}\right)^2 = 0{,}25 \\ r^2 - a^2 &= (r + a)(r - a) \end{aligned}\right\} \quad r - a = \frac{0{,}25}{r + a} = \frac{0{,}25}{1{,}5388} =$$

$$= 0{,}1625$$

Podemos calcular r y a con las dos ecuaciones que las relacionan:

$$\left.\begin{aligned} r + a &= 1{,}5388 \\ r - a &= 0{,}1625 \end{aligned}\right\} \quad \text{Se obtiene} \quad \left\{\begin{aligned} r &= 0{,}8507 \\ a &= 0{,}6882 \end{aligned}\right.$$

$$a = 0{,}6882\, l \qquad r = 0{,}8507\, l$$

2 Aplicación del teorema de Pitágoras en un octógono regular

Expresar, en función del lado, la apotema y el radio de un octógono regular.

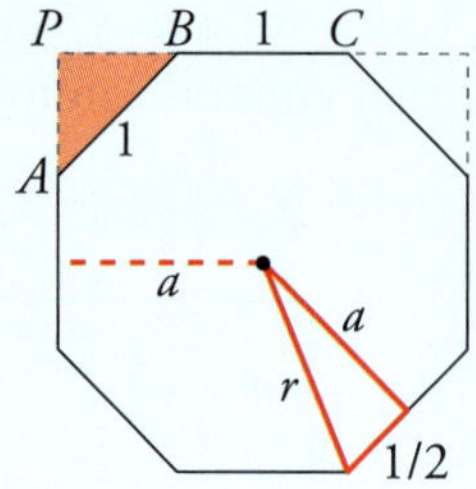

$\overline{PB} = \dfrac{\sqrt{2}}{2}$ (el lado de un cuadrado cuya diagonal mide 1)

La apotema es $\overline{PB} + \dfrac{1}{2}$. Es decir: $a = \dfrac{\sqrt{2}}{2} + \dfrac{1}{2} = 1{,}2071$

Obtenemos el radio:

$$r = \sqrt{a^2 + \left(\frac{1}{2}\right)^2} = \sqrt{1{,}2071^2 + 0{,}5^2} = 1{,}3066$$

$$\boxed{a = 1{,}2071\ l \qquad r = 1{,}3066\ l}$$

3 De cuadrado a octógono

Tenemos un cuadrado de lado 12 cm. Le cortamos las cuatro esquinas para que quede un octógono regular. ¿Dónde haremos los cortes?

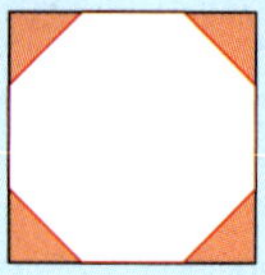

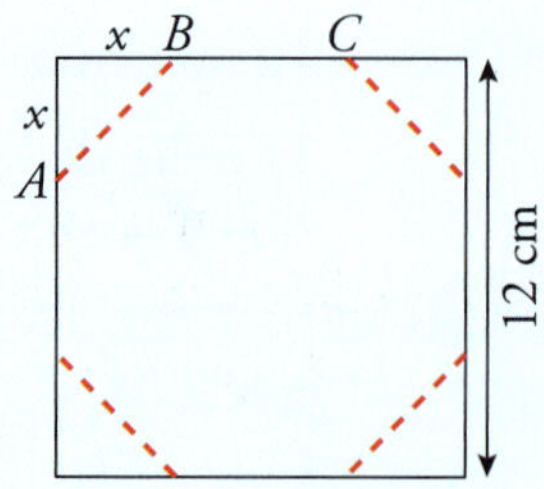

$\overline{AB}$ debe ser igual a $\overline{BC}$.

$$\left.\begin{array}{l}\overline{AB} = \sqrt{2}x\\ \overline{BC} = 12 - 2x\end{array}\right\} \sqrt{2}x = 12 - 2x \rightarrow (\sqrt{2} + 2)x = 12 \rightarrow$$

$$\rightarrow x = \frac{12}{\sqrt{2} + 2} = 3{,}5147 \text{ cm}$$

Hemos de cortar cuatro triángulos rectángulos isósceles de catetos ligeramente mayores que 3,5 cm.

4 Altura de una casa

COMPRENDE Y APLICA EN EL DESAFÍO — DESAFÍOS QUE DEJAN HUELLA

Dadas las medidas que hemos efectuado en la casa y en las sombras, hallar la altura de la casa, a_C, y la de su tejado, a_T.

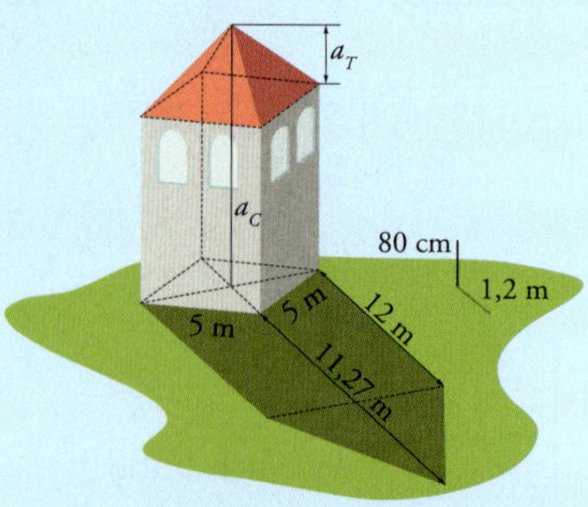

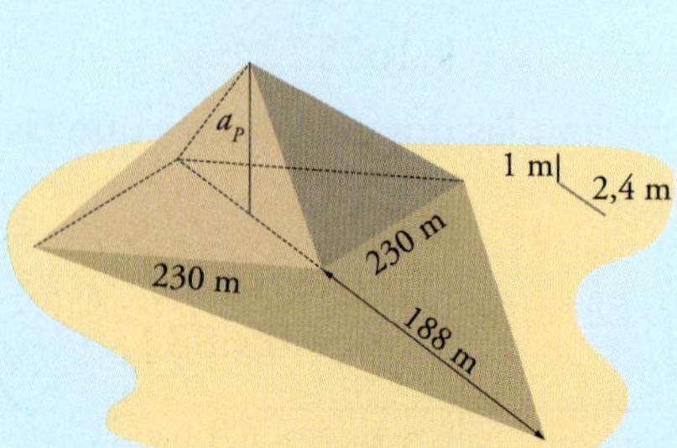

En primer lugar, observamos que los rayos del sol van paralelos a la diagonal de la base cuadrada de la casa. Si no fuera así, no podríamos calcular la distancia desde el centro del cuadrado hasta la punta de la sombra y, por tanto, no seríamos capaces de hallar la altura de la edificación.

La razón entre la sombra (1,2 m = 120 cm) y el palo (80 cm) en este momento del día es $\dfrac{120}{80} = 1{,}5$. Por tanto, así debe ser también con la sombra de la casa.

Veamos cuánto mediría la sombra, si la casa fuera un palo largo que saliera desde el centro de su base.

La mitad de la diagonal de la base mide $\dfrac{(5\sqrt{2})}{2} = 3{,}54$ m. Por lo que si la casa fuera un palo, la sombra mediría 3,54 + 11,27 = 14,81 m.

Si dividimos esta medida entre la razón de semejanza, obtenemos la altura real de la casa: $a_C = \dfrac{14{,}81}{1{,}5} = 9{,}87$ m.

Dividimos la longitud de la sombra de la casa sin el tejado entre la razón de semejanza para hallar su altura real: $a_{(\text{casa sin tejado})} = \dfrac{12}{1{,}5} = 8$ m

Por tanto, la altura del tejado es:

$$a_T = 9{,}87 - 8 = 1{,}87 \text{ m}$$

Hazlo tú Halla la altura de la pirámide de Keops, como hizo Pitágoras, tomando las medidas necesarias del dibujo de la izquierda.

¿DOMINAS LO BÁSICO?

Ángulos

1 Calcula la medida de $\hat{X}$ en cada caso:

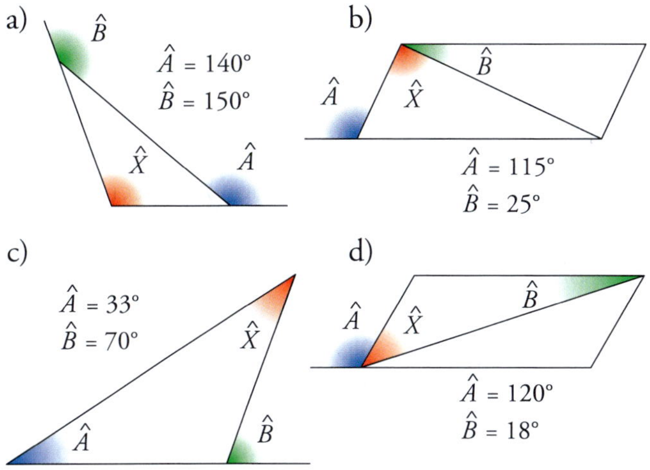

2 Calcula los ángulos central e interior de un polígono regular de:

a) 7 lados. b) 12 lados. c) 13 lados.

d) 15 lados. e) 20 lados. f) 100 lados.

Semejanza de triángulos

3 Halla las longitudes de los lados a y b sabiendo que estos dos triángulos tienen sus lados paralelos:

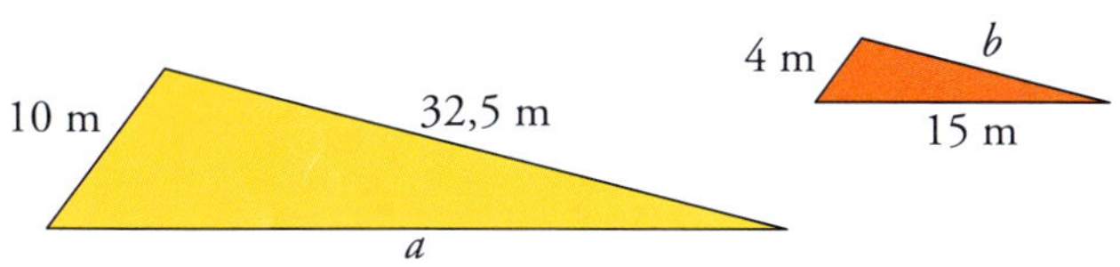

Escalas

4 En una oficina de venta de pisos han dibujado este plano a escala 1:50:

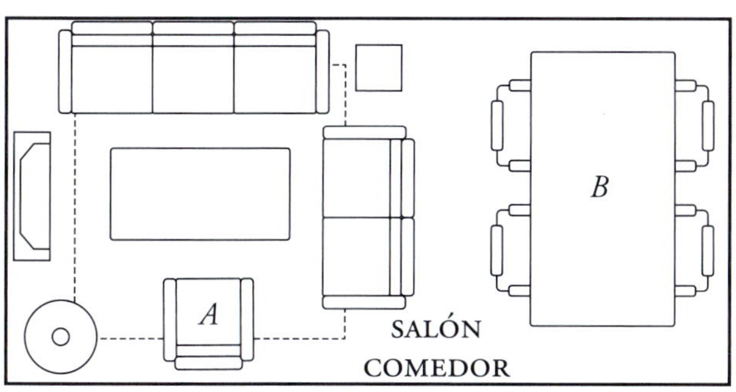

a) ¿Cuáles son las dimensiones reales del salón? ¿Cuántos metros cuadrados tiene?

b) Halla las dimensiones del sillón A y de la mesa B. ¿Te parecen razonables?

Teorema de Pitágoras

5 Calcula el valor de x en cada caso:

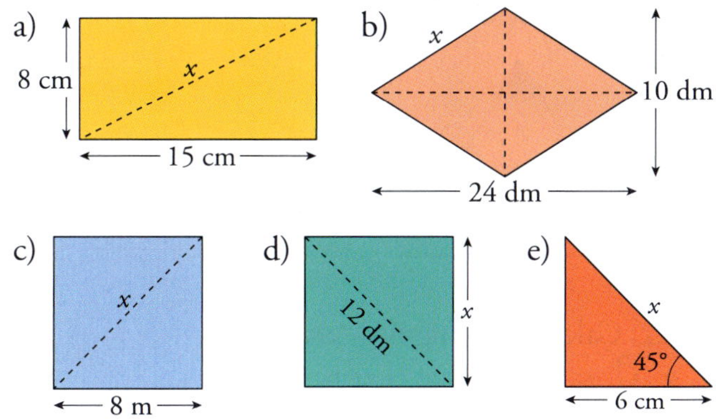

Áreas y perímetros

6 Toma las medidas que creas necesarias, aproximando hasta los milímetros, para calcular el área (en cm^2) y el perímetro (en cm) de la parte coloreada de cada figura:

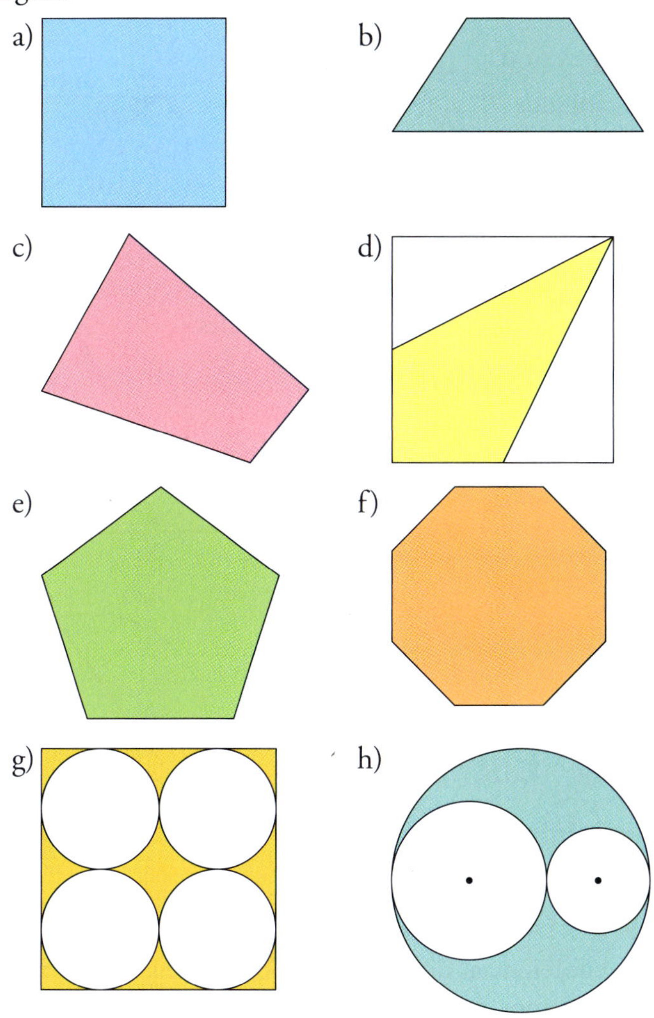

Recuerda que el perímetro es la periferia interior y exterior.

ENTRÉNATE Y PRACTICA

7 Calcula los ángulos $\hat{X}$, $\hat{Y}$, $\hat{Z}$ en los siguientes polígonos regulares:

a)

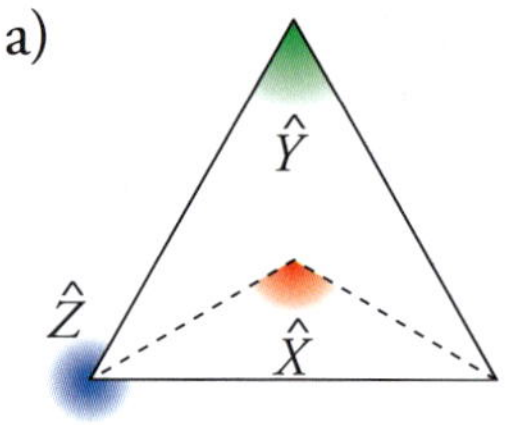

b)

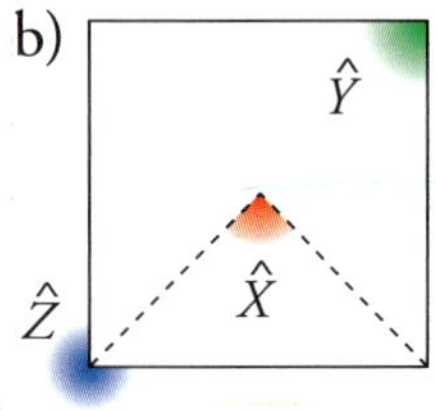

8 Calcula los ángulos $\hat{A}$, $\hat{B}$ y $\hat{C}$ sabiendo que el pentágono rojo es regular.

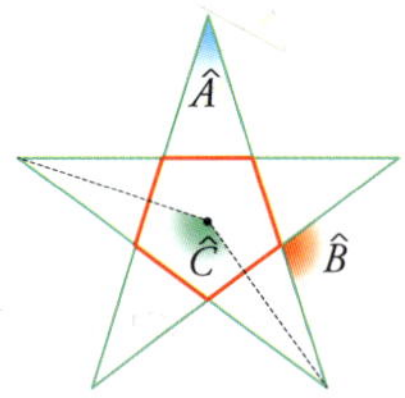

9 ¿Cuántos lados tiene un polígono regular si su ángulo interior es de 140°? ¿Puede haber un polígono regular cuyo ángulo interior sea 40°? ¿Y uno que tenga un ángulo interior de 150°?

10 Indica cuánto miden los ángulos $\hat{P}$ y $\hat{Q}$, sabiendo que $\overset{\frown}{AOB} = 70°$.

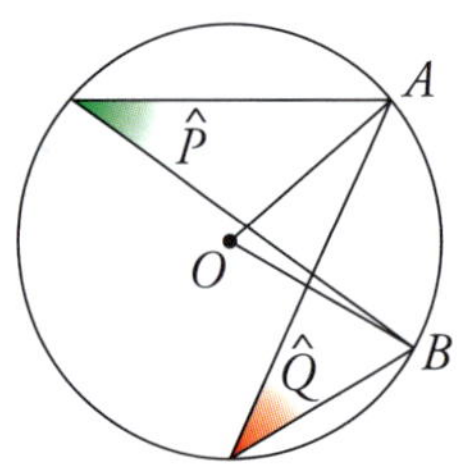

11 El triángulo ABC es isósceles. ¿Cuánto miden sus ángulos?

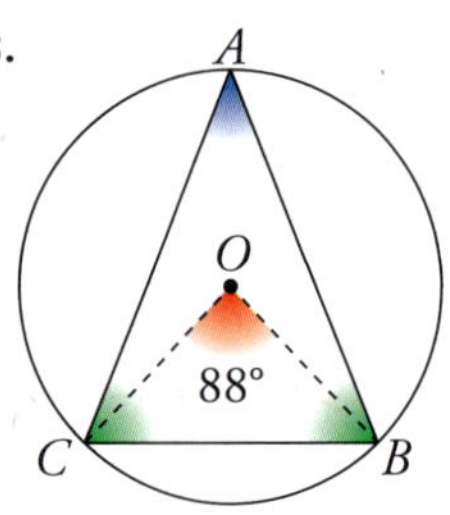

12 ¿Cuál es la medida angular de cada uno de los diez arcos iguales? Halla el valor de los ángulos $\overset{\frown}{CAB}$, $\overset{\frown}{ABC}$, $\overset{\frown}{BCA}$, $\overset{\frown}{CAD}$, $\overset{\frown}{ADC}$, $\overset{\frown}{ACD}$.

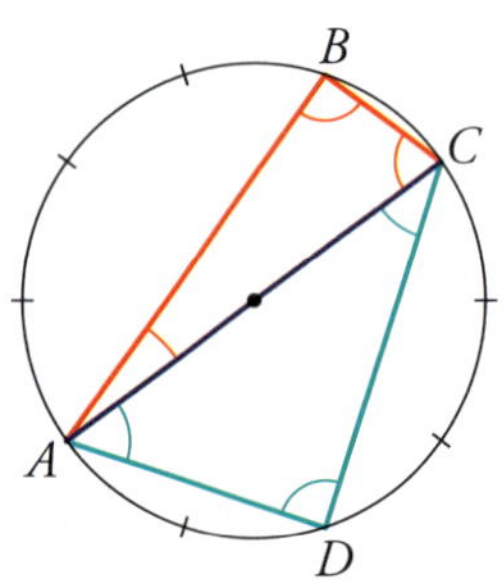

13 Dibuja un triángulo ABC inscrito en una circunferencia, de modo que los vértices A y B sean extremos de un diámetro y el arco $\overset{\frown}{AC}$ sea la sexta parte de la circunferencia.

¿Cuánto miden sus ángulos?

14 Una fotografía rectangular tiene un marco blanco alrededor. ¿Son semejantes los rectángulos interior y exterior del marco? Razónalo.

15 Hemos dividido en cuatro partes iguales el lado mayor del rectángulo $ABCD$ y en tres partes iguales el lado menor.

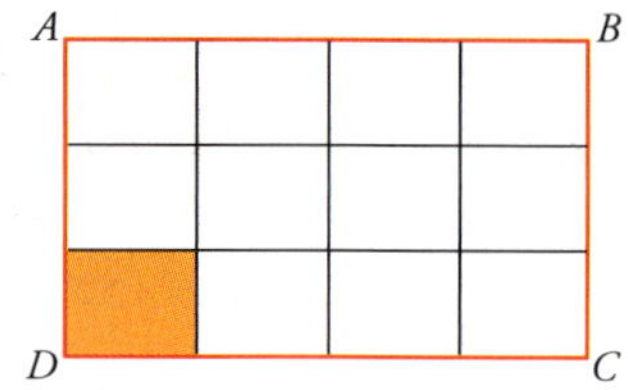

a) ¿Es semejante cada uno de los doce rectángulos obtenidos con el inicial?

b) Si dividiéramos los dos lados en tres partes iguales, ¿obtendríamos rectángulos semejantes?

16 En un mapa a escala 1:1 500 000, la distancia entre dos ciudades es 2,5 cm. ¿Cuál es la distancia real entre ellas? ¿Cuál será la distancia en el mapa entre dos ciudades A y B que distan 360 km?

17 Indica, en cada caso, cuál es la escala del plano:

a) 1 mm del plano representa 10 m reales.

b) 50 km reales se representan por 1 dm en el plano.

c) 0,001 mm reales se representan por 1 cm en el plano.

18 El largo interior de esta vivienda mide 8 m:

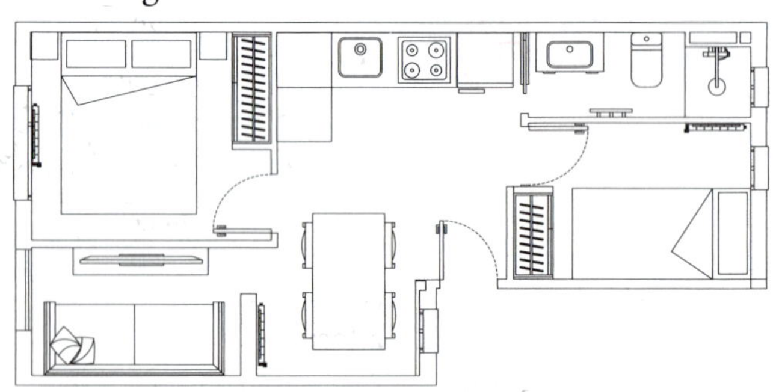

a) Halla la escala a la que está dibujada.

b) Calcula las dimensiones del sofá y de la mesa del comedor.

c) Dibuja en tu cuaderno con la misma escala una mesa de pimpón de dimensiones 150 cm × 270 cm.

19 Obseva la foto de María posando con sus dos hijos y su marido. Si sabemos que ella mide 160 cm:

a) ¿Qué estatura tiene Alfonso?

b) ¿Cuánto mide cada uno de sus hijos?

20 Asocia cada imagen con su escala:

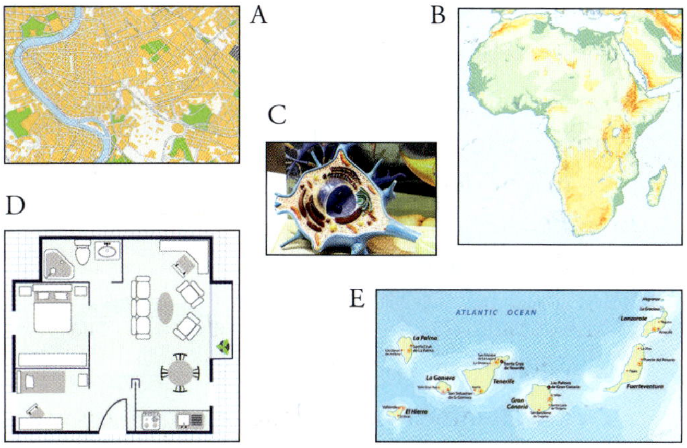

a) 1:300 b) 10 000:1 c) 1:10 000 000
d) 1:100 000 e) 1:375 000 000

21 Calcula el valor de x en cada caso:

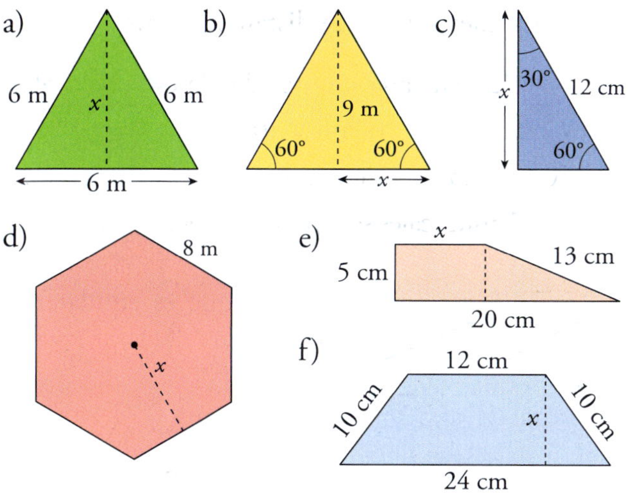

22 Clasifica en rectángulos, acutángulos u obtusángulos los triángulos de lados:

a) 11 m, 13 m, 20 m. b) 20 m, 21 m, 29 m.
c) 25 m, 29 m, 36 m. d) 7 m, 24 m, 25 m.

23 De un rombo, conocemos una diagonal, 24 cm, y el lado, 13 cm. Halla la otra diagonal y su área.

24 La diagonal de un rectángulo mide 37 cm, y uno de sus lados, 12 cm. Calcula su perímetro.

25 Halla el área y el perímetro de la parte coloreada de cada figura:

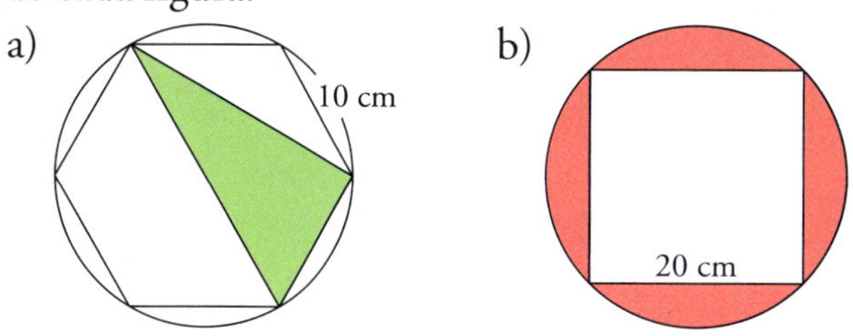

RESUELVE PROBLEMAS SENCILLOS

26 Halla las áreas de estas figuras coloreadas:

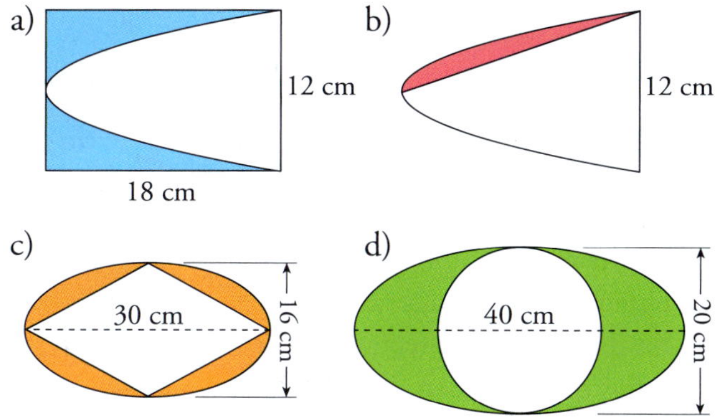

27 Halla el área y el perímetro de un sector circular de un círculo de 15 cm de radio y cuya amplitud es:

a) 90° b) 120° c) 65° d) 140°

28 Calcula los ángulos $\hat{A}$, $\hat{B}$, $\hat{C}$, $\hat{D}$ y $\hat{E}$ dentro del polígono inscrito en la circunferencia.

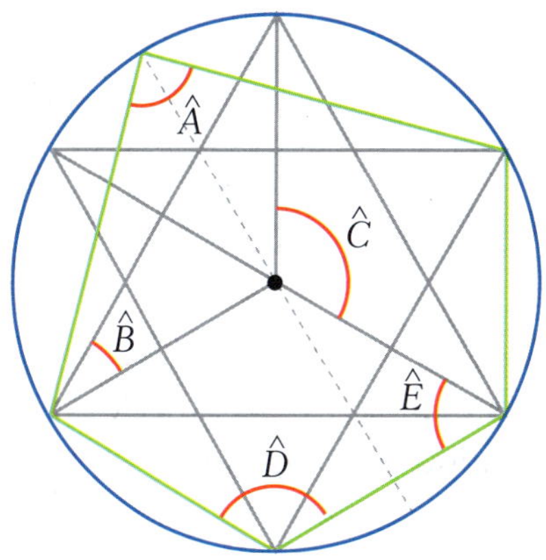

29 Sabiendo que $\overline{PA} = \overline{AC} = \overline{BC}$, halla $\widehat{PCB}$.

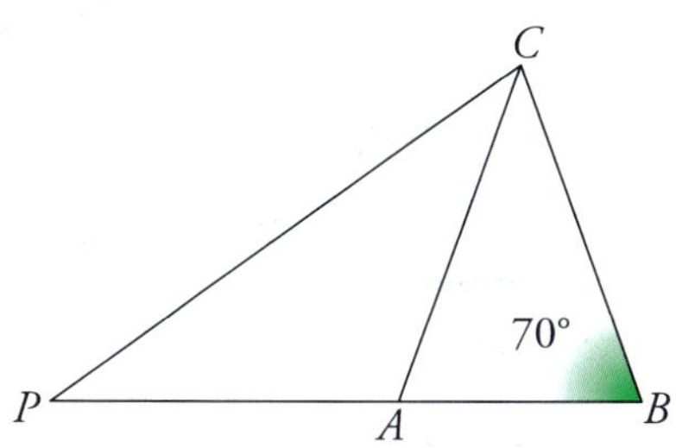

30 Halla $\widehat{CBD}$ = ①, $\widehat{ADB}$ = ②, $\widehat{BVD}$ y $\widehat{AVB} = \alpha$.

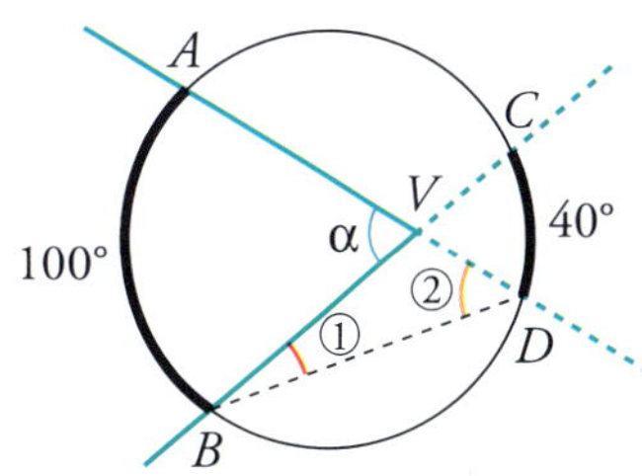

$\overset{\frown}{AB} = 100°$
$\overset{\frown}{CD} = 40°$

31 Halla, con la ayuda de un sistema de ecuaciones, los valores de h, x e y.

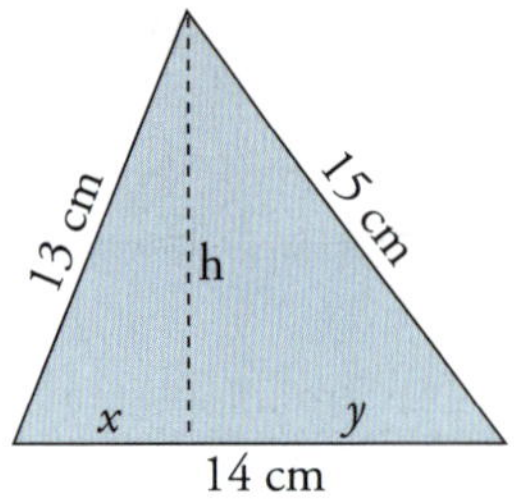

32 Calcula la altura de este triángulo, aplicando el teorema de Pitágoras a los dos triángulos rectángulos que aparecen. Después, halla su área.

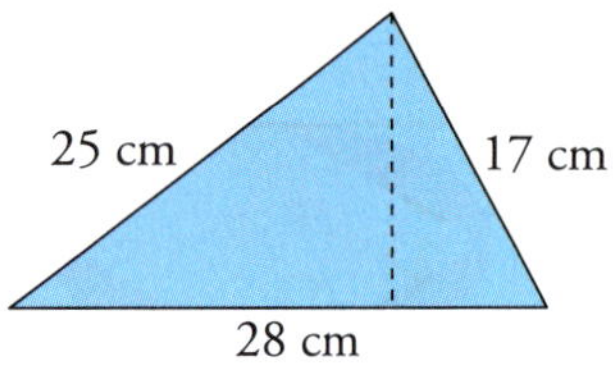

33 Halla la altura y el área del trapecio.

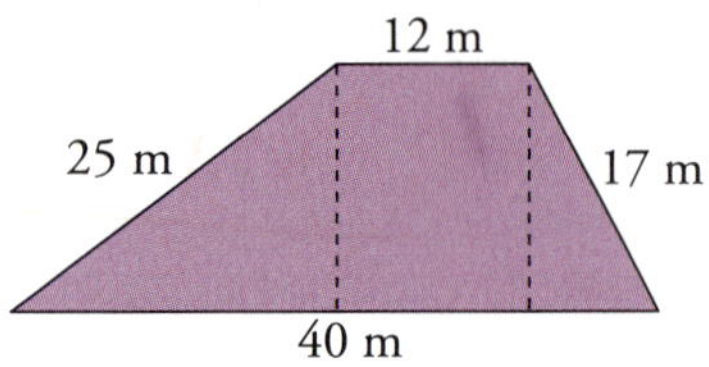

34 a) Calcula el radio de la circunferencia.

b) ¿Cuál será la longitud de una cuerda cuya distancia al centro es 2,9 cm?

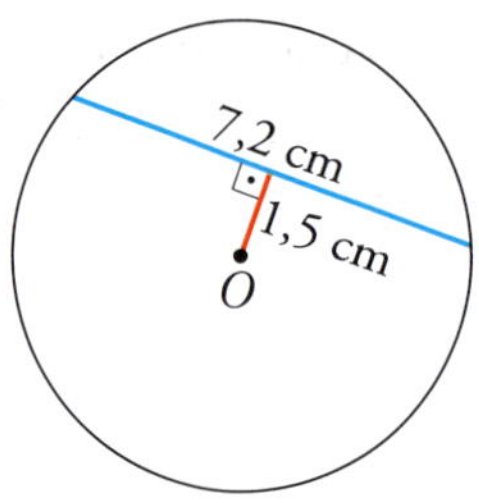

35 Una circunferencia tiene un radio de 15 cm. Una recta, r, corta a la circunferencia en dos puntos, A y B. La distancia entre A y B es de 18 cm. ¿Cuál es la distancia del centro de la circunferencia a la recta?

36 EJERCICIO RESUELTO

Dos circunferencias de radios 14 cm y 7 cm tienen sus centros a 29 cm. Calcular la longitud del segmento de tangente interior común.

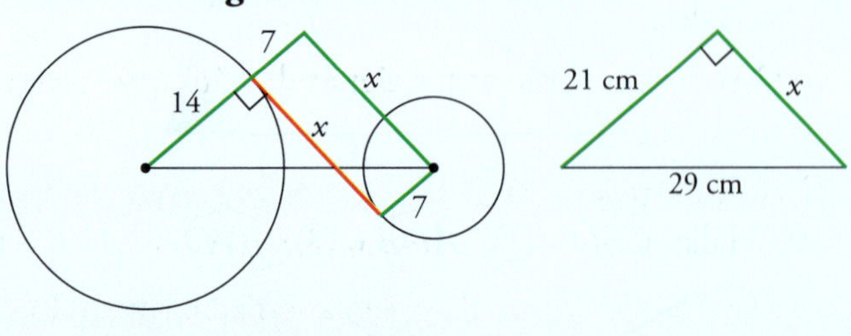

$x = \sqrt{29^2 - 21^2} = \sqrt{400} = 20$ cm

37 Halla la longitud del segmento tangente interior común a dos circunferencias de radios 15 cm y 6 cm cuya distancia entre sus centros es de 41 cm.

38 En a) no tienes datos para calcular el perímetro, pero sí el área. Indica en cuáles puedes hallar el perímetro y, en cuáles, el área. En los que puedas, hállalos.

a)

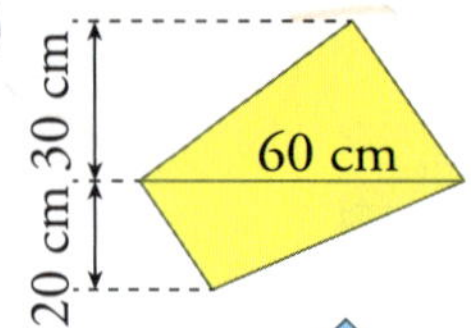

b)

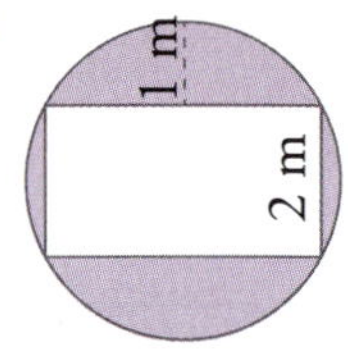

c)

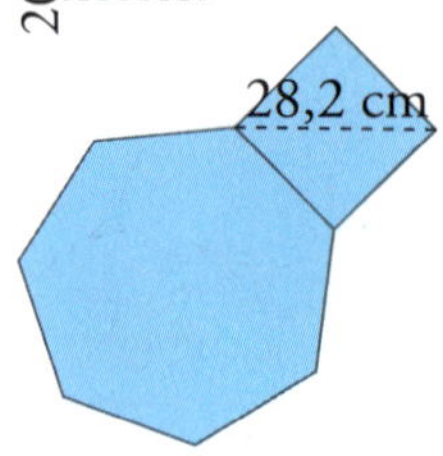

d)

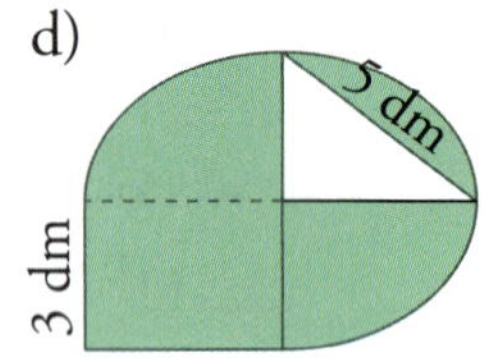

39 EJERCICIO RESUELTO

Calcula el área de un segmento circular de 60° de amplitud en un círculo de 12 cm de radio.

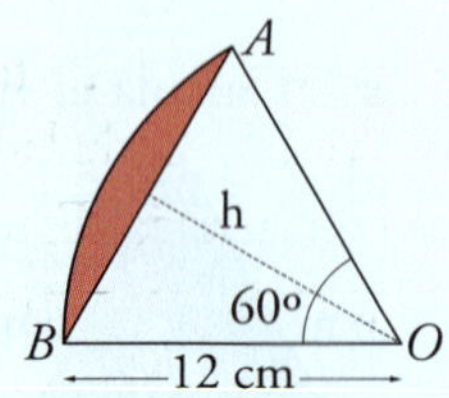

El área del segmento circular se halla restando, del área del sector, el área del triángulo:

- Área del sector: $\dfrac{\pi \cdot 12^2 \cdot 60°}{360°} = 75{,}4 \text{ cm}^2$
- Área del triángulo. Observa que es equilátero, ya que $\overline{OA} = \overline{OB}$ y $\widehat{AOB} = 60°$.

  Altura: $h = \sqrt{12^2 - 6^2} = 10{,}4 \text{ cm}^2$

  Área: $\dfrac{12 \cdot 10{,}4}{2} = 62{,}4 \text{ cm}^2$
- Calcula el área del segmento circular.

40 Halla el área de estos segmentos circulares:

a)

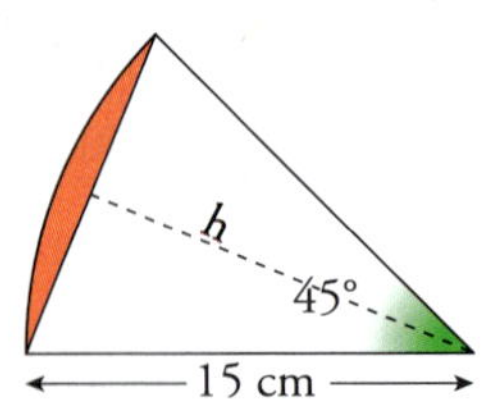

b)

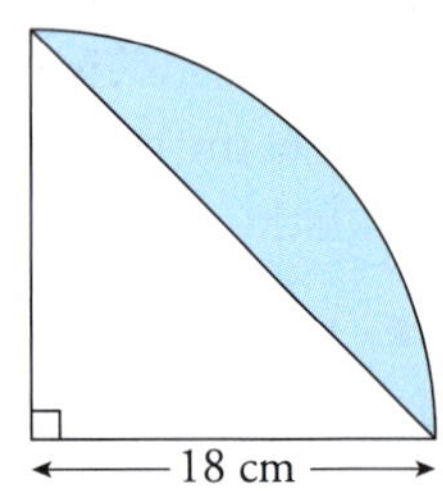

41 Comprueba que los siguientes triángulos son rectángulos y calcula sus áreas de dos formas: a partir de sus catetos y aplicando la fórmula de Herón.

a) 51 cm, 68 cm y 85 cm.

b) 110 m, 264 m y 286 m.

c) 72 dam, 135 dam y 153 dam.

d) 48 m, 140 m y 148 m.

TAMBIÉN PUEDES HACER ESTO

42 Calcula el área de la figura.

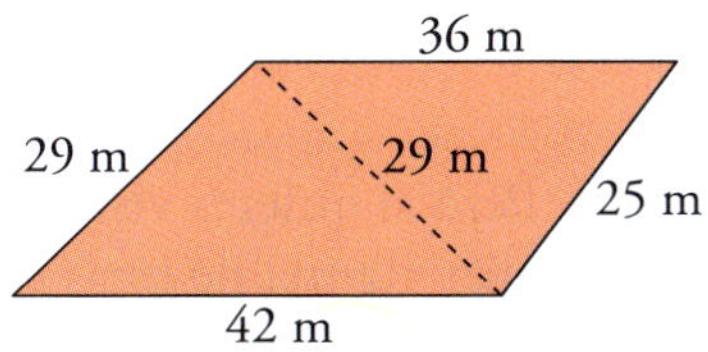

43 Calcula el área del recinto que tiene Sara para sembrar, es el que está entre los tres depósitos de agua cilíndricos de 5 m de radio.

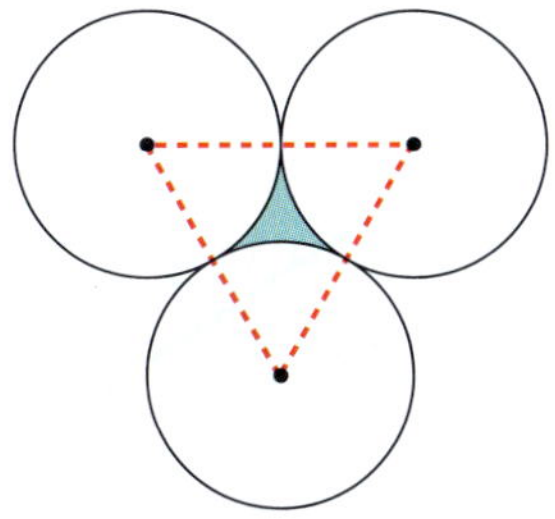

44 A cada uno de los seis mejores grafiteros y grafiteras de un certamen les han dado un lienzo cuadrado de 1 m de lado para que representen algún motivo geométrico. Estos son los resultados:

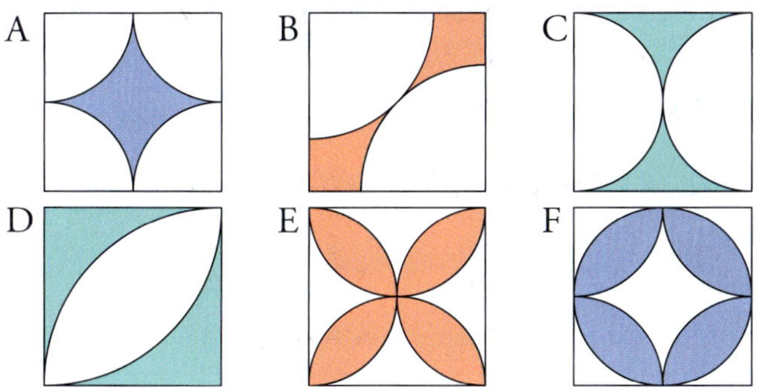

Fijándote en la superficie coloreada de cada lienzo, ordénalos de mayor a menor.

45 ¿Cuál es la profundidad de un pozo, si su anchura es 1,5 m y alejándote 0,5 m del borde, desde una altura de 1,7 m, observas que la visual une el borde del pozo con la línea del fondo?

46 Se va a perforar un tunel semicircular por el que circulará una vagoneta como la del dibujo. ¿Qué diámetro mínimo debe tener la sección del túnel?

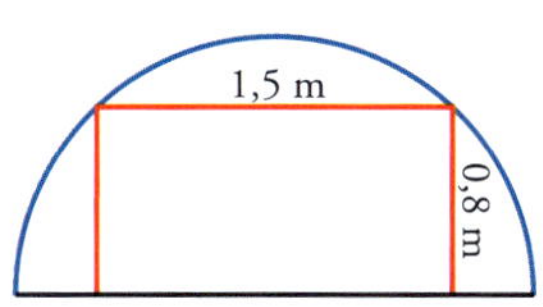

47 ¿Cuál es el diámetro de la tubería más gruesa que se puede introducir por el agujero cuya sección es un triángulo equilátero de 6 cm de lado?

PARA PENSAR UN POCO MÁS

48 **Meta 5.5.** Dibuja un polígono conocido que se aproxime a la forma de estos países, halla su área, en cm^2, y, a partir de tus resultados, haz una estimación de la escala de cada uno de los mapas.

a)

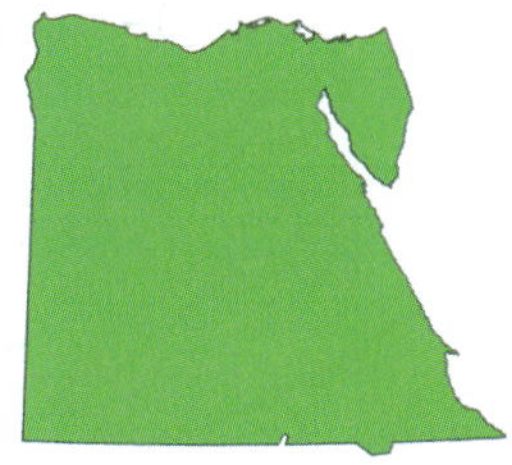

Egipto: 1 010 000 km^2

b)

49 Calcula el valor del ángulo α sabiendo que el lado del heptágono es igual que el lado del octógono.

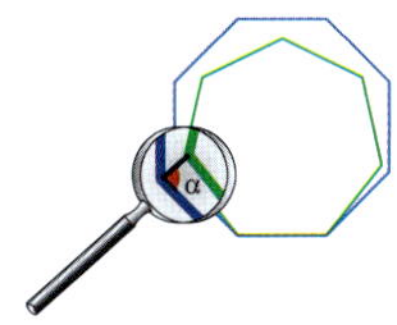

¿LO HAS ENTENDIDO? REFLEXIONA

50 ¿Qué puedes afirmar de un triángulo si uno de los lados coincide con el diámetro de su circunferencia circunscrita?

51 ¿Verdadero o falso? Justifica tus respuestas.

a) Si en un plano mides una longitud y conoces la real, puedes hallar la escala.

b) El ángulo inscrito en una circunferencia es igual al doble del ángulo que abarca.

c) Dos triángulos semejantes tienen los lados proporcionales.

d) Dos figuras semejantes tienen los ángulos proporcionales.

e) Con los tres lados de un triángulo se puede saber si es acutángulo, rectángulo u obtusángulo.

f) Con los tres lados de un triángulo se puede hallar su área.

g) Los ángulos de un pentágono regular suman 540°, pero si no es regular, no se sabe cuánto suman.

h) Si una recta corta a dos rectas paralelas, se obtienen ocho ángulos distintos.

LAS CÓNICAS

ELIPSE

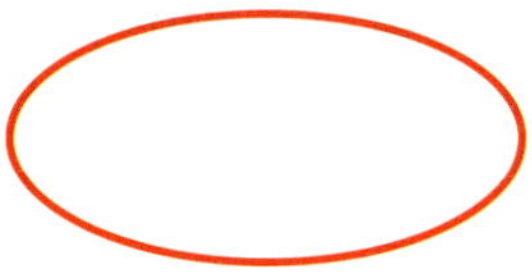

Seguro que ya conoces esta curva. Pero si quieres visualizarla en un momento, solo tienes que hacer alguna de estas cosas:

Llenar hasta la mitad un vaso y, después, inclinarlo.

Cortar un chorizo o un salchichón.

PARÁBOLA

También conoces esta otra curva. A la derecha tienes situaciones en las que puedes visualizarla.

Chorro de agua.

Antenas parabólicas.

Las dos curvas anteriores, junto con la circunferencia, se pueden obtener cortando un cono con un plano:

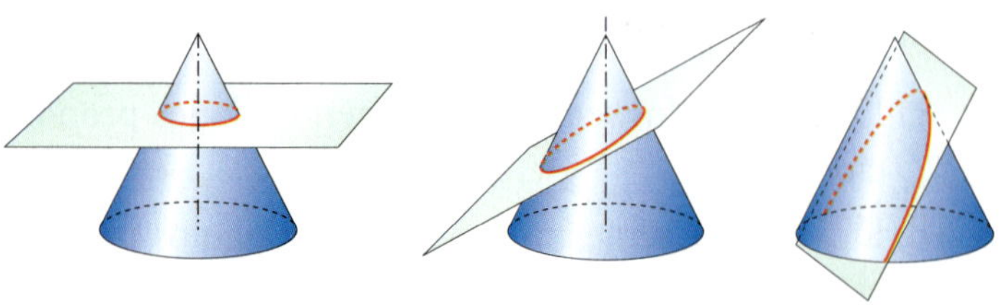

CIRCUNFERENCIA ELIPSE PARÁBOLA

¡Por eso se llaman cónicas! Circunferencia, elipse y parábola son cónicas porque se obtienen cortando un cono con un plano. Dependiendo de la inclinación del plano se obtiene una curva u otra.

¡Pero hay otra cónica!

Se llama hipérbola y tiene dos ramas.

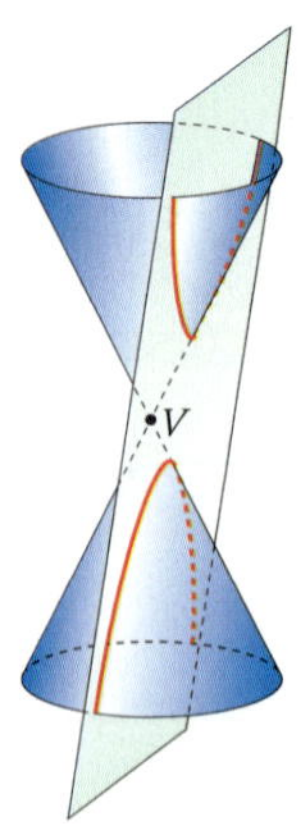

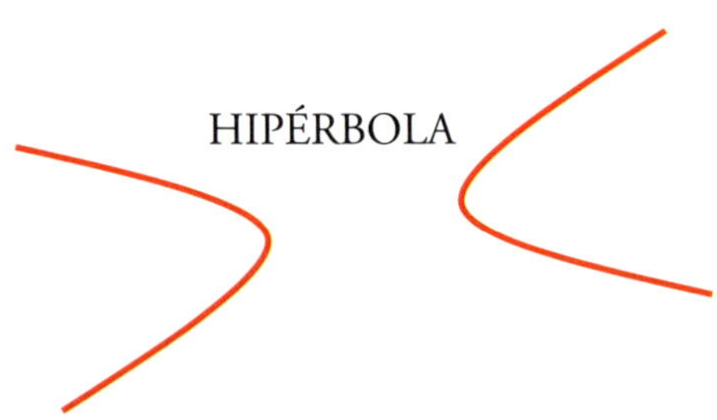

HIPÉRBOLA

Pues bien, hace más de 23 siglos, el geómetra griego Apolonio las estudió, las describió y les puso los nombres con los que ahora nos referimos a ellas.

AUTOEVALUACIÓN

➜ **anayaeducacion.es** Resoluciones de estos ejercicios.

1 Calcula los ángulos desconocidos en estas figuras:

a)

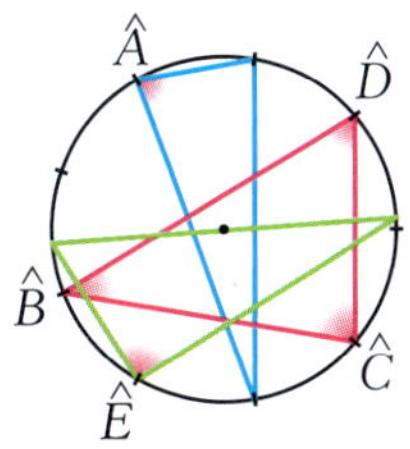

b)

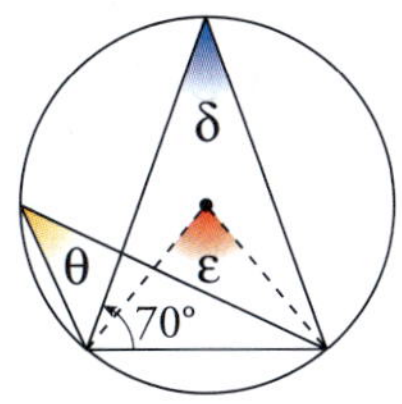

2 ¿A qué altura, x, hay que cortar el triángulo ABC para que la hipotenusa se reduzca en siete centímetros?

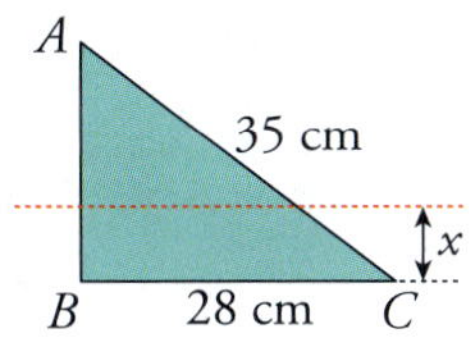

3 a) ¿Por qué son semejantes los triángulos APQ y ACB?

b) Calcula $x = \overline{BQ}$.

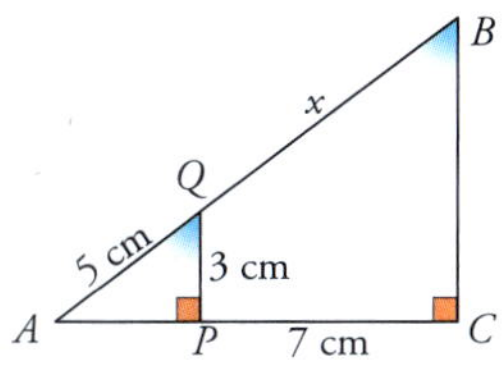

4 Calcula la altura del árbol y la longitud de la sombra de la farola.

5 Calcula el valor de x en cada caso:

a)

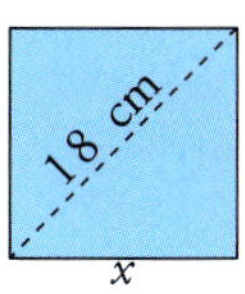

b)

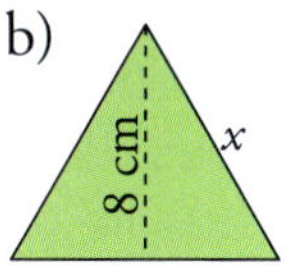

c)

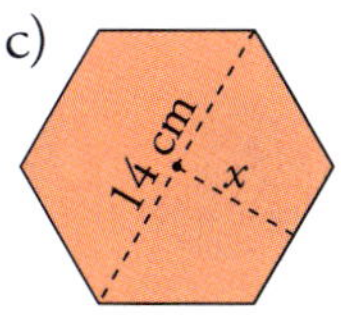

d)

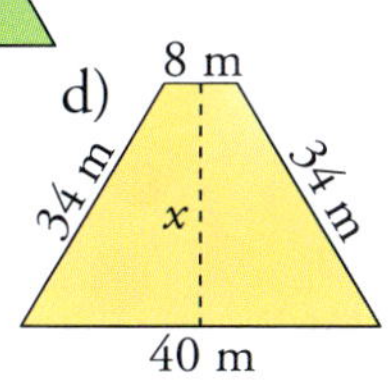

6 Calcula las alturas del triángulo y del trapecio:

a)

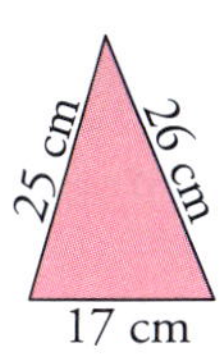

b)

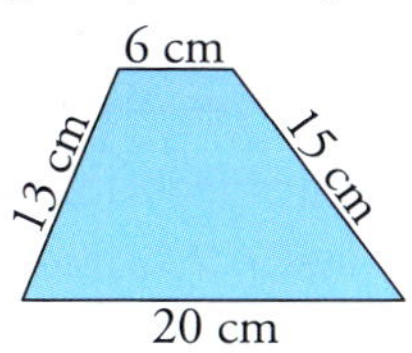

7 Calcula el área de la zona coloreada en cada figura:

a)

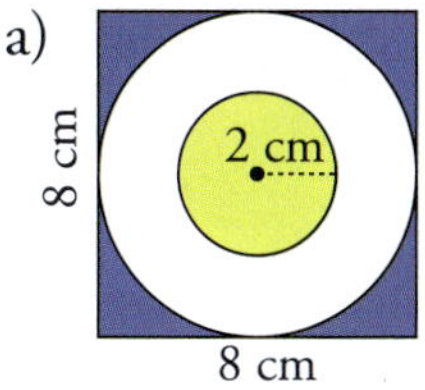

b)

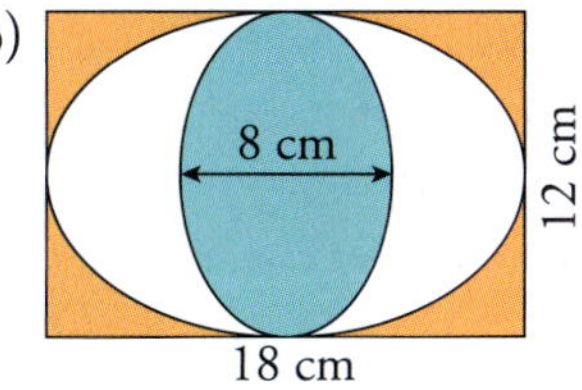

c)

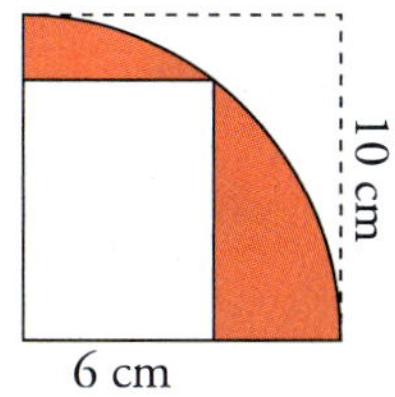

d)

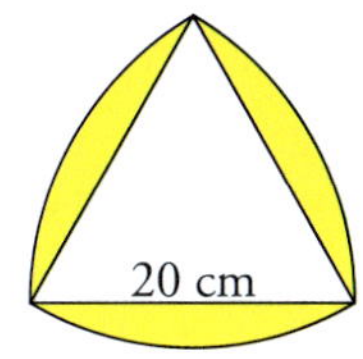

8 Si en el plano de una vivienda se representa una mesa de 5 m de largo con un rectángulo de 2 cm de largo:

a) ¿Cuál es la escala que se ha utilizado?

b) ¿Qué longitud tiene el pasillo si su representación tiene 4 cm de largo?

c) ¿Cuál es el ancho de la cocina si en el plano tiene 3 cm?

9 Este plano de un *camping* está a escala 1:3 000.

a) ¿Qué distancia hay de la enfermería a cada contenedor?

b) ¿Qué superficie tiene el *camping*?

c) Sabemos que una pista de pádel mide 10 m × 20 m. ¿Qué dimensiones debe tener en este plano?

DESAFÍOS QUE DEJAN HUELLA

REFLEXIONA

Revisa los aspectos trabajados y plantea soluciones a los problemas que se detecten. Para ello, descarga de **anayaeducacion.es** la rúbrica correspondiente, reflexiona de manera individual y comparte en grupo.

PON A PRUEBA TUS COMPETENCIAS

Realiza la autoevaluación competencial incluida en **anayaeducacion.es.**

11

Cuerpos geométricos

Entre las formas poliédricas que vamos a ver en esta unidad están los *sólidos platónicos* y los *arquimedianos*. Platón y Arquímedes: ¿qué papel desempeñaron estos dos genios en la historia de la matemática?

Platón (427 a. C.-347 a. C.) fue un filósofo ateniense que se interesó, sobre todo, por la filosofía moral, y consideraba la ciencia como una clase de conocimiento inferior. Le gustaban las matemáticas por sus abstracciones idealizadas y su separación de lo meramente material. Aunque su especialidad no fueron las matemáticas, impulsó su estudio hasta el punto de que, en la entrada de la Academia (especie de universidad ateniense que él fundó), había un letrero que decía «No entre aquí quien no sepa matemáticas».

Atribuyó a los poliedros regulares (a los que, en su honor, se les denomina *sólidos platónicos*) una estrecha relación con el universo: los cielos debían reflejar la perfección de la matemática abstracta en su forma más sencilla.

Platón ejerció una gran influencia en el pensamiento posterior.

Arquímedes (287 a. C.-212 a. C.) fue ingeniero, matemático e inventor. A lo largo de su vida diseñó y construyó multitud de ingenios mecánicos. Y se valió de la experimentación para descubrir propiedades físicas o matemáticas que, después, se esmeraba en probar con rigor.

Gran calculista, dedujo las fórmulas para la obtención de áreas y volúmenes de figuras geométricas. Y estudió los 13 sólidos que llevan su nombre.

Aunque, posiblemente, su manera de enfocar las matemáticas habría horrorizado a Platón, Arquímedes fue el más grande matemático de la Antigüedad.

Con lo que ya sabes, resuelve

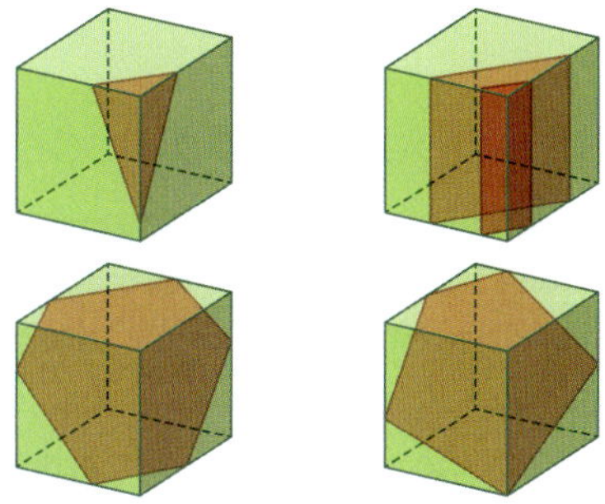

Recuerda cómo se obtienen las secciones que aparecen al cortar un cuerpo geométrico por un plano. Son figuras planas que pueden ser poligonales o con lados curvos.

Ya conocemos de sobra muchas de las secciones que se obtienen al cortar un cubo. Puedes ver algunas a la derecha.

Recuerda cuáles son los poliedros regulares.

Pensemos qué secciones pueden crearse sobre ellos. Por ejemplo, si queremos un triángulo equilátero, podríamos hacerlo en todos menos en el octaedro y el icosaedro (curioso, teniendo en cuenta que sus caras son triángulos equiláteros).

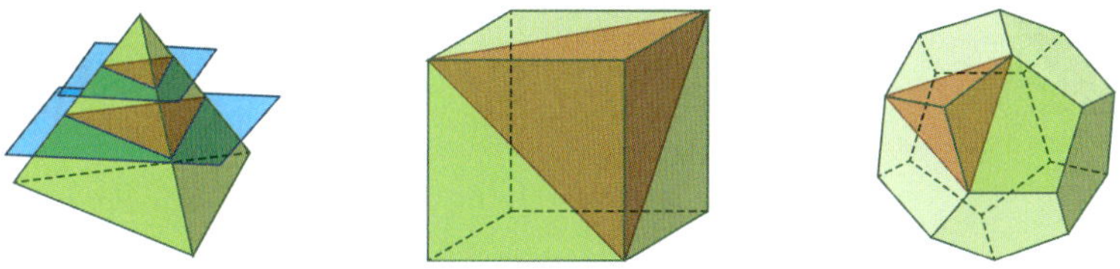

REFLEXIONA

1. ¿En cuáles de los poliedros regulares podríamos obtener un cuadrado? ¿Y un rectángulo? ¿Y un trapecio? Comparte tus conclusiones con tus compañeros y compañeras porque, seguramente, haya más de los que en un principio piensas.

   Tomemos, por ejemplo, un octaedro. ¿Cuál es el polígono con más lados que eres capaz de crear con una sección? ¿Y el de menos lados? Haz lo mismo con los demás poliedros regulares.

2. Veamos estos otros cuerpos geométricos. ¿Sabrías cuáles de las secciones de la derecha se pueden conseguir a partir de cada uno?

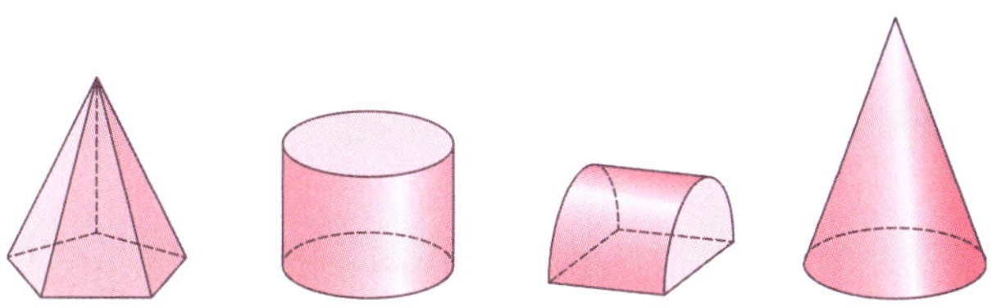

3. Utiliza plastilina para construir cuerpos geométricos y crear secciones en ellos utilizando una tarjeta de crédito o un cuchillo de cocina.

   Si puedes, consigue moldes de poliedros o cuerpos de revolución, de manera que te sea más sencillo y rápido hacerlos.

   ¿Puedes hacer triángulos, cuadrados y rectángulos cortando el quesito? Prueba con otros objetos que tengas a mano.

1 Poliedros regulares y semirregulares

Poliedros regulares

Un **poliedro** se llama **regular** cuando cumple las dos condiciones siguientes:

1. Sus caras son polígonos regulares idénticos.
2. En cada vértice del poliedro concurre el mismo número de caras.

Solo hay cinco poliedros regulares:

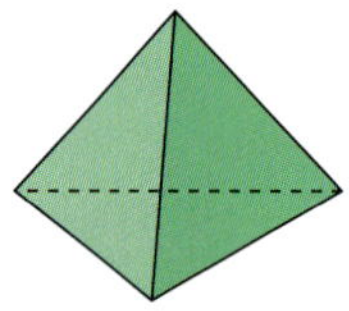

TETRAEDRO
4 caras, triángulos

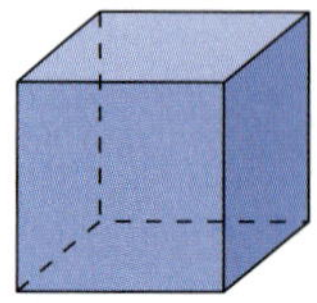

CUBO O HEXAEDRO
6 caras, cuadrados

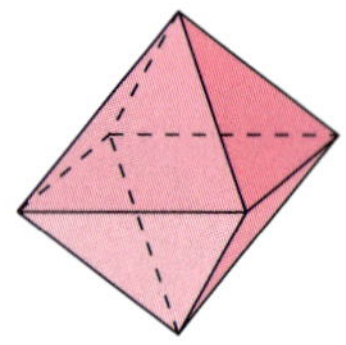

OCTAEDRO
8 caras, triángulos

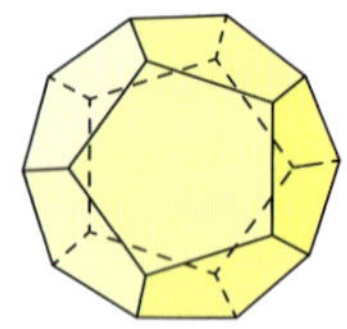

DODECAEDRO
12 caras, pentágonos

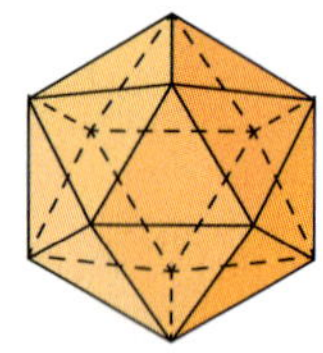

ICOSAEDRO
20 caras, triángulos

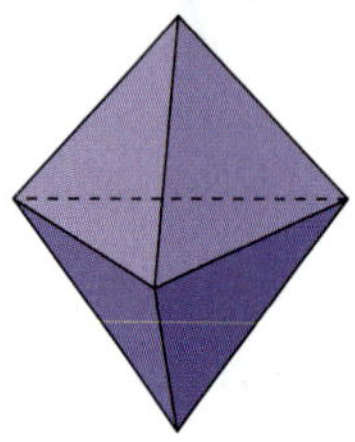

Aunque sus seis caras son triángulos equiláteros idénticos, este poliedro **no es regular,** porque en unos vértices concurren tres caras y en otros, cuatro.

LOS SÓLIDOS PLATÓNICOS

Fue una creencia aceptada durante siglos que el cosmos estaba formado por cuatro elementos: aire, agua, tierra y fuego.

Platón asoció un poliedro regular a cada uno de ellos:

AIRE → OCTAEDRO
AGUA → ICOSAEDRO
TIERRA → CUBO
FUEGO → TETRAEDRO

¿Y el DODECAEDRO? Esta figura era la preferida de Platón y por eso la designó como símbolo del UNIVERSO.

A los poliedros regulares se les llama **sólidos platónicos.**

Dualidad en poliedros regulares

Al unir mediante segmentos los centros de cada dos caras contiguas de un cubo, se forma un octaedro.

Si hiciéramos lo mismo con un octaedro, se formaría un cubo. Por eso decimos que el octaedro y el cubo son **poliedros duales.**

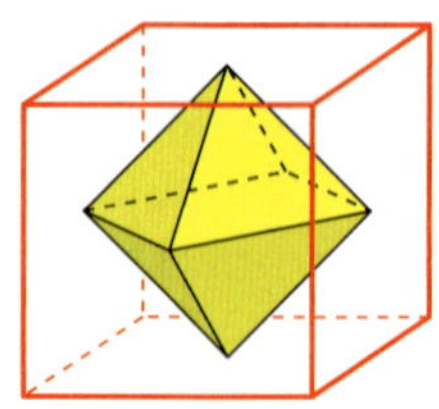

El número de caras de un poliedro coincide con el número de vértices de su dual. Y ambos tienen el mismo número de aristas.

	CUBO	OCTAEDRO
CARAS	6	8
VÉRTICES	8	6
ARISTAS	12	12

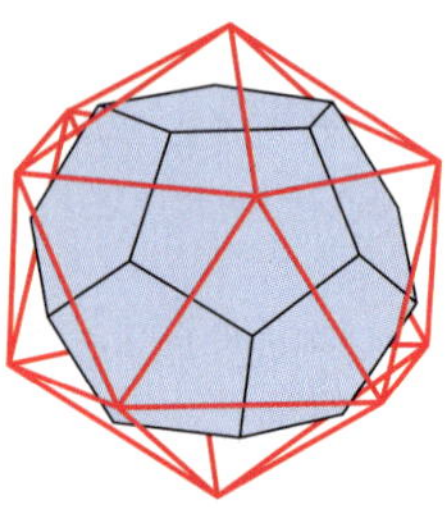

El dodecaedro es dual del icosaedro. Y el tetraedro es dual de sí mismo.

PIENSA Y PRACTICA

1 Completa en tu cuaderno el cuadro de la derecha con el número de caras, vértices y aristas de los tres poliedros regulares que quedan. Comprueba así que el dodecaedro y el icosaedro son duales y que el tetraedro es dual de sí mismo.

	TETRAEDRO	DODECAEDRO	ICOSAEDRO
CARAS			
VÉRTICES			
ARISTAS			

Poliedros semirregulares

Se llama **poliedro semirregular** a aquel cuyas caras son polígonos regulares de dos o más tipos y tal que en todos los vértices concurren los mismos polígonos.

Por ejemplo, estos dos poliedros son semirregulares:

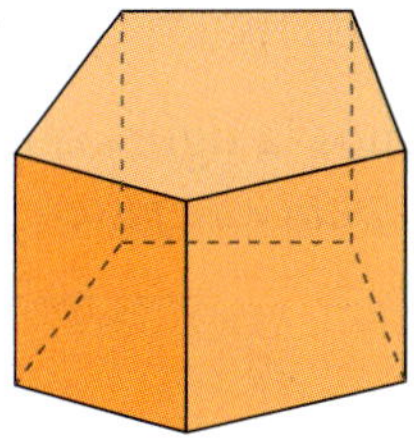

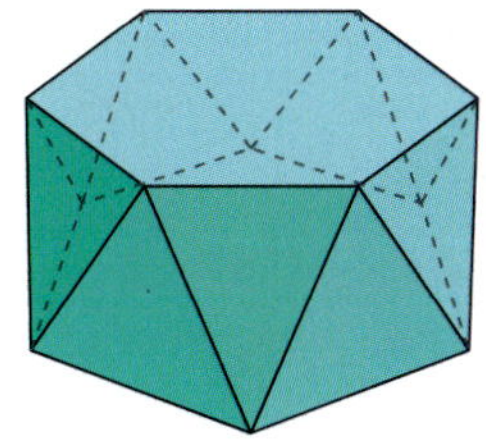

El de la izquierda es un prisma pentagonal regular con caras laterales cuadradas.

El de la derecha se llama **antiprisma.** Este, en concreto, es hexagonal regular y en cada vértice concurren un hexágono y tres triángulos equiláteros.

INTERESANTE

Un poliedro semirregular tiene, necesariamente, todas sus aristas iguales. No es difícil razonar por qué. Inténtalo.

Fórmula de Euler

Si en un poliedro simple (que no tiene orificios) se cuentan el número de caras (c), de vértices (v) y de aristas (a), se cumple lo siguiente:

Fórmula de Euler: $c + v - a = 2$

Todos los poliedros que manejamos habitualmente son simples. Por eso, en todos ellos se cumple la fórmula de Euler.

Por ejemplo, comprobamos que esta pirámide pentagonal cumple la fórmula de Euler:

$$\left.\begin{array}{r} \text{N.º de caras: } c = 6 \\ \text{N.º de aristas: } a = 10 \\ \text{N.º de vértices: } v = 6 \end{array}\right\} \rightarrow 6 + 6 - 10 = 2$$

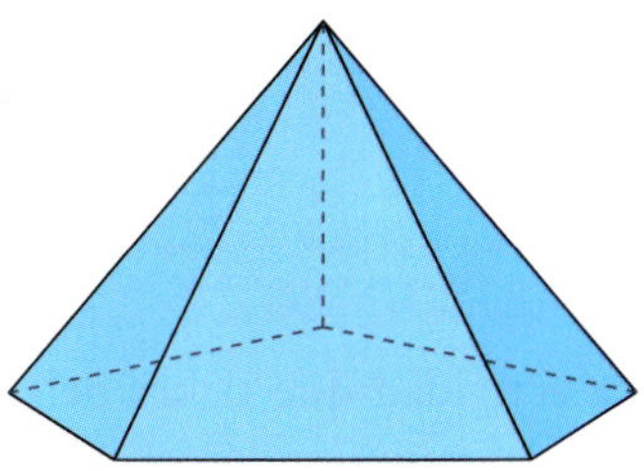

¡QUÉ LE VAMOS A HACER!

Esta fórmula, $c + v - a = 2$, la descubrió Descartes cuando tenía 23 años, casi un siglo antes de que naciera Euler. Sin embargo, se conoce con el nombre de este.

PIENSA Y PRACTICA

2 Hemos visto que esta figura no es un poliedro regular. ¿Es semirregular?

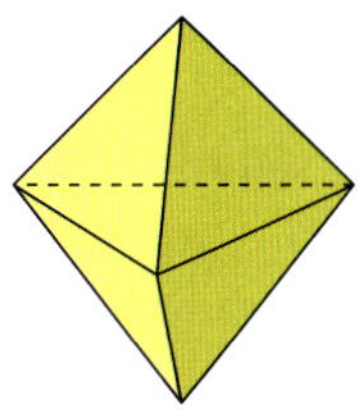

3 Esta pirámide truncada cuyas bases son cuadrados, ¿es un poliedro semirregular? ¿Por qué?

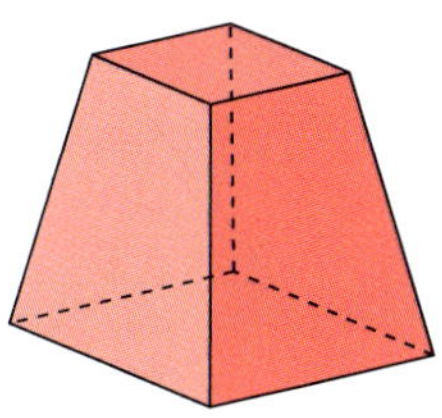

4 Explica por qué las aristas de un poliedro semirregular tienen que ser todas iguales.

5 Comprueba que se cumple la fórmula de Euler para los dos poliedros semirregulares de arriba.

6 Comprueba la fórmula de Euler en estos poliedros:

a) 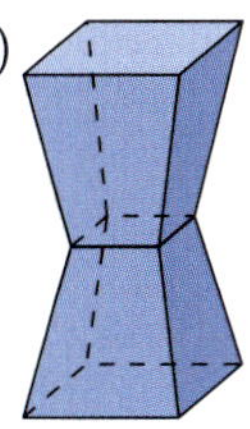 b) 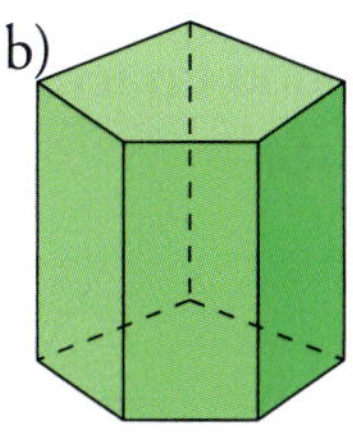 c) 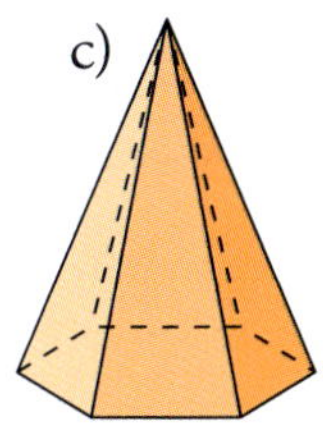

7 Explica por qué este poliedro no es simple. Comprueba que no se cumple en él la fórmula de Euler.

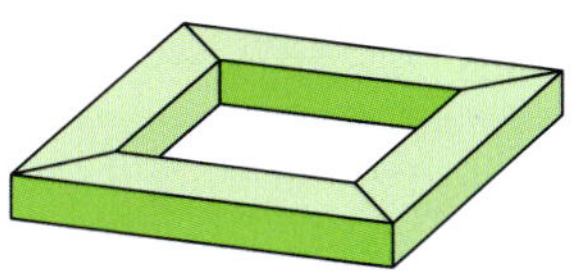

2 Truncando poliedros regulares

Truncar es suprimir, mediante un corte plano, un vértice de un poliedro. Es posible obtener muchas figuras nuevas a partir del truncamiento de otras conocidas.

Truncamiento hasta la mitad de la arista

Analicemos la figura que se obtiene al truncar todos los vértices de un cubo mediante *planos que pasan por los puntos medios de las aristas* adyacentes.

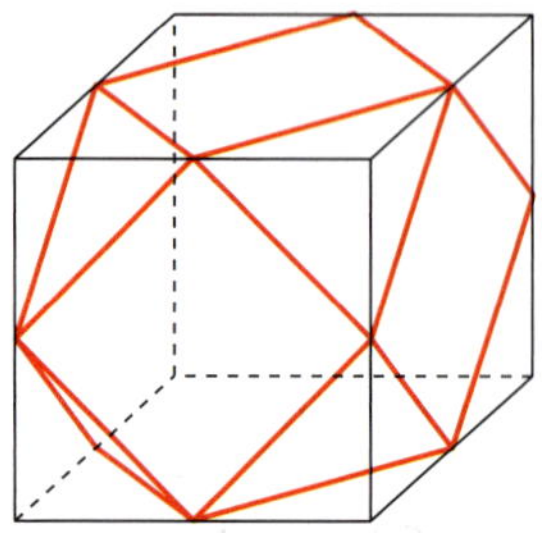

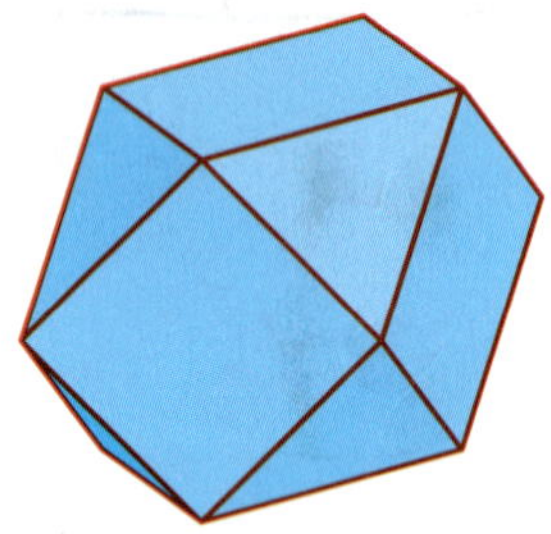

La figura resultante, llamada **cuboctaedro,** tiene 6 caras cuadradas (una por cada cara del cubo) y 8 caras triangulares (una por cada vértice truncado). Como puedes comprobar, es un poliedro semirregular.

De forma similar, si cortamos los vértices de un dodecaedro regular mediante planos que pasan por los puntos medios de las aristas adyacentes, obtenemos un poliedro semirregular al que llamamos **icosidodecaedro.**

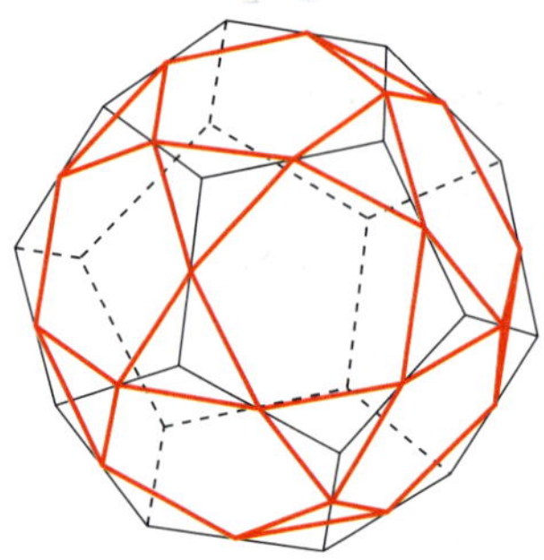

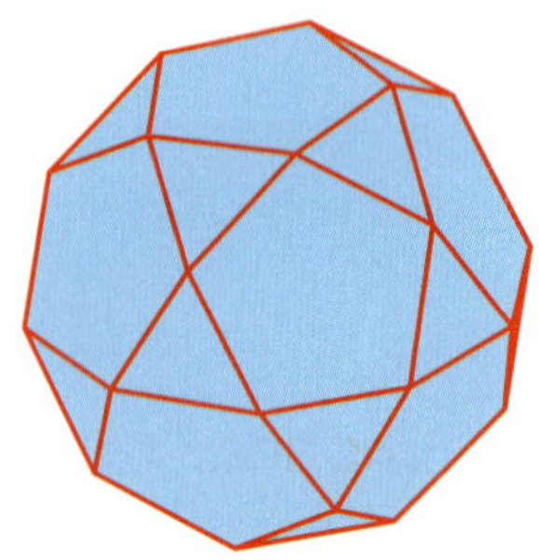

REFLEXIONA

La actividad que tienes debajo te ayudará a comprender el porqué de los nombres *cuboctaedro* e *icosidodecaedro*.

PIENSA Y PRACTICA

1 Vamos a truncar, dando cortes que pasen por los puntos medios de las aristas adyacentes, los restantes poliedros regulares.

a) Al truncar de este modo un tetraedro, se obtiene una figura conocida. ¿Cuál?

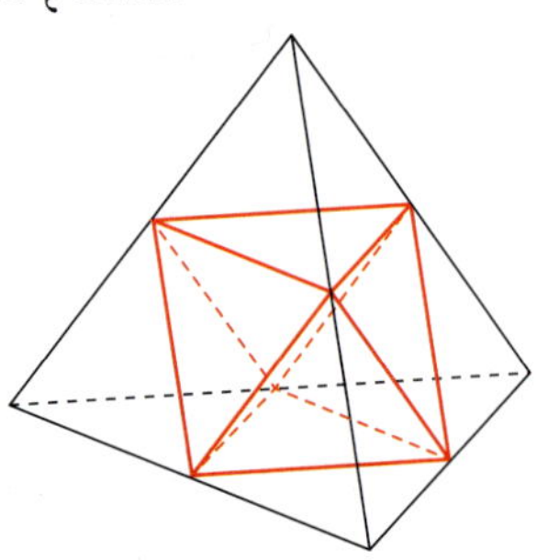

b) El resultado de truncar el octaedro es el cuboctaedro que vimos al principio de la página. Al truncar el icosaedro, obtienes el icosidodecaedro, que vimos también más arriba. Compruébalo en los dibujos.

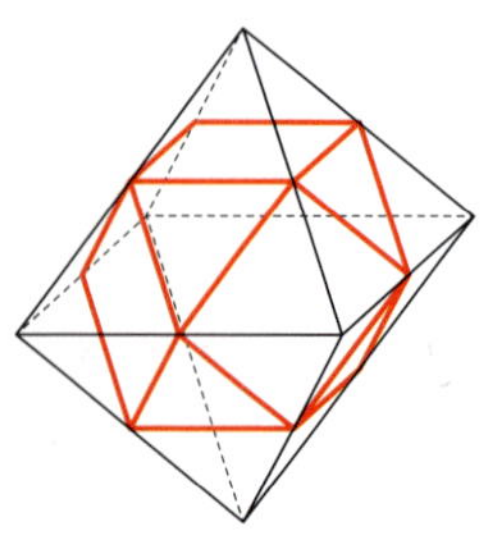

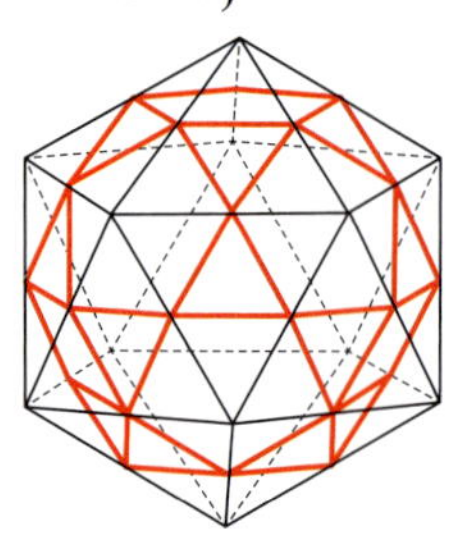

c) Relaciona los resultados con la dualidad de poliedros estudiada en el epígrafe anterior.

SÓLIDOS ARQUIMEDIANOS

Arquímedes estudió un tipo de poliedros semirregulares que se conocen como **sólidos arquimedianos.** Son un total de 13: los 5 estudiados en esta página, los 2 truncados de la página de la izquierda y otros 6 más complicados.

Truncamiento dejando parte de la arista

Si truncamos los vértices de un cubo dejando parte de las aristas, las caras se tornan en octógonos. Cortando a distancias adecuadas, los octógonos serán regulares y, así, el cuerpo obtenido, **cubo truncado,** es un poliedro semirregular.

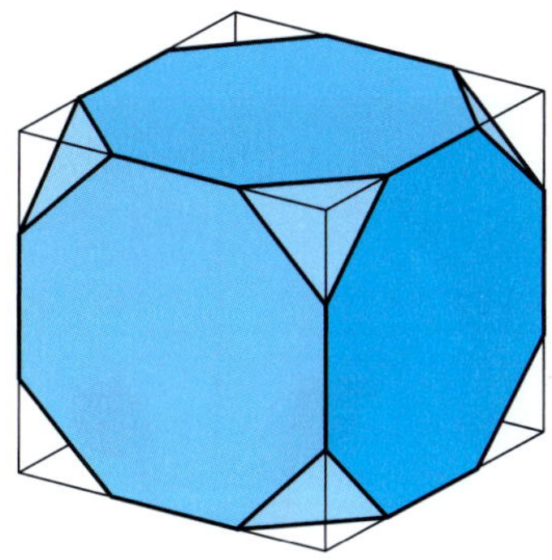

Truncando un cubo a distancias adecuadas de los vértices se obtiene un poliedro semirregular (llamado **cubo truncado**), en cada uno de cuyos vértices concurren dos octógonos y un triángulo.

Análogamente, el tetraedro truncado, el octaedro truncado, el dodecaedro truncado y el icosaedro truncado son poliedros semirregulares. Veamos estos dos últimos:

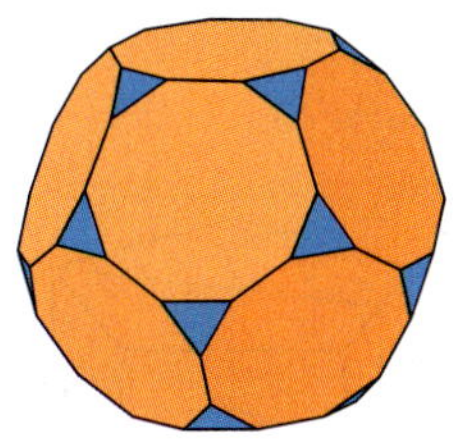

DODECAEDRO TRUNCADO

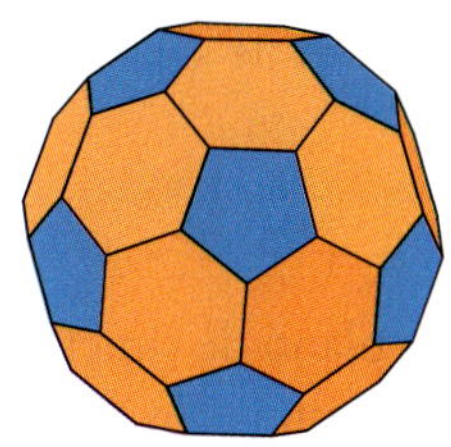

ICOSAEDRO TRUNCADO

Observa que el icosaedro truncado tiene la forma de algunos balones de fútbol antes de hincharlos.

PIENSA Y PRACTICA

2 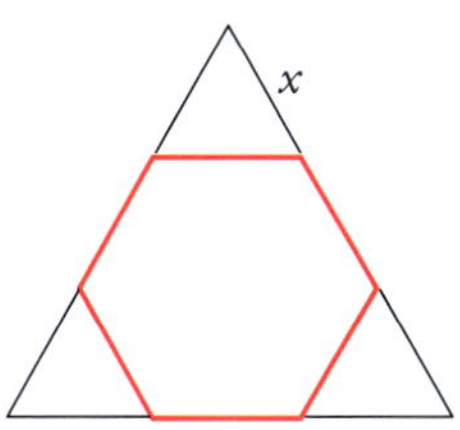

¿A qué distancia del vértice hemos de cortar los triángulos pequeños para que el hexágono resultante sea regular?

3 Describe el tetraedro truncado.

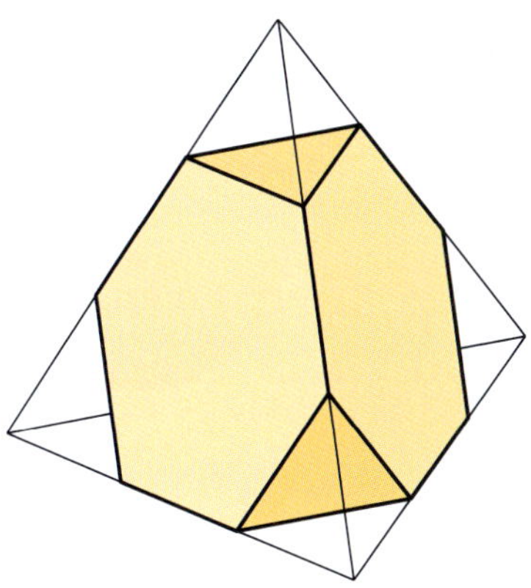

¿Cuántas caras tiene?

¿Cuántas son de cada tipo?

¿Cuántos vértices?

¿Cuántas aristas?

¿Cuánto mide la arista del tetraedro truncado con relación a la del tetraedro original?

4 Describe el octaedro truncado.

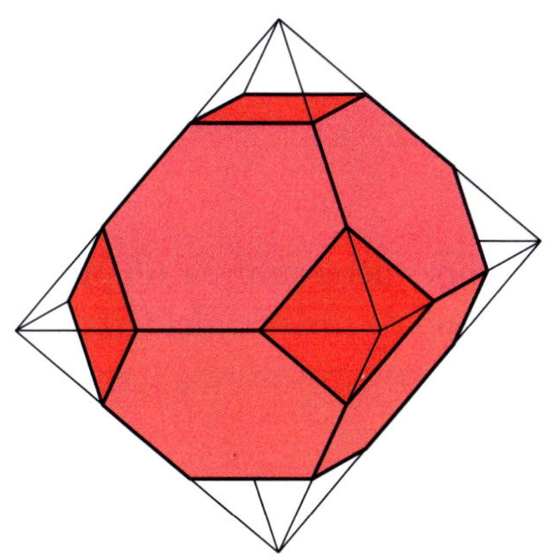

Indica el número de caras, aristas y vértices, y comprueba que es un poliedro semirregular y que cumple la fórmula de Euler.

5 Repite el ejercicio anterior para el dodecaedro truncado y para el icosaedro truncado dibujados más arriba.

3 Planos de simetría de una figura

Un **plano de simetría de una figura** es aquel que la divide en dos partes, cada una, reflejo de la otra.

Muchas figuras geométricas tienen plano de simetría. Y algunas, más de uno.

Planos de simetría del cubo

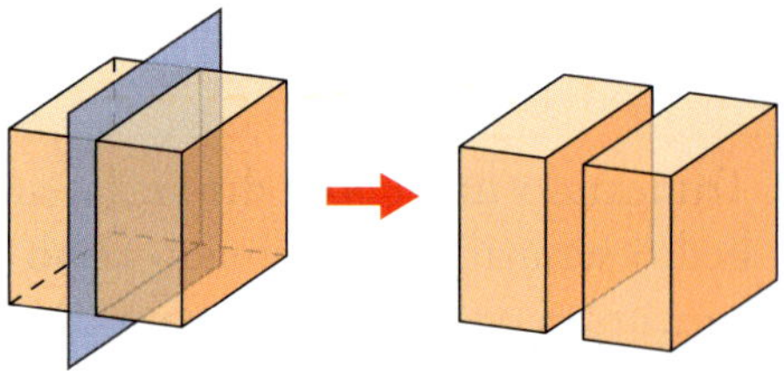

El cubo tiene planos de simetría paralelos a sus caras. Hay tres.

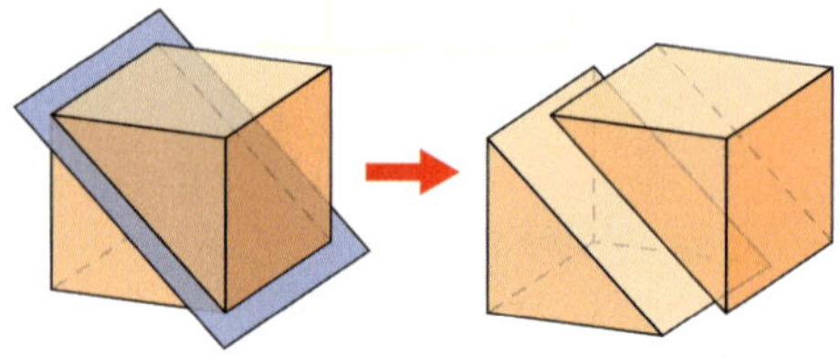

Cada dos aristas opuestas determinan un plano de simetría. Hay seis.

→ Dibuja cuerpos geométricos y traza sus planos de simetría.

ATENCIÓN

Este no es un plano de simetría del ortoedro, ya que, aunque lo divida en dos partes iguales, cada una de ellas no es reflejo de la otra.

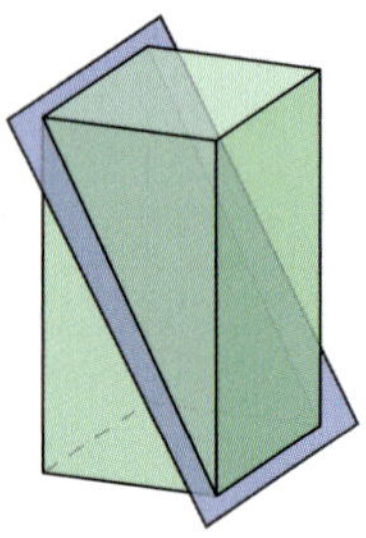

Planos de simetría de prismas y cilindros

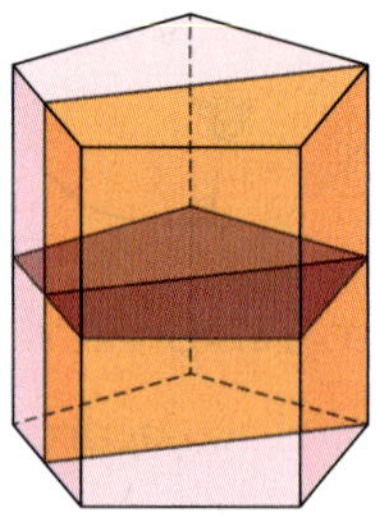

El prisma pentagonal regular tiene planos de simetría que contienen los ejes de simetría de sus bases y son perpendiculares a ellas. Además, hay un plano de simetría paralelo a sus bases.

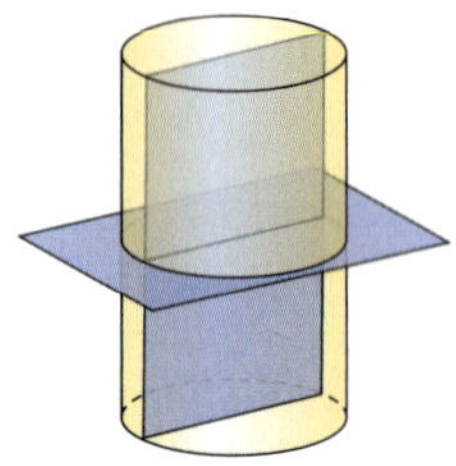

Cualquier plano que contiene al eje del cilindro es plano de simetría de este. Hay, pues, infinitos. Además, hay un plano de simetría paralelo a sus bases.

PIENSA Y PRACTICA

1 ¿Qué condiciones debe cumplir un plano para ser plano de simetría del tetraedro?

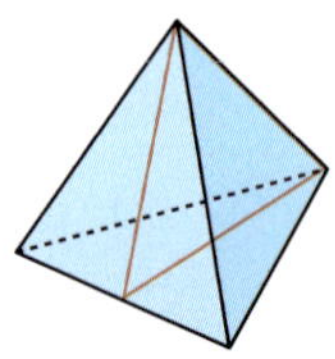

2 Dibuja un prisma hexagonal como este en tu cuaderno y traza un plano de simetría perpendicular a sus bases y otro paralelo.

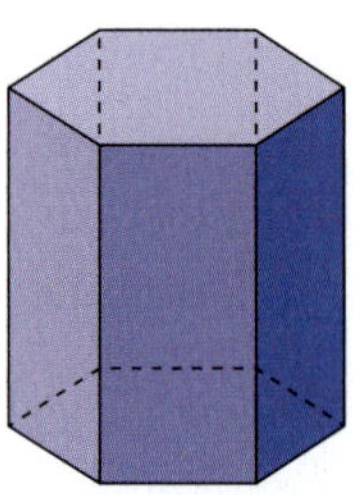

3 Describe algunos planos de simetría del octaedro, de la pirámide pentagonal regular y de la esfera.

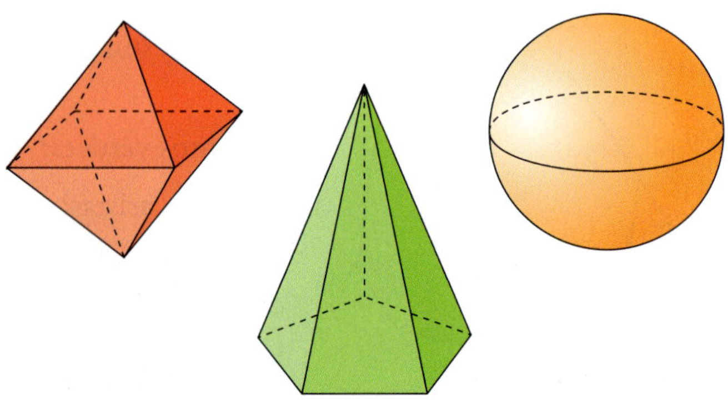

4 Ejes de giro de una figura

Algunas formas en la naturaleza, como una rodaja de tamarindo chino, tienen simetría radial.

Algunas formas en la naturaleza, como el tamarindo chino cortado por la mitad, tienen **simetría radial**. En nomenclatura matemática diremos que tiene un *eje de giro de orden 5*.

Una recta e es **eje de giro de orden** n de una figura si, al girar en torno a e la figura, ocupa la misma posición n veces (incluida la posición inicial).

Ejes de giro del cubo

A la derecha puedes ver ejes de giro de orden 4, porque al girar en torno a ellos el cubo ocupa la misma posición cuatro veces en cada vuelta. Hay tres.

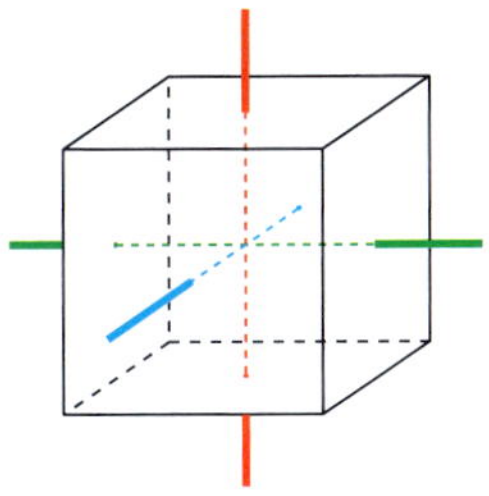

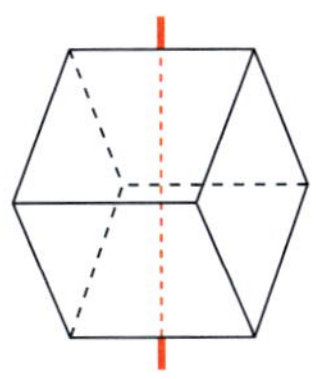

Eje de giro de orden 2.

Hay seis.

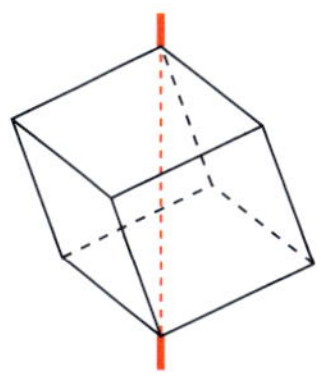

Eje de giro de orden 3.

Hay cuatro.

Ejes de giro del tetraedro

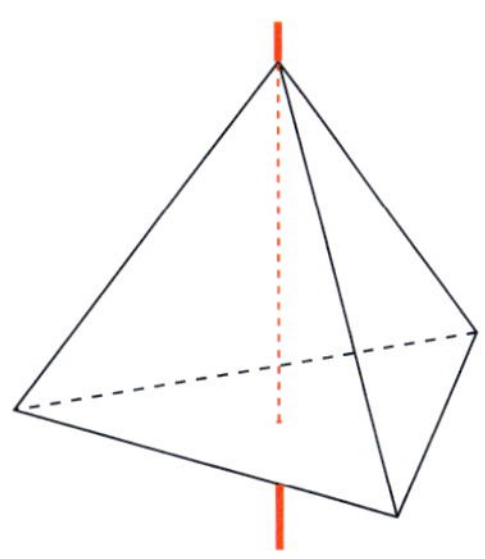

El eje pasa por un vértice y el punto medio (baricentro) de la cara opuesta. Es eje de giro de orden 3.

Hay 4 (tantos como vértices).

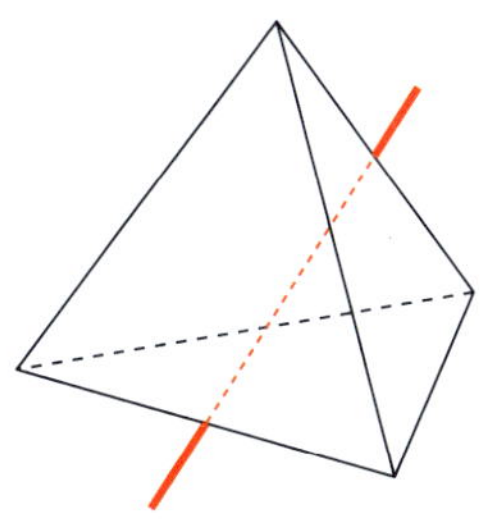

Este eje es perpendicular a dos aristas opuestas en sus puntos medios. Es eje de giro de orden 2.

Hay tres (uno por cada dos aristas).

PIENSA Y PRACTICA

1 Indica el orden de los ejes de giro dibujados.

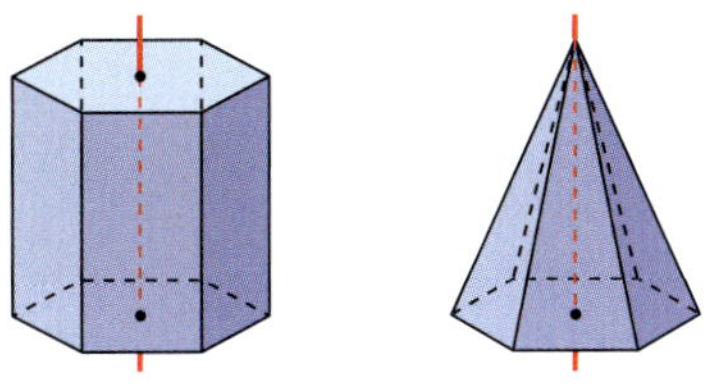

¿Tiene algún otro eje de giro el prisma? ¿Y la pirámide?

2 Estudia los ejes de giro del octaedro.

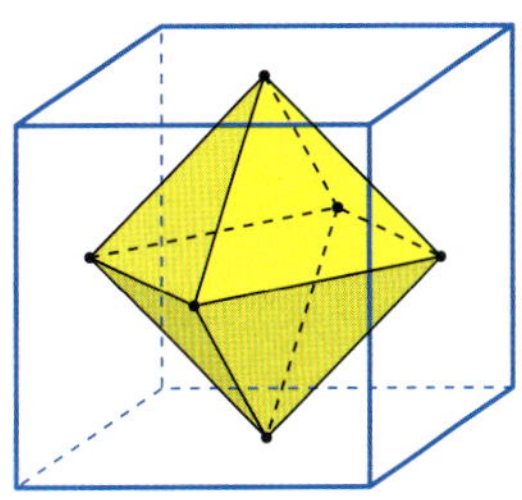

Puedes basarte en los del cubo.

5 Superficie de los cuerpos geométricos

ÁREA DE UN POLIEDRO

El área de un poliedro se obtiene sumando el área de todas sus caras. El proceso se facilita partiendo del desarrollo del poliedro.

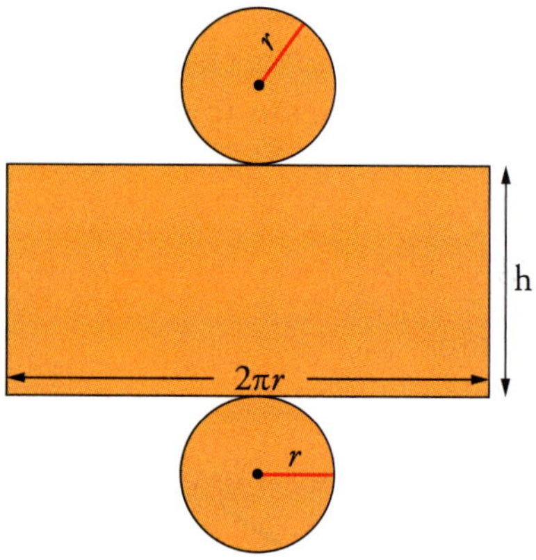

ÁREA DE UN CILINDRO

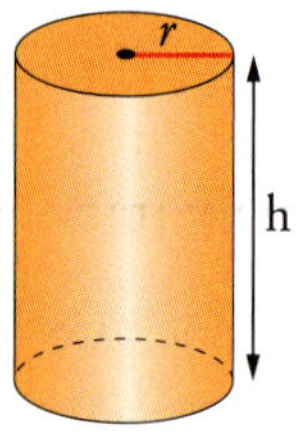

La superficie lateral de un cilindro es un rectángulo cuya base es igual al perímetro del círculo, $2\pi r$, y cuya altura, h, es la del cilindro.

$$\left.\begin{array}{r} A_{\text{LATERAL}} = 2\pi r \cdot \text{h} \\ A_{\text{BASE}} = \pi r^2 \end{array}\right\} \rightarrow A_{\text{TOTAL}} = 2\pi r\text{h} + 2\pi r^2$$

ÁREA DE UN CONO

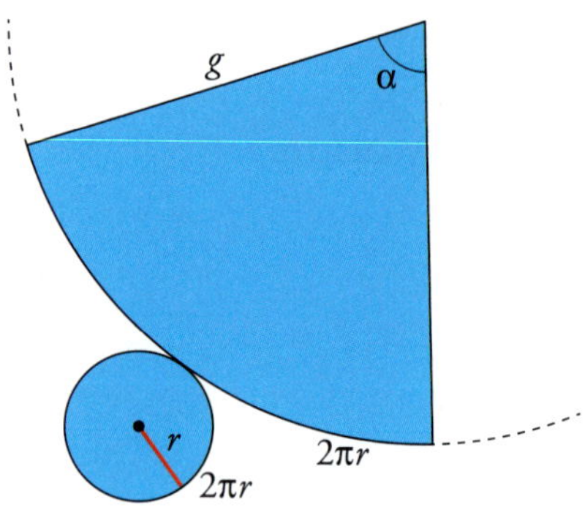

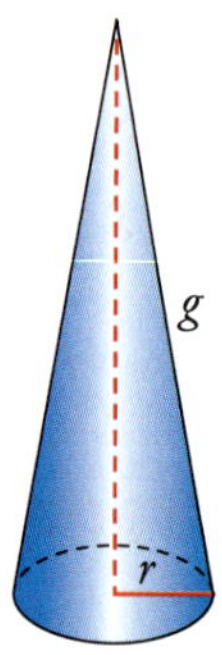

El desarrollo lateral de un cono es un sector circular de un círculo de radio g, y abarca un arco cuya longitud coincide con la de la circunferencia base del cono $(2\pi r)$.

Para construir el desarrollo plano del área lateral del cono, hallamos el ángulo, α, del sector circular:

$$2\pi g \frac{\alpha}{360} = 2\pi r \rightarrow \alpha = \frac{360r}{g}$$

Por tanto:

$$A_{\text{SECTOR}} = \pi g^2 \frac{\alpha}{360} = \pi g^2 \frac{360r/g}{360} = \pi g^2 \frac{r}{g} = \pi rg$$

$$A_{\text{LATERAL}} = \pi rg \qquad A_{\text{TOTAL}} = \pi rg + \pi r^2$$

EJERCICIO RESUELTO

Hallar el área total de un cono rectángulo (altura = radio) de radio 10 cm. ¿Qué ángulo tiene el sector circular con el cual se construye?

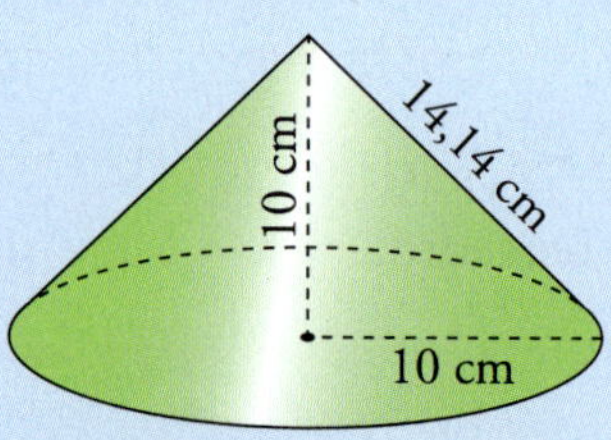

La generatriz mide $g = \sqrt{10^2 + 10^2} = 14{,}14$ cm

$$A_{\text{LATERAL}} = \pi rg = \pi \cdot 10 \cdot 14{,}14 = 444 \text{ cm}^2$$

$$A_{\text{TOTAL}} = 444 + \pi \cdot 10^2 = 758 \text{ cm}^2$$

Perímetro de la base = $2\pi \cdot 10 = 62{,}83$ cm

El sector circular está dibujado con un radio de 14,14 cm.

Hallamos el ángulo del sector como hicimos arriba:

$$\alpha = \frac{360r}{g} = \frac{360 \cdot 10}{14{,}14} = 254{,}60° = 254° \, 35' \, 48''$$

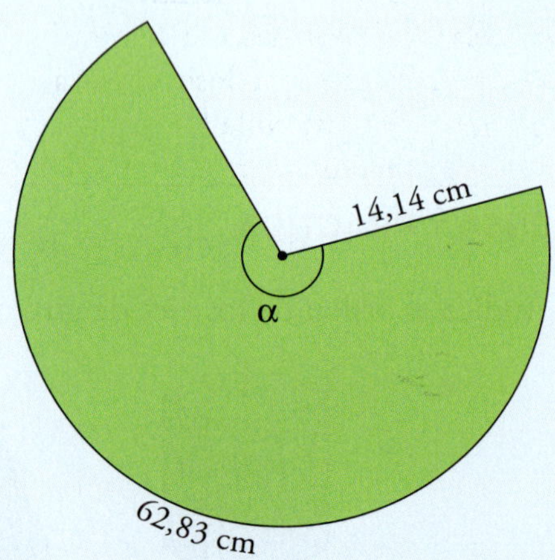

CON CALCULADORA:

62,83 ⊠ 360 ⊕ 88,84 ⊜ 254.60... °'" 254°36°5.51"

ÁREA DE UN TRONCO DE CONO

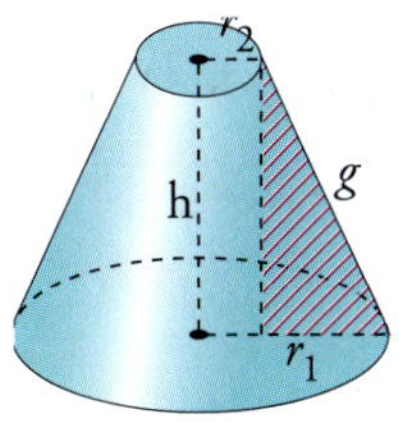

- **Relación entre los radios, la altura y la generatriz**

En un tronco de cono, la altura, h, la diferencia de los radios, $r_1 - r_2$, y la generatriz, g, forman un triángulo rectángulo. Por tanto:

$$g^2 = \mathrm{h}^2 + (r_1 - r_2)^2$$

- **Cálculo del área lateral**

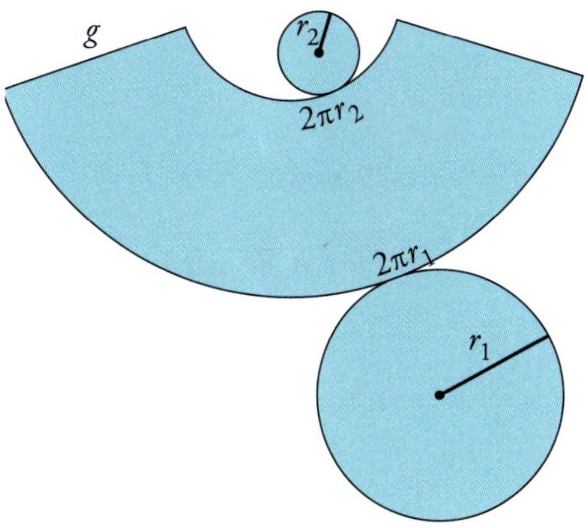

La fórmula para el área lateral de un tronco de cono es similar a la de un trapecio. Recuerda que en un trapecio, el área es igual a la semisuma de las bases por la altura. Si aquí tomamos el desarrollo del área lateral como un trapecio cuyas bases miden $2\pi r_1$ y $2\pi r_2$ y cuya altura es g, obtenemos:

$$\text{Área} = \frac{2\pi r_1 + 2\pi r_2}{2} \cdot g = \pi(r_1 + r_2)g \qquad \text{Esta es el área buscada.}$$

¡ATENCIÓN! Esto no es una demostración, sino una regla nemotécnica. La demostración la tienes en anayaeducacion.es.

$$A_{\text{LATERAL}} = \pi(r_1 + r_2)g \qquad A_{\text{TOTAL}} = \pi(r_1 + r_2)g + \pi r_1{}^2 + \pi r_2{}^2$$

ÁREAS EN LA ESFERA

El área de la superficie esférica es igual al área lateral del cilindro que envuelve a la esfera. Y lo mismo ocurre con las superficies de ambos cuerpos comprendidas entre secciones planas paralelas.

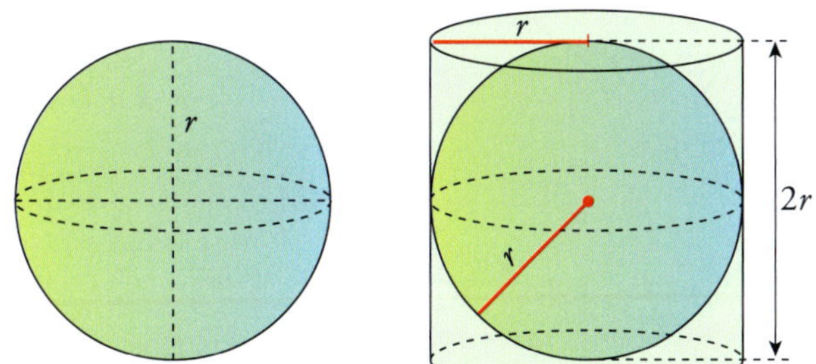

$$A_{\text{ESFERA}} = 2\pi r \cdot 2r = 4\pi r^2$$

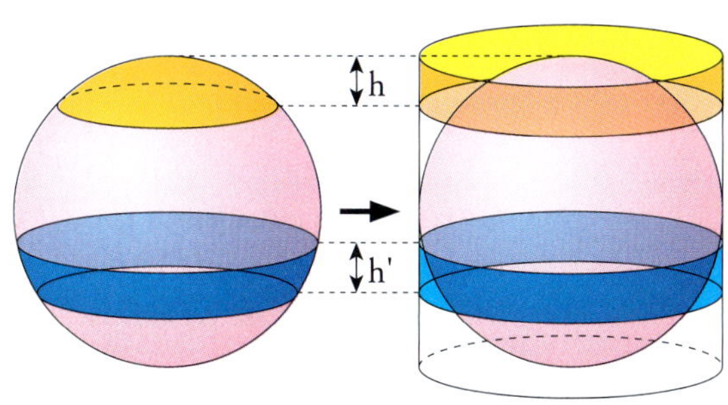

$$A_{\text{CASQUETE ESFÉRICO}} = 2\pi r \cdot \mathrm{h}$$

$$A_{\text{ZONA ESFÉRICA}} = 2\pi r \cdot \mathrm{h'}$$

Estas relaciones entre esfera y cilindro son muy interesantes. Pero más aún es lo siguiente: cualquier figura que dibujemos en la esfera, al proyectarla sobre el cilindro da lugar a otra figura que puede ser muy distinta pero tiene la misma superficie.

ARQUÍMEDES. ESFERA Y CILINDRO

El área lateral del cilindro es igual al área de la esfera inscrita. ¿Y el área total del cilindro?

$$4\pi r^2 + \pi r^2 + \pi r^2 = 6\pi r^2$$

$$A_{\text{TOTAL CILINDRO}} = 1{,}5 \cdot A_{\text{ESFERA}}$$

Pues bien, como veremos en el apartado siguiente, la misma relación se da entre los volúmenes de estas dos figuras:

$$V_{\text{CILINDRO}} = 1{,}5 \cdot V_{\text{ESFERA}}$$

Estas relaciones las descubrió Arquímedes, y estaba tan orgulloso de su hallazgo que pidió que en la lápida de su tumba se grabara una esfera inscrita en un cilindro.

EJERCICIOS RESUELTOS

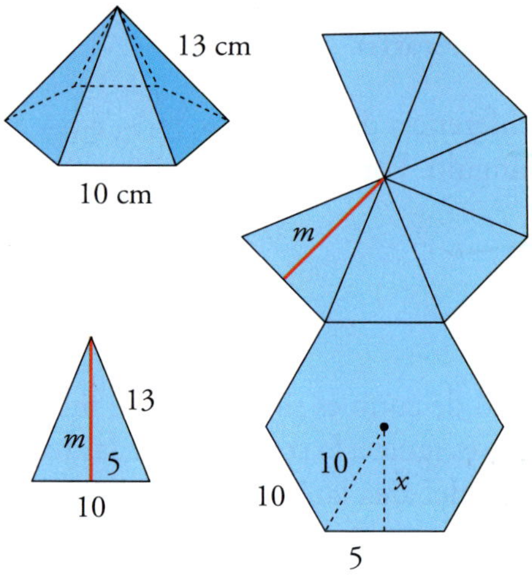

1 ***Calcular el área total de una pirámide recta hexagonal regular, sabiendo que la arista de la base mide 10 cm, y la arista lateral, 13 cm.***

- Cálculo de la apotema de la pirámide (m) y de la apotema de la base (x):

$$m = \sqrt{13^2 - 5^2} = 12 \text{ cm} \qquad x = \sqrt{10^2 - 5^2} \approx 8{,}66 \text{ cm}$$

- Cálculo del área:

$$A_{\text{LATERAL}} = 6 \cdot \frac{10 \cdot m}{2} = 6 \cdot \frac{10 \cdot 12}{2} = 360 \text{ cm}^2$$

$$A_{\text{BASE}} = \frac{6 \cdot 10 \cdot x}{2} = \frac{6 \cdot 10 \cdot 8{,}66}{2} = 259{,}8 \text{ cm}^2$$

$$A_{\text{TOTAL}} = A_{\text{LATERAL}} + A_{\text{BASE}} = 360 + 259{,}8 = 619{,}8 \text{ cm}^2$$

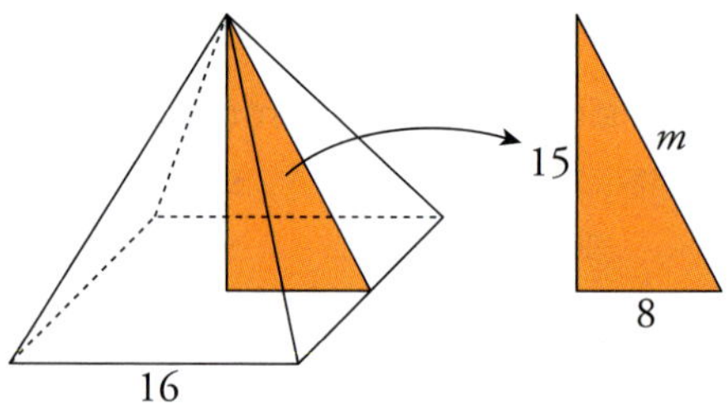

2 ***Calcular el área total de una pirámide recta de 15 cm de altura, cuya base es un cuadrado de 16 cm de lado.***

$$m = \sqrt{15^2 + 8^2} = 17$$

$$A_{\text{CARA LATERAL}} = \frac{16 \cdot 17}{2} = 136 \text{ cm}^2 \qquad A_{\text{BASE}} = 16^2 = 256 \text{ cm}^2$$

$$A_{\text{TOTAL}} = 4 \cdot A_{\text{CARA LATERAL}} + A_{\text{BASE}} = 4 \cdot 136 + 256 = 800 \text{ cm}^2$$

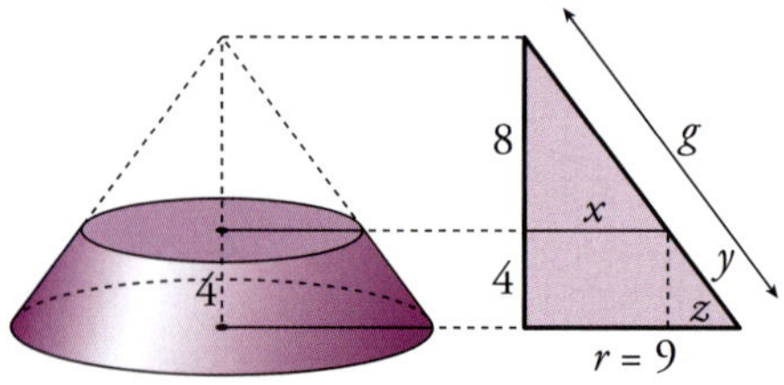

3 ***Un cono tiene 12 cm de altura y 9 cm de radio en la base. Calcular el área lateral y el área total del tronco de cono que se obtiene al cortar el cono por un plano paralelo a la base a 4 cm de altura.***

- Primero es necesario conocer la generatriz: $g = \sqrt{12^2 + 9^2} = 15$ cm
- Necesitamos calcular el radio de la base menor (x) y la generatriz del tronco (y). Recurriendo a la semejanza y al teorema de Pitágoras:

$$\frac{12}{9} = \frac{8}{x} \rightarrow x = 6 \text{ cm} \qquad z = 9 - x \rightarrow z = 9 - 6 = 3 \text{ cm}$$

$$y = \sqrt{4^2 + z^2} = \sqrt{4^2 + 3^2} = 5 \text{ cm}$$

- Cálculo del área:

$$A_{\text{LATERAL}} = \pi(r + x)y = 3{,}14 \cdot (9 + 6) \cdot 5 = 235{,}5 \text{ cm}^2$$

$$A_{\text{BASES}} = \pi r^2 + \pi x^2 = 3{,}14 \cdot 9^2 + 3{,}14 \cdot 6^2 = 367{,}38 \text{ cm}^2$$

$$A_{\text{TOTAL}} = A_{\text{LATERAL}} + A_{\text{BASES}} = 235{,}5 + 367{,}38 = 602{,}88 \text{ cm}^2$$

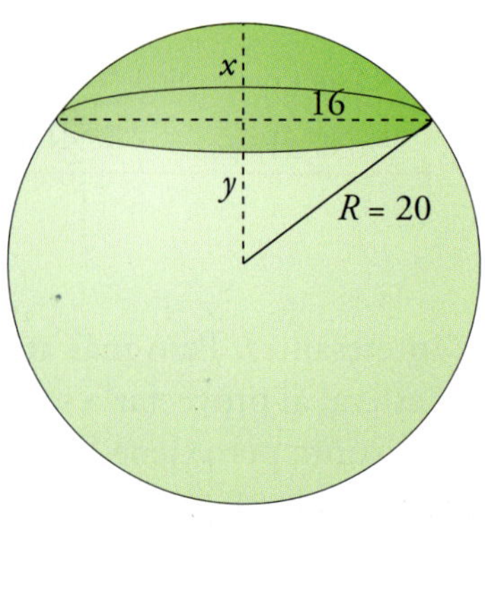

4 ***Cortamos una esfera de 20 cm de radio obteniendo, en la sección, un círculo de 16 cm de radio. ¿Cuál es el área del casquete esférico que hemos separado de la esfera?***

- Calculamos la altura, x, del casquete:

$$y = \sqrt{20^2 - 16^2} = 12 \text{ cm} \qquad x = 20 - y = 20 - 12 = 8 \text{ cm}$$

- Calculamos el área del casquete:

$$A = 2\pi Rx = 2 \cdot 3{,}14 \cdot 20 \cdot 8 = 1\,004{,}8 \text{ cm}^2$$

PIENSA Y PRACTICA

1 Calcula el área de estos poliedros obtenidos a partir de un cubo de 12 cm de arista:

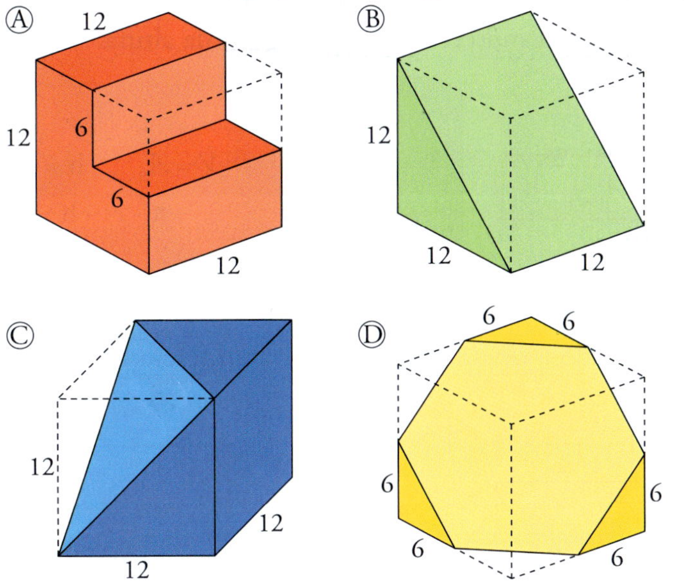

2 Obtén la medida de la superficie del prisma y de la pirámide. La base de ambos es un hexágono regular.

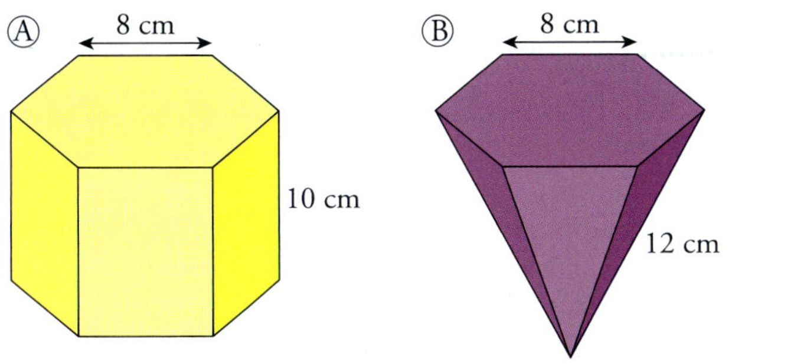

ARISTA BASE → 8 cm

ALTURA PRISMA → 10 cm

ARISTA BASE → 8 cm

ARISTA LATERAL → 12 cm

3 Calcula el área de estos cuerpos:

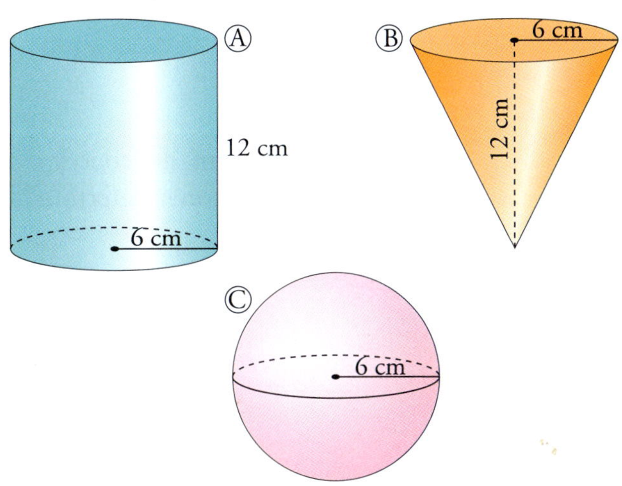

4 Calcula el área de los siguientes cuerpos:

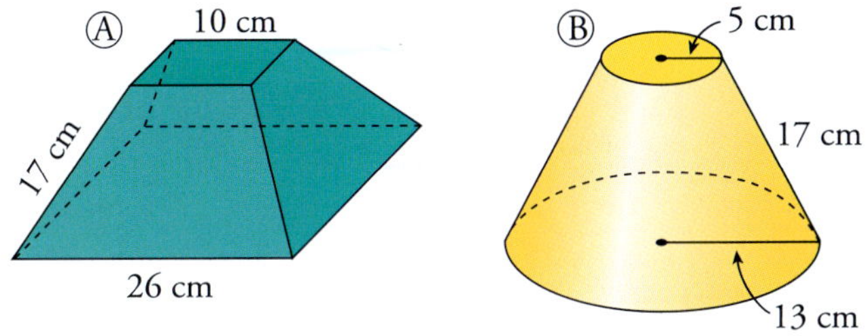

5 Calcula el área total del cono, del cuerpo que resulta de partirlo por la mitad y del tronco de cono obtenido al cortar por una sección paralela a la base, a 5 cm de la misma.

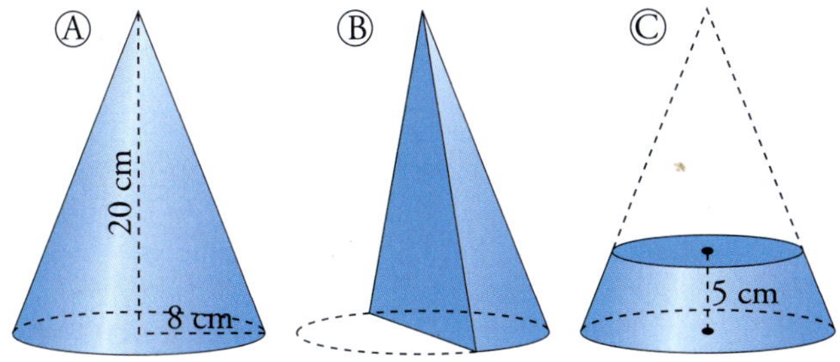

6 En una esfera de 30 cm de diámetro, calcula:

a) El área de una zona esférica de 6 cm de altura.

b) El área de un casquete esférico cuya base tiene un radio de 12 cm.

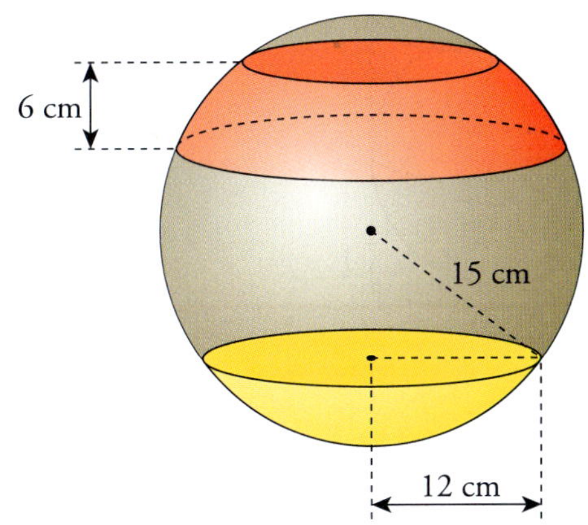

7 Halla el área de:

a) Un prisma recto cuya base es un rombo de diagonales 12 cm y 20 cm, sabiendo que su arista lateral mide 24 cm.

b) Una pirámide recta con la misma base y la misma arista lateral que el prisma anterior.

c) Un cuboctaedro de 10 cm de arista.

d) Un dodecaedro truncado de 10 cm de arista.

6 Volumen de los cuerpos geométricos

VOLUMEN DE PRISMAS Y CILINDROS

El volumen de cualquier figura con dos bases iguales y paralelas entre sí (figura prismática) se obtiene multiplicando el área de la base por la altura.

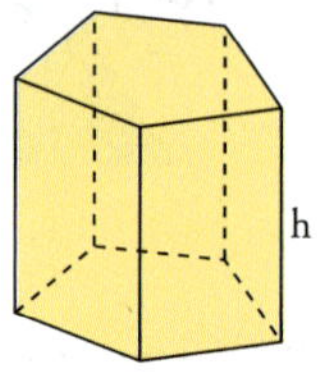

$$V = A_{BASE} \cdot h$$

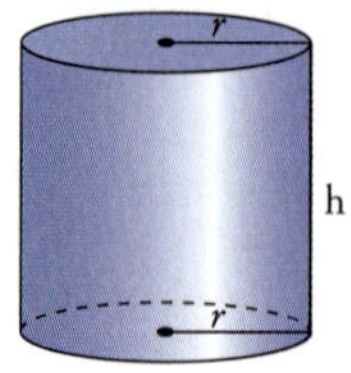

$$V = A_{BASE} \cdot h = \pi \cdot r^2 \cdot h$$

VOLUMEN DE PIRÁMIDES Y CONOS

El volumen de una pirámide o de un cono es igual a un tercio del área de la base por la altura.

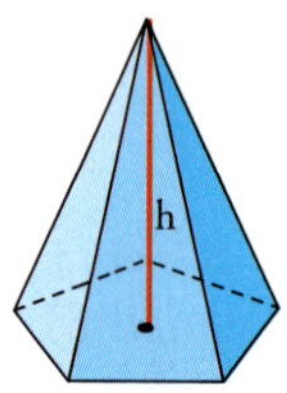

$$V = \frac{1}{3} A_{BASE} \cdot h$$

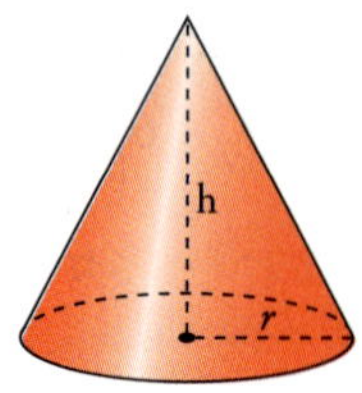

$$V = \frac{1}{3} A_{BASE} \cdot h = \frac{1}{3} \pi \cdot r^2 \cdot h$$

VOLUMEN DE LA ESFERA

El volumen de la esfera de radio R es: $V = \frac{4}{3}\pi \cdot R^3$

- Observa que el volumen de la esfera es igual a dos tercios del volumen del cilindro que la envuelve.

$$V_{ESFERA} = \frac{4}{3}\pi R^3 = \frac{2}{3}(2\pi R^3) = \frac{2}{3} V_{CILINDRO}$$

- Una relación interesante:

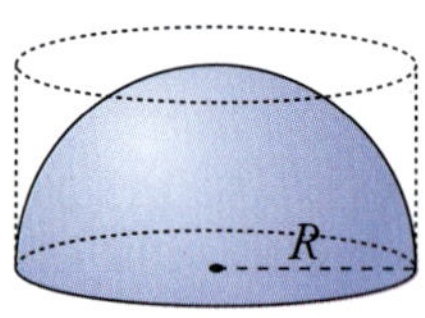

+

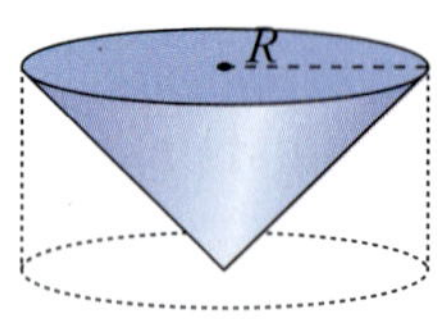

=

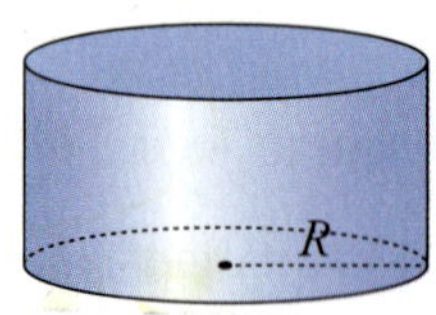

$$V_{SEMIESFERA} + V_{CONO} = V_{CILINDRO}$$

$$\left(\frac{2}{3} V_{CILINDRO}\right) \quad \left(\frac{1}{3} V_{CILINDRO}\right)$$

Observa que, como dijimos en el apartado anterior:

$$V_{CILINDRO} = \frac{3}{2} V_{ESFERA}$$

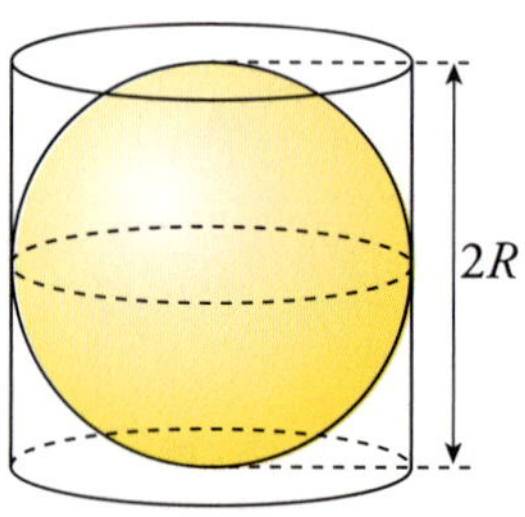

$$V_{CILINDRO} = \pi R^2 \cdot 2R = 2\pi R^3$$

VOLUMEN DE UNA ZONA ESFÉRICA

La relación anterior, entre los volúmenes de la semiesfera, del cono y del cilindro, se cumple también para las correspondientes porciones determinadas por planos paralelos.

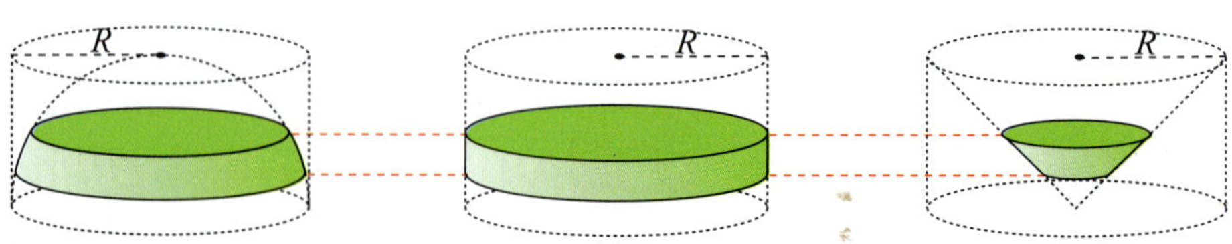

$$V_{PORCIÓN\ DE\ ESFERA} = V_{PORCIÓN\ DE\ CILINDRO} - V_{TRONCO\ DE\ CONO}$$

NO LO OLVIDES

La relación de la derecha permite calcular el volumen de una zona esférica restando al volumen de un cilindro el volumen de un tronco de cono.

EJERCICIOS RESUELTOS

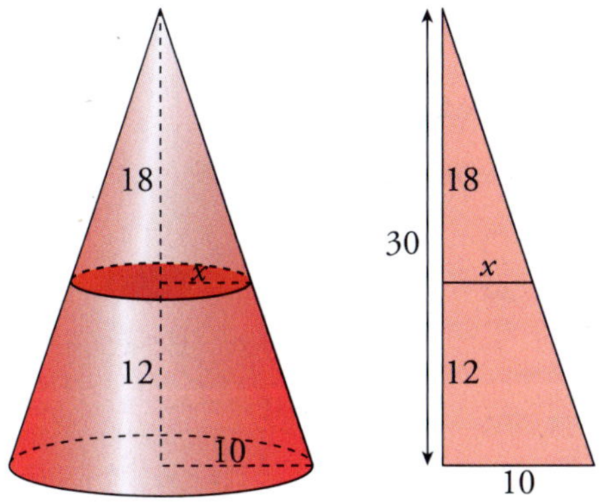

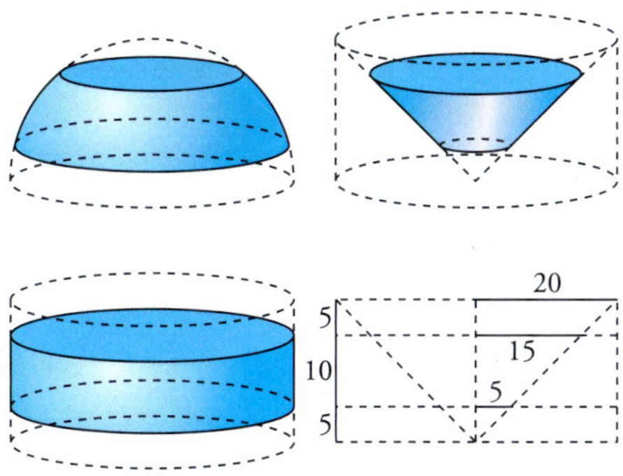

1 ***Un cono de 10 cm de radio en la base y 30 cm de altura se corta por un plano paralelo a la base a 12 cm de ella. Calcular el volumen del tronco de cono obtenido.***

- Calculamos el radio de la base menor (x): $\dfrac{18}{x} = \dfrac{30}{10} \rightarrow x = \dfrac{18 \cdot 10}{30} = 6$ cm

- Calculamos el volumen:

$$V_{\text{TRONCO DE CONO}} = V_{\text{CONO MAYOR}} - V_{\text{CONO MENOR}} =$$

$$= \frac{1}{3}\pi \cdot 10^2 \cdot 30 - \frac{1}{3}\pi \cdot 6^2 \cdot 18 = 3\,140 - 678{,}24 = 2\,461{,}76 \text{ cm}^3$$

2 ***Una esfera de 20 cm de radio se corta por dos planos paralelos que distan del centro 5 cm y 15 cm, respectivamente. Calcular el volumen de la porción de esfera comprendida entre ambos planos.***

$$V_{\text{PORCIÓN DE CILINDRO}} = \pi \cdot 20^2 \cdot 10 = 4\,000\pi \text{ cm}^3$$

$$V_{\text{TRONCO DE CONO}} = \frac{1}{3}\pi \cdot 15^2 \cdot 15 - \frac{1}{3}\pi \cdot 5^2 \cdot 5 = 1\,083{,}33\pi \text{ cm}^3$$

$$V_{\text{PORCIÓN DE ESFERA}} = V_{\text{PORCIÓN DE CILINDRO}} - V_{\text{TRONCO DE CONO}} =$$

$$= 4\,000\pi - 1\,083{,}33\pi = 9\,158{,}34 \text{ cm}^3$$

PIENSA Y PRACTICA

1 Calcula el volumen de estos prismas, obtenidos cortando un cubo de 12 cm de arista:

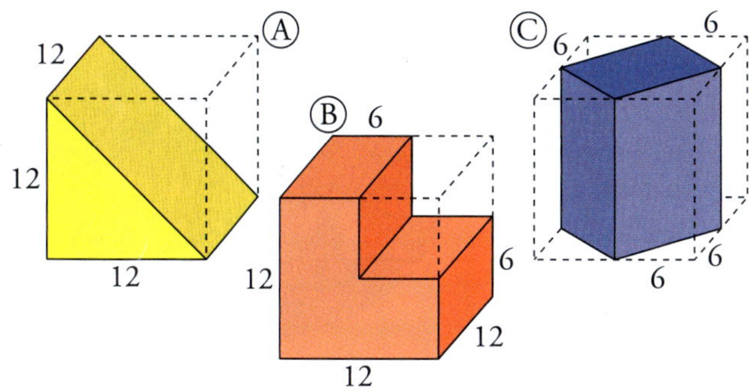

2 Calcula el volumen de estas pirámides cuyas bases son polígonos regulares:

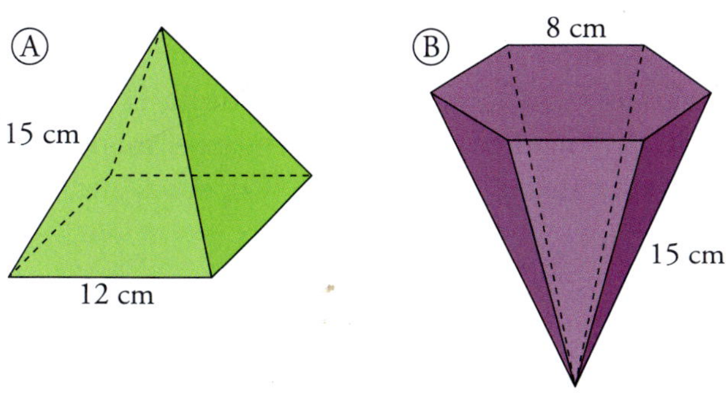

3 Calcula el volumen del tronco de cono y el del tronco de pirámide.

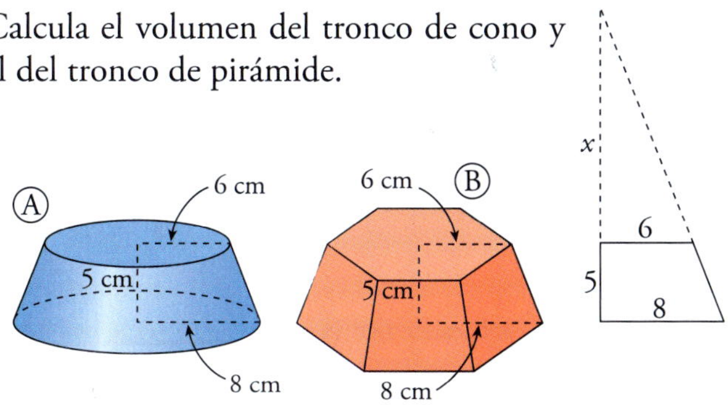

4 Se corta una esfera de 36 cm de diámetro por dos planos paralelos: uno pasa por el centro y el otro dista 12 cm del centro.

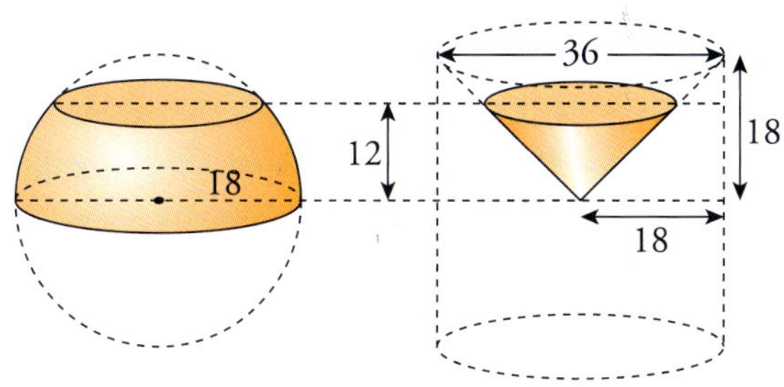

Calcula el volumen de cada una de las tres porciones en las que ha quedado dividida la esfera.

7 Coordenadas geográficas

LA ESFERA TERRESTRE

La Tierra es una esfera que gira como una peonza. Al arrastrarnos en su giro, nos permite contemplar todos los cuerpos celestes que nos rodean. De ellos, el más importante es el Sol. Nuestro ritmo de vida está regido por sus apariciones y desapariciones en el horizonte: los días y las noches.

El **giro de la Tierra** se produce alrededor de un **eje,** línea imaginaria que pasa por su centro y la corta en dos puntos: los **polos.**

Los planos que contienen al eje cortan a la superficie de la Tierra en unos círculos máximos llamados **meridianos.** Todos ellos pasan por los polos.

Los planos perpendiculares al eje de la Tierra la cortan en circunferencias llamadas **paralelos.** Entre ellas, la que su centro coincide con el de la esfera se llama **ecuador.** Es una circunferencia máxima que divide la superficie de la Tierra en dos mitades: los **hemisferios** norte y sur.

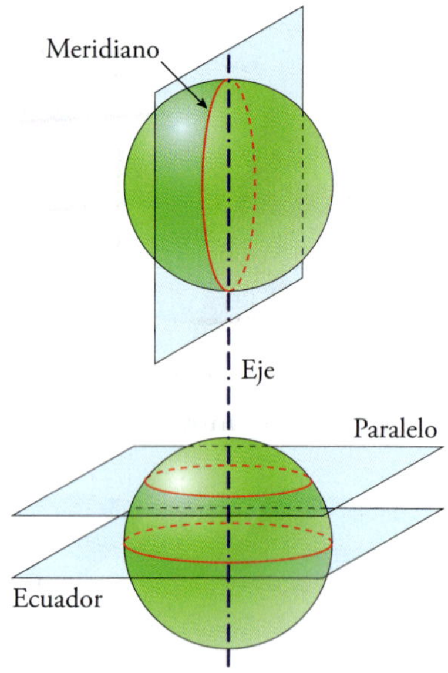

Coordenadas geográficas

Por cada punto de la Tierra (por ejemplo, Auckland, Nueva Zelanda) pasan un paralelo y un meridiano. Se designan por la posición que ocupan respecto a dos círculos máximos:

- El ecuador.
- Un cierto meridiano. Concretamente el que pasa por Greenwich, localidad próxima a Londres en la cual hay un importante observatorio astronómico.

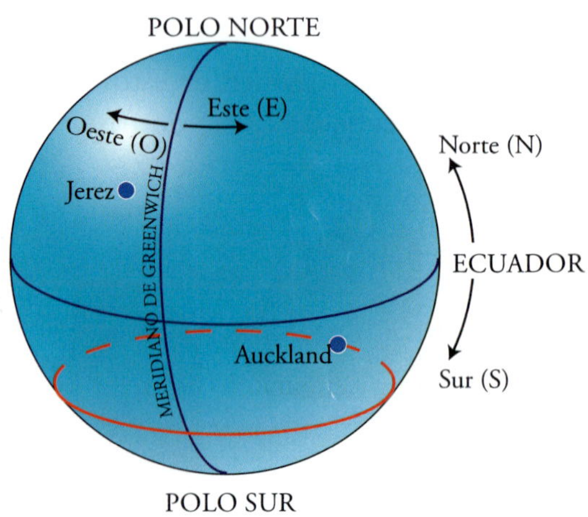

LATITUD

La latitud de un punto de la Tierra es la medida angular del arco de meridiano que va de dicho punto al ecuador. Hay que añadir si está al norte (N) o al sur (S). Auckland está en el paralelo 37° S.

Todos los puntos de un paralelo tienen la misma latitud.

LONGITUD

La longitud de un punto de la Tierra es el ángulo que forma el plano que determina el meridiano del lugar con el plano que determina el meridiano de Greenwich. Se debe indicar si está al este (E) o al oeste (O). Auckland está en el meridiano 174° E.

Las **coordenadas geográficas** de un lugar son su **longitud** y su **latitud.** Las coordenadas geográficas de Auckland son 174° E 37° S, que está en las antípodas de Jerez de la Frontera, de coordenadas geográficas 6° O 37° N.

ETIMOLOGÍA

Ecuador: De *aequus, igual.* El ecuador es un plano «equitativo» que deja la misma cantidad de esfera arriba que abajo.

Meridiano: De *meridies, mediodía.* Porque el Sol pasa por el meridiano de un lugar al mediodía.

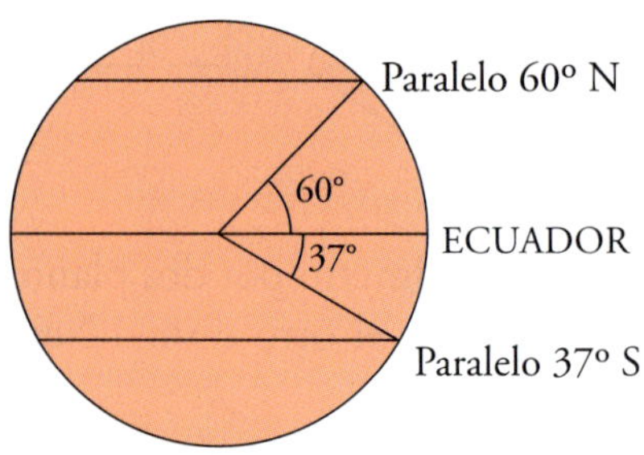

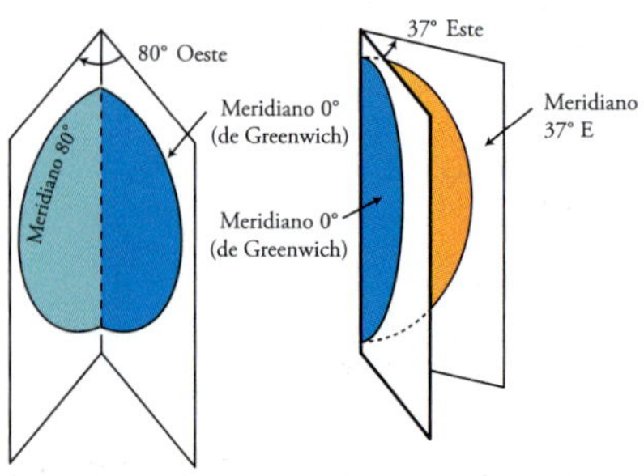

TEN EN CUENTA

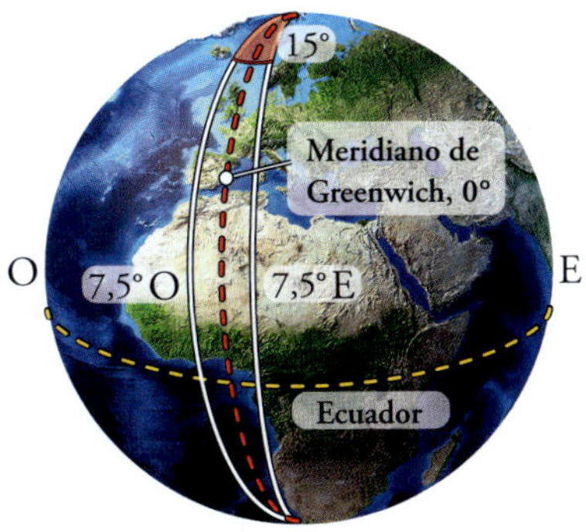

La superficie terrestre se ha dividido en 24 husos horarios de 15° cada uno.

El meridiano de Jerez es el antimeridiano de Auckland. Por eso, en todo momento, difieren 12 horas.

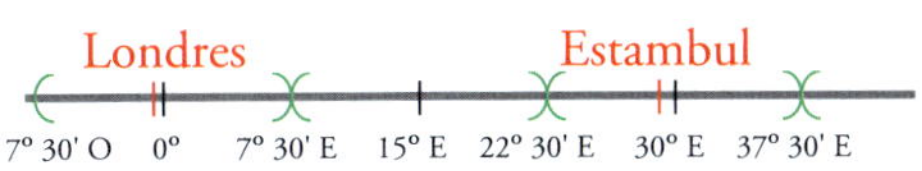

Husos horarios

Cuando el Sol pasa por el meridiano de un lugar, se dice que es mediodía, y cuando pasa por su antimeridiano, medianoche.

Según eso, en cada longitud será mediodía en un momento distinto y, por tanto, si los relojes se ajustasen a ese hecho, lugares próximos tendrían horas parecidas pero no iguales, lo cual supondría un caos horario. Por ello se establecen saltos que van de hora en hora, del siguiente modo:

Centrado en el meridiano 0°, se forma un huso esférico de 15° (360° : 24 h = 15° cada hora). En ese huso, serán las 12 h cuando el Sol pase por el meridiano 0°. A partir de él se forman los otros 23 husos.

Una gran proporción de regiones no siguen el huso horario que en teoría les corresponde por su situación geográfica. Sin ir más lejos, a la España peninsular le corresponde el huso centrado en el meridiano 0°, pero tiene el primer huso al este (como la mayoría de los países de la UE).

Supongamos que cada región se rigiera por su correspondiente huso horario. Por ejemplo, si en Londres (longitud 0°) son las 12 h, veamos qué hora sería en Estambul (longitud 29° E). Observa el esquema del margen. Como Londres está en el huso horario cero, en Estambul, que está dos husos horarios al este, serían 2 h más, es decir, las 14 h. Si se tratara de una ciudad situada en un huso horario al oeste, se le restarían las correspondientes horas.

EJERCICIO RESUELTO

Calcular cuántos kilómetros miden los paralelos correspondientes a las siguientes latitudes:

a) 60°   b) 30°

El radio de la Tierra es de unos 6371 km.

Hazlo tú Halla, en kilómetros, la medida del paralelo 45°.

a) En el esquema, vemos que el radio de la Tierra, R, equivale al lado de un triángulo equilátero; por lo que el radio del paralelo 60°, r, mide $R/2 = 6\,371/2 = 3\,185{,}5$ km.

El paralelo 60° mide $L = 2 \cdot \pi \cdot 3\,185{,}5 \approx 20\,015$ km.

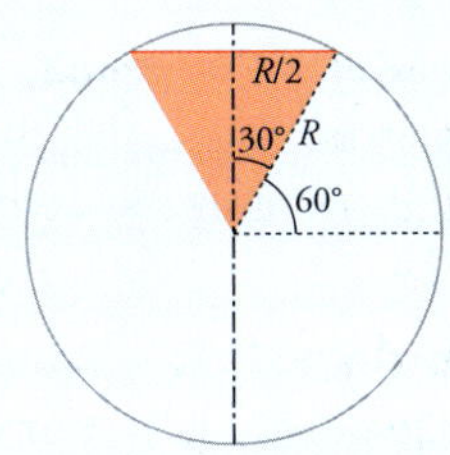

b) En este otro esquema el radio, r, que buscamos equivale a la altura de un triángulo equilátero.

Por el teorema de Pitágoras:

$$R^2 = (R/2)^2 + r^2 \to r = \frac{\sqrt{3}}{2}R \to r \approx 5\,517 \text{ km}$$

El paralelo 30° mide $L = 2 \cdot \pi \cdot 5\,517 \approx 34\,646$ km.

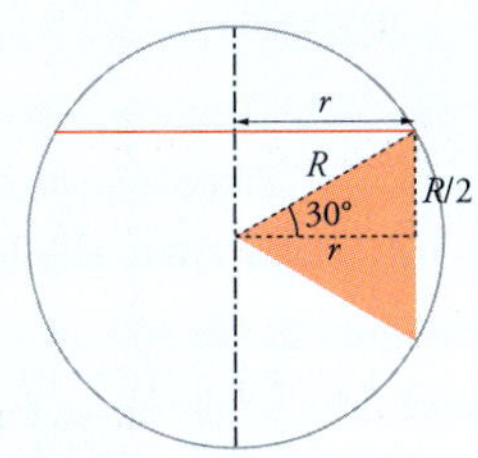

PIENSA Y PRACTICA

1 El metro, unidad de medida de longitud, se definía antiguamente como *la diezmillonésima parte de un cuadrante de meridiano terrestre.* Es decir, un meridiano terrestre tiene 40 000 000 de metros.

Según esto:

a) Calcula el radio de la Tierra en kilómetros.

b) Su superficie en kilómetros cuadrados.

c) Su volumen en kilómetros cúbicos.

d) Calcula el área de un huso horario.

2 Un barco va de un punto A, situado en las costas de África a 30° latitud norte y 10° longitud oeste, a otro punto B, con la misma latitud y 80° de longitud oeste, siguiendo el paralelo común.

a) ¿Qué distancia ha recorrido?

b) ¿Qué distancia recorrería si la diferencia de longitudes de los dos puntos fuera de 180°?

3 En Río de Janeiro (43° O) son las 7 de la mañana. ¿Qué hora es en Hiroshima (132° E)?

Ejercicios y problemas resueltos

1 Estación Espacial Internacional

La Estación Espacial Internacional (ISS en inglés) es un centro de investigación que gira alrededor de la Tierra a unos 400 km de altura.

a) ¿A qué distancia está el punto más alejado de la Tierra que se puede ver desde ella?

b) ¿Qué área de la superficie terrestre abarca su visión?

c) ¿Qué porcentaje de la Tierra puede verse desde la estación?

Radio de la Tierra: 6371 km

a) Según el esquema que ves a la derecha, la distancia buscada es un cateto de un triángulo rectángulo. Aplicando el teorema de Pitágoras, se halla dicha distancia:

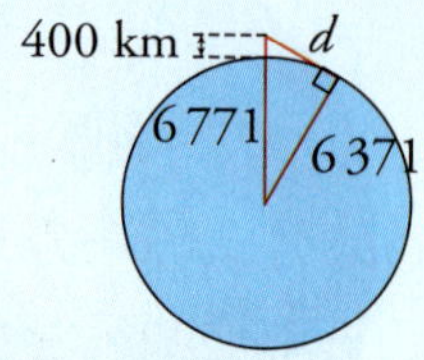

$$d = \sqrt{6771^2 - 6371^2} = 2\,293 \text{ km}$$

b) Hemos de hallar el área del casquete esférico. Puesto que el área de un casquete esférico coincide con el área lateral correspondiente del cilindro circunscrito, calculamos la x del dibujo para hallar la altura del cilindro correspondiente:

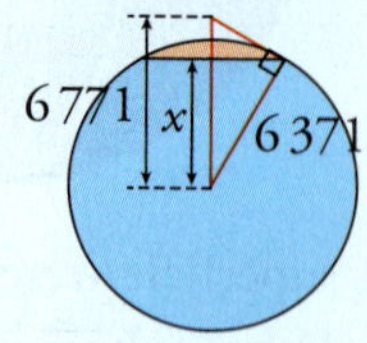

$$\frac{6771}{6371} = \frac{6371}{x} \rightarrow x \approx 5\,995 \text{ km}$$

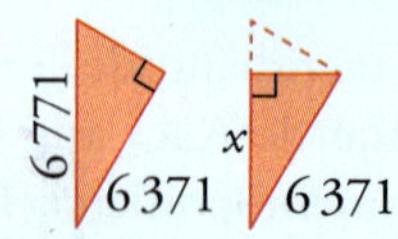

Así, la altura del cilindro circunscrito correspondiente es $6\,371 - 5\,995 = 376$ km.

Por tanto:

$$A_{\text{CASQUETE}} = 2\pi \cdot 6\,371 \cdot 376 \approx 15\,000\,000 \text{ km}^2$$

c) Vamos a calcular el área de la Tierra para hallar, luego, qué porcentaje corresponde al casquete:

$$A_{\text{TIERRA}} = 4\pi \cdot 6\,371^2 \approx 510\,000\,000 \text{ km}^2$$

Por tanto, el porcentaje correspondiente al casquete es:

$$\text{Porcentaje} = \frac{A_{\text{CASQUETE}}}{A_{\text{TIERRA}}} = \frac{15\,000\,000}{510\,000\,000} = \frac{15}{510} = 0{,}0294 \approx 3\,\%$$

Hazlo tú Responde a las mismas preguntas con uno de los satélites Meteosat de segunda generación que se encuentra a una altura de 36 000 km.

2 Volumen de una casa

COMPRENDE Y APLICA EN EL DESAFÍO — DESAFÍOS QUE DEJAN HUELLA

Si para calentar una casa se necesita un radiador cada 50 m³, ¿cuántos radiadores hacen falta en esta?

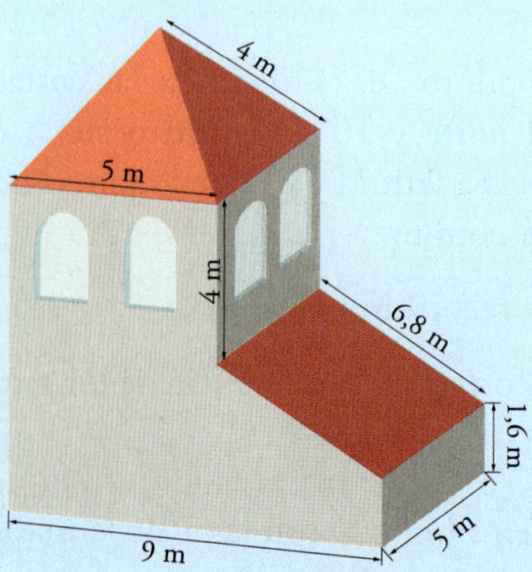

Dividimos la casa en varias piezas y hallamos el volumen de cada una. Para ello, hay que calcular algunas medidas (a, b y c):

- $a = \sqrt{6{,}8^2 - 4^2} = 5{,}5$ m
- $b = \sqrt{4^2 - 2{,}5^2} = 3{,}12$ m
- $c = \sqrt{3{,}12^2 - 2{,}5^2} = 1{,}87$ m

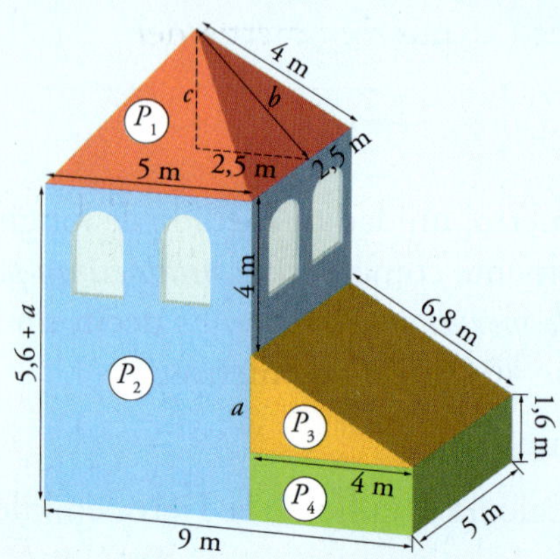

$$V_{P_1} = \frac{5^2 \cdot 1{,}87}{3} = 15{,}6 \text{ m}^3$$

$$V_{P_2} = 5^2 \cdot (5{,}6 + 5{,}5) = 277{,}5 \text{ m}^3$$

$$V_{P_3} = \frac{4 \cdot 5 \cdot 5{,}5}{2} = 55 \text{ m}^3$$

$$V_{P_4} = 4 \cdot 5 \cdot 1{,}6 = 32 \text{ m}^3$$

$$V_{\text{TOTAL}} = 15{,}6 + 277{,}5 + 55 + 32 = 380{,}1 \text{ m}^3$$

Como $380{,}1 : 50 = 7{,}602$, se necesitan 8 radiadores.

¿DOMINAS LO BÁSICO?

Poliedros regulares y semirregulares. Ejes y planos de simetría

1 Indica cuáles de los siguientes poliedros son semirregulares y explica por qué no lo son los demás:

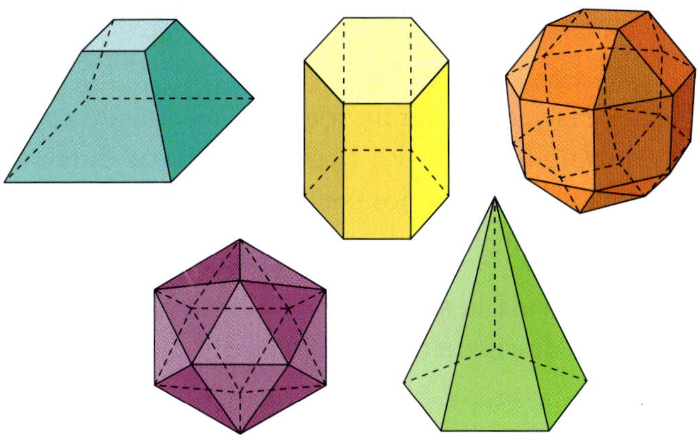

2 Un plano de simetría del cubo lo divide en dos ortoedros iguales. Indica los planos de simetría que tiene uno de ellos.

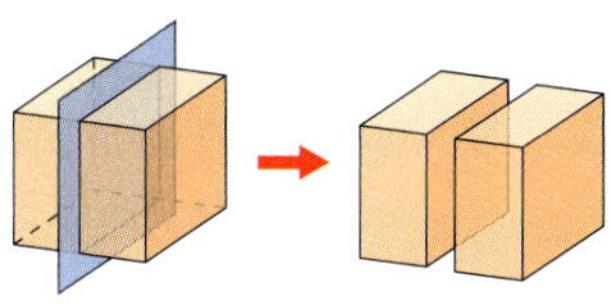

3 Indica los planos de simetría de uno de los trozos en los que se divide este cubo:

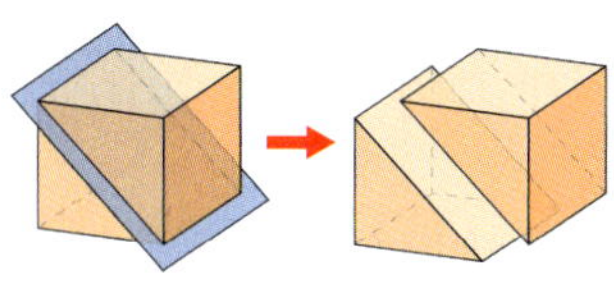

4 Recuerda la relación de dualidad entre el cubo y el octaedro (caras-vértices).

Basándote en los planos de simetría del cubo, describe todos los planos de simetría del octaedro.

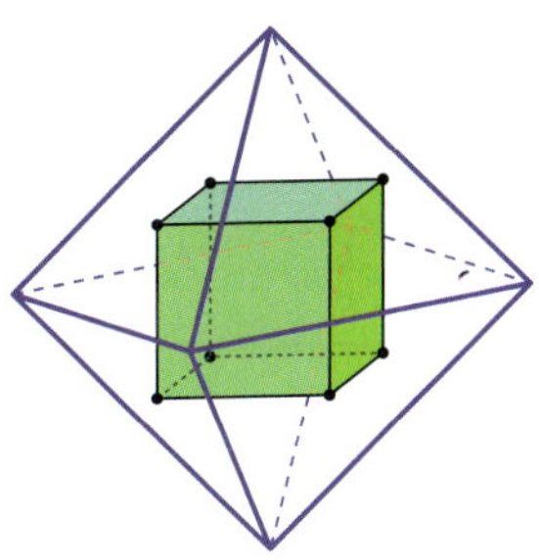

5 Dibuja en tu cuaderno el poliedro dual del siguiente prisma hexagonal regular:

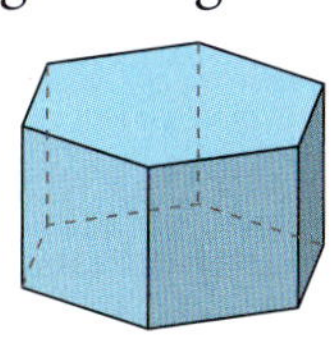

a) ¿Son el prisma o su dual poliedros semirregulares?

b) Indica los planos de simetría de cada uno.

c) Indica los ejes de giro de cada poliedro (el prisma y su dual) y di de qué orden es cada uno.

Áreas y volúmenes de cuerpos geométricos

6 Calcula el área y el volumen de los siguientes cuerpos geométricos:

a)

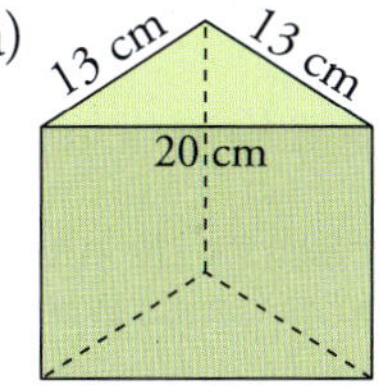

b)

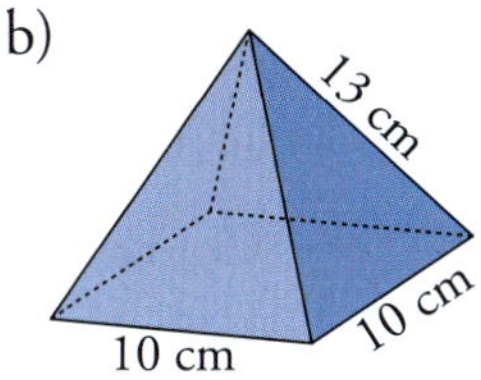

7 Calcula el área y el volumen de los cuerpos geométricos siguientes:

a) Prisma de altura 20 cm y cuya base es un rombo de diagonales 18 cm y 12 cm.

b) Pirámide hexagonal regular de arista lateral 18 cm y arista básica 6 cm.

c) Octaedro regular de 10 cm de arista.

d) Cilindro de altura 27 cm y cuya circunferencia básica mide 44 cm de longitud.

e) Cono de radio 9 cm y generatriz 15 cm.

f) Semiesfera de 10 cm de radio.

g) Esfera inscrita en un cilindro de 1 m de altura.

h) Casquete esférico de 7 cm de altura de una esfera de radio 12 cm.

8 Halla el área y el volumen de estos cuerpos geométricos:

a)

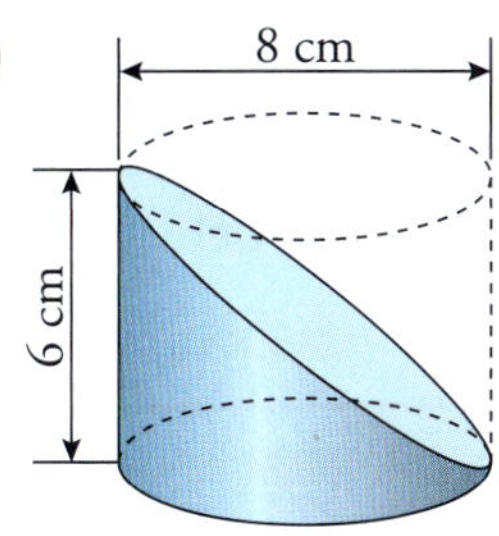

b)

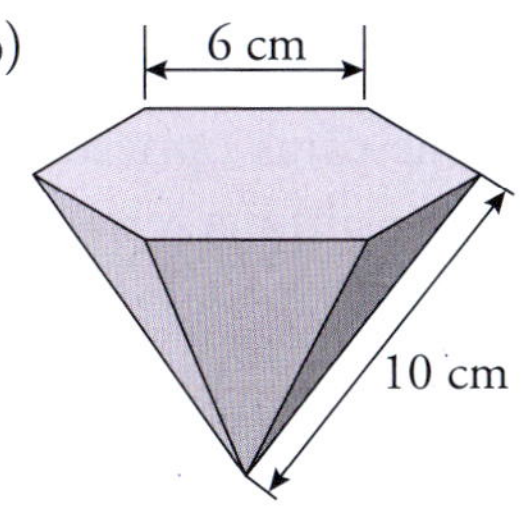

Coordenadas geográficas

9 Si en el huso 0 son las 8 a. m., ¿qué hora le corresponde al tercer huso al este? ¿Y al quinto al oeste?

10 Sabemos que en Dublín (longitud 6° O) son las 9 de la mañana. Utilizando este esquema, indica qué hora teórica le corresponde a Monterrey (100° O).

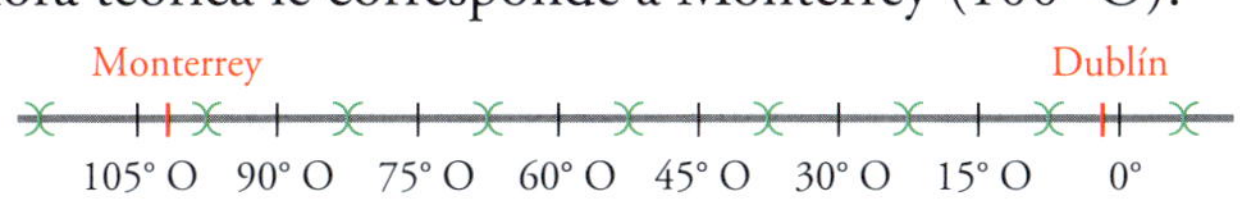

11 La «milla marina» es la distancia entre dos puntos del ecuador cuya diferencia de longitud es 1'. Calcula la longitud de una milla marina.

ENTRÉNATE Y PRACTICA

12 ¿Cuáles son los planos de simetría de un ortoedro de base cuadrada? ¿Y los ejes de giro? ¿De qué orden es cada uno de ellos?

Contesta a las mismas preguntas en el caso de un cubo.

13 Conociendo las características de un dodecaedro (caras, vértices), describe cómo será el dodecaedro truncado.

14 Conocidas las características de un icosaedro, describe cómo será el icosaedro truncado.

15 Dibuja en tu cuaderno este antiprisma cuadrado:

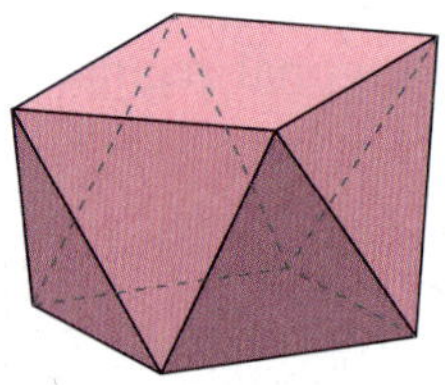

a) ¿Cuántos planos de simetría tiene?

b) Indica sus ejes de giro. ¿De qué orden son?

16 ¿Qué ejes de giro tiene un ortoedro con las tres dimensiones distintas? ¿De qué órdenes son?

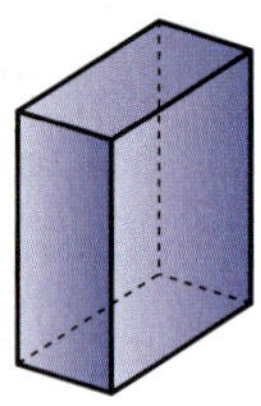

17 Sabemos que un icosaedro regular tiene varios planos de simetría. Por ejemplo, si te fijas en dos de sus caras opuestas, los tres planos que pasan por sus tres alturas serían planos de simetría del icosaedro.

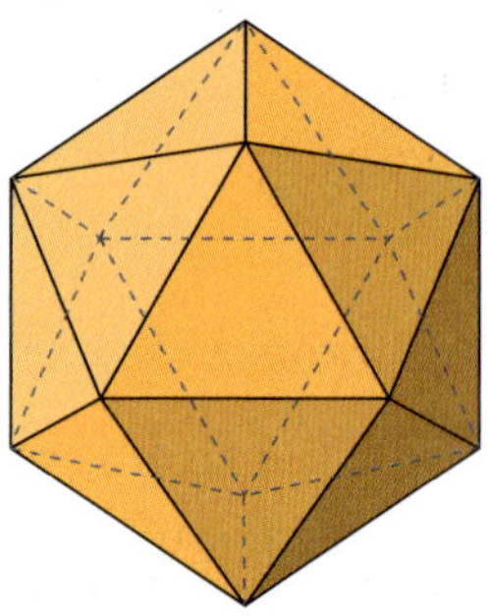

a) ¿También pasan planos de simetría por sus aristas opuestas? ¿Cuántos hay?

b) ¿Cuántos planos de simetría tiene en total?

c) Sabemos que el eje de giro que pasa por dos vértices opuestos del icosaedro tiene orden 5. ¿Qué orden tienen los que pasan por los centros de dos aristas opuestas? ¿Y los que pasan por los centros de dos caras opuestas?

18 Halla el área y el volumen de estos cuerpos:

a)

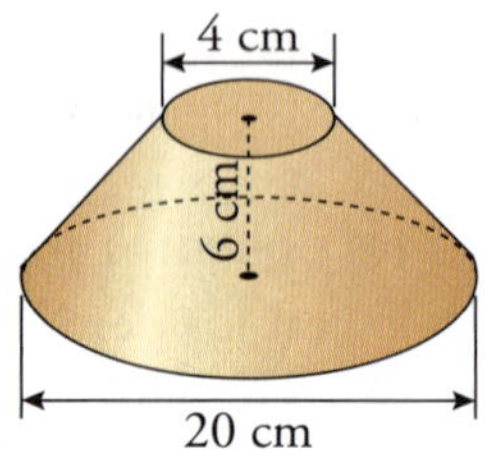

b)

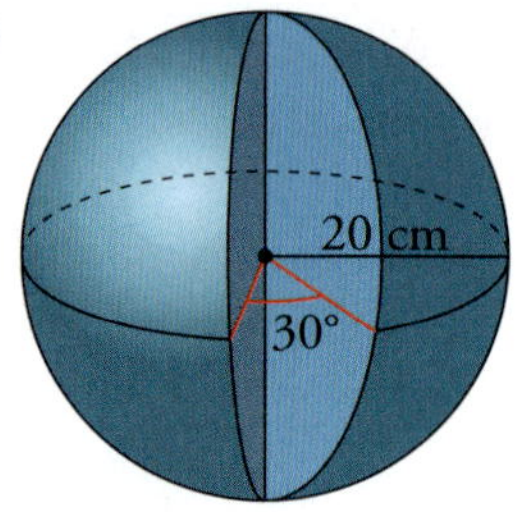

19 Haciendo girar un triángulo rectángulo cuyos catetos miden 9 cm y 12 cm alrededor de cada uno de ellos, se obtienen dos conos. Dibújalos y halla el área y el volumen de cada uno de ellos.

20 Calcula la superficie de los cuerpos geométricos que se describen a continuación:

a) Un prisma recto pentagonal regular cuyas aristas miden, todas, 10 cm.

b) Un dodecaedro regular de arista 10 cm.

Recuerda que la apotema de un pentágono regular de lado l mide 0,6882 l.

21 Calcula el área total de estos poliedros regulares y semirregulares. Todas las aristas miden 8 cm:

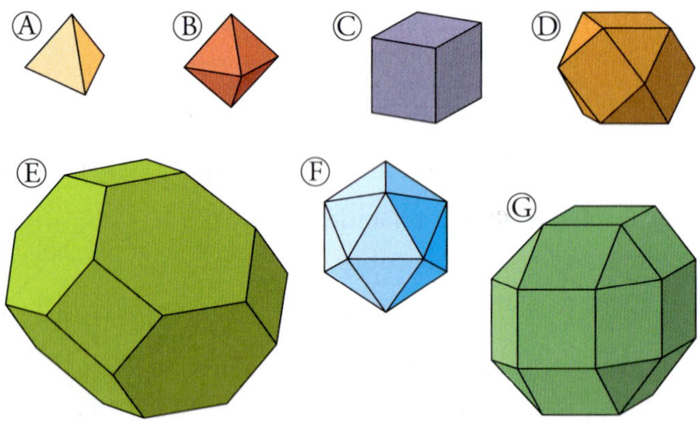

Sabemos que la suma de las áreas de A y F es igual al triple del área de la figura B, es decir, A + F = 3B.

Comprueba cuáles de estas afirmaciones son ciertas:

a) 2C + D = G

b) B + 3C = G

c) B + C = D

d) 2F + B + C = E

22 Halla las áreas y los volúmenes de estos prismas regulares. En ambos casos, la arista básica mide 10 cm y la altura, 8 cm.

a)

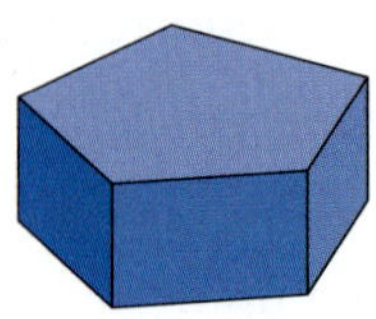

b)

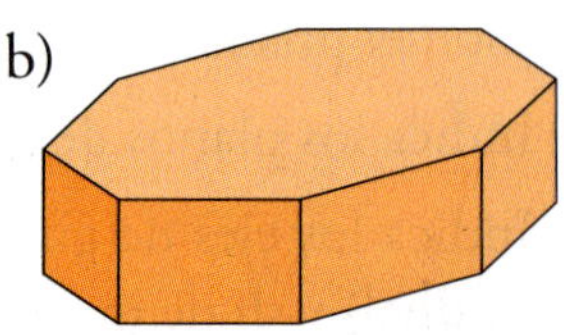

23 Calcula las áreas y los volúmenes de los siguientes cuerpos geométricos:

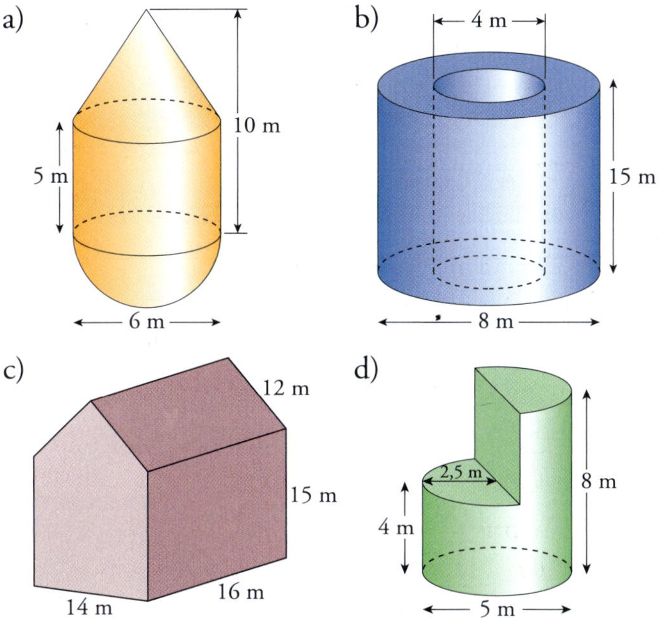

24 Halla el área y el volumen del siguiente tetraedro regular:

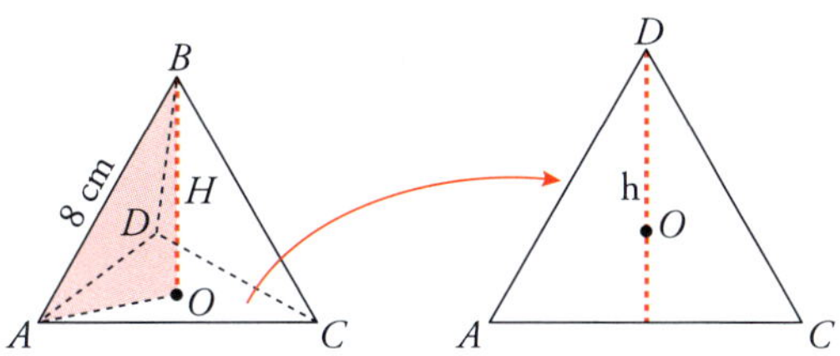

Para hallar la altura *H*, recuerda que $\overline{AO} = \frac{2}{3}h$, donde h es la altura de una cara.

25 La base de un ortoedro tiene dimensiones 240 cm × 44 cm. Su volumen es 1 235,52 dm^3. Calcula las diagonales de sus caras y la diagonal principal.

26 Calcula el volumen del siguiente tronco de pirámide de bases cuadradas:

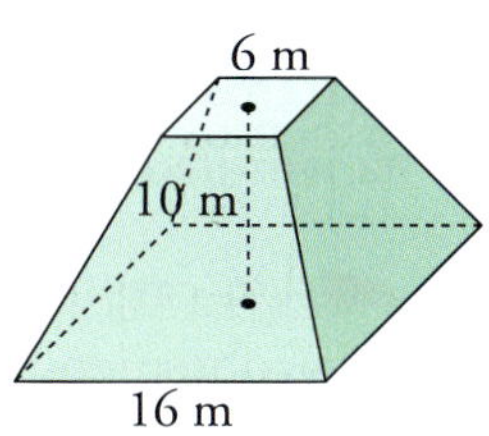

27 Cortamos una esfera de 24 cm de radio por dos planos paralelos: uno que pase por el centro y otro a 16 cm de este. Halla las superficies y los volúmenes de las tres porciones obtenidas.

28 Se corta una esfera de 50 cm de diámetro por dos planos paralelos a 8 cm y 15 cm del centro, respectivamente. Halla el volumen de la porción de esfera comprendida entre ambos planos.

COMPRENDE Y APLICA EN EL DESAFÍO — DESAFÍOS QUE DEJAN HUELLA

29 Meta 7.3. ¿Cuánto cuesta aislar cada tejado sabiendo que la lámina asfáltica está a 9 €/m^2?

30 Roma está en el primer huso al E, y Nueva York, en el quinto al O. Si un avión sale de Roma a las 11 p. m., el vuelo dura 8 h y se siguieran las horas teóricas de sus correspondientes husos, ¿a qué hora local de Nueva York llegaría?

31 Si en La Habana (82° O) son las 8 p. m., asigna la hora teórica (según los husos horarios) a cada ciudad.

Maputo (Mozambique)	2 p. m.
Natal (Brasil)	3 a. m.
Astaná (Kazajistán)	8 p. m.
Temuco (Chile)	0 a. m.
Honolulú (Hawái)	11 a. m.
Dakar (Senegal)	11 p. m.
Katmandú (Nepal)	6 a. m.
Melbourne (Australia)	7 a. m.

32 Dos ciudades tienen la misma longitud, 15° E, y sus latitudes son 37° 25' N y 22° 35' S. ¿Cuál es la distancia entre ellas?

33 Un avión tiene que ir de A a B, dos lugares diametralmente opuestos en el paralelo 45°. Puede hacerlo siguiendo el paralelo (*APB*) o siguiendo la ruta polar (*ANB*). Calcula la distancia que se recorrería en cada trayecto.

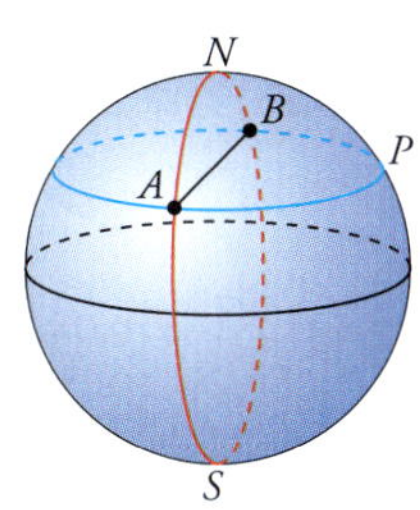

34 Alejandría, Nueva Orleans y Houston tienen todas la misma latitud, 30° N. Sus longitudes son, respectivamente, 30° E, 90° O y 95° O. ¿Qué distancia recorrería un avión que va de Alejandría a Nueva Orleans por el paralelo 30° N? ¿Y de Alejandría a Houston?

RESUELVE PROBLEMAS SENCILLOS

35 Tres pelotas de tenis se introducen en un tubo cilíndrico de 6,6 cm de diámetro en el que encajan hasta el borde. Halla el volumen de la parte vacía.

36 Queremos construir un tubo cilíndrico soldando por los lados un rectángulo de 28 cm de largo y 20 cm de ancho. ¿Cómo se consigue mayor volumen, soldando por los lados de 28 cm o por los de 20 cm?

37 Cortando y soldando una varilla de 3 m de longitud, se ha construido la estructura de un farol con forma de octaedro regular. ¿Cuál es la altura *AB* del farol?

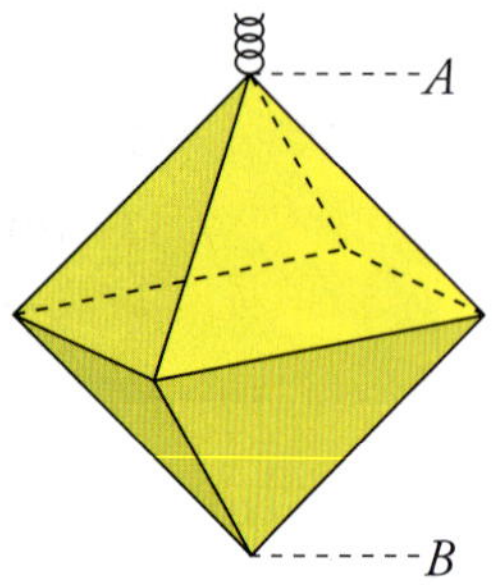

38 El desarrollo de la superficie lateral de un cono es un sector circular de 120° de amplitud y cuya área es 84,78 cm^2. Halla el volumen del cuerpo que se forma.

39 Un cilindro y un cono tienen la misma superficie total, 96π cm^2, y el mismo radio, 6 cm. ¿Cuál de los dos tendrá mayor volumen?

40 Truncando un icosaedro regular de 30 cm de arista se obtiene este poliedro semirregular (troncoicosaedro):

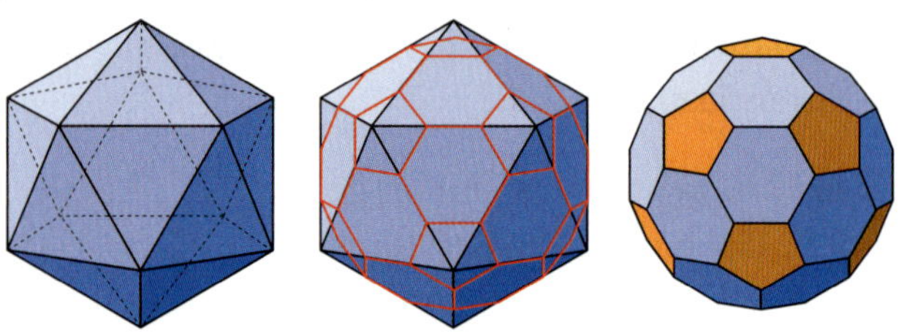

a) ¿Cuántos vértices y caras tiene el icosaedro?

b) ¿Cuántos pentágonos y cuántos hexágonos forman la superficie del poliedro truncado?

c) Calcula la superficie de este último.

41 Un cubo de pintura cilíndrico de 30 cm de diámetro y 32 cm de altura está lleno en sus tres cuartas partes. Se ha caído dentro una varilla de 40 cm. ¿Se puede haber sumergido entera en la pintura?

42 Una finca se abastece de agua desde el pilón que ves en la figura, y que ahora está lleno. Para regar, se abre un desagüe que desaloja un caudal de 25 litros por segundo. ¿Se podrá mantener el riego durante diez horas sin reponer sus existencias?

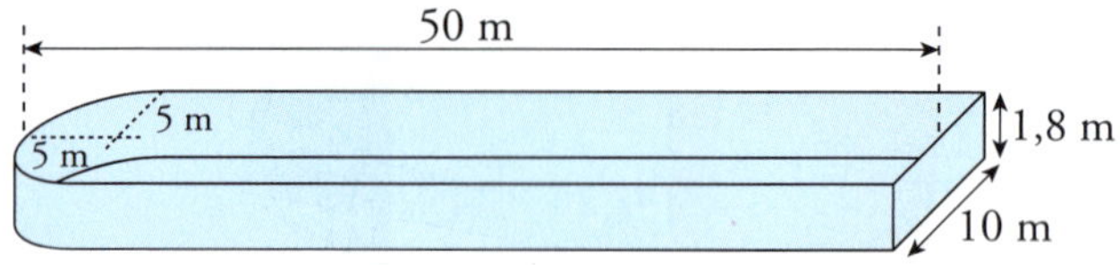

43 En un cine, las palomitas se vendían hasta ahora en recipientes del tipo A, por 1,50 €. El gerente está pensando en ofertar también otro formato, B, más grande. ¿Cuál crees que debería ser el precio del B?

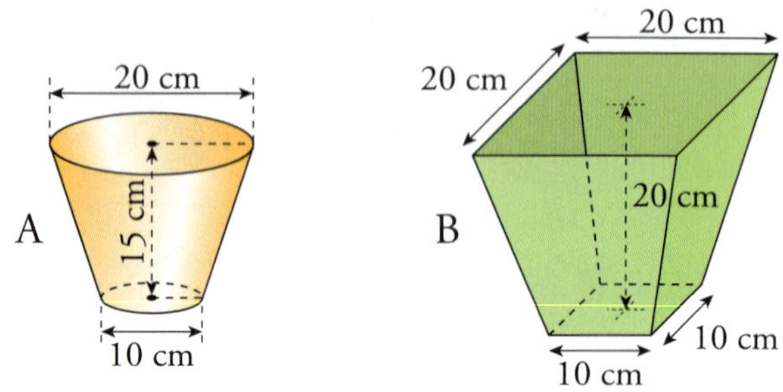

TAMBIÉN PUEDES HACER ESTO

44 Se introduce una bola de piedra de 14 cm de diámetro en un recipiente cúbico de 14 cm de arista lleno de agua y después se retira. Calcula:

a) La cantidad de agua que se ha derramado.

b) La altura que alcanza el agua en el recipiente después de sacar la bola.

45 Un cuenco semiesférico está lleno de agua. Al introducir un recipiente cúbico de 10 cm de arista, se derrama parte del agua y el cubo queda cubierto hasta la mitad. ¿Cuántos litros de agua quedan todavía?

46 Un carpintero ha ido cortando un cubo de madera obteniendo, sucesivamente, las formas que ves en las ilustraciones.

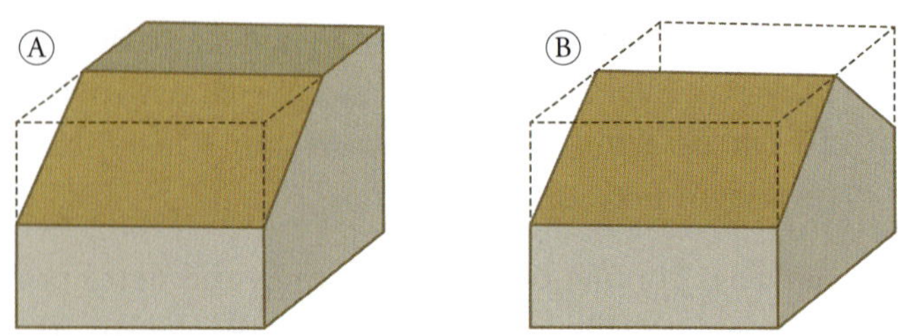

Si el cubo pesaba 24 kg, ¿cuál es el peso de cada una de las figuras obtenidas en los pasos intermedios?

47 Cortamos un cubo por un plano que pasa por los puntos *MNC'A'* (*M* y *N* son los puntos medios de las aristas *AD* y *DC*, respectivamente).

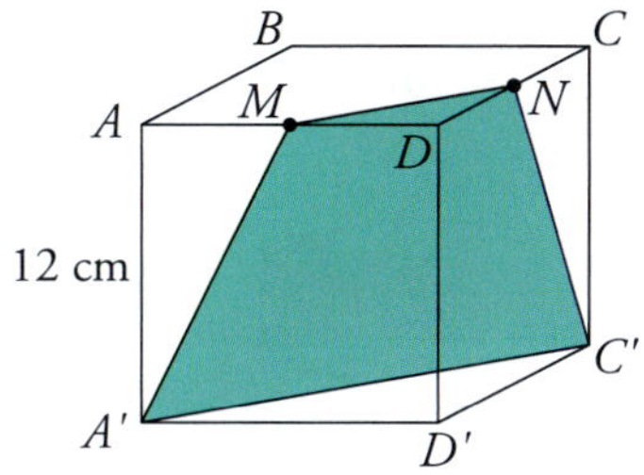

Calcula el área total y el volumen del menor de los poliedros que se forman.

48 Al cortar un tetraedro por los planos definidos mediante los puntos medios de las tres aristas que concurren en cada vértice, se obtienen cuatro tetraedros menores (en las esquinas) y un octaedro (el cuerpo resultante).

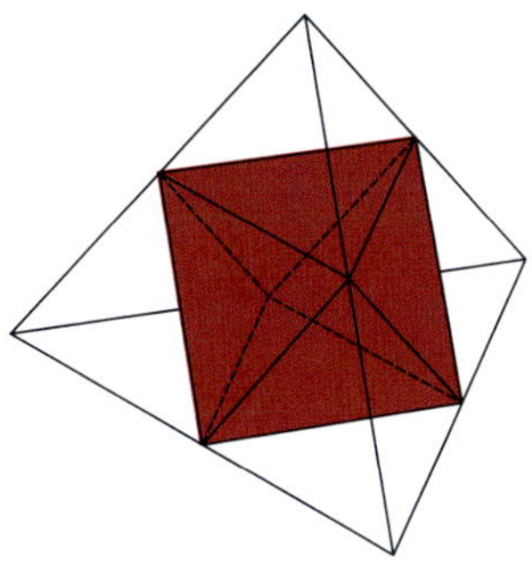

Si la arista del tetraedro mide 5 cm, calcula:

a) La razón de semejanza entre el tetraedro primitivo y uno de los nuevos.

b) El volumen de cada una de las cinco piezas en que se ha dividido la figura original.

PARA PENSAR UN POCO MÁS

49 Si un avión vuela a 10 000 m de altura, ¿qué porción de superficie terrestre puede verse desde él?

Consulta el ejercicio resuelto 1 de la página 242.

50 Resuelve el mismo ejercicio 46 del carpintero que cortaba partes del cubo, pero con estas piezas:

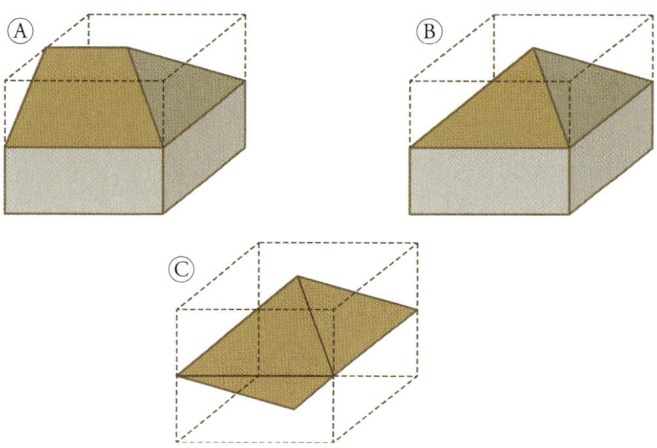

51 Cortamos un prisma triangular regular por un plano que pasa por el punto medio de dos aristas y por otra arista opuesta.

Halla el volumen y la superficie total de cada una de las porciones.

Observa que uno de los dos trozos es un tronco de pirámide.

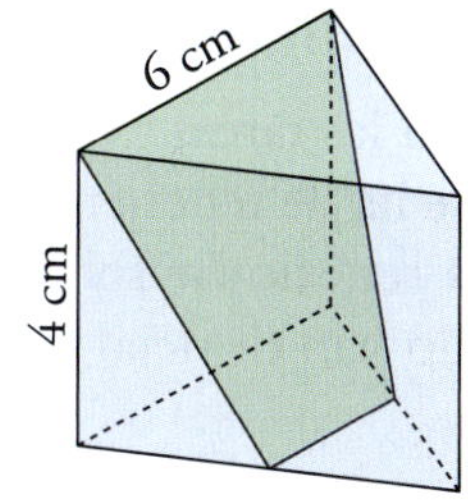

¿LO HAS ENTENDIDO? REFLEXIONA

52 ¿Verdadero o falso? Justifica tus respuestas.

a) Todos los meridianos tienen la misma longitud.

b) Todos los paralelos miden lo mismo.

c) Dos puntos que están en las antípodas tienen la misma latitud, una norte y otra sur.

d) Dos puntos que están en las antípodas tienen la misma longitud, una este y otra oeste.

53 Recuerda todos los planos de simetría y los ejes de giro de un cubo. ¿Qué planos de simetría tiene el cuboctaedro (poliedro que resulta de truncar el cubo)? Estudia, también, sus ejes de giro.

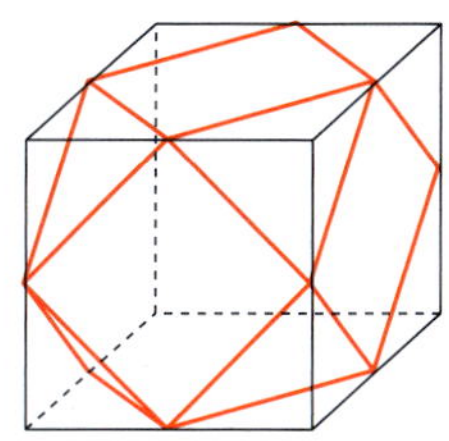

54 Si en un cono reducimos a la mitad el radio de la base y mantenemos la misma altura, ¿el volumen se reduce a la mitad? ¿Y si mantenemos la misma base y reducimos la altura a la mitad?

55 Una pirámide de base cuadrada se corta por un plano paralelo a la base y que pasa por el punto medio de la altura. ¿Cuál será la relación entre los volúmenes de la pirámide grande y la pequeña?

56 Observa estos dos cuerpos:

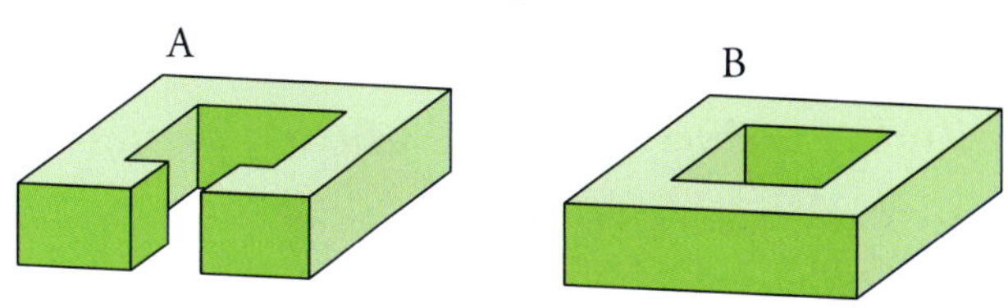

a) Comprueba que en el poliedro A se cumple la fórmula de Euler.

b) ¿Cuántas caras, vértices y aristas se añaden o se quitan al pasar del A al B?

c) ¿Se cumple la fórmula de Euler en el cuerpo B?

LEE, IMAGINA Y COMPRENDE

Algunas formas de llenar el espacio

En las tareas de embalaje, transporte y distribución de mercancías, se ha de tener en cuenta el aprovechamiento del espacio, y eso lleva a reflexionar sobre la forma de los recipientes que, en el almacén, no han de dejar huecos o espacios vacíos.

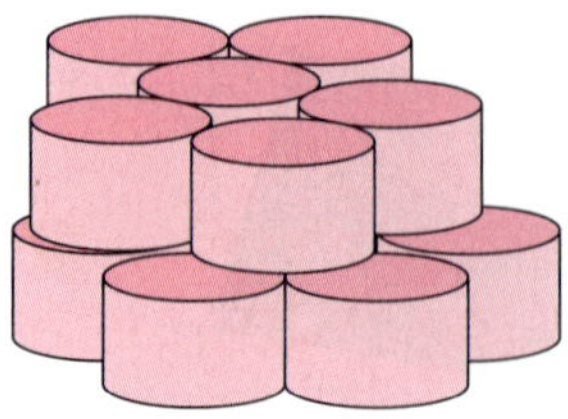
QUEDAN HUECOS

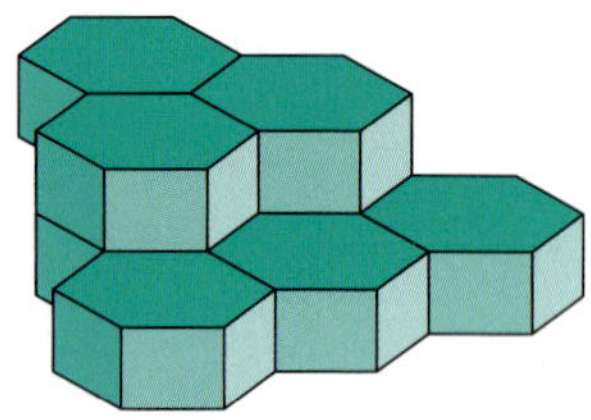
NO QUEDAN HUECOS

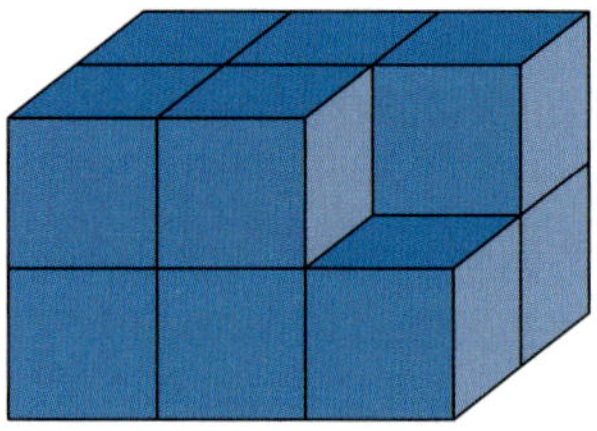

Es evidente que la caja ideal es la que tiene forma de ortoedro y, entre ellas, la más regular: el cubo.

Ahora, partiendo de un apilamiento de cubos, vamos a descubrir otras formas de llenar el espacio, en poliedros regulares o semirregulares, poco prácticas para la industria, pero de gran belleza e interés en geometría.

- Supón que cortamos las esquinas de un cubo de forma que las secciones sean triángulos equiláteros y las caras se conviertan en octógonos regulares.

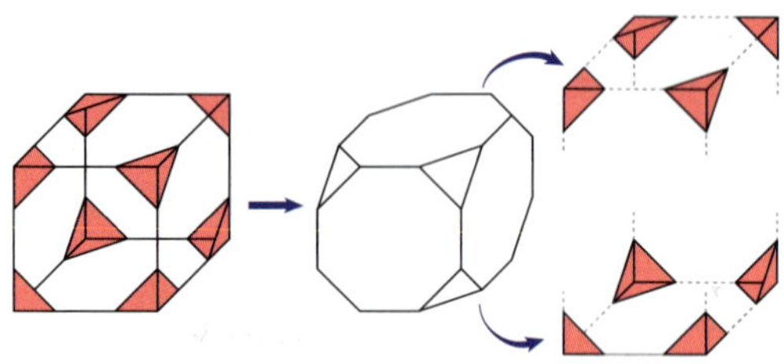

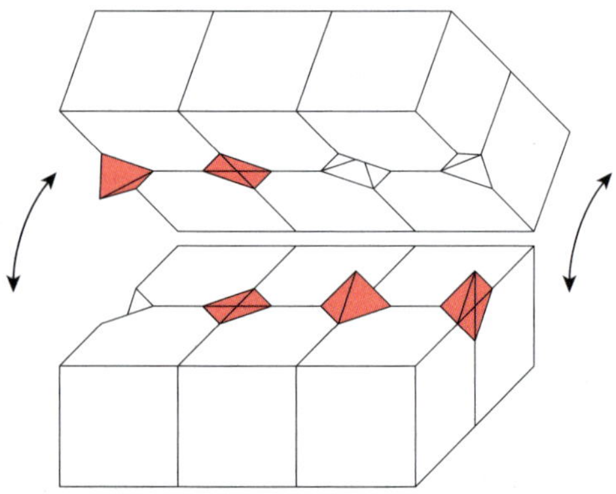

Observa que:

— Al apilar los cubos, coinciden ocho en cada vértice.

— Al cortarlos, las ocho esquinas que coinciden en un vértice forman un octaedro regular.

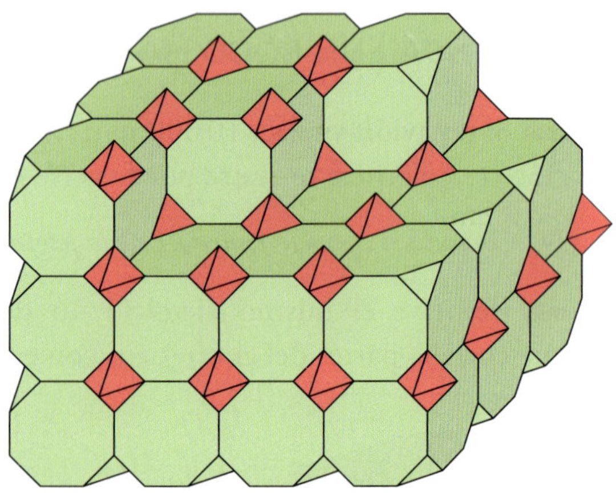

Así, hemos encontrado una forma de llenar el espacio con cubos truncados y octaedros regulares.

- Observa también:

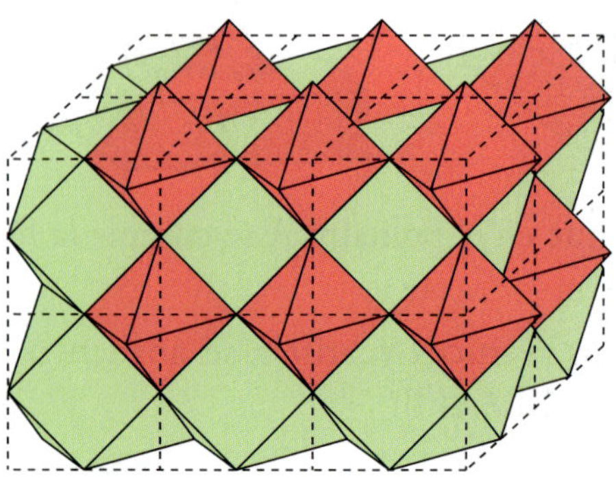

Si se agrandan las secciones hasta que los octaedros se toquen por los vértices, el resto del espacio se llena con un poliedro semirregular que ya conoces.

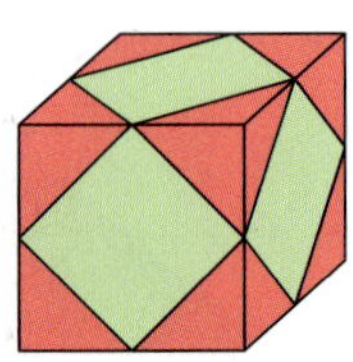

AUTOEVALUACIÓN

→ anayaeducacion.es Resoluciones de estos ejercicios.

1 Explica porqué cada uno de los siguientes poliedros no es regular:

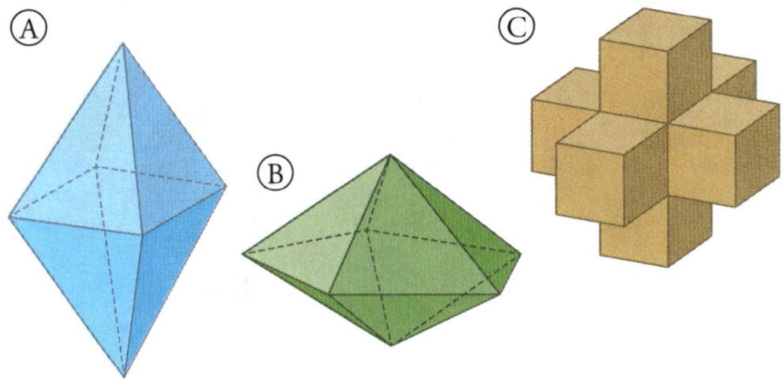

Comprueba si se cumple la fórmula de Euler en cada uno.

2 Describe el poliedro que se obtiene truncando un octaedro regular mediante planos que cortan las aristas a un tercio de su longitud. ¿Se trata de un poliedro semirregular? Explica por qué.

3 Describe los planos de simetría del octaedro regular. Di también cuáles son los ejes de giro y de qué orden es cada uno.

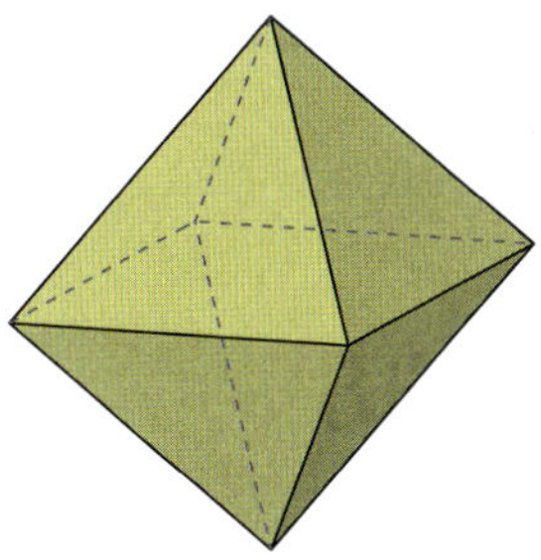

4 Calcula la superficie total de:

a) Una pirámide de base cuadrada en la que la arista lateral y la arista de la base son iguales y miden 10 cm.

b) Un tronco de cono cuyas bases tienen radios de 9 m y 6 m, y la generatriz mide 5 m.

5 En una esfera de 8 cm de radio se dan dos cortes paralelos a distintos lados del centro, alejados de él 2 cm y 3 cm, respectivamente. Calcula la superficie de la zona esférica comprendida entre ambos cortes.

6 Calcula las áreas y los volúmenes de estos cuerpos:

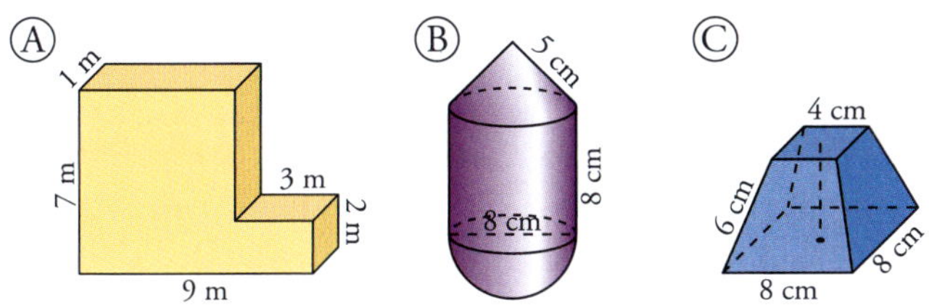

7 Calcula el volumen de cada uno de estos cuerpos:

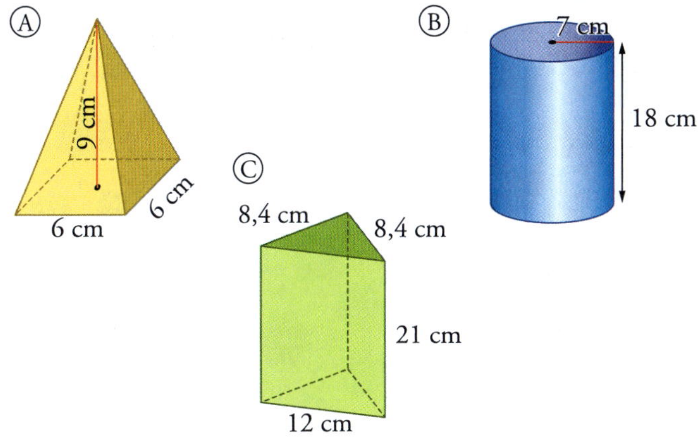

8 Cuando en el huso 0 son las 8 a. m., ¿qué hora es en el huso 3.° al E? ¿Y en el huso 5.° O?

9 Dos ciudades están en el ecuador y sus longitudes se diferencian en 10°. ¿Cuál es la distancia entre ellas?

(Radio de la Tierra: 6 371 km)

10 Las coordenadas geográficas de San Petersburgo son 60° N 30° E, y de Oslo, 60° N y 11° E.

Halla la longitud del arco del paralelo que va de la una a la otra.

DESAFÍOS QUE DEJAN HUELLA

REFLEXIONA

Revisa los aspectos trabajados y plantea soluciones a los problemas que se detecten.

Para ello, descarga de **anayaeducacion.es** la rúbrica correspondiente, reflexiona de manera individual y comparte en grupo.

PON A PRUEBA TUS COMPETENCIAS

Realiza la autoevaluación competencial incluida en **anayaeducacion.es.**

12

Transformaciones geométricas

Cuando visitamos la Alhambra, quedamos fascinados por sus jardines, patios, fuentes, arcos, estancias... Y, sin duda, también nos llama poderosamente la atención la gran variedad de mosaicos que adornan paredes y techos.

¿Por qué la cultura árabe fue tan aficionada a este tipo de ornamentos? La religión musulmana recomendaba no representar seres vivos: no solo personas, sino tampoco animales o plantas. Por eso, la artesanía musulmana nazarí de los siglos XIII y XIV se volcó en la expresión de formas geométricas para decorar los palacios.

Sin embargo, los mosaicos árabes son mucho más que hermosas filigranas. Quienes los diseñaron poseían una sólida formación geométrica, como quedó demostrado hace unas décadas, cuando se comprobó que con unos pocos elementos geométricos y algunas transformaciones se pueden diseñar diecisiete tipos de mosaicos. Exactamente, los que se encuentran en las paredes de la Alhambra.

Los conocimientos que utilizaban para el diseño de mosaicos eran, en algunos casos, muy sofisticados. Pero a la vez no dejan de sorprendernos las composiciones de enorme belleza que conseguían con manipulaciones sencillas de las figuras geométricas básicas.

Por ejemplo, observa debajo una transformación de un triángulo equilátero para obtener una bonita figura, a la que llamaremos «la pajarita», base de uno de los mosaicos más conocidos de la Alhambra.

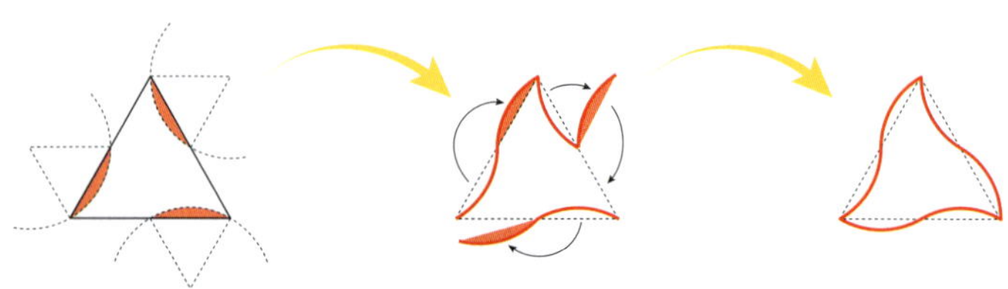

Figura A

Con lo que ya sabes, resuelve

Un mosaico con «la pajarita»

Observa cómo el motivo de «la pajarita» se plasma en toda una pared. Como puedes ver, le añadieron colores y adornos adicionales:

Algunos movimientos

Observa ahora, aquí abajo, una simplificación del mosaico.

Imagina que pones encima un papel transparente y lo calcas (si en vez de imaginarlo, lo haces, ¡mejor!).

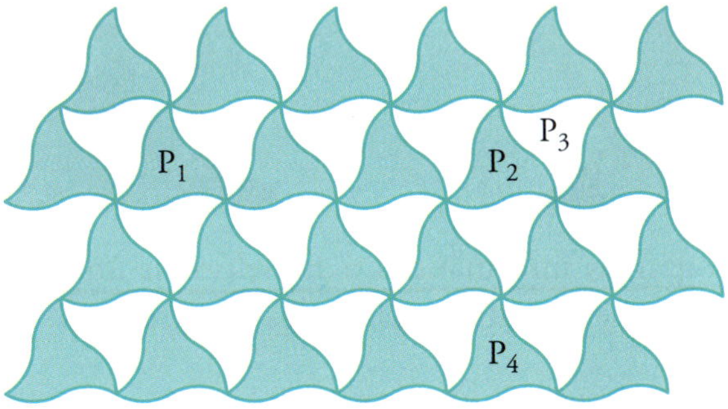

Figura B

Estudia cómo has de mover el papel transparente para que la pieza P_1 se superponga sobre la pieza P_2, cómo lo has de mover para que P_2 coincida con P_3 y cómo has de hacerlo para que P_3 quede sobre P_4.

Reflexiona

1. En el triángulo de la figura A de la página anterior, ¿qué ángulo gira cada una de las piezas recortadas para dar lugar a la pieza con forma de «pajarita»?
2. Describe los movimientos que se mencionan arriba, para la transparencia que calca la figura B.
3. Supón que la figura B se expande indefinidamente en todas direcciones. ¿En qué punto clavarías un alfiler para que, al girar la transparencia, desaparezca el color blanco?

1 Transformaciones geométricas

La proyección de las sombras de los camellos en una duna es una transformación geométrica de las figuras iniciales.

La red de la derecha, desde un punto de vista práctico, está deformada por el impacto del balón. Sin embargo, geométricamente, solo ha sufrido una *transformación*.

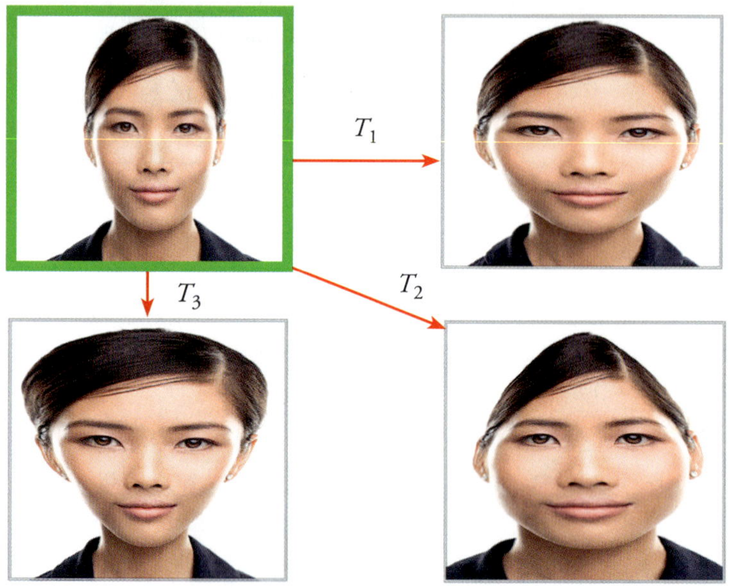

Hay infinidad de programas informáticos para deformar una foto y hacer con ella expresiones exageradas y caricaturescas. Todos estos retoques son *transformaciones geométricas*.

Una **transformación geométrica** hace corresponder a cada punto de una figura otro punto (su homólogo). Las figuras se transforman en otras figuras.

Si llamamos T a una cierta transformación, entonces se designa:

— Al transformado de un punto $P \to T(P) = P'$

— A la figura transformada de $F \to T(F) = F'$

Si un punto se transforma en sí mismo, se dice que es un **punto doble** o **invariante:** A es doble si $T(A) = A$.

Análogamente, una **figura** F es **doble** si $T(F) = F$.

En la transformación T_3 la boca del personaje ha permanecido invariante. Es decir, la boca es una figura doble en la transformación T_3.

TEN EN CUENTA

$$T(P) = P'$$

El punto P' es el **homólogo** o **correspondiente** de P según la transformación T.

2 Movimientos en el plano

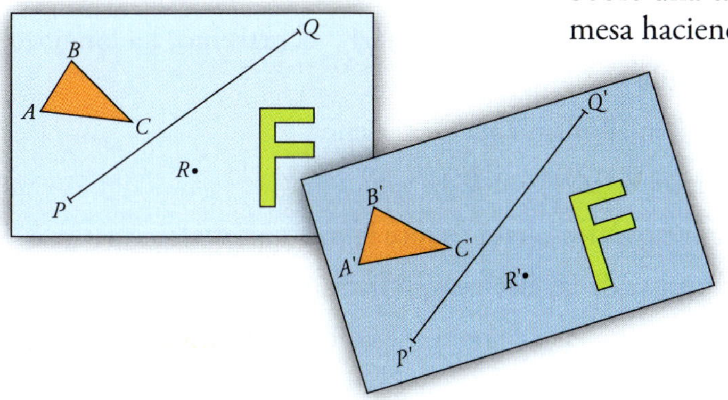

Sobre una tarjeta hemos dibujado varias figuras. Arrastramos la tarjeta sobre la mesa haciendo que ocupe otra posición.

Las figuras que hay en la tarjeta se han limitado a moverse. Mantienen su forma y su tamaño. Esta transformación se llama *movimiento*.

> Un **movimiento** es una transformación del plano en la cual todas las figuras mantienen su forma y su tamaño.

En un movimiento, la distancia entre dos puntos cualesquiera se mantiene invariable.

Movimientos directos y movimientos inversos

Si miramos una serie de figuras y sus imágenes en un espejo, observamos que las figuras reflejadas tienen la misma forma y el mismo tamaño que las originales. La transformación producida por el espejo es, pues, un movimiento.

Sin embargo, las agujas del reloj reflejado giran en sentido contrario a las del original. Este movimiento que cambia el sentido de giro se llama *movimiento inverso*.

El movimiento descrito arriba mediante una tarjeta que se deslizaba mantiene el sentido de giro. Es un *movimiento directo*.

> Hay dos tipos de movimientos:
>
> **Movimientos directos,** que mantienen el sentido de giro.
>
> **Movimientos inversos,** que cambian el sentido de giro.

Los **movimientos directos** se llaman también **deslizamientos,** pues, como hemos hecho con la tarjeta de arriba, las figuras «se deslizan» hasta su nueva posición. Sin embargo, en los **movimientos inversos** hay que «sacar del plano» cada figura para llevarla a su posición final.

PIENSA Y PRACTICA

1

Toma una hoja y dibuja una figura en la mitad izquierda.

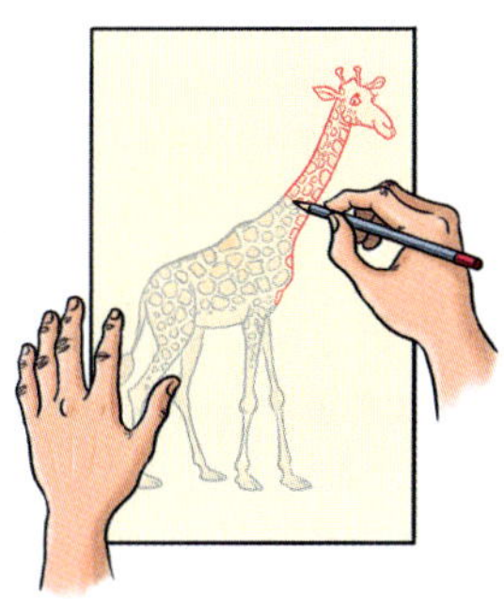

Pliégala por la mitad y cálcala (apóyate en una ventana).

Despliega. Observa que has efectuado un movimiento inverso.

3 Traslaciones

Vectores

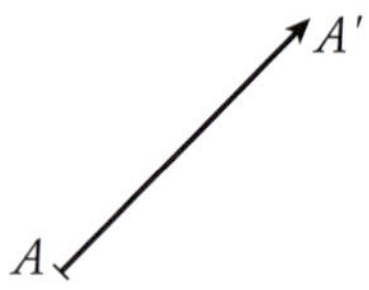

Una flecha, $\overrightarrow{AA'}$ se llama **vector.** A es el **origen;** A', el **extremo.** La longitud del vector, $\overline{AA'}$, es su **módulo.**

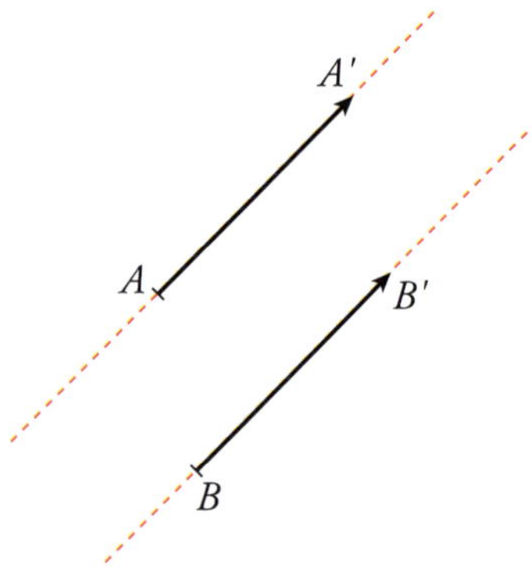

Estas dos flechas son el mismo vector.

Dos vectores $\overrightarrow{AA'}$ y $\overrightarrow{BB'}$ son el mismo vector si tienen:

— El mismo módulo (es decir, si $\overline{AA'} = \overline{BB'}$).

— La misma dirección (son paralelos o están sobre la misma recta).

— El mismo sentido (las puntas de las flechas van hacia el mismo lado).

Para **sumar dos vectores,** $\vec{t}_1$ y $\vec{t}_2$, situamos el origen del segundo coincidiendo con el extremo del primero.

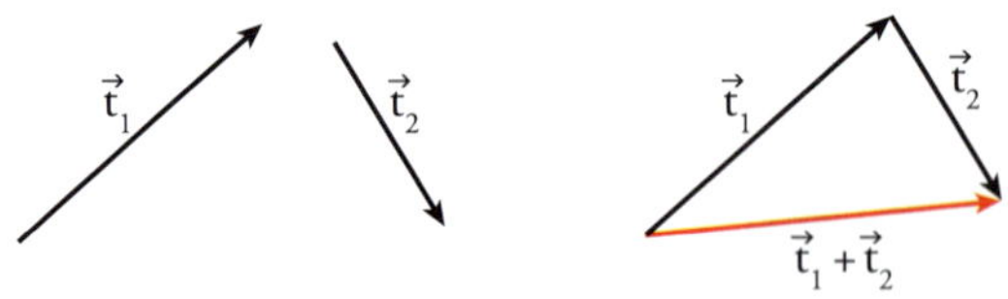

Concepto de traslación

Sobre una tarjeta hemos dibujado varias figuras geométricas. Si deslizamos la tarjeta de modo que sus bordes se mantengan paralelos a sus posiciones iniciales, diremos que la hemos sometido a una *traslación.*

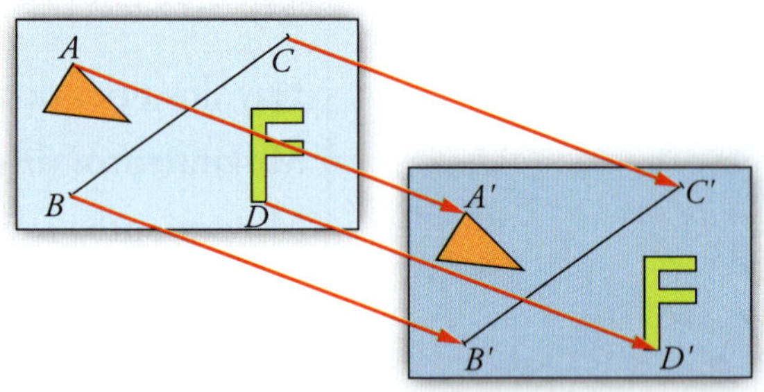

Si unimos cada punto con su homólogo mediante una flecha, $\overrightarrow{AA'}$, $\overrightarrow{BB'}$, $\overrightarrow{CC'}$, … todas ellas tienen la misma longitud y la misma dirección. Es decir, son el mismo vector.

> Dado un vector $\vec{t}$, se llama **traslación T,** según el vector $\vec{t}$, a una transformación que asocia a cada punto P otro punto $P' = \mathbf{T}(P)$ tal que $\overrightarrow{PP'} = \vec{t}$.

PIENSA Y PRACTICA

1 El mosaico de la derecha se llama «multihueso». $\mathbf{H_1}$, $\mathbf{H_2}$, $\mathbf{H_3}$ y $\mathbf{H_4}$ son «huesos». Se pueden estudiar las transformaciones por las que se pasa de unos a otros.

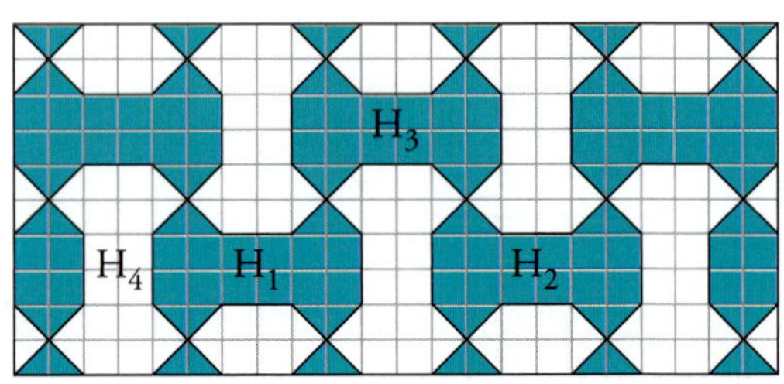

a) ¿Cuáles de estas transformaciones son traslaciones?

b) ¿Cuál es el vector que caracteriza la traslación que transforma $\mathbf{H_1}$ en $\mathbf{H_2}$? ¿Y el que transforma $\mathbf{H_2}$ en $\mathbf{H_3}$? ¿Y el que transforma $\mathbf{H_3}$ en $\mathbf{H_1}$?

→ anayaeducacion.es
Iniciación: traslaciones.

→ Traslada figuras planas según un vector.

Las traslaciones son movimientos directos

Las traslaciones son, evidentemente, deslizamientos, es decir, movimientos directos: mantienen la forma y el tamaño de las figuras y, además, conservan el giro de las agujas de un reloj.

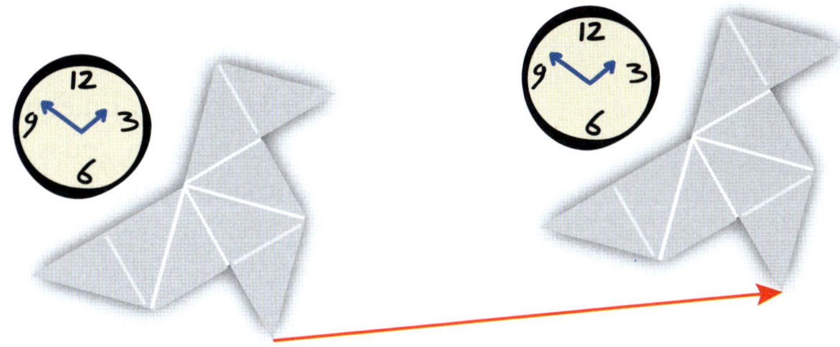

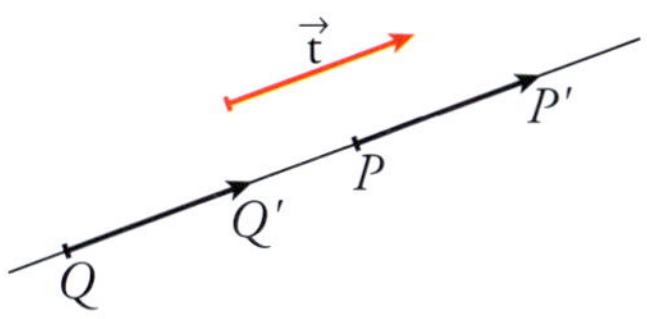

Las rectas paralelas al vector traslación son invariantes.

Elementos dobles (invariantes) en una traslación

En una traslación **no hay puntos dobles,** pues todos los puntos se desplazan.

Toda recta paralela al vector traslación es doble, pues cada punto, P, de la recta se transforma en otro punto, P', de la recta.

EJERCICIO RESUELTO

***a)** Representar el cuadrilátero de vértices A(–5, 3), B(0, 4), C(3, 2) y D(2, 0). Luego, trasladarlo por el vector $\vec{v}$(3, –4).*

***b)** Dar las coordenadas de los puntos A', B', C' y D', trasladados por $\vec{v}$.*

a)

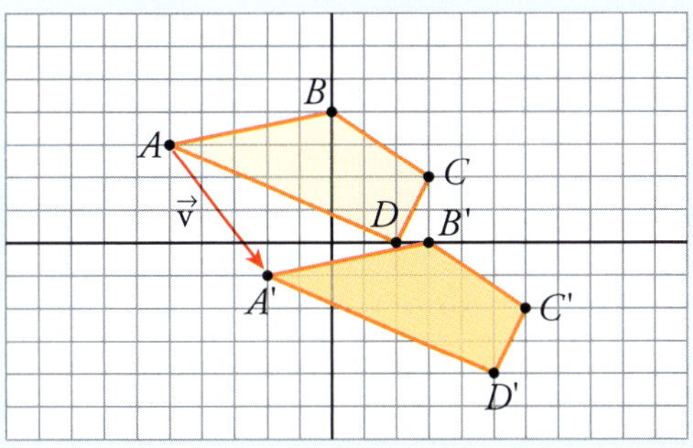

b) Los puntos trasladados por $\vec{v}$ son:

$A'(-2, -1)$ $B'(3, 0)$

$C'(6, -2)$ $D'(5, -4)$

PIENSA Y PRACTICA

2 a) Traslada el triángulo de vértices $A(3, 1)$, $B(4, -2)$ y $C(8, -1)$ según el vector $\vec{t}(-1, 4)$.

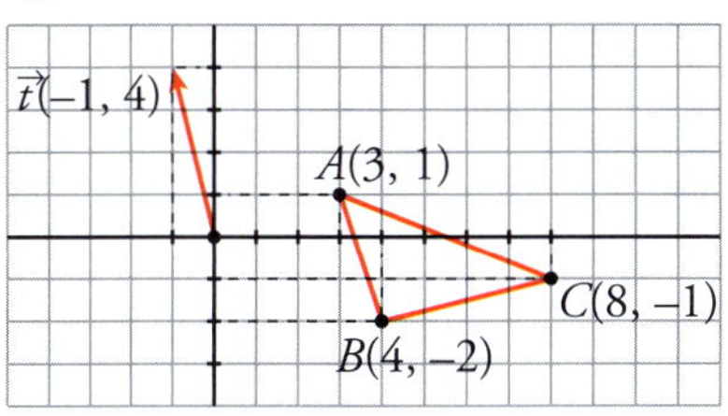

Comprueba que los triángulos ABC y $A'B'C'$ son iguales.

b) Comprueba que la recta $r: y = 3 - 4x$ se transforma en sí misma (es doble).

Para ello, toma varios puntos de r [por ejemplo, (0, 3), (1, –1), (–2, 11)] y comprueba que sus transformados están también en r.

3 Dibuja unos ejes coordenados sobre papel cuadriculado. Traza con compás la circunferencia C de centro $O(3, 4)$ y radio 5.

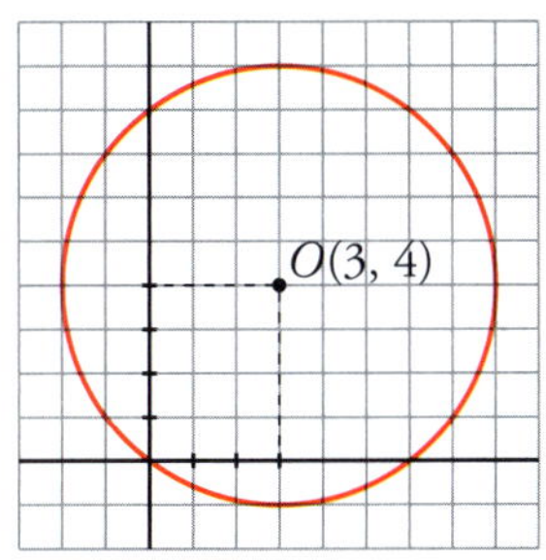

a) Comprueba que C pasa por $P(0, 0)$, $Q(6, 8)$ y $R(3, -1)$.

b) Traslada los puntos O, P, Q y R mediante la traslación **T** de vector $\vec{t}(6, -2)$.

c) Comprueba que la circunferencia cuyo centro es $O' = \mathbf{T}(O)$ y radio 5 pasa por P', Q' y R'.

4 Giros. Figuras con centro de giro

El plano π, representado por una tarjeta, aparece girado sobre sí mismo un ángulo α alrededor del punto O (la esquina de la tarjeta). En el movimiento arrastra a todas las figuras situadas sobre él.

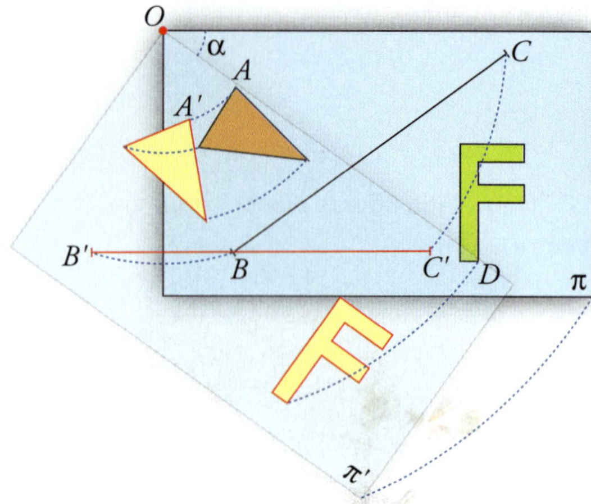

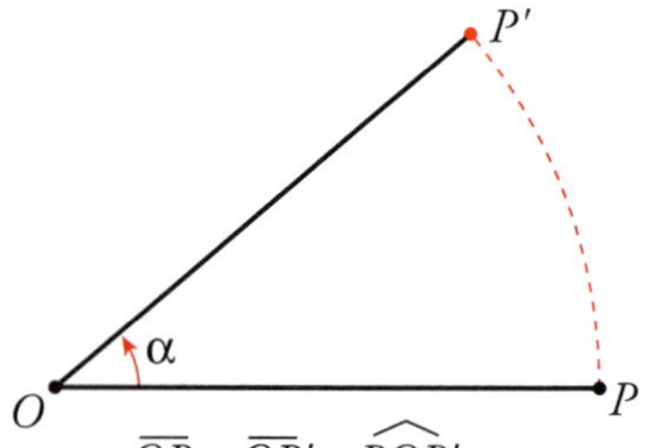

$\overline{OP} = \overline{OP'}$, $\widehat{POP'} = \alpha$

Dados un punto O y un ángulo α, se llama **giro de centro O y ángulo α** a una transformación **G** que hace corresponder a cada punto P otro $P' = \mathbf{G}(P)$ de modo que:

$$\overline{OP} = \overline{OP'} \quad \text{y} \quad \widehat{POP'} = \alpha$$

α debe ser un ángulo orientado. Consideramos sentido de giro positivo el contrario al movimiento de las agujas del reloj. El giro del ejemplo de más arriba es de ángulo negativo.

SIMETRÍA CENTRAL

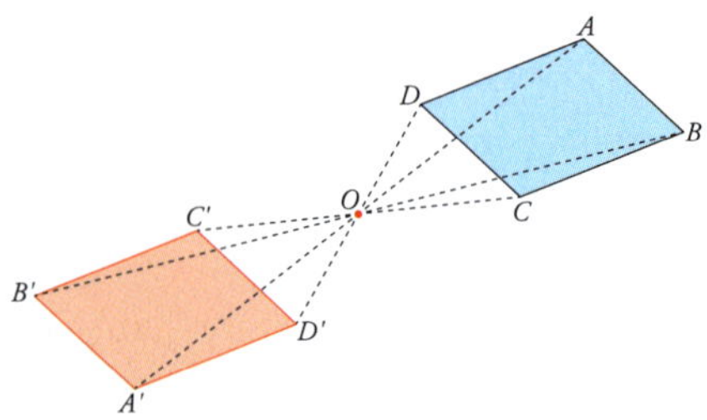

El giro de centro O y ángulo 180° transforma cada punto en su simétrico respecto al punto O. Por eso, a un giro de 180° se le llama **simetría central** y, en este caso, al punto O se le llama **centro de simetría.**

Los giros son movimientos directos

Es claro que los giros son deslizamientos, es decir, movimientos directos: mantienen la forma y el tamaño de las figuras y, además, conservan el sentido de giro de las agujas de un reloj.

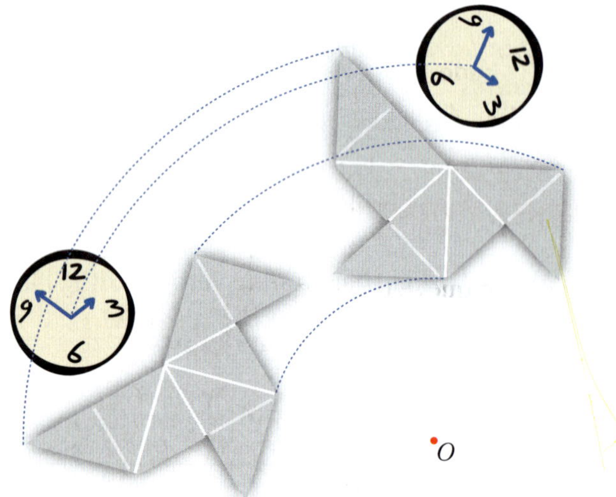

Elementos dobles en un giro

El centro de giro O es el único **punto doble.**

Las circunferencias de centro O son **figuras dobles.**

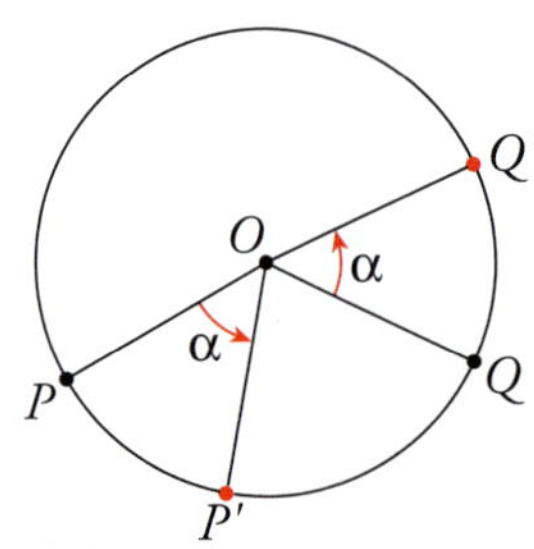

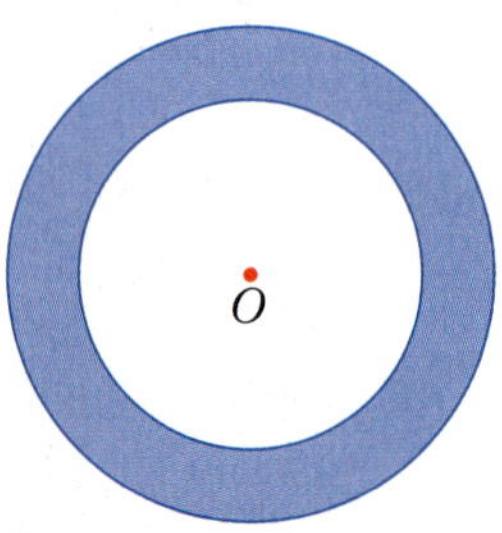

Una corona circular con el centro en el centro de giro es invariante.

→ anayaeducacion.es
Iniciación: giros.

→ Gira figuras planas según un centro y un ángulo.

En la naturaleza es frecuente encontrar figuras con centros de giro de orden 5.

Figuras con centro de giro

Esta figura es invariante mediante tres giros distintos, todos ellos de centro O y de ángulos 90°, 180° y 270°.

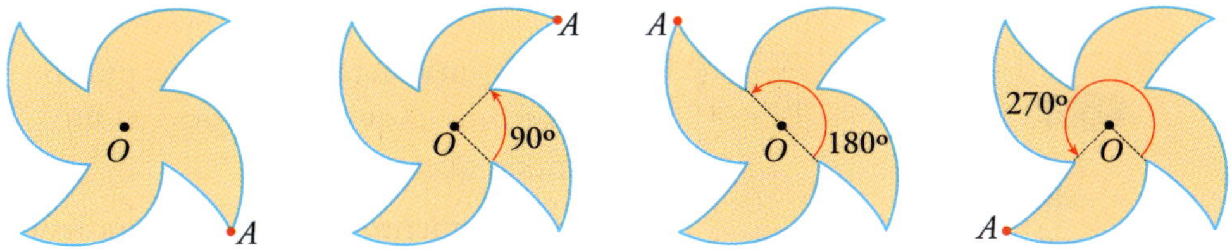

Contando con la posición inicial, hay cuatro posiciones con las que la figura se mantiene idéntica.

Se dice que O es un *centro de giro de orden 4* de esta figura.

> Se dice que una figura plana tiene un **centro de giro O de orden n** cuando al girarla alrededor de O coincide consigo misma n veces, contando con la posición inicial.
>
> El cociente $360° : n$ es el menor ángulo por el cual se hace coincidir la figura consigo misma al girarla con centro en O.

Todos los polígonos regulares tienen centro de giro: el triángulo de orden 3, el cuadrado de orden 4, el pentágono de orden 5, y así sucesivamente. La circunferencia tiene centro de giro de orden infinito, ya que cualquier giro que se produzca desde su centro la deja invariante.

PIENSA Y PRACTICA

1 Dibuja unos ejes coordenados en una hoja de papel cuadriculado. Considera el giro **G** de centro $O(0, 0)$ y ángulo $\alpha = 90°$.

a) Transforma mediante **G** los puntos $A(-5, 0)$, $B(0, 5)$, $C(4, 3)$ y señala el triángulo $A'B'C'$ transformado del triángulo ABC.

b) ¿En qué se transforma la recta que pasa por A y B?

c) ¿En qué se transforma la circunferencia de centro O y radio 7?

2 Recuerda el mosaico «multihueso» que ya hemos visto en un ejercicio anterior.

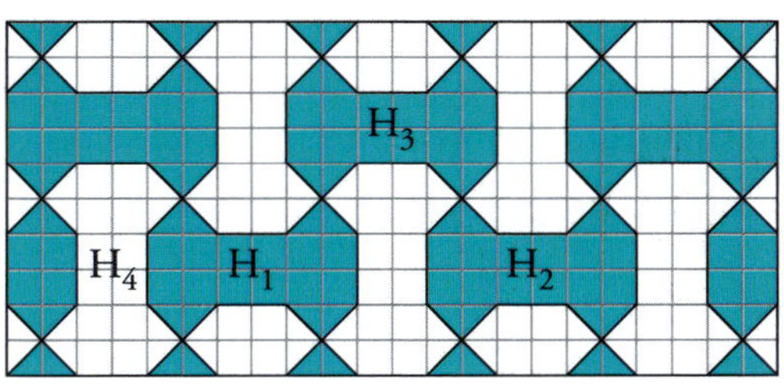

a) Describe un giro que transforme $\mathbf{H_1}$ en $\mathbf{H_4}$.

b) Describe un giro que transforme $\mathbf{H_1}$ en $\mathbf{H_3}$.

3 Las siguientes figuras, ¿tienen todas centro de giro? Explica por qué, halla el orden de cada uno y calcula el ángulo mínimo de coincidencia mediante giro.

Ⓐ
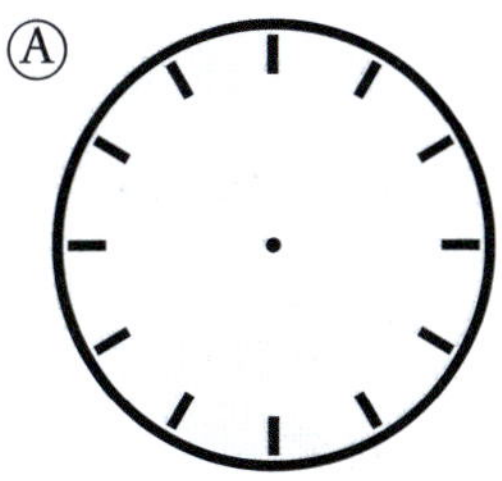

Ⓑ
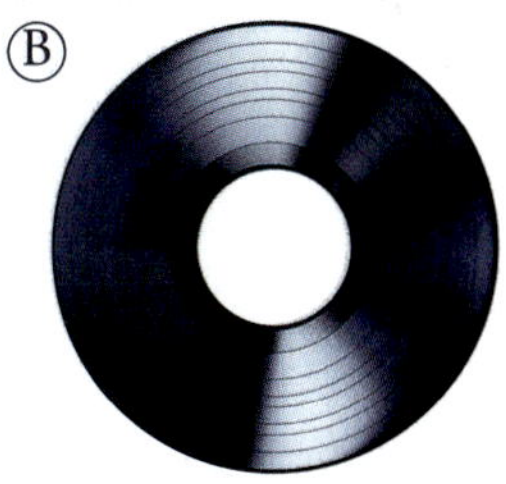

Ⓒ
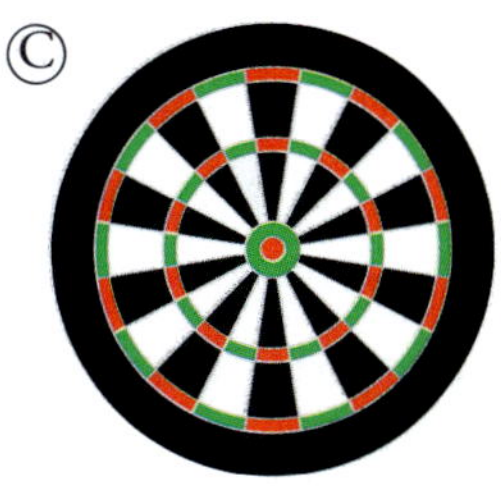

Ⓓ

Ⓔ
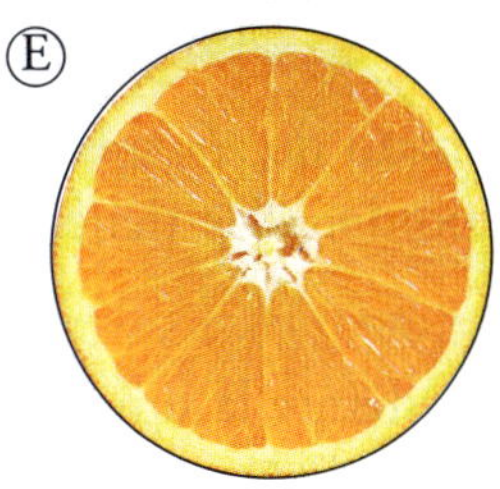

Ⓕ

5 Simetrías axiales. Figuras con ejes de simetría

En una simetría, las figuras «se reflejan» en e como si fuera un espejo.

Dada una recta e, a cada punto, P, le hacemos corresponder otro punto, P', de modo que:

- El segmento PP' sea perpendicular a e.
- La distancia de P a e sea igual a la distancia de P' a e.

Es decir, e es la mediatriz del segmento PP'.

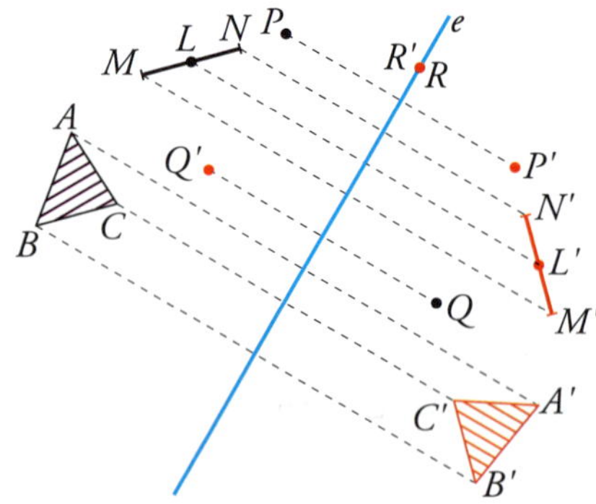

Dada una recta e, se llama **simetría de eje** e a una transformación, **S,** que hace corresponder a cada punto P del plano otro punto $\mathbf{S}(P) = P'$ tal que el eje e es mediatriz del segmento PP'.

→ anayaeducacion.es
Iniciación: simetrías axiales.

→ Traza figuras simétricas de otras con respecto a un eje.

Las simetrías son movimientos inversos

Las simetrías son **movimientos,** pues conservan la forma y el tamaño de las figuras. Pero son movimientos **inversos,** porque cambian el sentido de giro de las agujas de un reloj.

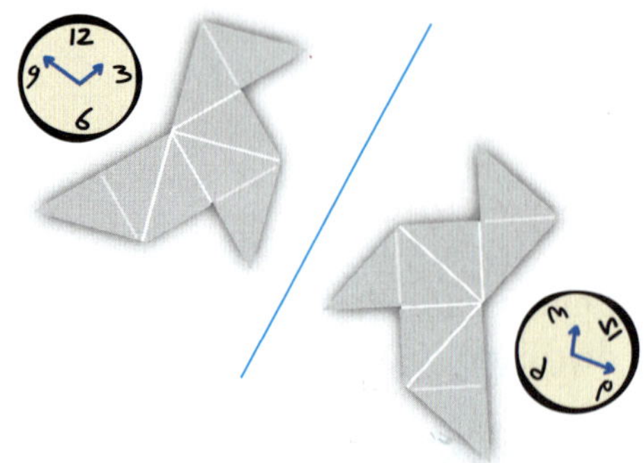

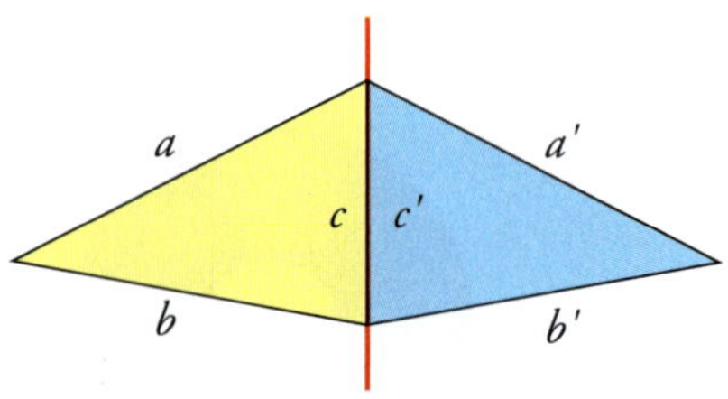

El lado c es un elemento doble en esta simetría, por eso, $c = c'$.

Elementos dobles en una simetría

En una simetría de eje e, todos los **puntos** de e son **dobles.** Por tanto, e es una recta invariante.

También son invariantes las rectas perpendiculares a e.

PIENSA Y PRACTICA

1 Dibuja en tu cuaderno unos ejes coordenados y traza sobre ellos el cuadrilátero F cuyos vértices son, respectivamente, $A(0, 1)$, $B(3, 4)$, $C(7, 1)$ y $D(4, 0)$.

a) Dibuja el cuadrilátero transformado de F mediante la simetría de eje X. ¿Qué coordenadas tienen sus vértices?

b) Dibuja el transformado de F mediante la simetría de eje Y. ¿Cuáles son las coordenadas de sus vértices?

2 Consideramos la simetría **S** de eje la recta $y = x$. Dibuja los transformados mediante **S** de:

a) Los puntos $A(3, 1)$, $B(4, 0)$, $C(0, 4)$, $D(5, 5)$.

b) El eje X.

c) El eje Y.

d) La circunferencia C_1 de centro (1, 4) y radio 2.

e) La circunferencia C_2 de centro (3, 3) y radio 5.

Figuras con ejes de simetría

Estas cuatro figuras son simétricas. Observa que hay una recta que divide cada una en dos partes idénticas y simétricas.

Si una figura es invariante respecto a una simetría axial, se dice que es una **figura simétrica** y al eje se le llama **eje de simetría** de la figura.

Hay figuras con más de un eje de simetría. Veamos algunas:

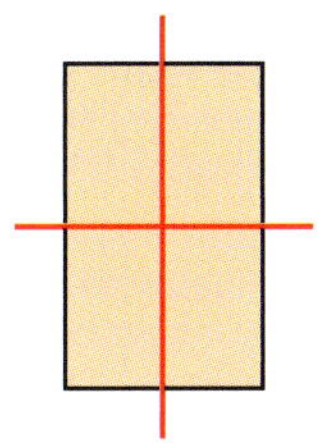

Rectángulo
2 ejes de simetría

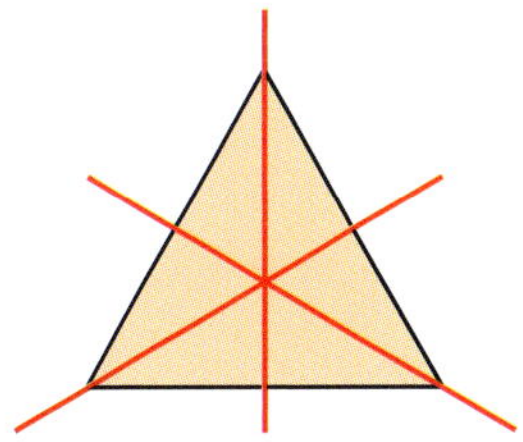

Triángulo equilatero
3 ejes de simetría

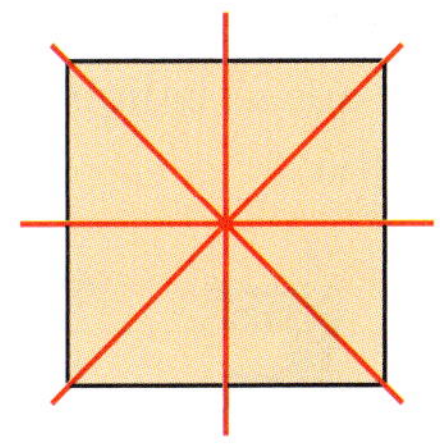

Cuadrado
4 ejes de simetría

Si continuamos con los polígonos regulares, podemos generalizar fácilmente. Esto es, un polígono regular de n lados tiene exactamente n ejes de simetría. La circunferencia tiene infinitos ejes de simetría que pasan por su centro.

OBSERVA

Todos somos bastante simétricos, pero ninguno tenemos una simetría exacta.

Toma una foto tuya en la que salgas de frente y dóblala por donde creas que pase el eje de simetría. Apóyala de forma perpendicular en un espejo y comprueba cómo te quedaría una simetría perfecta. ¿Qué parte te queda mejor, tu izquierda o tu derecha?

También puedes hacerlo con un programa de retoque fotográfico.

Original

Simétrica

EJERCICIO RESUELTO

Indicar, y dibujar, el número de ejes de simetría que tiene cada una de las figuras siguientes:

- El rombo tiene dos ejes de simetría. Cada uno pasa por dos vértices opuestos.
- El paralelogramo no tiene ejes de simetría.
- La figura con forma de luna menguante tiene un eje de simetría horizontal.

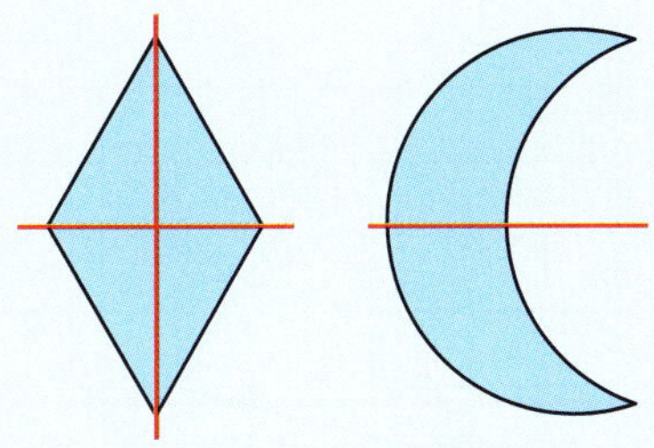

PIENSA Y PRACTICA

3 Copia esta figura en tu cuaderno y señala en ella los ejes de simetría:

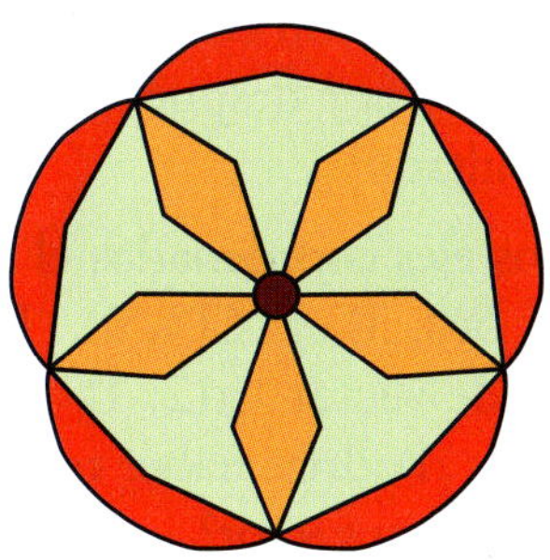

4 Encuentra los ejes de simetría de las siguientes figuras:

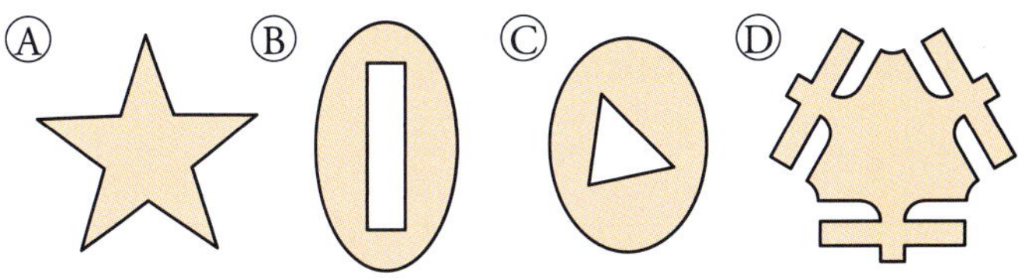

5 Dibuja en tu cuaderno una figura con n ejes de simetría que no sea un polígono regular, donde:

a) $n = 3$ b) $n = 4$ c) $n = 1$ d) $n = 0$

6 Composición de movimientos

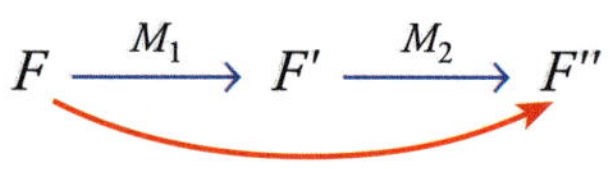

Composición de M_1 con M_2

Si una figura F se somete a un movimiento, M_1: $F \xrightarrow{M_1} F'$ y, después, F' se somete a otro movimiento, M_2: $F' \xrightarrow{M_2} F''$, entonces decimos que se pasa de F a F'' mediante la **composición de los movimientos** M_1 y M_2.

Por ejemplo:

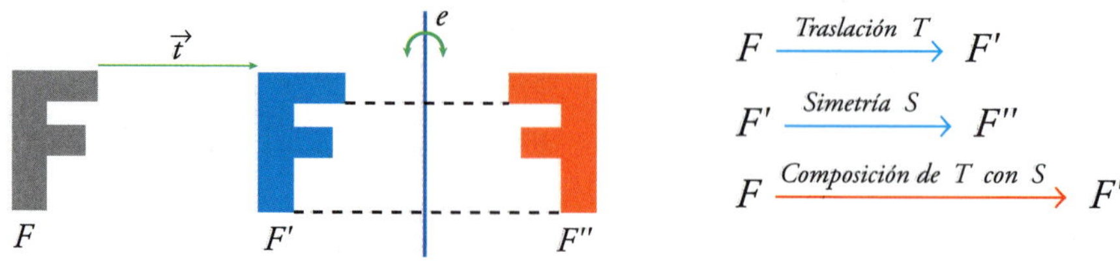

Si comparas el ejemplo anterior con este otro, verás que no es indiferente el orden en que se aplican los dos movimientos:

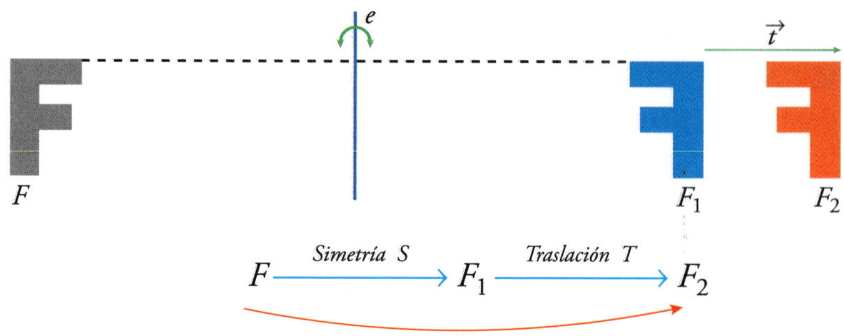

Composición de S con T

OBSERVA

En este caso, sí que da igual el orden en el que se apliquen la traslación y la simetría:

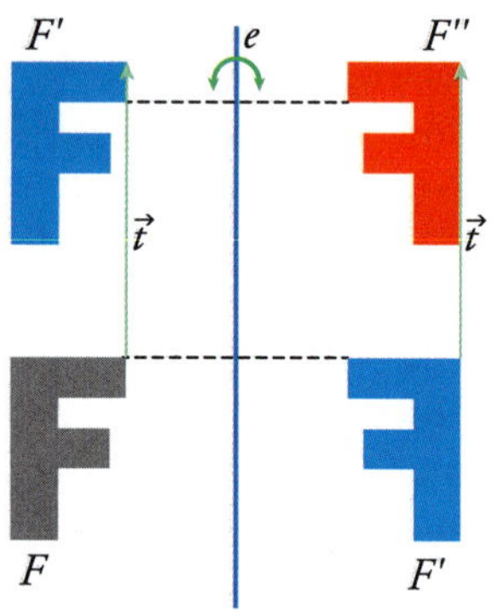

Composición de traslaciones

El resultado de componer dos traslaciones de vectores $\vec{u}$ y $\vec{v}$ es otra traslación de vector $\vec{u} + \vec{v}$.

Por ejemplo, si T_1 es la traslación de vector $\vec{u}(2, -3)$ y T_2 es la de vector $\vec{v}(-4, -1)$, la composición de T_1 y T_2 es una traslación cuyo vector es este:

$$\vec{w} = \vec{u} + \vec{v} = (2, -3) + (-4, -1) = (2 - 4, -3 - 1) = (-2, -4)$$

La composición de dos traslaciones no depende del orden en que se realicen.

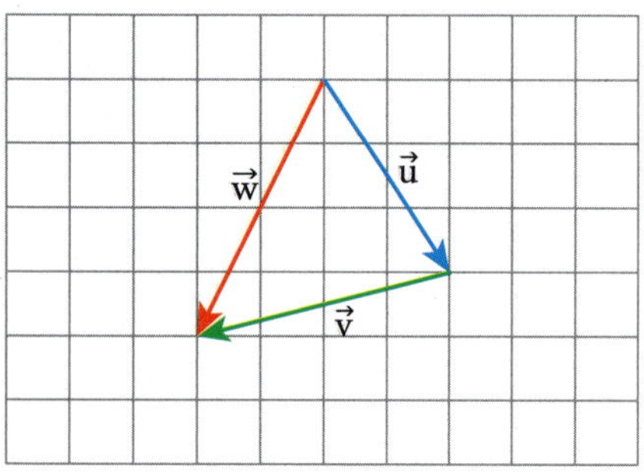

PIENSA Y PRACTICA

1 Copia en tu cuaderno este dibujo:

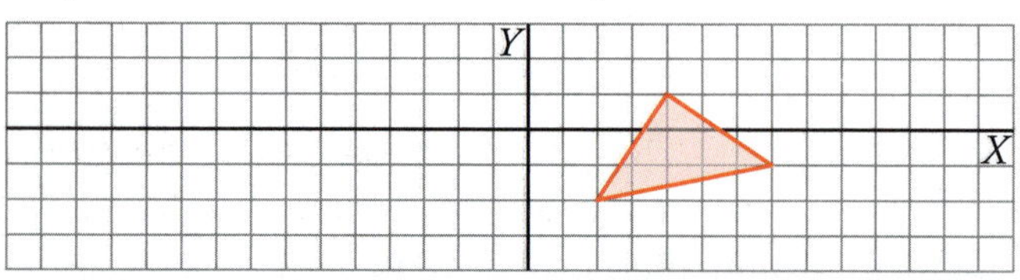

a) Traslada la figura mediante el vector $\vec{u}(1, 3)$ y aplica al resultado una simetría de eje Y.

b) Realiza la composición contraria al apartado anterior: primero la simetría y después la traslación. ¿Obtienes el mismo resultado?

2 Dibuja en unos ejes coordenados el triángulo Δ de vértices $A(0, 0)$, $B(0, 3)$ y $C(3, 0)$. Realiza sobre él una traslación $\mathbf{T_1}$ de vector $\vec{u}(2, 1)$ y luego otra $\mathbf{T_2}$ de vector $\vec{v}(-1, 2)$. ¿Podrías haber realizado solo una traslación? ¿Cuál sería su vector?

MUY IMPORTANTE

La **composición de dos simetrías** axiales de ejes e_1 y e_2 es:

— Una **traslación** si e_1 es paralela a e_2.

— Un **giro** si e_1 y e_2 se cortan.

→ Realiza composiciones de movimientos en el plano.

Composición de simetrías axiales

Es especialmente interesante la composición de dos simetrías axiales:

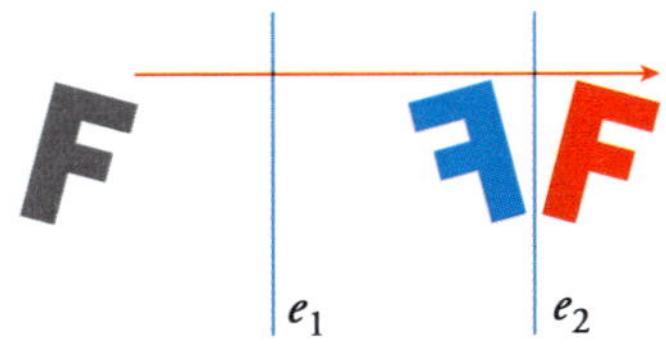

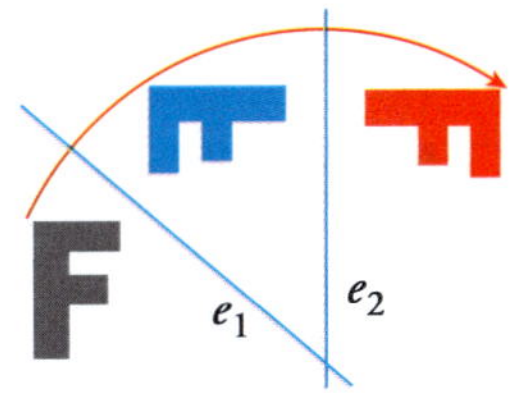

Al **componer dos simetrías axiales** de ejes e_1 y e_2:

- Si e_1 es paralelo a e_2, el resultado es una **traslación.**
- Si e_1 y e_2 se cortan, el resultado es un **giro.**

Recíproco de un movimiento

Cada uno de los movimientos, M, que hemos estudiado en esta unidad tiene otro movimiento tal que al componerlo con el primero se obtiene la figura original. A este movimiento se le conoce como **movimiento recíproco** de M y se designa por M^{-1}.

M^{-1} es un movimiento **recíproco** de otro M si la composición de ambos sobre una figura la deja invariante.

Veamos los movimientos recíprocos en cada caso:

- **Traslación de vector $\vec{u}(a, b)$.**

  Su movimiento recíproco es una traslación de vector $\vec{u}(-a, -b)$.

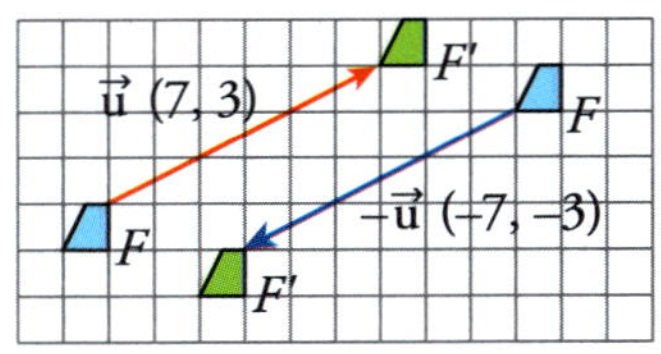

- **Giro de centro O y ángulo α.**

  Su movimiento recíproco es otro giro con el mismo centro y ángulo $-\alpha$.

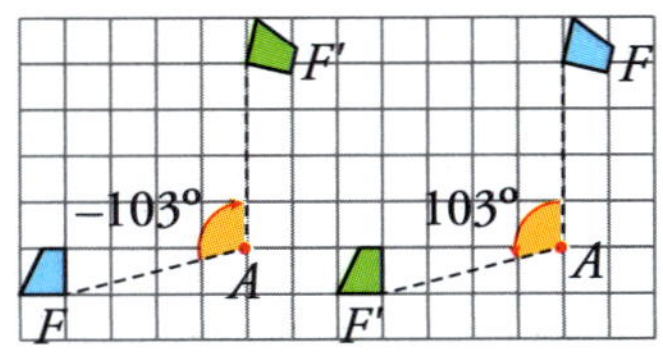

- **Simetría de eje e.**

  Su movimiento recíproco es la misma simetría.

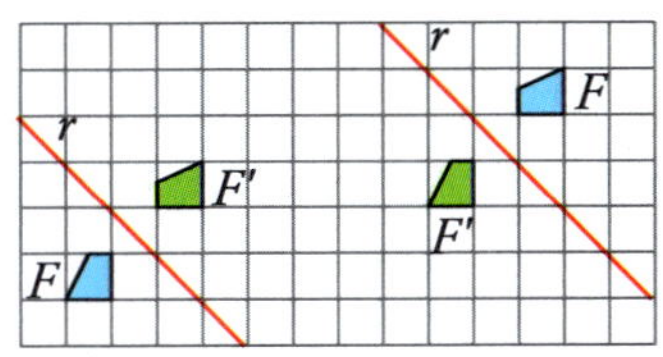

PIENSA Y PRACTICA

3 Considera las simetrías $\mathbf{S_1}$ y $\mathbf{S_2}$ de ejes $x = 0$ (el eje Y) y $x = 6$, respectivamente.

a) Transforma el triángulo Δ del ejercicio 2 de la página anterior mediante $\mathbf{S_1}$ compuesta con $\mathbf{S_2}$.

b) Transforma Δ mediante $\mathbf{S_1}$ compuesta con la simetría de eje X.

4 Dibuja en unos ejes coordenados un cuadrilátero de vértices $A(1, 3)$, $B(6, 5)$, $C(7, -1)$ y $D(-1, -2)$.

a) Halla las coordenadas del cuadrilátero transformado mediante la composición de dos simetrías de ejes X e Y.

b) La composición de las dos simetrías corresponde a un giro cuyo centro es el origen de coordenadas. ¿Cuál es el ángulo de giro?

7 Mosaicos, cenefas y rosetones

Mosaicos

I
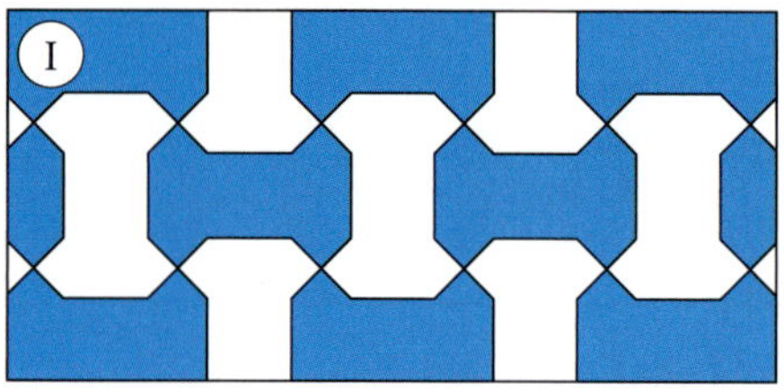

El «multihueso» que viste en una actividad anterior es un **mosaico:** una configuración geométrica con la que se puede llenar el plano.

Hay mosaicos formados por una sola pieza y otros formados por dos o más piezas. Observa los siguientes:

II

III
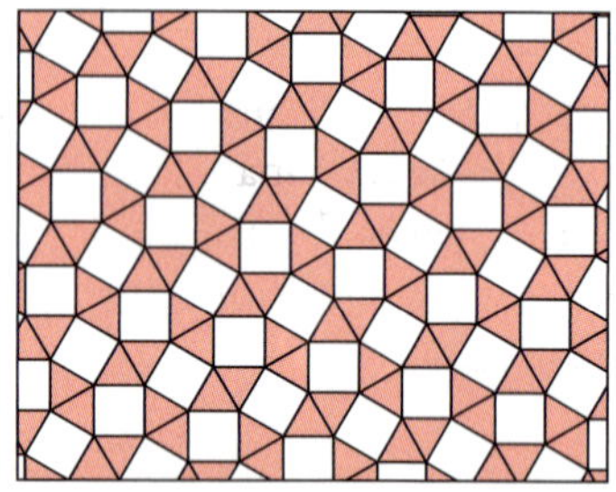

IV
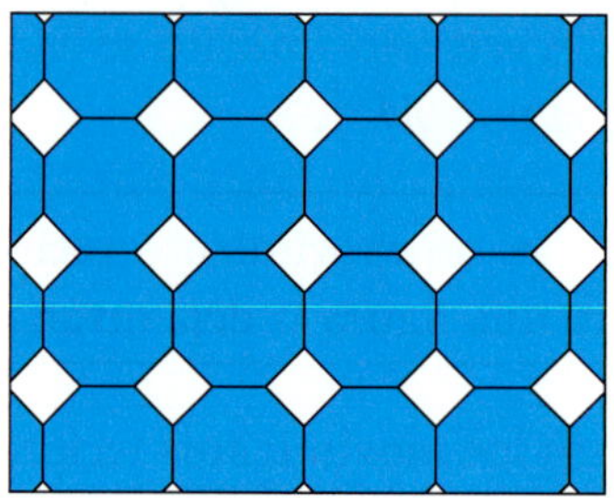

V
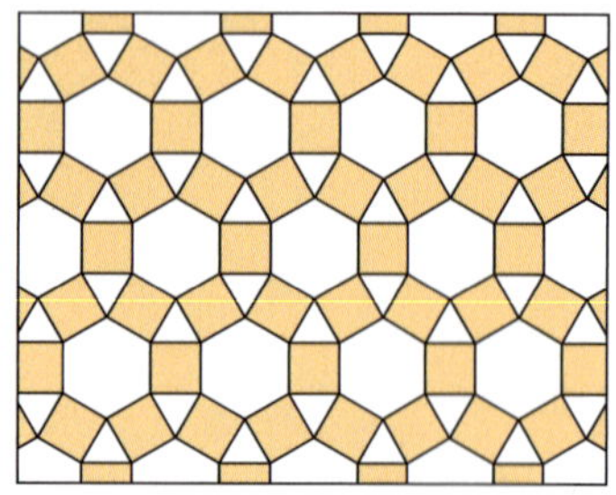

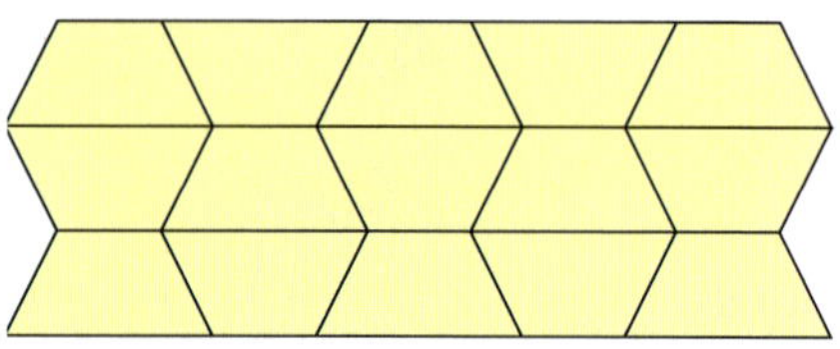

Este mosaico está formado por un único tipo de piezas. Pero no es regular porque los trapecios no son polígonos regulares.

Mosaicos regulares son los formados por un único tipo de **polígono regular.** Solo hay tres: con triángulos, con cuadrados y con hexágonos.

VI

VII
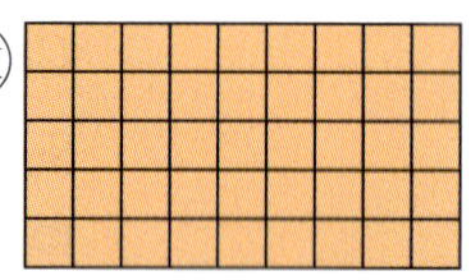

VIII
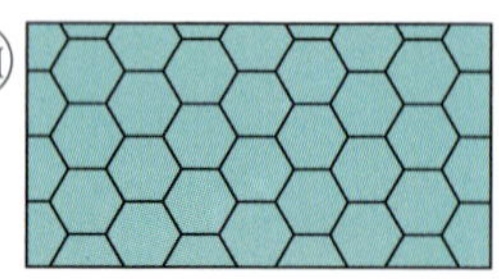

Mosaicos semirregulares son los formados por dos o más tipos de polígonos regulares. Por ejemplo, los mosaicos III, IV y V de arriba.

PIENSA Y PRACTICA

1 Copia y completa en tu cuaderno los siguientes mosaicos:

a)
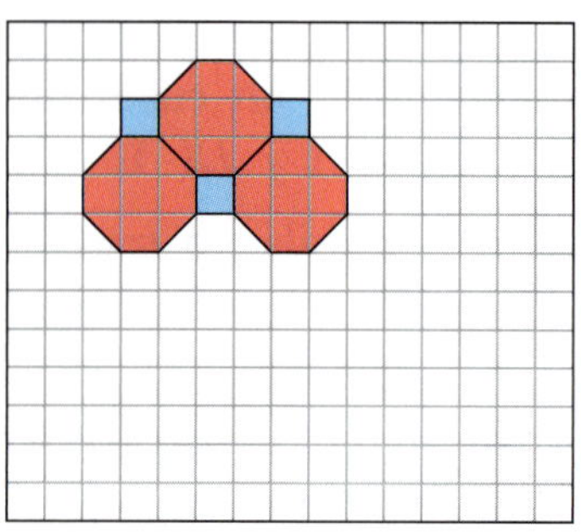

b)
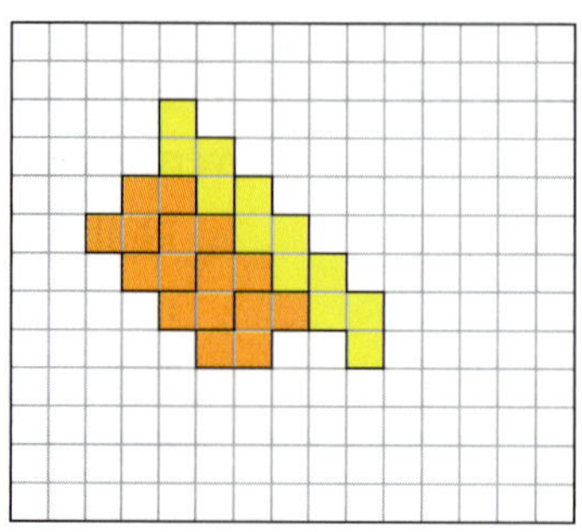

c)
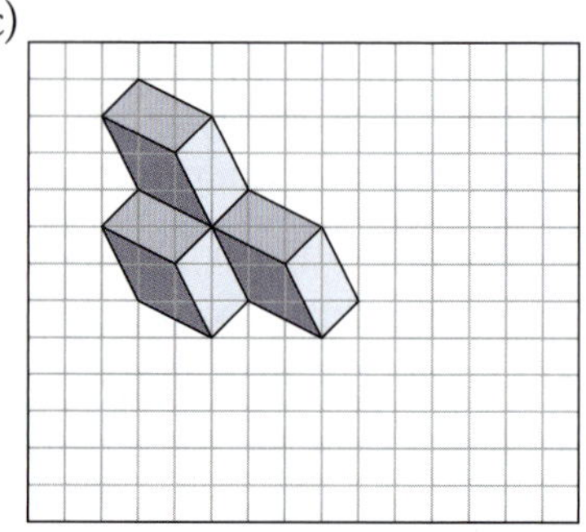

M.C. ESCHER

M. C. Escher (1898-1972) fue un gran artista del siglo xx. Casi todo el mundo ha visto y recuerda sus *figuras imposibles* y sus abigarrados mosaicos, en los que se enlazan y entrecruzan figuras, animales... (puedes buscar en Internet imágenes de sus obras).

Decía de sí mismo que su ansia por buscar nuevas formas de «llenar el plano» le obsesionaba hasta esclavizarlo. Los mosaicos de la Alhambra, que visitó en varias ocasiones, le sirvieron de inspiración.

Frisos o cenefas

Son adornos longitudinales:

IX

X

XI

En todos ellos hay un motivo que se repite mediante **traslaciones.**

Rosetones

Son adornos de forma circular.

XII

XIII

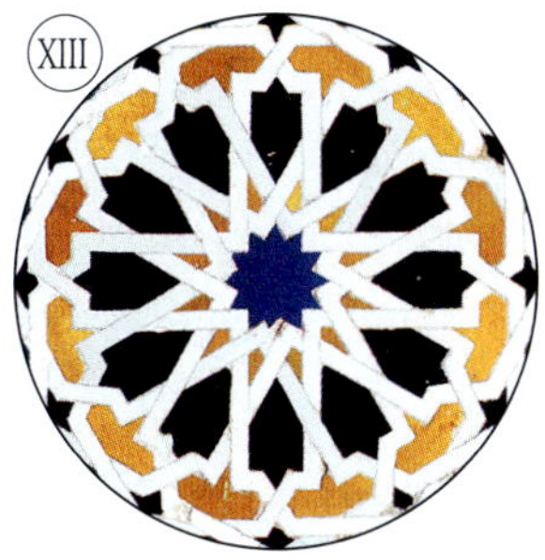

XIV

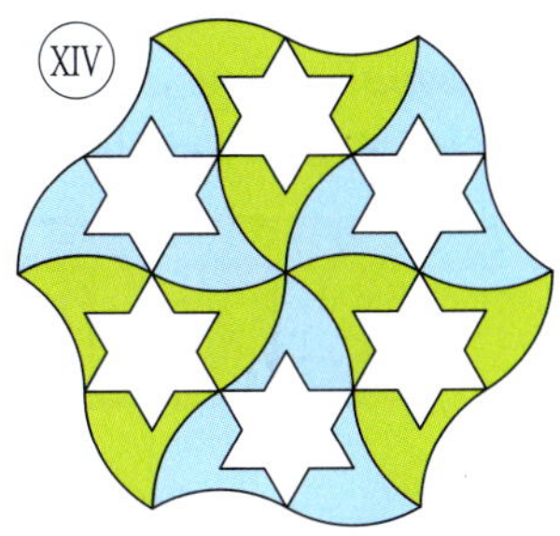

En todos ellos hay un motivo que se repite mediante **giros.**

PIENSA Y PRACTICA

2 Copia y completa en tu cuaderno los siguientes frisos. ¿Cuál es el menor trozo que se repite en cada uno?

A

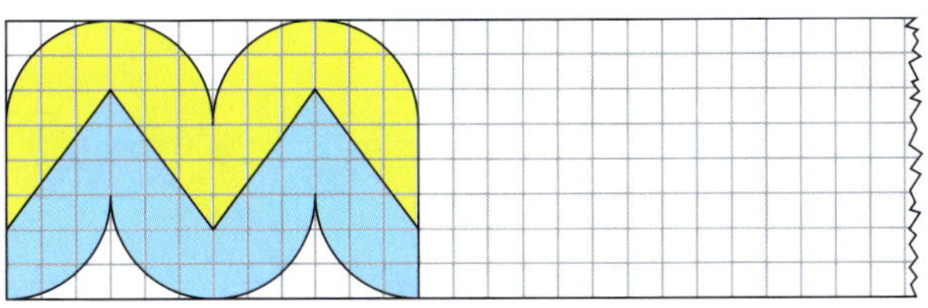

B

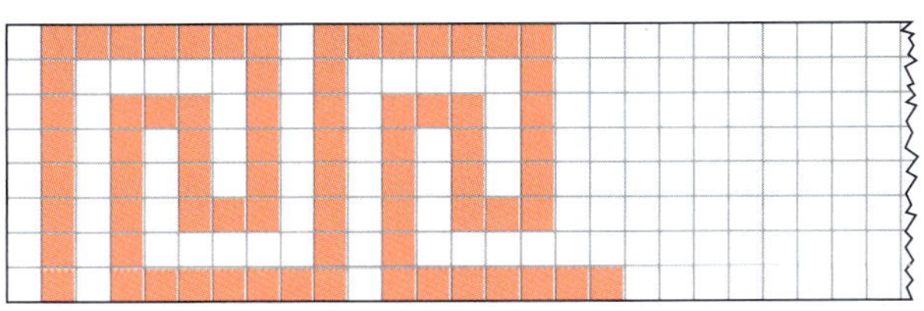

3 Copia y completa en tu cuaderno los siguientes rosetones. Después, contesta a las preguntas:

A

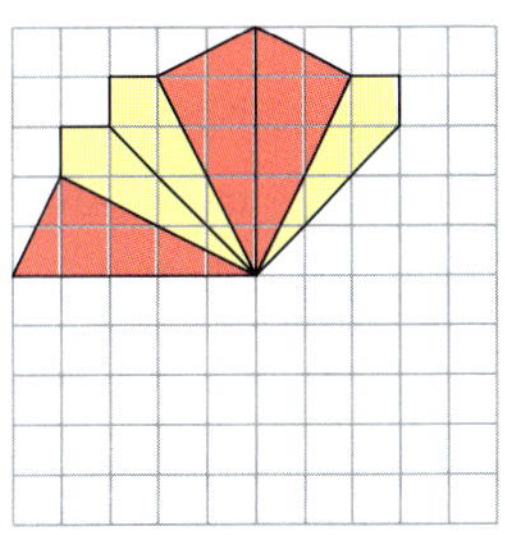

B

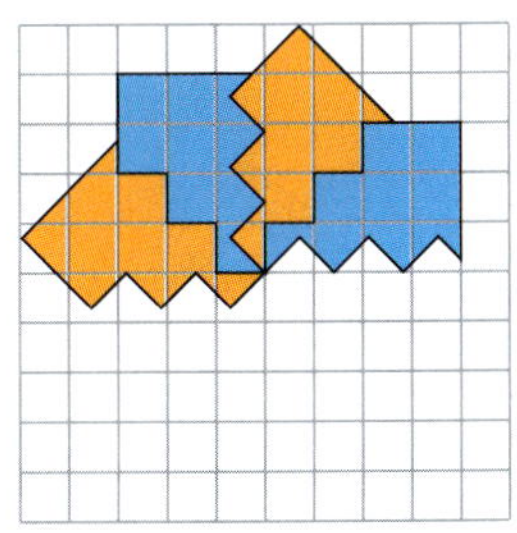

a) ¿De qué orden de giro es cada uno de ellos?

b) ¿Cuál es el menor trozo que se repite en cada uno?

1 Mosaicos

Encontrar distintos movimientos que transformen este mosaico en sí mismo:

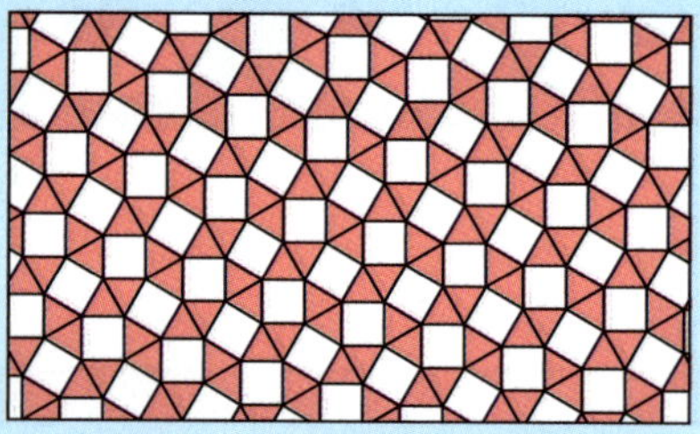

Este es un mosaico semirregular, es decir, está compuesto de varios polígonos regulares. Hay muchos movimientos que lo transforman en sí mismo. Por ejemplo:

- La traslación de vector $\vec{t}$.
- El giro de centro O y ángulo $\alpha = 90°$.
- La simetría de eje e.

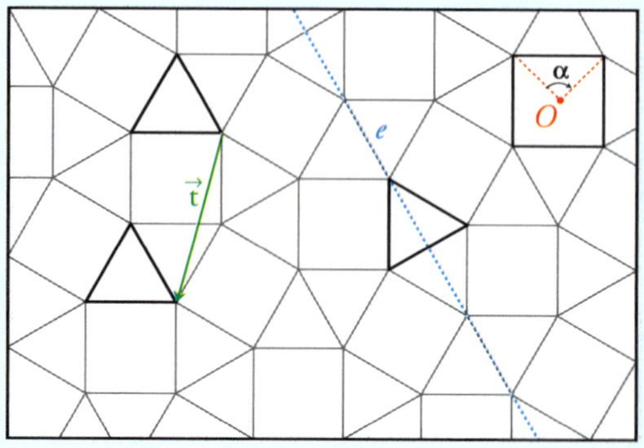

2 Frisos

¿Cuál es la traslación que transforma la cenefa siguiente en sí misma? ¿Hay algún otro movimiento que cumpla esa condición?

Hazlo tú Encuentra movimientos que dejen invariante la cenefa (XI) de la página anterior.

a) Con color. b) Sin color.

La traslación del vector $\vec{t}$ es, evidentemente, el movimiento más claramente asociado a esta cenefa. Sin embargo, también la dejan invariante las traslaciones de los vectores $2\vec{t}$, $3\vec{t}$, $-\vec{t}$, $-2\vec{t}$, …

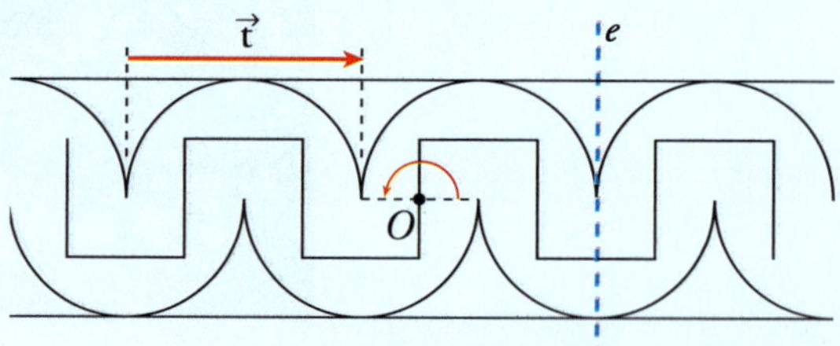

De la misma manera, la simetría de eje e y el giro de centro O y ángulo 180° (si no tenemos en cuenta los colores) dejan invariante la cenefa.

3 Rosetones

¿Cuál es el giro que deja invariante este rosetón? ¿Hay algún otro movimiento que cumpla esta condición?

Hazlo tú ¿Qué movimientos dejan invariante el rosetón (XIII) de la página anterior?

Prescindiendo del color, el giro asociado al rosetón es de centro O y $\alpha = 60°$.

Otros giros de centro O y ángulos 2α, 3α, 4α y 5α también dejan invariante la figura. Es decir, O es un centro de orden 6.

No hay ningún otro movimiento que deje invariante este rosetón. No tiene ejes de simetría.

Si tenemos en cuenta los colores, el giro asociado al rosetón es de centro O y $\alpha = 120°$, pues es el menor giro que hace coincidir cada figura con sí misma respetando los colores.

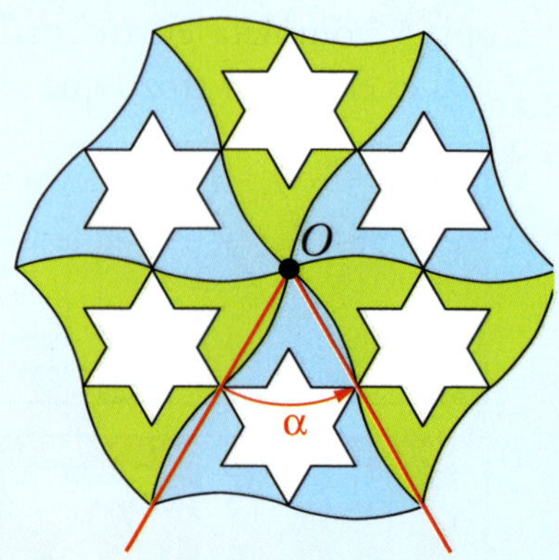

¿DOMINAS LO BÁSICO?

Traslaciones. Vectores

1 a) Representa en papel cuadriculado la figura H y trasládala mediante el vector $\vec{t}_1(6, 1)$. Llamamos H_1 a la figura resultante.

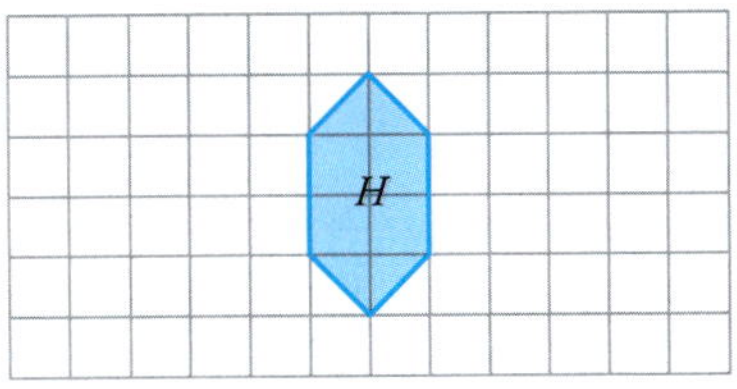

b) Dibuja la figura H_2 transformada de H_1 mediante la traslación $\vec{t}_2(3, -4)$.

c) Indica el vector de traslación que permite obtener H_2 a partir de H.

d) ¿Qué traslación habría que aplicar a H_2 para obtener H?

2 Halla los vectores $\vec{t}_1$, $\vec{t}_2$, $\vec{t}_3$ y $\vec{t}_4$ que nos permiten transformar F en cada una de las otras figuras.

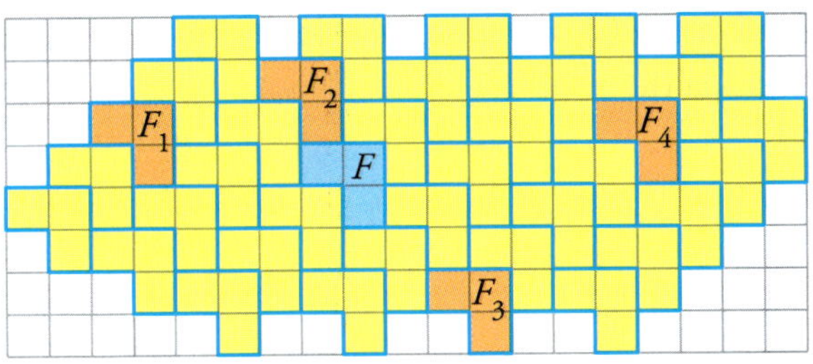

3 Dibuja en tu cuaderno, sobre unos ejes, la recta r que pasa por los puntos $A(2, 3)$ y $B(-1, 0)$.

a) Traslada la recta r según el vector $\vec{v}(-3, 4)$.

b) Traslada los puntos A y B según $\vec{v}$.

c) Comprueba que la recta trasladada pasa por los puntos trasladados.

d) Invento un vector $\vec{t}$ que haga que r sea doble.

Giros

4 Dibuja las transformadas de esta figura mediante un giro de centro A y ángulo $\alpha = 60°$, y otro del mismo centro y ángulo $\beta = -60°$.

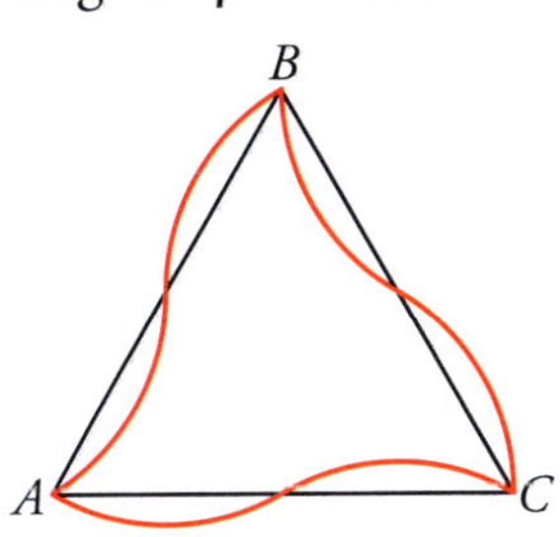

5 Se ha realizado un giro de centro O que transforma A en D.

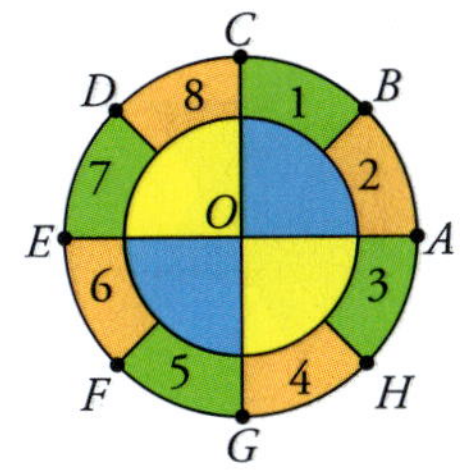

a) Indica en qué puntos se transforman los puntos E, G y H.

b) ¿En qué se convierten los trapecios circulares 1, 3, 6 y 7?

c) ¿Ha cambiado la disposición de colores de la figura original?

d) Define el giro realizado (centro y ángulo) en el caso de que sea positivo y en el que sea negativo.

e) Si nos fijamos en los colores, ¿cuál es el menor ángulo de giro que hace que la figura se quede igual?

6 Indica el menor ángulo que se debe girar alrededor de O cada una de estas figuras para mantenerse idénticas y halla el orden del centro de giro de O.

a)

b)

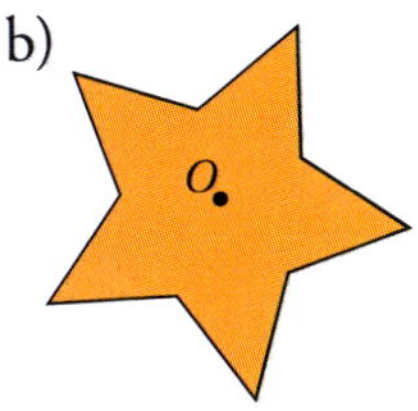

c)

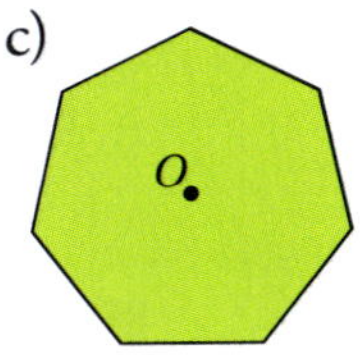

Simetrías

7 Copia en tu cuaderno y señala los ejes de simetría de estas figuras:

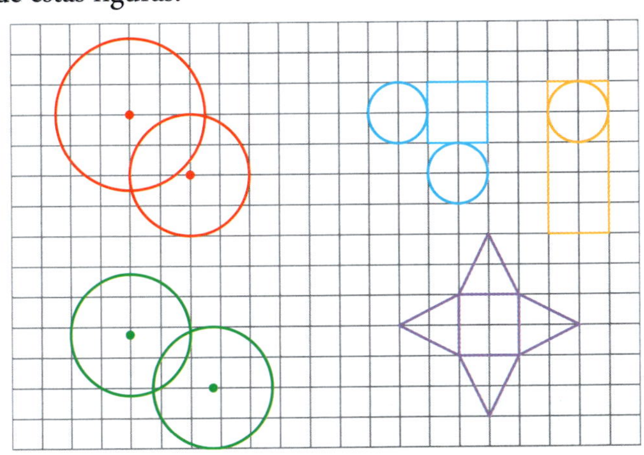

8 Indica cuáles de las figuras de la actividad anterior tienen simetría central y señala su centro.

9 a) Indica cuáles de estas figuras tienen ejes de simetría y cuántos son:

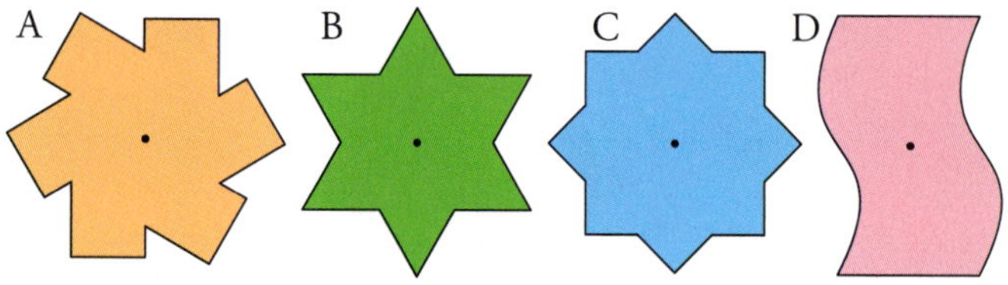

b) Di, también, cuáles tienen centro de giro y de qué orden es.

Mosaicos

10 Completa en tu cuaderno el siguiente mosaico a partir de la pieza azul. Busca una forma de engranarla distinta de la de la derecha.

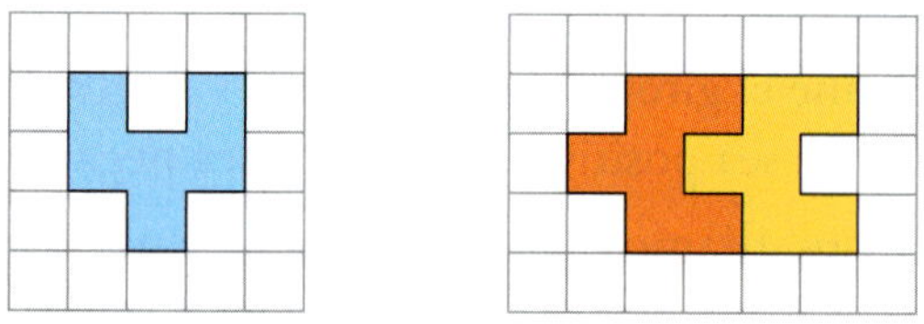

11 a) Completa en tu cuaderno estos mosaicos:

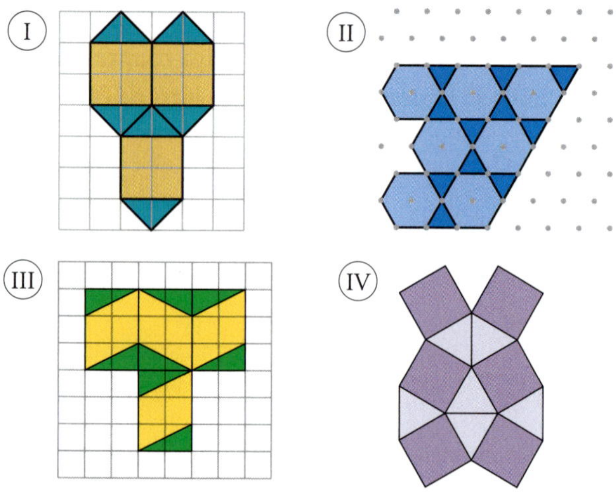

b) Identifica, en cada uno de ellos, algunos movimientos que lo transformen en sí mismo.

12 Completa en tu cuaderno los siguientes frisos. ¿Cuál es el motivo mínimo en cada uno de ellos?

A

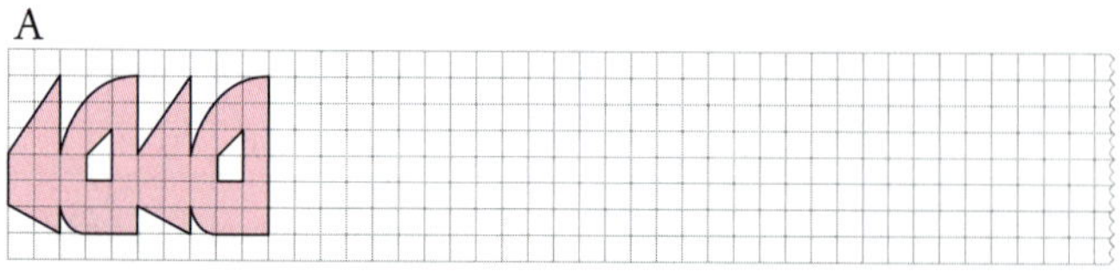

B

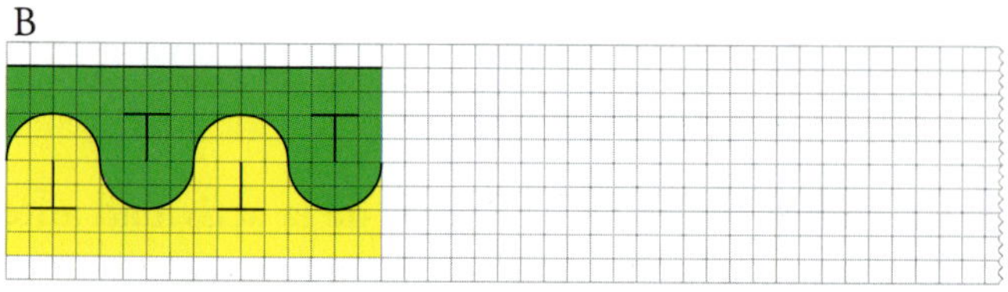

ENTRÉNATE Y PRACTICA

13 Copia esta figura en tu cuaderno sobre una cuadrícula:

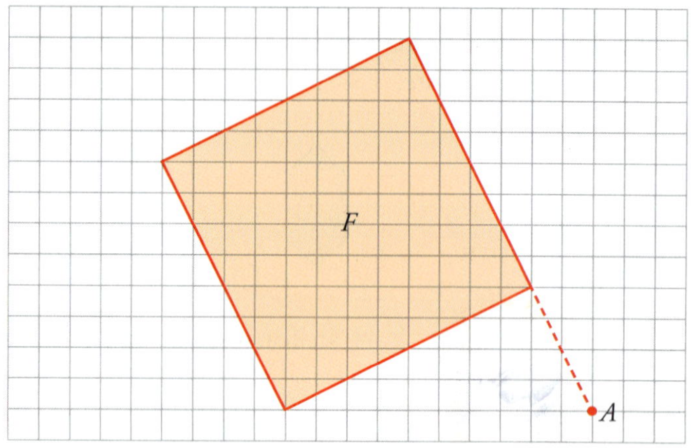

Dibuja su transformada según un giro de 90° alrededor del punto A y en sentido contrario a las agujas del reloj.

14 Dibuja un cuadrado $ABCD$ de 3 cm de lado. Prolonga la diagonal AC hasta el punto M, tal que $\overline{AM} = 2\overline{AC}$ (la distancia de A a M debe ser dos veces la de A a C).

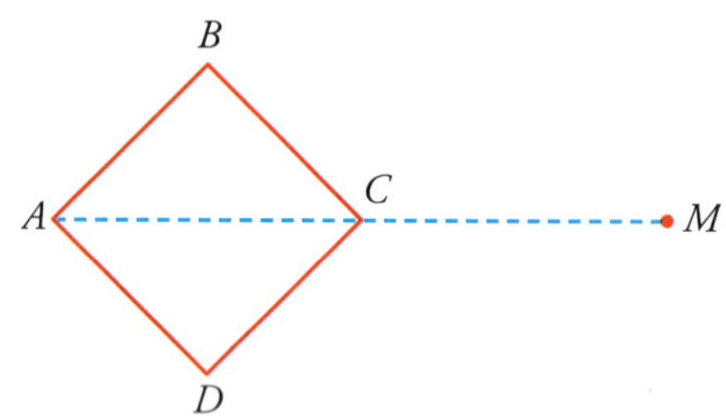

Dibuja la imagen del cuadrado en distintos giros, alrededor de M, de ángulos 60°, 120°, 180°, 240° y 300°.

En un arco de 60°, la cuerda es igual al radio.

15 Dibuja un polígono con tres ejes de simetría. (Intenta encontrar varias soluciones.)

16 Observa la línea roja que corta a cada una de las siguientes figuras:

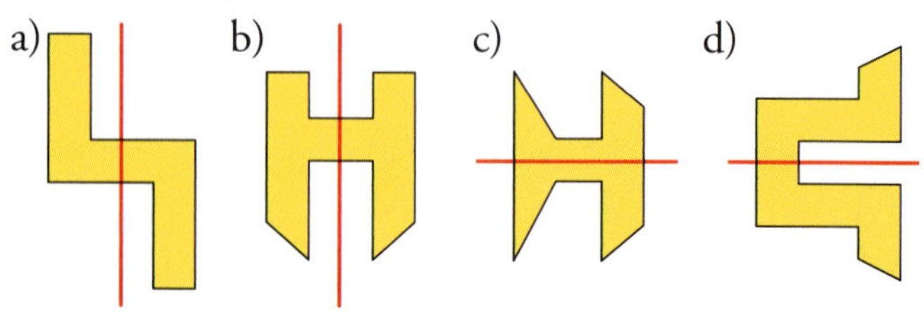

Indica en cada caso si se trata o no de un eje de simetría.

17 Indica si cada uno de los puntos dibujados sobre las figuras es o no centro de simetría (centro de giro):

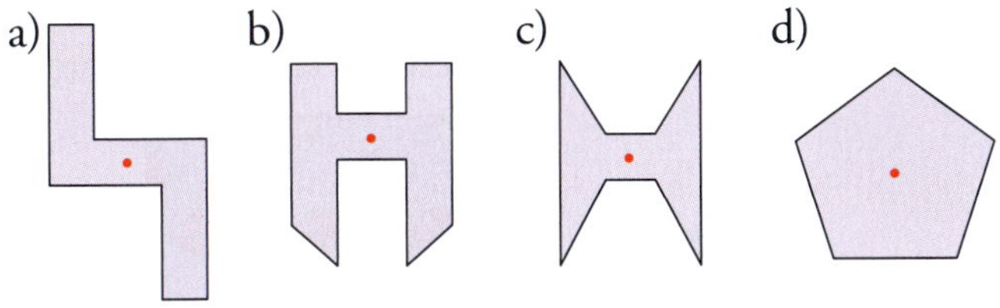

18 a) Indica dónde tiene el centro de giro cada una de las siguientes figuras:

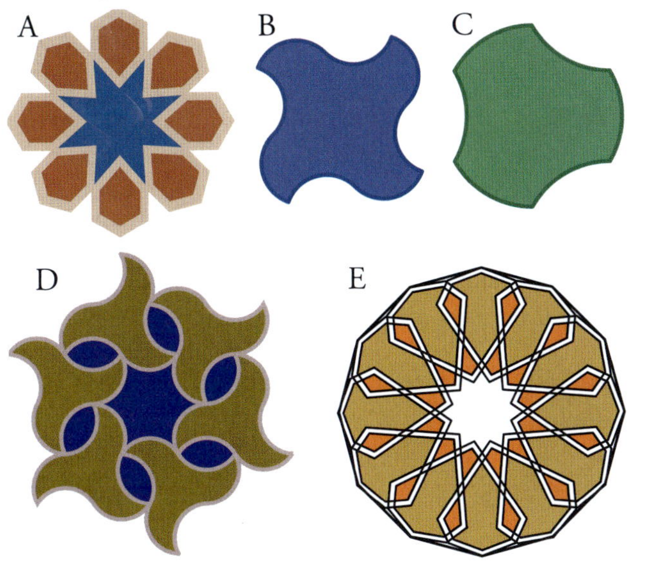

b) Halla el orden de cada uno de estos centros y calcula el ángulo mínimo de coincidencia mediante giro.

c) ¿Cuáles tienen, además, centro de simetría?

19 Copia en tu cuaderno y completa la figura de la derecha para que el punto O sea el centro de una simetría central.

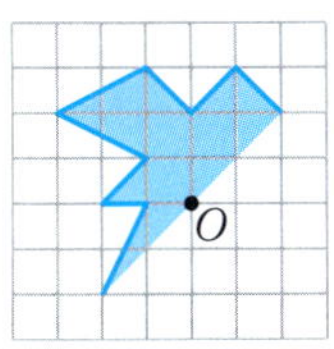

20 Calcula las coordenadas de los vértices de la figura F transformada mediante:

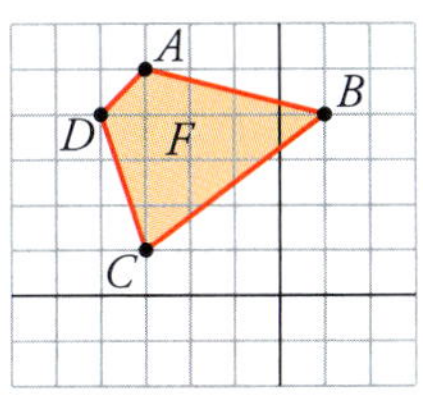

a) La simetría de eje X.

b) La simetría de eje Y.

c) La simetría central que tiene por centro el origen de coordenadas.

d) La simetría que tiene por eje la recta que pasa por C y B.

e) La simetría central que tiene por centro el vértice B.

f) ¿Qué puntos o segmentos son invariantes con respecto a las simetrías de los apartados d) y e)?

21 a) Representa, en tu cuaderno, las transformadas de estas figuras mediante la simetría cuyo eje es la recta $y = -x$:

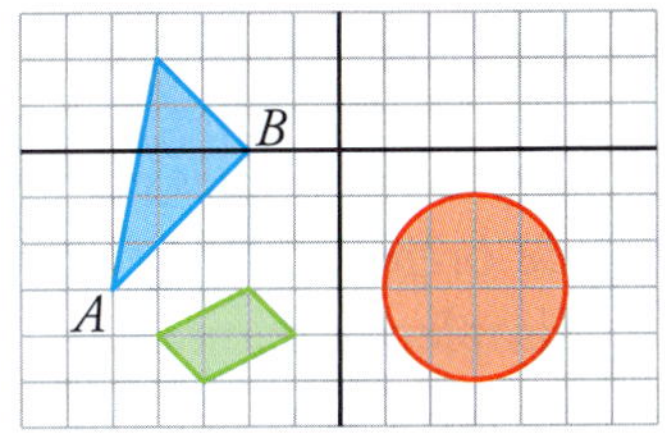

b) ¿Cuál es la ecuación de la transformada de la recta que pasa por A y B?

c) ¿Alguna de las figuras es invariante?

22 a) Dibuja en tu cuaderno la imagen C_1 transformada de C mediante la simetría cuyo eje es la recta r.

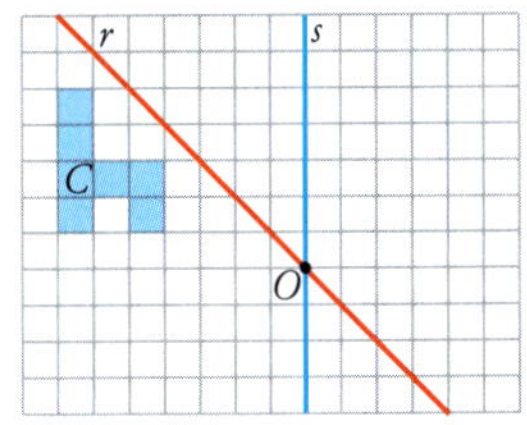

b) Dibuja C_2, transformada de C_1 mediante la simetría de eje s.

c) Define el giro equivalente a la composición de las dos simetrías que transforman C en C_2.

23 Los puntos $A(-10, 7)$, $B(-3, 8)$, $C(2, 3)$ y $D(-5, 2)$ son los vértices de un rombo.

Calcula las coordenadas de los vértices del rombo transformado mediante:

a) La simetría de eje OX.

b) La simetría de eje OY.

c) La simetría que tiene por eje la recta que pasa por los puntos $M(0, -3)$ y $N(3, 6)$.

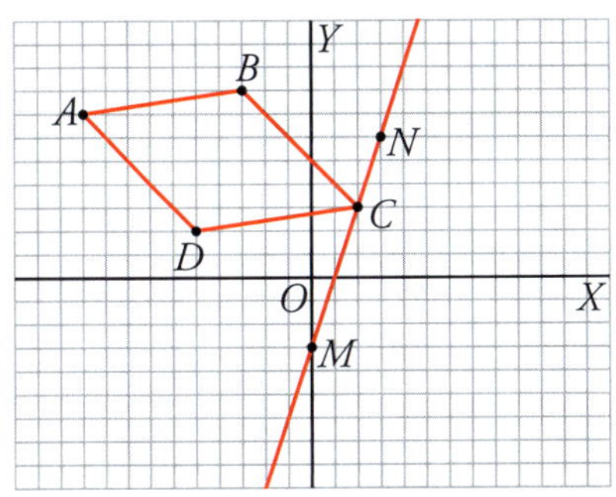

24 Completa en tu cuaderno estos rosetones:

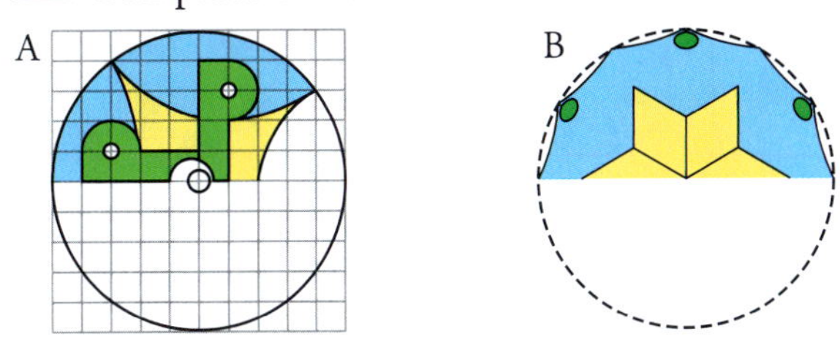

a) ¿De qué orden de giro es cada uno de ellos?

b) ¿Cuál es el motivo mínimo en cada uno de ellos?

RESUELVE PROBLEMAS SENCILLOS

25 En unos ejes coordenados, considera el vector $\vec{t}$ de origen (0, 0) y extremo (3, 5). Lo designaremos, simplemente, $\vec{t}(3, 5)$.

a) Traslada los puntos $A(0, -4)$, $B(-3, -5)$, $C(0, 0)$ y $D(5, -1)$ mediante este vector.

b) Comprueba que los puntos $M(1, 3)$, $N(7, -1)$ y $X(4, 1)$ están alineados. Trasládalos mediante el vector $\vec{t}$ y comprueba que sus correspondientes también están alineados.

26 Observa la cuadrícula.

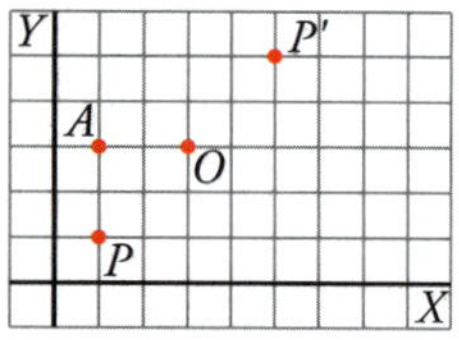

Un giro de 180° alrededor de $O(3, 3)$ transforma el punto $P(1, 1)$ en $P'(5, 5)$.

a) Identifica otros tres movimientos que transformen P en P'.

b) ¿Cuál es la imagen de $A(1, 3)$ en cada uno?

27 Determina cada uno de los tres movimientos que transforma Δ en Δ' y designa en cada caso los vértices y los lados de Δ' teniendo en cuenta de qué vértices de Δ provienen. Por ejemplo:

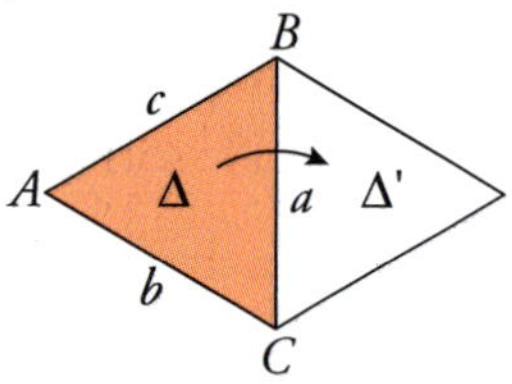

Un giro de centro C y ángulo $-60°$ transforma:

$A \to B = A'$ $\quad B \to B'$ $\quad C \to C = C'$

28 Encuentra una traslación, un giro y una simetría que transformen Δ en Δ'. Nombra, en cada caso, los vértices de Δ'.

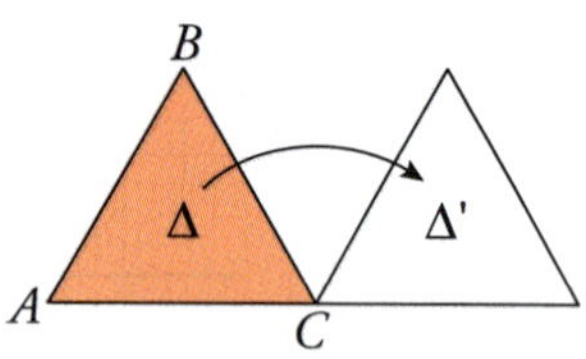

COMPRENDE Y APLICA EN EL DESAFÍO — DESAFÍOS QUE DEJAN HUELLA

29 Estas baldosas tienen 15 cm de lado:

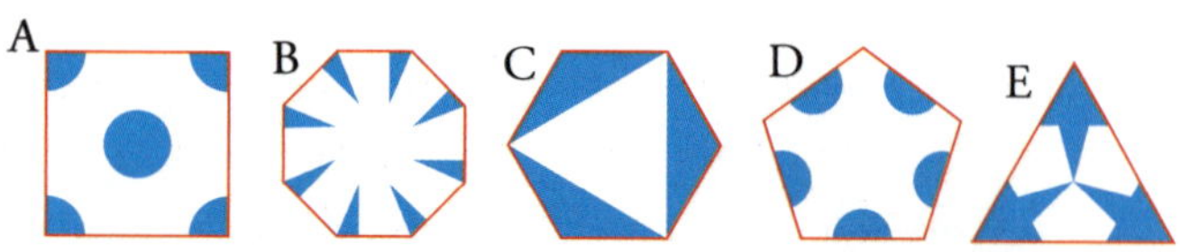

a) Indica cuáles valdrían para embaldosar el suelo de una casa y haz un pequeño boceto con unas cuantas de ellas encajadas entre sí.

b) Si cada baldosa cuadrada cuesta 1,50 €, indica el presupuesto para un salón de 6 m × 4 m.

COMPRENDE Y APLICA EN EL DESAFÍO — DESAFÍOS QUE DEJAN HUELLA

30 Queremos alicatar una pared de 4,6 m × 3 m con azulejos cuadrados de 20 cm de lado como este:

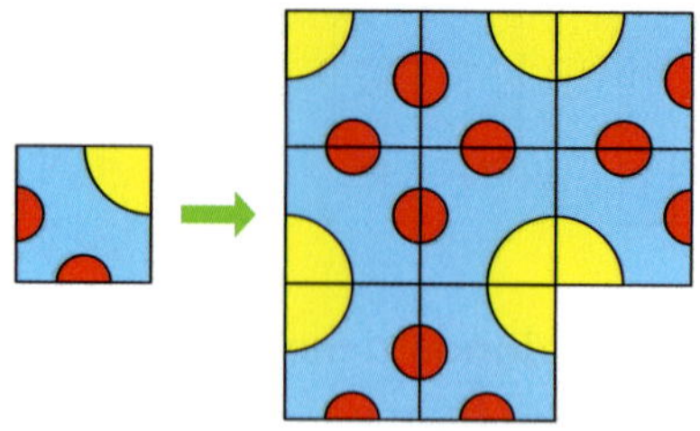

a) Completa, en tu cuaderno, un mosaico de 7 × 7 azulejos.

b) ¿Qué proporción de cada color (superficie) habrá en la pared? Radio del círculo grande: 10 cm; radio del círculo pequeño: 4 cm.

c) Si cada azulejo cuesta 2 € y la mano de obra para colocarlos asciende a 15 €/m^2, ¿cuál será el presupuesto para alicatar la pared?

31 Con la baldosa de la izquierda, se puede hacer un suelo como el de la derecha.

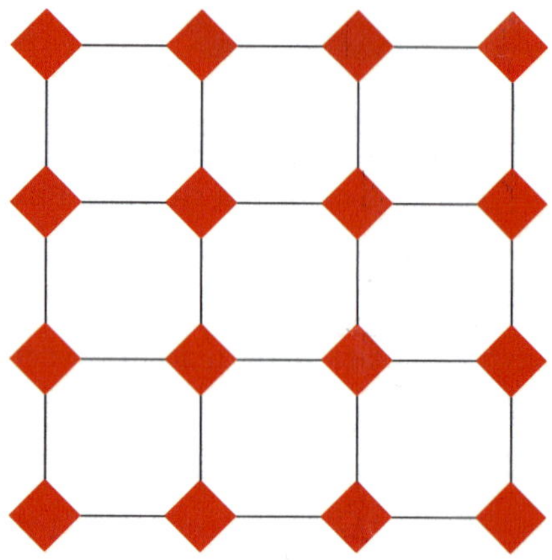

¿Con cuáles de estas otras se puede construir el mismo suelo si lo único que importa es la disposición de los cuadrados rojos, no las líneas entre baldosas?

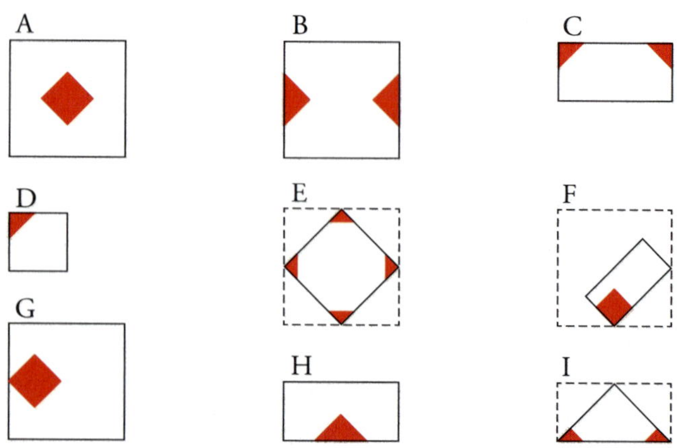

PARA PENSAR UN POCO MÁS

32 EJERCICIO RESUELTO

Dos pueblos, A y B, están situados al mismo lado de una autopista. Se quiere construir una gasolinera, G, en la autopista.

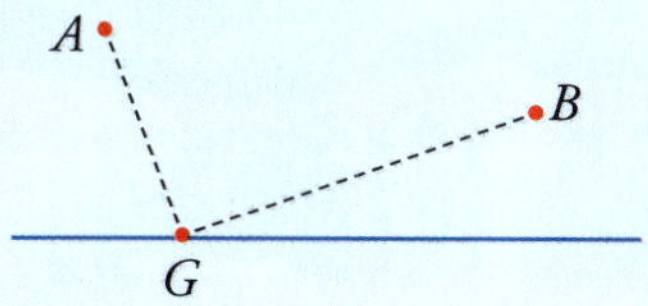

Dibuja el punto donde deben colocar G para que el trazado AGB sea lo más corto posible.

Para encontrar el camino más corto de A a B pasando por la autopista, dibujamos el simétrico de B con respecto a esta, B', y trazamos una recta de A a B'. El punto donde dicha recta corta a la autopista es donde hay que colocar la gasolinera, G.

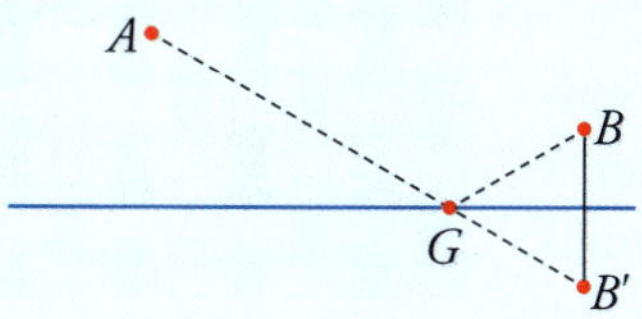

Explica por qué este trayecto es el más corto.

33 Para golpear la bola roja con la blanca después de un doble rebote, se ha hecho un intento fallido (línea punteada).

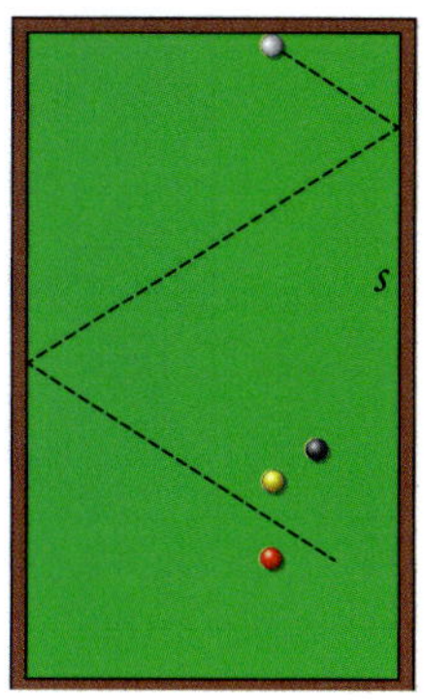

Dibuja en tu cuaderno el punto de la banda s de la mesa de billar donde debe golpear la bola blanca para que esta rebote a dos bandas y toque la bola roja.

34 Observa la figura obtenida al cortar un papel doblado en ocho y luego desdoblarlo:

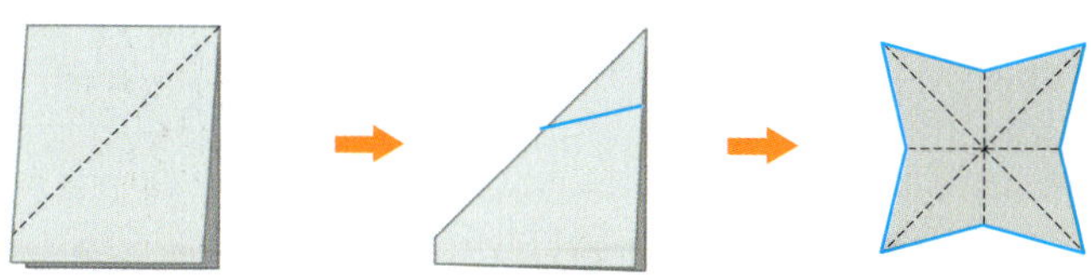

¿Qué figuras obtendrías a partir de estos cortes?

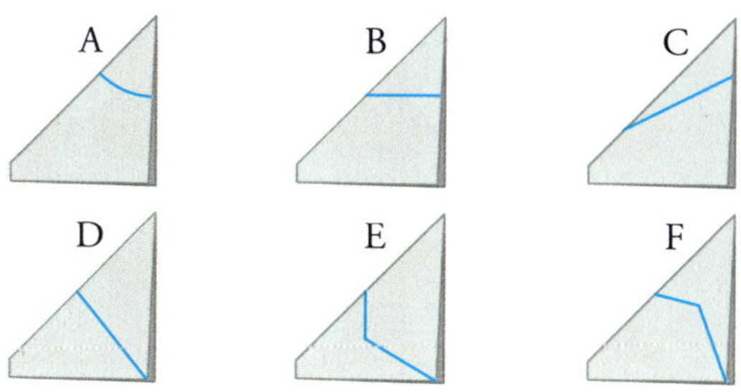

TAMBIÉN PUEDES HACER ESTO

35 Se llama **motivo mínimo** de un mosaico a una pieza teórica, lo más pequeña posible, repitiendo la cual se puede reproducir todo el mosaico. Los bordes de esta pieza «no se notan» salvo que los hayamos pintado expresamente.

Por ejemplo, si en el siguiente mosaico trazamos ejes de simetría con ángulos de 60°:

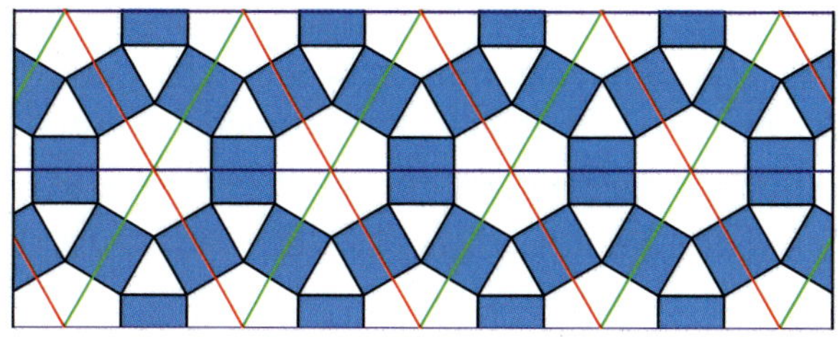

descubrimos esta pieza como candidata a «motivo mínimo»:

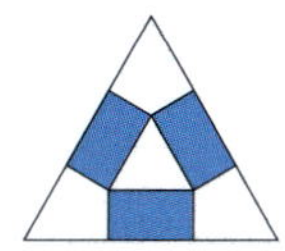

a) Redúcela a la tercera parte de dos formas distintas.

b) ¿Puedes hacerla aún más pequeña?

c) Descubre otro «motivo mínimo» trazando ejes de simetría perpendiculares.

36 Indica el motivo mínimo del mosaico compuesto por cada baldosa.

¿LO HAS ENTENDIDO? REFLEXIONA

37 Si consideramos una transformación que *deja todo como estaba y donde estaba*, a dicha transformación la llamaremos **identidad** (I).

a) Define un giro que sea equivalente a la transformación identidad.

b) ¿Cuántos giros de esa amplitud son equivalentes a una identidad?

38 Recuerda que dos transformaciones son recíprocas si al componerlas de las dos formas posibles se obtiene en ambos casos la transformación identidad (I).

Encuentra la transformación recíproca en cada uno de los siguientes movimientos:

a) Una traslación de vector $\vec{t}(-5, 2)$.

b) Un giro de centro $O(0, 0)$ y ángulo $\alpha = -45°$.

c) Una simetría de eje la recta $y = x$.

INFÓRMATE

Arte narazí

La dinastía nazarí se inicia con el sultán Muhamad ibn Yusuf ibn Nasr en 1237, consolidándose en el reino de Granada como oposición al avance cristiano tras la batalla de las Navas de Tolosa. Y perdura hasta la capitulación de Boabdil, ante los Reyes Católicos, en 1492.

De esta época quedan numerosas muestras que avalan el alto nivel de conocimiento científico y el refinamiento cultural y artístico alcanzado en torno a la corte de los reyes nazaríes.

La obra más emblemática es la Alhambra (Qalat al-Hamra, el castillo rojo): palacio, fortificación, jardín y lugar para el deleite de los sentidos.

Una característica del arte nazarí consiste en la utilización del mosaico como elemento decorativo, del que sus artesanos eran verdaderos maestros. El análisis de estos mosaicos muestra un profundo conocimiento de la geometría.

Observa, como ejemplo, el llamado «multihueso», cuya forma básica se obtiene de una transformación del cuadrado:

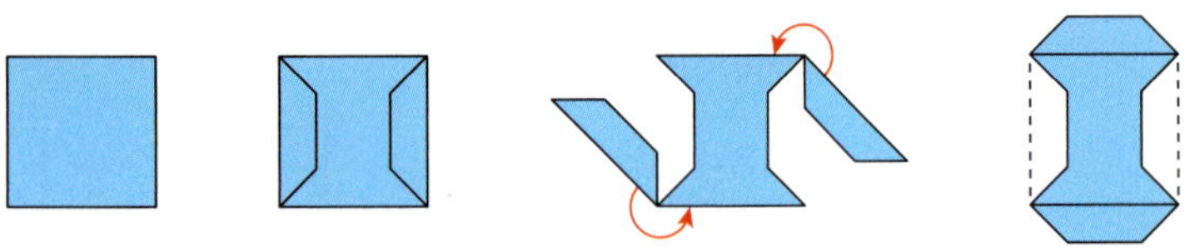

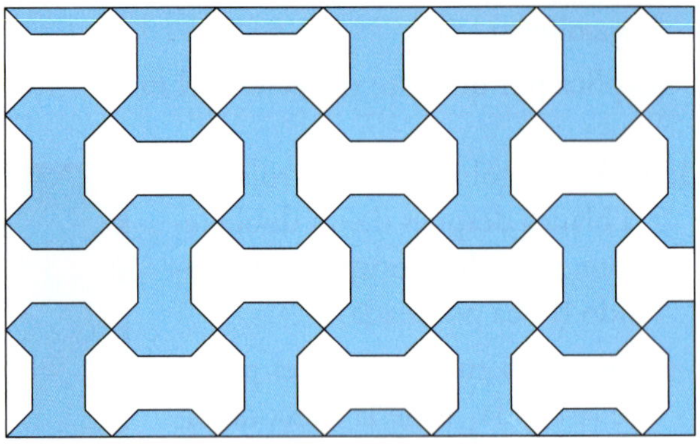

INVESTIGA

Fabricación actual

Meta 12.1. La industria actual copia los diseños de los mosaicos nazaríes, pero en vez de construirlos pieza a pieza, que sería mucho más costoso en dinero y tiempo, los consigue mediante baldosas cuadradas e iguales, con cuya composición se obtiene el dibujo deseado. Observa las ilustraciones de la derecha:

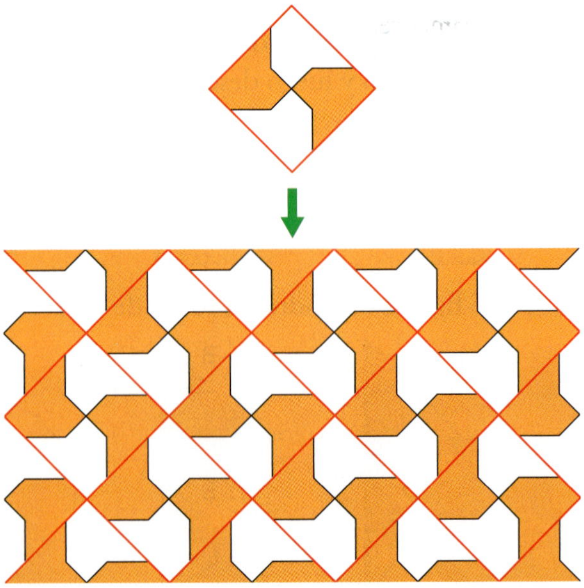

- ¿Sabrías decir cuáles de estas baldosas sirven para reproducir el «multihueso»?

- ¿Te atreves a descubrir alguna por tu cuenta?

AUTOEVALUACIÓN

→ anayaeducacion.es Resoluciones de estos ejercicios.

1 Averigua las coordenadas de los vértices del triángulo transformado del ABC mediante cada uno de los siguientes movimientos:

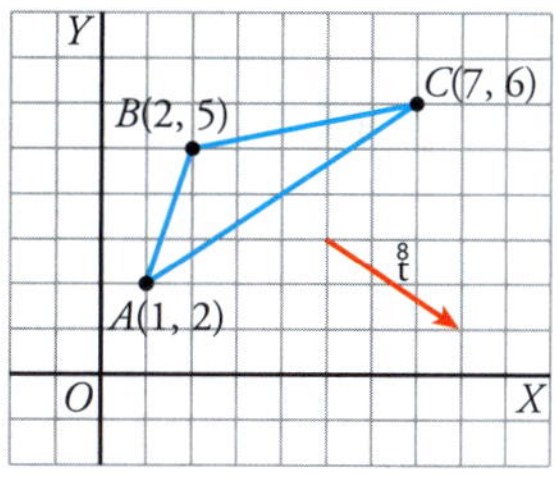

a) La traslación de vector $\vec{t}$.

b) La simetría de eje X.

c) La simetría de eje Y.

d) El giro de centro O y ángulo $-90°$.

e) ¿En alguno de los movimientos anteriores el punto $P(0, 4)$ es doble?

f) ¿En alguno de los movimientos anteriores el eje Y es una recta doble?

2 Llamamos **S** a la simetría de eje Y, y **T,** a la traslación de vector $\vec{t}(2, -5)$.

a) Obtén la transformada de la figura F mediante la composición de **S** con **T.**

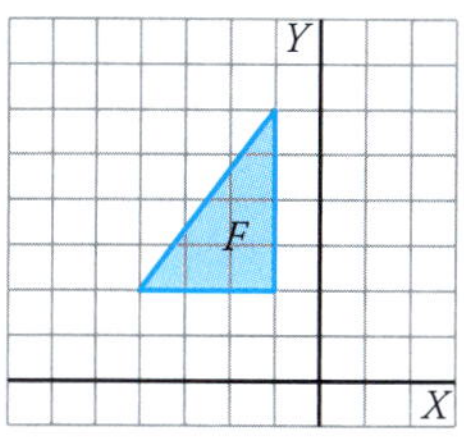

b) Obtén la transformada de F mediante la composición de **T** con **S.**

3 Considera las simetrías $\mathbf{S_1}$ y $\mathbf{S_2}$ de ejes e_1 y e_2, respectivamente. Dibuja la figura F' transformada de F mediante $\mathbf{S_1}$ compuesta con $\mathbf{S_2}$.

¿Qué otro movimiento nos permite obtener F' a partir de F?

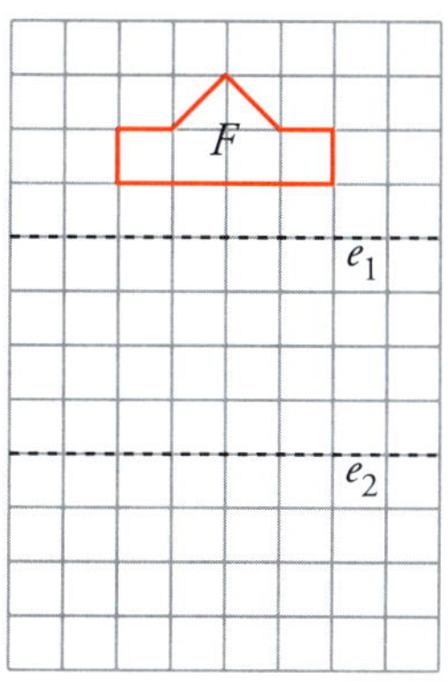

4 Dibuja en papel cuadriculado un mosaico a partir de esta pieza:

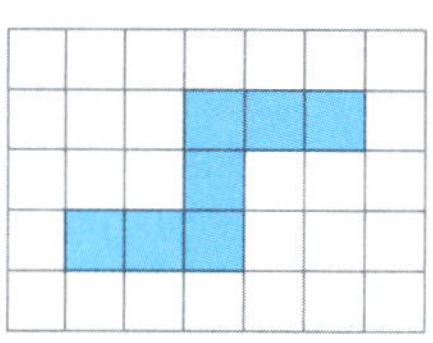

5 Dibuja en tu cuaderno los ejes de simetría y los centros de giro de estas figuras:

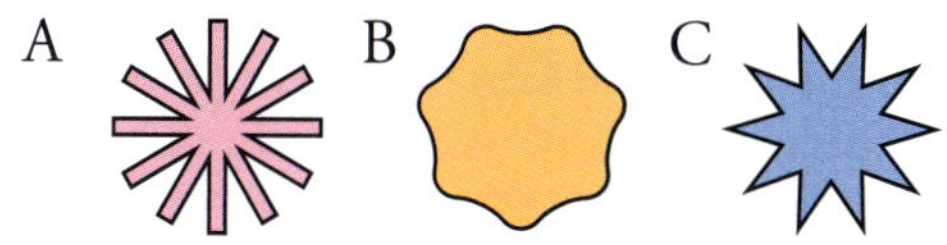

Indica el orden del centro de giro de cada una. ¿Cuál es el ángulo mínimo de coincidencia?

6 Dibuja en tu cuaderno los trozos que faltan en cada figura para que las rectas rojas sean ejes de simetría:

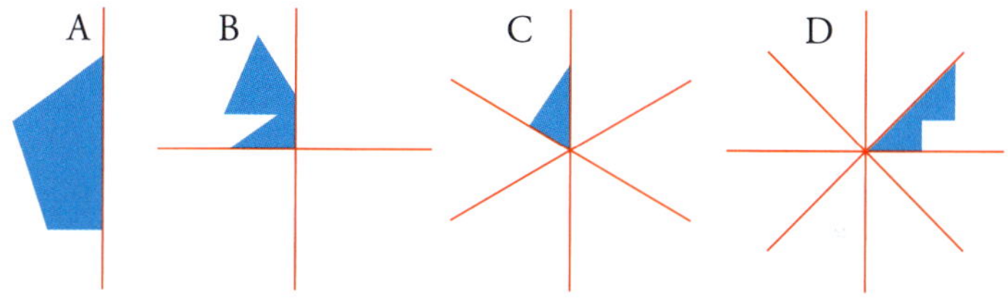

7 Dibuja tres figuras (que no sean polígonos regulares) que tengan, respectivamente, 3, 5 y 10 ejes de simetría.

Haz lo mismo con otras tres figuras que tengan centros de giro de órdenes 3, 6 y 8, respectivamente.

8 Imagina que pones un espejo sobre la línea azul de las siguientes figuras:

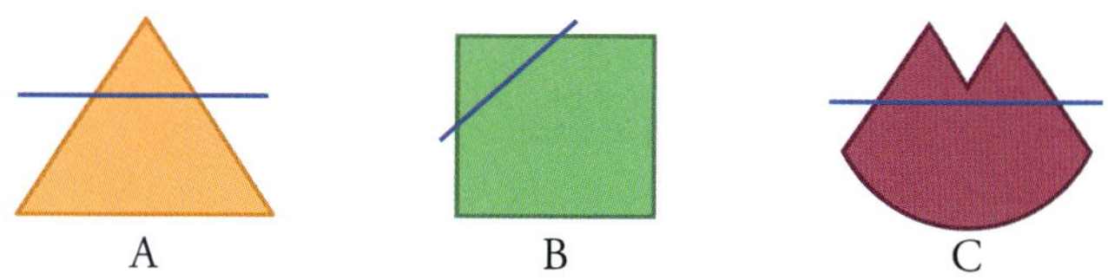

Dibuja la figura que se verá mirando por cada cara del espejo.

DESAFÍOS QUE DEJAN HUELLA

REFLEXIONA

Revisa los aspectos trabajados y plantea soluciones a los problemas que se detecten.

Para ello, descarga de **anayaeducacion.es** la rúbrica correspondiente, reflexiona de manera individual y comparte en grupo.

PON A PRUEBA TUS COMPETENCIAS

Realiza la autoevaluación competencial incluida en **anayaeducacion.es.**

DESAFÍOS QUE
DEJAN HUELLA

CONSTRUCTORES POR UN DÍA

Imagina que eres un constructor y te piden un presupuesto para realizar una rehabilitación exterior de un edificio como el que ves a la derecha. A partir de las medidas que te damos, calcularemos las necesarias para hallar las distintas partidas.

- Para realizar un diseño de la distribución de los distintos ambientes en los que se divide una vivienda, dibuja un plano de la planta a escala 1:100 y haz una distribución razonable de dicha vivienda. Para ello, además de trazar cada estancia, podrías meter camas, mesas, sofás..., y otros elementos dibujados a la misma escala.

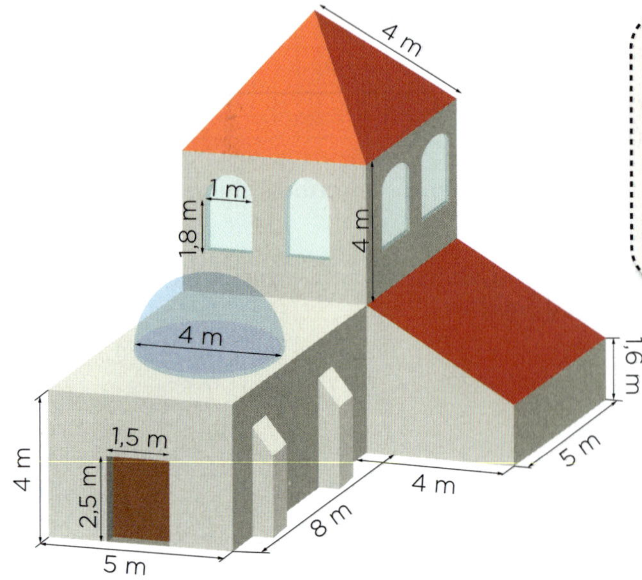

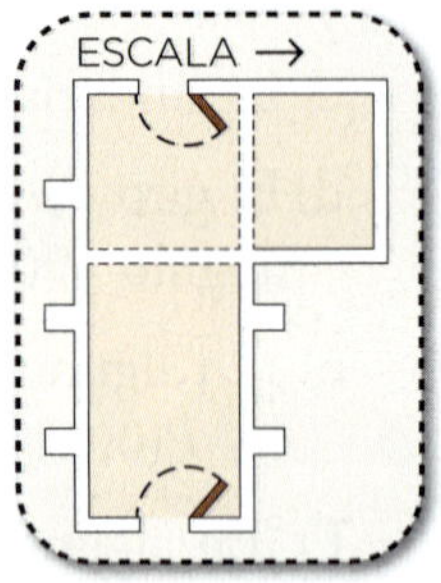

¿Qué partes de la casa queremos rehabilitar?

La rehabilitación incluye:

- Pintar todas las paredes y el techo, donde se encuentra la cúpula de cristal. Cada litro de pintura o de barniz da para pintar o barnizar unos 5 m^2.
- Impermeabilizar los tejados.
- Cambiar las ocho ventanas antiguas y el vidrio de triple grosor de la cúpula.
- Lijar y barnizar dos puertas idénticas, una a cada lado del edificio.
- Poner calefacciones en su interior. Estimamos que para tenerlo acondicionado por dentro, se necesita un radiador cada 50 m^3.

PRODUCTO	PRECIO
Pintura blanca	Bote 1 L → 6,50 € Bote 4 L → 22 €
Lámina impermeabilizante tejado	Rollo 75 m^2 → 89 €
Ventana de pino con doble hoja con rotura de puente térmico	420 €/m^2
Cristal de triple grosor para cúpula	130 €/m^2
Barniz	Bote 750 mL → 12,95 € Bote 4 L → 44,95 €
Calefactor de 2500 calorías	350 €

ACTIVIDAD	PRECIO
Pintura	12 €/m^2
Retirada de tejas, colocación lámina impermeable y recolocación de tejas	25 €/m^2
Retirada de ventanas y colocación de las nuevas	20 €/m^2
Colocación de cristal	110 €
Lijado y barnizado	15 €/m^2
Colocación de radiadores	60 €/unidad

¿Qué pasos seguimos para la elaboración del presupuesto?

Lo primero que haremos es dibujar o imaginarnos el desarrollo plano del edificio y con él hallar las áreas de paredes, tejados, ventanas, puertas y de la cúpula semiesférica.

A partir del desarrollo plano, hallaremos el precio de los materiales y de la mano de obra de cada partida.

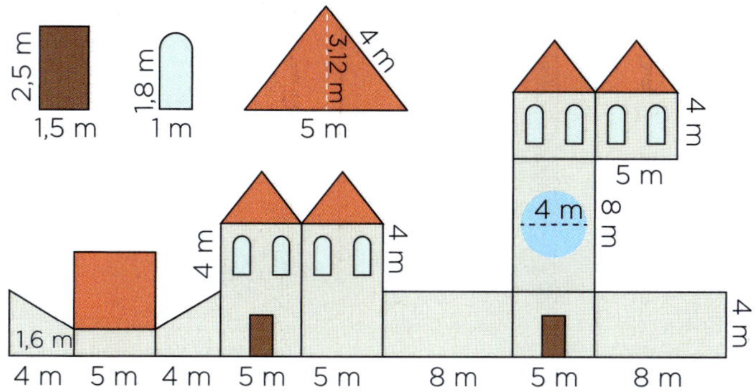

Presupuesto de pintura

Para calcularlo, debemos hallar, aproximando a las décimas:

1. Las áreas de todas las paredes y restarle las áreas de las dos puertas, las ocho ventanas y el área que ocupa la cúpula.
2. Los litros de pintura necesarios para los metros cuadrados de pared que hemos hallado.
3. El precio de los botes de pintura necesarios (siempre hay que añadir un poco más).
4. El gasto en mano de obra.
5. La suma de todas las cantidades.

Presupuesto de pintura:
- Superficie de las paredes: 236,8 m^2
- Precio de la pintura: 264 €
- Precio de la mano de obra: 2 841,60 €

Total: 3 105,60 €

Otras partidas

Haz lo mismo para el resto de las partidas. Una vez tengas todos, los precios calculados, escríbelos en una tabla o en una hoja de cálculo poniéndoles un título y especificando el trabajo:

- Pintura → 2 882 €
- Ventanas
- …

Suma todas las cantidades y añádeles el 10 % de beneficio y el 21 % de IVA.

Individualmente o en grupo, pregúntale a tu profe.

Ahora hazlo tú

Igual que hemos hecho en el ejemplo de antes, elabora un presupuesto de rehabilitación de tu vivienda, el salón de actos del instituto, tu clase, tu habitación o cualquier sitio que se te ocurra. Para ello, busca precios o utiliza los que hemos expuesto en nuestro ejemplo.

Dibuja el plano de tu proyecto a escala 1:100 o la que consideres mejor para que quepa en un folio y no quede muy pequeño.

Descarga de **anayaeducacion.es** una rúbrica para revisar tus **competencias** correspondientes a este desafío. Autoevalúa tu planificación del proyecto descargando la diana sobre **planificación** de tareas. ¿Qué tal ha ido el **trabajo en equipo**? Utiliza la diana de coevaluación de **anayaeducacion.es** para valorarlo.

Recuerda que dispones, en tu banco de recursos:

→ de diversos talleres para gestionar tus emociones y de una diana para evaluarlas.

→ de fichas para mejorar tu ciudadanía digital.

DESAFÍOS QUE
DEJAN HUELLA

5

BLOQUE
ESTADÍSTICA Y PROBABILIDAD

Los primeros resultados de un sondeo o una encuesta son una masa informe de datos de los que parece imposible sacar nada en claro. Mediante su tratamiento estadístico, estos se tornan nítidos, coherentes, inteligibles.

Las tablas reagrupan los datos confiriéndoles claridad y operatividad. Las gráficas, en su multiplicidad de formas, propician la contemplación fácil e inmediata de la distribución estadística y permiten adquirir una visión global de la misma.

El mundo del azar, anárquico y caótico en apariencia, es encauzado mediante sencillas leyes que posibilitan el cálculo riguroso de probabilidades, es decir, permiten adquirir expectativas razonables sobre qué esperanza podemos tener de que tal suceso ocurra.

¿TIENE EDAD LA FELICIDAD?

Se ha escrito y estudiado mucho sobre qué es lo que nos hace sentirnos más o menos felices: si son los aspectos materiales; si depende en mayor medida de la calidad de nuestras relaciones sociales y emocionales; si es que existe algún factor genético que influye en la intensidad de ese sentimiento; o si lo determina la seguridad habitacional, física y económica.

También se ha pensado que puede depender del lugar en el que se vive, las horas de luz solar que se reciben diariamente, la salud, el acceso al ocio, etc. Probablemente, el sentimiento de felicidad dependa de todos estos aspectos y otros muchos.

EL DESAFÍO

¿Te has planteado si la percepción de ser feliz también depende de la edad?

¿Crees que se sienten igualmente felices, en general, los jóvenes de 11 años que los de 17?

Te vamos a proponer que hagas una investigación para poder determinar si la edad influye en la forma en que se percibe la felicidad y cuáles son los factores más importantes para ser felices. Para ello, habrás de decidir qué factores hay que medir y cómo hacerlo.

Te vamos a presentar un estudio realizado con ese fin:

- Un modelo de encuesta.
- Unos colectivos (estudiantes de diversos cursos de un centro de enseñanza media).
- Y una forma de analizar los resultados.

Ese estudio ya realizado acaso podrá servirte de modelo para el que tú planifiques, con los cambios que quieras introducir.

13

Tablas y gráficos estadísticos

Los censos y recuentos estadísticos se hallan presentes en todas las civilizaciones desde tiempos antiquísimos, pero se limitaban a la recogida de datos y, a lo sumo, a su exposición clara y ordenada.

Generalmente, los datos que se recogían eran relativos al Estado, de ahí el origen de la palabra «estadística».

Existen papiros egipcios de hace más de 5000 años donde hay constancia de censos de población y de bienes. Tenían tanta dedicación a estos asuntos que concibieron una divinidad llamada Safnkit, diosa de los libros y las cuentas, que se ocupaba de proteger los datos recopilados.

También en Babilonia guardaban en tablillas de arcilla los recuentos estadísticos que realizaban, especialmente sobre datos de ganadería y agricultura. Recopilaron tanta información que en el siglo VIII a. C. construyeron una biblioteca donde se guardaron estos documentos.

La estadística cobró especial importancia con el nacimiento del Imperio romano, que destacó por su extraordinaria organización del Estado. Recogieron y ordenaron una ingente cantidad de datos en todo su territorio: nacimientos, defunciones, matrimonios, habitantes por kilómetro cuadrado, superficie, riquezas...

De entonces acá, la estadística ha progresado de forma asombrosa. Y, actualmente, con las grandísimas cantidades de información que se recopilan por todos los medios, muy especialmente por Internet, y con la inconmensurable ayuda de los ordenadores, los grandes poderes poseen una inagotable información sobre todos nosotros: aficiones, tendencias, relaciones sociales, posesiones..., con la que mejora notablemente su capacidad para gobernar eficazmente. Aunque, también, les confiere unas enormes posibilidades de manipulación.

Con lo que ya sabes, resuelve

Las alumnas y los alumnos de un grupo de 3.° de ESO con 34 estudiantes responden a la siguiente encuesta diseñada por ellos mismos:

Color de tu pelo (negro, castaño, trigueño, rubio, rojo).	
Cuántas personas viven en tu casa.	
Tu estatura (en cm).	

Recogen las 34 hojas de resultados y realizan el recuento:

COLOR DE PELO	NÚMERO
Negro	4
Castaño	16
Trigueño	6
Rubio	7
Rojo	1
TOTAL	34

PERSONAS EN CASA	NÚMERO
2	3
3	12
4	10
5	6
6	2
7	0
8	1
TOTAL	34

ESTATURA	NÚMERO
150 - 155	3
155 - 160	5
160 - 165	6
165 - 170	8
170 - 175	5
175 - 180	4
180 - 185	3
TOTAL	34

Y estos resultados los representan gráficamente así:

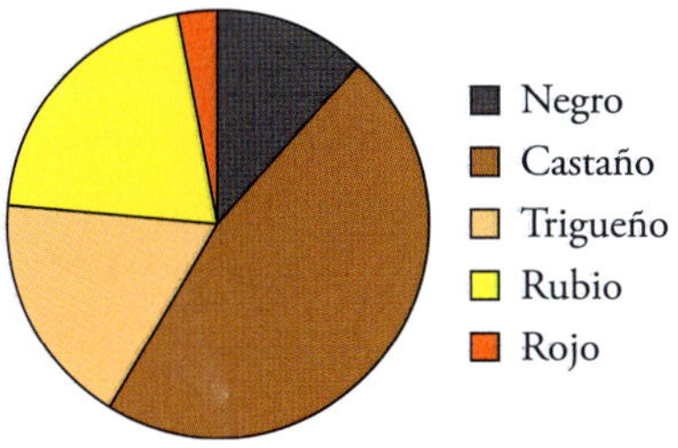

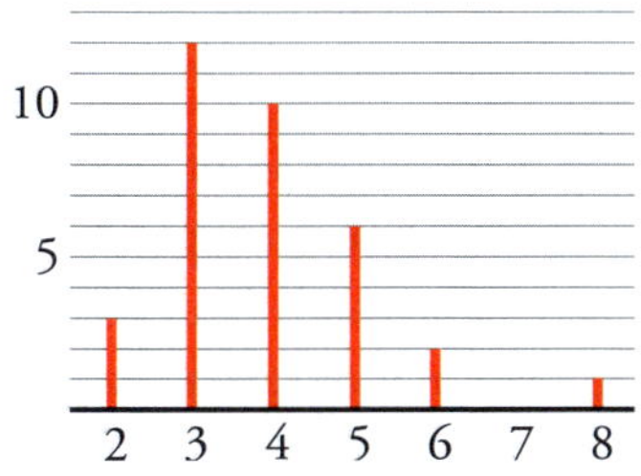

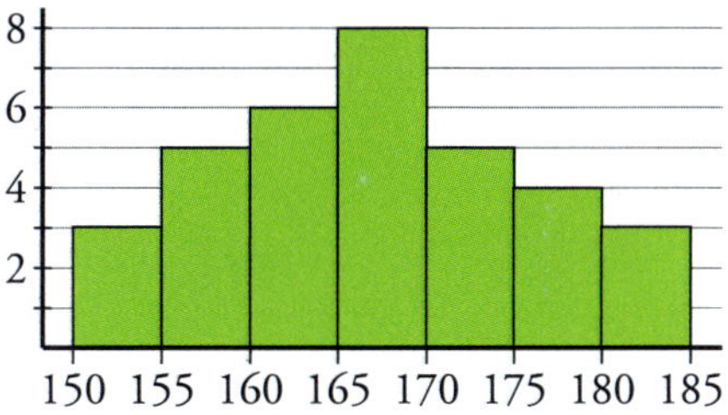

Reflexiona

1. Para el diseño y la exposición de resultados, estos estudiantes (con la ayuda de su profesora) han tenido que tomar algunas decisiones. Medita sobre ellas y responde:

   a) ¿Por qué, en la encuesta para el *color de pelo*, han impuesto unas respuestas muy concretas? ¿Podrían haber puesto otras? ¿Podrían haber dejado abiertas las opciones?

   b) ¿Por qué el resultado de las *estaturas* lo han recogido en intervalos?

   c) ¿Te parece adecuado el tipo de gráficas con que han representado cada una de las tres respuestas?

2. Solo o ¡mucho mejor en grupo!, podrías hacer algo parecido (diseñar una encuesta, recoger los resultados, organizarlos en tablas y representarlos gráficamente) en tu clase o en otro sitio si tu profesora o profesor lo considera adecuado.

   Podéis hacer estas mismas preguntas u otras que os parezcan mejor y más interesantes.

1 El proceso que se sigue en estadística

La información estadística que recibimos llega mediante gráficas o tablas muy bien construidas, con las que resulta muy sencillo entender la información que se nos da. Sin embargo, esas tablas y gráficas son el resultado de un largo proceso. Veamos sus principales pasos.

1.° ¿Qué queremos estudiar?

En el ejemplo de la página anterior, se pretende sacar conclusiones sobre el *color de pelo*, el *número de personas que viven en su casa* y la *estatura* de los estudiantes de una clase.

2.° Selección de las variables que se van a analizar

Si a cada estudiante se le pregunta por su *color de pelo*, sin más, es muy probable que se obtenga una enorme cantidad de respuestas distintas, difíciles de organizar (rubio, negro azabache, mechas, castaño claro, anaranjado, rojo…).

Para evitar esta disparidad de respuestas, la encuesta debe ser muy clara, con las posibles alternativas señaladas. Es decir, *debe ser evidente cuál es la variable y cuáles son sus posibles valores.*

En nuestro caso, para el color de pelo original (sin tintes), tenemos las opciones siguientes:

a) Negro b) Castaño c) Trigueño d) Rubio e) Rojo

3.° Recolección de datos

Se efectúan las medidas y se realizan las encuestas. En nuestro ejemplo, se le pasa una tarjeta a cada estudiante, como la que ves a la derecha, para que anote sus respuestas.

- ¿Cuál es tu color de pelo original (sin tintes)?

☐ Negro ☐ Castaño ☐ Trigueño ☐ Rubio ☐ Rojo

- ¿Cuántas personas viven en tu casa? ________
- ¿Cuál es tu estatura en centímetros? ________

4.° Organización y exposición de datos

Se realizan los recuentos, se ordenan los datos en tablas (se *tabulan*), se elaboran las gráficas adecuadas y, en algunos casos, se calculan los parámetros que convengan. A estas tareas nos dedicaremos a lo largo de la presente unidad y de la siguiente.

PIENSA Y PRACTICA

1 Se quiere realizar una encuesta para estudiar las aficiones musicales. Di justificadamente si te parecen o no razonables cada una de las preguntas siguientes:

a) ¿Cuáles son tus grupos musicales preferidos?

b) De los siguientes estilos musicales, señala aquellos que has escuchado más este mes:

- Rock
- Pop
- Rap
- Elect.
- Hip-Hop
- Reggae
- Salsa
- Punk
- Metal
- Grunge
- Jazz
- Clásico

c) ¿Oyes la radio? Si es así, ¿qué cadena?

d) ¿Cuáles de estas cadenas de radio escuchas más de 2 horas a la semana?

- Cadena 100
- Los 40 principales
- Rock FM
- Kiss FM
- Radio Clásica
- Europa FM
- EDM
- M80 Radio
- Radio 3
- Cadena Dial

e) ¿Cuál es el último concierto al que has ido?

2 Variables estadísticas

Las variables estadísticas son, como debes recordar, las características que se estudian de una población. Veamos algunos ejemplos de variables estadísticas:

NÚMERO DE PECES CAPTURADOS

PESO DE LA MOCHILA

BEBIDA ELEGIDA

Las dos primeras **variables,** *número de peces* y *peso de las mochilas*, son **cuantitativas,** ya que sus valores se expresan con números (cantidades).

La tercera **variable,** *tipo de bebida,* es **cualitativa,** porque el tipo de bebida no se puede describir con un número, sino mediante una cualidad.

Una **variable cuantitativa** es **discreta** cuando solo admite valores aislados (el número de peces cogidos puede ser 1 o 2, pero no un número intermedio).

Una **variable cuantitativa** es **continua** cuando entre cada dos valores pueden darse todos los intermedios (una mochila puede pesar 1,245 kg, aunque habitualmente se redondea y se expresa mediante un número con una sola cifra decimal).

TIPOS DE VARIABLES ESTADÍSTICAS

- **Cuantitativa:** Numérica.
  - **Discreta:** Solo puede tomar valores aislados.
  - **Continua:** Podría tomar todos los valores de un intervalo.
- **Cualitativa:** No numérica.

Ejemplo

Un inspector de sanidad anota características de restaurantes:

— Número de personas que trabajan en él (1, 2, 3…): cuantitativa discreta.

— Superficie (187,5 m^2): cuantitativa continua.

— Tipo de comida (china, pasta, hamburguesa, marisco…): cualitativa.

PIENSA Y PRACTICA

1 Indica si cada una de estas variables es cuantitativa discreta, cuantitativa continua o cualitativa:

a) En los cines de un pueblo se anota el tipo de película que proyectan (comedia, acción…), cuánto dura la película y el número de espectadores.

b) En los mercados de una ciudad se observan la superficie, el número de puertas de acceso y el tipo de mercado (alimentación, ropa, complementos…).

c) Nos hemos fijado en algunas características de los teléfonos móviles que tiene el alumnado de un centro escolar: la marca, el número de compañías que lo ofertan y el precio.

2 En el ejemplo de la página 277, indica de qué tipo es cada una de las variables (*color de pelo*, *personas que viven en casa* y *estatura*) y escribe algunos de los posibles valores que pueden tomar.

3 Población y muestra

Observa la representación gráfica de las tres distribuciones que vimos en la página anterior:

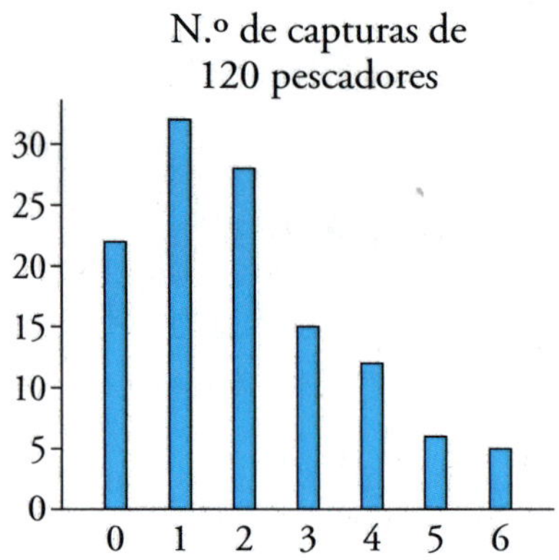

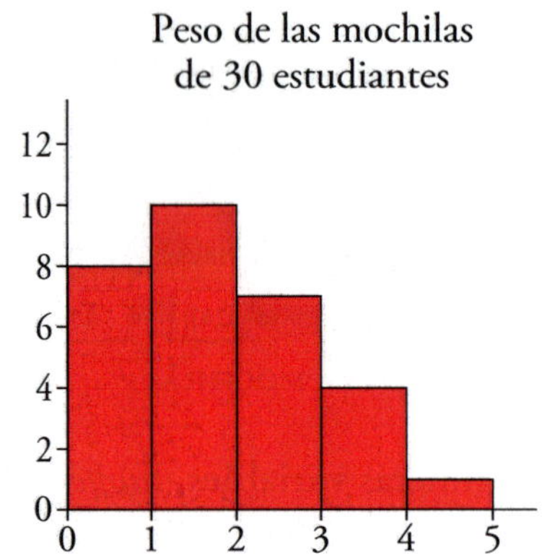

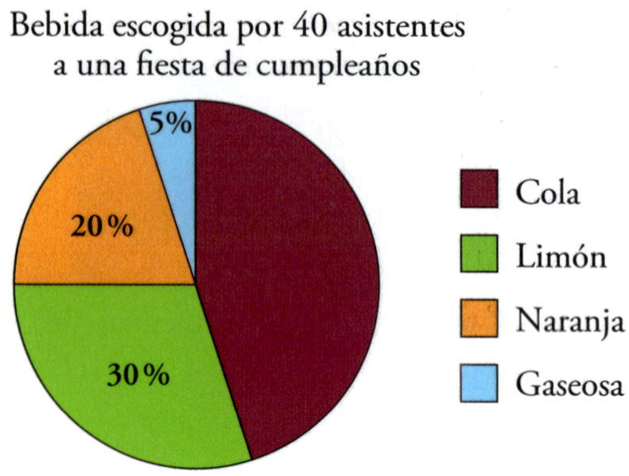

Cada una de ellas se refiere a un colectivo:

- 120 *pescadores* de un pantano.
- 30 *estudiantes* de una clase.
- 40 *asistentes* a un cumpleaños.

El colectivo objeto de un estudio estadístico se llama *población.*

A veces, el conjunto que interesa es demasiado numeroso para poder analizar cada uno de sus elementos; entonces se extrae una *muestra*. Por ejemplo, es posible que los 120 pescadores sean una muestra de la población formada por todas las personas que están pescando en el pantano.

POBLACIÓN O MUESTRA

Un colectivo puede ser población o muestra según nos interese por sí mismo o sea un medio para inferir información sobre un colectivo más extenso.

Población es el conjunto de todos los elementos que son objeto de nuestro estudio.

Muestra es un subconjunto, extraído de la población, cuyo estudio sirve para inferir características de toda la población.

Individuo es cada uno de los elementos que forman la población o la muestra.

Ejemplo

En la página anterior vimos a un inspector de sanidad que investiga restaurantes. Para hacer su informe relativo a una ciudad, selecciona algunos al azar. El conjunto de todos los restaurantes que hay en la ciudad es la *población*; los restaurantes seleccionados son la *muestra* y cada restaurante es un *individuo*.

PIENSA Y PRACTICA

1 Indica la población, la muestra y los individuos en cada uno de los siguientes ejemplos:

a) Se seleccionan 50 edificios de una ciudad para hacer un estudio sobre el número de plantas, la altura y la utilización de los locales bajos (para viviendas, oficinas, tiendas, bares…).

b) Se analizan 100 libros de una biblioteca: número de páginas, ubicación en la estantería y contenido (como novela, ensayo, manual…).

c) Se ha encuestado a 23 de los alumnos y las alumnas que van al centro en bici sobre el número de desarrollos de la bicicleta, el peso y la marca.

El papel de las muestras

Como ya hemos visto, a veces es necesario recurrir a una muestra para recolectar los datos. Veamos cuándo y cómo se hace, y qué cabe esperar de los resultados de esta elección.

CUÁNDO HAY QUE RECURRIR A UNA MUESTRA

Hay muchas ocasiones en que es aconsejable, o incluso imprescindible, recurrir a una muestra y no a toda la población. Veamos algunos casos:

- **Cuando la población es muy numerosa.** Por ejemplo, si deseamos conocer cuál es el tipo de lectura de toda la juventud de una comunidad autónoma.
- **Cuando la población es difícil de controlar.** Por ejemplo, si se desea estudiar el número de veces al mes que cada cliente acude a unos grandes almacenes.
- **Cuando el estudio de las variables requiere un proceso muy caro o destructivo.** Por ejemplo, deseamos saber la duración real de un nuevo tipo de pilas. La forma de medirlas es ponerlas en uso hasta que se agotan.

INFORMACIÓN A TENER EN CUENTA EN LA SELECCIÓN DE UNA MUESTRA

La selección de una buena muestra no es tarea fácil. Es muy importante tener en cuenta lo siguiente:

- Para que la muestra sea válida, es necesario que **se seleccione aleatoriamente** (al azar) y que todos los individuos de la población tengan la misma probabilidad de ser elegidos.

  Por ejemplo, para estimar los resultados en las elecciones en una localidad de unos 5 000 habitantes se realiza una encuesta a 200 personas. Hacerlo *vía telefónica, por Internet* o *en el mercado* no es fiable, ya que quedarían excluidas las que no tienen teléfono, las que no usan Internet o las que no van al mercado, respectivamente. La única forma fiable de seleccionar la muestra es elegir al azar 200 personas de entre las inscritas en el censo.

- El **tamaño de la muestra** sí importa. Pero, sorprendentemente, con muestras pequeñas bien seleccionadas, pueden extraerse conclusiones muy válidas.

  Por ejemplo, para pronosticar el resultado de unas elecciones en un país con millones de votantes, puede bastar una buena muestra de 3 000 individuos. Sin embargo, una muestra mucho mayor (de 50 000) tomada por un diario no es representativa, ya que se excluyen a todos los que no lo leen.

QUÉ CONCLUSIONES SE PUEDEN EXTRAER DEL ESTUDIO DE UNA MUESTRA

La respuesta a esta pregunta es sumamente complicada. Nos aproximaremos a ella en cursos posteriores. En este nos conformaremos con decir que las conclusiones que se extraen para la población a partir de una muestra siempre serán aproximadas y, además, con un cierto margen de error.

Por ejemplo: «En las próximas elecciones ganará la candidata X con, aproximadamente, un 56 % de los votos». Y esta afirmación la realizamos con un margen de error del 5 %.

4 Confección de una tabla de frecuencias

Una vez recogidos los datos, los organizamos en una **tabla de frecuencias.**

NOTACIÓN

En las tablas de frecuencias se suele designar:

x_i → valores de la variable

f_i → frecuencia de cada valor

Tabla con datos aislados

Si la variable toma pocos valores, se procede como en el siguiente ejemplo sobre el número de problemas que ha resuelto correctamente cada uno de los 20 estudiantes en un examen. La variable, x_i, toma los valores 0, 1, 2, 3, 4 y 5.

2	0	3	4
1	3	3	5
1	1	2	4
0	3	3	1
2	1	4	3

RECUENTO	
0	II
1	IIIII
2	III
3	IIIII I
4	III
5	I

TABLA DE FRECUENCIAS	
x_i	f_i
0	2
1	5
2	3
3	6
4	3
5	1

RECUENTO

Para hacer el recuento, se leen los resultados uno a uno y se traza una marca donde corresponda (se suele ir tachando con un lápiz los datos contabilizados para no volver a contarlos). Si las marcas se agrupan de cinco en cinco, se cuentan mejor. (La quinta sirve para cerrar el manojo).

Tabla con datos agrupados en intervalos

Si la variable es continua o bien, siendo discreta, toma muchos valores distintos, conviene agruparlos en intervalos. En nuestro ejemplo, las 30 mejores marcas de salto de altura de este año en cierta región, agrupamos los datos en intervalos con decimales para que no haya dudas del intervalo al que pertenece cada uno.

195	198	201	187	192
181	197	198	203	195
185	187	192	196	188
199	193	189	185	204
198	201	184	189	202
187	194	200	198	193

RECUENTO	
Entre 180,5 y 184,5	II
Entre 184,5 y 188,5	IIIII I
Entre 188,5 y 192,5	IIII
Entre 192,5 y 196,5	IIIII I
Entre 196,5 y 200,5	IIIII II
Entre 200,5 y 204,5	IIIII

TABLA DE FRECUENCIAS	
INTERVALO	f_i
180,5-184,5	2
184,5-188,5	6
188,5-192,5	4
192,5-196,5	6
196,5-200,5	7
200,5-204,5	5

→ **anayaeducacion.es**
Confecciona tablas de frecuencias.

PIENSA Y PRACTICA

1 El profesor ha apuntado las faltas de asistencia que ha tenido cada uno de sus alumnos y alumnas a lo largo del trimestre:

2, 3, 0, 1, 1   2, 2, 4, 3, 1   3, 0, 2, 0, 1

2, 2, 1, 2, 1   0, 3, 4, 2, 1   3, 5, 1, 1, 2

a) Confecciona una tabla de frecuencias.

b) Si se quisiera hacer una estadística con el número de ejercicios bien resueltos por cada alumno y alumna a lo largo del año, ¿la tabla de frecuencias debería ser con datos aislados o agrupados en intervalos?

2 Imagina que las respuestas a la encuesta sobre las alturas que se realizó en el ejemplo que se describe en la página 277 fueran las siguientes:

174 169 158 162 179 181 176 172 167 165

164 179 152 182 175 173 166 164 160 171

158 167 174 177 165 166 173 167 159 164

153 165 172 164

Haz una tabla de frecuencias con estos intervalos:

149,5-154,5-159,5-164,5-169,5-174,5-179,5-184,5

Frecuencias relativas y porcentajes

No es lo mismo decir que *5 estudiantes resuelven un problema* que *uno de cada cuatro estudiantes lo resuelve*. También hay diferencia entre afirmar que *en el intervalo 192,5-196,5 hay 6 saltadoras de altura* y decir que *en dicho intervalo se concentra un 20 % de las atletas*.

La proporción o el porcentaje correspondiente a un determinado valor es, en muchas ocasiones, una información más completa que la frecuencia absoluta.

x_i	f_i	f_r	%
0	2	2/20 = 0,10	10
1	5	5/20 = 0,25	25
2	3	3/20 = 0,15	15
3	6	6/20 = 0,30	30
4	3	3/20 = 0,15	15
5	1	1/20 = 0,05	5
TOTAL	20	1,00	100

La **frecuencia relativa,** f_r, de un valor es la proporción de veces que se presenta. Se obtiene dividiendo su frecuencia por el número total de individuos.

Si multiplicamos por 100 la frecuencia relativa, obtenemos el **porcentaje** o la **frecuencia porcentual.**

La tabla del margen es la del primer ejemplo de la página anterior con dos columnas más: una para las frecuencias relativas y otra para los porcentajes.

→ Construye una tabla de frecuencias absolutas, relativas, porcentajes y acumuladas.

Frecuencias acumuladas

Cuando los valores de la variable están ordenados de menor a mayor, la **frecuencia acumulada** en cada valor es la suma de su frecuencia con las de todos los valores anteriores. Por ejemplo:

x_i	f_i	FRECUENCIA ACUMULADA
0	2	**2**
1	5	2 + 5 = **7**
2	3	2 + 5 + 3 = **10**
3	6	2 + 5 + 3 + 6 = **16**
4	3	2 + 5 + 3 + 6 + 3 = **19**
5	1	2 + 5 + 3 + 6 + 3 + 1 = **20**

$f_{acumulada}(4) = 19 \rightarrow$ 19 estudiantes han resuelto 4 problemas o menos.

TEN EN CUENTA

Para que tengan sentido las frecuencias acumuladas, los valores de la variable han de estar ordenados. Esto ocurre con las variables cuantitativas y con algunas variables cualitativas. Por ejemplo, los meses del año: E, F, M, Ab…

PIENSA Y PRACTICA

3 La siguiente tabla muestra el deporte que prefieren practicar 40 estudiantes:

DEPORTE	FRECUENCIA
Baloncesto	10
Voleibol	1
Fútbol	20
Tenis	5
Ajedrez	4

a) Calcula las frecuencias relativas y porcentuales de esta distribución y explica por qué carece de sentido hallar las frecuencias acumuladas.

b) Que la frecuencia relativa de *Baloncesto* sea 10/40 quiere decir que uno de cada cuatro estudiantes juega al baloncesto. Explica con las mismas palabras las frecuencias relativas de *Fútbol* y *Tenis* y las frecuencias porcentuales de *Ajedrez y Baloncesto.*

4 Halla las frecuencias acumuladas de esta distribución y di qué significan $f_{acumulada}(3)$ y $f_{acumulada}(5)$.

N.º DE SUSPENSOS	0	1	2	3	4	5	6	7
FRECUENCIA	6	12	8	5	3	1	1	0

5 Esta tabla recoge los meses que cumplen años las 100 personas que componen un grupo de montaña:

MES	E	F	M	Ab	My	Jn	Jl	Ag	S	O	N	D
FREC.	7	9	10	6	8	8	7	9	8	9	9	10

a) Halla las frecuencias acumuladas.

b) ¿Cuántas personas nacieron antes de junio? ¿Y después de agosto?

5 Gráfico adecuado al tipo de información

En muchas disciplinas encontramos espléndidas representaciones de gráficos estadísticos que nos permiten, con un solo golpe de vista, entender lo que nos quieren transmitir. Veamos cómo utilizarlos de manera correcta.

OTRO TIPO DE GRÁFICO

Hay infinidad de tipos de gráficos estadísticos. Observa este, al que llamamos **pictograma,** sobre los países que más CO_2 emiten a la atmósfera:

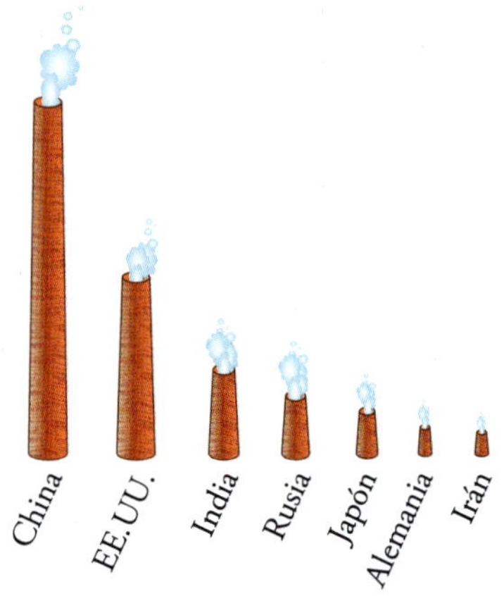

Los pictogramas están destinados al gran público porque son muy llamativos e intuitivos, aunque poco precisos.

Diagrama de barras

En los **diagramas de barras** las longitudes de estas son proporcionales a las frecuencias correspondientes. Se utilizan para distribuciones de **variables cuantitativas discretas.** Por eso, las barras son estrechas y se sitúan sobre los valores puntuales de la variable. También se usan para representar **variables cualitativas.**

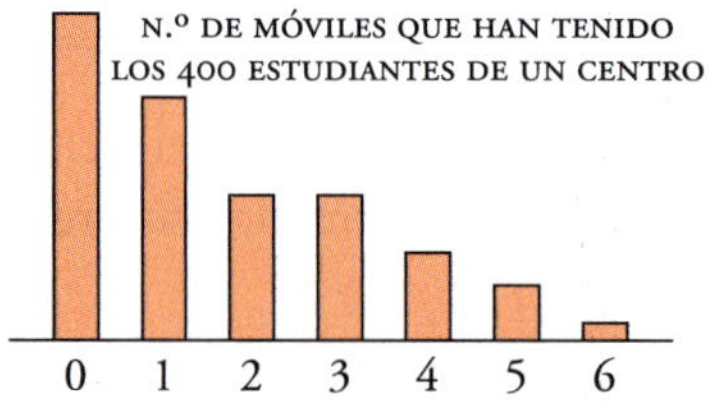

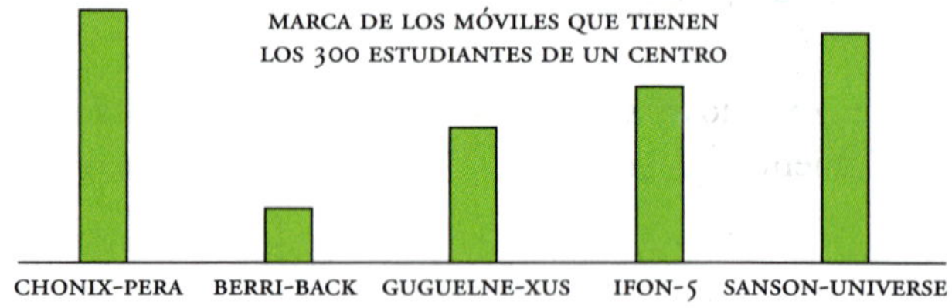

Histograma de frecuencias

El **histograma** se utiliza para distribuciones de **varible continua.** Por eso se usan rectángulos cuyas bases son de la longitud de los intervalos. Si estos intervalos son todos iguales, las alturas, al igual que en los diagramas de barras, son proporcionales a sus correspondientes frecuencias.

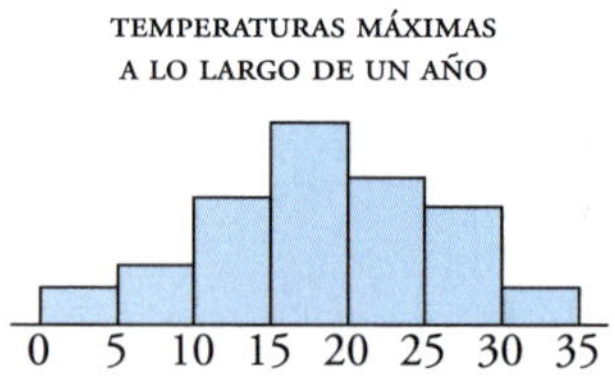

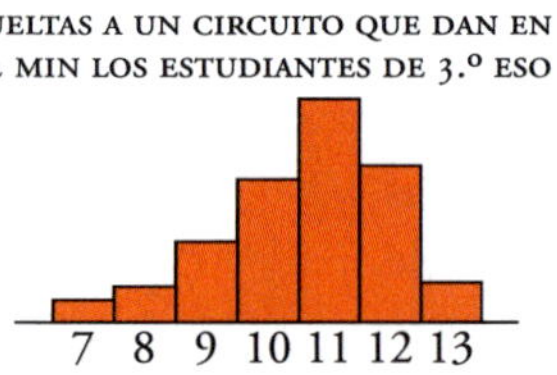

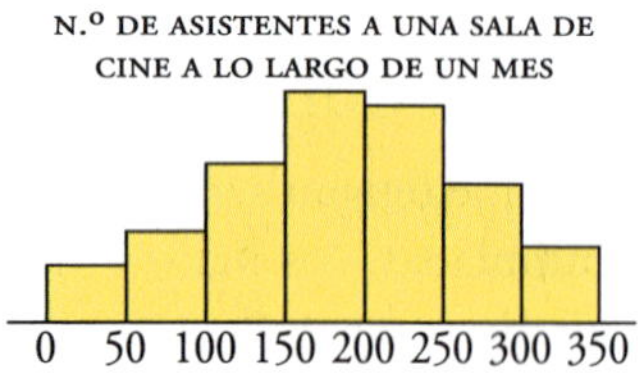

Aunque los datos no vengan dados por intervalos (como en el caso de las vueltas a la pista de atletismo), cuando se trata de una variable continua (8 vueltas significa que aún no ha dado 9) es razonable usar el histograma y no el diagrama de barras.

El número de asistentes es una variable cuantitativa discreta, pero al tomar muchos valores distintos, se utilizan intervalos y, por tanto, histogramas.

PIENSA Y PRACTICA

1 Representa mediante el gráfico adecuado los datos obtenidos en las encuestas realizadas en una clase de 2.º de Bachillerato:

a) *Estatura de los estudiantes.*

ALTURA (cm)	FRECUENCIA
160-164,5	1
164,5-169,5	4
169,5-174,5	10
174,5-179,5	8
179,5-185	6

b) *Personas en casa.*

N.º DE PERSONAS	FRECUENCIA
2	3
3	5
4	8
5	7
6	4
7	1
8	1

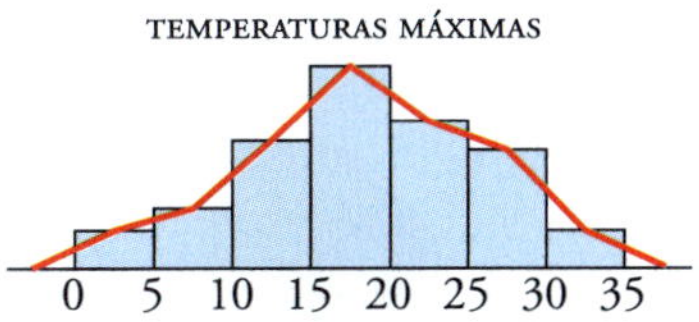

Polígono de frecuencias

El **polígono de frecuencias** se utiliza en los mismos casos que el histograma. Se construye uniendo los puntos medios de los lados superiores de los rectángulos y prolongando, al principio y al final, hasta llegar al eje.

Su sentido es suavizar los escalones que se producen en el histograma.

Diagrama de sectores

En un **diagrama de sectores,** el ángulo de cada sector es proporcional a la frecuencia correspondiente.

Se puede utilizar para todo tipo de variables, pero se usa muy frecuentemente para las variables cualitativas. Por ejemplo, en el siguiente diagrama vemos las preferencias cinematográficas de cierta población en España por porcentajes:

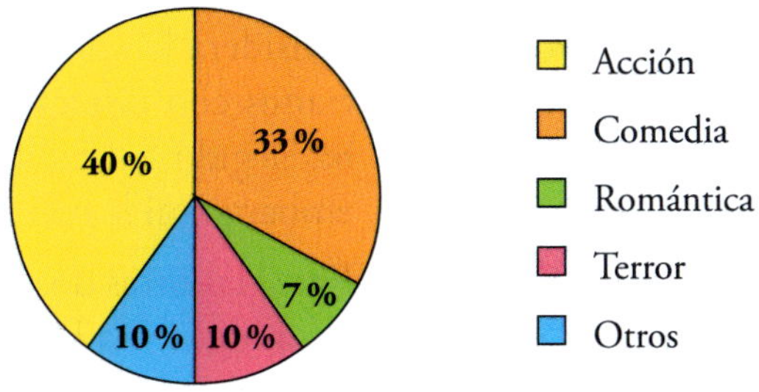

Este tipo de diagrama es especialmente adecuado para representar, en varios pasos, una evolución a lo largo del tiempo. Por ejemplo, podemos observar la evolución, desde 1950 hasta 2010, del nivel de estudios de la población de una cierta región: observamos cómo a lo largo del tiempo ha ido disminuyendo el número de personas analfabetas y con estudios básicos, y cómo ha aumentado considerablemente la población con estudios medios y superiores.

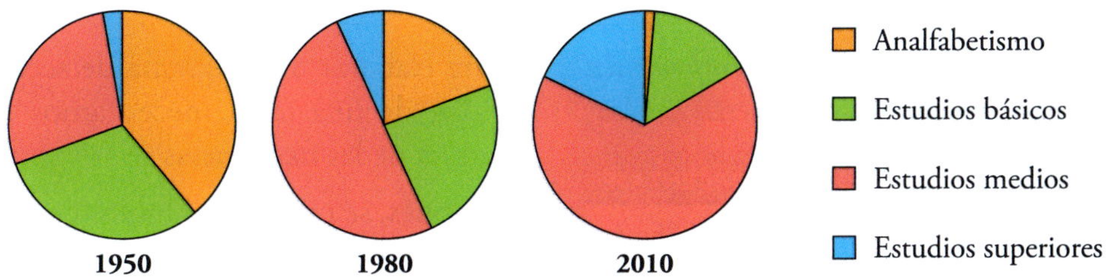

RESULTADOS DE LAS ELECCIONES

Al final de la jornada electoral es muy común ver los resultados expuestos de la siguiente forma:

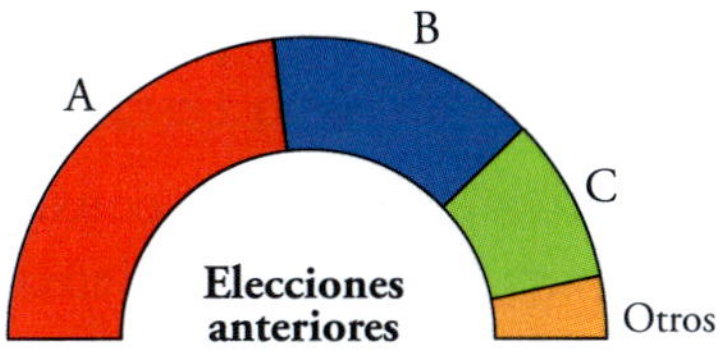

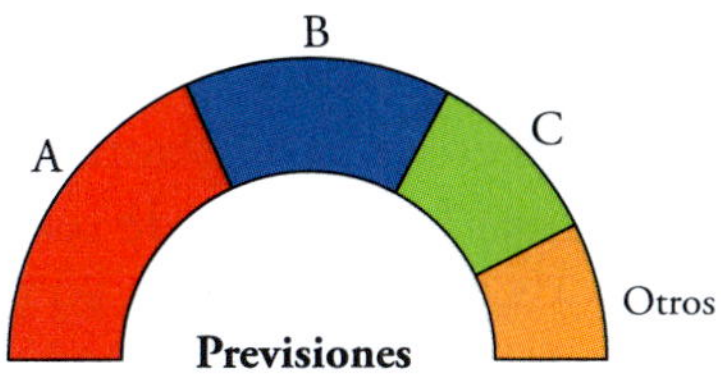

→ Representa gráficos estadísticos.

PIENSA Y PRACTICA

2 Los diagramas de sectores se utilizan a menudo para comparar la misma distribución en distintos países o regiones.

Observa los sectores que muestran cómo se divide la población trabajadora de dos países: Austria y Mauritania. ¿A cuál pertenece cada uno? Explica por qué.

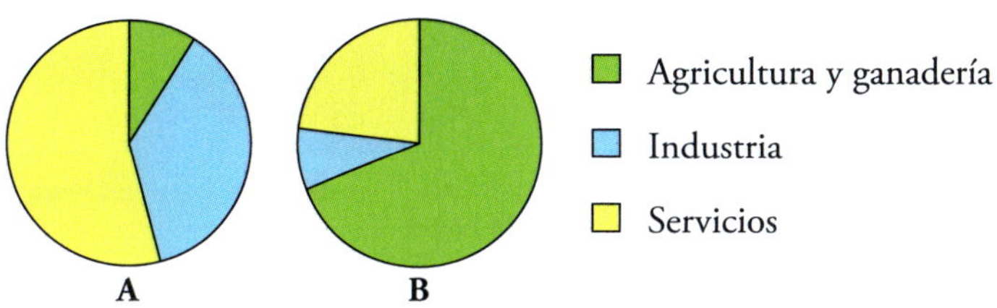

3 Estos diagramas de sectores corresponden al *color de pelo* en tres clases de instituto de países distintos:

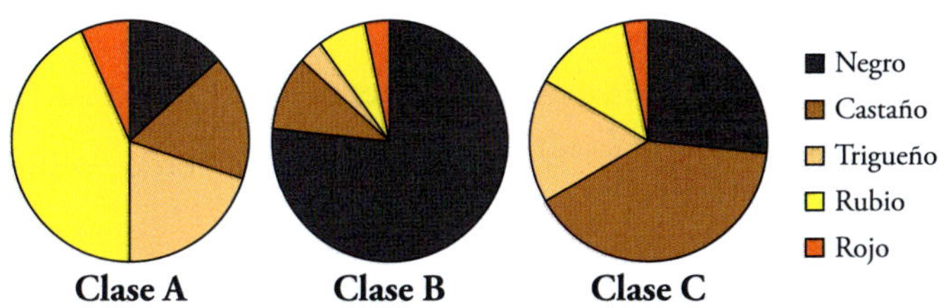

a) Explica razonadamente cuál crees que corresponde a cada uno de estos países: España, Túnez y Dinamarca.

b) Si son clases de 30 estudiantes, estima cuántos tienen pelo negro, castaño, trigueño, rubio y rojo en cada una.

Ejercicios y problemas resueltos

1 En qué basa la felicidad cada generación

COMPRENDE Y APLICA EN EL DESAFÍO — DESAFÍOS QUE DEJAN HUELLA

Los diagramas de sectores que ves a la derecha muestran* cuál es el aspecto que creen más relevante para ser feliz *de tres generaciones distintas:

- ***Los veinteañeros (20-29 años)***
- ***Los cuarentones (40-49 años)***
- ***Los octogenarios (80-89 años)***

Averiguar, razonadamente, a qué generación pertenece cada una.

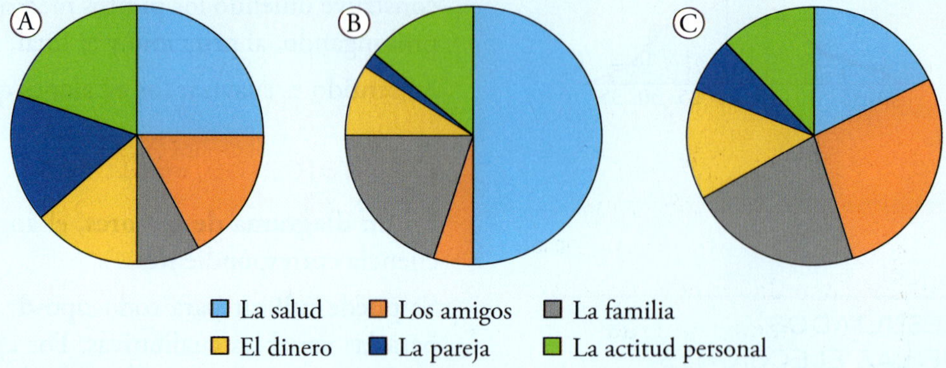

En primer lugar, asociamos la gráfica B con los octogenarios, ya que el 50 % considera la salud como el aspecto más relevante, algo muy normal en los ancianos con achaques. Nos llama la atención también que un buen porcentaje ha elegido la familia y la actitud personal como aspectos más importantes; sin embargo, ni la pareja ni los amigos parece que les importen tanto a estas edades.

Entre las otras dos, asociamos la gráfica C a los veinteañeros, ya que consideran los amigos y la familia aspectos muy importantes para la felicidad. Además, no son pocos los que eligen la salud como el aspecto más importante.

Por último, nos quedaría la gráfica A para los cuarentones. Parece razonable que un cuarto de los encuestados tome la salud como aspecto más relevante para la felicidad y, además, den mucha importancia a la pareja (ya es hora de sentar la cabeza), a la actitud personal y a los amigos.

2 Elaboración de un diagrama de sectores

El color elegido al comprar un coche viene dado en esta tabla:

COLOR ELEGIDO	PORCENTAJE
Plata/gris	36 %
Negro	22 %
Azul	18 %
Rojo	10 %
Blanco	8 %
Verde	4 %
Resto	2 %

Elaborar un diagrama de sectores que refleje la situación.

Hazlo tú Un ferri transporta distintos tipos de vehículos. Elabora el diagrama de sectores según estos datos: Coches: 53 %; Motos: 24 %; Camiones: 13 %; Autobuses: 10 %.

Para elaborar un diagrama de sectores a partir de una tabla, necesitamos la columna de las frecuencias relativas.

Después, se calcula el ángulo (en grados) que tiene cada sector multiplicando su correspondiente frecuencia relativa por 360°. En nuestro caso:

Plata/gris → $0{,}36 \cdot 360° = 129{,}6°$

Negro → $0{,}22 \cdot 360° = 79{,}2°$

Azul → $0{,}18 \cdot 360° = 64{,}8°$

Rojo → $0{,}10 \cdot 360° = 36°$

Blanco → $0{,}08 \cdot 360° = 28{,}8°$

Verde → $0{,}04 \cdot 360° = 14{,}4°$

Resto → $0{,}02 \cdot 360° = 7{,}2°$

Trazamos el diagrama de sectores con los porcentajes y colocamos su correspondiente leyenda a la derecha.

COLOR ELEGIDO	PORCENTAJE	f_r
Plata/gris	36 %	0,36
Negro	22 %	0,22
Azul	18 %	0,18
Rojo	10 %	0,10
Blanco	8 %	0,08
Verde	4 %	0,04
Resto	2 %	0,02

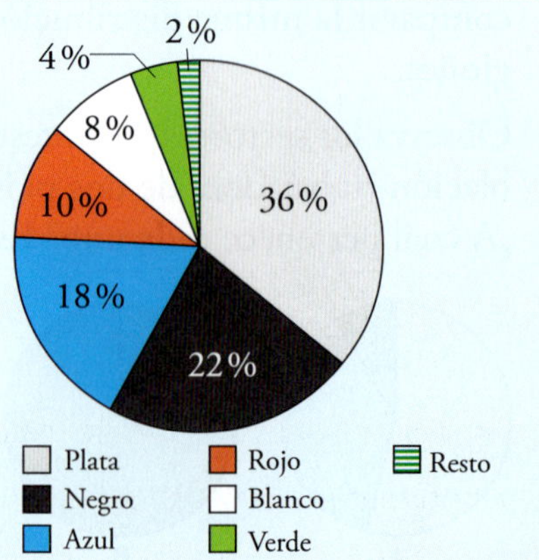

¿DOMINAS LO BÁSICO?

Población y muestra. Variables

1 Indica, para cada caso propuesto:

— Cuál es la población, y cuáles, los individuos.

— Cuál es la variable y qué tipo de variable es.

a) El peso de los recién nacidos en la Comunidad Valenciana a lo largo del año pasado.

b) Cantidad de lluvia recogida en un cierto observatorio meteorológico en cada año del presente siglo.

c) Número de mascotas en los hogares españoles.

d) Tipos de coches (marca y modelo) que tiene cada vecino de mi urbanización.

e) Número de tarjetas amarillas mostradas en cada partido de fútbol de 1.ª división esta temporada.

Interpretación de gráficos

2 En el siguiente mapa se muestran, por colores, los grupos de países con esperanza de vida similar:

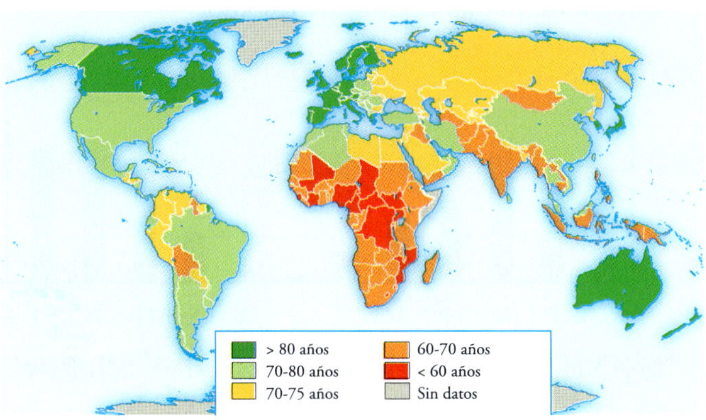

a) ¿En qué continente la esperanza de vida es menor?

b) Indica 8 países con la esperanza de vida mayor que 80 años. Haz lo mismo con el intervalo 75-80 años.

3 Si en el mundo hubiera 100 personas:

CONTINENTES	SUPERFICIE (km²)
África	30 330 000
América	41 843 000
Asia	44 936 000
Europa	10 359 000
Oceanía	8 505 000

Ordena los continentes (de mayor a menor) según:

a) El tamaño.

b) La población.

c) La densidad de población.

4 Meta 7.1. Observa en este diagrama de barras la proporción de la población con acceso a energía eléctrica en 1990 y en 2020:

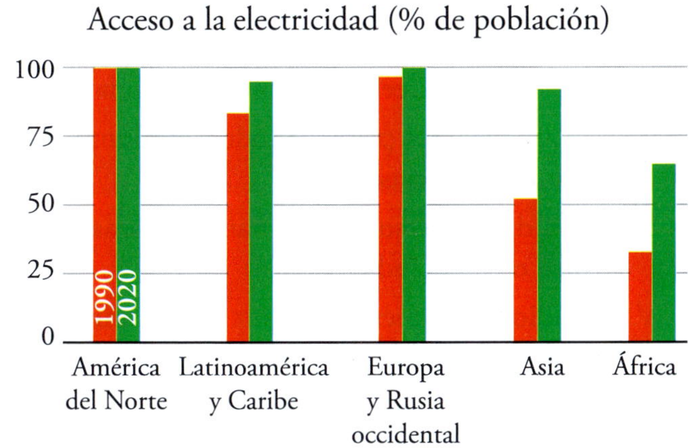

a) ¿Te parece razonable que la segunda barra siempre sea mayor o igual que la primera? Razónalo.

b) ¿Qué región crees que tiene en la actualidad menos proporción de personas con acceso a la electricidad?

c) ¿Dónde ha habido un crecimiento mayor? ¿Y proporcionalmente mayor?

Elaboración de tablas y gráficos

5 Al preguntar al alumnado de un grupo de tercero de ESO por el número de libros que han leído en el último mes, hemos obtenido los datos siguientes:

2	1	3	1	1	5	1	2	4	3
1	0	2	4	1	0	2	1	2	1
3	2	2	1	2	3	1	2	0	2

a) Haz la tabla de frecuencias absolutas.

b) Realiza el diagrama de barras que corresponde a estos datos.

6 En un control de velocidad en carretera se obtuvieron los siguientes datos:

VELOCIDAD (km/h)	60-69	70-79	80-89	90-99	100-109	110-120
N.º DE COCHES	5	15	25	37	22	16

a) Elabora el histograma correspondiente.

b) ¿Cuántos coches se registraron en el control?

c) ¿Qué proporción de coches iba a 100 km/h o más?

7 Elabora, con los siguientes datos, un diagrama de sectores con el porcentaje de los navegadores web más utilizados en el mundo:

Chrome: 60 %
Internet Explorer: 20 %
Firefox: 12 %
Otros: 8 %

ENTRÉNATE Y PRACTICA

8 Se quieren realizar los siguientes estudios:

I. El sexo (niño o niña) de cada bebé nacido en un hospital a lo largo de un año.

II. Qué periódico lee cada habitante de una ciudad.

III. Las alturas y los pesos de todos los alumnos y las alumnas de la clase.

IV. Edad de las personas que han visto una obra de teatro en una ciudad.

V. Estudios que piensan seguir los alumnos y las alumnas de un centro escolar al terminar la ESO.

a) Di en cada uno de estos casos cuál es la población, y cuáles, los individuos.

b) Indica en cada uno cuál es la variable que se estudia y de qué tipo es.

c) ¿En cuáles de ellos es necesario recurrir a una muestra? ¿Por qué?

9 Se ha realizado un estudio sobre la utilidad que le dan al *Smartphone* los menores de 26 años y los de 26 a 50 años. Estos son los resultados:

UTILIDAD	MENORES DE 26	DE 26 A 50
Juegos y entretenimiento	35 %	12 %
Redes sociales	33 %	26 %
Noticias	5 %	37 %
Llamadas y mensajes	27 %	25 %

a) Elabora los correspondientes diagramas de sectores.

b) Compara ambos grupos.

c) Inventa un diagrama para los mayores de 50 años.

10 Estos son los mejores tiempos tomados en carreras de 10 km a los deportistas de un club de atletismo:

42:20	40:08	47:32	49:50	43:24	48:31	51:42
45:53	47:17	50:37	49:07	51:37	43:28	45:18
44:36	46:15	50:48	47:59	51:21	43:37	42:14

a) Haz una tabla de frecuencias absolutas y relativas con los siguientes intervalos:

40 - 42 - 44 - 46 - 48 - 50 - 52

b) Traza el histograma correspondiente.

c) Mirando la tabla de frecuencias relativas, indica qué porcentaje de corredores bajaron de 44 min.

d) ¿Qué porcentaje hizo más de 50 min?

11 Estas pirámides de población muestran la distribución por edades (de 10 en 10 años) y sexo de tres países. Cada marca del eje horizontal corresponde a 1 millón de personas:

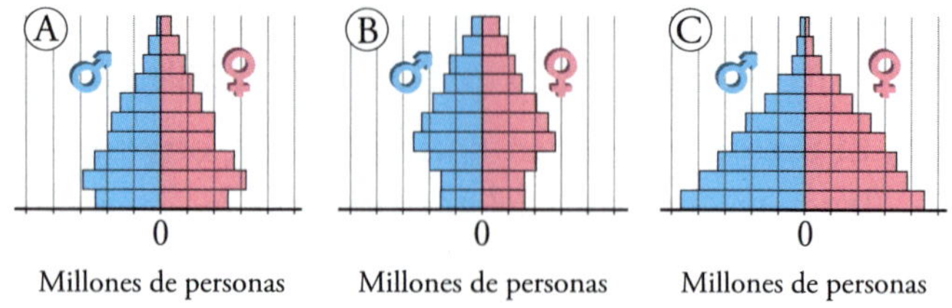

a) ¿Te parece razonable decir que en A hay algo más de 3 millones de chicas de entre 10 y 20 años?

b) ¿Cuántos niños varones de 0 a 10 años hay en el país A? ¿Y en el B? ¿Y en el C?

c) ¿En cuál de los tres países hay más personas entre 80 y 100 años? ¿Y en cuál menos?

d) Indica, justificadamente, cuál de las tres gráficas corresponde a un país del tercer mundo.

12 En este gráfico se muestran datos sobre la climatología de Badajoz, durante un año:

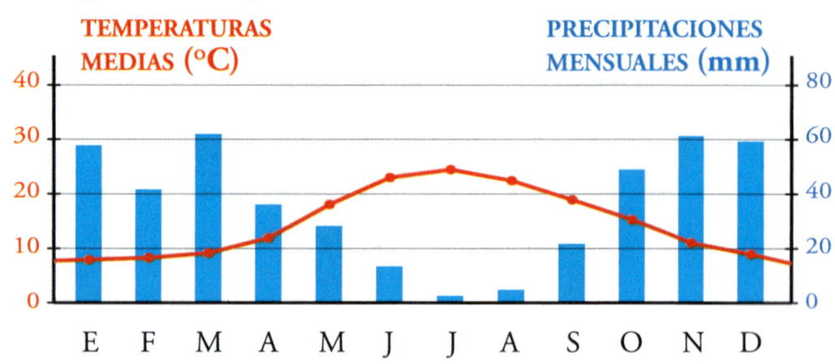

a) ¿Qué representan las barras azules? ¿Y la línea roja?

b) ¿Qué temperatura media hubo en septiembre? ¿Cuál fue la precipitación en ese mes?

c) ¿En qué meses la temperatura media superó los 20 °C? ¿En cuáles pasaron de 40 mm sus precipitaciones?

13 Asocia cada gráfica a una de estas ciudades: Santiago (Chile), Dublín (Irlanda), Helsinki (Finlandia), Ouarzazate (Marruecos).

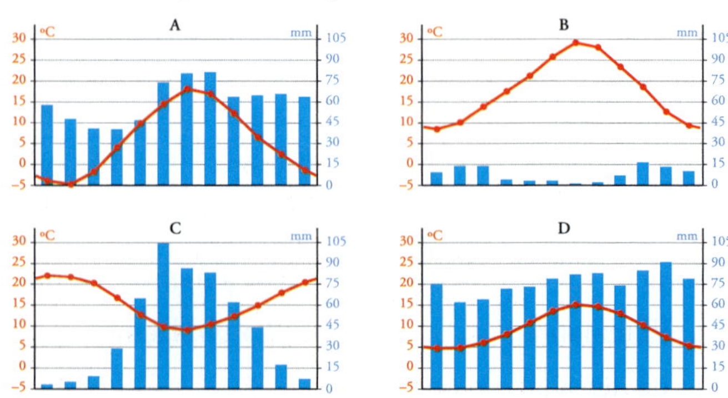

RESUELVE PROBLEMAS SENCILLOS

14 Observa el gráfico de la derecha relativo a las ventas de algunos artículos en un pequeño comercio.

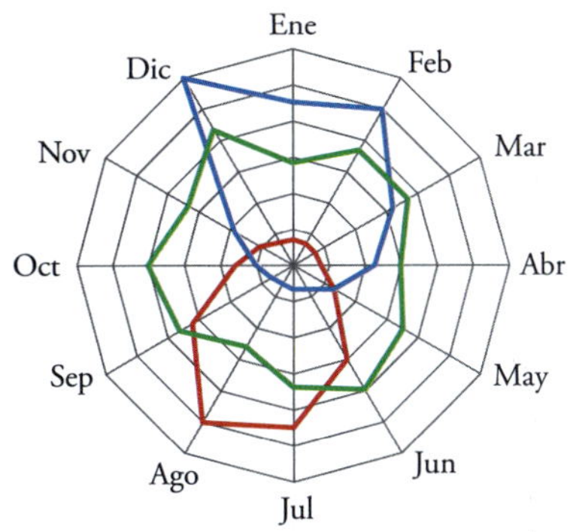

a) ¿Qué color le corresponde a los bañadores? ¿Y a las toallas? ¿Y a los guantes?

b) ¿En qué estación del año se venden más bañadores?

c) ¿Cuándo se han vendido más cantidad de guantes?

d) Explica cómo se comporta la gráfica de las toallas.

15 Estos diagramas muestran la composición del cuerpo humano a dos edades distintas:

A LOS 25 AÑOS A LOS 75 AÑOS

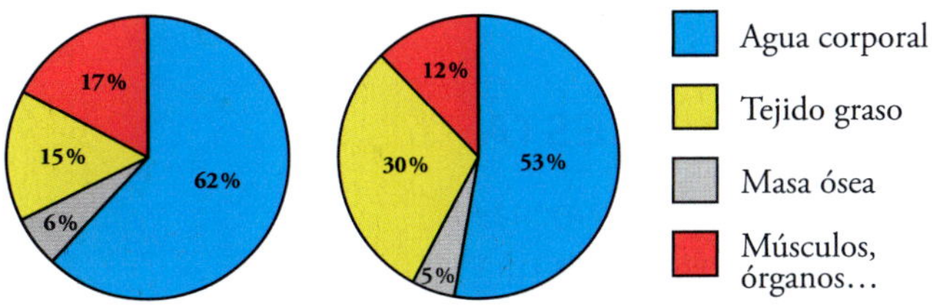

¿Cómo varían los porcentajes de cada componente en esos 50 años? Da los resultados en tanto por ciento de aumento o disminución.

COMPRENDE Y APLICA EN EL DESAFÍO — DESAFÍOS QUE DEJAN HUELLA

16 Estas listas muestran los 8 países *más felices* y los 8 *menos felices* del mundo en 2018. Para cuantificar la felicidad, se tienen en cuenta, entre otros aspectos, *PIB per cápita, apoyo social, esperanza de vida sana, libertad social, generosidad* y *ausencia de corrupción.*

Más felices	**Menos felices**
1. Finlandia	1. Burundi
2. Noruega	2. Rep. Centroafricana
3. Dinamarca	3. Sudán del Sur
4. Islandia	4. Tanzania
5. Suiza	5. Yemen
6. Países Bajos	6. Ruanda
7. Canadá	7. Siria
8. Nueva Zelanda	8. Liberia

a) ¿En qué puesto está España? Reflexiona por qué.

b) De los seis aspectos mencionados anteriormente, ¿te atreverías a aventurar en qué porcentaje influye cada uno en la felicidad global de un país? Representa tu estimación en un diagrama de sectores.

PARA PENSAR UN POCO MÁS

17 Esta tabla describe la población de un país.

A continuación se muestra su pirámide de población. En ella, en lugar de frecuencias, se han puesto porcentajes.

GRUPO DE EDAD	N.° DE HOMBRES (MILLONES)	N.° DE MUJERES (MILLONES)
0-9	2 489	2 352
10-19	2 271	2 146
20-29	2 742	2 687
30-39	4 029	3 843
40-49	3 850	3 739
50-59	3 029	3 096
60-69	2 307	2 504
70-79	1 549	1 923
80-89	823	1 355
90-99	106	279

¡Atención! Hay una barra incorrecta en la parte de los hombres y otra en la de las mujeres.

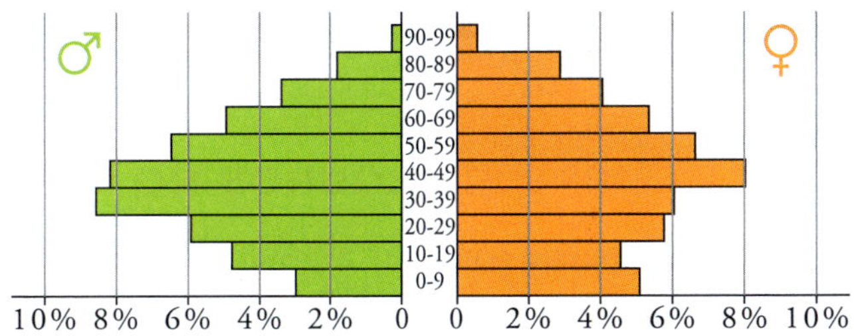

Indica a qué intervalo corresponden las dos barras mal dibujadas y explica en qué se nota el error.

TAMBIÉN PUEDES HACER ESTO

18 Reparto de la población española, según el tamaño del municipio en que vivía:

MUNICIPIOS	1900	1930	1960	1990	2020
Hasta 5 000 hab.	51 %	40 %	29 %	16 %	10 %
De 5 001 a 20 000	28 %	29 %	25 %	20 %	16 %
De 20 001 a 100 000	12 %	16 %	18 %	22 %	27 %
Más de 100 000	9 %	15 %	28 %	42 %	47 %

Número de habitantes de España, en millones:

1900	1930	1960	1990	2020
18,6	23,6	30,4	38,8	45,6

a) Halla el número de personas que vivían en los municipos más pequeños desde 1900 hasta 2020. En estos municipios, la población ha ido decreciendo, pero ¿lo hace de forma constante o cada vez decrece menos? ¿Cómo evoluciona cada tipo de municipio?

b) Haz un diagrama de sectores que muestre la distribución de la población en cada uno de los años que figuran en la tabla.

PICOTEAR

Cuando en el mercado probamos unas uvas o unas cerezas, lo que hacemos es sacar una muestra para ver la calidad de esa fruta. Eso mismo se hace al poner un examen: se eligen unas cuantas preguntas (una muestra) para comprobar lo que sabes hacer.

LA VALIDEZ DE UNA MUESTRA

En las elecciones presidenciales de EE. UU. en 1936, una revista hizo una encuesta de intención de voto a más de cuatro millones de sus lectores y se equivocó en su pronóstico.

Otra encuesta, hecha solo a 4 500 personas, anunció el éxito de Roosevelt con mucha exactitud.

La razón es que en el primer caso la muestra no era representativa de la sociedad americana.

Franklin D. Roosevelt (1882-1945). 32.º presidente de los Estados Unidos.

¿QUÉ OCURRE SI ALGUNOS NO RESPONDEN A LA ENCUESTA?

Una encuesta puede conducir a resultados falsos si ciertos grupos de población apenas responden mientras que otros lo hacen con pasión. Por ejemplo, supongamos que en una población europea deseamos pasar una encuesta sobre **«qué estás dispuesto a hacer para luchar contra el cambio climático».**

En esa población, la proporción de personas jóvenes, de mediana edad y mayores es de 3, 4 y 5, respectivamente. Es decir, que de cada 12 personas, 3 son jóvenes; 4, de mediana edad, y 5, mayores.

La muestra está bien elegida y guarda la proporción, pero las respuestas no: los jóvenes responden prácticamente todos, pero solo lo hacen la mitad de los medianos y apenas un 20 % de mayores.

Esta gráfica pone de manifiesto que los resultados de la encuesta desfiguran la inferencia que hagamos de la realidad.

AUTOEVALUACIÓN

1 Indica, para cada caso, cuáles son los *individuos;* cuál, la *población;* cuál, la *variable*, y de qué tipo es:

a) Número de veces al año que ha usado su tarjeta sanitaria cada paciente de una sociedad médica.

b) Tiempo de espera de cada paciente en una consulta de un centro de salud a lo largo de un día.

c) Tipo de especialista al que acude cada paciente de un centro de salud durante un mes.

2 Indica en cada caso cuándo hay que recurrir a una muestra. Razona tu respuesta.

a) *Gustos musicales* de los estudiantes de un centro de secundaria y bachillerato.

b) *Número de personas* que visitan un museo cada día de la semana (lunes, martes, miércoles…).

c) *Fecha elegida para una quedada* de los miembros de un grupo de *whatsapp*.

3 Número de días que han ido a la biblioteca del colegio los estudiantes de un curso:

3 1 2 4 0	2 1 3 1 0	2 0 3 5 2
0 2 4 1 2	1 2 0 5 3	3 1 2 1 0

a) Haz una tabla de frecuencias y representa los resultados mediante un gráfico adecuado.

b) Añade a la tabla anterior una columna con las frecuencias porcentuales. Representa los resultados con un diagrama de sectores.

4 Tiempo, en minutos, que pasaron en la sala de espera los pacientes de un médico cierto día:

28	4	12	35	2	26	45	22	6	23
27	16	18	32	8	47	8	12	34	15
28	37	7	39	15	25	18	17	27	15

a) Haz una tabla, repartiéndolos en intervalos de extremos 1,5 - 9,5 - 17,5 - 25,5 - 33,5 - 41,5 - 49,5.

b) Representa los resultados mediante un gráfico adecuado (diagrama de barras o histograma).

c) Elabora una tabla de los porcentajes que corresponden a esta clasificación:

- Espera poco: 1-17,5 min.
- Espera un rato: 17,5-33,5 min.
- Espera mucho: 33,5-49,5 min.

Representa los datos en un diagrama de sectores.

→ **anayaeducacion.es** Resoluciones de estos ejercicios.

5 En una determinada región se ha realizado un estudio sobre los accidentes mortales producidos en el trabajo según el sector de actividad. Estos son los resultados:

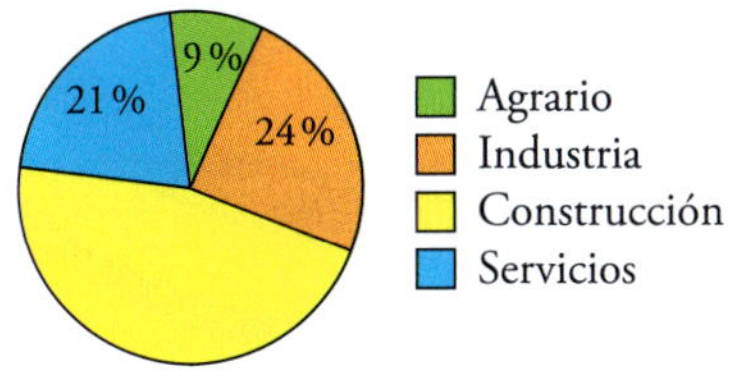

a) ¿Cuál es el porcentaje de accidentes mortales producidos en el sector de la construcción?

b) Si hubo 135 accidentes mortales en el sector agrario, ¿cuál fue el número total de accidentes mortales en la región?

c) ¿Cuántos accidentes mortales hubo en cada uno de los sectores?

6 Observa estas pirámides de población:

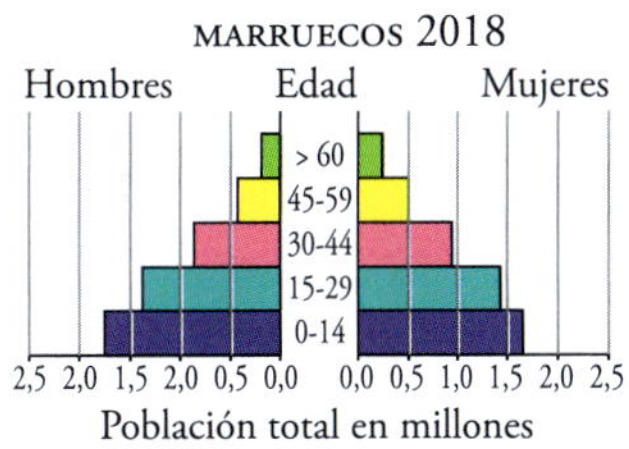

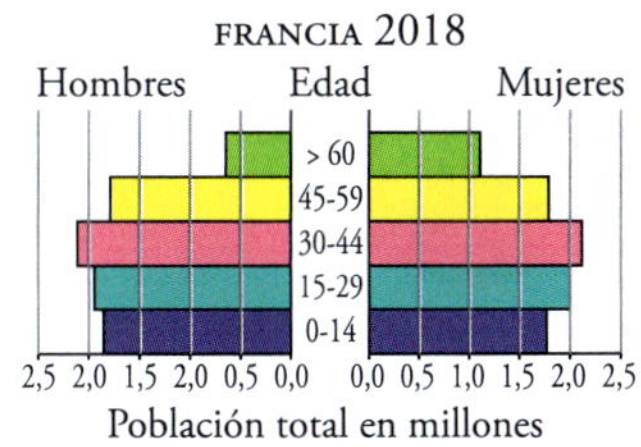

Di si las siguientes afirmaciones son verdaderas o falsas, justificando las respuestas:

a) La proporción de ancianas y ancianos en Francia es mucho mayor que en Marruecos.

b) Hay más ancianas que ancianos en ambos países.

c) La proporción de menores de 15 años es mayor en Marruecos que en Francia.

DESAFÍOS QUE DEJAN HUELLA

REFLEXIONA

Revisa los aspectos trabajados y plantea soluciones a los problemas que se detecten. Para ello, descarga de **anayaeducacion.es** la rúbrica correspondiente, reflexiona de manera individual y comparte en grupo.

PON A PRUEBA TUS COMPETENCIAS

Realiza la autoevaluación competencial incluida en **anayaeducacion.es.**

14 Parámetros estadísticos

Una gran profesional

Florence Nightingale (1820-1910) fue una matemática y enfermera londinense que aplicó técnicas estadísticas para mejorar las condiciones en los hospitales y la atención médica en general. Trabajó como enfermera en la guerra de Crimea (1853-1856). Allí comprobó que la mayoría de las muertes eran causadas por las pésimas condiciones de los hospitales.

Recopiló y organizó datos estadísticos teniendo en cuenta el tiempo transcurrido, el número de muertes y sus causas, y los expresó en gráficos que por primera vez relacionaban tres variables (hasta entonces solo representaban una o dos).

Mejoró notablemente la organización, interpretación y presentación gráfica de datos estadísticos. Además, fue una de las primeras personas que utilizó la estadística con una finalidad eminentemente práctica y, con ello, consiguió que se redujeran paulatinamente las muertes en los hospitales mejorando los métodos sanitarios. Hasta entonces, los estudios estadísticos solo se habían usado para presentar información.

Con lo que ya sabes, resuelve

Las notas conseguidas en los últimos exámenes que se pusieron a los estudiantes de una clase en cuatro de sus asignaturas se exponen en los siguientes diagramas de barras:

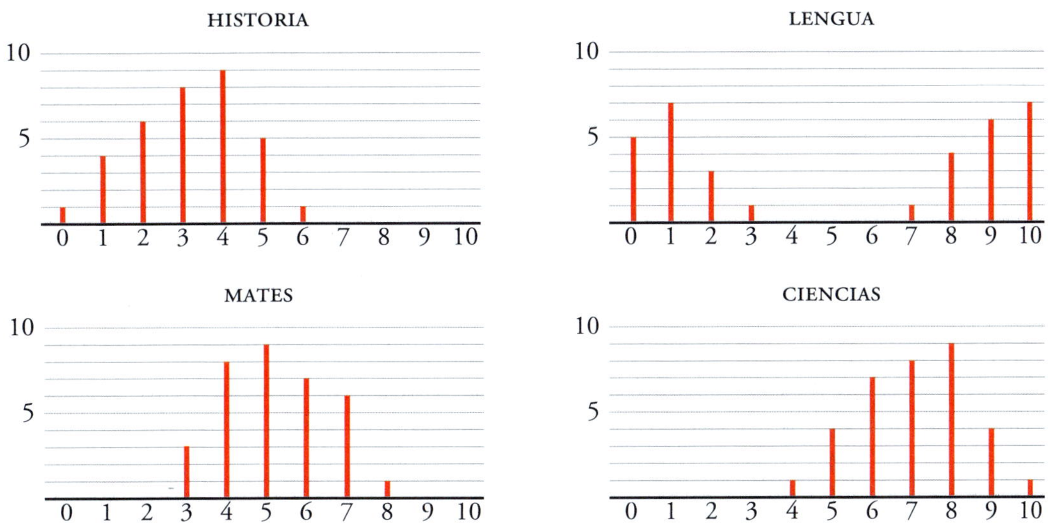

Reflexiona

1. A la vista de estos gráficos, responde:

   a) En una de las asignaturas, la nota media es bastante alta, más de 6. En otra, sin embargo, es muy baja, menos de 4. ¿Cuál crees que es cada una de ellas?

   b) ¿Te parece razonable suponer que en las otras dos asignaturas la nota media es próxima al 5? Sin embargo, las dos gráficas correspondientes son muy distintas. Fíjate bien en las notas de Lengua: ¿te parecería adecuado decir que son claramente «más dispersas» que las demás?

   En esta unidad aprenderás a valorar, no solo la media, sino la dispersión de estas distribuciones.

2. Solo, en pequeño grupo o con toda la clase, según el docente estime conveniente, puedes hacer como en el ejemplo descrito arriba: recoger las notas de todos tus compañeros en varias asignaturas, tabularlas y representarlas en diagramas de barras.

   Mirando las gráficas correspondientes:

   a) ¿Podrías estimar de forma aproximada la media de cada una de ellas?

   b) ¿Alguna de estas distribuciones sería claramente más dispersa que las demás?

   Al finalizar la unidad podrás responder a estas preguntas calculando numéricamente los resultados.

3. Plantea otras investigaciones similares. Por ejemplo, con las estaturas de los alumnos y las alumnas de algunas clases de diversos cursos.

1 Dos tipos de parámetros estadísticos

Empezaremos considerando solo dos tipos de parámetros estadísticos:

- Los **parámetros de centralización** nos indican en torno a qué valor (centro) se distribuyen los datos.
- Los **parámetros de dispersión** nos informan sobre cuánto se alejan del centro los valores de la distribución.

Parámetros de centralización

MEDIA

Si llamamos $x_1, x_2, \ldots, x_n$ a los valores que toma una distribución estadística, la **media,** o promedio, se designa por $\bar{x}$ y se calcula así:

$$\bar{x} = \frac{x_1 + x_2 + \ldots + x_n}{n} \qquad \text{Abreviadamente: } \bar{x} = \frac{\sum x_i}{n}$$

Por ejemplo, estos son los resultados del número de pruebas físicas superadas por los 10 integrantes de un equipo deportivo: 1, 0, 3, 4, 5, 2, 3, 4, 4, 4.

Calculamos la media: $\bar{x} = \frac{1+0+3+4+5+2+3+4+4+4}{10} = \frac{30}{10} = 3$

MEDIANA

Si ordenamos los datos de menor a mayor, la **mediana,** *Me*, es el valor que está en medio: es decir, tiene tantos individuos por debajo como por encima. Si el número de datos es par, a la mediana se le asigna el valor medio de los dos términos centrales.

En el ejemplo anterior, para hallar la mediana ordenamos los datos:

0, 1, 2, 3, 3, 4, 4, 4, 4, 5

Los datos centrales son 3 y 4, por tanto, la mediana es 3,5.

MODA

La **moda,** *Mo*, es el valor que tiene mayor frecuencia.

La moda del ejemplo anterior es 4, ya que es el valor con mayor frecuencia.

NOTACIÓN

El signo $\sum$ se utiliza para indicar sumas de varios sumandos.

$\sum x_i$ se lee: «suma de los x_i».

DISTRIBUCIONES CON MÁS DE UNA MODA

Una distribución puede tener más de una moda. Una con dos modas se denomina *bimodal*; una con tres, *trimodal*...

PIENSA Y PRACTICA

1 Calcula la media, la mediana y la moda de cada una de estas distribuciones estadísticas:

a) 4, 5, 6, 6, 6, 6, 7, 11, 12, 17

b) 10, 12, 6, 9, 10, 8, 9, 10, 14, 2

c) 2, 3, 3, 3, 4, 5, 6, 6, 6, 6, 3, 7

d) 1, 2, 3, 4, 5, 4, 3, 2, 1

2 Halla los parámetros de centralización de las notas de Matemáticas del ejemplo de la página anterior.

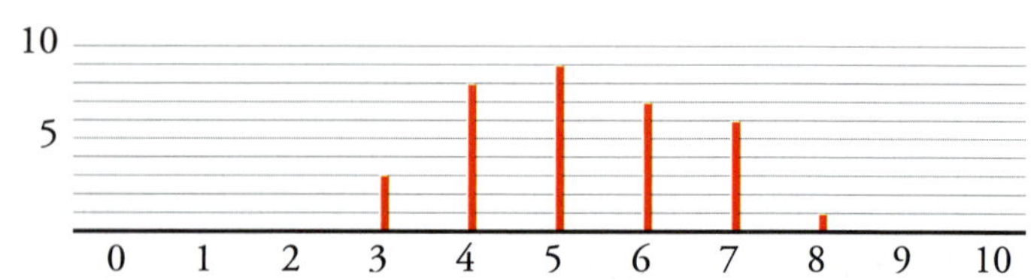

Parámetros de dispersión

Estas gráficas muestran las edades de las jugadoras de dos equipos de fútbol:

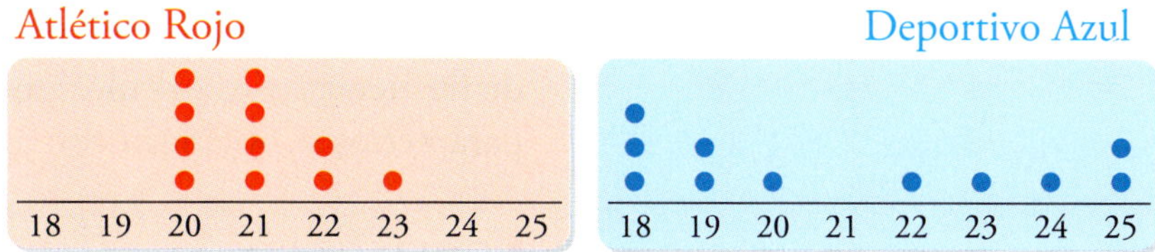

En ambas, la edad media es 21 años. Observa que, aun teniendo la misma media, estas distribuciones son muy distintas, pues en la segunda los valores se encuentran claramente más separados que en la primera. Los parámetros de dispersión que a continuación describimos sirven para valorar esas diferencias.

RECORRIDO O RANGO

Es la diferencia entre el dato mayor y el menor. Es decir, es la longitud del tramo dentro del cual están los datos.

En el equipo rojo el recorrido es 23 – 20 = 3, y en el azul, 25 – 18 = 7.

VARIANZA

Es el promedio de los cuadrados de las distancias de los datos a la media:

$$\text{Varianza: } V = \frac{(x_1 - \bar{x})^2 + (x_2 - \bar{x})^2 + \ldots + (x_n - \bar{x})^2}{n} = \frac{\sum (x_i - \bar{x})^2}{n}$$

Esta fórmula es equivalente a la siguiente:

$$\text{Varianza: } V = \frac{x_1^2 + x_2^2 + \ldots + x_n^2}{n} - \bar{x}^2 = \frac{\sum x_i^2}{n} - \bar{x}^2$$

$$V_{\text{ROJO}} = \frac{1^2 + 1^2 + 1^2 + 1^2 + 0^2 + 0^2 + 0^2 + 0^2 + 1^2 + 1^2 + 2^2}{11} = 0{,}91$$

$$V_{\text{AZUL}} = \frac{3^2 + 3^2 + 3^2 + 2^2 + 2^2 + 1^2 + 1^2 + 2^2 + 3^2 + 4^2 + 4^2}{11} = 7{,}45$$

DESVIACIÓN TÍPICA, σ

Es la raíz cuadrada de la varianza: $\sigma = \sqrt{\text{varianza}} = \sqrt{\frac{\sum x_i^2}{n} - \bar{x}^2}$

$\sigma_{\text{ROJO}} = \sqrt{0{,}91} = 0{,}95$; $\sigma_{\text{AZUL}} = \sqrt{7{,}45} = 2{,}73$

Observa cómo la dispersión de las edades del Deportivo Azul es mucho mayor que la del Atlético Rojo, como habíamos visto en sus representaciones gráficas.

A partir de ahora prestaremos especial atención a la media $(\bar{x})$ y a la desviación típica (σ). La información que da cada una complementa a la de la otra.

TEN EN CUENTA

A partir de este nivel, abandonamos la **desviación media,** que conoces de cursos anteriores, ya que la **desviación típica** es la que se utilizará desde ahora como medida de dispersión.

¿Por qué la desviación típica y no la varianza?

La varianza tiene un grave inconveniente. Imagina que estamos tratando con una distribución de estaturas dadas en cm. La media vendría dada en cm, pero la varianza vendría en cm^2 (es decir, una superficie en lugar de una longitud). Por eso, extraemos su raíz cuadrada, obteniendo la desviacion típica que, en nuestro ejemplo, sí sería una longitud dada en cm.

PIENSA Y PRACTICA

3 Halla los parámetros de dispersión de las distribuciones del ejercicio 1 de la página anterior.

4 Halla de dos formas distintas la varianza de esta distribución: 8, 7, 11, 15, 9, 7, 13, 15.

2 Cálculo de $\bar{x}$ y σ en tablas de frecuencias

Cuando los datos estadísticos vienen dados mediante tablas de frecuencias, los cálculos pueden disponerse para que los parámetros se obtengan con gran comodidad.

x_i	f_i
4	1
5	10
6	14
7	5
8	2
9	1

CÁLCULO DE $\bar{x}$

Veámoslo con un ejemplo: la tabla de frecuencias de la derecha corresponde a las notas obtenidas por los 33 estudiantes de una clase en el último examen.

Para calcular la media de las notas, tendríamos que sumar:

$$4 + \underbrace{(5 + 5 + \ldots + 5)}_{10 \text{ veces}} + \underbrace{(6 + 6 + \ldots + 6)}_{14 \text{ veces}} + \underbrace{(7 + 7 + \ldots + 7)}_{5 \text{ veces}} + 8 + 8 + 9$$

y dividir el resultado por $1 + 10 + 14 + 5 + 2 + 1 = 33$.

Sin embargo, la suma de arriba se obtiene más eficazmente así:

$$4 \cdot 1 + 5 \cdot 10 + 6 \cdot 14 + 7 \cdot 5 + 8 \cdot 2 + 9 \cdot 1$$

Es decir, cada valor de la variable se multiplica por la frecuencia asociada y se suman todos los resultados.

Para facilitar estos cálculos, añadimos una nueva columna a la tabla, $f_i \cdot x_i$.

El total de individuos se obtiene sumando los valores de la columna f_i.

$$f_1 + f_2 + \ldots + f_n = 33 \rightarrow \Sigma f_i = 33$$

La suma de todas las notas se halla sumando los valores de la columna $f_i \cdot x_i$.

$$f_1x_1 + f_2x_2 + \ldots + f_nx_n = 198 \rightarrow \Sigma f_ix_i = 198$$

La media es: $\bar{x} = \dfrac{\Sigma f_ix_i}{\Sigma f_i} = \dfrac{198}{33} = 6$

x_i	f_i	$f_i \cdot x_i$
4	1	4
5	10	50
6	14	84
7	5	35
8	2	16
9	1	9
	33	198
	Σf_i	$\Sigma f_i x_i$

x_i	f_i	$f_i \cdot x_i$
x_1	f_1	f_1x_1
x_2	f_2	f_2x_2
…	…	…
x_n	f_n	f_nx_n
	Σf_i	$\Sigma f_i x_i$

En una distribución dada por su tabla de frecuencias, para hallar la **media** se añade a la tabla la columna $f_i \cdot x_i$ y se procede así:

$$\bar{x} = \frac{\Sigma f_ix_i}{\Sigma f_i}$$

donde $\Sigma f_ix_i = f_1x_1 + f_2x_2 + \ldots + f_nx_n$ es la suma de todos los valores; y $\Sigma f_i = f_1 + f_2 + \ldots + f_n$ es el número de individuos.

PIENSA Y PRACTICA

1 Calcula la media de las siguientes distribuciones:

a) NÚMERO DE HIJOS E HIJAS

x_i	0	1	2	3	4	5	6	7
f_i	6	14	15	7	4	2	1	1

b) NÚMERO DE SUSPENSOS EN ESTA EVALUACIÓN

x_i	0	1	2	3	4
f_i	17	11	3	1	1

CÁLCULO DE σ

La **desviación típica** admite dos expresiones equivalentes:

$$\sigma = \sqrt{\frac{\Sigma f_i (x_i - \bar{x})^2}{\Sigma f_i}}$$

donde $\Sigma f_i(x_i - \bar{x})^2 = f_1(x_1 - \bar{x})^2 + \ldots + f_n(x_n - \bar{x})^2$ es la suma de los cuadrados de las desviaciones a la media.

$$\sigma = \sqrt{\frac{\Sigma f_i x_i^2}{\Sigma f_i} - \bar{x}^2}$$

donde $\Sigma f_i x_i^2 = f_1 x_1^2 + \ldots + f_n x_n^2$ es la suma de los cuadrados de todos los valores.

Con las dos fórmulas se llega al mismo resultado. Sin embargo, es mucho más práctica la segunda de ellas. Veamos por qué:

Puesto que $f_i \cdot x_i^2$ es igual a $(f_i \cdot x_i) \cdot x_i$, añadiremos en la tabla de frecuencias la columna que se obtiene multiplicando los correspondientes elementos de las columnas x_i y $f_i \cdot x_i$. Con la tabla original, las dos nuevas columnas y las sumas totales, se calculan fácilmente la media y la desviación típica:

$(x_i) \cdot (f_i \cdot x_i)$

x_i	f_i	$f_i \cdot x_i$	$f_i \cdot x_i^2$
4	1	4	16
5	10	50	250
6	14	84	504
7	5	35	245
8	2	16	128
9	1	9	81
	33	198	1 224
	Σf_i	$\Sigma f_i x_i$	$\Sigma f_i x_i^2$

- MEDIA:

$$\bar{x} = \frac{\Sigma f_i x_i}{\Sigma f_i} = \frac{198}{33} = 6$$

- DESVIACIÓN TÍPICA:

$$\sigma = \sqrt{\frac{\Sigma f_i x_i^2}{\Sigma f_i} - \bar{x}^2} = \sqrt{\frac{1224}{33} - 6^2} = 1{,}04$$

Tablas con datos agrupados en intervalos

Cuando tenemos los datos agrupados en intervalos (en lugar de valores puntuales), para confeccionar una tabla de frecuencias que sea operativa, a cada intervalo se le asigna su valor central, lo que se llama su **marca de clase.**

Por ejemplo, la marca de clase del intervalo 50-58 es: $\frac{50+58}{2} = \frac{108}{2} = 54$

De esta forma se obtiene, a partir de una tabla con datos agrupados, una tabla de frecuencias como las anteriores y se procede de igual forma.

→ Calcula parámetros estadísticos en tablas de frecuencias.

PIENSA Y PRACTICA

2 Halla la media y la desviación típica de esta distribución:

x_i	f_i	$f_i \cdot x_i$	$f_i \cdot x_i^2$
1	12	12	12
2	15	30	60
3	24	72	216
4	19	76	304
5	10	50	250
TOTAL			

3 Completa en tu cuaderno la tabla con las marcas de clase, y calcula la media y la desviación típica.

PESOS	PERSONAS
50 a 58	6
58 a 66	12
66 a 74	21
74 a 82	16
82 a 90	5

➡

x_i	f_i
54	6
	12
	21
	16
	5

3 Interpretación conjunta de $\bar{x}$ y σ

Veamos de nuevo las dos gráficas de la página 281 sobre las edades de las jugadoras de dos equipos de fútbol:

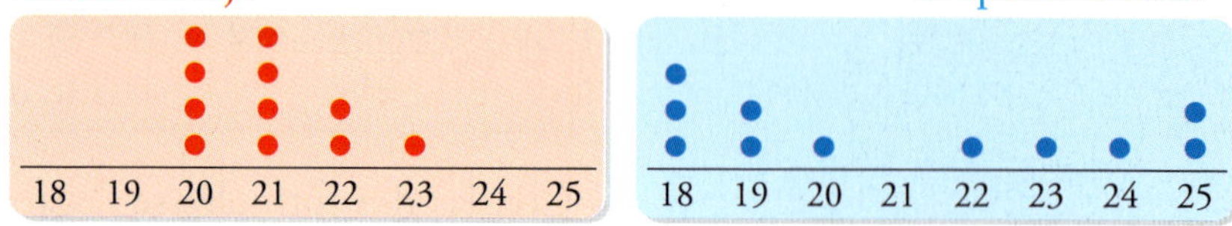

Recordemos que la media de ambas distribuciones es 21 y que sus desviaciones son 0,95 y 2,73, respectivamente. Lo cual es coherente con las gráficas, ya que los datos del Deportivo Azul están mucho más alejados de la media (21) que los del Atlético Rojo.

Con los valores de $\bar{x}$ y σ, tenemos una idea relativamente buena de cómo es una distribución. La **media** nos dice dónde está su centro. La **desviación típica** orienta sobre cómo de alejados de la media, cómo de **dispersos,** están los datos.

→ **anayaeducacion.es** Refuerza: interpretación conjunta de $\bar{x}$ y σ.

EJERCICIO RESUELTO

Las cuatro gráficas del margen informan del número de horas semanales que estudian las alumnas y los alumnos de cuatro clases. A partir de los datos de la tabla de abajo, indicar a qué clase corresponde cada gráfico.

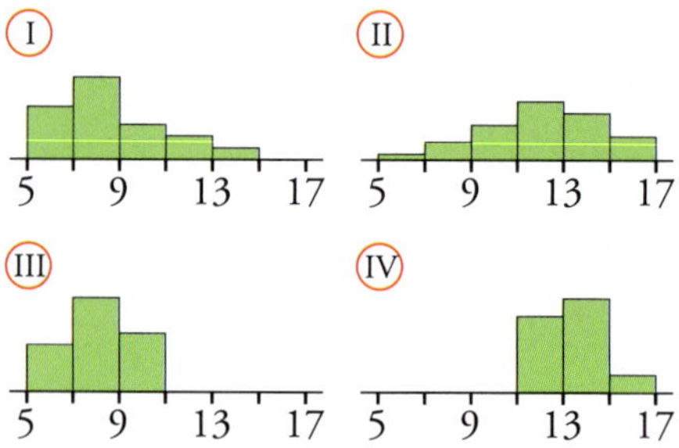

CLASE	$\bar{x}$	σ
1.° A	8,2	0,8
1.° B	8	2,5
3.° A	12,5	2,3
3.° B	13,4	1,2

Si nos fijamos en las gráficas, es fácil ver que las medias de las clases I y III se encuentran alrededor del 8; mientras que las medias de las clases II y IV son mayores y están alrededor del 13. Por tanto, podemos asociar de este modo:

1.° A y 1.° B ↔ I y III   3.° A y 3.° B ↔ II y IV

Para distinguir entre aquellas cuyas medias son muy parecidas, nos fijamos en lo dispersos que están los datos.

Es claro que los datos de la I están mucho más dispersos que los de la III, por lo que 1.° A ↔ III y 1.° B ↔ I.

También se aprecia claramente que los datos de la II están mucho más dispersos que los de la IV. Concluimos entonces que:

3.° A ↔ II y 3.° B ↔ IV

PIENSA Y PRACTICA

1 Las siguientes gráficas muestran los porcentajes de encestes de los jugadores de cuatro equipos. A partir de los datos de la tabla de la derecha, indica la media y la desviación típica correspondiente a cada equipo:

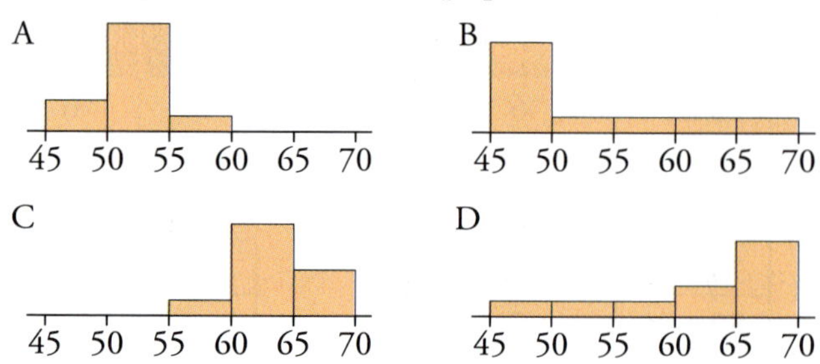

EQUIPO	$\bar{x}$	σ
I	52,5	7,1
II	62	6,9
III	63,5	3
IV	52	2,7

Coeficiente de variación

Los pesos de los toros de lidia de una ganadería se distribuyen con una media $\bar{x}$ = 500 kg y una desviación típica σ = 40 kg.

Los pesos de los perros de una exposición canina tienen una media $\bar{x}$ = 20 kg y una desviación típica σ = 10 kg.

La desviación típica de los pesos de la manada de toros bravos (40 kg) es superior a la de los perros (10 kg). Sin embargo, los 40 kg son poca cosa para el enorme tamaño de los toros (es decir, los toros de esa manada son *muy parecidos* en peso), mientras que 10 kg es mucho en relación con el peso de un perro. En casos como este, la desviación típica no es una medida adecuada para comparar dispersiones. Por ello, definimos un nuevo parámetro estadístico.

	$\bar{x}$	σ
TOROS	500	40
PERROS	20	10

40 con relación a 500 es menor que 10 con relación a 20.

Para comparar la dispersión de dos poblaciones heterogéneas, se define el **coeficiente de variación** así:

$$CV = \frac{\sigma}{\bar{x}}$$

Al dividir σ entre $\bar{x}$ estamos relativizando la dispersión.

El resultado se da, a veces, en tantos por ciento.

En el ejemplo de los toros y los perros, obtenemos:

- Para los toros: $CV = \frac{40}{500} = 0{,}08$ Es decir, el 8 %.
- Para los perros: $CV = \frac{10}{20} = 0{,}50$ Es decir, el 50 %.

De este modo, sí se aprecia claramente que la variación de los pesos de los perros (50 %) es mucho mayor que la de los pesos de los toros (8 %).

	$\bar{x}$	σ	CV
TOROS	500	40	8 %
PERROS	20	10	50 %

PIENSA Y PRACTICA

2 En distintas tiendas de instrumentos musicales preguntamos el precio de ciertos modelos concretos de piano, flauta travesera y armónica. Los resultados obtenidos tienen las siguientes medias y desviaciones típicas:

	PIANOS	FLAUTAS	ARMÓNICAS
MEDIA	943 €	132 €	37 €
DESV. TÍPICA	148 €	22 €	12 €

Compara la dispersión relativa de los precios de estos tres productos.

4 Parámetros de posición: mediana y cuartiles

Se ha preguntado a un grupo de 16 personas por el número de veces que han salido a correr este mes. Estos son los resultados ordenados y su representación:

0, 2, 3, 3, 5, 5, 6, 6, 7, 7, 7, 8, 8, 9, 10, 10

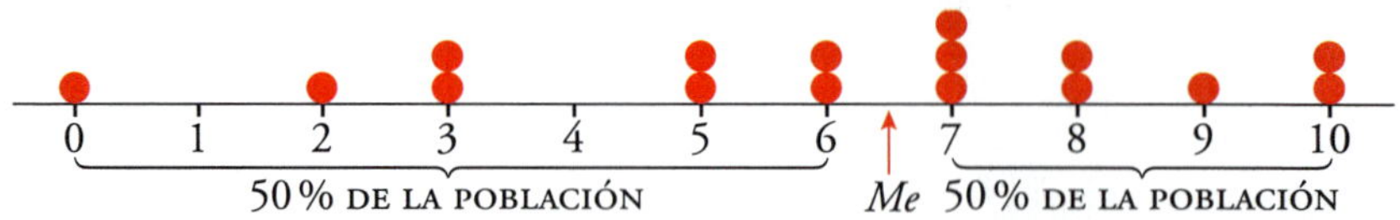

Observa que a la derecha de la mediana, *Me*, está la mitad de la población. A su izquierda, la otra mitad. Es decir, la mediana parte en dos a la población.

¿Y si quisiéramos partir la población en cuatro partes con el mismo número de individuos? Habría que señalar otros dos puntos, los *cuartiles*, Q_1 y Q_3.

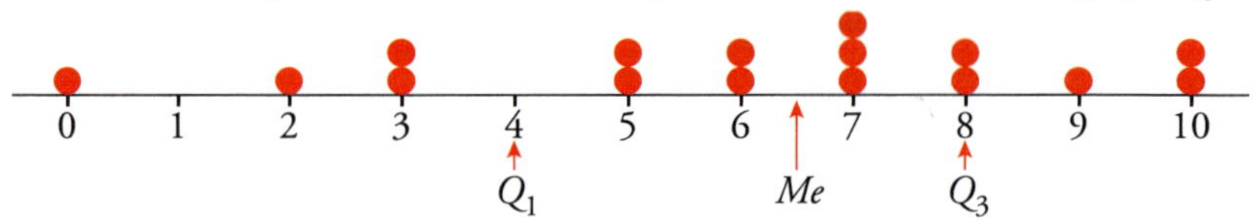

Primer cuartil, Q_1, es el valor de la variable que deja por debajo de él a un cuarto de la población, y por encima, tres cuartos. **Tercer cuartil, Q_3,** es el valor de la variable que deja por encima de él a un cuarto de la población y por debajo, tres cuartos. Se llaman Q_1 y Q_3 porque la **mediana es el segundo cuartil, Q_2.** La diferencia $Q_3 - Q_1$ se llama **recorrido intercuartílico.**

MEDIANA: POSICIÓN Y CENTRALIZACIÓN

La mediana y los cuartiles son parámetros de **posición** porque cada uno de ellos indica un lugar (una *posición*) respecto a los demás valores de la distribución.

Entre los parámetros de posición, la mediana es el que ocupa el *lugar central.* Por eso es, también, un parámetro de **centralización.**

EJERCICIO RESUELTO

En un cumpleaños se ha roto la piñata y cada una de las diez personas que esperaban han cogido tantos regalos como han podido. Esta es la lista ordenada del número de regalos que tiene cada una:

2, 2, 4, 6, 7, 8, 8, 9, 10, 11

Calcular la mediana y los cuartiles.

Como la distribución tiene 10 individuos, la cuarta parte es 10 : 4 = 2,5.

- Q_1 tiene que dejar a su izquierda «dos elementos y medio». Por tanto, el primer cuartil tiene que estar situado en el tercer elemento, ya que «medio individuo» queda a su izquierda y el «otro medio» a su derecha.

  Es decir, $Q_1 = 4$.
- *Me* debe dejar 5 individuos a su izquierda y otros 5 a su derecha. Por tanto, está entre el quinto (7) y el sexto (8); es decir, $Me = 7{,}5$.
- Q_3 debe dejar a su izquierda «siete elementos y medio» ($2{,}5 \cdot 3 = 7{,}5$). Mediante un razonamiento similar al que se ha seguido para Q_1, el tercer cuartil está en el octavo elemento; es decir, $Q_3 = 9$.

PIENSA Y PRACTICA

1 Calcula Q_1, *Me* y Q_3 y sitúalos en cada una de las siguientes distribuciones representadas:

a) 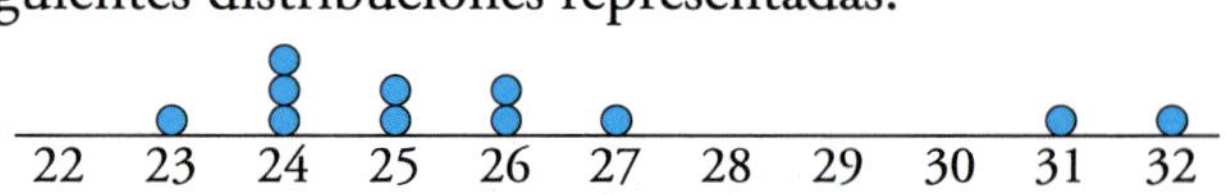

b) 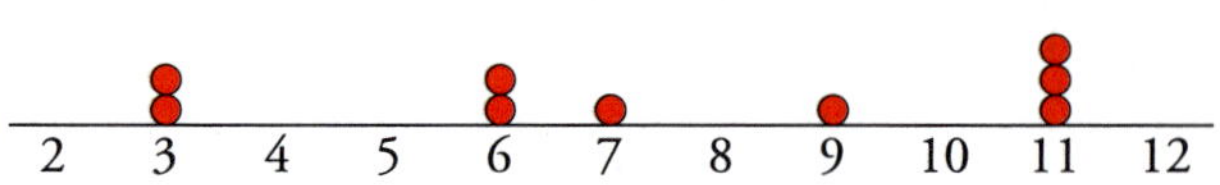

2 En cada una de las distribuciones siguientes:

a) Calcula Q_1, *Me* y Q_3.

b) Representa los datos y sitúa en ellos Q_1, *Me* y Q_3.

A: 0, 0, 2, 3, 4, 4, 4, 4, 5, 6, 7, 8, 9, 9, 10

B: 0, 1, 1, 2, 3, 4, 4, 7, 7, 7, 14, 17, 29, 35

C: 12, 13, 19, 25, 63, 85, 123, 132, 147

Diagramas de caja y bigotes

Esta representación gráfica está estrechamente ligada a los parámetros de posición que hemos aprendido. Veamos con un ejemplo cómo se construye.

Ejemplo 1

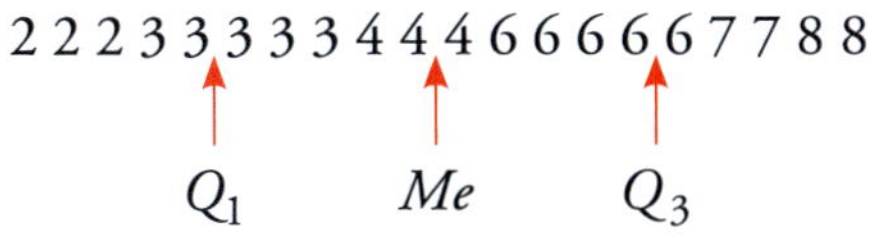

El número de personas que componen cada una de las familias de un grupo de amigos y amigas viene dado en el margen.

Observamos que:

- El menor valor es 2 y el mayor es 8.
- $Q_1 = 3$; $Me = 4$ y $Q_3 = 6$.

Con estos resultados, dibujamos el diagrama:

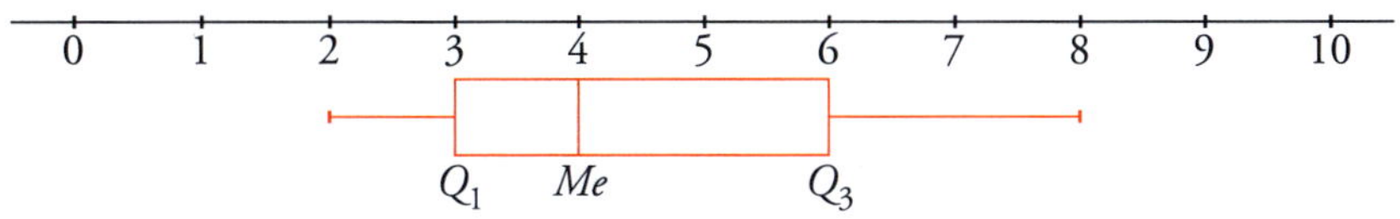

Es decir, **la caja** describe el tramo que hay entre los dos cuartiles, señalando expresamente la mediana, y **los bigotes** se extienden a la totalidad de los datos.

OBSERVA

La longitud de la caja es $Q_3 - Q_1$, el recorrido intercuartílico.

Ejemplo 2

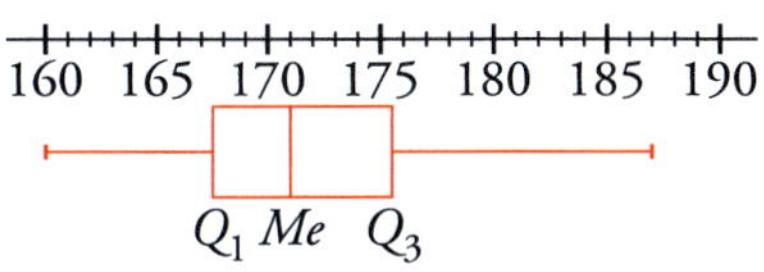

Representamos en el margen la distribución de las alturas de los socios de un club mediante un diagrama de caja y bigotes. A la vista del diagrama podemos decir:

- El más bajo mide 160 cm, y el más alto, 187 cm.
- Los cuartiles y la mediana son $Q_1 = 167{,}5$; $Me = 171$ y $Q_3 = 175{,}5$.
- Por tanto, un 25 % de los socios miden entre 160 cm y 167,5 cm; otro 25 %, entre 167,5 cm y 171 cm; otro 25 %, entre 171 cm y 175,5 cm, y el último 25 % (los más altos), entre 175,5 cm y 187 cm.

→ Calcula mediana y cuartiles y representa diagramas de caja y bigotes.

EJERCICIO RESUELTO

Representar en un diagrama de caja y bigotes cada una de las siguientes distribuciones:

a) 2, 2, 4, 6, 7, 8, 8, 9, 10, 11

b) 1, 1, 2, 3, 5, 5, 15, 27, 41, 43

a) En la página anterior hemos obtenido: $Q_1 = 4$; $Me = 7{,}5$: $Q_3 = 9$.

Ponemos la escala y representamos el diagrama:

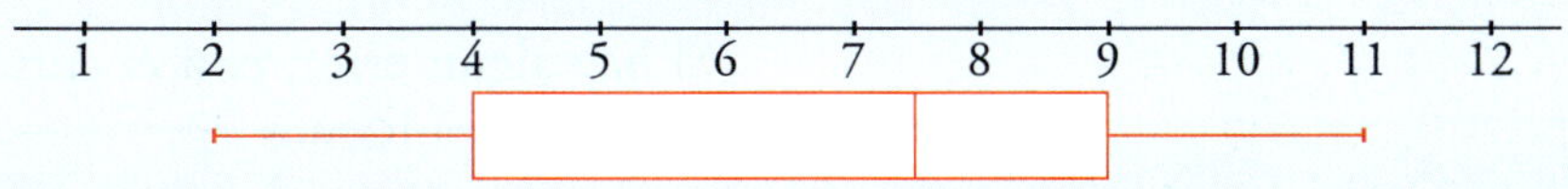

b) Obtenemos, primero, sus parámetros de posición: $Q_1 = 2$; $Me = 5$; $Q_3 = 27$.

Fijamos la escala (hay que tener en cuenta que los últimos datos tienen valores «muy grandes») y dibujamos el diagrama:

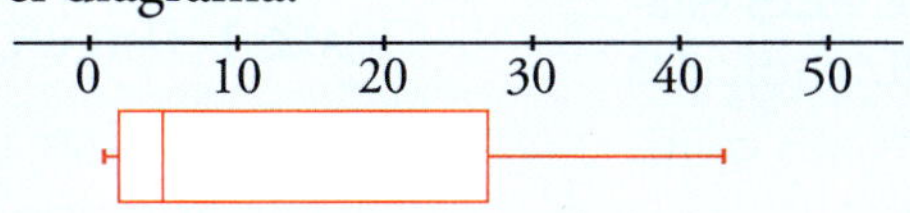

PIENSA Y PRACTICA

3 Representa con un diagrama de caja y bigotes cada distribución de la actividad 2 de la página anterior.

Utiliza los valores de Q_1, Me y Q_3 que hallaste en esa actividad.

4 Representa mediante un diagrama de caja y bigotes los siguientes puntos conseguidos en la diana:

7 6 6 8 5	5 7 9 6 8	4 7 5 8 6
7 5 6 6 7	5 6 6 5 8	6 7 5 9 3

5 Obtención de $\bar{x}$ y σ con la calculadora

x_i	f_i
151	1
156	4
161	9
166	10
171	4
176	2

Estudiemos con un ejemplo (observa la tabla del margen) los pasos que hay que ir dando para introducir eficazmente unos datos en la calculadora y conseguir los correspondientes resultados.

① **Preparación para trabajar en estadística**

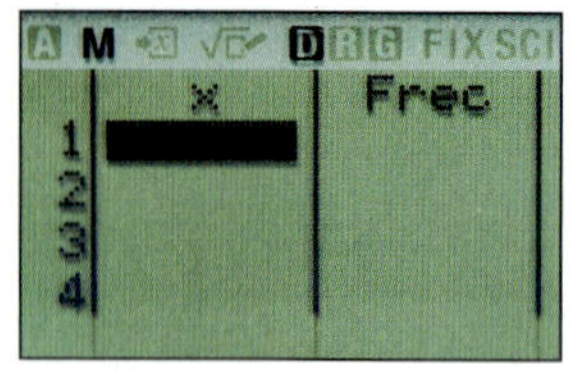

En primer lugar, accedemos a MENÚ y vamos pulsando la flecha ▸ hasta llegar a la opción **6:Estadística.** A continuación, elegimos **1:1–Variable.** Nos aparece una tabla vacía para introducir los datos y sus frecuencias.

② **Borrado de los datos acumulados del trabajo anterior**

Si al encender la calculadora la tabla contiene datos que no deseamos conservar, asegúrate de que se borran todos antes de introducir los nuevos. Posiblemente, necesites utilizar la tecla DEL.

③ **Introducción de datos**

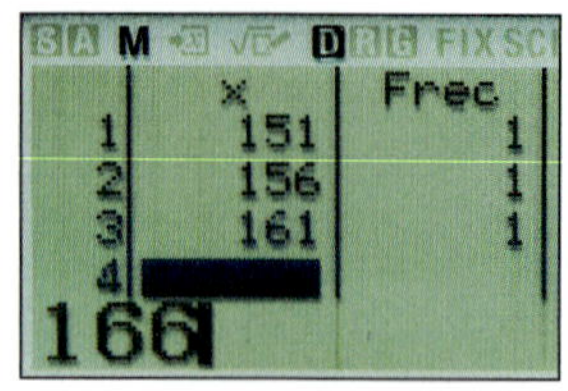

El cursor se pone en negro en la primera casilla de la columna de los x_i. Después de escribir cada dato, hay que pulsar =, con lo cual el cursor baja para introducir el siguiente dato. Para escribir las frecuencias o corregir algún dato, movemos el cursor con las flechas ▸▾▴◂.

Empezamos introduciendo en la tabla todos los valores de la variable.

151 = 156 = 161 = … 166 =

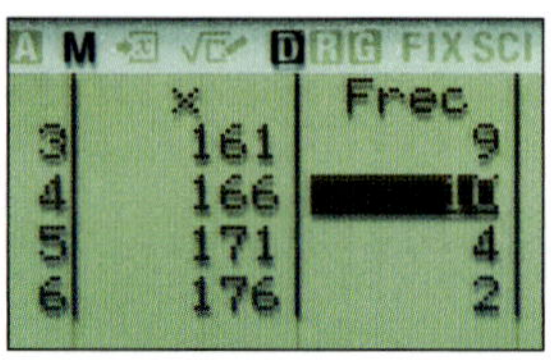

Observa que asigna, automáticamente, valores 1 en las correspondientes frecuencias. A continuación, introducimos las frecuencias:

1 = 4 = 9 = 10 = 4 = 2 =

④ **Corrección de los datos erróneos**

Si hay algún error, con el cursor nos posicionamos en él, tecleamos el valor correcto y pulsamos =.

⑤ **Resultados**

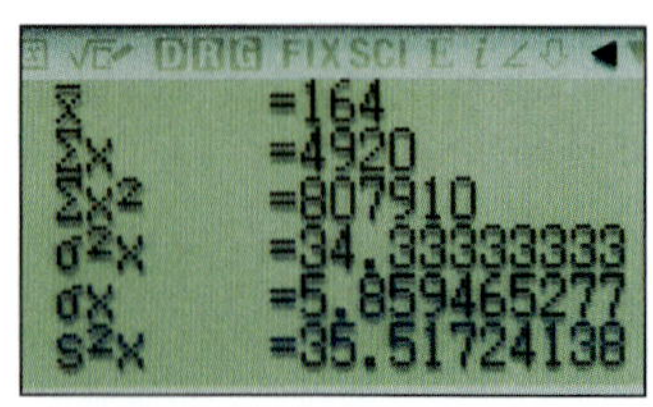

Para obtener el resumen de los datos y el valor de los parámetros estadísticos, accede a la opción CALC **1-VARIABLE** y obtendrás algo como esto:

Para visualizar todos los resultados, muévete con el cursor arriba y abajo.

RECUERDA

Después de trabajar con los datos estadísticos, para volver a realizar cálculos artiméticos debes pulsar MENÚ y, a continuación, elegir **1:Calcular.**

PIENSA Y PRACTICA

1 Halla $\bar{x}$ y σ con la calculadora en la distribución a) de la actividad 1 de la página 296.

2 Halla con la calculadora $\bar{x}$ y σ en la distribución b) de la actividad 1 de la página 296.

3 Halla, con ayuda de la calculadora, los parámetros de centralización y dispersión de las distribuciones de las notas en las cuatro asignaturas del ejemplo de la página 293. Para ello, construye la tabla de frecuencias correspondiente a cada distribución.

6 Estadística en los medios

Instituto Nacional de Estadística

CIS Centro de Investigaciones Sociológicas

La estadística está presente en todos los ámbitos de nuestra vida. La mayor parte de los datos que recibimos están elaborados con ayuda de estudios estadísticos.

A veces, los medios privados hacen sus propias estadísticas. Sin embargo, el estamento público que se dedica a la realización de estadísticas sobre todos los aspectos de la sociedad es el INE (Instituto Nacional de Estadística). El INE junto con el CIS (Centro de Investigaciones Sociológicas) son las referencias que hay que tener en cuenta a la hora de recurrir a datos fiables.

La medicina, la ecología, la política, la psicología, los deportes, la publicidad… todos recurren a la estadística para realizar investigaciones, mejorar resultados, diagnosticar problemas, pronosticar acontecimientos…

Veamos algunos ejemplos de noticias relacionadas con estadísticas:

Lunes 9 de noviembre de 2022

El salario medio en España retrocede por primera vez desde 2006

El salario mediano también retrocede por segundo año consecutivo, hasta los 1.594 euros, y el salario medio baja por primera vez en diez años, llegando a los 1.878,1 euros. Además, tres de cada diez españoles ganan menos de 1.229 euros brutos al mes.

15 meses, vida media de un móvil

Los españoles cambian de móvil hasta 4 años antes de su obsolescencia. La mayoría de los aparatos son desechados cuando todavía tienen valor de mercado.

Sedentarismo: un problema de salud pública

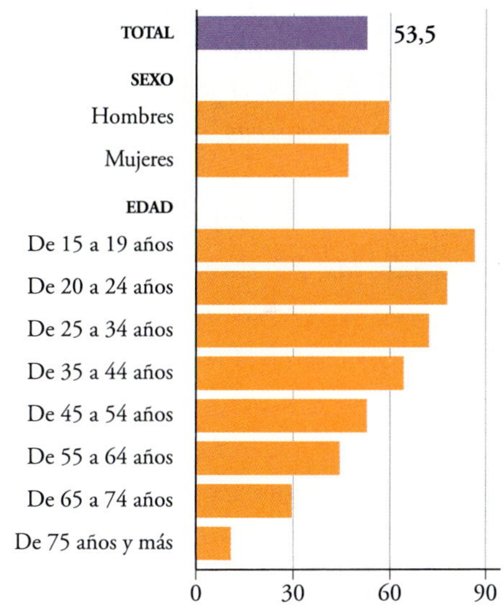

Gráfico 2.1. Personas que practicaron deporte en el último año según sexo y edad. (En porcentaje de la población total investigada de cada colectivo).

Uno de cada cinco jóvenes ve «normal» la violencia de género en la pareja

Más del 20 % de españoles de 15 a 29 años considera que la violencia machista es un tema «politizado que se exagera mucho», según un informe de la FAD.

CONFERENCIA INTERNACIONAL DEL SIDA

Uno de cada tres tratamientos fracasa a causa de las resistencias

Un 32 % de los tratamientos del sida fracasa porque el virus se hace resistente a los antirretrovirales.

PIENSA Y PRACTICA

1 Interpreta los gráficos y las noticias que hemos visto en esta página.

2 Busca en Internet noticias en las que se haya recurrido a la estadística.

1 Obtención de parámetros estadísticos

COMPRENDE Y APLICA EN EL DESAFÍO — DESAFÍOS QUE DEJAN HUELLA

En una clase con 25 estudiantes se ha realizado una encuesta sobre la percepción de la felicidad. Deben valorar seis cuestiones del 1 al 10 y, luego, hacer una media de sus puntuaciones. Estas son las medias finales obtenidas:

1	*1*	*1*	*1*	*3,2*
3,8	*4,2*	*4,7*	*5,2*	*5,3*
5,3	*5,7*	*5,8*	*6,2*	*6,7*
6,7	*7*	*7*	*7,3*	*8*
8,3	*8,7*	*9*	*9,3*	*10*

***a)** Hacer una tabla de frecuencias clasificando las medias finales en cinco intervalos que comiencen en 0,5 y terminen en 10,5. Hallar, a partir de ella, los parámetros $\bar{x}$, σ y CV.*

***b)** Calcular $\bar{x}$, σ y CV introduciendo los 25 datos en la calculadora: es decir, sin agruparlos en intervalos.*

***c)** Hay cuatro individuos que han escrito un 1 en todas sus respuestas y uno que ha contestado siempre 10. Son cinco amigos que se sientan juntos, por lo que la profesora ha indagado y ellos han reconocido que lo han hecho de broma.*

Hallar de nuevo los parámetros obtenidos en el apartado anterior prescindiendo de los datos de estos cinco individuos.

***d)** Hallar los parámetros de posición de la distribución de las medias finales redondeadas a las unidades de los veinte estudiantes que respondieron en serio. Construir su correspondiente diagrama de caja y bigotes.*

a) Hacemos la contabilidad en los cinco intervalos. Después construimos una tabla tomando como valores de la variable las marcas de clase:

INTERVALO	FRECUENCIA
0,5-2,5	4
2,5-4,5	3
4,5-6,5	7
6,5-8,5	7
8,5-10,5	4

x_i	f_i	$f_i \cdot x_i$	$f_i \cdot x_i^2$
1,5	4	6	9
3,5	3	10,5	36,75
5,5	7	38,5	211,75
7,5	7	52,5	393,75
9,5	4	38	361
TOTALES	25	145,5	1 012,25

- MEDIA: $\bar{x} = \dfrac{\Sigma f_i x_i}{\Sigma f_i} = \dfrac{145,5}{25} = 5,82$
- DESVIACIÓN TÍPICA: $\sigma = \sqrt{\dfrac{\Sigma f_i x_i^2}{\Sigma f_i} - \bar{x}^2} = \sqrt{\dfrac{1012,25}{25} - 5,82^2} = 2,57$
- COEFICIENTE DE VARIACIÓN: $\text{CV} = \dfrac{\sigma}{\bar{x}} = \dfrac{2,57}{5,82} = 0,442 \rightarrow 44,2\,\%$

b) Ponemos la calculadora en el modo STAT, vaciamos la memoria e introducimos los 25 datos.

Accedemos a CALC 1-VAR y obtenemos lo siguiente: $\bar{x} = 5,66$; $\sigma = 2,64$

Hallamos, con estos datos, el coeficiente de variación:

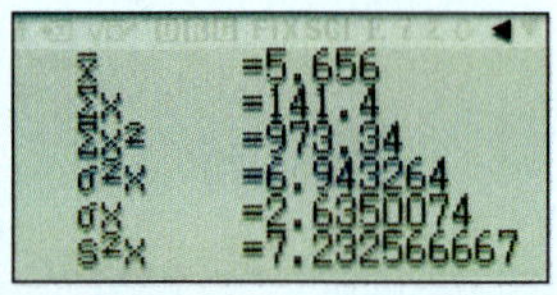

$$\text{CV} = \frac{2,64}{5,66} = 0,466 \rightarrow 46,6\,\%$$

c) Con calculadora obtenemos $\bar{x} = 6,37$; $\sigma = 1,70$; $\text{CV} = 0,267 \rightarrow 26,7\,\%$

Al suprimir a los cinco individuos, aumenta la media de las puntuaciones y disminuye la desviación típica. La dispersión es, lógicamente, mucho menor. Se aprecia en que el CV es notablemente inferior que el de la clase completa.

d) Redondeamos: 3, 4, 4, 5, 5, 5, 5, 6, 6, 6, 7, 7, 7, 7, 7, 8, 8, 9, 9, 9

- MEDIANA: 20 : 2 = 10. La mediana es la media del 10.° y 11.° $\rightarrow Me = 6,5$
- CUARTILES: El número de individuos se divide entre $4 \rightarrow 20 : 4 = 5$
  - PRIMER CUARTIL: Q_1 es la media de los individuos que ocupan las posiciones 5.ª y 6.ª, como ambos son 5, $Q_1 = 5$.
  - TERCER CUARTIL: como $5 \cdot 3 = 15$, los que ocupan las posiciones 15.° y 16.° son las puntuaciones 7 y 8. Es decir, $Q_3 = 7,5$.

Como el menor valor es 3 y el mayor es 9, construimos el diagrama de caja:

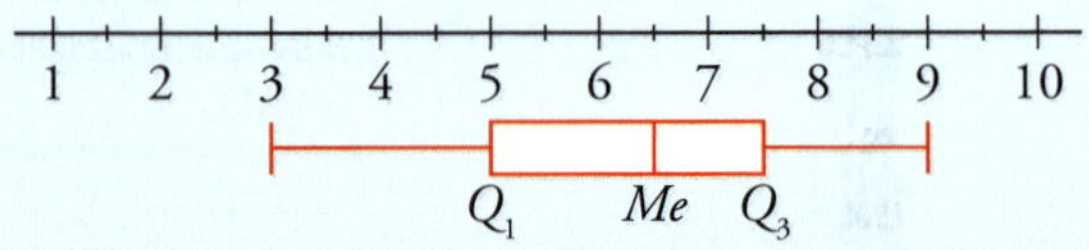

Hazlo tú Los cinco estudiantes se han arrepentido de lo que hicieron y han rellenado bien la encuesta. Sus puntuaciones son: 4,3; 5,7; 6,3; 8,8; 9. Vuelve a realizar los apartados a), b) y d) con los datos de los 25 estudiantes. En este caso, no hace falta redondear a las unidades los datos del apartado d).

¿DOMINAS LO BÁSICO?

Parámetros de centralización y dispersión

1 En la familia Fernández el salario mensual de la madre es 1 400 €, y el del padre, 1 150 €. En la familia Torres, la madre gana 1 850 €, y el padre, 700 €.

a) ¿Cuál es el sueldo medio de cada familia?

b) ¿En cuál de ellas es mayor la dispersión?

2 Hemos consultado, en diferentes comercios, el precio (en euros) de un determinado modelo de impresora, obteniendo los datos siguientes:

146 - 150 - 141 - 143 - 139 - 144 - 133 - 153

Calcula el precio medio y la desviación típica.

3 Lidia y Marcos juegan varias veces a acertar, en un minuto, el máximo número de palabras dada su definición. Estos son los resultados:

LIDIA	14	8	15	9	7	13	12	15
MARCOS	11	9	10	10	12	11	6	9

a) Halla la media y la desviación típica de cada uno.

b) Calcula sus CV y di quién es más regular.

Parámetros de posición. Diagramas de caja

4 Halla la mediana y los cuartiles de cada distribución y representa su correspondiente diagrama de caja:

a) 1, 1, 1, 2, 2, 5, 6, 6, 6, 7, 8 10, 11

b) 4, 5, 5, 6, 7, 7, 7, 8, 12, 14, 19, 22

c) 123, 125, 134, 140, 151, 173, 178, 186, 192, 198

5 Asocia cada gráfico de barras con su correspondiente diagrama de caja y bigotes:

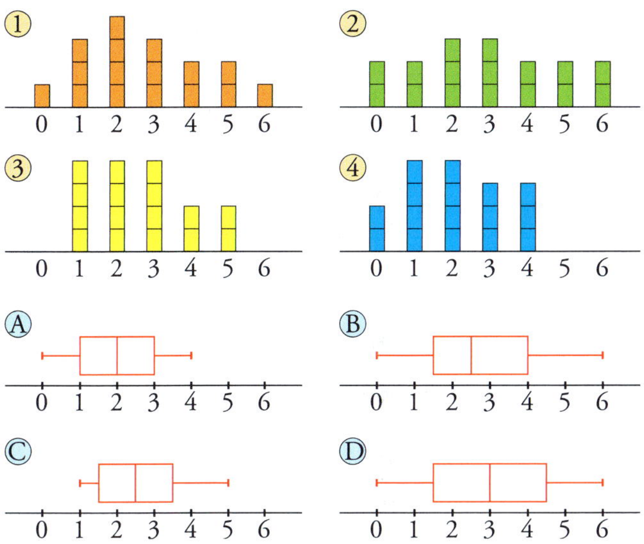

ENTRÉNATE Y PRACTICA

6 Calcula los parámetros media, mediana, moda, recorrido, varianza, desviación típica y coeficiente de variación en cada caso:

a) 6, 3, 4, 2, 5, 5, 6, 4, 5, 6, 8, 9, 6, 7, 7, 6, 4, 6, 10, 6

b) 11, 12, 12, 11, 10, 13, 14, 15, 14, 12

c) 165, 167, 172, 168, 164, 158, 160, 167, 159, 162

7 Contando el número de erratas por página en un libro concreto, David ha obtenido los datos recogidos en la tabla siguiente:

N.° DE ERRATAS	0	1	2	3	4	5
N.° DE PÁGINAS	50	40	16	9	3	2

a) Halla la media y la desviación típica.

b) ¿Cuál es la moda?

8 Una fábrica ha contado el número de vasos que se le rompen en cada cajón de camino a la tienda. Estos son los resultados:

N.° DE VASOS ROTOS	0	1	2	3	4	5	6
N.° DE CAJONES	51	23	11	8	4	2	1

a) Calcula la media, la desviación típica y el coeficiente de variación.

b) ¿Cuál es la moda?

c) Comprueba los resultados del primer apartado con la calculadora.

9 La siguiente tabla muestra los lanzamientos de jabalina que se han realizado en la clasificación para los juegos olímpicos:

DISTANCIAS (m)	N.° DE LANZADORES
54 a 58	4
58 a 62	11
62 a 66	24
66 a 70	9
70 a 74	2

a) Haz una tabla con las marcas de clase y las frecuencias.

b) Calcula la media, la desviación típica y el coeficiente de variación.

c) Comprueba los resultados del apartado anterior con la calculadora.

10 El número de calzado que llevan los alumnos y las alumnas de una clase son los siguientes:

42, 40, 43, 45, 43	44, 38, 39, 40, 43
41, 42, 38, 36, 38	45, 38, 39, 42, 40
40, 39, 37, 36, 41	46, 44, 37, 42, 39

a) Haz una tabla de frecuencias con los siguientes intervalos: 35,5 - 38,5 - 40,5 - 42,5 - 44,5 - 46,5.

b) Halla la media, la desviación típica y el CV.

11 EJERCICIO RESUELTO

Las edades de los miembros del grupo de teatro de un centro de estudios vienen dadas en esta tabla:

EDAD	14	15	16	17	18
N.° DE MIEMBROS	4	5	8	4	2

Halla la mediana y los cuartiles.

Hay 4 miembros de 14 años en fila, luego les siguen 5 de 15 años, y así sucesivamente. En total son 23 personas: 11 a un lado, 11 al otro y uno más en el medio.

Si vamos contando uno a uno, el número 12 de la fila tiene 16 años. Esa es la mediana. Para los cuartiles, hacemos lo mismo: Q_1 = 15 años y Q_3 = 17 años.

12 Esta tabla muestra la distribución del número de asignaturas suspendidas en una evaluación por los estudiantes de una clase:

N.° DE ASIG. SUSP.	0	1	2	3	4	5
N.° DE ESTUDIANTES	10	4	5	2	4	3

Representa esta distribución mediante un diagrama de caja y bigotes.

13 Observa las gráficas de las notas de una clase en cuatro materias distintas que vimos en la segunda página de la unidad:

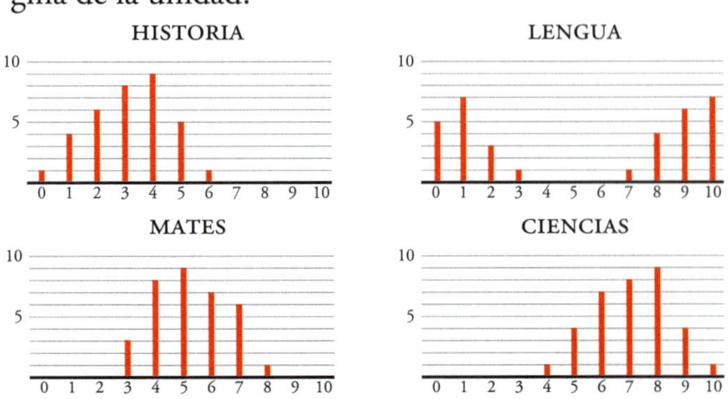

a) Halla la mediana y los cuartiles de cada una.

b) Representa cada una en un diagrama de caja.

RESUELVE PROBLEMAS SENCILLOS

14 Se ha hecho un mismo examen en dos grupos, A y B, de 30 alumnos y alumnas cada uno. Estos son sus parámetros: $\bar{x}_A = 6$, $\sigma_A = 1$, $\bar{x}_B = 6$, $\sigma_B = 3$.

a) Asigna una de estas gráficas a A y otra a B.

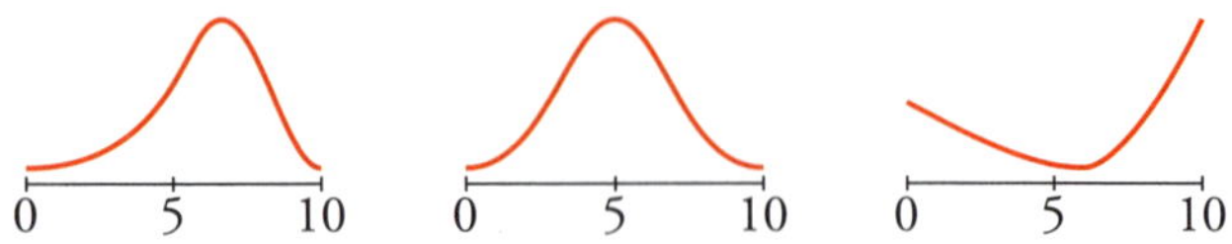

b) En una de las clases hay 11 suspensos y 4 sobresalientes, mientras que en la otra hay 5 suspensos y 1 sobresaliente. ¿Cuál es A y cuál es B?

c) Si Laura necesita sacar sobresaliente y Miguel se conforma con aprobar, ¿qué clase te parece más adecuada para cada uno de ellos?

15 Estas cuatro gráficas corresponden a las estaturas de los jugadores de cuatro equipos de baloncesto, A, B, C y D, cuyos parámetros aparecen en la tabla. ¿Cuál es la gráfica de cada equipo?

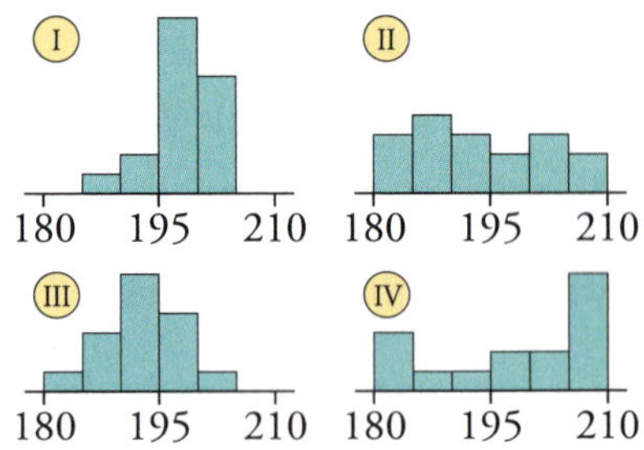

EQUIPO	$\bar{x}$	σ
A	198,5	9,7
B	198,1	3,9
C	193	4,6
D	193,4	8,1

Halla el CV de cada equipo y ordénalos de menos a más regulares.

16 a) Compara estas distribuciones de notas obtenidas por tres grupos de alumnas y alumnos indicando cuáles son la mediana y los cuartiles en cada una:

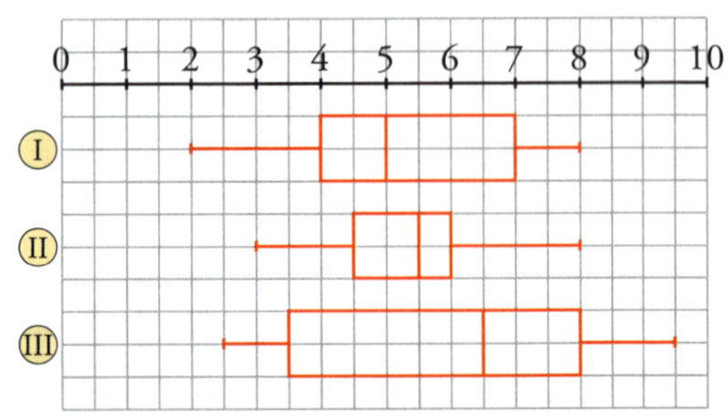

b) En la evaluación se hicieron estos comentarios:

I. Aprobó el 50 % de la clase.

II. Las notas son muy parecidas.

III. Un cuarto de la clase tiene notas superiores a 7.

IV. Es la mejor clase, pero con la mayor dispersión.

Indica a qué grupo corresponde cada comentario.

PARA PENSAR UN POCO MÁS

17 Rafa es vendedor ambulante seis días a la semana. Ayer, viernes, calculó que durante esta semana había conseguido una ganancia media de 48 € diarios. Al hacer la misma cuenta hoy, sábado, resulta una media de 60 € diarios.

¿Cuánto ha ganado hoy?

18 Para hallar la nota de una evaluación, se hace la media de cuatro exámenes. Si en los tres primeros tengo una media de 4,2, ¿qué nota tengo que sacar en el último para aprobar?

19 Para hallar la nota de una asignatura, el segundo examen vale el doble que el primero, y el tercero, el triple que el primero.

a) ¿Cuál es la nota final de una alumna que sacó un 5, un 6 y un 4?

b) ¿Y si esas notas son el 10 %, el 40 % y el 50 %?

20 **Meta 10.4.** En una empresa de mensajería trabajan 34 empleados y 6 directivos. El sueldo medio de todos ellos es de 1 695 €.

¿Cuál será el sueldo medio de los directivos si sabemos que el del resto de los empleados es de 1 200 €?

COMPRENDE Y APLICA EN EL DESAFÍO — DESAFÍOS QUE DEJAN HUELLA

21 En una encuesta sobre la percepción de la felicidad se debe contestar con un número del 1 al 10 para cada una de estas facetas: salud (*s*), amigos (*a*), familia (*f*) y estudios (*e*).

Según el estudio A, el nivel de felicidad es la media de las cuatro puntuaciones; sin embargo, el estudio B afirma que la familia y los amigos influyen un 40 % cada uno; la salud, un 15 %, y los estudios, un 5 %.

Si las puntuaciones de Olivia son $s = 8$, $a = 4$, $f = 9$ y $e = 7$, ¿qué nivel de felicidad tiene según cada uno de los dos estudios?

22 Conocemos el número de días al mes que ha llovido este año en una cierta región. Los valores de los cuartiles son 6, 9 y 14. El mes que más llovió fue marzo con 21 días y sabemos que el rango de la distribución es 18.

a) Construye el diagrama de caja y bigotes.

b) ¿Crees que es una región lluviosa? Justifica la respuesta.

TAMBIÉN PUEDES HACER ESTO

23 Al medir el peso al nacer en una determinada especie de animales, hemos obtenido los datos siguientes:

PESO (kg)	N.° DE ANIMALES
3,5 - 4,5	1
4,5 - 5,5	8
5,5 - 6,5	28
6,5 - 7,5	26
7,5 - 8,5	16
8,5 - 9,5	1

a) Calcula la media y la desviación típica.

b) ¿Qué porcentaje de animales pesó entre $\bar{x} - \sigma$ y $\bar{x} + \sigma$? ¿Y más que $\bar{x} + \sigma$? ¿Y menos que $\bar{x} - \sigma$? Haz una estimación razonada.

24 Estas son las estaturas de 4 350 soldados:

ESTATURA (m) (MARCAS DE CLASE)	1,52	1,56	1,60	1,64	1,68	1,72	1,76	1,80	1,84	1,88
N.° SOLDADOS	62	186	530	812	953	860	507	285	126	29

Decimos que los soldados que tienen su estatura entre $\bar{x} + \sigma$ y $\bar{x} + 2\sigma$ son *altos*, si la tienen entre $\bar{x} - \sigma$ y $\bar{x} - 2\sigma$, son *bajos* y entre $\bar{x} - \sigma$ y $\bar{x} + \sigma$, son *normales*.

Estima qué tanto por ciento de altos, de bajos y de normales hay.

¿Qué porcentaje hay de *altísimos* y de *bajísimos*?

¿LO HAS ENTENDIDO? REFLEXIONA

25 ¿Qué les ocurre a la $\bar{x}$ y a la σ de una distribución si a todos sus datos les sumamos un mismo número?

¿Y si los multiplicamos por el mismo número?

Comprueba tus conjeturas con estos datos:

4, 3, 6, 7, 5, 4, 5, 3, 2, 6, 5

26 Si dos distribuciones tienen la misma media, y la desviación típica de la primera es mayor que la de la segunda, ¿en cuál de los dos casos es mayor el coeficiente de variación?

27 Si dos distribuciones tienen la misma desviación típica, y la media de la primera es mayor que la de la segunda, ¿en cuál de los dos casos es mayor el coeficiente de variación?

LAS DIANAS

En un concurso de tiro al blanco, seleccionamos cuatro tandas de diez disparos correspondientes a cuatro tiradores.

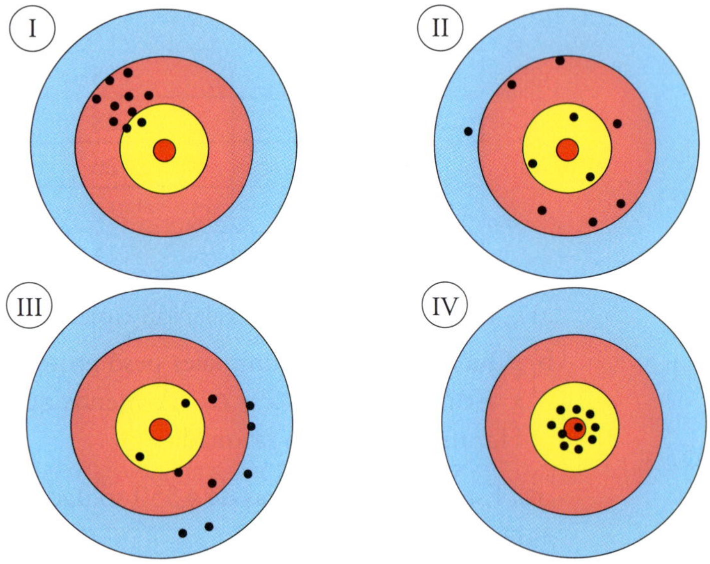

Los cuatro tiradores tienen las siguientes características:

— Ana es una buena tiradora y tiene una buena escopeta.

— Bruno es buen tirador y tiene una escopeta con la mira desviada.

— Carla es una mala tiradora y tiene una buena escopeta.

— Daniel es un mal tirador y tiene una escopeta con la mira desviada.

Imaginamos que los tiradores apuntan siempre al centro de la diana.

- ¿Cuál es la diana de cada uno de los cuatro tiradores?
- Los buenos tiradores, ¿tienen resultados más o menos dispersos que los malos?
- ¿Dónde habrían dado, aproximadamente, los disparos de Bruno y Carla si hubieran intercambiado sus escopetas?

DOS CHISTES ESTADÍSTICOS

Un estadístico es un científico capaz de ahogarse en un lago de 30 cm de profundidad media.

Si te comes dos pollos y yo ninguno, habremos comido una media de un pollo por persona.

AUTOEVALUACIÓN

anayaeducacion.es Resoluciones de estos ejercicios.

1 Halla la media, la mediana, la desviación típica y el coeficiente de variación de cada una de estas distribuciones y determina cuál es más dispersa:

a) 6, 9, 1, 4, 8, 2, 3, 4, 4, 9

b) 120, 95, 87, 111, 116, 82, 121, 92, 76

c) 987, 1 010, 1 004, 995, 998, 1 001, 999, 982

2 Calcula $\bar{x}$, σ y CV de las siguientes distribuciones:

a) Número de días que han ido a la biblioteca los estudiantes de un curso:

N.º DE DÍAS	0	1	2	3	4	5
FRECUENCIA	6	7	8	5	2	2

b) Tiempo, en minutos, que pasaron en la sala de espera los pacientes de un médico cierto día:

TIEMPO (min)	FRECUENCIA
De 1 a 9	4
De 9 a 17	5
De 17 a 25	8
De 25 a 33	7
De 33 a 41	4
De 41 a 49	2

3 Estas son las horas de estudio semanal de un grupo de alumnas y alumnos:

14	9	9	20	18	12	14	6	14	8
15	10	18	20	2	7	18	8	12	10
20	16	18	15	24	10	12	25	24	17
10	4	8	20	10	12	16	5	4	13

a) Construye una tabla de frecuencias con los siguientes intervalos: 1,5 - 6,5 - 11,5 - 16,5 - 21,5 - 26,5.

b) Calcula la media y la desviación típica.

4 Las notas obtenidas por los estudiantes de una clase en un examen con 5 preguntas han sido:

3	3	2	4	5	4	1	3	3	2
3	2	4	4	3	1	2	0	5	3
2	0	3	5	3	3	5	2	1	4

a) Calcula la mediana y los cuartiles.

b) Dibuja el correspondiente diagrama de caja.

5 En una clase, estas son las notas de un examen:

NOTAS	1	2	3	4	5	6	7	8	9	10
N.º ALUMNOS	4	3	2	1	7	3	2	8	3	2

Haz el correspondiente diagrama de caja y bigotes.

6 Las estaturas de los componentes de tres equipos escolares de baloncesto, A, B y C, se distribuyen según las siguientes gráficas:

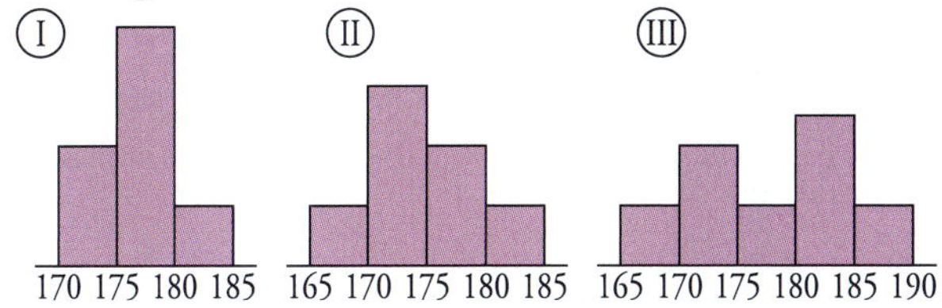

Los parámetros correspondientes a cada uno son:

	A	B	C
$\bar{x}$	177,8	176,8	174,6
σ	6,4	3,2	4,5

Indica a qué equipo corresponde cada gráfica.

7 Estos son los diagramas de caja de las notas en mates de cuatro clases:

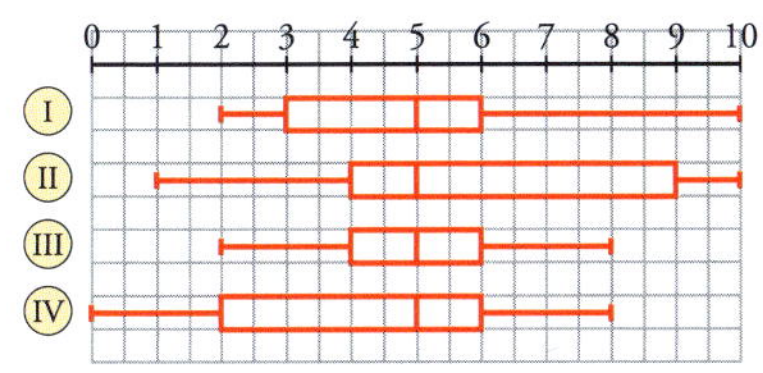

Di, en cada una, las mejores y peores notas, así como Q_1, Me y Q_3.

DESAFÍOS QUE DEJAN HUELLA

REFLEXIONA

Revisa los aspectos trabajados y plantea soluciones a los problemas que se detecten.

Para ello, descarga de **anayaeducacion.es** la rúbrica correspondiente, reflexiona de manera individual y comparte en grupo.

PON A PRUEBA TUS COMPETENCIAS

Realiza la autoevaluación competencial incluida en **anayaeducacion.es.**

15

Azar y probabilidad

Nuestra vida cotidiana está plagada de momentos en los que evaluamos la probabilidad de algún suceso de forma consciente o inconsciente. *¿Lloverá mañana?* Y según la probabilidad que asignemos a este suceso, programaremos o no una excursión.

¿Ganará mi equipo? ¿Me tocará la lotería?

A propósito de la probabilidad, en el mundo cotidiano se escuchan afirmaciones muy curiosas y poco científicas:

- Es muy probable que me salga un cinco porque llevo muchas tiradas sin conseguirlo y ¡ya toca!
- Mi equipo puede ganar, empatar o perder. Por tanto, la probabilidad de que gane es 1/3.

A lo largo de esta unidad comprenderemos lo disparatado de estas afirmaciones.

El estudio de la probabilidad se inició a partir de los juegos de azar. Algunos jugadores habituales fueron capaces de teorizar certeramente sobre el comportamiento de los dados o las cartas (es el caso de **Cardano,** siglo XVI), o bien indujeron a grandes matemáticos a que lo hicieran. Esto le ocurrió a **Pascal** (siglo XVII), a quien un amigo suyo, gran jugador, le propuso varios problemas de dados y cartas. Su estudio sistemático y riguroso dio lugar al nacimiento de la teoría de la probabilidad.

Con lo que ya sabes, resuelve

Un problema parecido a los que planteaba Cardano

Lanzamos dos dados. ¿Qué es más probable, que salga un 6 en alguno de ellos o que la suma de sus puntuaciones sea mayor que 8 (es decir, 9, 10, 11 o 12)?

Para evaluar estas probabilidades, lanzaremos dos dados muchas veces y contaremos en cuántas de ellas ocurre cada uno de esos sucesos.

Hemos lanzado dos dados 200 veces.

Estos son los resultados que hemos obtenido:

- SUCESO I: «sale algún 6» → 61 veces
- SUCESO II: «la suma es mayor que 8» → 57 veces

Según esto, parece que es más probable el primer suceso que el segundo.

Un problema parecido al que le propusieron a Pascal

Dos contendientes, A y B, se juegan 3 000 doblones a un juego de azar. Se lleva el dinero quien gane tres partidas. Cuando A va ganando 2 a 1, hay que interrumpir el juego, sin posibilidad de reanudarlo después. ¿Cómo han de repartir los 3 000 doblones?

Para resolverlo, nos valdremos del siguiente diagrama en árbol:

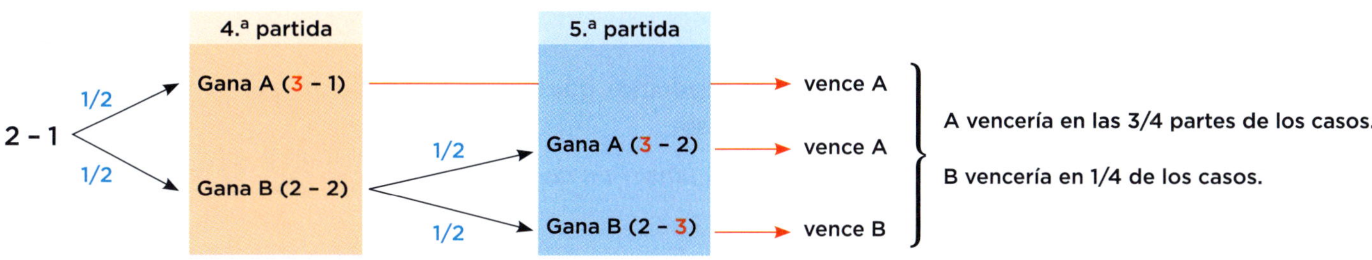

Lo razonable es repartir 3 000 doblones proporcionalmente a 3 y 1, de la siguiente manera:

$\frac{3}{4} \cdot 3000 = 2250$ doblones para A $\qquad \frac{1}{4} \cdot 3000 = 750$ doblones para B

REFLEXIONA

1. El problema de Cardano es muy adecuado para hacerlo en grupo. Si cada uno de vosotros lanza los dos dados 50 veces, contáis en cuántas de ellas ocurre cada suceso y, después, sumáis los resultados, la conclusión será más fiable.

   También podéis resolverlo de forma teórica contando en esta tabla cuántos casos son favorables al SUCESO I y cuántos al SUCESO II.

	1	2	3	4	5	6
1						I
2						I
3						I, II
4					II	I, II
5				II	II	I, II
6	I	I	I, II	I, II	I, II	I, II

2. En el problema parecido al que le propusieron a Pascal, ¿serías capaz de explicar cómo se deberían repartir los 3 000 doblones si la partida se hubiera suspendido con 2 - 0 a favor de A?

1 Sucesos aleatorios

En nuestras vivencias de cada día nos encontramos con muchos acontecimientos de los que no podríamos predecir si ocurrirán o no. Dependen del azar. Por ejemplo:

DEPENDEN DEL AZAR	NO DEPENDEN DEL AZAR
Lloverá mañana.	Amanecerá mañana.
Ganará mi equipo de liga.	Se jugará la liga.
Al lanzar la moneda, saldrá cara.	Al lanzar la moneda, caerá.
Me tocará el gordo de Navidad.	Tocará el gordo a algún número.

ETIMOLOGÍA

Aleatorio: Relativo al azar.

En latín, *alea* significa *dado* y también *suerte*, *azar*.

Se llaman **sucesos aleatorios** aquellos acontecimientos en cuya realización influye el azar.

Experiencias aleatorias

Lanzar un dado y observar el resultado obtenido es una experiencia aleatoria porque el resultado depende del azar.

Para estudiar el azar y sus propiedades, podemos realizar **experiencias aleatorias,** es decir, experimentos cuyos resultados dependen del azar. Por ejemplo, estudiemos la experiencia aleatoria consistente en lanzar un dado y observar lo que sale.

- **Caso**

  Cada uno de los resultados que puede obtenerse al realizar una experiencia aleatoria se llama **caso.**

  Los posibles casos al *lanzar un dado* son: 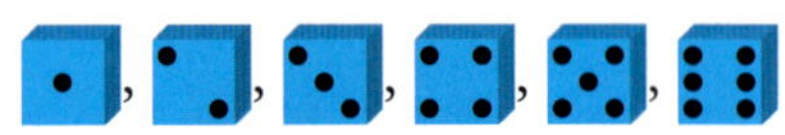

- **Espacio muestral**

  El conjunto de todos los casos posibles se llama **espacio muestral,** al que designamos por *E*.

  En el dado, el espacio muestral es: $E =$ 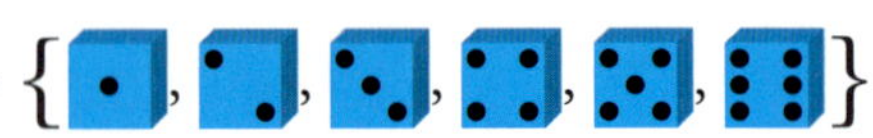

- **Sucesos**

  Los subconjuntos del espacio muestral se llaman **sucesos.** Algunos sucesos (hay muchos más) de la experiencia *lanzar un dado* son:

  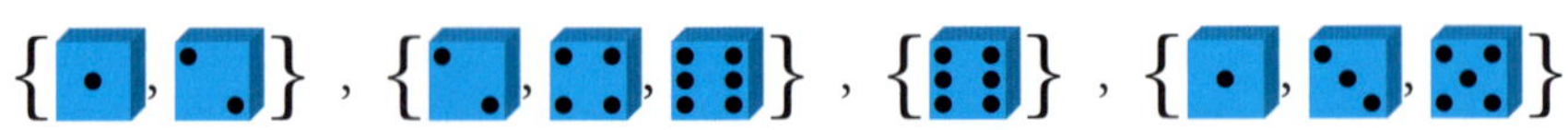

  Los sucesos  son **sucesos contrarios,** porque no pueden ocurrir los dos a la vez y siempre ocurre alguno de ellos.

- Se llama **experiencia aleatoria** a aquella cuyo resultado depende del azar.
- Cada posible resultado de una experiencia aleatoria se llama **caso.**
- **Espacio muestral** es el conjunto de todos los casos posibles.
- Los **sucesos** son subconjuntos del espacio muestral.
- Los casos también son sucesos. Se llaman **sucesos elementales** o **individuales.**
- El espacio muestral se llama suceso total o **suceso seguro.**

EJERCICIOS RESUELTOS

1 ***En los experimentos aleatorios siguientes, determinar su espacio muestral y poner algunos ejemplos de sucesos:***

a) Lanzar dos monedas y contar el número de caras.

b) Extraer una carta de una baraja española y anotar lo que sale.

c) Tomar, al azar, la ficha de una de las personas asociadas a una biblioteca y analizar sus datos.

a) El espacio muestral es: E = {0 CARAS, 1 CARA, 2 CARAS}

Un suceso: ALGUNA CARA = {1 CARA, 2 CARAS}

Otro suceso: MENOS DE DOS CARAS = {0 CARAS, 1 CARA}

b) El espacio muestral consta de 40 casos: cada una de las cartas de la baraja.

Algunos sucesos:

AS = 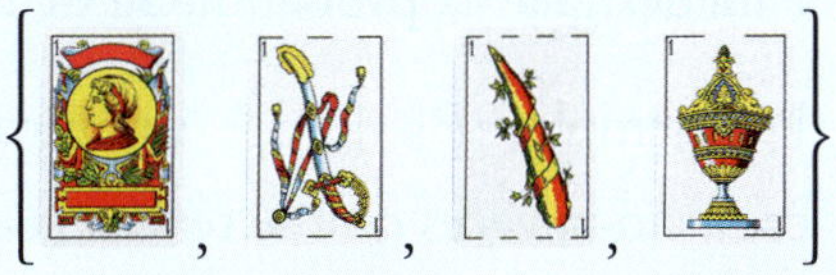

COPAS = 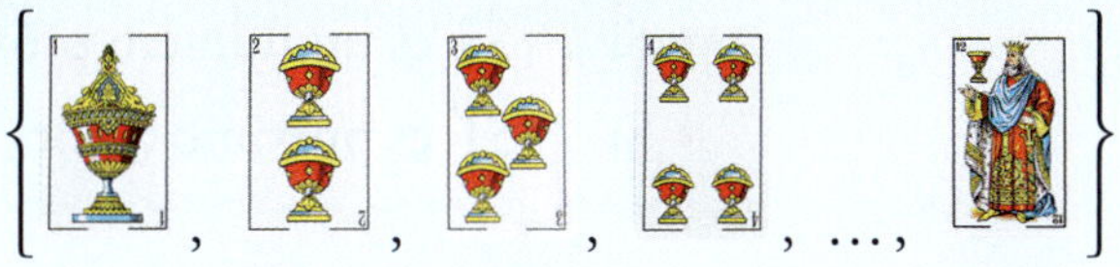

c) El espacio muestral consta de tantos casos como personas asociadas haya en la biblioteca.

Algunos sucesos:

PERSONAS ASOCIADAS QUE HAN SACADO MÁS DE DIEZ LIBROS ESTE AÑO.

PERSONAS ASOCIADAS MENORES DE QUINCE AÑOS.

PERSONAS ASOCIADAS CON MÁS DE DIEZ AÑOS DE ANTIGÜEDAD.

2 ***Indicar los espacios muestrales de cada una de las siguientes experiencias:***

a) Tirar un dado.

b) Tirar dos dados.

c) Tirar tres dados.

a) E = {1, 2, 3, 4, 5, 6}. Hay 6 elementos.

b) E = {(1, 1), (1, 2), (1, 3), (1, 4), (1, 5), (1, 6), (2, 1), (2, 2), (2, 3), (2, 4), (2, 5), (2, 6), (3, 1), (3, 2), (3, 3), (3, 4), (3, 5), (3, 6), (4, 1), (4, 2), (4, 3), (4, 4), (4, 5), (4, 6), (5, 1), (5, 2), (5, 3), (5, 4), (5, 5), (5, 6), (6, 1), (6, 2), (6, 3), (6, 4), (6, 5), (6, 6)}. Hay 6^2 = 36 elementos.

c) E = {(1, 1, 1), (1, 1, 2), (1, 1, 3), (1, 1, 4), (1, 1, 5), (1, 1, 6), (1, 2, 1), (1, 2, 2), (1, 2, 3), (1, 2, 4), (1, 2, 5), (1, 2, 6), (1, 3, 1), (1, 3, 2), (1, 3, 3), (1, 3, 4), (1, 3, 5), (1, 3, 6), (1, 4, 1), (1, 4, 2), (1, 4, 3), (1, 4, 4), (1, 4, 5), (1, 4, 6), (1, 5, 1), (1, 5, 2), (1, 5, 3), (1, 5, 4), (1, 5, 5), (1, 5, 6), (1, 6, 1), (1, 6, 2), (1, 6, 3), (1, 6, 4), (1, 6, 5), (1, 6, 6), (2, 1, 1), …}. Hay 6^3 = 216 elementos.

PIENSA Y PRACTICA

→ anayaeducacion.es Iniciación: sucesos aleatorios.

1 En una urna hay 10 bolas de cuatro colores.

Sacamos una bola al azar y anotamos su color.

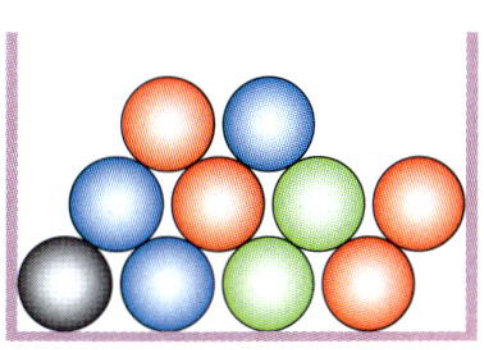

a) ¿Es una experiencia aleatoria?

b) Escribe el espacio muestral.

c) Inventa cinco sucesos.

2 Tenemos caramelos de fresa, naranja, limón y piña.

Cogemos uno sin mirar y comprobamos su sabor.

a) ¿Es una experiencia aleatoria?

b) Escribe el espacio muestral.

c) Inventa dos sucesos que tengan más de un caso.

3 En una urna hay 10 bolas numeradas.

Sacamos una bola al azar y anotamos el número.

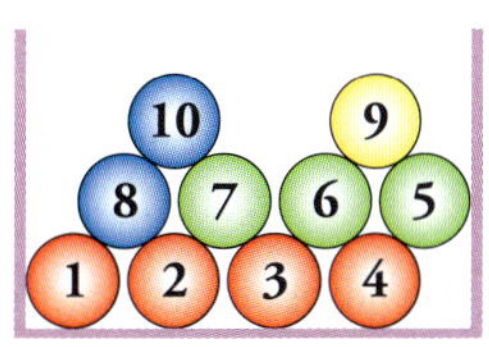

a) ¿Es una experiencia aleatoria?

b) Escribe el espacio muestral.

c) Inventa cinco sucesos.

4 Daniel le ha regalado a su hermana María una caja de bombones de chocolate.

Saca un bombón sin mirar y ve si es de chocolate.

¿Es una experiencia aleatoria?

¿Por qué?

2 Probabilidad de un suceso

La **probabilidad** de un suceso indica el grado de confianza que podemos tener en que ese suceso ocurra. Se expresa mediante un número comprendido entre 0 y 1.

Para designar la probabilidad de un suceso S, ponemos $P[S]$.

Por ejemplo, $P[S] = \frac{1}{5}$ significa que, a grandes rasgos, el suceso ocurre una de cada cinco veces que se realiza la experiencia.

- Si $P[S]$ es un número próximo a cero, el suceso es poco probable.
- Si $P[S]$ es próximo a uno, el suceso es muy probable.

Tipos de experiencias

Experiencia regular

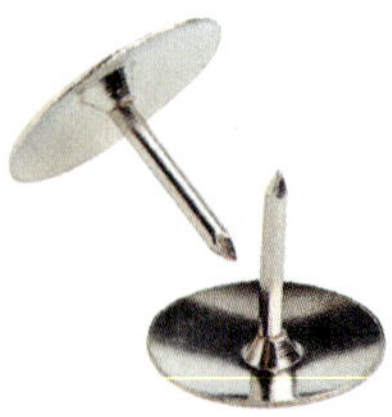

Experiencia irregular

Un suceso puede pertenecer a dos tipos de experiencias: regular o irregular.

- Las **experiencias regulares** son aquellas cuyos casos tienen todos la misma probabilidad. Por ejemplo: lanzar una moneda o un dado.
- Las **experiencias irregulares** son aquellas cuyos casos tienen distintas probabilidades. Por ejemplo, lanzar una chincheta.

Cómo se mide la probabilidad de un suceso

Para calcular la probabilidad de un suceso, debemos diferenciar si este pertenece a una experiencia regular o a una irregular:

- Si la experiencia es regular, como en el caso del lanzamiento de una moneda o de un dado, se puede evaluar la probabilidad sin necesidad de experimentar. Se hará asignando la misma probabilidad a todos los casos.
- Si la experiencia es irregular, *a priori*[1] desconocemos la probabilidad de cada uno de los casos. La única forma de hallar dichas probabilidades es *experimentar.*

[1] *a priori:* antes de empezar.

EJERCICIOS RESUELTOS

1 ***¿Qué probabilidad es razonable asignar a cada cara de un dado correcto?***

Como el dado es correcto, la experiencia (lanzar el dado y mirar la cara que sale) es regular. Cada una de las seis caras saldrá, por término medio, una de cada seis veces. Por tanto, lo razonable es asignar a cada cara la probabilidad 1/6.

2 ***De las 5 500 bombillas que se fabricaron ayer en una cadena de montaje, había 200 defectuosas. Hoy ha ido un técnico a ver la máquina que las hace. ¿Cuál es la probabilidad de que la siguiente bombilla salga defectuosa? ¿Y la probabilidad de que funcione?***

La única forma de asignar una probabilidad a este tipo de sucesos es experimentar. O bien, recurrir a la experiencia almacenada.

Esta experiencia se reduce a que de las 5 500 bombillas fabricadas ayer, funcionan bien 5 500 – 200 = 5 300.

FUNCIONAN: 5 300 de 5 500 → 5 300/5 500 = 0,96

SON DEFECTUOSAS: 200 de 5 500 → 200/5 500 = 0,04

Por tanto, asignamos estas probabilidades:

$P[\text{FUNCIONE}] = 0{,}96 \qquad P[\text{SEA DEFECTUOSA}] = 0{,}04$

3 Probabilidad en experiencias regulares. Ley de Laplace

TEN EN CUENTA

$P[\quad,\quad,\quad] =$

$= P[\quad] + P[\quad] + P[\quad] =$

$= \frac{1}{6} + \frac{1}{6} + \frac{1}{6} = \frac{3}{6}$

Hemos pintado las caras de un dado de los colores siguientes:

de rojo. El rojo saldrá 3 veces de cada 6: $P[\quad] = \frac{3}{6} = \frac{1}{2}$

de verde. El verde saldrá 2 veces de cada 6: $P[\quad] = \frac{2}{6} = \frac{1}{3}$

de amarillo. El amarillo saldrá 1 vez de cada 6: $P[\quad] = \frac{1}{6}$

Estos resultados se pueden generalizar para evaluar la probabilidad de un suceso cualquiera relacionado con un instrumento aleatorio regular.

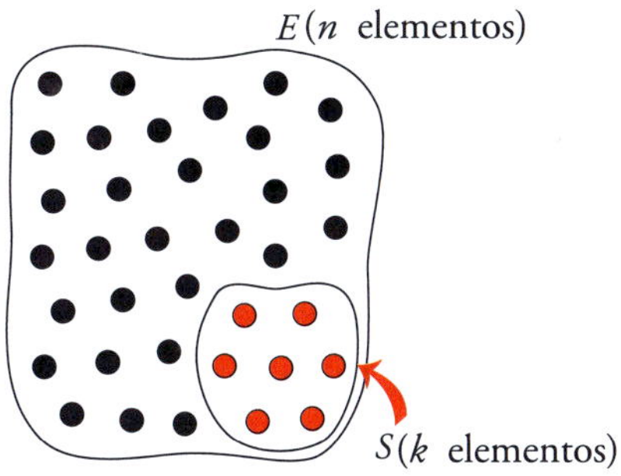

Realizamos una experiencia aleatoria con un instrumento regular.

El espacio muestral tiene n elementos (casos) y, por tanto, la probabilidad de cada caso es $1/n$.

S es un suceso que consta de k elementos.

Entonces, la probabilidad de S es: $P[S] = \frac{k}{n}$

Esto se expresa del modo siguiente:

$$P[S] = \frac{\text{número de casos favorables a } S}{\text{número total de casos posibles}}$$ LEY DE LAPLACE

PROBLEMAS RESUELTOS

1 ***En una bolsa tenemos 40 bolas rojas; 15 azules; 25 verdes, y 10 negras, todas iguales. Si sacamos una al azar, calcular las probabilidades de que sea de uno u otro color.***

Sumamos el número de bolas:

$$40 + 25 + 15 + 10 = 90$$

Calculamos las probabilidades por la ley de Laplace:

$P[\quad] = \frac{40}{90} = \frac{4}{9}$ $\qquad P[\quad] = \frac{25}{90} = \frac{5}{18}$

$P[\quad] = \frac{15}{90} = \frac{1}{6}$ $\qquad P[\quad] = \frac{10}{90} = \frac{1}{9}$

2 ***En una caja hay 3586 clavos. 311 son defectuosos. Si sacamos uno, calcular:***

a) P[DEFECTUOSO]

b) P[CORRECTO]

a) $P[\text{DEFECTUOSO}] = \frac{\text{número de clavos defectuosos}}{\text{número total de clavos}} = \frac{311}{3586} = 0{,}0867$

b) Hay $3\,586 - 311 = 3\,275$ clavos correctos.

$P[\text{CORRECTO}] = \frac{\text{número de clavos correctos}}{\text{número total de clavos}} = \frac{3\,275}{3\,586} = 0{,}9133$

PIENSA Y PRACTICA

→ **anayaeducacion.es** Iniciación: ley de Laplace.

1 Extraemos una carta de una baraja española con 40 naipes. Halla la probabilidad de obtener:

a) El as de espadas.

b) El rey de bastos.

c) Una figura (sota, caballo o rey).

d) Una copa.

2 En un campamento hay 32 jóvenes europeos, 13 americanos, 15 africanos y 23 asiáticos. Se elige al azar a su portavoz. ¿Qué probabilidad hay de que sea europeo?

3 Al tirar un dado de parchís, calcula la probabilidad de:

a) Sacar un 5. b) Sacar un 0.

c) Sacar un 5 o un 6. d) Sacar un número par.

4 Probabilidad en experiencias irregulares. Ley de los grandes números

Lanzamos 1 000 veces una moneda y una chincheta. Estos son los resultados:

MONEDA

	f	f_r
C	483	0,483
+	517	0,517
TOTAL	1 000	1

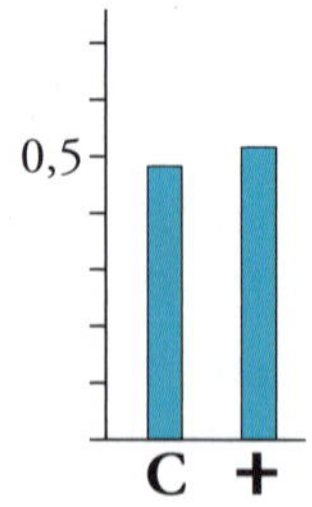

CHINCHETA

	f	f_r
	327	0,327
	673	0,673
TOTAL	1 000	1

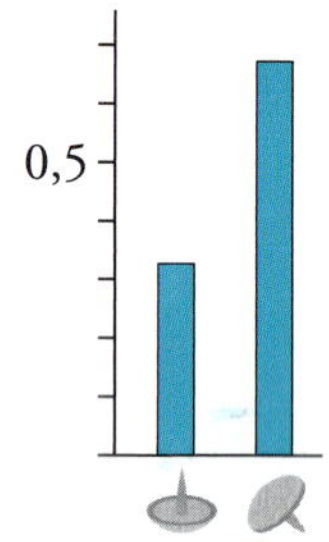

OBSERVA

La ley de los grandes números es válida tanto para las experiencias aleatorias regulares (moneda) como para las irregulares (chincheta). Realmente, es la que rige la probabilidad para cualquier tipo de experiencia.

Aunque en la experiencias supuestamente regulares concedemos *a priori* que todos los casos son equiprobables, es la experimentación la que nos lo ratifica.

De modo que si tenemos un dado aparentemente correcto y al experimentar abundantemente con él obtenemos frecuencias relativas muy distintas de las esperadas, concluiremos que la apariencia era errónea y que el dado es incorrecto.

- Observamos que las frecuencias relativas de C y + son próximas a 1/2, lo cual es lógico, pues *a priori* sabemos que las probabilidades de C y + son 1/2. El valor de la frecuencia relativa es muy próximo al de la probabilidad.

  Como $P[C] = \frac{1}{2}$ y $P[+] = \frac{1}{2}$ entonces $f_r[C] \approx \frac{1}{2}$ y $f_r[+] \approx \frac{1}{2}$

- Sin embargo, en la chincheta, las frecuencias relativas de  y  son muy distintas de 1/2, pues estos dos sucesos ocurren en proporciones distintas. Sus probabilidades son números desconocidos, pero, seguramente, serán próximos a las frecuencias relativas obtenidas.

  $f_r($$) = 0{,}327$; $f_r($$) = 0{,}673$ $\Rightarrow$ $P[$$] \approx 0{,}327$; $P[$$] \approx 0{,}673$

LEY DE LOS GRANDES NÚMEROS

Al repetir muchas veces, N, una experiencia aleatoria, la frecuencia relativa de cada suceso, S, toma valores muy parecidos a su probabilidad:

$$f_r(S) \approx P[S]$$

Y cuanto más grande sea N, más se parece $f_r(S)$ a $P[S]$.

EJERCICIO RESUELTO

En las estadísticas de una jugadora de fútbol, realizadas a lo largo del presente campeonato, de todos sus tiros a puerta se han contado 35 goles y 189 fallos. ¿Qué probabilidad le asignamos a cada uno de los dos sucesos?

La única forma de asignar una probabilidad a este tipo de sucesos es experimentar. O bien, recurrir a la experiencia almacenada.

Esta experiencia se reduce a 35 + 189 = 224 tiros a puerta. Los resultados son:

GOLES: 35 de 224 $\rightarrow$ 35/224 = 0,15625

FALLOS: 189 de 224 $\rightarrow$ 189/224 = 0,84375

Por tanto, asignamos:

$P[\text{GOL}] \approx 0{,}15625$ $\qquad$ $P[\text{FALLO}] = 0{,}84375$

PIENSA Y PRACTICA

→ anayaeducacion.es Experiencia: dos metas para una ficha.

1 Hemos ido de excursión a un embalse en el que solo se crían dos tipos de peces: truchas, T, y carpas, C. Cada vez que cogemos un pez con una red, lo devolvemos al agua. Si en total hemos capturado 27 truchas y 13 carpas, ¿qué valores asignarías a $P[T]$ y a $P[C]$?

5 Probabilidades en experiencias compuestas

La experiencia de «lanzar una moneda y un dado» es una **experiencia compuesta** de otras dos («lanzar una moneda» y «lanzar un dado»). Para estudiar estas experiencias compuestas, nos serán muy útiles las dos estrategias siguientes:

Tablas de doble entrada

EXPERIENCIA I. ***Lanzamos dos dados y sumamos sus puntuaciones.***

Los posibles resultados son 2, 3, 4, 5, 6, 7, 8, 9, 10, 11 y 12 (compruébalo).

Pero estos once casos no tienen la misma probabilidad: podrías verlo lanzando varias veces dos dados y observando que las sumas 6, 7 y 8 se dan con bastante frecuencia, mientras que las sumas 2 y 12 ocurren muy raramente. Veamos a qué se debe esto:

- La suma 2 solo se consigue con dos unos, y la suma 12, con dos seises.
- Sin embargo, la suma 5 se puede conseguir de cuatro formas:

+	1	2	3	4	5	6
1	2	3	4	⑤	6	7
2	3	4	⑤	6	7	8
3	4	⑤	6	7	8	9
4	⑤	6	7	8	9	10
5	6	7	8	9	10	11
6	7	8	9	10	11	12

Para evaluar estas probabilidades, analicemos la experiencia de lanzar dos dados y anotar sus resultados. Cada uno de los 36 casilleros de la tabla del margen es un caso, y todos ellos tienen la misma probabilidad. Si ahora ponemos en cada casillero la suma de los dos dados, podremos contar muy fácilmente cuántos casos tiene cada suceso. Por ejemplo:

$$P[5] = \frac{\text{número de casos en los que la suma es 5}}{\text{número de casos posibles}} = \frac{4}{36} = \frac{1}{9}$$

EXPERIENCIA II. ***Lanzamos dos monedas y observamos el número de caras que obtenemos.***

Al lanzar dos monedas, pueden salir 0 caras, 1 cara o 2 caras. Sin embargo, estos tres casos no son igualmente probables. Para hallar sus probabilidades, hacemos una tabla, en el margen, donde vemos claramente que:

NÚMERO DE CARAS		
	2 CARAS	1 CARA
	1 CARA	0 CARAS

$$P[0 \text{ CARAS}] = \frac{1}{4} \qquad P[1 \text{ CARA}] = \frac{2}{4} = \frac{1}{2} \qquad P[2 \text{ CARAS}] = \frac{1}{4}$$

PIENSA Y PRACTICA

1 Calcula las restantes probabilidades en la **EXPERIENCIA I.** (Sumar 2, 3, 4, 6, 7, 8, 9, 10, 11 y 12).

2 En la **EXPERIENCIA I:**

a) ¿Cuál es la probabilidad de que la suma sea menor que 6?

b) ¿Cuál es la probabilidad de que sea mayor que 6?

c) ¿Y de que esté entre 4 y 7, ambos incluidos?

3 *Lanzamos dos dados y nos fijamos en la mayor de las puntuaciones.*

Completa en tu cuaderno el cuadro. ¿Cuál es la probabilidad de que la mayor de las puntuaciones sea 1?

¿Y de que sea 2? ¿Y 3? ¿Y 4? ¿Y 5? ¿Y 6?

	1	2	3	4	5	6
1	1	2	3	4	5	6
2		2	3	4		
3					5	
4					5	
5					5	6
6					6	6

Diagramas en árbol

EXPERIENCIA III. ***Tenemos una caja con cuatro bolas rojas y dos azules. Sacamos al azar una bola y, después, otra. Hallar la probabilidad de que la segunda sea roja.***

Hay dos caminos para llegar a 2.ª roja:

1.ª roja → 2.ª roja y 1.ª azul → 2.ª roja

Exploremos sus probabilidades mediante un diagrama en árbol:

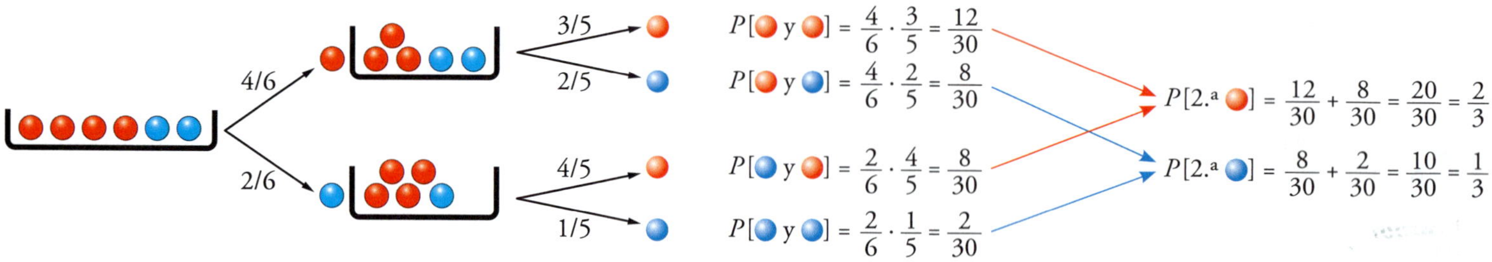

Hemos obtenido que la probabilidad de que la segunda sea roja (2/3) es la misma que la probabilidad de que la 1.ª sea roja. ¿Casualidad? ¡Pues no!: cualquiera de las 6 bolas tiene la misma probabilidad de salir la última y, por tanto, la probabilidad de que la segunda bola sea roja es $\frac{4}{6} = \frac{2}{3}$.

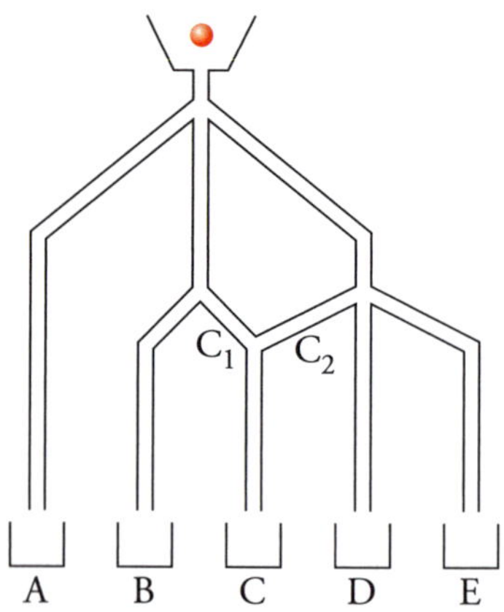

EXPERIENCIA IV. ***Soltamos una bola desde el embudo de arriba del aparato del margen. ¿Cuál es la probabilidad de que caiga en cada casilla? (Supongamos que en cada ramificación la bola tiene la misma probabilidad de ir a cada ramal).***

Resolvemos previamente, a la derecha, otra experiencia en la que los dos ramales C_1 y C_2 se mantengan separados.

Como en el aparato del margen los ramales C_1 y C_2 se unen en un único ramal, la probabilidad de C es:

$$P[C] = P[C_1] + P[C_2] = \frac{1}{6} + \frac{1}{9} = \frac{5}{18}$$

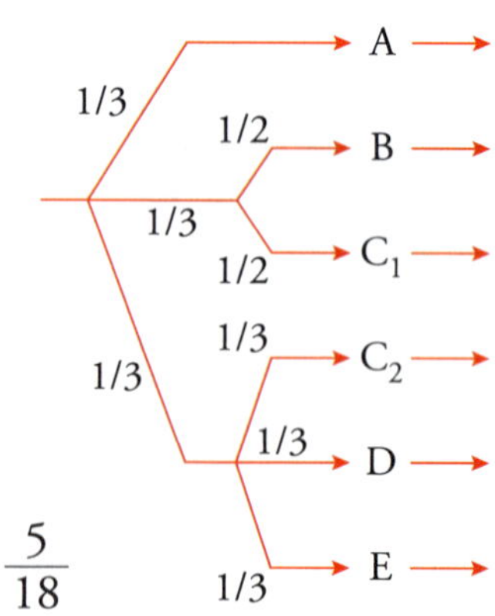

$P[A] = \frac{1}{3}$

$P[B] = \frac{1}{3} \cdot \frac{1}{2} = \frac{1}{6}$

$P[C_1] = \frac{1}{3} \cdot \frac{1}{2} = \frac{1}{6}$

$P[C_2] = \frac{1}{3} \cdot \frac{1}{3} = \frac{1}{9}$

$P[D] = \frac{1}{3} \cdot \frac{1}{3} = \frac{1}{9}$

$P[E] = \frac{1}{3} \cdot \frac{1}{3} = \frac{1}{9}$

PIENSA Y PRACTICA

4 Lanzamos dos dados. Halla la probabilidad de obtener par en el rojo y múltiplo de 3 en el verde.

5 Sacamos una bola de la primera urna y la echamos a la segunda: → .

Extraemos una bola de la segunda urna. ¿Cuál es la probabilidad de que la segunda bola sea roja?

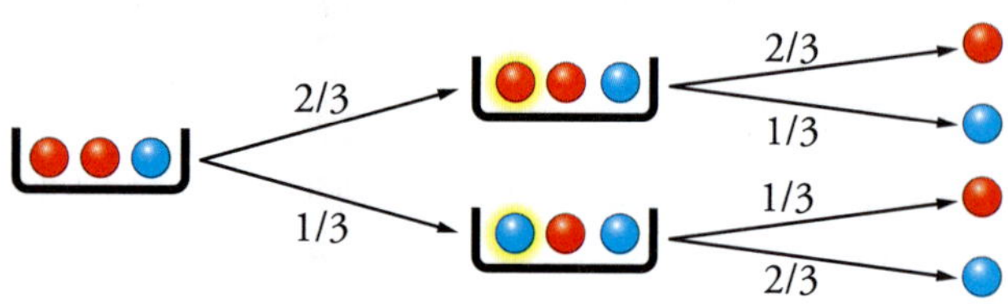

6 ¿Cuál es la probabilidad de que una bola que se deja caer por el embudo caiga en cada casillero?

a) En el aparato I. b) En el aparato II.

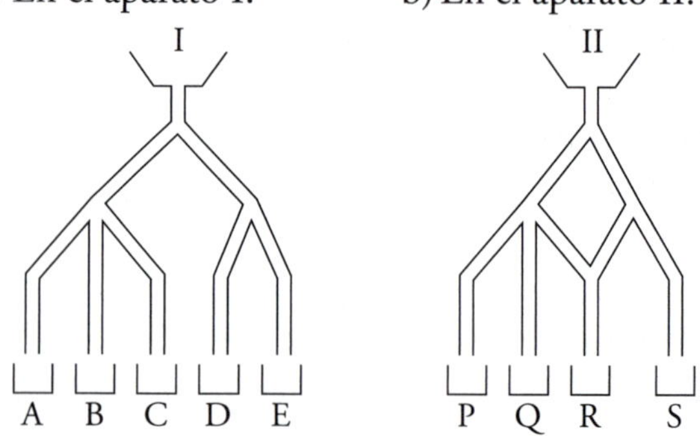

Ejercicios y problemas resueltos

1 Cálculo de probabilidades

Hemos girado 1 000 veces esta ruleta con estos resultados:

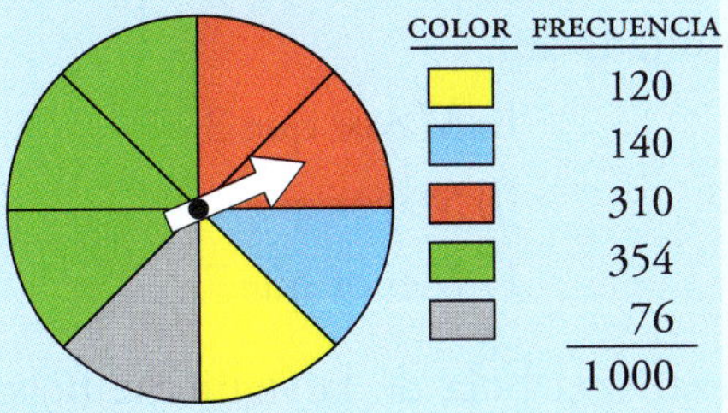

Hallar la probabilidad de cada color:

a) Suponiendo que la ruleta es correcta.

b) Basándote en la experiencia.

a) Si suponemos que la experiencia es regular, la probabilidad de cada uno de los ocho sectores es 1/8. Por tanto:

$$P[\text{R}] = \frac{2}{8} = \frac{1}{4} = 0{,}25; \quad P[\text{V}] = \frac{3}{8} = 0{,}375$$

$$P[\text{G}] = P[\text{AM}] = P[\text{AZ}] = \frac{1}{8} = 0{,}125$$

b) A partir de la tabla de frecuencias, hallamos las frecuencias relativas:

$$f_r(\text{AM}) = 0{,}12; \ f_r(\text{AZ}) = 0{,}14; \ f_r(\text{R}) = 0{,}31; \ f_r(\text{V}) = 0{,}354; \ f_r(\text{G}) = 0{,}076$$

Con estos resultados, debemos sospechar que la ruleta está desequilibrada y, por tanto, que las probabilidades son más parecidas a las frecuencias relativas que a las que se obtienen de suponer que cada sector tiene probabilidad 1/8. Es decir, es más razonable hallar las probabilidades pedidas a partir de las frecuencias relativas:

$$P[\text{R}] = 0{,}31; \ P[\text{V}] = 0{,}354; \ P[\text{G}] = 0{,}076; \ P[\text{AM}] = 0{,}12; \ P[\text{AZ}] = 0{,}14$$

2 Experiencias simples y compuestas

COMPRENDE Y APLICA EN EL DESAFÍO — DESAFÍOS QUE DEJAN HUELLA

En un centro se ha pasado una encuesta sobre el aspecto que cada estudiante considera más relevante para su felicidad.

A partir de los resultados que ves en los diagramas de sectores de la derecha, contestar estas preguntas:

a) Si tomamos al azar un estudiante de 1.º ESO, ¿qué probabilidad hay de que considere más relevante la familia? ¿Y los amigos?

b) Si tomamos al azar uno de esos cursos y en él eligiéramos al azar un estudiante, ¿qué probabilidad hay de que considere más relevante la familia?

c) Imagina que en el salón de actos están ahora mezclados todos estos estudiantes. Sacamos uno al azar. ¿Qué probabilidad hay de que considere más relevante la familia?

Hazlo tú Responde los apartados b) y c) para *Amigos* en lugar de *Familia*.

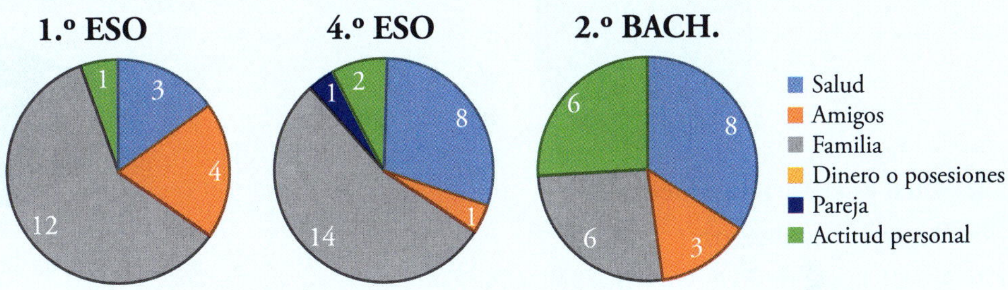

a) En 1.º ESO hay 20 estudiantes, de los cuales 12 consideran la familia como el aspecto más relevante, y 4, los amigos. Por tanto:

$$P[\text{FAMILIA}] = \frac{12}{20} = \frac{3}{5} = 0{,}6 \qquad P[\text{AMIGOS}] = \frac{4}{20} = \frac{1}{5} = 0{,}2$$

b) Hay 1/3 de probabilidades de escoger cualquier curso. Por tanto:

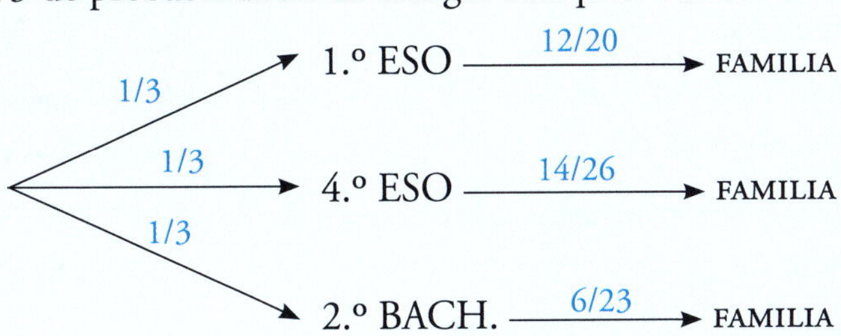

$$P[\text{FAMILIA}] = P[1.º \text{ y FAMILIA}] + P[4.º \text{ y FAMILIA}] + P[2.º \text{ y FAMILIA}] =$$

$$= \frac{1}{3} \cdot \frac{12}{20} + \frac{1}{3} \cdot \frac{14}{26} + \frac{1}{3} \cdot \frac{6}{23} = \frac{2\,092}{4\,485} = 0{,}47$$

c) En 1.º ESO hay 20 estudiantes, en 4.º ESO hay 26 y en 2.º Bach., 23. Por tanto, entre las tres clases hay 69 estudiantes. El número de estudiantes que considera más relevante la familia es 12 en 1.º ESO, 14 en 4.º ESO y 6 en 2.º Bach. En total suman 32. Por tanto:

$$P[\text{FAMILIA}] = \frac{32}{69} = 0{,}46$$

Ejercicios y problemas

¿DOMINAS LO BÁSICO?

Espacios muestrales. Sucesos

1 Indica el espacio muestral de cada una de las siguientes experiencias aleatorias:

a) Señalo al azar una provincia en un mapa de Galicia.

b) Lanzo un cubo de Rubik recién montado y anoto el color de la cara de arriba.

c) Señalo una palabra cualquiera de un libro elegido al azar y observo cuál es la primera vocal que aparece.

d) Saco una carta de una baraja española y observo el palo.

2 Lanzamos un dado con forma de dodecaedro con las caras numeradas del 1 al 12 y anotamos el número obtenido.

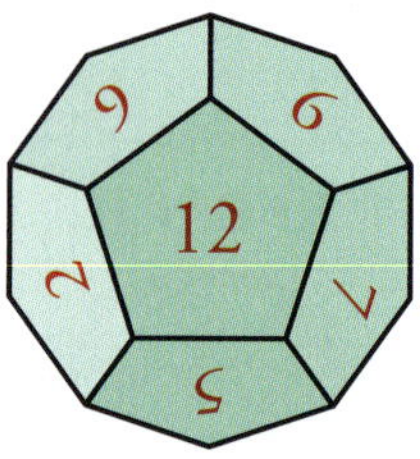

a) ¿Cuál es el espacio muestral?

b) Describe los sucesos:

A = «Menos de 5» B = «Más de 7»

C = «Número par» D = «No múltiplo de 3»

3 Escogemos al azar un día cualquiera de la semana.

a) ¿Cuál es el espacio muestral?

b) Describe los sucesos:

A = «Fin de semana»

B = «Los que empiezan por la letra M»

C = «Los que acaban en *es*»

4 Describe los sucesos contrarios a los sucesos A, B, C y D del ejercicio 2.

5 Describe los sucesos contrarios a los sucesos A, B y C del ejercicio 3.

Probabilidades en experiencias simples

6 Observa cómo se calcula la probabilidad del suceso A de la actividad 2:

$$P[\text{A}] = P[\{1, 2, 3, 4\}] = \frac{4}{12} = \frac{1}{3}$$

Halla, de la misma forma, las probabilidades de los sucesos B, C y D.

7 Halla las probabilidades de los sucesos A, B y C de la actividad 3.

8 Lanzamos un dado correcto. Calcula la probabilidad de que el resultado sea:

a) 1 o 2. b) Mayor que 2.

c) Par. d) Mayor que 1.

e) Menor que 1. f) Menor que 7.

9 Se extrae al azar una bola de la siguiente bolsa. Calcula la probabilidad de que:

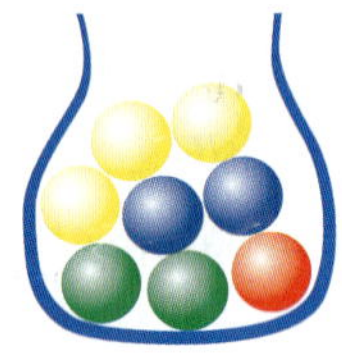

a) Sea azul.

b) No sea verde.

c) Sea roja o azul.

Probabilidades en experiencias compuestas

10 Tiramos un dado correcto y hacemos girar la siguiente ruleta:

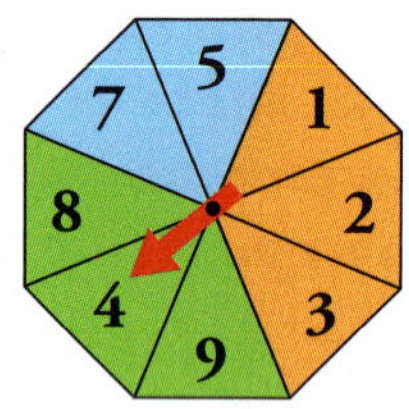

a) ¿Cuál es la probabilidad de obtener dos números pares?

b) Halla la probabilidad de obtener un número mayor que 2 en el dado y un color que no sea azul en la ruleta.

c) ¿Cómo de probable es sacar 5 o 6 en el dado y azul en la ruleta?

11 Lanzamos una moneda y un dado y observamos los resultados obtenidos.

a) ¿Cuál es la probabilidad de obtener cruz y cinco?

b) ¿Y la de obtener cara y número par?

12 Lanzamos un dado y extraemos una bola de esta urna:

Calcula la probabilidad de cada uno de los siguientes sucesos:

a) 3 y AZUL.

b) PAR y ROJA.

c) NO 1 y NO NEGRA.

ENTRÉNATE Y PRACTICA

13 Lanzamos una moneda dos veces y anotamos los resultados ordenadamente:

a) Completa el espacio muestral: $E = \{CC, \ldots\}$

b) Escribe los sucesos siguientes:

A = «En la primera salió cara» y su contrario, $\overline{A}$.

B = «En ninguna salió cara» y su contrario, $\overline{B}$.

14 Lanzamos una moneda tres veces y anotamos ordenadamente los resultados.

a) Describe el espacio muestral (hay 8 casos).

b) Describe los sucesos:

A = «Obtener dos veces cara»

B = «Obtener dos veces cruz»

C = «No obtener ninguna cruz»

15 Escribimos cada una de las letras de la palabra JUEGO en un papel diferente y las ponemos en una bolsa. Extraemos una letra al azar.

a) Describe los sucesos elementales de este experimento aleatorio.

b) Describe el suceso «obtener vocal». ¿Cuál es su probabilidad?

c) Si la palabra elegida fuera PROBABILIDAD, ¿cómo responderías a los apartados a) y b)? ¿Cuál es la probabilidad de cada suceso elemental?

16 De la urna que tienes debajo, sacamos una bola al azar y anotamos su número.

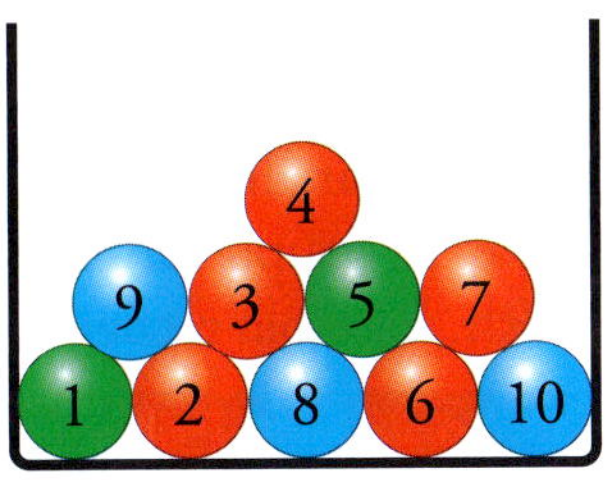

a) Describe el espacio muestral. ¿Cuántos casos tiene?

b) Describe los siguientes sucesos:

- BOLA ROJA = A
- BOLA VERDE = B
- BOLA AZUL = C
- BOLA ROJA CON NÚMERO IMPAR = D
- BOLA CON NÚMERO PAR = F

c) Calcula la probabilidad de cada uno de los sucesos anteriores.

17 Extraemos una carta de una baraja española de 40 naipes. Halla la probabilidad de que:

a) Sea un CINCO.

b) No sea un CABALLO.

c) La carta sea de OROS o de COPAS.

d) No sea de ESPADAS.

18 De esta urna extraemos una bola y observamos su número y color:

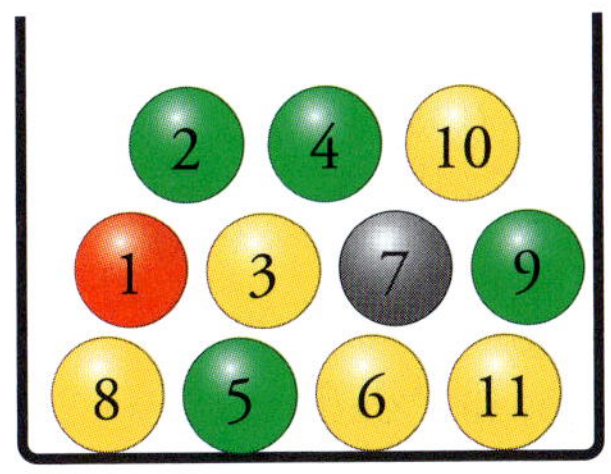

Halla las probabilidades de los siguientes sucesos:

a) Obtener bola verde con número par.

b) Obtener bola roja con número par.

c) Obtener bola amarilla o roja.

d) Obtener una bola con número mayor que 7.

19 En un instituto, los alumnos y las alumnas están distribuidos por cursos del modo siguiente:

1.° ESO	2.° ESO	3.° ESO	4.° ESO	1.° BACH.	2.° BACH.
210	250	260	220	140	120

Si elegimos un estudiante al azar, calcula la probabilidad de que:

a) Sea de 3.° ESO.

b) Sea de ESO.

c) Sea de Bachillerato.

20 Extraemos una carta de una baraja española, la devolvemos al mazo y sacamos otra.

Calcula las siguientes probabilidades:

a) P[2 OROS]

b) P[2 FIGURAS]

c) P[FIGURA en la 1.ª extracción y OROS en la 2.ª]

21 Sacamos una bola de esta urna, anotamos el color, la devolvemos a la urna y sacamos otra bola.

Halla, en cada caso, la probabilidad de que ambas bolas sean:

a) Rojas.

b) Verdes.

c) Azules.

d) Negras.

RESUELVE PROBLEMAS SENCILLOS

22 Calcula la probabilidad de que la suma de los resultados del dado y la ruleta del ejercicio 10 sea mayor que 10.

Construye una tabla de doble entrada.

23 Lanzamos dos dados. Halla la probabilidad de que el producto de las puntuaciones:

a) Sea 5. b) Sea 6. c) Sea 4.

24 Lanzamos dos dados. Halla la probabilidad de que la diferencia de las puntuaciones:

a) Sea 0. b) Sea 1. c) Sea 3. d) Sea 5.

25 Lanzamos dos dados. Halla la probabilidad de:

a) Obtener al menos un 6.

b) Que las dos puntuaciones coincidan.

c) Que una puntuación sea mayor que la otra.

26 El dominó es un juego de fichas que llevan dos números, desde el 0-0 hasta el 6-6.

Si tomamos una ficha al azar, calcula las siguientes probabilidades:

a) La suma de los puntos sea igual a 6.

b) La suma de sus puntos sea impar.

c) La suma de sus puntos sea múltiplo de 3.

d) Sus dos valores sean mayores que 4.

e) La diferencia del mayor y el menor supere al 3.

f) El mayor de los valores no supere al 4.

g) Sea una ficha doble.

Ayúdate de esta tabla:

	0	1	2	3	4	5	6
0	0-0	0-1	0-2	0-3	0-4	0-5	0-6
1		1-1	1-2	1-3	1-4	1-5	1-6
2			2-2	2-3	2-4	2-5	2-6
3				3-3	3-4	3-5	3-6
4					4-4	4-5	4-6
5						5-5	5-6
6							6-6

27 En un cajón hay calcetines. No sabemos cuántos, ni de qué colores. Sacamos uno, anotamos el color y lo devolvemos al cajón. Lo hacemos cien veces y obtenemos 42 negros; 8 rojos y 50 blancos.

a) Haz una tabla de frecuencias relativas.

b) ¿Qué porcentaje de calcetines de cada color hay?

c) Si sabemos que hay 20 calcetines, ¿cuántos estimas que hay de cada color?

28 PROBLEMA RESUELTO

En un centro escolar hay 1 000 estudiantes repartidos como indica esta tabla:

	CHICOS	CHICAS	TOTAL
USA GAFAS	187	113	300
NO USA GAFAS	413	287	700
TOTAL	600	400	1 000

Se elige uno al azar. Hallar estas probabilidades:

a) P[CHICO] ***b) P[CHICA]***

c) P[USA GAFAS] ***d) P[CHICA CON GAFAS]***

e) P[USA GAFAS, SABIENDO QUE ES CHICA]

a) P[CHICO] = 600/1 000 = 0,6

b) P[CHICA] = 1 – 0,6 = 0,4

c) P[USA GAFAS] = 300/1 000 = 0,3

d) P[CHICA CON GAFAS] = 113/1 000 = 0,113

e) Como sabemos que es chica, tomamos 400 como total. De ellas, 113 usan gafas. Por tanto:

P[USA GAFAS, SABIENDO QUE ES CHICA] = 113/400 = = 0,2825

29 Se ha hecho un análisis de sangre a 200 personas para determinar su grupo sanguíneo. También se ha estudiado su Rh. La tabla recoge los resultados:

	GRUPO A	GRUPO B	GRUPO AB	GRUPO O	TOTALES
RH+	74	12	6	70	162
RH-	18	3	1	16	38
TOTALES	92	15	7	86	200

a) Si elegimos al azar una persona de entre esas 200, ¿cuál es la probabilidad de que su grupo sanguíneo sea A? ¿Y de que sea 0? ¿Y de que tenga Rh+?

b) Si elegimos al azar una persona del grupo sanguíneo B, ¿cuál es la probabilidad de que tenga Rh+?

PARA PENSAR UN POCO MÁS

30 Lanzamos cuatro monedas. Halla la probabilidad de obtener:

a) Dos caras. b) Ninguna cara. c) Alguna cara.

31 ¿Qué probabilidad hay de obtener dos caras lanzando dos monedas? ¿Y lanzando tres monedas?

32 En una familia de 4 hijos, ¿cuál es la probabilidad de que todos sean varones? ¿Y de que en una familia de tres hijos sean 2 chicos y 1 chica?

33 En una empresa hay 200 empleados, de los que 100 son hombres y 100 son mujeres. Los alérgicos son 40 hombres y 35 mujeres.

a) Si elegimos un empleado al azar, calcula la probabilidad de que sea hombre y no sea alérgico.

b) Si sabemos que el elegido no es alérgico, ¿cuál es la probabilidad de que sea mujer?

34 Hoy hay tres partidos: de baloncesto, de fútbol y de tenis. De los 40 amigos y amigas que hay en casa, 21 prefieren fútbol, y 5, tenis. Hay 10 chicos que quieren baloncesto, 9 chicas que quieren fútbol y 3 chicas que prefieren ver el tenis. Si elegimos una persona al azar, calcula la probabilidad de que:

a) Sea chico.

b) No quiera ver el tenis.

c) Sea un chico que quiere ver el tenis.

d) Sea una chica que quiera ver el baloncesto.

e) Sabiendo que es una chica, que quiera ver fútbol.

f) Sabiendo que prefiere ver tenis, que sea un chico.

35 Extraemos dos cartas de una baraja española. Calcula la probabilidad de estos sucesos:

a) Dos ases. b) Un as y un rey. c) Dos oros.

d) Ninguna copa (no copa y no copa).

e) Dos figuras (sota, caballo o rey).

f) Una figura y una no figura.

36 Cogemos al azar una bola de la 1.ª urna, la echamos en la 2.ª y sacamos una bola de esta 2.ª urna.

1.ª urna 2.ª urna

Calcula las siguientes probabilidades:

a) P[1.ª  y 2.ª ] b) P[1.ª y 2.ª ]

c) P[2.ª ] d) P[2.ª] e) P[2.ª ]

TAMBIÉN PUEDES HACER ESTO

37 Meta 3.8. En un laboratorio, para que un medicamento salga al mercado, es obligatorio que pase tres controles. La probabilidad de superar el primero es 0,89; la de superar el segundo es 0,93 y la de superar el tercero es 0,85. ¿Cuál es la probabilidad de que el nuevo producto no sea apto para salir al mercado?

38 Dejamos caer una bola en el embudo de este aparato.

Calcula la probabilidad de que caiga en cada uno de los depósitos I, II, III y IV.

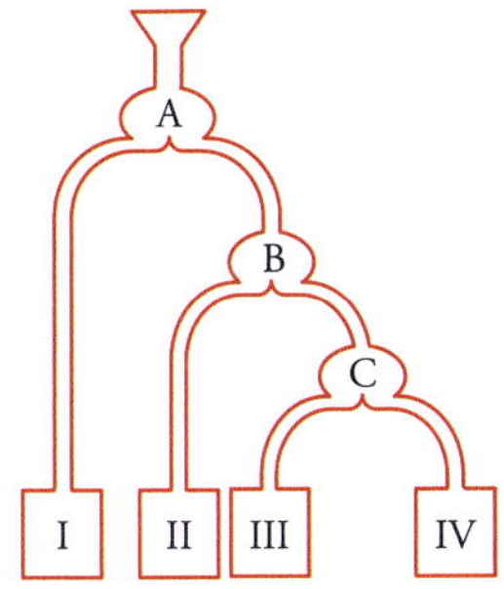

39 ¿Cuál es la probabilidad de que una bola caiga en cada uno de los depósitos?

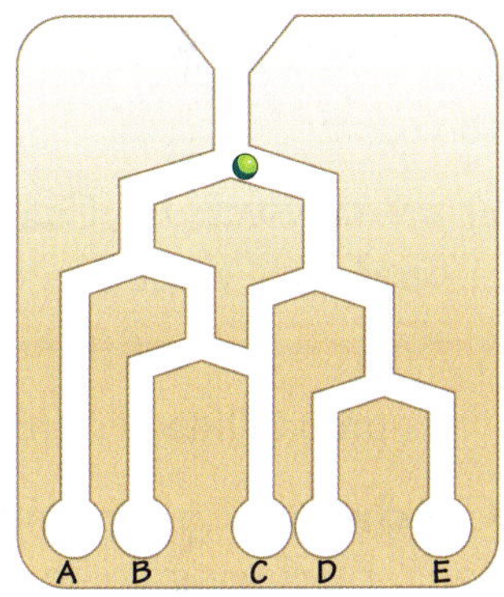

40 Calcula la probabilidad de obtener mayor puntuación al girar la ruleta A que al girar la B.

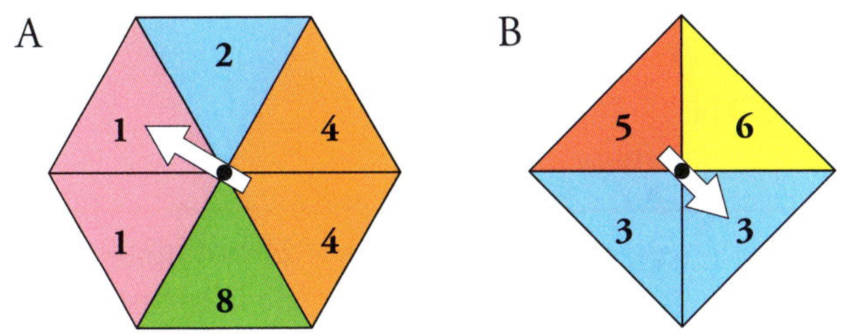

41 ¿Qué es más probable, obtener 3 números iguales al tirar tres veces un dado de parchís o dos cuatros al lanzar dos dados?

¿LO HAS ENTENDIDO? REFLEXIONA

42 Hemos de jugar a cara o cruz con una cierta ficha. Antes de empezar, experimento con ella y obtengo 37 caras y 3 cruces.

¿Qué te parece más correcto, apostar por cruz porque «ya es hora de que salga» o por cara porque «parece que sale más»?

LEE Y COMPRENDE

Probabilidad con condiciones

¿Varía la probabilidad de un suceso si se calcula con la condición de que haya ocurrido previamente otro suceso? Analiza los dos ejemplos que siguen.

EJEMPLO 1. Tiempo durante el mes de enero

Se han anotado los días de lluvia durante el mes de enero en cierta localidad (son 18). Se han señalado con un punto rojo los días de lluvia tras otro día de lluvia (son 14).

a) *SIN CONDICIÓN.* Si hoy es un día cualquiera, ¿cuál es la probabilidad de que llueva mañana?

f_r[LLUVIA] = 18/31= 0,58 ⇒ P[LLUVIA] ≈ 60 %

b) *CON CONDICIÓN.* Si hoy ha llovido, ¿cuál es la probabilidad de que llueva mañana?

f_r[LLUVIA] = 14/18 = 0,78 ⇒ P[LLUVIA] ≈ 80 %

EJEMPLO 2. Lanzamientos de monedas

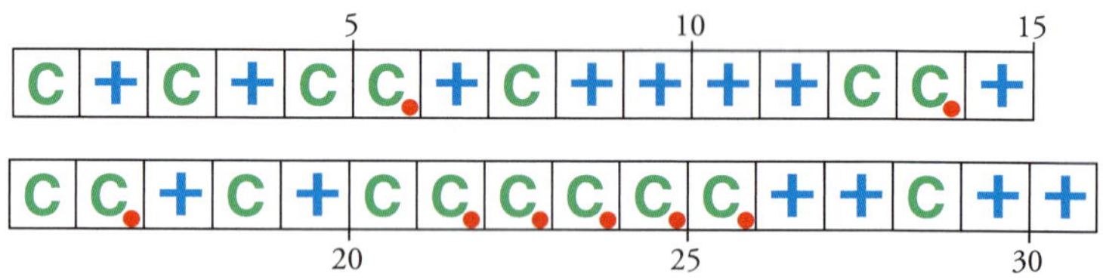

Se ha lanzado 31 veces una moneda, obteniendo 17 veces el resultado «cara». Además, se ha señalado con un punto rojo cada vez que, después de cara, ha salido otra cara (8 veces).

a) *SIN CONDICIÓN.* ¿Cuál es la probabilidad de obtener cara?

f_r[C] = 17/31 = 0,55

La probabilidad es próxima al 50 % esperado.

b) *CON CONDICIÓN.* ¿Cuál es la probabilidad de sacar cara después de cara?

f_r[C] = 8/17 = 0,47

La probabilidad es próxima al 50 % esperado.

Conclusión: En el primer ejemplo, *la condición* modifica la probabilidad: si hoy llueve, es más probable que llueva mañana. En el segundo, lo que salga en una tirada no influye en la probabilidad de la siguiente.

EXPERIMENTA → Realiza tú estas experiencias (con mayor número de datos) y confirma las conclusiones.

RAZONA Y CALCULA

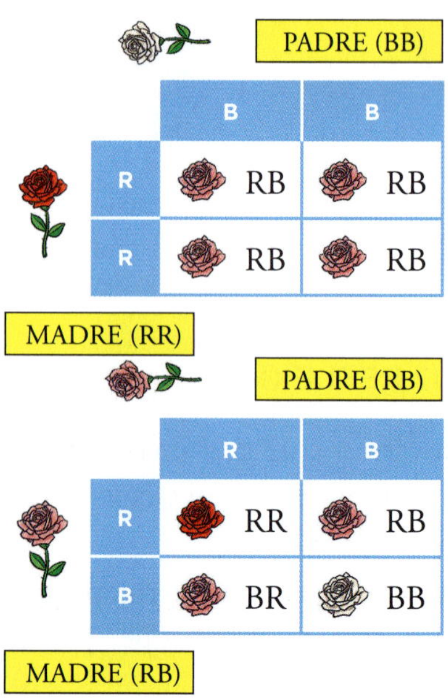

El botánico austriaco Gregor Mendel cruzó plantas de flores rojas con otra variedad de la misma especie de flores blancas, y resulto que todas las de la segunda generación (plantas hijas) tenían las flores rosas.

La explicación es la siguiente:

— El color viene determinado por un par de genes, uno del padre y otro de la madre.

— Los genes del padre y de la madre se combinan al azar en los hijos.

Así, cada planta hija tiene un gen rojo y otro blanco, con lo que sus flores son de color intermedio.

Sin embargo, en la tercera generación (plantas nietas) se complicaron las cosas. Al cruzar dos plantas de flores rosas, obtuvo blancas, rojas y rosas.

- ¿Cuál es la probabilidad de que una planta de la tercera generación tenga las flores blancas? ¿Y rojas? ¿Y de color rosa?

AUTOEVALUACIÓN

1 Una experiencia consiste en extraer una bola de esta urna y, después, lanzar una moneda.

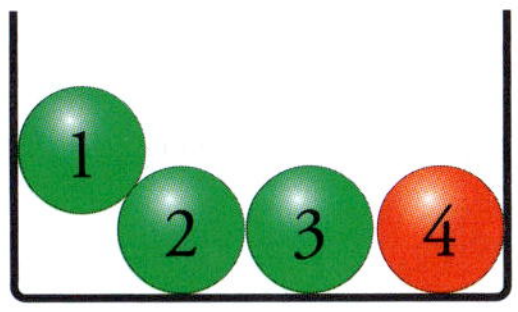

Los casos son: 1 y C, 1 y +, 2 y C, etc.

a) Escribe el espacio muestral (son 8 casos). ¿Cuál es la probabilidad de cada caso?

b) Describe el suceso BOLA VERDE Y CARA enumerando todos sus casos. ¿Cuál es su probabilidad?

2 Introducimos estas cartulinas circulares de un ajedrez en una bolsa y elegimos una al azar:

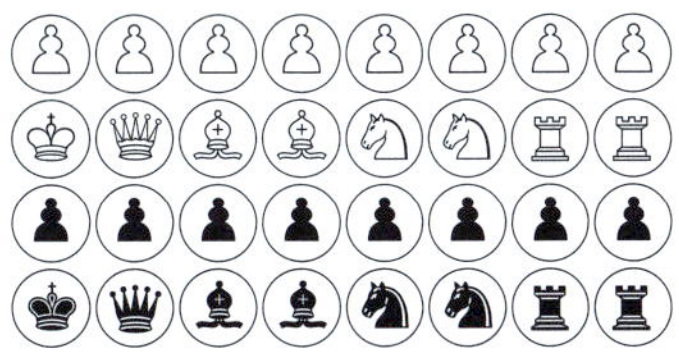

a) ¿Cuál es la probabilidad de obtener un peón? ¿Y de obtener un peón negro?

b) Halla la probabilidad de obtener una ficha que no sea un peón negro.

c) ¿Qué probabilidad hay de sacar una torre? ¿Y un caballo blanco? ¿Y un rey?

3 Hemos lanzado 1 000 veces un dado de cuatro caras, numeradas del 1 al 4, obteniendo los siguientes resultados:

CARA OBTENIDA	1	2	3	4
N.° DE VECES	180	370	262	188

a) ¿Qué probabilidad le asignarías a cada uno de los posibles resultados?

b) ¿Se puede suponer que el dado es correcto?

4 Marta tira un dado y su hermana Alba lo tira después. ¿Cuál es la probabilidad de que la puntuación de Alba sea mayor que la de Marta?

5 Lanzamos dos dados, uno cúbico y otro con forma de tetraedro (numerados del 1 al 6 y del 1 al 4, respectivamente). Dividimos la puntuación mayor entre la menor y, si son iguales, dividimos uno cualquiera entre el otro. Calcula estas probabilidades:

a) P[NÚMERO NATURAL]

b) P[NÚMERO NO NATURAL]

➜ **anayaeducacion.es** Resoluciones de estos ejercicios.

6 Lanzamos dos dados sucesivamente. Halla la probabilidad de obtener «impar» en el primero y «mayor que 4» en el segundo.

7 De una urna con tres bolas rosas y una blanca se extraen dos bolas al azar. Halla estas probabilidades:

a) P[DOS ROSAS] b) P[DOS BLANCAS]

c) P[UNA ROSA Y OTRA BLANCA]

8 Extraemos una bola de la urna A y la echamos en la B. Después, sacamos una bola de B.

Calcula la probabilidad de que:

a) Ambas sean rojas. b) Ambas sean negras.

c) Haya alguna roja.

9 Se elige al azar una persona de este grupo:

	CHICOS	CHICAS	TOTAL
PRACTICA DEPORTE	20	10	30
NO PRACTICA DEPORTE	2	8	10
TOTAL	22	18	40

Halla la probabilidad de que:

a) Sea chica. b) Sea chico.

c) Haga deporte. d) Sea chica y practique deporte.

e) Sabiendo que es chico, practique deporte.

DESAFÍOS QUE DEJAN HUELLA

REFLEXIONA

Revisa los aspectos trabajados y plantea soluciones a los problemas que se detecten.

Para ello, descarga de **anayaeducacion.es** la rúbrica correspondiente, reflexiona de manera individual y comparte en grupo.

PON A PRUEBA TUS COMPETENCIAS

Realiza la autoevaluación competencial incluida en **anayaeducacion.es.**

DESAFÍOS QUE DEJAN HUELLA

¿INTENTAMOS MEDIR LA FELICIDAD?

Queríamos saber si la edad tiene alguna influencia en cómo de feliz se siente la gente y también, en cuáles son los aspectos que creen que influyen para obtener esa felicidad. Para ello hemos hecho un pequeño estudio estadístico. En un centro educativo pasamos la siguiente encuesta a una clase de 1.° de la ESO (20 personas), a otra de 4.° de la ESO (26) y a una de 2.° de Bachillerato (23).

A. Puntúa de 1 a 10 (siendo 1 muy poco y 10, mucho) cómo de acuerdo estás con las siguientes afirmaciones:

1. Me considero una persona que sonríe a menudo. P1 =
2. Estoy a gusto con la casa y el barrio en el que vivo. P2 =
3. Me gusta pasar tiempo con mi familia. P3 =
4. Me encuentro bien y siento que tengo buen ambiente con mis compañeros de clase. P4 =
5. Puedo contar con mis amigos íntimos o más cercanos y puedo confiar en ellos. P5 =
6. Estoy satisfecho con las cosas que poseo como ropa, móvil, material deportivo... P6 =

B. Selecciona, entre los siguientes aspectos, cuál consideras que más influye en la felicidad.
Salud ☐ Amigos ☐ Familia ☐ Dinero o posesiones materiales ☐ Pareja ☐ Actitud personal ☐

A. Para determinar el valor de la percepción de felicidad de cada persona con los datos de esta pregunta, hallamos la media de sus 6 puntuaciones y redondeamos el resultado a las unidades. Así, si las puntuaciones fueron 4, 8, 7, 9, 10 y 9:

Hallamos la media $\frac{4+8+7+9+10+9}{6} = \frac{47}{6} = 7{,}83$ y redondeamos: $7{,}83 \approx 8$

La *percepción de felicidad* correspondiente a esas puntuaciones es 8.

De esta forma, hemos utilizado una hoja de cálculo para organizar datos, crear gráficos y hallar parámetros estadísticos, **los tienes en anayaeducacion.es:**

Percepción de la felicidad en 1.° ESO

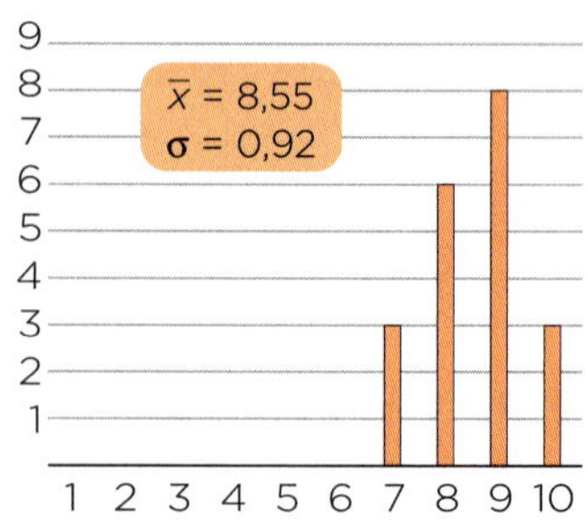

Percepción de la felicidad en 4.° ESO

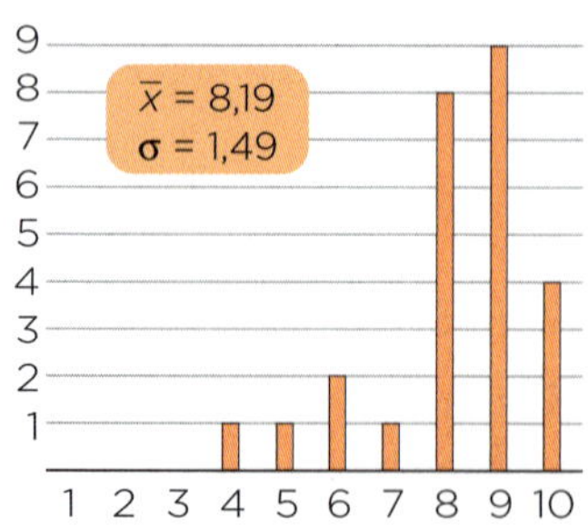

Percepción de la felicidad en 2.° BACH

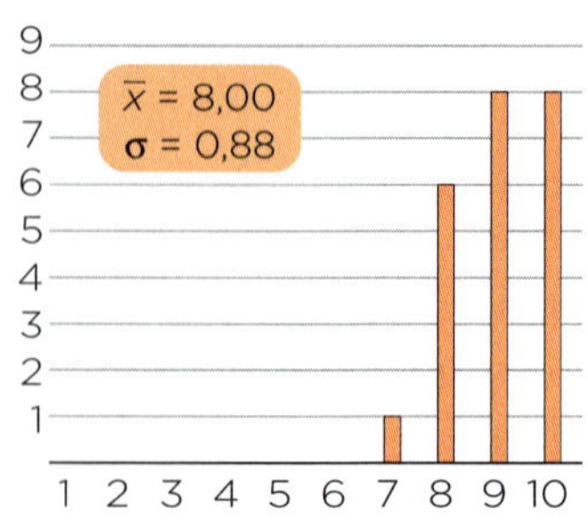

- Opina sobre las siguientes afirmaciones:
  a) Parece que estos alumnos se sienten muy felices, pero ¿es posible que según aumenta el curso, la percepción de felicidad decrezca?
  b) Es claro que la desviación típica de los de 4.° ESO es significativamente mayor que la de los otros dos cursos. ¿A qué crees que pueda deberse?

En la hoja de cálculo

Las funciones que hallan la media y la desviación típica son:

=PROMEDIO(H11:H36)

=DESVEST.P(H11:H36)

Donde H11:H36 es, en este caso, el intervalo en el que están los datos.

B. Los resultados de los tres cursos son los siguientes:

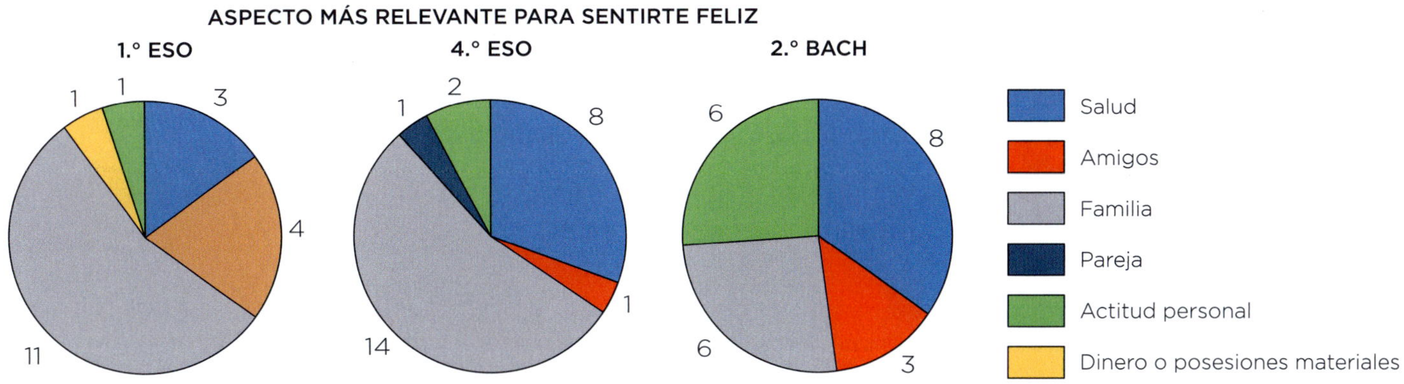

- ¿Qué opinas de la variación de la relevancia que se le da, al aumentar la edad, a los siguientes aspectos?

  a) Familia. b) Salud.

  c) Amigos. d) Actitud personal.

- Piensa en las siguientes poblaciones y dibuja, para cada una de ellas, el diagrama de sectores que, según tú crees, describe el aspecto que consideran más relevante para la felicidad:

  a) Adultos entre 20 y 30 años. b) Ancianos mayores de 70 años.

  c) Adultos entre 40 y 50 años. d) Niños y niñas de 3.º a 5.º de Primaria.

- Calcula las siguientes probabilidades:

  a) Tomamos al azar un alumno o alumna de 1.º de ESO. ¿Cuál es la probabilidad de que considere la salud lo más relevante?

  b) ¿Y si es de 4.º de ESO?

  c) ¿Y si es de 2.º de Bachillerato?

  d) ¿Y si es alguien que no sabemos si es de 1.º o 4.º de ESO o de 2.º de Bachillerato.

Individualmente o en grupo, pregúntale a tu profe.

Ahora hazlo tú

¿Te gustaría saber si en tu centro ocurre lo mismo? Puedes hacer una investigación similar en tu instituto o colegio.

Es posible que prefieras cambiar las preguntas de la encuesta.

También sería interesante aumentar la muestra sobre la que se hace y ampliarla a la población entera, es decir, a todo el centro.

Nos hemos quedado con las ganas de saber si con otras edades (profes, padres y madres, tutores, abuelas y abuelos, gente del vecindario y de la familia...) encontraríamos resustados muy distintos a estos. ¿Te animas a investigarlo?

Descarga de **anayaeducacion.es** una rúbrica para revisar tus **competencias** correspondientes a este desafío. Autoevalúa tu planificación del proyecto descargando la diana sobre **planificación** de tareas. ¿Qué tal ha ido el **trabajo en equipo**? Utiliza la diana de coevaluación de **anayaeducacion.es** para valorarlo.

Recuerda que dispones, en tu banco de recursos:

→ de diversos talleres para gestionar tus emociones y de una diana para evaluarlas.

→ de fichas para mejorar tu ciudadanía digital.

Operación Mundo es un proyecto educativo de Anaya para Educación Secundaria.

En la realización de esta obra han intervenido:

Equipo de edición: Carlos Vallejo y Joaquín Montón.

Diseño, gráficos y cartografía: Patricia G. Serrano, Ander Irigoyen, Paz Franch, Miguel Á. Castillejo, Miguel A. Díaz-Rullo y Miriam Arribas.

Ilustración: Tatio Viana.

Maquetación: Discript Preimpresión S.L.

Corrección: Miguel Ángel Alonso González.

Edición gráfica: Olga Sayans.

Fotografía: AGE Fotostock (DEA PICTURE LIBRARY, MOIRENC Camille, Science Photo Library, Science Source, SM/SSPL, The Granger Collection), Alamy / Cordon Press (North Wind Picture Archives), Archivo Anaya (Balaguer, T.; Canto, M.; Cosano, P.; Hernández Moya, B.; Martin, J.; Martín, J.A.; Peñuela-Py, E.; Pérez de Tudela, M.; Ramón Ortega, P.-Fototeca de España; Ruiz, J.B.), Centro de Investigaciones Sociológicas, Dreamstime (Arsty, Makaule), Getty Images (Andy Lyons, Cameron Spencer, FatCamera, Kyodo News, The Asahi Shimbun, Westend61), Instituto Nacional de Estadística, iStock/ Getty Images (Adventtr, AlexeyVS, AndreyKrav, Artem Makovskyi, BackyardProduction, Boonchuay1970, Casarsa, Colin13362, Creativemarc, Dan Comaniciu, dmitryelagin, domin, dutourdumonde, El Zorro, Elena Solodovnikova, farakos, FlamingPumpkin, fotoVoyager, Gearstd, Halfpoint, James, JMFPhotograhy, JoeGough, jurisam, Leonid Andronov, LightFieldStudios, Lightguard, londoneye, LucynaKoch, LuminaStock, Marat Musabirov, MaxRiesgo, Mercedes Rancaño Otero, mikulas1, milindri, monkeybusinessimages, mustafaU, nensuria, onurdongel, Pheelings Media, photovideostock, Prostock-Studio, Ridofranz, sasirin pamai, Sean Pavone, Sefa Kart, Tadamichi, Trifonov Evgeniy, ViewApart, vladacanon), 123RF (andreypopov, Anusorn Phuengprasert Na Chol, belchonock, Cathy_Yeulet, donatas1205, eriklam, franckito, Ganna Garmatiy, Ilya Bolotov, inshlna, Jos Alfonso De Tomas Gargantilla, josepijosep, Kanlayavadee Thephasdin Na Ayuthaya, keltmd, Leonello Calvetti, natalisammm, Rainer Lesniewski, scanrail, Siarhei Nosyreu, stokkete, suprunovich, Vesna Cvorovic).

Fundación Bertelsmann
Por el empleo juvenil

Orientación Académica y Profesional: elaborada con el asesoramiento de la Fundación Bertelsmann. Coordinación: Juan José Juárez Calvo. Colaboración como expertas: Sara Lozano Santiago, Belén Pérez Castro y Pilar Vázquez Hernández.

Importante:

Las **actividades** propuestas en este libro deben ser realizadas en cuadernos u hojas sueltas; nunca en el propio libro.

Esta obra puede contener **enlaces** a páginas y sitios externos, que ANAYA no edita, controla, supervisa y/o mantiene, por lo que ANAYA declina expresamente cualquier responsabilidad respecto a dichas páginas y sitios.

ISBN: 978-84-143-0532-4 - Depósito Legal: M-10181-2022 - Printed in Spain.

ET043804/1E1I - 8440095